国際私法と
隣接法分野の研究

奥田 安弘 著

日本比較法研究所
研究叢書
76

中央大学出版部

装幀　道吉　剛

はしがき

　本書は、筆者が研究生活の最初（1980年頃）から最近に至るまでに書き溜めた論稿のうち、様々な理由から従来の論文集『国際取引法の理論』（1992年、有斐閣）および『国籍法と国際親子法』（2004年、有斐閣）に収録しなかったものを集めたものである。

　学界の先輩教授の例にならって『国際私法の研究』と題するには、筆者の研究領域が国際私法プロパーの分野から外れたものを含むため、便宜的に『国際私法と隣接法分野の研究』というタイトルにした。したがって、国際私法の隣接法分野とは何か、というようなことを詮索してもらっても困る。同様に、本書では、便宜的に4つの章立てをしているが、これも何か分類をしないと、読者に不親切であろうと考えたにすぎず、個々の論稿が章のタイトルにふさわしくないという批判をされても、筆者としては応答のしようがない。

　筆者は、その時々に必要と考えた研究をしてきたにすぎず、その成果が大学の紀要（香川大学、北海道大学、中央大学）や他の研究者との共著に散逸していたのでは、なかなか参照してもらえないことを残念に思ったにすぎない。ただし、筆者の他の著作との関係を調整するなど、若干の例外を除き、古い情報や引用文献のアップデイトなどの作業は見送らざるを得なかった。

　それよりも、かつての手書きの論稿で電子データのないものについて、抜刷をスキャナーにかけ、文字化けを訂正したり、読みづらい文章を少しでも読みやすくしたり、できる限り文献の引用や表記を統一するなどの作業に膨大な時間を費やした。各論稿を読む際には、初出一覧により、最初の公表年を確認して頂きたい。また、これらの論稿は、執筆の時期や掲載誌などが異なるため、表現や体裁が多様なものとなっている。類似のテーマについては、一見したところ、矛盾した記述と思われる箇所があるかもしれない。これらについても、

調整の努力をしたが、限界があることをご理解頂きたい。

以下では、各章ごとに、それぞれの論稿の趣旨および相互の関連について解説する。

第1章「実質私法の統一と国際私法」は、筆者の初期の研究テーマである。その当時は、手書きで1年に1本、論文を書かなければと考え、Ⅱ・Ⅳ・Ⅰの順に公表した。Ⅱは、ドイツ学術交流会（DAAD）の奨学金により、ハンブルクのマックス・プランク外国私法国際私法研究所に1年間滞在し、日本では入手し難い資料を収集しながら書いたものであるが、理論的な詰めに不満が残ったので、Ⅰを執筆した。Ⅳは、結論的には、実質法統一条約の有無にかかわらず、船主責任制限の準拠法を法廷地法によらせるべきであると主張しているが、議論の過程では、実質私法の統一との関係も問題となっているので、便宜上、本章に含めた。

これらの3本は、なぜ『国際取引法の理論』にそのまま収録しなかったのかを疑問に思われるかもしれない。しかし、その頃、日本学術振興会の特定国派遣研究員として、スイス比較法研究所（ローザンヌ）およびフリブール大学に1年間滞在し、当地の自由な議論に触発された目からみて、いかにも重い感じがした。また、同書に収録した他の論稿とあまりにスタイルが異なり、論文集としての統一性が損なわれると感じた。そこで、概説的に書き直し、その結論部分だけを取り入れることにした。しかし、20年以上たった今、改めて読み返してみると、これらの3本は、筆者の研究の基礎を築いており、ぜひとも参照して頂きたいと思ったので、主に文章表現を訂正しただけで、本書に収録した。とくにⅠは、小品ではあるが、重要と考えている。

Ⅲは、松岡博教授の還暦に捧げる企画において、旧稿を現行法の解釈としてダイジェストする機会が与えられたので、筆者の見解をよりよく理解して頂くために書いたものである。本書のⅠ・Ⅱおよび『国際取引法の理論』第4章「統一法条約の解釈」を概観できるものとして収録した。またⅤは、国際法学会の100周年記念事業において、編集委員会の依頼にもとづき書いたものであり、国際私法との関連はあまりないが、便宜的に本章に含めることにした。い

わゆる企画物であるため、紙幅の関係上、多数割愛した箇所があったが、本書では、すべて復活させた。

なお、ⅠおよびⅡのテーマについては、高桑昭『国際取引における私法の統一と国際私法』（2005年、有斐閣）のⅠ「統一私法と国際私法」があるが、両者の初出一覧を比較すれば分かるように、本書の論稿のほうが相当早く公表されている。

第2章「国際私法の立法論的課題」は、前述のスイス在外研究の成果であるⅠがメインである。ちょうどスイス国際私法典が成立したばかりであり、その自由な雰囲気にひたりながら、当時はまだ1行しかないディスプレイのワープロ専用機を使って、Ⅰを執筆した。法典化の必要性・属人法の決定基準・一般例外条項という3つのテーマは、私の中では密接に関連していたが、それを適切に表現するタイトルが思い浮かばず、初出論文では「若干の基本的諸問題」とし、本書でも「基本問題」とした。スイスの文献においても、これらの3つを結び付けて、基本問題とする見解があるわけではない。

その当時、わが国でも、法例の婚姻・親子に関する規定が改正されようとしていたが、スイスの議論に触発されて、日本の国際私法の改正について書いたものとして、Neuere Entwicklungen des Staatsangehörigkeitsprinzips im Japanischen IPR, The Hokkaido Law Review, Vol. 42, No. 6, 1992 がある。その後10年以上が過ぎて、今度は、財産法に関する規定が改正されることになり、Ⅱ・Ⅲを執筆した。そこでも、スイス国際私法への言及は多く、そのため、「国際私法の立法論的課題」というテーマのもとで、Ⅰ・Ⅱ・Ⅲを同時に収録することにした。今回の通則法の制定については、さらに Reform of Japan's Private International Law: Act on the General Rules of the Application of Laws, Yearbook of Private International Law, Vol. 8 (2006), 2007 および Aspects de la réforme du droit international privé au Japon, Journal du Droit international, 134e année, n° 3, 2007 を公表した。

なお、Ⅱは、通則法の要綱中間試案について書いたものであるが、その後、EUのローマⅠ規則およびローマⅡ規則が成立した（前者は2008年6月17日、

後者は2007年7月11日）。とくにローマⅠ規則は、特徴的給付の理論について契約類型毎に具体例を挙げていること、特徴的給付の理論を先行させ、それを個別的例外条項により修正する形をとっていること、任意債権譲渡における債務者以外の第三者との関係について、譲渡人の常居所地法を適用する旨の草案の規定が削除されたことが、本稿との関連で注目される。

第3章「国際取引と法」は、まさに無理やり付けたタイトルと言うしかない。Ⅰは、鳥居淳子教授の研究をアップデイトするだけでなく、特徴的給付の理論とその例外という観点から、従来の判例を分析しなおしたものであり、その意味では、第2章とも関連している。なお、スイス国際私法においては、明文の規定がない時代から、判例により特徴的給付の理論およびその例外が認められており、わが国においても、通則法の制定以前にこれを解釈論として主張することに意味がなかったわけではない。Ⅱは、若干概説的ではあるが、第1章および第2章における研究の成果を消費者法に応用したと言える。Ⅲは、送達条約の解釈という点において、第1章と関連しないわけではないが、むしろ外国法の実態をあるがままに分析しようとした点に意味がある。なお、本稿の内容は、その結論を含め、わが国の民事訴訟法118条2号の解釈とは全く関係がない。後者の問題については、「外国からの直接郵便送達」『国際私法の争点〔第2版〕』（1996年、有斐閣）を参照して頂きたい。

第4章「戦後補償における抵触法上の諸問題」は、本書に収録すべきか否かを相当に迷った。これらの論稿は、もともと中国戦後補償弁護団の依頼を受けて、裁判所に提出した意見書であり、純粋に学問的な研究とは大きく異なるからである。しかし、筆者自身は、これをきっかけとして、法例11条の解釈のみならず、サヴィニーの国際私法理論や時際法および体系際法についても、じっくり考える機会を与えられたのであるから、いわば学術的な副産物は少なからずあったと思う。そのような副産物を提供するため、あえて本書に収録した次第である。ただし、叙述が学術論文らしからぬスタイルになっていることや、相互に重複する箇所が多いことは、ご容赦頂きたい。Ⅱ・Ⅰ・Ⅲ・Ⅳの順に公表した。

なお、戦後補償裁判自体は、Ⅳの論稿を公表した後、筆者は完全に手を引いていたが、平成19年4月17日の最高裁第二小法廷判決（民集61巻3号1188頁）は、日中共同声明により中国民間人の請求権も消滅したとして、国際私法とは無縁の論点で決着が図られてしまった。しかし、国際私法上の論点については、理論的に、今でも筆者の見解が判例や他の学説によって覆されたとは思っていない。

　以上のように、本書は、雑多な論稿の寄せ集めである。しかし、これらに最低限必要な修正を施して、1冊にまとめることは、筆者の責任であると考えた次第である。最後に、本書の編集作業については、関口夏絵さんおよび小川砂織さんのお世話になった。ここに記して、御礼申し上げたい。

　2008年7月

奥　田　安　弘

目　次

はしがき

初出一覧

第1章　実質私法の統一と国際私法

I　統一私法と国際私法の関係
　　　　──いわゆる渉外実質法の観点から── ……………… 3
　1　問題の所在 ……………………………………………… 3
　2　実質国際私法説 ………………………………………… 8
　3　第三の規範説 …………………………………………… 13
　4　混合規範説その1 ……………………………………… 16
　5　混合規範説その2 ……………………………………… 19
　6　私　　見 ………………………………………………… 24

II　国際海上物品運送法の統一と国際私法の関係
　　　　──国際私法は排除されるか── …………………… 30
　1　はじめに ………………………………………………… 30
　2　ブラッセル条約10条 …………………………………… 34
　　(1) 成立の経緯　34　　(2) 国内立法における適用範囲規定　36
　　(3) 当事者自治の原則との関係　40
　3　ブラッセル議定書による条約10条の改正 …………… 46
　　(1) 改正の経緯　46　　(2) 英国の1971年海上物品運送法　49
　4　ハンブルク条約2条 …………………………………… 54
　5　国際私法学の発展からみた考察 ……………………… 55

6　おわりに …………………………………………………… *66*
Ⅲ　船荷証券統一条約と国際私法との関係 ……………………… *67*
　　1　船荷証券統一条約と国際海上物品運送法 ………………… *67*
　　2　条約と国内法の関係 ………………………………………… *69*
　　3　法例との関係 ………………………………………………… *70*
　　4　船荷証券統一条約10条の構造と機能 ……………………… *72*
　　5　国際海上物品運送法1条の意義 …………………………… *74*
Ⅳ　船主責任制限の準拠法 ………………………………………… *76*
　　1　はじめに ……………………………………………………… *76*
　　2　ドイツ連邦共和国法 ………………………………………… *80*
　　　(1)商法典改正法3条の立法理由　*80*　　(2)法廷地法説（プトファルケン）　*83*　　(3)旗国法説（ケーゲル）　*92*
　　3　アメリカ合衆国法 …………………………………………… *96*
　　　(1)タイタニック号判決　*96*　　(2)ノーウォーク・ヴィクトリー号判決　*99*　　(3)ヤーマス・キャッスル号判決　*103*
　　4　諸説の分析 …………………………………………………… *108*
　　5　おわりに ……………………………………………………… *117*
Ⅴ　私法分野における組織的国際協力 …………………………… *120*
　　1　はじめに ……………………………………………………… *120*
　　2　手形小切手法条約 …………………………………………… *123*
　　　(1)前史　*123*　　(2)連盟専門家委員会の報告書　*125*　　(3)その後の国際連盟の対応　*129*　　(4)ジュネーブ会議招集の決定　*134*
　　3　私法統一国際協会の設立 …………………………………… *136*
　　　(1)知的協力国際委員会における審議　*136*　　(2)任務に関する議論　*137*　　(3)組織に関する議論　*142*
　　4　おわりに ……………………………………………………… *148*

第2章　国際私法の立法論的課題

Ⅰ　スイス国際私法の基本問題……………………………………*153*
 1　はじめに……………………………………………………*153*
 2　法典化の必要性……………………………………………*156*
  ⑴ NAG の問題点　*156*　　⑵ ZGB 草案における国際私法規定　*158*
  ⑶ IPRG 成立の経緯　*161*　　⑷ IPRG 成立の要因　*165*
 3　属人法の決定基準…………………………………………*171*
  ⑴ 在留外国人および在外スイス人の状況　*171*　　⑵ IPRG の基本方針　*173*　　⑶ 住所および常居所　*175*　　⑷ 国籍　*185*　　⑸ 住所地法主義　*187*　　⑹ 特別留保条項　*192*　　⑺ 段階的連結　*194*　　⑻ 択一的連結　*198*　　⑼ 補充的連結　*200*　　⑽ 限定的当事者自治　*202*　　⑾ 取引保護　*207*　　⑿ 在外スイス人の保護　*210*　　⒀ 反致　*217*
 4　一般例外条項………………………………………………*222*
  ⑴ 成立の経緯　*222*　　⑵ 従来の判例および NAG の規定　*226*
  ⑶ IPRG 15 条の考慮要素　*235*　　⑷ IPRG 15 条の適用対象　*243*
  ⑸ IPRG 15 条の効果　*246*
 5　おわりに……………………………………………………*247*

Ⅱ　国際私法の現代化に関する要綱中間試案………………*250*
 1　はじめに……………………………………………………*250*
 2　国際私法の総則規定………………………………………*251*
  ⑴ 問題の所在　*251*　　⑵ 一般例外条項　*251*　　⑶ 絶対的強行法規の適用　*254*　　⑷ 国際私法の指定の対象　*257*
 3　契約の準拠法………………………………………………*258*
  ⑴ 問題の所在　*258*　　⑵ 契約一般　*258*　　⑶ 消費者契約および労働契約　*264*
 4　不法行為の準拠法…………………………………………*267*
  ⑴ 問題の所在　*267*　　⑵ 不法行為地法主義の維持　*267*　　⑶ 同一常居所地法への連結　*268*　　⑷ 附従的連結　*269*　　⑸ 当事者自治　*271*

(6) 結果発生地法主義　*272*　　(7) 名誉毀損および生産物責任　*274*
　　　(8) 知的財産権　*276*　　(9) 特別留保条項　*279*
　　5　事務管理・不当利得の準拠法 …………………………………*280*
　　6　債権譲渡の準拠法 ………………………………………………*281*
　　7　家族法上の総則的問題 …………………………………………*283*
　　　(1) 日本人条項　*283*　　(2) 外国における身分的法律行為の効力　*290*
　　8　お わ り に ………………………………………………………*292*

　Ⅲ　法適用通則法の不法行為準拠法規定 ………………………*294*
　　1　は じ め に ………………………………………………………*294*
　　2　立法の範囲 ………………………………………………………*296*
　　3　原 則 規 定 ………………………………………………………*298*
　　4　生産物責任の特例 ………………………………………………*301*
　　5　名誉・信用毀損の特例 …………………………………………*305*
　　6　例 外 条 項 ………………………………………………………*307*
　　7　当事者自治 ………………………………………………………*310*
　　8　特別留保条項 ……………………………………………………*313*
　　9　お わ り に ………………………………………………………*319*

第3章　国際取引と法

　Ⅰ　わが国の判例における契約準拠法の決定
　　　　──契約類型毎の考察── ……………………………………*323*
　　1　は じ め に ………………………………………………………*323*
　　2　売 買 契 約 ………………………………………………………*326*
　　3　海上物品運送契約 ………………………………………………*334*
　　4　保 険 契 約 ………………………………………………………*339*
　　5　銀行取引契約 ……………………………………………………*345*
　　6　消費貸借契約 ……………………………………………………*348*

7　雇用契約 ……………………………………………………… *351*
　　　8　その他の契約 …………………………………………………… *358*
　　　9　おわりに ………………………………………………………… *362*
　Ⅱ　国際化と消費者 ………………………………………………… *368*
　　　1　はじめに ………………………………………………………… *368*
　　　2　法のハーモナイゼーション …………………………………… *369*
　　　3　抵触法上の問題点 ……………………………………………… *372*
　　　4　国際的裁判管轄 ………………………………………………… *377*
　Ⅲ　直接郵便送達に関する米国判例の展開 ……………………… *381*
　　　1　はじめに ………………………………………………………… *381*
　　　2　問題の背景 ……………………………………………………… *384*
　　　3　米国判例の概観 ………………………………………………… *388*
　　　4　わが国への直接郵便送達を有効とする判例 ………………… *392*
　　　5　わが国への直接郵便送達を無効とする判例 ………………… *396*
　　　6　その他の締約国への直接郵便送達に関する判例 …………… *401*
　　　7　おわりに ………………………………………………………… *403*

第4章　戦後補償における抵触法上の諸問題
　Ⅰ　国際私法からみた戦後補償
　　　　　──フィリピン従軍慰安婦判決に対する批判── ……………………… *409*
　　　1　はじめに ………………………………………………………… *409*
　　　2　国際私法不適用説の妥当性 …………………………………… *412*
　　　　⑴フィリピン判決　*412*　⑵渉外的私法関係　*415*　⑶外国公法不
　　　　適用の原則　*418*
　　　3　公務員所属国法説の妥当性 …………………………………… *421*
　　　　⑴オーストリア最高裁判決　*421*　⑵附従的連結の限界　*423*
　　　4　法例11条1項の解釈 …………………………………………… *426*

(1)フィリピン判決　426　　(2)不法行為地法としての中国法　429
　　(3)強制連行事件に特有の問題　431
　5　法例11条2項の解釈 …………………………………………434
　　(1)フィリピン判決　434　　(2)国家無答責の場所的適用範囲の限界　435
　　(3)国家無答責の時間的適用範囲の限界（その1）　437　　(4)国家無答責
　　の時間的適用範囲の限界（その2）　438
　6　法例11条3項の解釈 …………………………………………442
　　(1)フィリピン判決　442　　(2)法例11条3項の立法経緯　443
　　(3)ドイツの立法および立法草案　445　　(4)時効と公序の関係　448
　7　お わ り に ……………………………………………………450
 II　国家賠償責任の準拠法 ………………………………………452
　1　問題の所在 ……………………………………………………452
　2　比較法的考察 …………………………………………………454
　　(1)はじめに　454　　(2)オーストリア　455　　(3)ドイツ　458
　　(4)フランス　462　　(5)イタリア　463　　(6)アメリカ合衆国　464
　　(7)イギリス　467　　(8)在外公館ケースの説明―附従的連結の立法およ
　　び立法草案　468　　(9)まとめ　471
　3　日本の学説 ……………………………………………………472
　　(1)はじめに　472　　(2)山田説　473　　(3)住田説　474　　(4)沢木説
　　476　　(5)宇賀説　477　　(6)下山説　478　　(7)まとめ　478
　4　戦後補償ケースにおける法例11条の適用 …………………479
　　(1)はじめに　479　　(2)不法行為地法の適用　480　　(3)不法行為の成
　　立要件における日本法の累積適用　481　　(4)不法行為の効力に関する
　　日本法の累積適用　486
 III　戦後補償裁判とサヴィニーの国際私法理論
　　　――南京事件判決に対する批判―― ……………………488
　1　は じ め に ……………………………………………………488
　2　国際私法不適用説 ……………………………………………490

(1)国際私法の基本的理解　491　　(2)実質法を前提とした国際私法の解釈　492　　(3)公法的法律関係の意義　495　　(4)サヴィニー型国際私法の帰結　497　　(5)国際私法適用の基準　508　　(6)準拠法の決定　517　　(7)国際法と国際私法の違い　521

3　法例11条2項による日本法の累積適用 ……………………………530

(1)準拠法内部における個別法規の指定規則　531　　(2)国家無答責の場所的適用範囲の限界　533　　(3)国家無答責の時間的適用範囲の限界　538

4　お わ り に ……………………………………………………………543

Ⅳ　国家賠償責任と法律不遡及の原則 ………………………………545

1　は じ め に ……………………………………………………………545

2　従来の見解に対する批判 ……………………………………………547

(1)古川論文　547　　(2)西埜論文　550　　(3)中国戦後補償弁護団の主張　554

3　関連法規の立法経緯 …………………………………………………557

(1)立法経緯の研究の必要性　557　　(2)旧民法財産編373条　561　　(3)現行民法715条　574　　(4)行政裁判法16条　578　　(5)裁判所構成法26条　585

4　抵触法上の考察 ………………………………………………………589

(1)論点の整理　589　　(2)時際法および体系際法　592　　(3)体系際法上の区別　595　　(4)国際法との関係　597　　(5)時際法上の法性決定　600　　(6)時際法上の公序　601

5　お わ り に ……………………………………………………………605

索　　引

初 出 一 覧

第 1 章　実質私法の統一と国際私法
- I　「統一私法と国際私法の関係――いわゆる渉外実質法の観点から」香川法学 5 巻 3 号（1985 年）
- II　「国際海上物品運送法の統一と国際私法の関係――国際私法は排除されるか」香川法学 2 巻 2 号（1983 年）
- III　「船荷証券統一条約と国際私法との関係」渡辺惺之＝野村美明編『論点解説・国際取引法』（2002 年、法律文化社）
- IV　「船主責任制限の準拠法」香川法学 4 巻 2 号（1984 年）
- V　「私法分野における組織的国際協力」国際法学会編『日本と国際法の百年第 8 巻国際機構と国際協力』（2001 年、三省堂）

第 2 章　国際私法の立法論的課題
- I　「スイス国際私法典における若干の基本的諸問題」北大法学論集 40 巻 2 号（1989 年）、40 巻 3 号（1990 年）
- II　「国際私法の現代化に関する要綱中間試案について」中央ロー・ジャーナル 2 巻 2 号（2005 年）
- III　「法の適用に関する通則法の不法行為準拠法に関する規定」国際私法年報 8 号（2006 年）

第 3 章　国際取引と法
- I　「わが国の判例における契約準拠法の決定――契約類型毎の考察」北大法学論集 45 巻 5 号（1994 年）
- II　「国際化と消費者」ジュリスト 1139 号（1998 年）
- III　「わが国への直接郵便送達に関する米国判例の展開」北大法学論集 44 巻 3 号（1993 年）

第4章　戦後補償における抵触法上の諸問題
    I　「国際私法からみた戦後補償」奥田安弘＝川島真ほか『共同研究・中国戦後補償——歴史・法・裁判』(2000年、明石書店)
    II　「国家賠償責任の準拠法に関する覚書——戦後補償のケースを中心として」北大法学論集49巻4号（1998年）
    III　「戦後補償裁判とサヴィニーの国際私法理論」北大法学論集51巻3号（2000年）、51巻4号（2000年）
    IV　「国家賠償責任と法律不遡及の原則」北大法学論集52巻1号（2001年）

第 1 章

実質私法の統一と国際私法

I 統一私法と国際私法の関係
　　——いわゆる渉外実質法の観点から——

1 問題の所在

　統一私法と国際私法の関係を考える場合に、ある特定の統一私法条約に限定して、その成立過程や各国の判例・学説を調べるのは、ひとつの有効な方法であろう[1]。それは、統一の対象とされた分野が取引法から身分法まで様々に分かれていることや、条約の制定過程における特殊事情を十分に考慮しうる点で秀れている。しかし、そこには、個々の条約の特殊性を重視するあまりに、議論が混乱する危険も内在している。したがって、総論の問題としても、「統一私法と国際私法の関係」というテーマを取り上げることが必要となる[2]。
　まず、統一私法と国際私法の関係は、非常に狭い範囲でしか問題にならないのではないか、その真に問題とすべき局面は限られているのではないか、かような視点から、問題の所在を明らかにしてみたい。

---

1) たとえば、わが国の文献に限ってみると、沢木敬郎「ヘーグ売買統一法における国際私法の排除および1955年ヘーグ売買国際私法条約」比較法研究30号111頁、斎藤彰「国際動産売買法統一の現状(1)(2)完」六甲台論集30巻3号54頁、31巻2号75頁、奥田安弘「国際海上物品運送法の統一と国際私法の関係」香川法学2巻2号31頁〔本書30頁所収〕などがある。
2) たとえば、わが国の文献としては、石黒一憲「統一法による国際私法の排除とその限界」海法会誌復刊24号3頁、高桑昭「国際私法と統一私法」『国際私法の争点』(1980年、有斐閣) 15頁がある。さらに、山田鐐一『国際私法』(1982年、筑摩書房) 7頁以下、池原季雄『国際私法(総論)』(1973年、有斐閣) 4頁以下、澤木敬郎『国際私法入門〔新版〕』(1984年、有斐閣) 2頁以下、木棚照一＝松岡博＝渡辺惺之『国際私法概論』(1985年、有斐閣) 3頁以下も参照。

第1に、渉外的私法関係を規律する方法として、統一私法が国際私法に対し常に優先するわけではない。すなわち、直接的規律と間接的規律という区分によった場合、直接的規律が間接的規律よりも常に秀でているとは限らず、むしろ間接的規律のほうが望ましい場合も多数存在するはずである[3]。したがって、実質私法の統一は、従来から狭い分野に限定されてきたが、さらに将来的にも、法統一に適する分野とそれ以外の分野を区別する必要は、一般に認識されるべきである[4]。

第2に、統一私法の型として、国内関係と渉外関係を区別しない「世界統一私法」、および渉外関係だけを規律の対象とする「万民法型統一私法」というふたつのタイプがあるとした場合[5]、両者の間では、国際私法との関わり方が異なるように思われる。たとえば、世界統一私法の例として、1930年の手形法統一条約を取り上げれば、そこでは同時に国際私法も統一されており、統一実質法の適用は、統一国際私法を経て行われている[6]。また、そもそも世界統一私法は、既存の国内法に完全に取って代わるものであるから、元の国内法と同じ場所的適用範囲しか持たないとか[7]、とくに渉外事件に合わせて作られたわけではないから、他国の法に対し優先適用を主張することはできないと言われている[8]。したがって、世界統一私法それ自体は、既存の国際私法規定に対

---

3) J. Kropholler, Internationales Einheitsrecht, 1975, S. 180 f. クロポラーは、かような領域として、人事法・家族法・相続法を挙げる。さらに、山田・前掲注(2) 7頁、池原・前掲注(2) 6頁、澤木・前掲注(2) 2頁、木棚＝松岡＝渡辺・前掲注(2) 4頁も参照。

4) これに対して、国際私法に対する統一私法の客観的優位（sachliche Überlegenheit）を主張する説もある。K. Zweigert/U. Drobnig, Einheitliches Kaufgesetz und Internationales Privatrecht, 29 RabelsZ (1965), S. 147 f.; A. Malintoppi, Les rapports entre droit uniforme et droit international privé, 176 Rec. des Cours (1965), p. 40 et suiv.

5) かような名称は、わが国の文献において定着していると思われる。山田・前掲注(2) 6頁、澤木・前掲注(2) 2頁以下、木棚＝松岡＝渡辺・前掲注(2) 3頁参照。

6) Kropholler, a.a.O., Anm. (3), S. 186.

7) F. Rigaux, Droit international privé, t. 1, 1977, p. 234.

し特段の影響を及ぼすわけではない[9]。

　たしかに、これは非締約国の法との関係について述べたわけであって、締約国間においては、法統一の成功によって、国際私法を必要としない状態が成立する、と考えられないわけではない。しかし、現実には、統一法条約自体によって認められた留保権の行使や、締約国共通の裁判所の欠如による解釈の不統一などから、かような理想的状態は容易に現出しがたい。また、たまたま完全な法統一が成立しているために、統一私法の適用が国際私法を経ていないかのように見えたとしても、それは訴訟経済上の理由から、国際私法の介在を省略したというべきであって、決して国際私法そのものが排除されているわけではないとも言える[10]。

　以上のように見てくると、世界統一私法は、全く既存の国内法と変わらないことになるが、他方において、渉外関係のみを規律の対象とする万民法型統一私法は、その実質法的規整の特殊性のゆえに、非締約国の法に対し優先適用を主張することができる、という見解も見られる。すなわち、万民法型統一私法を「国際的合意にもとづく渉外実質法」とみる立場である[11]。かような観点からすると、統一法条約は、たとえ締約国間において完全な法統一を実現しえないとしても、既存の国際私法規定に何らかの影響を及ぼしうることになる。

　そこで、以下では、万民法型統一私法に限定して述べれば、かようなタイプ

---

8)　Kropholler, a.a.O., Anm. (3), S. 185 f.

9)　E. Vitta, International Conventions and National Conflict Systems, 126 Rec. des Cours (1969), p. 206.〔追記〕この点は、後に私見を改めた。世界統一私法においても、その趣旨および目的によっては、既存の国際私法規定との関係が問題となり得る。奥田安弘『国際取引法の理論』(1992年、有斐閣) 30頁以下、とくに31頁注2参照。

10)　Vgl. Kropholler, a.a.O., Anm. (3), S. 186 f. また、木棚ほか・前掲注(2) 4頁は、これを「虚偽の抵触（false conflict）」とする。これに対して、「問題がすべて締約国のみに関する法律関係である場合には」、世界統一私法が「国際私法を通さないで直接に適用される」とする見解もある。山田・前掲注(2) 8頁。

11)　名称については、烑場準一「渉外実質法・直接適用法」『国際私法の争点』(1980年、有斐閣) 19頁に従った。

の統一法条約においては、通常は、その対象となる渉外的私法関係を定義するだけでなく、同時に締約国との関連をも要求する規定が置かれている点が注目される[12]。たとえば、1929年の「国際航空運送についてのある規則の統一に関する条約」（ワルソー条約）2条は、「この条約において『国際運送』とは、……出発地及び到達地が二の締約国の領域にある運送又は出発地及び到達地が単一の締約国の領域にあり、かつ予定寄航地が他の国（この条約の締約国であるかどうかを問わない。）の領域にある運送をいう」と規定している。かような規定は、後述のように、様々な名称で呼ばれているが、これを仮に「場所的適用範囲規定」と呼ぶとすれば、万民法型統一私法を「国際的合意にもとづく渉外実質法」とみる立場からは、この場所的適用範囲規定の法的性質がひとつの重要な争点となる。

しかし、そのような議論においては、この場所的適用範囲規定もまた、条約の他の規定と同じく、締約国において国内法化されるべきことが、共通の前提となっている。すなわち、場所的適用範囲規定は、一面においては、各締約国が条約を実施すべき範囲を定めた「国際公法上の規定」であるが、締約国の国内法のレベルにおいては、国内法化された他の規定の適用範囲を定める機能を営む、と言うのである。したがって、場所的適用範囲規定の国内法化が第3の前提となる[13]。

さらに、第4の前提として、万民法型統一私法と国際私法の関係は、すべての渉外的私法関係において問題となるわけではない。まず、かような統一私法

---

12) 例外としては、1964年の「有体動産の国際売買についての統一法に関する条約」（ハーグ売買法条約）を挙げることができる。すなわち、ハーグ売買法1条は、同法の適用を受けるべき渉外関係を定義するだけであり、その他に締約国との関連を要求する規定は、置かれていない。ただし、条約3条においては、売買契約の当事者が相異なる締約国に営業所を有することを適用要件とする旨の留保が認められている。後述・注(20)参照。

13) この点を明白に述べたものとして、E. Vitta, Cours général de droit international privé, 162 Rec. des Cours (1979), p. 139; Vitta, *supra* note (9), p. 196-198; Malintoppi, *op. cit.,* n. (4), p. 23 et suiv., 29, 34.

は、先に述べたように、その対象となる渉外的私法関係を自ら限定しているので、その他の渉外的私法関係は、通常の国際私法規定によって規律される[14]。つぎに、いかなる統一私法も、事項的に限定されているので、その対象となっていない事項の渉外的私法関係もまた、通常の国際私法規定によることになる[15]。もちろん、いかなる事項が統一私法の対象であるのかは、必ずしも明白とは限らないが、いずれにせよ理論上、事項的適用範囲外の問題は、明白に区別されるべきである[16]。

　以上のように見てくると、統一私法と国際私法の関係がかなり狭い範囲でしか問題にならないことが分かる。すなわち、①法統一に適する一定の分野において、②万民法型統一私法条約が成立し、③当該統一私法条約の場所的適用範囲規定も他の規定と同様に国内法化されたうえで、④渉外的私法関係が条約所定の適用要件を満たした場合に初めて、統一私法と国際私法の関係を議論すべき状況が設定されたことになる。したがって、実質法の統一が渉外的私法関係を規律する独自の方法（une méthode autonome）であるとしても、少なくとも現状では、ヴィッタ（Vitta）の言うように、補足的方法（une méthode complémentaire）にすぎない[17]。しかも、万民法型統一私法を「国際的合意にもとづく渉外実質法」とみる立場からは、統一私法は法統一を目的としているがために特別扱いされるのではなく、むしろ国際私法との関係では、「一国独自の立場から制定された渉外実質法」と同様に扱われるべきである。

---

14) Kropholler, a.a.O., Anm. (3), S. 169; Zweigert/Drobnig, a.a.O., Anm. (4), S. 149; H. Bauer, Les traités et les règles de droit international privé matériel, 55 Rev. crit. (1966), p. 588. 国際私法における渉外的私法関係の意味については、岡本善八「国際私法の対象としての渉外関係」同志社法学 121 号 1 頁参照。

15) Kropholler, a.a.O., Anm. (3), S. 176; Zweigert/Drobnig, a.a.O., Anm. (4), S. 149 f.; B. Lemhöfer, Die Beschränkung der Rechtsvereinheitlichung auf internationale Sachverhalte, 25 RabelsZ (1960), S. 412; Bauer, *op. cit.*, n. (14), p. 558.

16) Kropholler, a.a.O., Anm. (3), S. 197 ff., 203 ff. Vgl. auch Zweigert/Drobnig, a.a.O., Anm. (4), S. 149 f.

17) Vitta, *op. cit.*, n. (13), p. 137 et suiv.

以下では、かような視点を持った若干の学説を紹介しながら、そこに現れた問題点を整理してみたい。すなわち、ボエル（Bauer）の実質国際私法説、ヴィッタの第三の規範説、レムヘーファー（Lemhöfer）およびクロポラー（Kropholler）の混合規範説、これと区別すべきシューリッヒ（Schurig）およびノイハウス（Neuhaus）の混合規範説を考察した後、私見を述べたい。

2　実質国際私法説

ボエルは、まず国際私法の方法として、抵触法的方法（la méthode conflictuelle）とは別に、実質国際私法の方法（la méthode du droit international privé matériel）があるとする。その意味において、方法的多元論が成立するのである。たとえば、「一国独自の立場から制定された渉外実質法」をみても、その適用が抵触規定を経るものと、そうでないものとがある。後者は、実質規定の目的それ自体が法の抵触の解決にあるから、抵触規定の介在を不要とするのである。それゆえ、これは実質国際私法の規定である。これに対して、前者は、渉外関係への適用のために若干の修正を受けた内国実質法の特別規定にすぎないので、抵触規定の介在を必要とするのである[18]。

---

18)　以上については、Bauer, *op. cit.*, n. (14), p. 537 et suiv.
　　なお、ボエルは、抵触法的方法によって適用される渉外実質法規定として、次の例を挙げている。①被相続人の最後の住所または相続人の居所が外国にある場合に、相続に関する期間を延長する規定（ドイツ民法1944条3項、1954条3項）。②扶養義務者に対する訴訟上の請求が内国においては不可能または著しく困難である場合に、次順位の扶養義務者に対し請求できるとする規定（ドイツ民法1607条2項、1608条）。③国際海上運送に関するオランダ商法典中の特別規定。④1963年12月4日のチェコスロバキア国際取引法典。⑤適応問題における実質法的解決。たとえば、フランスに住所のある無国籍者男とドイツ人女との間に生まれた非嫡出子が母の国籍を取得した場合、フランスの抵触規定によれば、親権および財産管理権は子の本国法＝ドイツ法に従う。しかし、ドイツの抵触規定によれば、母子関係のみが母の本国法＝ドイツ法に従い、父子関係は無国籍の父の住所地法＝フランス法に従う。一方、ドイツの実質法では、非嫡出子の親権およ

同様の区別は、本稿で取り上げる万民法型統一私法、すなわち「国際的合意にもとづく渉外実質法」にも当てはまる。したがって、万民法型統一私法であるからといって、必ずしも実質国際私法であるとは限らない。ボエルは、そのような例を1964年の「有体動産の国際売買についての統一法に関する条約」（ハーグ売買法条約）に見出す。すなわち、条約4条は、ハーグ売買法の適用を抵触法条約の規定にかからせる旨の留保を認めている。それゆえ、締約国がこの留保権を行使した場合には、ハーグ売買法は、万民法型統一私法であるにもかかわらず、抵触法的方法によって適用されるのである[19]。

　　　び財産管理権は後見人にあるのに対して、フランスの実質法では、これらの権利は父にある。かような状況では、後見人は、子が親権に服さない場合にのみ関与する、というようにドイツの実質法を調整し、その結果、フランスまたはドイツいずれの実質法によっても、親権および財産管理権は父にあるとすることができる。
　　　また、ボエルは、実質国際私法の方法によって適用される渉外実質法規定として、次の例を挙げている。①国際取引における金約款の効力を承認したフランス判例。②ドイツ民法施行法による特別な後見および保護。すなわち、ドイツの抵触法によれば、後見および保護は、通常、当事者の本国法に従う。しかし、民法施行法23条2項は、その他に必要に応じて、後見および保護に関する仮処分を定めている。また、同法18条2項によれば、母の本国法であるドイツ法の適用により子の嫡出性が争われており、その子がまだ親権または母の後見に服しており、かつ子の権利の保護が必要である場合は、その子のために保護者が任命されなければならない。③適応問題における実質国際私法的解決。たとえば、父娘が同一の事故により死亡し、いずれがより長く生存したのかが判明しない場合、フランスの実質法は、娘のほうが長く生存したと推定する。しかし、英国の実質法によれば、父のほうが長く生存したと推定される。一方、フランスの抵触法によれば、生存の推定は、相続の準拠法による。そこで、父の相続が英国法に従い、娘の相続がフランス法に従う場合には、相異なる推定が衝突することになる。確かにここで、いずれの相続が開始するのかを決定するため、解決を抵触規定の修正に求めることも可能であるが、この場合に抵触規定の修正が不可能であると考えるならば、もはやいずれの国内法にも属さない実質規定を創造するしかない。
19)　条約4条「すでに有体動産の国際売買に関する法の抵触に関する条約を批准し又はそれに加入した国は、……かかる条約のいずれかが本統一法の適用を導く場合にのみ、そこに規定された事案について本統一法を適用する旨の宣言をすることができる」。本条については、沢木・前掲注(1)118頁、斎藤・前掲注(1)30巻

ところで、万民法型統一私法においては、複数の国家との関連を要求する「国際性の要素（les éléments d'internationalisation）」、および締約国との関連を要求する「位置づけの要素（les élément de localisation）」が適用要件とされている[20]。しかし、これらは、統一実質法の適用が抵触法的方法によるのか、それとも実質国際私法の方法によるのかを判断する基準とはならない。たとえば、ハーグ売買法1条は、国際性の要素を定めており、また条約3条は、売買契約の当事者が相異なる締約国に営業所を有すること、すなわち「位置づけの要素」をも同時に適用要件とする旨の留保を認めている[21]。それにもかかわらず、

3号72頁以下、石黒・前掲注(2)23頁以下参照。

20) ボエルは、国際性の要素と位置づけの要素の組み合わせを次のように分類する。①位置づけの要素の欠如。ハーグ売買法1条1項「本法は、以下の各場合に、相異なる国の領域に営業所を有する当事者の間で締結された有体動産売買契約に適用される。(a)当該動産が契約締結時に一国の領域から他国の領域へ運送中である場合、または将来運送されることが契約に定められている場合。(b)申込および承諾を構成する行為が相異なる国の領域でなされた場合。(c)申込および承諾を構成する行為がなされた国の領域外において、物の引渡がなされるべきである場合」。②位置づけの要素と国際性の要素の完全な結合。外国航空機による地上の第三者に生じた損害に関する1952年10月7日のローマ条約23条。本条約は、「一の締約国の領域において発生し、かつ他の締約国の領域において登録された航空機による……損害に適用される」。③国際性の要素の一部と位置づけの要素の結合。ハーグ売買法条約3条により「売買契約の当事者が営業所……を相異なる締約国に有する場合」にのみ統一法が適用されるとした場合のハーグ売買法1条。その他の国際性の要素は非締約国に位置しうる。④一の締約国への位置づけと国際性の要素の結合。国際航空運送に関する1929年10月12日のワルソー条約2条「この条約において『国際運送』とは、……出発地及び到達地が単一の締約国の領域にあり、かつ予定寄航地が他の国（この条約の締約国であるかどうかを問わない。）の領域にある運送をいう」。⑤位置づけの要素と国際性の要素の分離。船舶衝突に関する1910年9月23日のブラッセル条約12条。「訴訟ニ於ケル総テノ船舶ガ締約国ニ属スル」ことは、位置づけの要素である。これに対して、「総テノ利害関係人ガ受訴裁判所所属国ニ属スルトキ」本条約を適用しないのは、結局、利害関係人の国籍と法廷地国とが異なることを要求しているから、それは国際性の要素である。

21) これらの条文については、前注参照。さらに、斎藤・前掲注(1)30巻3号65

前述のように、条約4条の留保がいずれにせよ可能であり、この留保権が行使された場合、ハーグ売買法は、抵触法的方法によって適用されるのである。

それでは、「国際性の要素」および「位置づけの要素」は、いかなる機能を営むのかといえば、ボエルは、これらが法廷地法の中の抵触を解決するにすぎないとする。まず、統一実質法の適用が抵触法的方法による場合には、これらの要素は、当該統一実質法規定と同じ性質を持った、同じ実質法上の問題に関する法廷地の他の規定との関係において、統一実質法規定の適用範囲を定める。これに対して、統一実質法規定が実質国際私法の性質を持つ場合には、これらの要素は、法廷地国際私法の他の規定（抵触規定および他の実質国際私法規定）との関係において、統一実質法規定の適用範囲を定める[22]。したがって、後者の場合に、抵触規定に対し特別規定（des règles spéciales）の関係に立つのは、国際性の要素および位置づけの要素を定めた場所的適用範囲規定ではなく、統一実質法規定それ自体である[23]。

つぎに、統一私法が実質国際私法の性質を持つか否かを判断するための基準は何かというと、ボエルは、これを統一私法の趣旨および目的（sense et but）に求める。すなわち、統一私法は、競合する抵触規定を排除する意図を持つ場合に限り、実質国際私法の性質を持つのである。具体的には、第1に、この意図は、ハーグ売買法2条のような明文の規定によって確かめうる[24]。第2に、たとえ明文の規定がなくても、ある事項については実質規定が置かれ、他の事項については抵触規定が置かれている場合には、かような規定の仕方から間接的に、実質規定の対象となる事項について抵触規定を排除する、という意図を

頁以下、71頁以下も参照。

22) ボエルによれば、これは、たとえば子に対する扶養義務の準拠法に関する1956年10月24日のハーグ条約のような抵触法条約において、位置づけの要素が適用要件とされた場合と同じであるとする。同条約6条参照。

23) 以上については、Bauer, *op. cit.*, n. (14), p. 554 et suiv.

24) ハーグ売買法2条「国際私法の規定は、本法に別段の定めがない限り、本法の適用に関しては排除される」。本条については、沢木・前掲注(1)116頁以下、斎藤・前掲注(1)30巻3号65頁以下、石黒・前掲注(2)22頁以下参照。

確かめることができる[25]。しかし、第3に、この意図は、反対の趣旨の規定がない限り、一般的に推定しうる。なぜなら、抵触規定の排除こそが統一私法の目的だからである。この場合、位置づけの要素は、抵触法的方法の要求（les exigence）と実質法的方法の利点（les avantages）とを妥協させる技術的手法にすぎない[26]。

しかしながら、ボエルによれば、以上に述べたような基準は、位置づけの要素を適用要件とする万民法型統一私法にのみ当てはまるのであって、かような要素を欠く万民法型統一私法には当てはまらない。すなわち、普遍的な適用（l'application universelle）を要求する統一実質法規定は、一般に実質国際私法の性質を持つとは推定されない[27]。何よりも国際私法における通常の方法は、抵触法的方法であることを想起しなければならない。これに対して、実質法的方法は、個別的に採用されるにすぎない。それゆえ、位置づけの要素を欠いた統一私法に実質国際私法の性質を付与することは、各国の実質法間の独立および平等を無視し、国際私法上の正義と実質法上の正義とを混同するものと言える[28]。

以上がボエルの実質国際私法説の概略であるが、それは一国独自の立場から制定された渉外実質法の考察から出発して、これを国際的合意にもとづく渉外実質法に当てはめている点が興味深い。しかし、そのためにまた、場所的適用

---

25) たとえば、ボエルは、鉄道物品運送に関する1952年10月25日のベルヌ条約を挙げている。

26) 以上については、Bauer, *op. cit.,* n. (14), p. 559 et suiv. なお、ボエルは、仮に国際航空運送に関するワルソー条約が抵触法的方法によったとしたら、2条は、次のように書き換えることができるとする。「出発地及び到達地が二の締約国の領域にある場合、準拠法は到達地国の法である。本条約にいう準拠法とは、以下に定められた実質規定の総体である」。しかし、かような抵触規定によれば、他の締約国との連結を理由として統一法が適用されるべき場合には、訴訟法上外国法として扱われるため、不都合であるとしている。

27) ただし、ハーグ売買法2条のような明文の規定がある場合には、結局、実質国際私法の性質を認めざるを得ないということは、ボエルも指摘している。

28) 以上については、Bauer, *op. cit.,* n. (14), p. 566 et suiv.

範囲規定の役割が不当に軽視されているようにも思われる。なぜなら、実質国際私法規定が直接に渉外的私法関係に適用されているように見えたとしても、それは無制限ではありえず、とりわけ万民法型統一私法においては、場所的適用範囲規定がその他の規定の渉外関係への適用を規律しているからである。また、ボエルのいう「位置づけの要素」が全く国際私法上の意味を持たないのであれば、なにゆえ抵触法的方法と実質法的方法とを妥協させる手段として、かような要素が必要であるのか、その点でも論旨が一貫していないように思われる。

3　第三の規範説

ヴィッタは、前述のように、万民法型統一私法を抵触法的方法に対する補足的方法にすぎないとするが、より詳しく述べれば、補足的方法には、「必須的適用規範（normes d'application nécessaire）」の方法および「特別実質法規範（normes matérielles ad hoc）」の方法がある。後者はさらに、一国の立法者または裁判官が創設した「国内起源の（d'origine interne）」特別実質法規範、および条約を批准した結果として国内法に取り入れられた「国際起源の（d'origine internationale）」特別実質法規範に分けられる。したがって、万民法型統一私法は、結局のところ、国際起源の特別実質法規範に属する[29]。

---

29) 以上については、Vitta, *op. cit.*, n. (13), p. 118 et suiv., 126 et suiv.
　　ヴィッタは、必須的適用規範の方法が採用された例として、次のものを挙げる。①国際私法上の特別留保条項。イタリア航行法9条によれば、海上労働契約は、常にイタリア法による。また同法12条によれば、公海における異国籍船舶間の衝突も、常にイタリア法による。②実質法中の規定。イタリア民法116条2項によれば、重大な婚姻障害に関する85条以下の規定は、イタリアで挙行された外国人間の婚姻にも適用される。フランス民法311条の15によれば、嫡出および非嫡出子の地位の取得については、常にフランス法が適用される。海上運送に関するフランスの1966年6月18日の法律によれば、同法は、フランスの港を出発地または到達地とする海上運送に適用される。英国の1971年海上物品運送法によれば、同法は、英国の港を出発地とする海上運送に適用される。著作権保護に関するイタリアの1942年4月22日の法律185条によれば、同法は、最初にイタ

ところで、必須的適用規範および特別実質法規範は、いずれも法廷地実質法の一部である。しかし、前者は、法廷地の他の実質法規範と同様に国内事件にも適用されるのであって、あくまで国内的な利益（un intérêt foncièrement national）を考慮した結果、通常は他国の法に従うべき渉外関係にも適用されるという点において、他の実質法規範と異なるにすぎない。これに対して、後者は、あくまで国際的な利益（un intérêt foncièrement international）のために、とくに渉外関係に適した規律を行おうとしているのであるから、法廷地の他の実質法規範とは本質的に異なっている。その意味において、前者は、通常の法廷地実質法（lex fori ordinaire）であるが、後者は、特別の法廷地実質法（lex fori spéciale）であると言える[30]。

ヴィッタは、以上のような違いを主張しつつも、同時に共通点も認めている。それは、これらの規範の渉外関係への適用が抵触規定によらず、「適用規定（les règles d'application）」という独自の規定による点である。すなわち、必須的適用規範および特別実質法規範は、いずれも通常または特別の法廷地実質法が適用されるべき旨を定めた「適用規定」が存在することにより、初めて渉外関係への適用が可能となる。したがって、これらの規範の直接適用というものはなく、明示的にせよ黙示的にせよ、立法者の適用意思を表した「適用規定」の存在が、常に確認されなければならない[31]。

そこで、必須的適用規範の方法および特別実質法規範の方法が抵触法的方法

　　　リアで公表されたイタリア人またはイタリア在住外国人の著作に適用される。西ドイツの競争制限禁止法98条2項によれば、同法は、西ドイツに効果を及ぼす競争制限に適用される。③労働契約、為替管理などの法規の適用に関する判例法。
　　　また、ヴィッタは、国内起源の特別実質法規範の方法が採用された例として、次のものを挙げる。①立法によるもの。外国への訴状送達の期間延長、外国人と自国民との間の婚姻または外国人間の婚姻の公告、軍人および海員の国外における遺言の方式など。②判例によるもの。親子関係、養子縁組、離婚などにおける本国法の累積適用、適応問題における実質国際私法的解決、国家の仲裁契約締結能力、主たる契約からの仲裁条項の独立性、金約款の効力の承認。
　30）　以上については、Vitta, *op. cit.,* n. (13), p. 128 et suiv., 138 et suiv.
　31）　以上については、Vitta, *op. cit.,* n. (13), p. 138 et suiv.

に対し独自の存在であるのは、「適用規定」がこれらの規範の渉外関係への適用を独自の方法で定めているからであり、それゆえ国際私法体系への位置づけが問題となるのは、この「適用規定」のみである。ヴィッタは、このように述べて、次に「適用規定」と抵触規定との違いを考察する。

　すなわち、「適用規定」は、たしかに抵触規定と同様の連結概念を使って、必須的適用規範および特別実質法規範の適用を定めている。しかし、抵触規定の機能が結局のところ、当該事件と関連のある法の中から準拠法を選択することにあるのに対して、「適用規定」は、かような選択を行っていない。それは、ただ一国の法が他のすべての国の法を排して適用されるべき旨を定めているにすぎない。したがって、かような規定を抵触規定と同一視しようとする試みは、受け入れ難く、おそらく新しい現象を伝統的メカニズムの領域に押し戻そうとする傾向から来るものであろう。

　しかし、以上のような違いにもかかわらず、「適用規定」は、その二重の機能を見るならば、抵触規定とともに国際私法体系に属することが分かるであろう。すなわち、積極的機能としては、「適用規定」は、必須的適用規範および特別実質法規範の適用を根拠づけている。しかし、それによって同時に、消極的機能としては、抵触規定（および抵触法的方法）を排除している。したがって、「適用規定」は、この消極的機能により、抵触規定を押しのける形で国際私法体系に入ってくる[32]。

　以上、ヴィッタの説を見てきたわけであるが、そこで述べられた「適用規定」は、実質法規範および抵触法規範のいずれからも区別されているのであるから、これは「第三の規範説」とでも言えよう。そして、抵触法的方法の補足的方法として、必須的適用規範の方法と特別実質法規範の方法とを区別しながらも、それらの適用の根拠となる「適用規定」が抵触規定に対し共通の独自性を持っていることを強調している点は、注目に値する。

　しかし、その「適用規定」の説明には疑問がある。なぜなら、ヴィッタによ

---

32) 以上については、Vitta, *op. cit.*, n. (13), p. 143 et suiv.

れば、「適用規定」はあたかも実質法の適用意思だけを表しているかのように見えるからである。しかし、少なくとも万民法型統一私法においては、通常、締約国と全く関連のない渉外事件に対し統一私法規定が適用されるべきではないとされているのであるから、そこでは非締約国の法をも含めて、当該渉外事件と関連のある法の中から選択が行われていることになる。したがって、「適用規定」というような第三の規範を考える必要があるのか、そこにまず疑問が感じられる。

また、ヴィッタによれば、万民法型統一私法は、「適用規定」を介してのみ、渉外的私法関係に適用されることになるが、とくに渉外関係に適した規律を行おうとしているからといって、それだけで通常の抵触規定を排除する根拠となり得るのかという疑問がある。すなわち、「適用規定」が一定の渉外関係において統一実質法の適用を定めていたとしても、それは、単に通常の抵触規定によって指定された準拠法秩序内部において、既存の内国実質法との適用範囲を画しているにすぎない、と解釈することもできる。したがって、万民法型統一私法が通常の抵触規定によって渉外関係に適用される可能性も否定することはできない。

4　混合規範説　その1

ドイツにおける混合規範説の流れは、レムヘーファーに始まる。すなわち、レムヘーファーは、いわゆる場所的適用範囲規定の内部に2つの相異なる規範を見出そうとする。それによれば、複数の国家との関連を求める部分は、締約国の国内関係における「内側への（nach innen）」制限であり、これに対して、締約国との関連を求める部分は、非締約国との関係における「外側への（nach außen）」制限である。したがって、両者は区別しなければならない。そして、外側への制限だけが、「本物の、しかし『不完全な』（一方的）抵触規範（eine echte, allerdings "unvollkommene" (einseitige) Kollisionsnorm）」であるとする。しかし、レムヘーファーの考察は、むしろ内側への制限の立法論に向けられている

ため、外側への制限については、それ以上言及されていない[33]。

つぎに、クロポラーも、場所的適用範囲規定が2つの相異なる機能を持つことから、それぞれを「国際性決定限界規範（internationaliätsbestimmende Abgrenzungsnormen）」ないし「抵触法的限界規範（kollisionsrechtliche Abgrenzungsnormen）」と呼ぶことを推奨する[34]。すなわち、かような限界規範の機能は、表面的には、統一法の適用を受けるべき渉外関係を、今後も固有の内国法に従うべき国内関係から区別することである。しかし、さらに裏には、所定の渉外事件において、統一規則が（固有のまたは統一された）抵触法の介入なしに適用されるべき旨の規定が隠れている。したがって、限界規範は、国際性決定機能だけでなく、抵触法的機能をも営むので、一般の抵触規範に対し特別法（lex specialis）として優先する[35]。

---

[33] 以上については、Lemhöfer, a.a.O., Anm. (15), S. 411 ff. さらにレムヘーファーは、次のような例を挙げて、外側への制限と内側の制限の区別を説明している。すなわち、航空機の差押に関する1933年5月29日の条約9条、航空機による地上損害に関する1933年5月29日の条約20条および航空機に対する物権の承認に関する1948年6月19日の条約11条は、それぞれの統一実質法規定が「すべての締結国の領域において、他の締約国で登録された航空機に対し」適用されるべき旨を定めている。このうち外側への制限は、他の「締約国」という部分であり、内側への制限は、「他の」締約国という部分である。

[34] Kropholler, a.a.O., Anm. (3), S. 190 f. クロポラーは、かような限界規範の名称を次のように分類する。①一方的抵触規範。限界規範の抵触法的内容は表されているが、伝統的な抵触規範と異なり、同時に渉外関係の決定も行っていることが表現されていない。②限界規範または適用規範。事項的適用範囲および人的適用範囲を定めた他の規範に対する独自性が明らかにされていない。③場所的適用規範。同時に事項的適用範囲にも関係することが示されていない。そこで、本文のような名称になるわけであるが、クロポラーの推奨する名称も、長すぎるという欠点を持っているように思われる。なお、レムヘーファーが「一方的抵触規範」と述べているのは、外側の制限についてだけであり、内側への制限も合わせたものとしてではない。

[35] Kropholler, a.a.O., Anm. (3), S 189 f. クロポラーは、かような限界規範の例として、次のものを挙げている。国際道路運送契約に関する1956年5月19日の条約（CMR）1条1項、国際航空運送に関する1929年10月12日のワルソー条約

クロポラーは、さらに抵触法的限界規範の適切な形成のためには、国際性決定機能と抵触法的機能とを明白に区別すべきであるとして、次のような立法論を展開している。

まず、国際性決定のためには、少なくとも2つの国家との関連、したがって2つの連結素を定めなければならない（たとえば、出発地と到達地、荷送人の営業所所在地と荷受人の営業所所在地）。しかし、国際私法上の問題が生じうる法律関係を広く取り込むつもりであるならば、出来るだけ多くの連結素を使わなければならない。これに対して、通常の抵触規範は、一般に1つの連結素だけを使って、事案と最も密接な関連を有する法を指定する。したがって、統一法は、最も密接な関連が締約国との間に存在する場合は、当然適用されるべきである。

しかし、万民法型の統一私法は、広範な比較法的考察にもとづき、とくに渉外事件に合わせて作成されているのであるから、単に「密接な関連（eine enge Berührung）」があるだけでも、適用することが望ましい（たとえば、出発地または到達地が締約国にある場合）。したがって、関連法秩序間の平等という国際私法の一般的原則は、ここでは統一法の優先適用のために破られる。国際的な判決の不調和は、この範囲内では、まだ甘受されるべきであろう。

もっとも、事実関係と締約国との間に重要な関連が全くない場合は、統一法を受け入れなかった非締約国の決定の尊重（Respekt）および国際的な判決の一致への希求（Wunsch）により、統一法の適用を差し控えるべきである。他方において、統一法の適用を複数の締約国との密接な関連がある事案に限定するのは、一般に行き過ぎである。なぜなら、国際的な判決の調和のためには、元来1つの締約国と最も密接な関連があるだけで十分であるし、相互主義を要件とすることは、ほとんどの場合に望ましくないからである[36]。

1条、鉄道旅客運送に関する1970年2月7日の国際条約（CIV）1条、鉄道物品運送に関する1970年2月7日の国際条約（CIM）1条、船舶衝突に関する1910年9月23日の条約12条、海難救助に関する1910年9月23日の条約15条、航空機による地上損害に関する1933年5月29日の条約20条、経済相互援助協議会（いわゆるコメコン）作成の商品の引渡に関する一般条項序文。

以上のようなレムヘーファーおよびクロポラーの見解は、ボエルと異なり、場所的適用範囲規定を2つの要素に分解するだけではなく、それぞれに相異なる別々の機能を見出した点に特徴がある。しかし、かような区別は、立法論を展開する上では有益であるかもしれないが、はたして場所的適用範囲規定の法的性質を正確に捉えているのかは疑問である。なぜなら、場所的適用範囲規定の文言だけみれば、それは、レムヘーファーのいうところの「内側への制限」にすぎないからである。そして、その「内側への制限」を通してのみ、その裏に、締約国の法が一定の渉外関係に適用されるべき旨の「外側への制限」が読み取れるのである。したがって、複数の国家との関連を求める要素と締約国との関連を求める要素とは、それぞれが別々の機能を営むのではなく、むしろ2つの要素が相まって、国際性決定機能と抵触法的機能とを営んでいる。また、クロポラーは、「限界規範」という用語と「抵触規範」という用語を意識的に使い分けており、前者は後者を排除するけれども、本質的に異なった種類の規範である、と考えているようである。したがって、限界規範は、抵触規範に対し「特別法」ではあるが、特別抵触規範ではない、ということになる。この点で、クロポラーの見解は、ヴィッタの「第三の規範説」に近くなっており、それゆえ、ヴィッタに対する疑問点の幾つかは、クロポラーにも当てはまる。

5　混合規範説 その2

　シューリッヒおよびノイハウスの見解も、同様に混合規範説と言えるが、場所的適用範囲規定を2つの要素に分けない点で、レムヘーファーおよびクロポラーとは異なっている。まず、シューリッヒによれば、場所的適用範囲規定は、統一実質法規定を、抵触法的には、他国の法に対する法廷地法の構成部分として、また実質法的には、同一法秩序内の他の法規に対する渉外関係のための特別法として、指定するが、これは同一の連結点によって行われている。したが

---

36)　以上については、Kropholler, a.a.O., Anm. (3), S. 191 ff.

って、それは「抵触法的連結と実質法的連結の重複（Überlagerung von kollisionsrechtlicher und sachrechtlicher Anknüpfung)」である[37]。またノイハウスは、場所的適用範囲規定が抵触規範と実質規範の限界上にあるとする。すなわち、かような規定は、渉外関係のための特別法と通常の内国法との間の限界画定を行う限りでは、実質法に属するが、他方において、通常の国際私法によって指定された準拠法の適用を排除する点では、抵触法に属する。そして、ほとんどの場合には、2つの機能が1つの規定によって同時に営まれているのである[38]。

つぎに、シューリッヒおよびノイハウスは、場所的適用範囲規定が抵触法的機能を営む場合に、これを「特別抵触規範」とする。すなわち、ヴィタおよびクロポラーと異なり、第三の規範なるものを認めない。まず、シューリッヒによれば、場所的適用範囲規定は、「特別抵触規範（besondere Kollisionsnorm)」の資格において、通常の抵触規範を排除する。すなわち、この場合、統一実質法規定は、通常の実質法規定の適用を決定するのとは異なった形態の抵触規範によって指定されているにすぎず、それは決して国際私法体系にとって異質ではない[39]。またノイハウスは、抵触規範および実質規範以外に「第三の規範

---

37) K. Schurig, Kollisionsnorm und Sachrecht, 1981, S. 233. シューリッヒの理論の全体については、河野俊行「シューリッヒの国際私法理論について(1)(2)完」法学論叢115巻3号51頁以下、115巻5号50頁以下参照。

38) P.H. Neuhaus, Die Grundbegriffe des lnternationalen Privatrechts, 2. Aufl., 1976, S. 98. 同書の日本語訳としては、櫻田嘉章「パウル・ハインリッヒ・ノイハウス著『国際私法の基礎理論』第2版(1)～(8)（未完)」北大法学論集30巻2号123頁、30巻3号71頁、33巻5号87頁、33巻6号175頁、34巻1号183頁、34巻2号201頁、34巻3・4号229頁、34巻5号175頁。

39) Schurig, a.a.O., Anm. (37), S. 233 f. シューリッヒは、クロポラーと異なり、名称と機能を一致させるべきであるとする。すなわち、国際私法は、「本来の場所的国際的抵触法（das eigentliche räumlich-internationale Kollisionsrecht)」と同一視されるべきであり、それゆえ、様々な国家法秩序の法規群の中から準拠すべき法規を選択する規範である。これに対して、実質法は、問題を自ら解決し、対立した実質法的利益を直接かつ終局的に判断する規範である。それゆえ、実質規範が構成要件を定めるために「連結」の方法を使ったとしても、それは単に、同一法秩序内の実質規定間の適用範囲を定めたものにすぎない。Ders., S. 230. 要す

(ein Terium)」というものは存在しないとする。したがって、「実質国際私法 (materielles IPR)」、「国際私法上の実質規範 (Sachnormen im IPR)」、「直接適用規定 (règles d'application immédiate)」などと呼ばれるものは、むしろ「独自の（明示または黙示の）一方的抵触規範を持った実質規範 (Sachnormen mit einer eigenen (ausdrücklichen oder stillschweigenden Kollisionsnorm))」と呼ぶほうが望ましい。かような規範は、抵触法そのものを排除するのではなく、単に通常の抵触規範を「特別の抵触規範 (spezielle Kollisionsnormen)」に置き換えているにすぎない[40]。

しかしながら、シューリッヒおよびノイハウスの見解は、詳細にみると、かような特別抵触規範の存在を認める根拠をめぐって、大きく対立している。それは、国際私法に対するアプローチを事実関係の側から行うのか、それとも法規の側から行うのかによって異なってくるように思われる。

まず、ノイハウスによれば、事実関係の側からのアプローチは、法規の側からのアプローチに対し、次の3つの長所を有している。第1に、法規の側からのアプローチは、往々にして個々の法律および立法者の意思を前面に押し出しがちである。したがって、この場合には、規律される側の私的法律関係が犠牲にされやすい。これに対して、事実関係の側からのアプローチは、法律関係の中心にある人をまず捉え、この人の利益および意思を特に考慮することになる。しかし、これは、同時に法規の典型的目的をも考慮することを必ずしも妨げるものではない。第2に、法規の側からのアプローチには、実際上の困難がある。なぜなら、法律は、その内容から適用範囲をどのようにでも、いわば「独自に (autonom)」決定することになるからである。それゆえ、私法においては、その法政策目標から、それに応じた適用範囲を決定することは、ほとんど不可能である。第3に、法規の側からのアプローチは、国際的な判決の調和をより困

るに、国際私法と実質法を明白に分断し、グレー・ゾーンを失くそうとしているのである。本文のような特別抵触規範説について、シューリッヒは、クロポラーがおそらく同意見であろうとしているが（Ders., S. 234, Fn. 82）、厳密に言えば、両者は基本的な発想が異なる。

40) Neuhaus, a.a.O., Anm. (38), S. 105 f.

難にする。なぜなら、実質法規定は国によって異なるので、結局、各国家は、他とは異なった自国法にもとづいて国際私法規範を創設することになるからである。これに対して、具体的な事実関係は、いずれの法律によって判断されようとも、それ自体は変わらないから、事実関係の側からのアプローチは、国際的な判決の調和を害さないで済む[41]。

　以上のように、ノイハウスは、原則として事実関係の側からのアプローチが優先すべきであるとする。すなわち、形態としては法規の側から規定された抵触規定もまた、観点においては事実関係の側から考察されなければならないのである。それは、ノイハウスの次のような主張からも分かる。「法律がどのような適用範囲を自ら欲しているのかを問うのではなく、法律にどのような適用範囲を割り当てるかを問う場合にのみ、法律の側からの問題設定と事実関係の側からの問題設定とが論理的に等価値となるのである。サヴィニー（Savigny）は、この割り当てに際して、明らかに法律の内容よりも人の『服従』の方に目を向けている。すなわち、主体の側から、それゆえ、やはり事実関係の側から出発しているのである」[42]。

　これに対して、シューリッヒは、以上のような2つのアプローチには、いわば「暗黙の連想（eine stillschweigende Gedankenverbindung）」が働いているとする。すなわち、事実関係の側からのアプローチには、多辺主義（および双方的抵触規範）が結びつけられ、法規の側からのアプローチには、一辺主義（および一方的抵触規範）が結びつけられている。しかし、事実関係の側からのアプローチにおいて、準拠法を独自に決定することができるのと同様に、法規の側からのアプローチにおいても、その適用範囲を独自に決定することができるはずである。したがって、いずれのアプローチにおいても、まず連結点を独自に決定することが重要である。そして、この場合にのみ、一方は他方の反面（die

---

41) Neuhaus, a.a.O., Anm. (38). S. 30 ff.

42) P. H. Neuhaus, Abschied von Savigny?, 46 RabelsZ (1982), S. 8 f. 同論文の紹介としては、櫻田嘉章「サヴィニーの国際私法理論(4)完」北大法学論集35巻3・4号40頁以下がある。

Kehrseite) となる[43]。

　また、ノイハウスは、2つのアプローチの比較において、個人の利益および国際的な判決の調和を相対的に重視しているが、シューリッヒは、すべての利益を自由に評価しなければならないとする。すなわち、自律主義 (Autonomismus) こそが国際私法の有意義かつ必要な発展を促すのである。したがって、自律主義においては、国際的な判決の調和も、考慮されるべき利益のひとつにすぎない。それは、他の利益のほうが重要と思われる場合には、いつでも後退しなければならない。また、立法者の適用意思も、最初から無視されるわけではない。これも他の抵触法的利益と同様に評価されなければならない。ただし、ほとんどの場合に、これはすでに一般的な種類の抵触法的利益の中に含まれており、いずれにせよ、その段階で法発見の対象となっていることが多い。このように自律主義的な基本態度をとった場合にのみ、国際私法的正義が実現されるのであり、そして、それだけが抵触法の「国家性 (Staatlichkeit)」に対する有効な解答となる[44]。

　以上のように、ノイハウスとシューリッヒとでは、特別抵触規範の意味が異なっていると思われる。すなわち、ノイハウスにおいては、特別抵触規範は、通常の抵触規範と同じく事実関係の側から考察される限りにおいてのみ、抵触法体系の中に取り込まれる。したがって、それは遠い将来における両者の一致、さらには国際的な判決の調和を目指しているものと言えよう[45]。これに対して、シューリッヒにおいては、特別抵触規範は、法規の側からも事実関係の側からも、どちらからもアプローチしうる点において、通常の抵触規範と全く異ならない。すなわち、抵触法的利益衡量の結果、特別抵触規範のほうが望ましいと判断されているにすぎないのであるから、その存在は、完全に抵触法体系と調和するのである[46]。

---

43) Schurig, a.a.O., Anm. (37), S. 90 f.
44) Schurig, a.a.O., Anm. (37), S. 190 ff.
45) Neuhaus, a.a.O., Anm. (38), S. 106 f., 54 f.; Ders., a.a.O., Anm. (42), S. 16.
46) Schurig, a.a.O., Anm. (37), S. 169, 233 f.

6　私　　　見

　以上において、万民法型統一私法を「国際的合意にもとづく渉外実質法」とみる見解を紹介し終えたわけであるが、かような考え方に対し批判がないわけではない。たとえば、リゴー（Rigaux）は、万民法型統一私法が必ずしも渉外実質法であるとは限らないとする。すなわち、統一実質法規定の適用が渉外的私法関係に限定されるのは、単に適用規定の結果にすぎない。それゆえ、締約国は任意に、統一実質法規定の適用を純粋国内的私法関係にまで拡げることができる。したがって、統一実質法規定は、かような適用範囲の拡張を許さない場合にのみ、渉外実質法規定となる[47]。

　また、ケーゲル（Kegel）は、さらにリゴーより一歩進めて、万民法型統一私法が渉外実質法である可能性を全面的に否定する。すなわち、統一私法の適用が渉外関係に限定されるのは、とくに渉外関係に適した規律を行おうとしているからではない。それは、むしろ法統一の過程における妥協の産物にすぎない。すなわち、統一法が内国法に完全に取って代わる、という世界統一私法がすべての締約国に受け入れられるとは限らないので、やむを得ず、内国法の適用の余地を残した万民法型統一私法が採用されたにすぎない。それゆえ、締約国が任意に万民法型統一私法の適用を純粋国内的私法関係にまで拡げることも、稀ではないのである[48]。

　以上のようなリゴーおよびケーゲルの批判は、どちらも万民法型統一私法の適用が純粋国内的私法関係にまで拡張しうる点を重視しているように思われる。

---

47) Rigaux, *op.cit.*, n. (7), p. 240. なお、リゴーは、「実質国際私法（droit international privé matériel）」を「事の性質上、国境を越えた事実関係を規律する」ものと定義しているので、ここでは、それを本文のように「渉外実質法」と訳しておいた。

48) G. Kegel, Die selbstgerechte Sachnorm, in: E. Jayme/G. Kegel (Hersg.), Gedächtnisschrift für Albert A. Ehrenzweig, 1976, S. 64.

しかし、かような考え方は、あたかも渉外実質法が渉外的私法関係にのみ適した規律を行う法であるかのごとくみており、定義の仕方としては狭すぎるであろう[49]。また、リゴーおよびケーゲルは、以上のように述べながらも、適用規定が抵触法的方法を排除するとか[50]、場所的適用範囲規定が実質規範であると同時に国際私法上の抵触規範でもありうるとする[51]。しかしながら、万民法型統一私法が渉外実質法ではないとするのであれば、かような適用規定や特別抵触規範の存在根拠は、どこに求められるのか、それが明らかにされていない。その意味において、万民法型統一私法を「国際的合意にもとづく渉外実質法」とみる見解は、統一私法と国際私法の関係について、ひとつの新しい視点を提供してくれるのである。

さて、かような考え方の中においても、一方においてヴィッタおよびボエルのような方法的多元論にもとづく見解があり、他方においてシューリッヒおよびノイハウスのような一元論にもとづく見解があった。そして本稿は、とくに方法的多元論の全体を対象としているのではないため、その意義を十分に検討しえたとは言い難い。しかし、それぞれの箇所ですでに指摘しておいたように、多元論的構成には若干の疑問が感じられる[52]。そこで、以下においては、一

---

49) 秌場・前掲注(11)19頁は、渉外実質法を「当初より渉外的な生活関係・法律問題に適用されることを目的として、制定せられた実質規定の集合体」と定義しており（傍点省略）、私見もこれに賛成する。なお、後述のように、渉外実質法であることが当然に通常の抵触規範に影響を及ぼすわけではないので、結局、それは、特別抵触規範の必要性を検討するにあたって考慮されるべきファクターのひとつにすぎない。

50) Rigaux, *op. cit.*, n. (7), p. 237 et suiv. なお、リゴーは、かような「適用規定（règles d'applicabilité)」が管轄の抵触に関する条約や抵触法条約の適用範囲を定めた規定と類似しているとする。

51) Kegel, a.a.O., Anm (48), S. 64 f. Vgl. auch Ders., Buchbesprechung (H-J. Puttfarken, Beschränkte Reederhaftung: Das anwendbare Recht), 47 RabelsZ (1983), S. 540.

52) ノイハウスも、方法的多元論に対し疑問を投げかけている。すなわち、「渉外的な事案のための特別法（Sonderrecht für Fälle mit Außenbeziehungen)」を国際

元論の立場から私見を述べたい。

　第1に、統一実質法が通常の抵触規範によるのとは異なった形態で渉外的私法関係に適用されるとしたら、それは抵触法的方法が排除されているのではなく、単に特別の抵触規範が通常の抵触規範を排除しているにすぎない。なぜなら、結果的には統一実質法の適用範囲が拡張されるが、かような適用範囲の拡張は無制限ではありえず、そこには事実関係と締約国との間に一定の密接な関連が必要とされるからである。そして、ここでいう「密接な関連」とは、万民法型統一私法が国際的合意にもとづくからといって、国際公法上の意味での国家管轄の問題ではなく、また実質法的解決の特殊性のゆえに、事項的適用範囲の問題と同列に扱われるものでもない。それは、まさしく抵触法上の問題なのである。すなわち、抵触法上の意味での密接な関連が求められているからこそ、特別抵触規範の妥当性が認められるのである[53)54)]。

　　私法理論に取り込むことは、かかる特別法と他の私法との憂慮すべき分断およびかかる特別法の学問的孤立化をもたらすことになる、と言うのである。ただし、指定法（Verweisungsrecht）としての国際私法には、固有の学問としての性格が維持されるべきであるとしつつも、かかる特別法の存在も考慮されるべきであるとする。Neuhaus, a.a.O., Anm. (38), S. 28 f.

53)　烁場説も同じく、これを「特別抵触規定」と呼ぶが、その意味内容は、私見と大きく異なる。第1に、烁場説は、基本的に方法的多元論に基づいている。「準拠法の選択・指定に関する準則を設ける、いわゆる抵触法的方法が、渉外的生活関係を規律する、ただ1つの可能な・最も適切な方法である、と断言することは必ずしも常に正当であるとは限らない。それは単なる1つの方法に過ぎないのである。特定の問題または問題領域について、抵触法的あるいは実質法的、そのいずれの規律方法に依ることが最適か。かりに両者を併用するとして、いずれを基調とすべきか、いずれを優先すべきか……。今日の問題状況はこれである。まさに、方法的多様性を認めることが当然の前提なのである」（傍点省略）。前掲注(11)19頁。第2に、烁場説が主張する「特別抵触規定」は、通常の抵触規定とは本質的に異なった第三の規範といえる。「渉外実質規定が一般の抵触規定に関係なく優先的に適用される外観を呈することがあったにせよ、それがおよそ全ての抵触規定と関係なく、いずれの抵触規定からもその適用根拠を与えられることなく、適用されるなどということはありえない。たしかに、それは一般の抵触規定—通説はこれを国際私法と呼ぶ—に依って適用の根拠を与えられるものでは

第2に、かような特別抵触規範の存在は、通常、いわゆる場所的適用範囲規定の中に見出される。しかしながら、場所的適用範囲規定は、同一の連結点によって、抵触法的機能と実質法的機能とを同時に営みうるので、それが両方の機能を営んでいるのか、それとも実質法的機能しか営んでいないのかは、規定の文言から直ちに明らかになるとは限らない。そこには、規定の解釈の必要性が生じてくる。しかし、この場合に、ボエルのいうような統一実質法の「趣旨および目的」、ヴィッタのいうような立法者の適用意思などによって、抵触法的機能を付与しうるのかは疑問である。むしろ、特別抵触規範の必要性および通常の抵触規範との比較こそが問題とされるべきである。

　そこで具体的には、個々の統一法毎に解決されるべき問題ということになるが、あえて一般的に述べるとすれば、次のようになるであろう。まず、事実関係の側からのアプローチは、通常の抵触規範の維持の方向に有利に働く。なぜなら、統一実質法の規律対象は、既存の内国実質法のそれと同じだからである。すなわち、両者は同じ性質を持った事実関係を対象としており、ただ万民法型

　　　ない。その限りでは抵触規定と関係がないといってもよい。しかしながら、それとは別個・独立の特別な抵触規定の、いわば、下に立たねばならないのである。この特別抵触規定の内容に対応し、一般抵触規定に依って指定される準拠法にあるいは優先し、あるいは選択的に、あるいは補充的に、適用されることとなる。そして、そのような特別抵触規定の内容を定めるのは、当該の渉外実質法を制定した趣旨・目的なのである。この趣旨・目的は、別の観点からすると、当該の渉外実質法の法廷地における適用に関する強行性または必然性の有無や程度を規定する」（傍点省略）。前掲注(11)20頁。以上のような炑場説は、ヴィッタの見解に近いように思われる。

　54）ここでは、国際私法と同一視されるべき「本来の場所的国際的抵触法（das eigentliche räumlich-internationale Kollisionsrecht）」のみを問題とする。Vgl. Schurig, a.a.O., Anm. (37), S. 230. 前述注(39)も参照。なぜなら、その他にも、人際法、時際法、体系際法などが抵触法の種類として挙げられるが（G. Kegel, Internationales Privatrecht, 4. Aufl., 1977, S. 13 ff. 山田・前掲注(2) 12頁以下）、これらは相互に影響し合わないからである。これに対して、ここで述べられた「特別抵触規範」は、国際私法上の一般抵触規範を変更ないし排除するのであるから、同じ場所的国際的抵触法に属すると考えられる。

統一私法においては、その規律の範囲が渉外関係に限定されていること、および規律の方法が異なるにすぎない[55]。一方、法規の側からのアプローチは、特別抵触規範の必要性を訴えかけてくる。なぜなら、ヴィッタのいうような特別実質法規範としての性質、さらには必須的適用規範としての性質も場合によっては考慮するならば、通常は他国の法に従うべき渉外関係にも統一実質法が適用されるべきであるからである。そして、この場合にのみ、場所的適用範囲規定の中で定められた事実関係と締約国との間の「密接な関連」が抵触法上の意味を持つことになるのである[56]。

最後に、特別抵触規範は、ある意味において、場所的適用範囲規定の中に「隠れている」と言える[57]。なぜなら、場所的適用範囲規定の文言は、統一実質法規定のみを指定しているのに対して、その抵触法上の効果は、締約国の法秩序全体の指定であるからである[58]。したがって、場所的適用範囲規定は、まず抵触法的機能の結果として締約国の法秩序全体を指定し、つぎに実質法的機能の結果として統一実質法規定を指定している。そして、これらがすべて同じ連結点によって行われているのである。その意味においても、場所的適用範囲規定は、2つの機能を営んでいるが、両者は、明白に区別されるべきである。

以上、場所的適用範囲規定を特別抵触規範として構成した場合の問題点を、概略まとめてみた。しかし、そこには、事実関係の側からのアプローチによるのか、それとも法規の側からのアプローチによるのか、という国際私法の根本問題が含まれていた。そして本稿では、かような根本問題を主として扱おうと

---

55) かような観点からは、場所的適用範囲規定は実質法的機能しか営まないことになる。Bauer, *op. cit.*, n. (14), p. 557; Kegel, a.a.O., Anm. (48), S. 67.

56) ただし、念の為に付け加えておけば、通常の抵触規範と特別の抵触規範の間に質的な違いは存在しない。Vgl. Schurig, a.a.O., Anm. (37), S. 169, 233 f. さらに、前述注(54)も参照。

57) 「隠れた抵触規範（versteckte Kollisionsnorm）」については、Neuhaus, a.a.O., Anm. (38), S. 98 ff. 横山潤「法廷地為替管理法の適用に関する一考察」一橋論叢 78巻6号122頁も参照。

58) Vgl. Neuhaus, a.a.O., Anm. (38), S. 100 f.

しているわけではないので、一応の仮説に立ちながら、当面の課題に取り組んだにすぎない。また、以上の問題点の他にも、統一私法プロパーの観点からは、たとえばレムヘーファーのいうように、締約国の全体をあたかも１つの統一国家のように扱えるのか[59]、それとも、ヴィッタのいうように、むしろ最終の結果に着目して、相異なる法秩序のそれぞれに、特別の実質法が生成したとみるべきであるのか[60]、という問題がある。しかし、かような締約国間の問題は、統一私法規定の解釈をいかに行うべきか、という困難な問題に結びついており、それゆえ、本稿では扱う余裕がなかった。これは残された課題としておきたい[61]。

いずれにせよ、統一私法の価値を絶対的な法の一致に求める限りでは、過去の実績は、必ずしも芳しいとは言い難い。それは、条約による法統一がはたして妥当であるのかを疑問に思わせる程である。しかし、一国独自の立場から制定された渉外実質法の数が少ない、という事実に目を向けるならば、万民法型統一私法は、国際的合意にもとづく渉外実質法として、重大な役割を担っていることになるであろう。かような統一私法の価値を再認識するためにも、渉外実質法という観点は重要である。

---

59) Lemhöfer, a.a.O., Anm. (15), S. 411 f.

60) Vitta, *op.cit.*, n. (13), p. 133.

61) 〔追記〕その後、この問題については、奥田安弘「国内裁判所における統一法条約の解釈」国際法外交雑誌86巻5号36頁〔同・前掲注(9)99頁以下所収〕において、詳細に考察した。同「船荷証券統一条約と国際私法との関係」渡辺惺之＝野村美明編『論点解説・国際取引法』(2002年・法律文化社) 71頁以下〔本書69頁〕も参照。

II 国際海上物品運送法の統一と国際私法の関係
――国際私法は排除されるか――

1 はじめに[1]

　国際私法と統一実質私法の関係というテーマは古くから存在し、すでに1874年には、万国国際法学会（Institut de Droit International）において、両者の二律背反性がマンチーニにより指摘されている。すなわち、実質私法の統一が全世界的規模で達成されたならば、国際私法が不要になる、というのである[2]。ところが、その後、実質私法統一の限界が徐々に認識され始め、今ではむしろ、国際私法の必要性は容易に消失しないとされている[3]。

　しかしながら、実質私法統一の試みは、取引法から身分法まで様々な分野に

---

1) 本稿は、筆者が1982年9月16日にハンブルクで行った講演 "Zur Anwendungsnorm der Haager, Visby und Hamburg Regeln" を大幅に加筆・修正したものである。この講演の内容は、Schriften des Deutschen Vereins für Internationales Seerecht の中のひとつとして、出版された。

2) P.S. Mancini, De l'utilité de render obligatoires pour tous les Etats, sous la forme d'un ou de plusieurs traités internationaux, un certain nombre de règles générales du Droit international privé pour assurer la décision uniforme des conflits entre les différentes législations civiles et criminelles, Clunet 1874, p. 221-239, p. 285-304. Vgl. auch E. von Caemmerer, Rechtsvereinheitlichung und internationales Privatrecht, in: Festschrift für Walter Hallstein, 1966, S. 68. 山田鐐一『国際私法』（1982年、筑摩書房）7頁、池原季雄『国際私法（総論）』（1973年、有斐閣）4頁も参照。

3) 山田・前掲注(2) 8頁、池原・前掲注(2) 6頁参照。法統一の限界については、J. Kropholler, Internationales Einheitsrecht, 1975, S. 167 ff.

おいて、様々な方法で行われているのであるから[4]、これらを一括して国際私法との関係を議論するわけにはいかない[5]。それゆえ、本稿では、これまで頻繁に取り上げられてきた国際海上物品運送法の統一と国際私法の関係に、対象を限定したい。

本論に入る前に、まず国際海上物品運送法統一の歴史を概観しておく[6]。そもそもこの分野における法統一の必要性は、19世紀に入ってから、船荷証券中の免責約款が激増したため、運送人が積荷損害に対しほとんど責任を負わなくなっただけでなく[7]、契約の内容そのものが非常に分かり難くなったことに、端を発する。それに伴って、船荷証券の流通性が著しく阻害されたので、19世紀末から様々な国際団体において審議が積み重ねられた結果、1924年8月25日、ブラッセルで開催された外交会議において、船荷証券統一条約（通称ハーグ規則）が署名されたのである[8]。同条約中の統一規則は、商事過失と航海

---

4) クロポラーは、身分法の分野においても、少なくとも法の調整が必要となりうるとする。Kropholler, a.a.O., Anm. (3), S. 170. そして、その実例としては、失踪者の死亡宣告に関する国連条約（1950年4月6日）、婚姻の意思表示、婚姻適齢および婚姻挙行の届出に関する国連条約（1962年12月10日）、母子関係の確認に関する国際戸籍委員会条約（1962年9月12日）、死亡時期の認定に関する国際戸籍委員会条約（1966年9月14日）、養子縁組に関するヨーロッパ評議会条約（1967年4月24日）、以上5つの条約を挙げている。Ders., S. 173 Fn. 18. また、統一法の法源としては、条約、統一的国内立法、国際機関の内部法、約款法、判例法、一般的法原則を挙げている。Ders., S. 93 ff. 山田・前掲注(2) 6頁以下、池原・前掲注(2) 4頁以下も参照。

5) 高桑昭「国際私法と統一私法」『国際私法の争点』（1980年、有斐閣）16頁参照。

6) 詳しくは、田中誠二＝吉田昂『コンメンタール国際海上物品運送法』（1964年、勁草書房）1頁以下、谷川久「海上物品運送法」ジュリスト781号106頁以下参照。

7) ただし、運送人は、全く責任を負わなかったわけではない。武知政芳「海上物品運送人責任法の基本原理」名城法学27巻3・4号63頁によると、「わが国では、イギリス裁判所が、免責約款を全く放任したために、コモン・ローの運送責任法は全く空洞化していたかに伝えられているが、免責約款に対するイギリス裁判所の態度は、実に節度のあるものであった」とされている。

過失を区別し、航海過失についてのみ運送人の責任を免除するなど、幾つかの責任原則を定める一方、統一規則が定めた以上に、運送人の責任を軽減する約定は、無効としている。かような運送人と荷主との間の妥協案は、多くの国に受け入れられ、1981年末現在で、締約国は79か国を数える[9]。

ところが、ブラッセル条約成立後、コンテナー船の普及および責任限度額の目減りなどの問題が生じてきたので、1968年には、同じくブラッセルで開催された外交会議において、条約改正のための議定書（通称ウィスビー規則）が採択された[10]。ただし、この改正においても、航海過失と商事過失の区別などの基本原則は、変更されなかった。

その後、このように先進国の代表だけが集まって作成した条約に対し、発展途上国の側から異議が申し立てられ、その結果、1978年にハンブルクで開催された国際連合主催の会議において、全く新しい条約（通称ハンブルク規則）が採択された[11]。このハンブルク規則は、従来のいわゆる航海過失と商事過失の区別を廃止し、代わって過失責任の原則を海上物品運送法に導入したため、各方面で議論を呼んでいる[12]。

---

8) Convention Internationale pour l'Unification de Certaines Règles en Matière de Connaissement, signée à Bruxelles, le 25 Août 1924.

9) 内訳は、批准15、加入64、破棄1である。日本は、昭和32年6月13日に「国際海上物品運送法」を制定し、同年7月1日に条約を批准した。

10) Protocol to amend the International Convention for the Unification of Certain Rules of Law relating to Bills of Lading, signed at Brussels on August 25th, 1924 (Brussels, February 23rd 1968). 1977年6月23日に発効した。1981年末現在で、批准8か国、加入8か国であり、本稿の執筆時点において、日本は未加入である。なお、議定書の締約国のうち、1924年条約を破棄したのは、英国のみである。

11) United Nations Convention on the Carriage of Goods by Sea, 1978. 1982年9月1日現在で、批准2か国、加入6か国であり、いまだ発効していない。日本は未加入である。

12) とりわけ保険との関係については、議論がある。たとえば、谷川教授によれば、ハンブルク規則は、航海過失の免責を廃止したことにより、海上保険およびPI保険を前提とした危険の合理的配分を崩してしまい、総体としての運送コストを増加させることになるので、直ちにわが国にとって受け入れ可能な内容のものと

他方、国際私法における最近の発展をみると、伝統的アプローチからの離反が目立つ。たとえば、ある種の法規について、「直接適用」ないし「特別連結」を認めたり[13]、あるいはアメリカの学説の影響を受けて、より積極的に実質法の目的を考慮しようとする見解も現われている[14]。仮に本稿の対象である統一実質私法についても「直接適用」を認めるならば、たとえ統一が全世界的規模における完全なものでなくても、国際私法が排除されることになる。これに対して、もう一方の極として、国際私法の排除を全く認めない見解もある[15]。これによると、統一規則の適用を受ける契約についても、当事者自治の原則が維持されるべきことになる。結論から先に述べると、筆者は、この両極端のど

は考え難いとされる。谷川・前掲注(6)110頁。また、スウェーデン海上保険協会の覚書は、運送人の責任の加重による運賃の増加分が、最終的には消費者物価に対し値上げ圧力をかけるので、結局は荷主、とくに発展途上国の荷主にとって不利益になると結論づけている。東京海上火災保険(株)編『貨物海上保険の理論と実務』（1978年、海文堂）328頁以下。しかし、ハンブルク規則による責任の再分配が、受け入れ難い程の運送コストの増加を招いたり、それが直ちに運賃に反映されるとは限らない。PI保険は、積荷損害に対する責任のみをカバーしているのではない。かような責任は、対人損害、船舶衝突、油濁など様々な損害に対する責任項目の中のひとつにすぎない。たとえば、積荷責任が20～30パーセント増えたとしても、PI保険全体からみれば、保険金支払の増加は、6～9パーセントにすぎないとする試算がある。B. Reynardson *et al.,* The Maritime Carrier's Liability under the Hamburg Rules, in: Festschrift für Rolf Stödter, 1979, S. 16. また、運送人がPI保険のコストの増加をカバーするために、運賃を値上げできるか否かは、個々の海運界の競争状況にかかっているとする見解もある。R. Hellawell, Allocation of Risk between Cargo Owner and Carrier, 27 Am. J. Comp. L. (1979), p. 366-367.

13)　「直接適用」および「特別連結」については、さしあたり折茂豊『当事者自治の原則』（1970年、創文社）186頁以下、317頁以下参照。

14)　松岡博「わが国際私法における政策考慮について(2)完」阪大法学114号17頁以下、同「法選択規則構造論」『法と政治の現代的課題（大阪大学法学部創立30周年記念論文集）』（1982年、阪大法学部）320頁以下。

15)　石黒一憲「統一法による国際私法の排除とその限界」海法会誌復刊24号3頁以下。

ちらにもつかず、個々の統一規則が自ら定めた適用範囲規定を、特別抵触規定とみることにより、問題を解決したいと考えている[16]。

そこで、以下では、これらの統一規則の適用範囲規定、すなわち、ブラッセル条約10条、ブラッセル議定書により改正された条約10条、ハンブルク条約2条をめぐる議論を分析した後、国際私法学の最近の発展からみた考察を加えることにしたい。

2 ブラッセル条約10条

(1) 成立の経緯

ブラッセル条約に定められた統一規則は、一般にハーグ規則として知られているが、このハーグ規則は、最初から特別の適用範囲規定を必要としていたわけではなかった。なぜなら、国際法協会（International Law Association）が1921年に最初のハーグ規則を作成した際には、それは援用可能規則にすぎなかったからである[17]。その後、かような方法が一向に成果を挙げないことが分かり[18]、万国海法会（Comité maritime international）が条約による法統一を企てることになって、初めて条約の強行的性格のゆえに適用範囲を制限する必要が生じた[19]。

すなわち、1922年10月10日にロンドンで開催された万国海法会年次総会の席上において、ベルギー代表のルイ・フランクは、火災に対する運送人の責任が、合衆国のハーター法による場合とベルギー法による場合とで異なるという例を挙げた後、次のように述べている。「これは単なる一例にすぎないが、

---

16) かような筆者の見解は、基本的には、K. Schurig, Kollisionsnorm und Sachrecht, 1981 によっている。詳しくは、後述5参照。

17) その点では、共同海損に関するヨーク・アントワープ規則と異ならない。援用可能規則については、畑口紘「援用可能統一規則の適用」『国際私法の争点』（1980年、有斐閣）18頁参照。

18) 田中＝吉田・前掲注(6)15頁。

19) M.A. Clarke, Aspects of the Hague Rules, 1976, p. 9.

この種の問題において〔ハーグ〕規則を一般条約にもとづき適用することが、いかに重要であるのかを示している。……しかし、〔ハーグ〕規則が自ら本起草委員会の権限を制限することについても、理解してもらわなくてはならない」[20]。

その結果、ロンドン総会では、次のような適用範囲規定が採択された。「本条約の規定は、いずれかの利害関係人が相異なる締約国に属する場合、および国内立法により定められたその他すべての場合に、いかなる締約国においても適用されるものとする。ただし、(1) 前項に掲げられた原則は、締約国が非締約国に属する当事者のために、本条約の規定を適用しない、という権利を害しない。(2) すべての利害関係人が、当該事件が係属した裁判所と同じ国に属する場合には、条約ではなく国内法が適用される」[21]。

これに対して、同年10月17日から26日までブラッセルで開催された外交会議では、かような適用範囲規定は、何の説明もなく不採用となり[22]、委員会は、次のように異なった規定を提案した。「本規則は、海上物品運送船による締約国内の港からの物品運送について、効力を有するものとする。この場合、目的港が同国内にあるか否か、また利害関係人が相異なる国の国民であるか否かを問わない」[23]。

ところが、その後の経緯は明らかではないが、現行のブラッセル条約10条と全く同じ規定が条約案9条として本会議において採択された。すなわち、

---

20) CMI Bulletin, n. 57, p. 415 et suiv.
21) CMI Bulletin, n. 65, p. 371.
22) E. Siesby, What Law governs Carrier's Liability according to a Bill of Lading ?, Arkiv for Sjørett 1961-64, p. 417; Clarke, *supra* note (19), p. 9-10.
23) Conférence Internationale de Droit Maritime, Bruxelles 1922, Documents et Procès-Verbaux des Séances tenues du 17 au 26 Octobre 1922, p. 153. この委員会案は、英国代表レスリー・スコットの発議に基づく。*Id.,* Annexe, Rapport de la Commission désignée par la Conférence Internationale de Droit Maritime, p. 213. Vgl. auch K.H. Necker, Der räumliche Geltungsbereich der Haager Regeln, 1962, S. 5 f.

「本条約の規定は、締約国の一において作成されたすべての船荷証券に適用される」。この規定は、条約が国内法上も直接に効力を有すること（self-executing）を前提としている[24]。それゆえ、「本条約」の規定が適用される、と規定されているのである。しかし、ブラッセル条約の署名議定書2項は、この前提を大きく覆してしまった[25]。それによると、各締約国は、直接、条約に国内法としての効力を与えるか、それともハーグ規則を「自国の立法に適する形で」国内法化するか、どちらかを選択できることになった[26]。そして、ほとんどの締約国は、ハーグ規則を形式だけでなく内容をも変えて国内法化したのである[27]。

(2) 国内立法における適用範囲規定

ブラッセル条約の締約国は、さらに条約10条も、自国の海運政策や立法体系に合わせて変えてしまった。たとえば、英国の1924年海上物品運送法は[28]、次のように規定する（1条）。「本法の規定にしたがって、大ブリテンまたは北

---

24) R. Stödter, Zur Statutenkollision im Seefrachtrecht, in: Liber Amicorum Alkot Bagge, 1956, S. 222 ff. Vgl. auch Kropholler, a.a.O., Anm. (3), S. 187; Ch. Reithmann, Internationales Vertragsrecht, 3. Aufl., 1980, RdNr. 463. ただし、"self-executing" の意味については、岩沢雄司「条約の国内適用可能性(1)」法協99巻12号73頁以下参照。

25) Stödter, a.a.O., Anm. (24), S. 225 f.

26) かような規定は、英米法の影響を大きく受けたハーグ規則に対する大陸法諸国の抵抗の結果であったと言われている。Necker, a.a.O., Anm. (23), S. 7 f.

27) 窪田宏『概説海商法〔新訂〕』（1977年、晃洋書房）270頁以下の船荷証券条約と国際海上物品運送法の対照表参照。また、マルキアノスの詳細な比較法研究がある。D.J. Markianos, Die Übernahme der Haager Regeln in die nationalen Gesetze über die Verfrachterhaftung, 1960.〔追記〕ただし、わが国の実定法の解釈としては、ブラッセル条約の規定がかような国内立法に優先して適用されるべきである。奥田安弘「船荷証券統一条約と国際私法との関係」渡辺惺之＝野村美明編『論点解説・国際取引法』（2002年、法律文化社）71頁以下〔本書69頁所収〕参照。

28) Carriage of Goods by Sea Act 1924, 14 & 15 Geo. 5, c. 22.

アイルランドの港から大ブリテンまたは北アイルランド内外の他の港への物品運送船による海上物品運送について、〔ハーグ〕規則が効力を有するものとする」。

　この規定は、英国からの往航運送についてのみハーグ規則を適用するというものであり、ブラッセル条約10条を全く無視している。たしかに、1924年法は、ブラッセル条約の成立以前に制定されたのであるから、それも当然のように思われるかもしれない。しかし、同法の元となった1923年の条約草案には[29]、すでに条約10条と全く同じ規定が見られる[30]。ここでは、むしろ英国の立法者がブラッセル条約の成立にかかわりなく1924年法を施行するつもりであった、という点に注目すべきである[31]。なぜなら、仮に条約が成立しなければ、おそらく他の船主国はハーグ規則を国内法化せず、その結果、英国海運は国際競争において不利な立場に置かれたに違いないからである。現に、海上物品運送法案特別委員会は、運送人側の強硬な反対意見に対し、適用範囲が英国の往航運送に限られていることを理由として、英国海運が重大な不利益を被らない旨の答弁を繰り返している[32]。

　つぎに、合衆国の1936年海上物品運送法は[33]、次のように規定する（13条1項）。「本法は、対外貿易における合衆国の港への又は合衆国の港からの海上物品運送に関するすべての契約に適用される」。

　この規定は、ブラッセル条約10条よりも、むしろ1893年のハーター法（Harter Act）を想起させる。すなわち、同法は[34]、海上運送人の責任に関して

---

29) 1924年法の序文には、1922年のブラッセル会議において任命された委員会が修正した条約草案を、さらに修正したとある。

30) すなわち、1922年のブラッセル会議が採択した条約案9条は、1923年の起草委員会においても修正されなかった。

31) Report from the Joint Committee on the Carriage of Goods by Sea Bill [H.L.], 1923, p. 47.

32) Report by the Select Committee appointed to join with a Committee of the House of Commons to consider the Carriage of Goods by Sea Bill [H.L.], 1923, p. ix-x.

33) Carriage of Goods by Sea Act, Public No. 521, 74th Congress.

航海過失と商事過失を区別するなど、ハーグ規則の基礎を作ったのであるが[35]、その適用範囲は、合衆国の往航・復航運送に限定している[36]。さらに、当時の連邦最高裁判所判決も、1件はハーター法制定以前の海上物品運送契約、もう1件は海上旅客運送契約に関するものであるが、それぞれ合衆国の往航・復航運送について、運送人の免責約款が public policy に反して無効であるとした[37]。かような前例によれば、1936年法の適用範囲規定は、既存の立法や判例の流れに沿っている、と言えるであろう[38]。

さらに、ドイツにおいては、ハーグ規則は商法典の中に編入され[39]、それ

---

34) Act of Congress 1893, Public No. 57.

35) 田中＝吉田・前掲注(6) 9 頁以下参照。

36) 同法の1条・2条・4条は、"from or between ports of the United States and foreign ports" という表現を使い、3条は、"to or from any ports in the United States of America" という表現を使っているが、両者は同じ意味であると解されている。A.W. Knauth, The American Law of Ocean Bills of Lading, 1937, p. 103; Poor on Charter Parties and Ocean Bills of Lading, 2nd ed., 1930, § 63; Siesby, *supra* note (22), p. 485.

37) Liverpool & G.W. Steam Co. v. Phenix Ins. Co. (1889) 129 U.S. 397; The Kensington (1902) 183 U.S. 263. 前者は、ニューヨークからリヴァプールへの物品運送において、船長・船員の過失により船が座礁したため、積荷が減損したのであるが、使用人の過失について運送人の責任を免除する約款は、public policy に反して無効であるとした。後者は、アントワープからニューヨークへの旅客運送において、積付の不備により手荷物が破損したのであるが、運送人自身の過失を免責する約款（negligence clause）などを、同じく public policy に反して無効であるとした。ジースビーは、後者の判決だけがハーター法の適用範囲規定を根拠づけるものであるとするが、その理由としては、前者の判決など、それ以前の判例が public policy と法選択規則の関係を明らかにしていないことを挙げている。Siesby, *supra* note (22), p. 477-480.

38) 前述のように、ハーグ規則は、その基本原則をハーター法から受け継いでいるし、そのハーター法は、すでに判例において確立されていた運送人の責任に関する public policy を、受け継いでいるとされる。The Kensington (1902) 183 U.S. 263, at 270.

39) Das Gesetz zur Änderung von Vorschriften des Handelsgesetzbuchs über das Seefrachtrecht vom 10. August 1937, RGBl I 891. なお、ドイツ連邦共和国は1953

らが片面的強行規定であることを定めた622条の適用範囲は、別途、改正商法施行令によって[40]、次のように定められていた（2条）。「商法第622条は、以下の船荷証券には適用されない。1　ドイツ帝国の港への運送に関するものでなく、かつドイツ帝国内においても……〔ブラッセル条約の締約〕国内においても発行されたのでない船荷証券。2　ドイツ船によるドイツ国内の港間の運送に関する船荷証券」。

かような消極的適用範囲規定は、商事代理に関する商法92c条にも見られるが、施行令2条では、とくに1号が2つの連結点を並列しているので、一段と不明瞭である。1号後段は、ブラッセル条約10条に基づいているが、前段は、ドイツの国際私法判例に基づいている[41]。それによると、海上運送契約の準拠法に関する当事者の意思が不明である場合は、目的港の法が契約の履行地法として適用される[42]。この1号の解釈については、3つの見解が主張されている。すなわち、商法622条は、①すべての復航船荷証券および締約国で発行されたすべての船荷証券に適用されるとする説[43]、②非締約国において発行された復航船荷証券にも適用されることだけを強調する説[44]、③往航および復航運送に適用されるが、復航運送の場合には、船積港が締約国に位置しなければならないとする説である[45]。いずれにせよ、ドイツにおいても、ハーグ規則の適用範囲は、ブラッセル条約10条だけでなく、自国の国際私法の影響を受けて、独自に定められたということだけは言えるであろう。

　年11月1日、ドイツ民主共和国は1958年7月17日、それぞれブラッセル条約の承継を確認した。

40)　DVO v. 5.12.1939, RGBl I 2501.
41)　Necker, a.a.O., Anm. (23), S. 59 Fn. 227.
42)　Reithmann, a.a.O., Anm. (24), RdNr. 458. 比較的最近の判例としては、1970年12月21日の連邦裁判所判決がある。NJW 1971, 325. 後述注(58)参照。
43)　Necker, a.a.O., Anm. (23), S. 59; Reithmann, a.a.O., Anm. (24), RdNr. 465.
44)　H. Wüstendörfer, Neuzeitliches Seehandelsrecht, 2. Aufl., 1950, S. 280; Markianos, a.a.O., Anm. (27), S. 93.
45)　Stödter, a.a.O., Anm. (24), S. 227.

(3) 当事者自治の原則との関係

　以上のように、英・米・独の国内立法を見た限りにおいては、それらの適用範囲規定は、ブラッセル条約 10 条を解釈した結果とは思えない程に多様であった[46]。それでは、これらの締約国は、自国の立法の適用範囲規定と国際私法の一般原則、とりわけ当事者自治の原則との関係をどのように考えているのであろうか。

　まず、英国の判例では、1924 年法の適用を受けるべき往航船荷証券について、当事者による他国法の選択が直接的に問題となった事例は見当たらないが、判旨によれば、かような船荷証券には、当然に 1924 年法が適用されるべきであることが窺われる[47]。また、カーン・フロイントおよびモーリスは、明白

---

46) ドイツの学説は、条約 10 条がいずれの締約国のハーグ規則立法を指定しているのかを明らかにしていないと批判する。Kropholler, a.a.O., Anm. (3), S 187; Reithmann, a.a.O., Anm. (24), RdNr. 463; Stödter, a.a.O., Anm. (24), S. 226 ff. これに対して、イアノプロスおよびクラークは、法廷地のハーグ規則立法が適用されるべきであるとして、次のような適用範囲規定を推奨する。"The provisions of this statute shall apply to all bills of lading issued in the territory of any of the contracting states". A.N. Yiannopoulos, Negligence Clause in Ocean Bills of Lading, 1962, p. 38-39; Clarke, *supra* note (19), p. 14-15. このように「本条約」という文言を「本法」というふうに置き換えるだけで国内法化する方法は、後にウィスビー規則の適用範囲に関して、英国の 1971 年海上物品運送法において実現されることになる。後述 3 (2)参照。

47) Goodwin, Ferreira & Co. v. Lamport & Holt (1929) 34 Ll. L. Rep. 192 (K.B.); Svenska Traktor Akt. v. Maritime Agencies (Southampton) [1953] 2 Lloyd's Rep. 124 (Q.B.). 前者は、英国からブラジルへの運送に関するものであり、1924 年法が必然的に（of necessity）適用されるとする（at 193）。後者は、英国からスウェーデンへの運送に関するものであり、仮に 1924 年法を適用する旨の至上約款がなかったとしても、当該船荷証券が 1924 年法に従うことは、法により（by law）黙示されていたとする（at 129）。なお、リヴァプールからボンベイへの運送について、「発生したすべての請求は、英国法により目的港において解決する」という約款を有効とした Maharani Woollen Mills Co. v. Anchor Line (1927) 29 Ll. L. Rep. 169 (C.A.) がある。本件は英国からの往航運送であり、英国法を指定す

にかような法選択を無効としている[48]。これに対して、F・A・マンは、1924年法の適用についても、契約の準拠法が英国法であることを必要とし、他国法の選択を有効とする[49]。この見解によると、英国からノルウェイへのノルウェイ船による運送について、ノルウェイ船主がノルウェイ法による旨の約款を船荷証券に入れたとしたら、法律回避の意図が明白でない限り、1924年法の適用の余地はないことになる[50]。

これに対して、合衆国の判例においては、当事者の意思にかかわりなく1936年法を適用しようとする傾向が明白に看取できる。たとえば、1967年の連邦控訴院判決は、ノルウェイの裁判所を専属管轄とする約款を無効とするにあたり、次のように述べている。たとえ他国の裁判所がハーグ規則を適用するとしても、合衆国の裁判所と同じような訳にはいかないであろう。1936年法3条8項（条約3条8項）は、このように潜在的な (potential) 責任軽減も禁じている[51]。また、1970年の連邦地裁判決は、オーストラリアの1924年海上物

　　　る準拠法約款もあるので、インドの裁判所は、英国の1924年海上物品運送法を適用すると予測できるケースであった。ちなみに、インドは、ブラッセル条約の締約国ではなかったが、ハーグ規則を国内法化した1925年海上物品運送法を制定していた。

48) O. Kahn-Freund, The Growth of Internationalism in English Private International Law, 1960, p. 41; J.H.C. Morris, The Choice of Law Clause in Statutes, 62 L. Q. Rev. (1946), p. 176. カーン・フロイントは、さらに英国の制定法が強行規定（jus cogens）について適用範囲を定めている場合には、抵触法の一般原則にかかわりなく、その範囲内で適用されなければならないとする。

49) F.A. Mann, Statutes and the Conflict of Laws, 46 B.Y.I.L. (1972-73), p. 125. See also Scrutton on Charterparties and Bills of Lading, 18th ed., 1974, p. 413; Carver's Carriage by Sea, 12th ed., 1971, § 311.

50) Mann, *supra* note (49), p. 125. F・A・マンによると、かような結論に対する批判は、立法論としてなされるべきであり、その一例として、「ハーグ規則の適用を受けるべきすべての事項は、船積地の法に従うものとする」というような規定が立法されるべきである。

51) Indussa Corp. v. S.S. Ranborg, 377 F. 2d 200 (2nd Cir. 1967), at 203-204. 本件は、アントワープからサンフランシスコへのノルウェイ船による物品運送に関するものである。本件船荷証券には、ブラッセル条約に取り入れられたハーグ規則が適

品運送法を適用する旨の至上約款の存在を認定しながらも、本件運送が合衆国向けであることを理由として、自国の1936年法を適用した[52]。

最後に、ドイツにおいては、ノイハウスが施行令2条を「隠れた抵触規定(versteckte Kollisionsnorm)」としている。すなわち、この規定は、自国と一定の関係がない場合、本来は強行的な規定を任意規定とするのであるから、そこにはある種の抵触規定が隠されており、逆に自国と所定の関係がある場合は、当事者による法選択を排除しても、自国法を強行的に適用しなければならない[53]。これに対して、海商法の研究者は、むしろ当事者の法選択をひとまず認めたうえで、国際私法上の公序により法選択の範囲を制限しようとする[54]。それによると、ドイツ法以外の法の選択は、直ちに無効となるのではなく、当該外国法を適用した結果がハーグ規則の片面的強行規定性に関する商法622条に違反する場合に限り、無効とされる[55]。

一方、ドイツの判例は、合衆国の判例と異なり、比較的寛大に外国法の適用を認める傾向にある。第1は、他の締約国のハーグ規則立法がその本来の効力

用される旨の至上約款、合衆国の1936年法が適用されるべき場合は、それが運送人による物品保管の全期間に及ぶとするUSトレード約款、運送人の主たる営業所所在地を専属裁判管轄とし、その地の法を原則として準拠法とする旨の管轄約款などが入っていた。なお、本判決は、Wm. H. Muller & Co. v. Swedish American Line Ltd., 224 F. 2d 806 (2nd Cir. 1955), cert. denied, 350 U.S. 903 を変更するものである。後者の判決については、川又良也「船荷証券における裁判管轄約款」海法会誌復刊9号9頁以下参照。

52) Kurt Orban Co. v. S.S. Clymenia, 318 F. Supp. 1387 (S.D.N.Y. 1970), at 1389-1390. 船積港はオーストラリアであった。

53) P.H. Neuhaus, Die Grundbegriffe des internationalen Privatrechts, 2. Aufl., 1976, S. 99. 反対意見としては、Markianos, a.a.O., Anm. (27), S. 93; Wüstendörfer, a.a.O., Anm. (44), S. 280; BGH v. 26.9.1957, BGHZ 25, 250, S. 265.

54) G. Schaps/H.J. Abraham, Das Seerecht in der Bundesrepublik Deutschland, 4. Aufl. 1978, Vor § 556 RdNr. 34; F. Schlegelberger/R. Liesecke, Seehandelsrecht, 2. Aufl. 1964, Einf. § 556 HGB RdNr. 31; H. Prüßmann, Seehandelsrecht, 1968, Vor § 556 HGB VI. D.l.b), § 662 HGB E.3.a).

55) Prüßmann, a.a.O., Anm. (54), Vor § 556 HGB VI. D.l.b).

により適用される場合である。たとえば、ロッテルダムからハンブルクへの物品運送に関する1962年2月23日のハンブルク地方裁判所判決の事案では、「本船荷証券は、本件運送が従うべきオランダ商法典のすべての強行規定に従うものとし、本船荷証券の条項が全部または一部においてこれらの規定に反する場合は、本船荷証券は、かかる条項またはその一部が削除されたものとして読むものとする」という約款が入っていた。本判決は、この約款がオランダ法全体を指定するものと解したうえで、かような法選択は、締約国の法を指定しているので、ドイツ商法662条を約定により排除するものではなく、それゆえドイツ国際私法上許されるとした[56]。ちなみに、オランダは、1955年8月15日の法律により、ハーグ規則を商法典に取り入れ、自国の往航船荷証券および傭船契約に適用するとしていた[57]。

第2は、他の締約国のハーグ規則立法が至上約款（Paramount Clause）により実質法的に指定されている場合である。たとえば、韓国からハンブルクへの物品運送に関する1970年12月21日の連邦裁判所判決の事案では、スウェーデンの裁判所を専属管轄とし、スウェーデン法を適用する旨の約款、およびスウェーデンにおいて1936年6月4日の法律により国内法化されたハーグ規則を、本件船荷証券に取り入れたものとする至上約款が入っていた。そこで、本判決は、スウェーデンのハーグ規則立法が至上約款により実質法的に指定されているとして、本件の裁判管轄約款および準拠法約款がドイツ商法662条に反して運送人の責任を免除するものではないとした[58]。ちなみに、スウェーデンのハーグ規則立法は、自国の往航船荷証券、および締約国において発行された復航船荷証券にしか適用されず、本件はそのいずれにも該当しなかった。

第3は、たとえ非締約国の法が適用されるとしても、それによれば、運送人がハーグ規則によるよりも重い責任を負う場合である。たとえば、ロッテルダムからブラジルへの物品運送に関する1972年12月14日のハンブルク上級地

---

56) LG Hamburg v. 23.2.1961, IPRspr. 1960/61, Nr. 49.
57) See Scrutton, *supra* note (49), p. 519.
58) BGH v. 21.12.1970, NJW 1971, 325.

方裁判所判決の事案では、船積国で効力を有するハーグ規則が適用あるものとする至上約款、ブラジル法を指定した準拠法約款、リオデジャネイロの裁判所を専属管轄とする約款などが入っていた。本法廷は、マックス・プランク外国私法国際私法研究所の鑑定意見を取り寄せた結果、次のように述べている。すなわち、ブラジルの裁判所は、至上約款を考慮せず、ハーグ規則の指定を認めないであろう。しかし、ブラジルの裁判所が強行的に適用するブラジル法は、ハーグ規則よりも重い責任を運送人に課している。なぜなら、典型的な荷主国であるブラジルは、（ほとんどの場合に外国人である）運送人の厳格責任に利益を有するからである。現に、1930 年 12 月 10 日の船荷証券に関するデクレは、不可抗力などの無過失の損害についても運送人の免責を禁止し、自国の運送人からの強い不満にもかかわらず、今日まで改正されていない。したがって、ブラジル側からみれば、むしろハーグ規則のほうが運送人の責任を制限していることになる[59]。

以上のように、英・米・独の判例学説は、主に自国のハーグ規則立法と当事者自治の原則を取り扱ってきた。そのため、自国のハーグ規則立法の適用範囲には入らないが、ブラッセル条約の締約国において発行された船荷証券にハーグ規則が適用されない結果となる法選択の有効性については、あまり議論がなされてこなかった。現に、事案は、締約国において発行された船荷証券に関するものでありながら、船荷証券中の至上約款と他の約款との間の抵触のみが問題とされ、結局は契約の解釈により、ハーグ規則が適用されなかった、というケースが英・米にそれぞれ 1 件ずつある。

第 1 は、エジプトから英国への物品運送に関する 1949 年の英国海事裁判所の判決である。本件の船荷証券には、英国の 1924 年海上物品運送法を指定する至上約款（印刷）、ハーグ規則に反して運送入の責任を免除する旨のオニオン・クローズ（スタンプ）などが入っていた。そこで、裁判所は、スタンプ条項の方が印刷条項に優先するとして、本件免責約款を有効とした[60]。ところ

59) OLG Hamburg v. 14.12.1972, IPRspr. 1972, Nr. 135 b.
60) W.R. Varnish & Co. v. The Kheti (Owners) (1949) 82 Ll. L. Rep. 525 (A.D.).

で、本件船荷証券は、1947年6月22日に発行されたが、その発行地であるエジプトは、すでに1943年11月29日に条約に加入していたのである。

　第2は、合衆国の沿岸航海に関する1969年のプエルトリコ地方裁判所の判決である。本件の船荷証券には、合衆国の1936年海上物品運送法を指定する至上約款、運送人に対し令状送達があるか、または出頭の合意が成立するまでは、訴訟が提起されたものとはみなさない旨の出訴期間制限約款などが入っていた。そこで、裁判所は、特別条項が一般条項に優先するとして、本件の出訴期間制限約款を有効とした[61]。たしかに、合衆国の1936年法13条には、同法を合衆国の沿岸航海には適用しない旨の規定が存在するが、合衆国は日本と異なり、批准に際して、かような航海にハーグ規則を適用しない旨の留保宣言を行っていなかった。

　それでは、かようなケースを防ぐためには、どのような理論構成が可能なのであろうか。まず、フォン・ケメラーは、ブラッセル条約の強行原則が10条所定の場合に、国際公序（internationaler ordre public）になるとする。したがって、締約国の裁判所は、他の締約国で発行された船荷証券を審理するにあたっても、条約の強行原則を公序として尊重しなければならない、と主張する[62]。

　また、カーン・フロイントは、法統一をpublic policyとして認める。したがって、仮にイスラエルとイタリアが双方とも自国の往航船荷証券にのみハーグ規則を適用するとした場合、イスラエルからイタリアへの運送について、イタリア法または第三国の法が選択されたならば、英国の裁判所は、かような法選択が英国の public policy に反して無効である、と判断すべきことになる[63]。しかし、これに対しては、法統一を public policy ではなく政治的ポリシー（political policy）にすぎないとするF・A・マンの批判がある[64]。

---

61) Empacadora Putertorriqueña de Cames v. Alterman Transport Line, 303 F. Supp. 474 (D. Puerco Rico 1969).

62) Von Caemmerer, a.a.O., Anm. (2), S. 91 f.

63) Kahn-Freund, *supra* note (48), p. 43-45. See also Dicey & Morris on the Conflict of Laws, 10th ed., 1980, p. 858-859.

3　ブラッセル議定書による条約 10 条の改正

(1)　改正の経緯

　万国海法会が最初にハーグ規則立法の不統一を解決しようとしたときは、まず国際私法の統一が考えられた。そこで、小委員会が設置され、国際私法統一条約の草案が幾つか作成された[65]。しかし、この計画は後に取り止めとなり、むしろブラッセル条約 10 条を改正することになった[66]。そして、本来は国際私法統一条約の草案を作成するはずであった同じ小委員会が、予備草案を作成

---

64)　Mann, *supra* note (49), p. 140-141. F・A・マンによれば、ハーグ規則の適用回避（avoidance）は、政策的には好ましくないが、合法であるとされる。なお、F・A・マンの見解は、次のような一般論から出発している。「Dicey & Morris により提起されたテーゼに対する第 2 の反論は、次のようなものであった。すなわち、英国の public policy は、極めて頻繁に議会立法において表明される政治的ポリシーとは異なる、ということである。したがって、『社会政策を遂行するために制定された法律』さえも、常に public policy の表れとは言い難い。『もっぱら公衆への害悪が本質的に争いえないケースにおいてのみ』、public policy が犯されているのであり、これを司法・立法活動に携わる少数の人々の『特異な推論にかからせることはできない』。〔基準として〕求められるべきは、道徳・正義・安寧といった根本規範に反することである。かような規範は、たしかに制定法によって補充することも可能である。しかし、これほど根本的な規範が、コモン・ローに反し、またはコモン・ローから全く離れて、制定法により確立されるとは思えない。したがって、英国法が発展させた public policy の原則を拡大する根拠も、またその必要も存在しないと考える」。*Id.*, at 139-140. しかし、かような見解は、ウィスビー規則を国内法化した 1971 年海上物品運送法に関する控訴院判決によって否定された。後述 3 (2)参照。

65)　第 1 草案は船積港の法、第 2 草案は船主の営業所所在地法または常居所地法、第 3 草案は旗国法を原則的な準拠法とした。また、第 2 草案および第 3 草案は、ハーグ規則が適用されるべき場合を例外とした。Stödter, a.a.O., Anm. (24), S. 222 Fn. 2.

66)　方針の変更は、国際私法の統一作業が実質法の統一を一層遅らせること、およびかような作業が万国海法会の伝統に反すること、という 2 つの理由に基づいている。Necker, a.a.O., Anm. (23), S. 110.

し、これを元にして、1959年にリエカで開催された万国海法会年次総会が、次のような草案を採択したのである[67]。

「本条約の規定は、当該船荷証券の準拠法を問わず、また船舶、運送人、荷送人、荷受人、その他一切の利害関係人の国籍を問わず、船荷証券上の船積港、荷揚港または一の選択的荷揚港が締約国に位置する場合、ある国から他の国への物品運送に関するすべての船荷証券に適用する」[68]。

この草案は、ハーグ規則の適用範囲をほとんど最大限にまで拡大した。とくに注目すべきであるのは、「当該船荷証券の準拠法を問わず」という文言である。これは明らかに、国際私法を排除している[69]。これに対して、「国籍を問わず」という文言は、少なくとも起草者の意図としては、国際私法上の意味を有しない[70]。この文言は、フランス代表の提案に基づいていた[71]。すなわち、

---

67) 経緯については、Necker, a.a.O., Anm. (23), S. 103; Siesby, *supra* note (22), p. 446-448; Clarke, *supra* note (19), p. 105-106; P. Simon/M.R. Hennebicq, La Modification de la Convention du 25 Août 1924 en Matière de Connaissement, Revue de Droit International et de Droit Comparé, 1969, p.19 et suiv.

68) CMI, Conférence de Rijeka, 1959, p. 430 et suiv.

69) CMI, Conférence de Rijeka, 1959, p. 377 et suiv. は、これに関連して、Vita Food Products v. Unus Shipping Co. [1939] A.C. 277 を引用している。本件は、ニューファウンドランドからニューヨークへの物品運送に関するものであるが、枢密院司法委員会は、船荷証券中の準拠法約款の効力を認め、契約のプロパー・ローを英国法とした。その結果、ハーグ規則を国内法化したニューファウンドランドの1932年海上物品運送法は、その適用が回避された形となった。本判決は、事案が英国法との関連を全く有していなかったにもかかわらず、英国法の選択を認めたもの、すなわち当事者自治を広く認めたものとして、著名である。折茂・前掲注(13)110頁以下参照。ただし、当時英国領であったニューファウンドランドについて、英国政府は、ブラッセル条約を批准する際に、条約の効力を同地域に及ぼす旨の宣言を行っていなかった。したがって、ブラッセル条約10条との関係では、問題がなかったと言える。

70) ただし、この文言によって国際私法が排除される、とする見解もある。A. Diamond, The Hague-Visby Rules, Lloyd's Maritime and Commercial Law Quarterly 1978, p. 258; The Hollandia [1982] 2 W.L.R. 556 (C.A.), at 561 per Lord Denning; at 566 per Ackner. ホランディア号判決については、後述(2)参照。

フランスでは、他の大多数の締約国と異なり、直接、ブラッセル条約に国内法上の効力が与えられていたが、同国人間の契約にも条約の規定を適用すべきであるのか否か、長い間争われていた[72]。本草案は、これに肯定の答えを与えたにすぎない。

さらに、締約国間の国内法の不統一が意識的に無視されたことを付け加えておきたい。これは、国際私法の統一作業を中止して、ブラッセル条約10条の改正に方針を変更したことからも明らかである。その時点において、実質法の完全な統一が予定されていたのである[73]。現に、実質法の統一作業は直ちに着手され、ストックホルムで開催された1963年の万国海法会年次総会は、ハーグ規則を改正するためのウィスビー規則を、条約10条の改正に関するリエカ草案とともに採択した[74]。ところが、1967年から1968年にかけてブラッセルで開催された外交会議では、英国代表が強硬にリエカ草案に反対したため、次のように大幅に適用範囲を狭めた規定が、最終的に採択された[75]。

「条約第10条を削除し、以下の規定に置き換えるものとする。本条約の規定は、以下の場合、船舶、運送人、荷送人、荷受人、その他一切の利害関係人の国籍を問わず、二国港間の物品運送に関するすべての船荷証券に適用する。(a) 船荷証券が締約国において発行された場合、(b) 運送が締約国の港からである場合、または (c) 船荷証券に記載・証明された契約が本条約の規則もしくは同規則に効力を与えた国内立法に従う旨を自ら規定する場合。各締約国は、本

---

71) CMI, Conférence de Rijeka, 1959, p. 400.
72) 詳細については、Clarke, *supra* note (19), p. 29-104; Yiannopoulos, *supra* note (46), p. 69-81; Siesby, *supra* note (22), p. 490-501; Necker, a.a.O., Anm. (23), S. 73 ff.
73) CMI, Conférence de Rijeka, 1959, p. 369. もっとも、ノルウェイ代表は、抵触規定も置くべきである、と主張し続けた。CMI, Conférence de Rijeka, 1959, p. 380, 387; CMI, Conférence de Stockholm, 1963, p. 134, 460.
74) CMI, Conférence de Stockholm, 1963, p. 551.
75) その経緯については、谷川久「船荷証券条約及び海難救助条約の改正」海法会誌復刊13号82頁以下参照。なお、Simon/Hennebicq, *op. cit.*, n. (67), p. 21 et suiv. は、英国の強硬な反対に対する非難の声を伝えている。

条約の規定を上記の船荷証券に適用しなければならない。本条は、締約国が本条約の規則を上記の各号に該当しない船荷証券に適用することを妨げない」。

かような規定は、実質上改正になっていないとも言われているが[76]、とりわけ大きな痛手は、「準拠法を問わず」という文言の削除である[77]。さらには、ブラッセル条約の署名議定書2項と同様に、ウィスビー規則を「自国の立法に適する形で」国内法化できる旨の条項も設けられた[78]。したがって、万国海法会が国際私法の統一からブラッセル条約10条の改正に方針を変更した際の前提は、もはや存在していなかったと言える。

(2) 英国の1971年海上物品運送法

以上のように、ブラッセル議定書により改正された条約10条は、改正前と大差のないものであったが、いち早くウィスビー規則を国内法化した英国の1971年海上物品運送法は[79]、ハーグ規則を国内法化した1924年海上物品運送法とは大きく異なる適用範囲規定を置いた（附則10条）。

「〔ウィスビー〕規則の諸規定は、以下の場合、船舶、運送人、荷送人、荷受人、その他一切の利害関係人の国籍を問わず、二国港間の物品運送に関するすべての船荷証券に適用する。(a) 船荷証券が締約国において発行された場合、(b) 運送が締約国の港からである場合、または (c) 船荷証券に記載・証明された契約が、〔ウィスビー〕規則もしくは同規則に効力を与えた国内立法に従う旨を自ら規定する場合」。

---

76) 谷川・前掲注(75)91頁。V. aussi Simon/Hennebicq, *op. cit.*, n. (67), p. 24 et suiv.

77) ただし、後述5のように、ウィスビー規則の適用範囲規定を特別抵触規定と解する筆者の立場からは、むしろ「各締約国の国際私法を問わず」という文言にすべきであったと思われる。

78) その経緯については、谷川・前掲注(75)95頁参照。ただし、これを当然の規定とする見解には疑問を感じる。Vgl. K.H. Necker, Zur Statutenkollision im Seefrachtrecht, in: Festschrift für Rolf Stödter, 1979, S. 89 ff.

79) The Carriage of Goods by Sea Act 1971, c. 19.

この規定は、「条約」という文言を「規則」と置き換えることにより、ブラッセル議定書において採択されたウィスビー規則の適用範囲規定をそのまま国内法化した[80]。これにより、英国の裁判所は、自国と関連のない運送、たとえば他の締約国からの往航運送だけでなく、ウィスビー規則を指定した至上約款がある場合には、非締約国間の運送にも、ウィスビー規則を適用すべきことになった。それでは、この適用範囲規定は、当事者の法選択を許すのであろうか。学説から見ていくことにしよう。

　モーリスは、まず1971年法1条2項に着目する。そこでは、同法の附則に取り入れられたウィスビー規則が、「法の効力」(force of law) を有すると規定されている。その意味するところは、モーリスによれば、ウィスビー規則が契約のプロパー・ローにかかわりなく、適用範囲内とされるすべての事案に適用される、ということである[81]。したがって、ウィスビー規則の適用を契約により排除すること (contracting out) は許されないとされる[82]。これに対して、ジャクソンは、「準拠法を問わず」という明白な文言が欠けているのであるから、たとえ「法の効力」が与えられようとも、1971年法は、英国法が契約のプロパー・ローとならない限り適用されない、と批判する[83]。しかし、1982年1月13日の控訴院判決は、結果的にモーリスの見解を支持することにより、この対立に結着をつけた[84]。このホランディア号判決は重要であるので、詳

---

80) かような国内法化の方法は、文言が異なるとはいえ、イアノプロスおよびクラークの見解と同じ趣旨であると思われる。前述注(46)参照。

81) J.H.C. Morris, The Scope of the Carriage of Goods by Sea Act 1971, 95 L. Q. Rev. (1979), p. 64-66. Scrutton の編者も、1924年法については、契約のプロパー・ローが英国法である場合に限り、適用の余地があるとしていたが、1971年法については、モーリスと同じ見解をとる。Scrutton, *supra* note (49), p. 454-455.

82) Morris, *supra* note (81), p. 65.

83) D.C. Jackson, The Hague-Visby Rules and Forum, Arbitration and Choice of Law Clauses, Lloyd's Maritime and Commercial Law Quarterly 1980, p. 162-163. さらに、F・A・マンは、1924年法に関するのと同じ理由づけにより、同様の見解を維持している。Mann, *supra* note (49), p. 125-126. 前述注(50)も参照。

84) The Hollandia [1982] 2 W.L.R. 556 (C.A.).

しく紹介しておきたい。

　1978年3月、スコットランドのリース港において、原告は、オランダ領西インド諸島のボーネア港向けの貨物（道路舗装作業用の機械）を被告所有のオランダ船に積み込んだ。被告から交付された船荷証券の約款2条には、ハーグ規則を国内法化したオランダ法が本契約に適用されること、責任限度額を貨物1個につき1,250ギルダー（約250ポンド）とすること、本契約から生じた争いについては、アムステルダムの裁判所を専属管轄とすることなどが記載されていた。その後、本件貨物は、オランダの港でノルウェイ船に積み換えられ、ボーネア港に到着したが、陸揚げの際に落下して、重大な損傷を被った。そこで原告は、損害額を約22,000ポンドと算定し、1980年2月26日、英国の港に停泊中であった被告所有船舶ホランディア号を差し押さえ、本件貨物の取扱いおよび陸揚げにおける契約違反ならびにネグリジェンスを理由として、損害賠償を請求した。

　ところが、被告は、上記約款2条がオランダ法を準拠法とし、アムステルダムの裁判所を専属管轄としていることを理由として、訴訟の中止 (stay of action) を申し立てた。これに対して、原告は、英国の1971年海上物品運送法にもとづき、約款2条の無効を主張したが、原審は訴訟の中止を命じた[85]。これに対する控訴審が本件である。なお、ハーグ規則にもとづくオランダ法によると、責任限度額は約250ポンドであるが、ウィスビー規則にもとづく英国法によると、それは約11,000ポンドとなる。

---

85) The Morviken [1981] 2 Lloyd's Rep. 61. 原審の判事は、次のような理由を述べている。「約款2条は、3つのパラグラフからなっており、それぞれが相異なるテーマを扱っている。すなわち、1パッケージにつき1,250ギルダーという、ウィスビー規則が定めるよりも低い責任限度額を定めた部分は、約款2条の第1パラグラフに記載されている。そのパラグラフは、当該約款の他の部分と区別できる。仮にそのパラグラフを削除したとしても、本契約によるすべての訴訟をアムステルダムにおいて提起しなければならないとする約定は、全く影響を受けない。したがって、本判決においては、当事者の義務が英国法またはオランダ法のいずれによるかを問わず、裁判管轄に関する合意は有効である」。Id., at 64.

本件では、直接的には、英国の国際的裁判管轄が争われたのであるが、主たる争点は、英国の 1971 年海上物品運送法の適用であった。それは、もしアムステルダムの裁判所に訴訟が係属したならば、オランダ法が適用されるであろう、という本件の裁判官全員の予測からも分かる[86]。すなわち、アムステルダムの専属的裁判管轄を認めることにより、1971 年法の適用が回避される、という結果が問題なのである。

さて、デニング、エイクナー、ショーという 3 人の判事は、控訴を認容するにあたり、様々な理由づけを行っているが、すべての論点を網羅しているのは、デニング判事である。同判事は、事件の概要、法統一の歴史、1924 年法のもとでの判例に触れた後、まず 1971 年法 1 条 2 項を取り上げた。それにより、ウィスビー規則は「法の効力」を与えられているが、その意味するところは、ウィスビー規則が船荷証券の他の文言に対し優先する（paramount）ということである。したがって、ウィスビー規則の適用を契約により排除することは許されない[87]。これは明らかに、モーリスの見解を支持している。

つぎに、同法附則 10 条も挙げられている。「船舶、運送人、荷送人、荷受人、その他一切の利害関係人の国籍を問わず」という文言は、当該船荷証券と最も密接かつ現実の関係（the closest and most real connection）を有する国の法や旗国法を問わない、すなわち契約のプロパー・ローを問わないことを意味するとされる[88]。もっとも、かような解釈がブラッセル議定書の起草者の意図と異な

---

86) The Hollandia [1982] 2 W.L.R. 556 (C.A.), at 562 per Lord Denning; at 564 per Sir Sebag Shaw; at 568 per Ackner.

87) *Id.,* at 561. デニング判事は、同様の例を共同体法に見出せるとする。すなわち、EEC 条約にもとづき採択された法と加盟国の国内法が抵触する場合は、共同体法が優先するというのである。

88) *Id.,* at 561. エイクナー判事も、同じ見解をとる。すなわち、これらの国籍は、当事者の明示の合意がない場合、契約のプロパー・ローを決定するために、通常考慮される要素であり、それゆえ、これらを無視すべきとする規定は、結局のところ、準拠法を問わず、ウィスビー規則を適用すべきとする趣旨である。*Id.,* at 566. ただし、かような見解が起草者の意図と異なることについては、前述 3 (1)参照。

ることは、前述(1)のとおりである。

　さらに、デニング判事が挙げるのは、同法附則3条8項である。それは、ウィスビー規則の片面的強行規定性を定めているが、もしアムステルダムの裁判所に訴訟が係属したならば、ハーグ規則にもとづくオランダ法が適用されるので、その結果、運送人の責任は、ウィスビー規則が定めるよりも低く抑えられる。したがって、アムステルダムの裁判所を専属管轄とする条項は無効である。また、その論理的帰結として、オランダ法を準拠法とする条項および責任限度額を1,250ギルダーとする条項、すなわち約款2条全体が無効となる[89]。

　このように3条8項にもとづき裁判管轄約款ないし準拠法約款を無効とするのは、合衆国の1936年法に関する連邦裁判所判決を想起させるが[90]、他の締約国のウィスビー規則立法の適用を排除しても、自国の1971年海上物品運送法を適用すべきであるとする趣旨か否かは、明らかでない。とくに1971年法附則10条によれば、他の締約国からの往航運送など、英国と関連のない運送にも、1971年法に編入されたウィスビー規則を適用すべきことになっているので、他の締約国のウィスビー規則立法との関係が問題となる。モーリスは、かような場合、英国の裁判所が他国の立法を無視し、1971年法を制定法（statute law）として適用すべきであるとするが[91]、今後の判例の展開を待つしかないであろう。

　最後に、デニング判事は、public policy を持ち出している。すなわち、国際取引においては、すべての海上運送貨物が権利および責任に関する統一規則に従うべきであるという public policy は、契約の自由に関する public policy よりも優位に立つ。なぜなら、買主と売主、銀行と保険会社、船荷証券の被裏書人

---

89) *Id.,* at 561-562. ショー判事およびエイクナー判事も、原判決がオランダ法の適用結果を無視しているとして、デニング判事と同じ結論に達している。*Id.,* at 564 per Sir Sebag Shaw; at 568 per Ackner.

90) 前述2 (3)参照。

91) Morris, *supra* note (81), p. 64. See also Diamond, *supra* note (70), p. 257-258; Scrutton, *supra* note (49), p. 455.

と積荷の受取人など、非常に多くの利害関係人がいて、誰もが個々の船荷証券の細かな印刷文字を読むことなしに、何がルールであるのかを知るべきであるからである[92]。これは、1924 年法の時代にカーン・フロイントが主張していたように、法の統一を public policy として承認したことになるであろう[93]。

4　ハンブルク条約 2 条

　リエカ草案の広大な適用範囲規定は、その後、ハンブルク条約 2 条として、ほとんどそのまま復活した。「①本条約の規定は、以下の場合、すべての二国間海上運送契約に適用する。(a) 海上運送契約に規定された船積港が締約国に位置する場合、(b) 海上運送契約に規定された荷揚港が締約国に位置する場合、(c) 海上運送契約に規定された一の選択的荷揚港が現実の荷揚港であり、かつ締約国に位置する場合、(d) 海上運送契約の証明となる船荷証券もしくはその他の書面が締約国において交付される場合、または (e) 海上運送契約の証明となる船荷証券もしくはその他の書面が、本条約の規定もしくは同規定に効力を与えた国内立法に従う旨を自ら規定する場合。②本条約の規定は、船舶、運送人、現実の運送人、荷送人、荷受人、その他一切の利害関係人の国籍を問わず、適用する」。

　このようにリエカ草案がほとんどそのまま受け継がれたにもかかわらず、「準拠法を問わず」という文言だけは復活しなかった。しかし、今度はさすがに、ハンブルク規則を「自国の立法に適する形で」国内法化するようなことは、認められなかったので、少なくとも成文法の相違は、ハンブルク条約の締約国間において解消するはずである。それならば、かような適用範囲規定と国際私

---

92) The Hollandia [1982] 2 W.L.R. 556, at 562. デニング判事は、さらに航空運送など、その他の国際運送にも、public policy の適用があるとする。また、ショー判事も、当事者の意思が十分に反映されていない契約への裁判所の干渉を、ポリシーの問題として肯定している。Id., at 563-564.

93) 前述 2 (3) 参照。

法の関係は、どのようになるのであろうか。

この点については、条約採択後間もないためもあり（本稿執筆時）、ほとんど書かれたものを見ない。ただジャクソンは、リエカ草案にあった「準拠法を問わず」という文言が復活しなかった点を強調して、たとえ条約2条に該当するケースであっても、契約の準拠法いかんによっては、必ずしもハンブルク規則が適用されない、と主張する[94]。しかし、前述3(2)のように、ジャクソンは、英国の1971年法についても同様の見解を主張していながら、控訴院の賛同を得ることができなかったことに留意すべきであろう。

5　国際私法学の発展からみた考察

ドイツの海商法学説は、前述2(3)のように、当事者の法選択をひとまず認めたうえで、国際私法上の公序により法選択の範囲を制限しようとする。それによると、ドイツ法以外の法の選択は、直ちに無効となるのではなく、当該外国法を適用した結果がハーグ規則の片面的強行規定性に関する商法622条に違反する場合に限り、無効とされる。

わが国の従来の学説も、これと同様に、当事者による外国法の選択を認めたうえで、当該外国法を適用した結果がわが国の国際海上物品運送法15条の免責禁止規定に反する場合に、国際私法上の公序（法例30条）が発動されると主張する[95]。しかし、わが国の国際海上物品運送法は、ブラッセル条約10条を

---

94)　D.C. Jackson, The Hamburg Rules and Conflict of Laws, in: S. Mankabady (ed.), The Hamburg Rules on the Carriage of Goods by Sea, 1978, p. 225, 227, 229.

95)　佐藤幸夫「船荷証券における準拠法指定約款」神戸法学13巻3号415頁以下、岡本善八「海商」『国際私法講義』（1970年、青林書院新社）217頁、田中＝吉田・前掲注(6)63頁。なお、神戸地判昭和38年7月18日下民集14巻1488頁は、ブラジルから日本への物品運送について、アムステルダムの裁判所を専属管轄とする約款が問題となった事件において、次のように述べている。すなわち、証拠によれば、「被告の普通契約条款中には『本件船荷証券は船荷証券統一条約第1条から第8条までの条項に従って効力を有するものとし、これらの条項は本証券

国内法化していないだけでなく、英・米・ドイツと異なり、独自の適用範囲規定を置いていない[96]。したがって、いかなる場合に国際海上物品運送法15条違反が問題となるのかは、これらの学説によっても明らかでない。また、仮にブラッセル条約10条により、船荷証券が締約国において発行された場合に、免責約款禁止規定の違反が問題になるとしても、具体的には、当該外国法によった場合に、ハーグ規則によるよりも、運送人が軽い責任しか負わないか否かを、個別に調べなければならない。

これには、2つの疑問がある。第1に、かような公序論によっては、ハーグ規則の目的を達成できない、という点である。たしかに、個々の免責約款の不当性だけに着目するのであれば、かような免責約款を有効とする外国法を、具体的な事件毎に排斥するだけで、荷主は十分に保護されるであろう[97]。しかし、現実には、ホランディア号事件においてデニング判事が指摘するように、複雑な船荷証券の裏面約款など読むことなしに、当事者の権利義務が分かること、すなわち法律関係の明白性こそが切実に要請されていたのである[98]。し

に合体されたものとみなす。』旨の条項が存在することが認められるから、本件管轄約款が、本来適用されるべき公序法たる船荷証券統一条約またはその国内法化された法律の適用を免れることを目的としたものであるということはできない」。本判決は、1970年12月21日のドイツ連邦裁判所判決と同様の趣旨であると解される。前述注(58)の本文参照。

96) 国際海上物品運送法1条は、「この法律は、船舶による物品運送で、船積港又は陸揚港が本邦外にあるものに適用する」と規定するが、これは、わが国が沿岸航海にブラッセル条約を適用しない旨の留保宣言をした関係上置かれたにすぎない。田中＝吉田・前掲注(6)65頁参照。

97) 従来、わが国においては、ハーグ規則成立の発端として、個々の免責約款の弊害を強調しすぎるきらいがあった。そのような例としては、小町谷操三『統一船荷証券法論及び国際海上物品運送法註釈』(1958年、勁草書房) 5頁以下、山戸嘉一『国際海上物品運送法』(1958年、海文堂) 3頁、西島彌太郎『船荷証券論』(1954年、巌松堂) 201頁。そこでは、当時の英国における免責約款発達の結果として、「船主は運賃を受け取る以外に、全く義務を負わないかのようである」とする英国の学説の影響があったようである。Scrutton, *supra* note (49), p. 208. 武知・前掲注(7)37頁以下も参照。

たがって、公序論は、外国法の調査を強いる点で、ハーグ規則の目的にそぐわない。

　第2に、理論的にみても、なぜ当該外国法の適用が排除され、代わりにハーグ規則が適用されるのか、そのプロセスが明らかとなっていない[99]。たしかに、前述2(3)のように、フォン・ケメラーは、ハーグ規則の強行原則が国際公序になるというが、それならば、むしろ外国法の適用結果を調べることなしに、常に外国法の適用を排除したほうが首尾一貫すると思われる。また、当該外国法の代わりにハーグ規則を適用するにしても、その適用の根拠および国際私法の一般原則との関係が公序論では明らかにされていない[100]。そこで、ハーグ規則についてはもとより、ウィスビー規則およびハンブルク規則についても、公序とは全く異なった理論構成が考えられなければならない。

　まず、溜池教授は、国際私法の観点から私法秩序の構造を示しつつ、統一実質私法は、国際私法を経ることなく、国内的私法関係および渉外的私法関係に直接適用されると主張する[101]。しかし、溜池教授は、「それが統一法といいうるためには、単に形式的に法文の内容が一致しているのみでは不十分であり、その解釈についても一致していることを要する」と述べている[102]。このよう

---

98) 田中＝吉田・前掲注(6) 1 頁以下。See also Scrutton, *supra* note (49), p. 402.

99) シューリッヒは、抵触法と公序の機能の相違について、次のように述べている。すなわち、一応は、前者が準拠法の決定という積極的な機能を担い、後者が準拠法の適用排除という消極的な機能を担っているかに見えるが、それは観点の相違にすぎない。抵触法は、ある準拠法を決定することにより、他の法の適用を排除しているのであり、それと同様に、公序についても、なぜ外国法の適用が排除され、代わりにいずれの法が適用されるのかを考える必要がある。Schurig, a.a.O., Anm. (16), S. 251.

100) シューリッヒは、いわゆる公序法について、次のように述べている。もし国際私法の体系を静的なものと見るならば、すなわち不動の双方的・実定的な抵触規定の集合体と考えるならば、必然的に、そのような状態は不満足なものとなり、体系外に必要を満たす抜け道が求められることになる。かような見解は、ますます広がっており、さらに悪いことには、決して根拠づけられることなく、無批判に受け入れられている。Schurig, a.a.O., Anm. (16), S. 317.

101) 溜池良夫「国際私法の概念について」法学論叢70巻2号55頁以下。

に統一実質法を厳格に定義するのであれば、およそこれに該当するものは存在せず、おそらく将来も存在しないであろう。たとえば、本稿の対象である国際海上物品運送法の分野をみても、ハーグ規則およびウィスビー規則は、形式的にも締約国間において条文の内容が一致しておらず、またハンブルク規則も、これを解釈するための国際裁判所が設けられるわけではないから、解釈の不一致が当然に予想される[103]。

ただし、溜池教授は、同時に「渉外的私法関係に直接適用される実質私法」の存在を認めており[104]、本稿の統一規則がこれに該当すると解する余地がある。すなわち、国際私法は、本来「国内的私法関係のみをその適用範囲とする法規が、渉外的私法関係に適用されるために」法的根拠を与えるものであるから、「もともと渉外的私法関係を直接規律すべき内容をもつ法規」は、国際私法の仲介を必要としない、というのである[105]。しかし、これに対しては、かような法規の適用は無制限ではなく、一定の範囲に制限されるのであるから、何らかの適用根拠が存在するはずであり、「直接適用」というようなことはあり得ないのではないか、という疑問が生じる[106]。すなわち、適用のプロセスが明らかでないという点では、公序論に対するのと同じ疑問が直接適用説にも当てはまる[107]。

つぎに、烁場教授は、適用規範と実質規範の関係を示しつつ、すべての実質規範には、その適用の根拠を与える適用規範が存在すると主張する。すなわち、

---

102) 溜池・前掲注(101)58頁注12。

103) Vgl. Necker, a.a.O., Anm. (78), S. 93 ff.; Kropholler, a.a.O., Anm. (3), S. 206.

104) 溜池・前掲注(101)53頁以下。

105) 溜池・前掲注(101)54頁。かような見解によれば、リエカ草案の「準拠法を問わず」という文言は、当然の事を定めたにすぎないことになるであろう。前述3(1)参照。

106) 烁場教授が「直接適用の外観をとる」にすぎないと述べているのも、同じ趣旨であろう。烁場準一「抵触法と外人法との関係再考─動態的抵触法理論への出発点としての静態的抵触法理論」一橋論叢52巻1号53頁、同「渉外実質法・直接適用法」『国際私法の争点』(1980年、有斐閣)21頁。

107) Vgl. Schurig, a.a.O., Anm. (16), S. 317 f.

固有法源たる国内法規の実質規範 MR 1 には、適用規範 KR 1 が存在し、借用法源たる国内法規の実質規範 MR 2 には、適用規範 KR 2 が存在する。さらに渉外法規の実質規範にも適用規範が存在する。すなわち、固有法源たる渉外法規の実質規範 MR 3 には、適用規範 KR 3 が存在し、借用法源たる渉外法規の実質規範 MR 4 には、適用規範 KR 4 が存在する[108]。

本稿の統一規則は、妳場教授のいう固有法源たる渉外法規の実質規範 MR 3 に該当すると思われる。なぜなら、同教授は、別の論稿において、「当初より渉外的な生活関係・法律問題に適用されることを目的として、制定せられた実質規定の集合体」の中には、国際的合意にもとづくものを含むとしているからである[109]。したがって、本稿の統一規則も、適用規範 KR 3 を必要とする[110]。しかし、KR 3 の内容については「内国 MR 3 の解釈により」決めるべきであり、「内国 MR 3 がその本来の政策的妥当範囲を越えてみだりに適用されてはならない」というように、抽象的にしか述べられていない[111]。したがって、妳場説は、本稿の対象である統一規則について、適用規範の存在を明らかにした点では、大きな前進であったが、その規範の性質および内容に疑問が残る。

最後に、シューリッヒの見解については、彼のいう要素抵触規定の集束 (Bündelung von Element-Kollisionsnormen) から見ていく必要がある。すなわち、

---

108) 妳場（一橋）・前掲注(106) 52 頁以下、同「国際私法の現代的課題—反致主義の理論的基礎づけへの一試論」一橋論叢 44 巻 4 号 508 頁以下。
109) 妳場（争点）・前掲注(106) 19 頁。
110) 妳場（一橋）・前掲注(106) 53 頁。他方において、借用法源たる渉外法規の実質規範 MR 4 には、内国の MR 1・MR 2、外国の MR 1・MR 2、外国の MR 3・MR 4 が含まれるとする。同 56 頁注 25。そして、「国際私法を定義して『渉外的私法関係にたいし、これに適用すべき法律を内外私法のうちから選択指定し、これに適用根拠を与える法律である』とするかぎり」、国際私法は、MR 4 を対象とする適用規範 KR 4 の部分集合にすぎず、KR 4 には、さらに渉外的公法関係を対象とする適用規範も入るとする。同 52 頁。
111) 妳場（一橋）・前掲注(106) 59 頁。別の論稿においても、「当該の渉外実質法を制定した趣旨・目的」により決めるとしか述べられていない。妳場（争点）・前掲注(106) 20 頁。

シューリッヒによれば、「中国（ポーランド、スペインなど）の相続法は、被相続人が中国人（ポーランド人、スペイン人など）である場合に適用される」という規定、および「中国人（ポーランド人、スペイン人など）は、中国（ポーランド、スペインなど）の相続法にしたがって相続される」という規定は、実質上同一であり、1つの抵触規定を両面から見たにすぎない[112]。すなわち、前者は法規の側から見て、後者は私法関係の側から見ている。そして、このように2つの側面をもった要素抵触規定を集めることにより、「相続の開始は被相続人の本国法による」という1つの双方的抵触規定が出来上がる[113]。シューリッヒは、これを「水平的集束」(horizontale Bündelung) と呼ぶ。これに対して、「垂直的集束」(vertikale Bündelung) とは、相続の開始、相続人の範囲、相続の順位、相続財産の範囲などの法律問題を一括して、相続の準拠法 (Erbstatut) によらせることを指す[114]。そして、水平的集束と垂直的集束が同時に行なわれて初めて、「相続は被相続人の本国法による」という通常の抵触規定が出来上がるのである。

　シューリッヒによれば、問題となる個々の法律を指定し、かつその適用範囲を定めた要素抵触規定が集まって、初めて双方的抵触規定が出来上がるのであるから、一方において、これらの要素、とりわけその法政策的存在意義を分析し、他方において、これらの要素が双方的抵触規定に至る集束の過程を分析することが重要となる。しかし、これは、すでに存在する抵触規定の集合体を無数の個別抵触規定に細分化しようというのではない。そのような事は、事実上不可能であるし、理論的にも「古典的」国際私法の崩壊を意味する。ここでは、さしあたり抵触法の構造の分析だけを目的としている。いかなる物体も原子からなっているからといって、現実に物体を原子に分解しなければならないわけではない。しかし、これを認識するだけで、理論上も実際上も大きな成果を挙げることができる。これと同様の成果が国際私法にも期待されるのである[115]。

---

112) Schurig, a.a.O., Anm. (16), S. 92.
113) Schurig, a.a.O., Anm. (16), S. 92, 105, 168.
114) Schurig, a.a.O., Anm. (16), S. 102 f.

以上のように、法規の側からみた抵触規定と私法関係の側からみた抵触規定とが単に観点の相違にすぎないという点は、すでにわが国においても指摘されている[116]。ところが、シューリッヒの説明と異なり、それが双方的抵触規定と要素抵触規定との間の流動性に結びつけられてこなかった[117]。その結果、国際私法上の公序による外国法の適用排除は、例外とされ[118]、また当事自治の原則に対する強行法規の介入は、特別連結として、これまた例外視されてきたのである[119]。しかし、シューリッヒによれば、これらのいわゆる例外的現象も、方法論的には国際私法の一般規定と異ならない、すなわち特別の連結点を使った特別の抵触規定にすぎないことになる[120]。

---

115)　Schurig, a.a.O., Anm. (16), S. 93 f.
116)　池原・前掲注(2)86頁、山田・前掲注(2) 4頁。
117)　かような要素抵触規定は、「一方的抵触規定」(einseitige Kollisionsnorm) と区別されるべきである。すなわち、一方的抵触規定とは、本来普遍的であるべき国際私法が国毎に異なる、という現実に対処するために、他国の立法管轄を侵害しない手段として用いられるものである。したがって、一方的抵触規定は、いかなる場合にも双方的抵触規定に変形されることはない。Schurig, a.a.O., Anm. (16), S. 288 ff.
118)　山田・前掲注(2)126頁、池原・前掲注(2)251頁以下。
119)　山田・前掲注(2)282頁以下。
120)　Schurig, a.a.O., Anm. (16), S. 166 ff., 248 ff., 322 ff.
　なお、シューリッヒは、序文において、著書の目的を次のように語っている。「本書の目的は、国際私法に関する既存の選択肢をさらに増やすことではない。むしろ、これらの選択肢の多くは、1つの基本構造と比較的少数の法政策的基本決定に還元できるのではないか、また我々の『古典的』国際私法は、改めて解明し直すことにより、ほとんどの難問を克服し、かつほとんどの非難を一掃できる状態になるのではないか、という問題を究明してみるつもりである」。Schurig, a.a.O., Anm. (16), S. 13 f.
　また、ジーアは、その書評を次のような言葉で締めくくっている。「シューリッヒの著書は、今日焦点となっている抵触法上の問題に関して、高度な方法論的水準を維持した、すぐれた概説であることは間違いない。まさに、この概説にこそ意味がある。なぜなら、かような試みにおいては、新しい個人的見解を出すことが、ほとんど不可能であるからである。このようにして、ドイツの、あるいはヨーロッパ大陸全体の抵触法理論が、著者から新しい道標を受け取った。それに

それでは、実質私法統一条約の適用範囲規定も、特別の抵触規定と言えるのであろうか。シューリッヒによれば、少なくともその可能性が認められる。たとえば、「〔ハーグ〕統一売買法は[121]、売買契約の当事者が相異なる締約国に営業所を有する場合に適用される」という規定は[122]、1つの連結点により2通りの機能を果すものである。すなわち、抵触法的には、他の法秩序に属する法規に対立した法廷地法の構成部分として、また実質法的には、同一法秩序内の他の一般的法規群に対立した一定の渉外的事案に関する特別法として、統一売買法を指定しているのである[123]。したがって、この場合には、国際私法そのものが排除されるのではなく、国際私法の一般規定が排除されるにすぎない[124]。

ところで、かような特別抵触規定を導き出すためには、一般抵触規定の適用を不都合とするだけの特段の事情が認定されなければならない。なぜなら、既存の一般原則が引き続き適用されるべきである、という法的安定性の要請が働くからである。シューリッヒは、これを「慣性の原則 (Trägheitsprinzip)」と呼

ついては、著者に感謝しなければならない。著者の方法論的説明がヨーロッパ以外においても共鳴を呼ぶならば、幸いである」。K. Siehr, 46 RabelsZ (1982), S. 618.

121) Einheitliches Gesetz über den internationalen Kauf beweglicher Sachen v. 17. Juli 1973, BGBl I 856. 同法は、1964年7月1日のハーグ国際動産売買統一法条約を国内法化するために制定された。

122) もともと条約において採択された統一規則は、締約国との関連を求めていなかったが、西ドイツは、条約3条にもとづく留保宣言を行った結果、本文のように適用範囲を制限したのである。

123) Schurig, a.a.O., Anm. (16), S. 233. クロポラーも、かような適用範囲規定には、国際性決定機能と抵触法的機能があるとする。Kropholler, a.a.O., Anm. (3), S. 190. これに対して、F・A・マンおよびジーアは、すべての規定がいずれか一方の機能しか持たない、と考えているようである。F.A. Mann, Kollisionsnorm und Sachnorm mit abgrenzendem Tatbestandsmerkmal, in: Festschrift für L. Raiser, 1974, S. 499 ff.; K. Siehr, Normen mit eigener Bestimmung ihres räumlich-persönlichen Anwendungsbereichs im Kollisionsrecht der Bundesrepublik Deutschland, 46 RabelsZ (1982), S. 357 ff.

124) Schurig, a.a.O., Anm (16), S. 233 f. Fn. 82. Vgl. auch Kropholler, a.a.O., Anm. (3), S. 190.

んでいる。すなわち、彼は、国際私法上の利益衡量において、法的安定性を他の利益に優先させようとする。その理由としては、規定の存在自体から生じる秩序利益および取引利益が挙げられる。そして、かような利益が状況の変化により保護に値しなくなった場合に初めて、自由な利益衡量を行いうるのであるが、この場合の利益衡量も体系と調和していなければならず、その意味において、ここでもまた慣性の原則が働くのである[125]。

以下では、ひとまずシューリッヒから離れ、本稿の対象である国際海上物品運送法の分野における統一規則の適用範囲規定を考察するが、その際にも、この慣性の原則を考慮しなければならない[126]。ここで特に問題となるのは、契約における当事者自治との関係である。とりわけわが国の法例7条では、当事者自治の原則が明文化されているため、これを全体として制限することは困難であると思われる[127]。しかし、国際海上物品運送法統一規則の対象となる事項についてのみ、原則を変えることは可能であろう[128]。それは、先に述べた統一規則の目的から導き出せると思われる。ひとつは、運送人の不当な免責約款に対し荷主を保護すること、もうひとつは、複雑な船荷証券の裏面約款を読むことなしに法律関係が明白になることである。

まず、運送人の不当な免責について言えば、そもそも国際海運を野放しにしておくと、他国との競争の必要から、安い運賃で運送を引き受ける反面、万が一の事故の場合には全く責任を負わない、という傾向に陥りやすいことは、従

---

125) Schurig, a.a.O., Anm. (16), S. 197 ff.
126) ジーアは、慣性の原則自体を否定するわけではないが、統一法条約の適用範囲規定への応用、すなわち、これを抵触規定とみるのか、それとも実質規定とみるのかを判断する要素とは考えず、むしろ合目的的性（Zweckmäßigkeit）によるべきであるとする。K. Siehr, 46 RabelsZ (1982), S. 615 f. Vgl. auch Ders., a.a.O., Anm. (123), S. 380.
127) 山田鐐一「当事者自治の原則」『国際私法の争点』（1980年・有斐閣）97頁参照。
128) シューリッヒも、慣性の原則を適用できない領域においては、準拠法の分割（dépeçage）が生じることを認める。Schurig, a.a.O., Anm. (16), S. 186.

来の経験から明らかである[129]。しかも、ある一国だけがこれに対する規制を行うならば、その国の海運は、国際競争において著しい不利益を被ることになる。ここに、条約による法統一の必要が生じる[130]。とすれば、このように各国一律の規制を行うことは、必ずしも運送人の不利益とは言い切れず、むしろ国際競争における平等を保つ点で、利害関係人全員の利益になるはずである。それゆえ、抵触法の面においても、当事者自治の原則によらず、むしろこれを排除して、一律に統一的な特別抵触規定によるとしたほうが、当事者の利益にかなうであろう。

つぎに、法律関係の明白性の観点からいえば、国際私法の不統一が挙げられる。すなわち、当事者自治の原則は、一応各国において承認されているとはいえ、その細部においては、かなりの相違が見られる。それゆえ、ECにおいては、「契約債務の準拠法に関する条約」が作成されたのである[131]。その結果、船荷証券を受け取った被裏書人などは、そもそも統一規則が適用されるか否かを確かめるために、各国の国際私法を調べなければならず、船荷証券の流通性が阻害される。したがって、国際海上物品運送法統一規則の適用範囲規定を抵触規定と解することは、取引利益にも合致するであろう。

それでは、ハンブルク条約2条が国内法化されたとしたら、その抵触規定としての構造はどうなるのであろうか。まず同条は、船積港、荷揚港、現実の荷揚港、船荷証券などの交付地、当事者の意思を連結点とし、いずれかの連結点によりハンブルク規則が適用されるとする選択的連結を採用している。かような連結方法に対しては、統一規則の適用範囲が広くなりすぎて、非締約国の法との間の平等が保てない、という批判がありうる。しかし、選択的連結の例は、

---

129) 田中＝吉田・前掲注(6)1頁以下。
130) 田中＝吉田・前掲注(6)11頁以下。
131) 1980年6月19日に署名された。なお、当事者自治の原則に関する各国の立法・判例の相違点としては、当事者自治の質的制限・量的制限、強行法規の介入、当事者意思の推定などが挙げられる。山田・前掲注(2)275頁以下、同・前掲注(127)97頁以下、折茂豊『国際私法(各論)〔新版〕』(1972年、有斐閣)113頁以下参照。

わが国においても、すでに法例 8 条および遺言の方式の準拠法に関する法律 2 条などに見られる。学説上も、弱者保護など「実質法上の支配的な法目的が比較的明確な分野においては」、選択的連結を認めるべきであるとする見解がある[132]。したがって、ハンブルク規則の適用範囲規定が特別抵触規定として、かような連結方法をとるのも、あながち不当とは言えないであろう[133]。

つぎに、ハンブルク規則の解釈について、締約国間に見解の不一致が生じた場合には、どうなるのであろうか。かような場合には、再び国際私法の一般原則、すなわち当事者自治の原則に立ち返るべきであるかもしれない。しかし、ハンブルク規則においては、もはや「自国の立法に適する形で」国内法化することは認められていないのであるから、解釈の対象とすべきであるのは、ハンブルク条約に取り入れられた統一規則のみである[134]。したがって、各締約国は、ウィーン条約法条約 31 条ないし 33 条の条約解釈の原則にもとづき、自国が正しいと判断した解釈によるべきである。ただし、締約国間にどうしても克服しえない見解の不一致が生じ、そもそもハンブルク規則の規律の対象となっていないと思われる事項についてまで、自国の解釈を押し通すことは妥当でない。かような場合は、ハンブルク規則の事項的適用範囲から外れる問題であるとして、国際私法の一般抵触規定により指定された準拠法によるべきである[135]。

---

132) 松岡（構造論）・前掲注(14) 318 頁。松岡教授は、子の保護、労働者保護、消費者保護、被害者の救済などを挙げているが、支配的な法目的は、かような弱者保護に限らないであろう。Vgl. Schurig, a.a.O., Anm. (16), S. 204 ff.

133) クロポラーは、統一法の一般論として、次のように述べている。統一法の適用には、締約国との最も密接な関連（die engste Berührung）は必要でなく、単に密接な関連（eine enge Berührung）があれば足りる。なぜなら、統一法は、幅広い比較法的な基礎研究にもとづき、とりわけ渉外事件に合わせて作成されているからである。Kropholler, a.a.O., Anm. (3), S. 192.

134)〔追記〕ただし、ハーグ規則およびウィスビー規則についても、条約の規定が優先すべきであることについては、前述注(27)参照。

135) クロポラーは、まず統一法の目的的解釈が試みられるべきであり、それがどうしても不可能である場合に初めて、締約国間においても、抵触法が適用されるべきであるとする。Kropholler, a.a.O., Anm. (3), S. 203 ff. これは、私見と同一であ

6 おわりに

　本稿を終えるにあたり、国際海上物品運送法統一規則と国際私法の関係という問題の実際的意味を述べておきたい。すなわち、従来のハーグ規則およびウィスビー規則のもとでは、運送人の側も、これらの統一規則を国内法化した立法を指定した至上約款を船荷証券に挿入し、統一規則の適用に協力的であったと言える。しかし、ハンブルク規則は、運送人の責任を従来の統一規則よりも格段に重くしているので、非締約国の法を指定した準拠法約款を挿入することにより、ハンブルク規則の適用を回避しようとするかもしれない。かような場合に、各締約国の裁判所が当事者自治の原則を広く認め、ハンブルク規則の適用回避を認めるものと、そうでないものに分かれるとしたら、統一規則を作成した意味がなくなるだけでなく、国際海運の競争において不平等が発生することになるであろう。ひいては、自国の裁判所が適用回避を認めないことが予想され、他国の裁判所との違いが明らかである場合は、条約の批准自体に断固反対するであろう。したがって、かような不安を取り除き、統一規則の適用を安定的なものとするために、国際私法との関係を明らかにし、統一規則の適用範囲規定を特別抵触規定とする認識が広まる必要がある。

ると解される。〔追記〕その後、この問題については、奥田安弘「国内裁判所における統一法条約の解釈」国際法外交雑誌 86 巻 5 号 36 頁〔同『国際取引法の理論』(1992 年、有斐閣) 99 頁以下所収〕において、詳細に考察した。同・前掲注(27) 71 頁以下〔本書 69 頁〕も参照。

III 船荷証券統一条約と国際私法との関係

1 船荷証券統一条約と国際海上物品運送法

　1924年8月25日にブラッセルで署名された「船荷証券に関するある規則の統一のための国際条約（以下では「船荷証券統一条約」または単に「条約」という）」は、そもそも運送人の不当な免責約款に対する荷主の保護を目的として作成された。すなわち、海運界はかねてより国際的な競争が激しく、すでに19世紀末には、安い運賃で運送を引き受ける反面、万が一の場合には全く責任を負わないという状態にあった。しかも、ある国だけがこれに対する規制を行うならば、その国の海運は国際競争に著しく立ち遅れることになる。そこで、条約により、関係国が統一的な規制を行うことにしたのである[1]。

　この船荷証券統一条約は、多数の船主国および荷主国が批准ないし加入し、統一法条約としては最も成功した例のひとつであった。しかし、戦後の国際海運をめぐる状況の変化、とりわけコンテナ船の普及および為替相場の変動などから、1968年の議定書によって改正され、さらに責任限度額の算定基準を国際通貨基金の特別引出権（SDR）に変更するため、1979年の議定書によって改正された[2]。

---

1) 田中誠二＝吉田昂『コンメンタール国際海上物品運送法』（1964年、勁草書房）1頁以下、戸田修三＝中村眞澄『注解国際海上物品運送法』（1997年、青林書院）4頁以下〔戸田修三〕参照。ただし、免責約款の弊害は、その複雑性のゆえに、法律関係の明白性を害していた点にも注目すべきである。奥田安弘「国際海上物品運送法の統一と国際私法の関係―国際私法は排除されるか」香川法学2巻2号48頁〔本書56頁所収〕参照。

2) ただし、これらの改正では、商業上の過失について責任を負わせるが、航海上

わが国は、1957年に船荷証券統一条約を批准し、その内容を取り込んだ「国際海上物品運送法（昭和32年法律第172号、以下では単に「法」ということがある）」を制定した。ただし、規定の配列を変えただけでなく、より広い事項に適用されるようにしたり、商法の規定の準用などを定めた。とりわけ「この条約の規定は、締約国で作成されるすべての船荷証券に適用する」と定めた条約10条が取り入れられなかったこと、それとは別に「この法律は、船舶による物品運送で、船積港又は陸揚港が本邦外にあるものに適用する」という法1条が設けられたことは、本稿のテーマとの関連で注意を要する。

その後、わが国は、1968年および1979年の議定書の内容を取り込むため、国際海上物品運送法を改正し（平成4年法律第69号）、1979年議定書を批准したが、その際にも、1968年議定書によって改正された船荷証券統一条約10条は取り入れられなかった。それは、次のように規定していた。

「この条約の規定は、船舶、運送人、荷送人、荷受人その他の関係者の国籍のいかんを問わず、次のいずれかのことを条件として、異なる二国にある港の間の物品運送に関するすべての船荷証券について適用する。(a) 船荷証券が締約国で作成されていること。(b) 運送が締約国にある港からのものであること。(c) 船荷証券に含まれている契約又は船荷証券によって証明されている契約により、この条約の規定又はこの条約の規定を実施しているいずれかの国の法令が当該契約を規律すべきことを定めていること」。

一方、改正された国際海上物品運送法1条は、次のように定めており、実質的に改正前と異なっていない。「この法律（第20条の2を除く。）の規定は船舶による物品運送で船積港又は陸揚港が本邦外にあるものに、同条の規定は運送

の過失について免責するという基本構造は維持された。これに対して、1978年の国連海上物品運送条約は、かような商業上の過失と航海上の過失の区別を廃止し、全面的な過失責任を採用したことなど、船荷証券統一条約とは全く異なった責任原則を定めている。なお、本稿執筆の時点（2000年4月末）において、万国海法会のウェブサイト（http://www.comitemaritime.org/）により締約国数を確認したところ、1924年条約は80か国、1968年議定書は24か国、1979年議定書は19か国、国連海上物品運送条約は25か国となっていた。

人及びその使用する者の不法行為による損害賠償の責任に適用する」。

以下では、とくに断らない限り、1968年および1979年の議定書によって改正された船荷証券統一条約ならびに改正国際海上物品運送法を前提として、国際私法との関係を考察する。

2　条約と国内法の関係

上記の問題に入る前に、まず条約の内容を取り込んだ国際海上物品運送法の制定をどのように理解するのか、という問題を考えておく。周知のように、わが国は条約を実施するため、その内容を取り込んだ法律を制定する必要はなく、条約の規定が直接に国内法上も効力を有する。しかも国際海上物品運送法は、船荷証券統一条約の規定をそのまま取り入れたのではなく、様々な変更を加えているから、両者はわが国の実質法秩序において併存している状態である、と考えざるをえない。国際法上も、条約法に関するウィーン条約（以下では「条約法条約」という）は、自国の国内法を理由として条約の不履行を正当化することはできないと定めているし（27条）、また条約の遵守を定めた憲法98条2項の趣旨に鑑みても、国際海上物品運送法は、船荷証券統一条約と矛盾のないように解釈されなければならない。

たしかに、1924年条約の署名議定書2項によれば、「締約国は、この条約に対し法令としての効力を与えることにより、又はこの条約で採択した規則を自国の国内法令に適する形式でその国内法令中に取り入れることにより、この条約を実施することができる」とされていたし、また、1968年議定書16条も、同じ趣旨を規定していた。しかし、これらの規定は、条約の実施方法に関する各国の法制が様々であり、わが国のように直接に国内法上の効力を与える国がある一方、その内容を取り込んだ法律を制定すべき国（英国など）があることを考えれば、当然のことを定めたにすぎない。すなわち、これらの規定があるからといって、国際海上物品運送法が船荷証券統一条約に優先するわけではない[3]。

3 法例との関係

　船荷証券統一条約と国際私法との関係については、まず法律関係の性質決定（法性決定）を考えなければならない。すなわち、運送人の責任は、実質法上、契約責任と構成するのか、不法行為責任と構成するのか、さらに請求権競合を認めるのかという問題が生じるが、国際私法上は、当事者間に契約関係が存在する点を重視し、一般的には、法例7条にいう契約責任であると法性決定される。しかし、締約国間において統一的に運送人の責任を規律するという船荷証券統一条約の趣旨および目的は、国際私法上も考慮されるべきである。それゆえ、条約10条は、条約の規定が国際私法上も強行的に適用されるべき範囲を定めた特別抵触規定と解するべきである。すなわち、この規定により、船荷証券統一条約が強行的に適用される限りにおいて、法例7条は排除されることになる[4]。

　3）　川又良也「統一私法と国際私法の関係についての再論—国際海上物品運送法と国際私法の関係を中心として」『京都大学法学部創立百周年記念論文集（第3巻民事法）』（1999年、有斐閣）645頁は、わが国の立法者意思を理由として、日本の裁判所が解釈適用すべきであるのは、条約ではなく国際海上物品運送法であると主張するが、条約法条約27条によれば、かような国内の立法者意思の優先は疑問である。従来の商法学者の見解については、さらに岩沢雄司『条約の国内適用可能性』（1985年、有斐閣）72頁以下参照。

　4）　奥田安弘『国際取引法の理論』（1992年、有斐閣）33頁以下、69頁以下参照。これに対して、川又・前掲注(3)651頁以下は、わが国の裁判所の適用対象が条約ではなく国際海上物品運送法であるという前提のもとで、法例7条により指定された準拠法が日本法である場合に限り、国際海上物品運送法が適用されるとする。ところが、さらに「準拠法が外国法であり、当該外国法の規定がヘーグ・ヴィスビー・ルールズ〔＝1968年議定書・引用者注〕の定めている基準よりも海上運送人にとって有利な内容を定めているときには（国際海上物品運送法15条1項）、公序に反する結果になる（法例33条）として、その限りで準拠法の指定を無効とし、関連する国際海上物品運送法の規定により解決すべきもの」と主張する。同様の見解として、田中＝吉田・前掲注(1)63頁、戸田＝中村・前掲注(1)28

詳述すれば、船荷証券統一条約は、締約国間において統一的に運送人の責任を規律しようとするのであるから、その適用範囲は、条約自体によって統一的に決定されるべきである。これに対して、各国不統一の国際私法の一般規定により、締約国の法が準拠法になった場合に限り、条約が適用されるとするのは、その趣旨および目的を阻害する結果となる。しかも契約において広く認められている当事者自治の原則（法例7条1項）によれば、非締約国の法を指定する準拠法約款を船荷証券に入れることによって、運送人は容易に条約の適用を免れることになる。かような事態は、不当な免責約款に対する荷主の保護という条約本来の目的と相容れないであろう[5]。

むろん船荷証券統一条約は、運送人の責任を網羅的に規律しているわけではない。第1に、事項的な適用範囲の限界がある。すなわち、条約は、船荷証券または類似の証券が発行されていない運送、ならびに生動物および甲板積の運送を除外するとともに、船積前および荷揚後の責任を除外している（条約1条(b)(c)(e)）。国際海上物品運送法20条が商法の諸規定を準用しているのも、これらの事項については、条約が規定していないからである。第2に、場所的な適用範囲の限界がある。すなわち、条約10条の反対解釈として、国内運送が除

　　頁以下〔栗田和彦〕参照。
　　　この主張は、法律を条約に優先させる点だけでなく、さらに国際私法上の公序の理解についても疑問がある。第1に、法例33条は、外国法の適用結果を問題としているのであって、わが国の国際海上物品運送法の適用を確保するものではない。第2に、この主張は、法例7条により指定された準拠法が日本法である場合に限り、国際海上物品運送法が適用されるとしながら、なぜ準拠法が外国法であるにもかかわらず、法15条1項だけが適用されるのかを説明していない。法15条1項と法例33条は同一ではない。第3に、法例33条の発動については、一般に事案の内国牽連性が必要であると解されているが、川又・前掲注(3)661頁以下は、船荷証券作成地ないし船積地が日本以外の締約国である場合にも、法例33条を発動する趣旨のようである。これは、条約10条を考慮した結果とされているが、法律を条約に優先させる論旨と一貫していないし、また法例33条の一般的理解とも大きくかけ離れている。
　5)　奥田・前掲注(1)48頁以下〔本書56頁以下所収〕参照。

外されるし、また国際運送であっても、(a) 船荷証券が非締約国で作成され、かつ (b) 運送が非締約国にある港からのものであり、かつ (c) 運送契約により、この条約の規定またはこれを実施している国の法令が当該契約を規律すべきことを定めていない場合は、条約の適用範囲外となる。

これらの場合において、法例7条が適用されることは当然である。しかし、逆に運送が条約の適用範囲内である場合は、法例7条が排除されて、条約が強行的に適用されることになる。すなわち、前述の法性決定の問題でいえば、運送人の責任は、法例7条にいう契約責任、または船荷証券統一条約の適用を受けるべき条約上の責任のいずれかに性質決定されることになる。

4 船荷証券統一条約10条の構造と機能

特別抵触規定としての条約10条は、選択的連結を採用している。すなわち、船荷証券の作成地、運送の出発地、契約上の指定のいずれかを介して、準拠法を決定している。かような選択的連結は、条約の規定が渉外的法律関係の規律に適していることを考慮し、その適用範囲を適度に拡張しようとする政策を実現するものとして評価できる[6]。

一方、条約10条は、その指定の対象をみれば、二重の機能を有することが分かる。すなわち、条約10条は、まず非締約国の法ではなく、締約国の法が適用されるべきことを定め、つぎに締約国の法のうち、通常の実質法ではなく、条約の規定が適用されるべきことを定めている。前者の機能は、国際私法としてのそれであるが、後者の機能は、一般法と特別法などの国内法上の法抵触を規律する体系際法としてのそれである[7]。

---

[6] 奥田・前掲注(1)55頁以下〔本書64頁所収〕、同・前掲注(4)42頁以下参照。

[7] 「体系際法」という名称は、山田鐐一『国際私法』(1992年、有斐閣)12頁によるものであるが、準拠実質法内部における抵触法として、時際法や人際法などはよく知られている。いずれにせよ、かような実質法レベルの抵触法と渉外抵触法たる国際私法は、明確に区別されるべきである。奥田・前掲注(4)26頁以下参照。

条約 10 条は、渉外的法律関係について準拠法を決定するという点では、通常の国際私法規則と本質的に異ならない。ただし、ここで準拠法として指定された締約国の法とは、ある特定の国の法ではなく、すべての締約国が共有する統一法秩序である。これは、条約 10 条が同時に体系際法としての機能を有することに関連している。すなわち、準拠法として締約国の法を指定した段階において、すでに準拠実質法秩序の内部では、条約の規定を指定することが予定されているのである。そして、条約は、その趣旨および目的に沿って解釈されるべきであり、形式的には国内法化されていても、実質的には全締約国が共有する統一法秩序としての地位を有している。

詳述すれば、船荷証券統一条約も、条約である以上は、条約法条約 31 条ないし 33 条の規定により解釈されるべきである。すなわち、条約は、運送人の責任に関する法の統一という目的を考慮し、文言の通常の意味にしたがって客観的に解釈されるべきである。ただし、解釈の補足的手段としては、条約の準備作業なども使用することができる。また解釈の対象は、あくまでも条約の正文である英語およびフランス語の条文である。日本語の公定訳は、政府の解釈を示したものとして参照されるにすぎない。さらに統一的解釈という目的のためには、他の締約国の解釈（判例など）も参照されるべきであるが、たとえば、船荷証券の作成地または運送の出発地が他の締約国であったからといって、その締約国の解釈に拘束されるわけではない。わが国の裁判所は、条約法条約の解釈規則にもとづき正しいと判断した解釈を行うべきである[8]。

---

8) 奥田・前掲注(4) 102 頁以下参照。従来の国際私法の教科書では、渉外的法律関係の規律について、国際私法による方法と統一私法による方法の 2 つがあり、両者は二律背反の関係にあるが、統一私法の現状は不十分であるから、国際私法は排除されない、という記述がよくなされてきた。しかし、厳密な意味における統一私法というものは、現実には存在しないユートピアである。もともと統一法条約の規律範囲が限定されているうえ、全世界の国が締約国になった統一法条約などは存在せず、また締約国間でも解釈の不統一は避けがたい。かようなユートピアを引き合いに出して、国際私法との関係を議論することは、机上の空論との誹りを免れない。むしろ個々の統一法条約の場所的および事項的な適用範囲を考

なお、条約が明文の規定を置いていない事項についても、類推解釈や反対解釈などによって、できる限り条約自体から解決を導き出すべきであるが、およそ条約の適用対象となっていない事項についてまで、条理によって解決することは妥当でない。もともと条約の適用を受けない事項は、前述3のように、法例7条の指定した準拠法によって規律されるからである[9]。

5　国際海上物品運送法1条の意義

　船荷証券統一条約の適用を受けない運送人の責任は、法例7条の指定する準拠法によって規律される。そして、その準拠法が日本法である場合は、国際海上物品運送法1条により、同法が適用されることになる。すなわち、法1条は、準拠法である日本法の内部において、国際海上物品運送法が適用されるのか、その他の法（商法など）が適用されるのかを定める体系際法の機能を果たすにすぎない。

　もともと船荷証券統一条約が強行的に適用されるべき場合には、国際海上物品運送法の適用の余地はない。前述2のように、条約の内容を取り入れた国内法を制定したからといって、条約自体を適用する義務を免れるわけではないからである。また条約の適用範囲外の運送については、法例7条により準拠法を決定する必要があり、その準拠法が外国法である場合も、当然のことながら、国際海上物品運送法は適用されない。

　　　　察することにより、そこに特別な抵触規定の存在を見出すことが現実的な解決であると思われる。奥田・前掲注(4)10頁以下および25頁以下参照。
　9）　この点を明文で定めたものとしては、1980年の国際物品売買契約に関する国連条約7条があり、次のように規定している。「この条約の解釈に際しては、その国際性、適用における統一促進の必要性および国際取引における信義誠実の遵守を考慮しなければならない。この条約の適用を受ける事項に関する問題にして、この条約において明示的に解決されていないものは、この条約の基礎にある一般原則により解決され、かかる原則が存在しないときは、国際私法の指定する準拠法により解決されなければならない」。奥田・前掲注(4)108頁以下も参照。

これに対して、条約の適用範囲外の運送について、法例7条の指定する準拠法が日本法である場合は、国際海上物品運送法が広い範囲で適用されることになる。法1条は、船積港「又は」陸揚港が本邦外にある場合に同法が適用されると定めているが、その立法趣旨は、要するに日本の国内運送に同法を適用しないことにあるのであるから、船積港「及び」陸揚港がともに本邦外にある場合（三国間運送）にも同法が適用されるべきである。さらに、この立法趣旨によるならば、理論的には、外国の国内運送についても、同法を適用すべきことになるであろう[10]。

　条約10条が国際海上物品運送法に取り入れられなかった理由は、以上により明らかであろう。条約10条によって適用されるのは、条約自体であるからである。そして、法1条は、条約が強行的に適用されない場合において、法例7条により日本法が準拠法になったときに、国際海上物品運送法が適用される範囲を決定しているにすぎないのである[11]。

---

10) 奥田安弘「国際海上物品運送法の適用範囲」『商法（保険・海商）判例百選（第2版）』（1993年、有斐閣）171頁参照。なお、川又・前掲注(3)652頁は、ここで取り上げられた東京地判昭和59年7月11日判タ548号164頁および東京地判平成8年10月29日金融法務事情1503号97頁を根拠として、わが国の下級審判例が全面的に法例7条適用説によっているかのように主張する。しかし、これらの判例の事案では、船荷証券の作成地および運送の出発地は、条約の非締約国たる中華人民共和国であった。それゆえ、裁判所が法例7条により準拠法を決定したのは当然である。このように条約の適用範囲内の運送であるか否かを、明確に区別する必要がある。

11) 同旨、高桑昭「国際海上物品運送契約と統一法の適用」『国際私法の争点（新版）』（1996年、有斐閣）133頁。

Ⅳ　船主責任制限の準拠法

1　はじめに

　船舶所有者（以下では「船主」ということがある）の責任制限は、あらゆる意味で海商法独自の制度と言える。その起源は、中世にまでさかのぼり[1]、この起源の古さ自体が制度の存在理由のひとつとされる程である[2]。しかし、責任制限の方法は、国により時代により大きく異なっている。それらを要約すれば、次のとおりである[3]。
　第 1 は、「委付主義（Abandonsystem）」である。これは、船主の人的無限責任を前提としながら、船主が海事債権者に対し、航海の終わりにおける海産（船舶・運賃など）を委付すれば、責任を免れうるとするものである。かつてフランス法および日本の商法 690 条が採用しており[4]、現在でも中南米諸国に残っ

---

1) 石井照久『海商法』（1964 年、有斐閣）146 頁、窪田宏『概説海商法〔新訂版〕』（1977 年、晃洋書房）33 頁、時岡泰＝谷川久＝相良朋紀『逐条船主責任制限法・油濁損害賠償法』（1979 年、商事法務）5 頁、原茂太一「海上・航空企業者の責任制限制度の妥当根拠——憲法第 29 条との関連において」『現代法の諸領域と憲法理念（小林還暦）』（1983 年、学陽書房）423 頁。
2) 石井・前掲注(1)152 頁、時岡＝谷川＝相良・前掲注(1) 7 頁。
3) 以下については、田中誠二『海商法詳論』（1970 年、勁草書房）82 頁以下、小町谷操三『海事条約の研究』（1969 年、有斐閣）5 頁以下、石井・前掲注(1)147 頁以下、窪田・前掲注(1)35 頁以下、時岡＝谷川＝相良・前掲注(1) 5 頁以下参照。
4) フランス商法 216 条「すべての船舶所有者は、船長の行為について民事責任を負い、かつ船長が船舶および運送について締結した契約から生じた債務を負担する。船舶所有者は、いかなる場合にも、船舶および運賃を委付することにより、

ているとのことである[5]。

　第2は、「執行主義（Exekutionssystem）」である。これは、船主の責任を当然に、航海の終わりにおける海産に限定するものであり、これによると、海事債権者は当該海産にしか執行できないことになる。かつてドイツ法およびスカンジナビア法において採用されていた[6]。

　第3は、「船価主義（Werthaftungssystem）」である。これは、船主の責任を航海の終わりにおける海産の価格に限定するものである。アメリカ合衆国は、原則として、これを採用しているが[7]、人的損害については、次に述べる金額主義により、船舶の積量トン数あたり60ドルまで責任を負う、というように一

　　前項の義務を免れることができる」。しかし、フランスは、1967年の法律により、後述の1957年条約を国内法化して、委付主義から金額主義へ移行した。詳細は、中村眞澄『海上物品運送人責任論』（1974年、成文堂）179頁以下。日本商法旧690条1項「船舶所有者ハ船長カ其法定ノ権限内ニ於テ為シタル行為又ハ船長其他ノ船員カ其職務ヲ行フニ当タリ他人ニ加ヘタル損害ニ付テハ航海ノ終ニ於テ船舶、運送賃及ヒ船舶所有者カ其船舶ニ付キ有スル損害賠償又ハ報酬ノ請求権ヲ債権者ニ委付シテ其責ヲ免ルルコトヲ得但船舶所有者ニ過失アリタルトキハ此限ニ在ラス」。

5) G. Schaps/K.H. Abraham, Das Seerecht in der Bundesrepublik Deutschland, 4. Aufl., 1978, Vor §486 Rdnr. 6.

6) ドイツ商法旧486条「船舶所有者は、以下の場合、第三者の債権に対し、人的責任ではなく、船舶および運賃によってのみ責任を負う。1 船長が特に代理権を付与されることなく、その法定の権限内で行った法律行為に、当該債権が基づいている場合。2 船舶所有者の締結した契約の不履行または不完全履行について、船員に故意または過失があったか否かを問わず、当該契約の履行が船長の職務義務の範囲内であり、当該債権がかかる不履行または不完全履行に基づいている場合。3 当該債権が船員の故意・過失に基づいている場合。前項の規定は、船舶所有者が契約の履行に関して自ら故意・過失の責めを負う場合、または船舶所有者が契約の履行を特に保証した場合は、第1号・第2号について適用しない」。

7) 船主責任制限法183条（Limitation of Shipowners' Liability Act, 46 U.S.C. §183）「(a) 船舶所有者の責任は、それがアメリカ船であると外国船であるとを問わず、……悪意がない限り、本条(b)項に規定された場合を除き、当該船舶および未払運賃に対する船舶所有者の権利の価格を超えないものとする」。

部修正が加えられている[8]。

　第4は、「金額主義（Summenhaftungssystem）」である。これは、船主の責任を事故毎に、船舶の積量トン数に応じて算出された金額に制限するものであり、英国の1854年商船法に起源を有すると言われている[9]。

　以上のように見てくると、委付主義・執行主義・船価主義は、船主の責任を航海の終わりにおける海産またはその価格に限定する点で共通している。しかし、航海の終わりにおける海産は、とりわけ事故が起こった後など、しばしば無価値に等しいことが多く、その点で、海事債権者の保護に欠けるという批判があった[10]。そのため、船価主義と金額主義を併用した1924年船主責任制限統一条約は、その複雑さも災いして失敗したが[11]、純粋な金額主義を採用した1957年条約は、多数の諸国の批准を得て、1968年に発効した[12]。そして、わが国も、1976年2月1日に1957年条約を批准し、同年9月1日から「船舶所有者等の責任の制限に関する法律」を施行することにより、委付主義から金額主義へと移行した[13]。

---

8) 「(b) 海上航行船舶について、本条 (a) 項に定められた責任限度額が、すべての損害を完全に賠償するに至らず、かつ人の死亡または傷害に関する損害賠償額に対する配当が、当該船舶の積量トン数あたり60ドルを超えない場合には、かかる配当は、人の死亡または傷害に対する損害賠償についてのみ、トン数あたり60ドルに等しい額まで増やすものとする。第1条により増額された配当が、かかる損害を完全に賠償するに至らない場合には、それぞれの損害賠償額の割合に応じて、支払われるものとする」。

9) 英国も、1854年商船法以前は船価主義を採用していた。そして、1854年商船法に至り、初めて人的損害について金額主義を採用し、さらに1862年商船法において、それを人的および物的損害の両方に拡張した。小町谷・前掲注(3) 7頁参照。

10) 窪田・前掲注(1) 36頁、小町谷・前掲注(3) 15頁。

11) 石井・前掲注(1) 149頁以下、田中・前掲注(3) 85頁以下参照。

12) 条約成立の経緯については、時岡＝谷川＝相良・前掲注(1) 9頁以下、小町谷・前掲注(3) 81頁以下参照。

13) 本法成立の経緯については、鴻常夫「船主責任制限制度の改正問題の進展」海法会誌復刊17号34頁以下、時岡＝谷川＝相良・前掲注(1) 17頁以下参照。

ところで、1957年条約は、多数の諸国の批准を得たとはいっても、むろん全世界をカバーしているわけではなく、とりわけアメリカ合衆国、ギリシア、イタリア、パナマ、リベリア、ソ連などのいわゆる海運大国の賛同を得ることができなかった[14]。また、1957年条約の欠点を補うべくIMCOにより採択された1976年条約は、いまだ発効しておらず、将来どれほどの成功を収めるのかは、不透明である[15]。したがって、船主責任制限法の抵触状態は依然として残っているわけであり、ここに国際私法的考察の必要性がある。

　しかるに、わが国においては、船主責任制限の準拠法の問題が実際の裁判に現れなかったことも相まって、委付主義の時代に若干の問題点が指摘されたに留まっている。すなわち、船主責任制限は、海運業保護の目的から諸国の法制上広く認められているが、これは船主責任の範囲の問題に他ならないから、法律行為から生じた責任の制限であれば、当該法律行為の準拠法により、また不法行為から生じた責任の制限であれば、不法行為の準拠法によるべきである（同則主義）とか、あるいは船主責任の発生原因および通常の効力の問題とは区別して、もっぱら旗国法によるべきである（異則主義）というように、抽象的に議論されてきた[16]。そこで、本稿では、1957年条約の国内法化に際して準

---

14) 重田晴生「アメリカ法における船主責任制限制度の近代化をめぐる動向」神奈川法学15巻2・3号143頁。わが国が同条約を批准するまでの締約国の一覧については、時岡＝谷川＝相良・前掲注(1)12頁参照。

15) わが国は、いち早く新条約にもとづいて、昭和57年に船主責任制限法を改正したが、この改正法の施行は、むろん新条約の発効を待つことになる。改正の経緯については、寺田逸郎「海事債権責任制限条約への加入と船主責任制限法の改正」海法会誌復刊26号3頁以下参照。

16) 江川英文『国際私法〔改訂増補版〕』（1970年、有斐閣）314頁以下、岡本善八「海商」『国際私法講義』（1970年、青林書院新社）218頁、山戸嘉一「海商」『国際私法講座第3巻』（1964年、有斐閣）798頁以下。たとえば、江川説は、公海上の異国籍船舶間の衝突において両旗国法の累積適用主義をとる場合には、前述の委付主義、執行主義、船価主義、金額主義などについて、2個の法制が共に認める範囲を決定することは不可能であるから、責任制限を申し立てた船舶の旗国法によらざるを得ないとする。

拠法の問題が注目された西ドイツ、および現在も船価主義のもとで金額主義との間の抵触が判例上しばしば問題となっているアメリカ合衆国、これら2つの国の例を参照しながら、船主責任制限の準拠法を考え直してみたい。

2　ドイツ連邦共和国法

(1)　商法典改正法3条の立法理由

　西ドイツは、1972年6月21日、前述の1957年条約を国内法化するために、商法典などを改正し、同時に海事配当手続法を制定した[17]。この商法典などの法律を改正するための法律は[18]、次のような規定を置いており（3条1項）、これが船主責任制限の準拠法に波紋を投げかけることになった。すなわち、「(1) 海上航行船舶の所有者の責任制限に関する1957年10月10日の国際条約の締約国国民たる船主は、ドイツ法によらない債権に対する責任も、本条約の要件にもとづき制限することができる。この場合、商法典第487条a（訳注：配当手続・責任限度額・責任基金に関する規定）を準用する。(2) 締約国に常居所を有する自然人、および締約国に本拠を有する法人または人的団体は、締約国国民とみなす。基本法にいうドイツ人たる自然人は、常に締約国国民とする。(以下略)」。

　また、本法の理由書は、次のように述べている。「本条は、ドイツ法を準拠法としないけれども、海上航行船舶の所有者の責任制限に関する1957年条約の適用を受けるべき債権に対する責任の制限を規定する。すなわち、ドイツの判例によれば、ドイツ法を準拠法とする債権については、ドイツの責任制限規定が適用される（BGHZ Band 29, S. 237 ff.）。したがって、商法典改正草案486条以下は、債権者および債務者の国籍を問わず、ドイツ法にもとづく債権のすべてに適用される。しかし、条約は、さらに外国法を準拠法とする債権についても、第7条後段に該当しない限り、責任制限ルールの適用を求める。それゆえ、

---

17)　Die Seerechtliche Verteilungsordnung, BGBl I 953.

18)　Gesetz zur Änderung des Handelsgesetzbuchs und anderen Gesetze, BGBl I 966.

〔改正法3条〕1項1文は、かような債権についても、条約の締約国国民に責任制限を認めている」[19]。

以上の改正法3条および理由書によれば、そこには2つのルールが結合されていることが分かる。ひとつは、同則主義を採用したBGHの判決であり、もうひとつは、1957年条約のルールである。すなわち、条約7条によれば、「この条約は、船舶の所有者又は前条の規定に基づき所有者と同一の権利を有するその他の者が[20]、締約国の裁判所において自己の責任を制限し若しくは制限しようとし、又は締約国の管轄内で船舶その他の財産の差押えの解除若しくは保証その他の担保の取消しを求める場合に適用する。もっとも、各締約国は、非締約国に対しこの条約の利益の全部若しくは一部を与えず、又は自己の責任を制限しようとする者若しくは第5条の規定に従い船舶その他の財産の差押えの解除若しくは保証その他の担保の取消しを求める者に対し、それらの者がそのための手続をとる時において、それらの者がいずれの締約国にも常居所若しくは主たる営業所を有せず若しくは責任の制限、差押えの解除若しくは保証その他の担保の取消しに係る船舶がいずれの締約国の旗をも掲げていない場合に、この条約の利益の全部若しくは一部を与えない権利を有する」。

改正法3条は、条約7条後段を採用したと解されている[21]。ただし、改正法3条は、条約7条後段と異なり、条約の適用を受けない者を列挙するのではなく、逆に条約の適用を受ける者として、「締約国国民」（die Angehörige eines Vertragsstaaten）を指定しているため、解釈に争いがある。

まず、プトファルケンは、改正法3条を次のように解釈する。①ドイツ法にもとづく債権については、責任制限もドイツ法に従う。②他国の法にもとづく

---

19) Seerechtsänderungsgesetz (Gesetzentwurf der Bundesregierung), Deutscher Bundestag, 6. Wahlperiode, Drucksache VI/2225, Begründung, S. 44 f., zitiert in: H.J. Puttfarken, Beschränkte Reederhaftung: Das anwendbare Recht, 1981, S. 36 f.

20) 船主と同一の権利を有する者とは、傭船者、船舶運航業者、船舶管理人、船長、乗組員その他の被用者である（条約6条）。

21) G. Kegel, Buchbesprechung, 47 RabelsZ (1983), S. 540; Puttfarken, a.a.O., Anm. (19), S. 40.

債権についても、締約国国民たる船主は、1957年条約により責任を制限することができる。③非締約国の船主は、ドイツ法にもとづく債権については、ドイツ法により責任を制限することができるが、他の締約国の法にもとづく債権については、責任を制限することができない。非締約国の法にもとづく債権については、責任制限も当該非締約国の法に従う[22]。

　この解釈のうち、①ならびに③の前段および後段は、BGHの判決にもとづいており、②は、改正法3条に基づいている。問題は、③の中段である。この場合、非締約国の船主は、いかなる法によっても責任を制限することができない。プトファルケンは、これを次のように説明する。改正法3条は、締約国の船主だけが直接に条約にもとづき責任を制限できることを定めたと解するべきである。これは、条約7条後段の国内法化であり、その条約7条後段は、非締約国の船主を条約の適用範囲から排除する権利を認めている。したがって、仮に非締約国の船主が同則主義にもとづき責任制限の利益を受けるとしたら、条約7条後段は、全く無意味となるであろう。また、かような適用排除は、相互主義の原則、すなわち、まだ加盟していない諸国に対する制裁および圧力として役立つであろう[23]。

　これに対して、ケーゲルは、次のように反論する。ドイツの立法者は、同則主義から出発しているのであるから、ドイツ以外の締約国の法にもとづく債権については、それぞれの国内法化の形態に応じて[24]、条約それ自体ないし国内立法が非締約国の船主にも類推適用されなければならない。なぜなら、ある条約に加盟した国の法が国際私法上指定されたならば、我々は条約を適用し、また条約が国内立法の形で編入されているのであれば、なおさら当該国内立法を適用するからである。プトファルケン自身も、最終的には、非締約国の船主を犠牲にした責任制限の排除が明文によって規定されていないとして、現行法

---

　　22)　Puttfarken, a.a.O., Anm. (19), S. 45.
　　23)　Puttfarken, a.a.O., Anm. (19), S. 44 f.
　　24)　署名議定書2項は、各締約国に対し、直接、条約に法の効力を与えるか、それとも国内立法に適する形で、条約を立法に編入するかの選択権を与えている。

の解釈としては同じ結論を導いている[25]。

　このようにプトファルケンも、現行法の解釈として、非締約国の船主がいかなる法によっても責任を制限できないと主張しているのではなく、立法理由の解釈としてのみ、それを述べているにすぎない。これに対して、ケーゲルは、立法理由の解釈としても、非締約国の船主が他の締約国の法にもとづき責任を制限することができる、と反論しているのである。そして、両者とも、立法理由に反対しており、現行法の解釈を別の形で打ち立てようとしているので、以下に紹介する。

(2)　法廷地法説（プトファルケン）

　プトファルケンは、まず締約国の船主の責任制限を問題にする。すなわち、立法理由によれば、締約国の船主は、ドイツ法にもとづく債権については、同じくドイツ法により責任を制限することができるが、他の締約国の法にもとづく債権については、条約自体により責任を制限することになる。しかし、プトファルケンによれば、締約国の船主は、常にドイツ法にもとづき責任を制限することができる。

　第1に、署名議定書2項(c)は、各締約国に対し、直接、条約に法の効力を与えるか、それとも国内立法に適する形で、条約を立法に編入するかの選択権を与えているが、締約国は、いずれか一方しか選ぶことができない。そして、ドイツ連邦共和国は、国内立法への編入を選んだのであるから、ドイツ法において「条約」といえば、商法典486条以下の国内立法しか存在しない[26]。

　第2に、条約7条は、独自の抵触規定を定めている[27]。これは、条約と切

---

25)　Kegel, a.a.O., Anm. (21), S. 538 f.
26)　Puttfarken, a.a.O., Anm. (19), S. 99, 105.
27)　プトファルケンは、"Kollisionsrecht, -regel, -norm etc." は船舶衝突（Schiffskollision）との混同を招くし、そうでなくても問題の多い用語であるとして、代わりに "Rechtsanwendungsrecht, -regel etc." を使っている。Puttfarken, a.a.O., Anm. (19), S. 3. しかし、日本語では、両者を混同する危険はないので、本稿においてプトファルケンの見解を紹介する際は、「抵触法」ないし「抵触規定」と

り離すことができないものであり、また他の抵触規定によって任意に補充、拡張または制限することができない。それは、次の2つの理由による。まず、法技術的には、条約はそれ自体として完結している。したがって、条約が7条により適用される場合には、それは常に完全に適用される。このことは、とりわけ条約の核心のひとつ、すなわち制限債権に関する1条に関わる。すなわち、条約が適用される場合には、1条に該当する債権のいかなるものも、準拠法を問わず、責任制限は条約に従う。したがって、同則主義が入り込む余地はない。また、条約7条後段は、たしかに条約の一部適用排除を認めているが、これは1条の制限債権の分割を意味するわけではない。なぜなら、1条に該当する債権の一部についてのみ、責任制限を認めるとすれば、それは、もはや本条約にもとづく責任制限とは言えないからである。つぎに、条約の目的全体との関連では、船主責任制限の実質法を統一するための条約は、同時に抵触法も統一する。なぜなら、従来、船主責任制限の準拠法は、同則主義であれ異則主義であれ、明白ではなく、国際的にも統一されておらず、また一部は不合理な結果に陥っていたが、これが1957年条約の抵触規定によって統一されるからである[28]。

以上の理由により、プトファルケンは、締約国の船主については、もはや同則主義が適用されず、常に条約＝ドイツ商法典486条以下が適用されるとする。したがって、改正法3条は、当然のことを定めたにすぎず、不要の規定であり、また商法典487条aの「準用」という表現は誤りであり、これは準用ではなく、当然に適用されるのである[29]。

いう用語を使うことにする。

28) Puttfarken, a.a.O., Anm. (19), S. 102 ff. プトファルケンは、その他に、①国内立法への編入が内容の変更まで許すものではないこと（S. 98）、②同則主義が単に1つの判例のみに基づいていること（S. 100 f.）、③実質規定が変更された場合には、抵触規定も検討し直す必要があること（S. 101 f.）、④改正法3条によれば、締約国の船主は、いかなる国の法にもとづく債権に対しても、条約自体により責任制限を申し立てることができるので、その限りにおいて、同則主義はすでに廃止されていること（S. 102）などを挙げている。

プトファルケンは、つぎに非締約国の船主についても、条約＝ドイツ商法典486条以下、すなわち法廷地法の適用があるとする。彼の取り上げる論点は、以下のように多岐にわたる。

第1は、国際私法的正義である。これは、法廷地法の適用に対する反対理由となりうるが、ここでは当てはまらない。なぜなら、債権者および債務者のいずれの利益も、決定的な抵触法上の解決を導かないからである。強いていえば、統一条約の適用が当事者共通の利益に合致するであろう[30]。

第2は、条約の原則である。すなわち、条約7条は、前段において法廷地法の適用を規定し、後段において例外を定める。しかし、ドイツの立法者は、後段の国内法化に失敗したのであるから、原則を適用すべきである[31]。

第3は、国際的法統一である。すなわち、他の締約国において、条約7条後段を国内法化した例は見当たらない。したがって、ドイツ連邦共和国がこれを国内法化するならば、一般的な傾向から外れることになる。たしかに、かような法統一は、7条後段から分かるように、要請されているわけではないが、締約国間の法廷地漁りを防ぐためには、実際上望ましい[32]。

第4は、より良い解決（Bessere Lösung）である。すなわち、条約の金額主義が委付主義および執行主義よりも客観的に優れていることは、争いがない。た

---

29)　Puttfarken, a.a.O., Anm. (19), S. 105.

30)　Puttfarken, a.a.O., Anm. (19), S. 109 f. 詳述すると、まず債務者たる船主の利益は、自己の属人法の適用にある。しかし、船舶衝突においては、債権者はそれまで債務者との関係がなかったわけであるから、債務者の属人法を受け入れるべき理由がない。また自船の積荷の損害については、契約準拠法が適用されるべきである。つぎに債権者全体の利益は、可能な限り高い責任限度額の法が適用されることであろう。しかし、それは、一般的には、条約の適用で十分であり、個々のケースでは、不十分であるかもしれないが、そこから明白な解答を導き出すことはできない。最後に、個々の債権者は、それぞれの債務者との法律関係に適用されるのと同一の法の適用に対し、正当な利益を有するかもしれない。しかし、これは要するに同則主義であり、後述のように、不可能である。

31)　Puttfarken, a.a.O., Anm. (19), S. 110 f.

32)　Puttfarken, a.a.O., Anm. (19), S. 111.

だし、船価主義にもとづき条約に反対する声はあった。しかし、いずれにせよ、条約がより良い解決であると判断したからこそ、我々は条約を採択したのである。したがって、その適用範囲は、合理的に正当化できる限りで、拡張することができる[33]。

第5は、その他の抵触法上の問題の回避である。すなわち、仮に条約の適用を一部排除したならば、その排除された部分について、新たに抵触規定が必要となるし、また排除するか否かの境界を定めなければならない。しかも船主責任制限は、通常独自の手続と結びついているので、それらを分離して適用することには、非常な困難を伴う[34]。

第6は、相互主義である。すなわち、非締約国の船主を条約の適用から排除することは、相互主義の原則によって擁護できるかもしれない。しかし、一般的にも、相互主義は、私法関係の条約の場合に正当化するのは困難である。また適用排除は、条約の当事者となるべき政府ではなく、私人である船主を対象としている点で、誤った者に向けられている[35]。

第7は、債権者の法廷地漁りである。すなわち、法廷地法の適用に対しては、法廷地漁りの危険が挙げられるかもしれない。しかし、正当な根拠をもった国際的裁判管轄にもとづき、かつ当該管轄裁判所の抵触規定にもとづいて定められた準拠法の適用には、異存がないであろう。とりわけドイツの裁判管轄規定およびドイツの国際私法により、ドイツ法が適用されるべき場合に、我々がこれを裁判管轄権の濫用であるというのは、困難である。しかも、船主責任制限においては、債務者たる船主は、いずれにせよ利益を受けており、債権者は不利益を被っている。したがって、債権者が最も高い責任限度額を適用する法廷地を選んだとしても、それほど非難するにあたらない[36]。

第8は、債務者の法廷地漁りである。条約7条によると、船主が任意の締約

---

33) Puttfarken, a.a.O., Anm. (19), S. 111.
34) Puttfarken, a.a.O., Anm. (19), S. 112.
35) Puttfarken, a.a.O., Anm. (19), S. 112 f.
36) Puttfarken, a.a.O., Anm. (19), S. 113 f.

国の裁判所に責任制限を申し立てた場合には、常に条約が適用される。そして、条約2条4項によると、責任基金の形成後は、当該基金から支払を受けることができる限りにおいて、制限債権者は、船主のその他の財産に対し、いかなる権利も行使できないが、当該基金がいずれの締約国において形成されたのかは問わない。このように1957年条約の文言をみる限り、たしかに債務者たる船主による法廷地漁りの危険がある。また海事配当手続法2条2項2文によっても、外国人船主は、ドイツの裁判所が制限債権について管轄を有している場合、たとえ実際に当該制限債権について訴訟が提起されていなくても、ドイツにおいて責任制限を申し立てることができる。これに対して、IMCOの1976年条約11条1項1文は、実際に制限債権に関する訴訟が提起された締約国においてのみ、責任基金の形成を許している。これは、1957年条約についても適用すべき規定である。なぜなら、これによって初めて、船主の法廷地漁りを防ぐことができるからである[37]。

　以上の理由により、プトファルケンは、非締約国の船主についても、法廷地法の適用を主張するが、念のため、その他の様々な可能性も検討している。ただし、以下では、従来から主張されてきた同則主義および旗国法説に対する検討のみを取り上げる[38]。

　まず、同則主義は、前述のように、ドイツの立法者が意図するところであるが、少なくとも締約国の船主については、条約の趣旨にもとづき否定された。しかし、非締約国の船主については、また別の面から同則主義の可能性を考えてみる必要がある。そこで、改正法3条の立法理由を振り返ってみると、非締約国の船主は、まずドイツ法にもとづく債権については、ドイツ法により責任を制限することができる。他の締約国の法にもとづく債権については、責任を制限することができない。非締約国の法にもとづく債権については、責任制限も当該非締約国の法に従う。ところが、船主責任制限は、1航海または1事故毎に複数の債権に適用されるので、同則主義によると、相異なる船主責任制限

---

37)　Puttfarken, a.a.O., Anm. (19), S. 115 f.
38)　その他については、Puttfarken, a.a.O., Anm. (19), S. 116 ff.

法の適用を受ける債権が競合する事態が生じうる。プトファルケンは、これを以下のように分類して検討する。

　第1は、ドイツ法にもとづく制限債権と他国の法にもとづく無制限債権の競合である。ここにいう無制限債権とは、必ずしも他の締約国の法を準拠法とするために、そうなった場合だけでなく、非締約国の実質法上、責任制限が規定されていない場合を含む。さて、これにより、本来は条約1条に該当する債権が、無制限債権として責任制限手続から除外されるため、ドイツ法にもとづく制限債権は、配当の増額という利益を受ける。これに対して、他国の法にもとづく無制限債権は、責任制限手続への参加から受けるべき種々の利益（簡易かつ確実な救済など）を失うことになる。しかし、誰よりも不利益を受けるのは、船主である。なぜなら、船主は、ドイツ法にもとづく債権に対する有限責任と他国の法にもとづく債権に対する無限責任との二重の責任を負担することになり、その結果、条約の適用を全く受けなかった場合よりも、かえって不利な地位に置かれるからである。したがって、このケースでは、同則主義は結果として支持できない[39]。

　第2は、ドイツ法にもとづく制限債権と非締約国の法にもとづく制限債権の競合である。この場合、ドイツ法にもとづく責任制限手続と非締約国の法にもとづく責任制限手続を完全に分離して、それぞれ独立に実施することも可能である。しかし、それでは、第1の競合と同じ問題が生じる。なぜなら、第1の競合の問題点は、条約1条に該当する債権を条約の責任制限手続から除外することにあったからである。

　そこで、これらの責任制限手続を結合することになるが、第1の組合せとしては、条約上の金額主義と船価主義が考えられる[40]。そして、船価主義を採用している国としては、アメリカ合衆国、ギリシア、イタリアなどがあるが、これらの諸国の責任制限制度によると、必然的に責任限度額が条約による場合

39）　以上については、Puttfarken, a.a.O., Anm. (19), S. 57 ff.
40）　プトファルケンは、船価主義も広義の金額主義（Geldsummensystem）に含める。

と異なってくる。さらに制限債権の範囲も、イタリア法は、船主自身の法律行為および船主自身の過失から生じた債権、ならびに給料債権などを含んでいるし、アメリカ合衆国法は、そもそも海事債権に限定していない。

具体的に、相異なる責任限度額の組合せを取り上げると、債権総額＝500、ドイツ法を準拠法とする債権＝250、ギリシア法を準拠法とする債権＝250とする。また当該船舶について算出した責任限度額は、ドイツ法によると300＝60パーセント、ギリシア法によると200＝40パーセントとする。そうすると、船主は、債権総額の半分＝250を責任額として支払うことになり、そのうちドイツ法を準拠法とする債権に対しては250の60パーセント＝150、ギリシア法を準拠法とする債権に対しては250の40パーセント＝100が支払われる。すなわち、計算と支払を分けることになる。

つぎに、制限債権の範囲が異なるために、どちらか一方の法のもとでのみ、責任制限手続に参加できる債権が出てくる。そのような例として、第1に、ギリシア法を準拠法とする債権が、当該準拠法によると制限債権であるが、ドイツ法によると無制限債権である場合が考えられる。この場合、計算上、債権総額の中に、このギリシア法にもとづく制限債権を算入すると、ドイツ法を準拠法とする債権に対する配当は、すべての債権がドイツ法だけを準拠法とした場合よりも少なくなる。そこで、かような例においては、債権総額を計算するにあたっても、ドイツ法上制限債権となりうる債権の総額とギリシア法上制限債権となりうる債権の総額を、別々に配当率の基礎としなければならない[41]。

第2に、ギリシア法を準拠法とする債権が、当該準拠法によると無制限債権であるが、ドイツ法によると制限債権である場合が考えられる。これは、まさ

---

41) ドイツ法を準拠法とする債権（A）、ギリシア法を準拠法とする債権（B・C）、ドイツ法上制限債権となりうる債権の総額＝A＋B、ギリシア法上制限債権となりうる債権の総額＝A＋B＋C、ドイツ法による責任限度額（α）、ギリシア法による責任限度額（β）とする。それぞれの債権に対する配当は、次のとおりとなる。

ドイツ法を準拠法とする債権（A）に対する配当：$\frac{\alpha}{A+B} \times A$

ギリシア法を準拠法とする債権（B・C）に対する配当：$\frac{\beta}{A+B+C} \times (B+C)$

しく第1の競合の場合と同じ問題を生じる[42]。プトファルケンは、ここで国際私法上の調整を問題とする。これには、2つの可能性がある。ひとつは、準拠法の変更であり、本来ギリシア法を準拠法とする債権が、ドイツ法を準拠法とすることになる[43]。もうひとつは、準拠実質法の内容変更であり、本来ギリシア法上無制限債権とされている債権を、制限債権として扱う[44]。しかし、かような国際私法上の調整には限界がある。それは、一方の法によると、債権総額が責任限度額を超えているが、他方の法によると、債権総額が責任限度額に達していない場合である。かような場合に準拠法の変更を行い、すべての債権をドイツ法に従わせるならば、それは、もはや国際私法上の調整ではなく、法廷地法の適用になる。また準拠実質法の内容変更を行い、ギリシア法上責任限度額に達していない債権総額について、責任制限手続を行うことは不可能である。以上により、金額主義と船価主義の組合せは、一定の範囲でしか行いえない。

　第2の組合せは、条約の金額主義と委付主義または執行主義である[45]。しかし、これは全く不可能である。なぜなら、船舶の一部のみの委付ないし船舶の一部のみに対する執行は、考えられないからである。すなわち、このケースでは、同則主義は適用不可能であり、それゆえ使うことができない[46]。

　プトファルケンは、第3に非締約国間の法の競合を検討するが、第1の競合および第2の競合で述べたことが、すべて当てはまる。すなわち、非締約国の

---

42) ドイツ法上制限債権となりうる債権の総額＝A＋B＋C、ギリシア法上制限債権となりうる債権の総額＝A＋Bとすると、配当は次のとおりとなる。
　　ドイツ法を準拠法とする債権（A）に対する配当：$\frac{\alpha}{A+B+C} \times A$
　　ギリシア法を準拠法とする債権（B）に対する配当：$\frac{\beta}{A+B} \times B$
　　無制限債権＝C（配当を受けない）
43) $\frac{\alpha}{A+B+C} \times A \rightarrow \frac{\alpha}{A+B+C} \times (A+C)$
44) $\frac{\beta}{A+B} \times B \rightarrow \frac{\beta}{A+B+C} \times (B+C)$
45) プトファルケンは、委付主義および執行主義をまとめて、船舶責任（Schiffshaftung）主義と呼んでいる。
46) 以上については、Puttfarken, a.a.O., Anm. (19), S. 70 ff.

法にもとづく制限債権と他の非締約国の法にもとづく無制限債権の組合せは、第1の競合と同じ問題を生じる。また、非締約国の金額主義と他の非締約国の船価主義の組合せは、一定の範囲でのみ行いうる。さらに、金額主義または船価主義と委付主義または執行主義の組合せは、不可能である[47]。

　以上の考察により、プトファルケンは、同則主義が全体として使用不可能であると結論づける。すなわち、そもそも適用できるか否か、また適用できるとすれば、どのように適用できるのかということが、個々の事案にかかっているようなルールは、もはやルールではない、というのである[48]。

　これに対して、旗国法説については、プトファルケンは明白な見解を示していない。そもそも旗国法は、一方において船舶を擬人化し、船舶の属人法として扱うことも可能であるし[49]、また他方において船主の属人法として扱うことも可能である[50]。まず、船舶の属人法については、プトファルケンは、明白にこれを否定する。なぜなら、委付主義ないし執行主義においては、船舶自体が責任を負っているかのように見えるが、それは、船主が船舶によって責任を果しているにすぎないし、ましてや船価主義ないし金額主義においては、船舶自体が責任を負う、という図式は成り立たない[51]。これに対して、船主の属人法については、プトファルケンは、一般に、これを旗国法と同一視できるとする[52]。そして、船主責任制限の準拠法としては、準拠法が明白に定まること、および同則主義の不都合を回避できることなどから、消極的に賛成している[53]。

---

47)　Puttfarken, a.a.O., Anm. (19), S. 82.
48)　Puttfarken, a.a.O., Anm. (19), S. 94.
49)　Vgl. A. Nußbaum, Deutsches Internationales Privatrecht, 1932, S. 213. ヌスバウムによれば、旗国法は、航海によって事業を営む企業（＝船舶）の準属人法（Quasi-Personalstatut）とされる。
50)　Puttfarken, a.a.O., Anm. (19), S. 122.
51)　Puttfarken, a.a.O., Anm. (19), S. 121.
52)　Puttfarken, a.a.O., Anm. (19), S. 122. ケーゲルも、プトファルケンの意図をそのように解している。Kegel, a.a.O., Anm. (21), S. 541.

(3) 旗国法説（ケーゲル）

ケーゲルは、全体としてプトファルケンとは異なったアプローチを試みる。まず、締約国の船主については、直接、条約7条にもとづいて、商法典486条以下が適用されるとする。なぜなら、実質私法統一条約が国内法に編入されなかった場合には、統一法の国際私法的適用範囲は、ほとんどの場合、条約自体によって定められているし、また1957年条約1条ないし6条がドイツ商法典486条以下に移し変えられたように、統一実質法が国内法に転換された場合にも、条約の国際私法規定は、直ちには無視されないからである。むしろ、それは原則として適用され続ける。その点では、プトファルケンに賛成する。しかし、それは、プトファルケンがいうように国内法としてではなく、条約法として適用される[54]。

そこで、ドイツの立法者が同則主義を意図していたとすれば、それは動機の錯誤であり、条約の締結および統一実質法の国内法化などの事実と比べれば、重要ではない。立法者は、従来適用されていた抵触規定を引き続き適用しうるか否かという点だけでなく、おそらく抵触規定の内容も誤認していた[55]。なぜなら、もともと同則主義には問題があったからである。すなわち、プトファルケンが証明したように、同則主義によって相異なる責任制限制度が適用される場合には、ほとんど解決できないような問題が生じる。また同則主義は、国内的な判決の調和を妨げる。さらに船主責任制限は、契約債権にも不法行為債権にも適用されるべき海商法独自の制度である。以上の理由により、異則主義が要請される[56]。

さて、現行法の解釈としては、むろん非締約国との関係においてのみ、異則

---

53) Puttfarken, a.a.O., Anm. (19), S. 121 f.
54) Kegel, a.a.O., Anm. (21), S. 540.
55) この点は、プトファルケンも指摘している。Puttfarken, a.a.O., Anm. (19), S. 104.
56) Kegel, a.a.O., Anm. (21), S. 540.

主義が妥当する。なぜなら、締約国との関係においては、前述のとおり、条約7条が適用され、それゆえ締約国の船主には、条約法が適用されるからである[57]。これに対して、非締約国との関係では、法廷地法ではなく、一般に旗国法が適用されるべきである。なぜなら、旗国法主義は、それが他国においても採用される限りにおいて、国際的な判決の調和を可能とするし、また法廷地漁りも防げるからである。便宜置籍船の場合に、船籍港が連結点となるべきか否かは、それ自体の問題（eine Frage für sich）である[58]。

ところで、ケーゲルは、ドイツが1957年条約を国内法化する以前から、旗国法説を主張していた[59]。まずケーゲルは、不法行為の成立要件と効力が同一の法に従うべきである、という同則主義の理由づけを紹介した後[60]、次のようにこれを批判する。第1に、国際私法においては、成立要件と効力が相異なる法に従う、という例は多数存在する[61]。第2に、不法行為の成立要件と効力が相異なる法に従うとしても、それが不合理であるというわけではない[62]。

57) Kegel, a.a.O., Anm. (21), S. 540 f. ただし、ケーゲルは、条約それ自体と国内立法を同一視できるか否かという問題については、見解を控えている。Ders., S. 537.
58) Kegel, a.a.O., Anm. (21), S. 541.
59) G. Kegel, L'abordage en haute mer en droit international privé, Rev. crit. 1968, p. 401 et suiv.
60) Kegel, *op. cit.,* n. (59), p. 402.
61) ケーゲルは、次のような例を挙げている。① 方式、身分・能力、意思の欠缺、代理などは、同じ法律行為についてさえも、しばしば別の連結点による。② 婚姻および一部には養子縁組においても、成立要件と効力は相異なる法に従う。Kegel, *op.cit.,* n. (59), p. 403.
62) ケーゲルは、これを次のように詳述する。① 成立要件の準拠法が不法行為の成立を認めない場合は、効力の準拠法により効力の発生を認めるわけにはいかない。② 成立要件の準拠法が不法行為の成立を認める場合は、効力の準拠法により何らかの効力が発生するかもしれないが、この効力は、成立要件の準拠法に規定された効力とは異なりうる。たとえば、第三者の債権、とりわけ遺族のそれは、もっと増大するかもしれないし、もっと抑制されるかもしれない。また損害賠償額は、もっと多くなったり、もっと少なくなりうる。Kegel, *op. cit.,* n. (59), p. 403.

第3に、何が許され、何が禁止されるかという問題と、禁止に対する違反の効果とは、相異なる正義の問題である。複数の法を適用しうるのは、このためである。第4に、船主責任制限の問題は、たとえ不法行為の効力の範囲に入るとしても、特殊な問題である。それは、通常の不法行為法と完全に区別することができる。これは、通常の不法行為法が変更されたわけでもないのに、委付主義から金額主義に至るまで、通常の責任原則が大幅に変更されているのをみても分かる[63]。

　以上のように、同則主義の理由づけに反駁した後、異則主義の積極的理由づけを述べる。第1に、準拠法の統一をいうのであれば、船主責任制限の準拠法の統一も必要である。なぜなら、船主責任制限は、不法行為責任にのみ適用されるのではなく、契約責任ならびに海難救助の報酬および共同海損の分担金にも適用されるからである[64]。

　第2に、航海は、多額の費用を要し、また船主の支配を越えた多くの危険にさらされている。それゆえ、船主は、すべての責任を負うのではなく、海産または海産の価格もしくはその一部に限定して責任を負うのである。すなわち、船主の責任は、その持船の全部ではなく当該船舶だけに対応した海事企業に限定される。その意味で、船主は、国際私法上独自の連結が定められた特別財産を形成する法人ないし相続に類似している。すなわち、委付主義および執行主義においては、特別財産＝海産が形成される。むろん、この特別財産は、一航海についてだけ形成されるのであるから、短期間しか存続しないし、また金額主義においては、全く存在しない。しかし、主たる任務は共通している。すなわち、船主の危険を一定の方法で制限することである。そこには、ある意味で、海商法独自の属人法が存在する[65]。

　第3に、以上の理由により、船主責任制限独自の連結が正当化される。連結点としては、旗国・船籍・船主の国籍・船主の住所が考えられ、これら4つの

---

63) 以上については、Kegel, *op. cit.*, n. (59), p. 403 et suiv.
64) Kegel, *op. cit.*, n. (59), p. 404.
65) Kegel, *op. cit.*, n. (59), p. 406 et suiv.

連結点は、一般的には一致する。しかし、これらのうち、旗国法が最も適切であると思われる。旗国は、船主が自ら選択したものであり、また契約の相手方にも容易に識別できる。不法行為においても、旗国法は、その一貫性のゆえに受け入れることができる。もっとも、旗国法の権威は、便宜置籍船のために、幾分減少した。しかし、かようなケースについては、法律回避の面を考慮して、例外を設けることができる[66]。

第4に、BGH は、船主責任制限独自の連結が実際には限られた効用しかないことから、法人、相続または自然人の地位・能力の場合と比べ、それほど重要でないと述べており[67]、この見解は一応是認できる。また、たしかに委付主義または執行主義を採用する国の船主は、金額主義を採用する国の領海内で発生した事故について、金額主義の適用により、一般に相当の責任軽減を期待することができる[68]。しかし、逆に金額主義を採用する国の船主は、委付主義または執行主義を採用する国の領海内で発生した事故について、委任付主義または執行主義の適用により、はるかに重い責任を負うことになる。他方、船主の責任が契約または不法行為の準拠法によるのではなく、そもそも損害の発生原因となった船舶の旗国法によるのであれば、相手方、とりわけ船舶衝突の被害者は、過度の不利益を被らなくて済む[69]。

---

66) Kegel, *op. cit.*, n. (59), p. 407.
67) BGH v. 29.1.1959, BGHZ 29, 237, S. 241 ff.
68) BGH v. 29.1.1959, BGHZ 29, 237. 本件の事案は、次のとおりである。1956年11月19日、カナダのセントローレンス川において、英国船とドイツ船が衝突し、両船ともに損傷を受けた。事故後、ドイツ船はそのまま新たな航海に出発した。そこで、英国船の船主は、ドイツ船側に一方的な過失があるとして、自船に生じた損害22万3000ポンドの賠償を求める訴えを提起した。これに対して、ドイツ船の船主は、1934年のカナダ運送法（Canada Shipping Act）657条により、本船のトン数に応じて算出された責任限度額43万ドル（請求額の5分の1）の適用を主張した。そして、BGH は、同則主義により、不法行為地法たるカナダ法を適用し、被告の主張を認めた。ちなみに、ドイツ商法典旧774条によれば、船主は、当該船舶を新たな航海に出発させると同時に、責任制限の利益を失い、無限責任を負うことになっていた。

第5に、同則主義によれば、衝突した両船の船主の責任が同じ方法で制限される、というBGHのもうひとつの論拠は[70]、たしかに双方過失の場合には当てはまる。しかし、判例において最も多いのは、一方過失の場合である。また双方過失の場合でも、旅客、船員、荷主などの第三者に対する責任については、旗国法主義は何の困難も生じない。さらに、相手方船主に対する責任については、各船主は、それぞれ自船の旗国法にもとづいて制限できる[71]。

3 アメリカ合衆国法

(1) タイタニック号判決

アメリカ合衆国は、前述のように、船価主義を採用しており、その結果、1957年条約を国内法化した他国の金額主義との間に、顕著な相違を見せている。すなわち、船舶が全損した場合には、船価主義は、船主にとって有利となり、債権者にとって不利となる。これに対して、船舶が残存し、しかもその価格が金額主義により算出した責任限度額よりも多い場合には、船価主義は、債権者にとって有利となり、船主にとって不利となる。それゆえ、船主も債権者も、ケース毎に自己に有利な法の適用を主張して、相争うことになる[72]。

事実、そのような争いの萌芽は、すでに19世紀末からあった。しかし、その当時はまだ、積極的に他国の責任制限法の適用が主張されていたわけではなく、他国の船主がアメリカ合衆国法に規定された責任制限の利益を受けうるか否か、という形で問題となるにすぎなかった。そして、連邦最高裁判所は、この問題に肯定の答えを与えていた。すなわち、1881年のスコットランド号判決は、英国船と合衆国船が公海上で衝突し、両船ともに全損した、という事案に関するものであるが、連邦最高裁判所は、次のような理由にもとづき、英国

---

69) Kegel, *op. cit.,* n. (59), p. 407 et suiv.
70) BGH v. 29.1.1959, BGHZ 29, 237, S. 243 f.
71) Kegel, *op. cit.,* n. (59), p. 408 et suiv.
72) G. Gilmore/C.L. Black, The Law of Admiralty, 2nd ed., 1975, p. 940.

船主が合衆国法に規定された責任制限の利益を受けうる、との判決を下した。「我々の見解によると、合衆国によって承認された海商法のルールは、適切に行いうる限り、すべてのものに等しく適用されることが public policy により要求されている。したがって、合衆国法上、たとえ外国人または外国船に適用できない個々の規定があったとしても、それらは、責任制限に関する一般規則の適用を妨げない。この規則およびそれを執行する方法は、すべての者に平等に適用すべきである。それらは、制定法の文言上、いかなる国籍またはドミサイルにも限定されていないし、解釈上も、限定されるべきではないと考える」[73]。また、1907年のブルゴーニュ号判決は、英国船とフランス船が公海上で衝突し、フランス船が全損した、という事案に関するものであるが、連邦最高裁判所は、フランス船主の責任制限について、スコットランド号判決を確認した[74][75]。

これに対して、1914年のタイタニック号判決は、まさに同則主義および異則主義のいずれによるべきであるのかという問題が争われた事件であり、それ以後の判例に多大の影響を及ぼした。事件は、英国の豪華客船タイタニック号が処女航海の途上、公海上で氷山と衝突し、多数の乗客および積荷とともに沈没したというものである[76]。そして、ホームズ判事は、連邦最高裁判所の法廷意見を次のように述べた。

---

73) The Scotland, 105 U.S. 24 (1881), at 33, cited in: Complaint of Ta Chi Navigation (Panama) Corp. S.A. (The Eurypylus), 416 F. Supp. 371 (S.D.N.Y. 1976), at 375-6.
74) La Bourgogne, 210 U.S. 95 (1908), at 115.
75) ただし、下級審判決では、準拠法判断として法廷地法を適用したと思われる例がある。*In re* State S.S. Co., 60 F. 1018 (E.D.N.Y. 1894). 本件では、ニューヨークからグラスゴーへ向かった英国船が英国領海内において座礁し、積荷に損害が生じたが、座礁後の海産は無価値であった。そこで、英国船の船主が合衆国の制定法にもとづき責任制限を申し立てることができるのか、それとも責任制限は英国法によるべきであるのか、という問題が争われたが、ベネディクト判事は、船主の責任の範囲は英国法ではなく合衆国法によると判示した。
76) タイタニック号事件が起こしたセンセーションおよび生存者の手記については、ウィノカー編（佐藤亮一訳）『SOS タイタニック』（1974年、旺文社）参照。

「たしかに、連邦議会の制定法は、公海における英国船の行動を支配するものではないし、またそのように述べていない。……また、たしかに、英国法上の不法行為による損害賠償の基礎は、英国法上の義務にある。しかし、他方において、法廷地法は、自国のポリシーを理由として、その義務の強制執行を全く拒否したり、自国において認めうる範囲以上の強制執行を拒否することができる……。それゆえ、連邦議会は、海事管轄に属する一定の事項について、合衆国の裁判所に訴えを提起した当事者が、所定の範囲または方法でのみ、損害を回復すべきものと定めることができる」[77]。

「問題は、タイタニック号の船主が本件の責任制限手続により、すべての債権者に対し参加を求めたり、英国法上与えられた権利を縮小することができるか否かではない……。問題は単に、合衆国における訴訟を適当と思う者が、英国法のいかんにかかわらず、損害賠償を制限されるか否か、というものにすぎない。そして、我々の見解によると、彼らがそのような制限を受けることは、本法廷の従来の判決から導き出される」。すなわち、スコットランド号判決およびブルゴーニュ号判決において、責任制限が認められたのは、当事者の行動が合衆国法に従っていたからではなく、「合衆国の制定法が外国船に対し、合衆国における訴えにおいて、連邦議会の制定法にもとづく責任制度の利用を許していたからである」。連邦議会の制定法は、「責任を課すのではなく、制限するにすぎない。責任は、すでに他の根拠にもとづき存在するとされている。重要な点は、外国船が合衆国において訴えられた場合には、たとえ合衆国の実体法に従っていなかったとしても、責任制限の適用を受けうる、ということである」[78]。以上の理由により、連邦最高裁判所は、英国法ではなく合衆国法によ

---

77) Oceanic Steam Nav. Co. v. Mellor (The Titanic), 233 U.S. 718 (1914), at 732.
78) *Id.,* at 732-3. ホームズ判事は、さらに次のようにも述べている。「我々は、タイタニック号の船主が相異なる諸国で訴えられた場合、それぞれの国が救済 (remedy) に関する相異なった規定を持っているため、それぞれの訴訟において、当該国の規定が適用されるべきであると考えることが、不合理であるとは思わない。たしかに、相異なる手続規定の結果として、船主は、それぞれの国の責任制限の要件を満たすことができない可能性がある。また他国の法の利益を求めるた

る責任制限を認めたのである。

(2) ノーウォーク・ヴィクトリー号判決

さて、このタイタニック号判決は、その後の連邦裁判所の判決において、リーディング・ケースとして扱われることになるのであるが、その解釈は、様々に分かれている。たとえば、初期の下級審判決は、責任制限を認めた制定法が救済（remedy）に関するものであり、それゆえ法廷地法が適用されるとして、タイタニック号判決を引用している[79]。

ところが、連邦最高裁判所は、1949 年、タイタニック号判決の解釈につい

めには、その条件として、幾つかの訴訟において、旗国法のもとでの責任額よりも多く支払わなければならない事態も考えられる。しかし、かような不都合の可能性を考えたとしても、全体として有効に解釈されたと思われる方法で本制定法を適用することを拒否する根拠は、十分に示されていない」。*Id., at* 734.

79) たとえば、The Mandu, 102 F. 2d 459 (2nd Cir. 1939), cert. denied, 311 U.S. 715 (1940) は、ブラジル船とドイツ船がブラジルの領海内において衝突した結果、ドイツ船が沈没し、大部分の積荷が滅失した、という事案に関するものである。パターソン判事は、ブラジル船船主の責任制限を判断するにあたって、次のように述べた。「外国の領海内における衝突によって生じた不法行為責任は、当該国の法に従う。……当該法は、責任の存否だけでなく、一般に責任の範囲も定める。……しかし、海事事件における責任制限については、責任制限を認めた制定法が救済に関するものとみなされ、法廷地法が適用される」。*Id., at* 463. また、Royal Mail S. Packet Co. v. Companhia de Nav. Lloyd Brasileiro, 31 F. 2d 757 (E.D.N.Y. 1928) は、ベルギー領域内のツェルト川における衝突について、英国船船主がブラジル船船主に対し損害賠償請求をした事案に関するものである。キャンベル判事は、ブラジル船船主の責任制限を判断するにあたって、次のように述べた。「……合衆国裁判所の判例法によれば、たとえ当事者の権利および責任が外国法により判断されようとも、責任制限の権利は、合衆国の責任制限法に従うものと思われる……。合衆国の責任制限法は、責任を課すのではなく、現に存在する責任を制限するにすぎず、また一般海商法の一部ではないけれども、海事事件の裁判に関する合衆国の general policy の表明である。それは、権利または責任に関するものではなく、救済に関するものであり、それゆえ法廷地法に従う」。*Id., at* 758-9.

て、新たな問題を投げかける判決を下した。この判決は、合衆国船ノーウォーク・ヴィクトリー号がベルギー領水内において英国船と衝突し、同船を沈没させた後、川の堤防も破損した、という事案に関するものである。ノーウォーク・ヴィクトリー号の船主および裸傭船者は、合衆国制定法にもとづき責任制限の申立を行ったが、責任限度額については、ベルギーにより批准された1924年条約の適用を主張した。すなわち、責任限度額は、合衆国法によれば、船価100万ドルであるが、1924年条約によれば、32万5000ドルにしかならない、というのである。

これに対して、連邦地方裁判所は、責任制限が救済に関するものであり、それゆえ法廷地法に従うとして、100万ドルに満たない基金にもとづく責任制限の申立を却下した。また連邦控訴裁判所も、次のように述べて、第一審判決を支持した。「もし本当に、申立人の責任限度額が32万5000ドルであり、船価が100万ドルであるとしたら、申立人は、本件の責任制限手続を開始する権利を全く持たず、自己に対する訴訟の抗弁として、この免責事由を主張できるにすぎない。他方において、もし申立人の主張が間違っており、責任限度額が32万5000ドルを超えるとしたら、申立人自身も認めているように、形成された基金は少なすぎる」。すなわち、申立人の主張は相矛盾する、というのである[80]。

ところが、連邦最高裁判所は、原審の審理が不十分であるとして、破棄差戻の判決を下した。フランクファーター判事は、多数意見を代表して、次のように述べる。「もし本当に、ベルギーの責任制限が権利に結びついているのであれば、タイタニック号判決のいかなる文言も、かような責任制限に従うことを妨げるものではない。なぜなら、本法廷が当該事件で扱ったのは、『すでに他の根拠にもとづき存在するものとされた責任』であるからである。ところで、もしベルギー法上、権利侵害から生じた責任が、1924年条約によって認められた責任以上のものでないとすれば、むろん合衆国の制定法が損害賠償請求権

---

[80] United States, *et al.* v. Robert Steward & Sons, Ltd,, *et al.*, 167 F. 2d 308 (2nd Cir. 1948).

をそれよりも拡張しうると考えることはできない。これと異なる他の結論は、不法行為にもとづく損害賠償請求権の存否および範囲が、立法化された自国の優先的ポリシーに反しない限り、不法行為地法による、という確立した原則を無視するものであろう」[81]。

「他方において、もし1924年条約が単に手続規定にすぎず、これにより、すでに存在する債権が一同に集められ、責任制限基金に対する割合に応じて削られるだけであるとすれば、裁判所は外国の手続規定に拘束されない、という同じく確立した原則が遵守されるであろう」[82]。

「我々は、これら2つの相対立する仮説のいずれを選ぶのかという問題には、答えないでおく。また、これらの明らかに一刀両断的な選択肢で足りる、というわけでもない。なぜなら、ある責任制限が個々の損害賠償請求権ではなく、一定の不法行為から生じた債権全体に結びついている場合には、それは言葉の特殊な意味においてのみ、『権利に結びついている』と言えるし、また、ある規則が債権者の回復しうる金額を削るよう機能する場合には、それは、必ずしも『手続』という用語の定義に当てはまらないが、非常に広い定義には当てはまりうるからである」[83]。

以上のように、ノーウォーク・ヴィクトリー号判決が加わったために、この判決がはたしてタイタニック号判決を覆したのか否か、という問題も新たな争点となった。しかし、1950年代の判例は、一般に否定的な見解に立っている。

---

81) Black Diamond S.S. Corp. v. Robert Stewart & Sons (The Norwalk Victory), 336 U.S. 386 (1949), at 395-6.

82) *Id.,* at 396.

83) *Ibid.* フランクファーター判事は、さらに次のように述べている。「実体的責任制限の準拠法が何であるのかという問題は、差戻審において、個々の債権の証明に先立って決められるべきである……。責任制限手続は、事実上、損害賠償を制限する手続であり、また適用される責任限度額は、船舶および運賃の価格など、損害賠償を可能とする財産の規模に関する問題である。したがって、その問題は、すべての債権の入口に立っており、すべての債権に等しく関係するのであるから、何よりもまず処理されるべきである。」 *Id.,* at 397-8.

たとえば、1954年のウエスタン・ファーマー号判決は、ノルウェイ船と合衆国船が英国運河において衝突し、合衆国船の積荷が全損した、という事案に関するものであるが、荷主からの提訴に対し、被告ノルウェイ船主は、ノーウォーク・ヴィクトリー号判決を引用し、これによると、責任制限の準拠法は英国法であるから、合衆国裁判所は管轄権を欠くと主張した。これに対して、連邦控訴裁判所は、次のように述べて、被告の主張を退けた。「かような制定法が救済（remedy）の一部であり、それゆえ法廷地法が適用されることは、タイタニック号判決により、最終的に確定された（finally settled）……。」被告がノーウォーク・ヴィクトリー号判決に見出したもの、「すなわち、後者が前者を変更したという事実を、我々は発見することができなかった」[84]。

また、かのJones Actに関する連邦最高裁判所判決（Lauritzen v. Larsen）も[85]、傍論において船主責任制限の準拠法に触れながら、ノーウォーク・ヴィクトリー号判決を無視している。すなわち、「船主責任制限に関する合衆国の制定法は、かつて文言上『いかなる船舶』（any vessel）にも適用されると規定されていたが[86]、合衆国の裁判所は、訴訟原因が外国において生じた事件（foreign causes）にも、これを適用していた、と指摘されている。そこで類推により、『いかなる船員も』（any seaman）という文言も、このように適用されるよう解釈すべきである、と主張されている[87]。しかし、状況は全く逆である。責任

---

84) Kloeckner Reederei und Kohlenhandel v. A/S Hakedel (The Western Farmer), 210 F. 2d 754 (2nd Cir. 1954), at 757, cert. denied, 348 U.S. 801 (1954). ちなみに、ノーウォーク・ヴィクトリー号事件において破棄差戻された原審は、同じ連邦控訴裁判所第2巡回区であった。

85) 345 U.S. 571 (1953). 本判決については、山内惟介「国際私法における"便宜置籍船"の問題(2)」法学新報82巻8・9号23頁以下も参照。

86) 1936年の改正により、「アメリカ船であると外国船であるとを問わず」（whether American or foreign）という文言が追加された。なお、条文全体については、前述注(7)参照。

87) 本件の事案は、次のとおりである。原告のデンマーク人船員は、一時的にニューヨーク滞在中、デンマーク人所有のデンマーク船に乗り込むことになった。雇入契約は、デンマーク語で書かれ、船員の権利はデンマーク法およびデンマーク

制限法は、渉外事件（foreign transactions）に関して合衆国における訴訟を選択した者についてのみ、前述のように適用されると解されていた。すなわち、そこでは法廷地法が、自発的にそれに従った原告に適用されるのであって、それ以外の者に法廷地法を押しつけるのではない」。以上のように述べて、連邦最高裁判所は、タイタニック号判決のみを引用した[88)89)]。

(3) ヤーマス・キャッスル号判決

ところが1960年代以降、一部の下級審判決において、ノーウォーク・ヴィクトリー号判決が見直され始めた。まず1967年のヤーマス・キャッスル号判決では、初めて法廷地法ではなく、旗国法が適用された。事案は、パナマの遊覧船が公海上で炎上し、沈没したというものである。そして、船主は、合衆国制定法にもとづき責任制限の申立を行ったのであるが、債権者側は、責任限度額について、当該船舶の旗国法であるパナマ法の適用を主張したのである。すなわち、合衆国法によると、責任基金は、船舶の残骸の価格および旅客運賃か

　　海員組合と雇主との間の協約に従う旨が規定されていた。しかし、原告は、ハバナ港に停泊中の船上で負傷したために、合衆国のJones Actにもとづく訴えを提起したのである。

88) Lauritzen v. Larsen, 345 U.S. 571 (1953), at 591-2.
89) また、Accinato, Ltd. v. Cospmopolitan Shipping Co., 100 F. Supp. 826 (D.Md. 1951) において、チェスナット判事は、ノーウォーク・ヴィクトリー号判決を狭く解釈しようとする。すなわち、この判決における「アメリカ船の責任は、ベルギーの領域管轄内における海事不法行為から発生した。むろん、不法行為に関する法律上の責任が事故地の法により判断されるべきであることは、周知のとおりである。これに対して、本件運送人……の責任は、原告の申立によると、合衆国で発行された船荷証券によって証明された運送契約に基づいていた。また、申立に添付された意見書によると、本件運送人の責任は、非常に危険な貨物をよく調べずに受け取り、もって船舶を航海の当初から不堪航にした、という運送人の過失によるものであった。したがって、本件における責任原因の性質は、ノーウォーク・ヴィクトリー号判決におけるそれと全く異なっている」。以上のように述べて、チェスナット判事は、ノーウォーク・ヴィクトリー号判決を区別した。Id., at 828.

ら構成されるが、パナマ法によると、さらに保険金も基金に組み込まれる、というのである。そこで、メールテンス判事は、次のように述べて、債権者側の主張を認容した。

タイタニック号判決において、最高裁判所は、「責任金額の算定に関する合衆国の制定法が手続法であると述べ、また反対の証拠がない限り、英国の責任制限法も同様に手続法であると判断した。そこで、純粋に２つの国の抵触した手続規定の比較を行い、法廷地法、すなわち合衆国の手続規定が責任基金の額を決定する、と判決したのである……。こうしてタイタニック号判決は、この問題の有効な先例となり、現在もなおそうである」[90]。

しかし、ノーウォーク・ヴィクトリー号判決は、「問題の別の側面を述べている」。すなわち、この判決においてフランクファーター判事が述べていることは、「第１に、パナマ共和国の法が船主の責任制限を認めているか否か、第２に、パナマの責任制限の性質が手続または実体のいずれであるか、これらを確認するために、本法廷が当事者の主張するパナマ法を調べるべきである、ということを意味する……」[91]。

そこで、専門家の証言によると、たしかにパナマには、船主責任制限に関する立法が存在し、その性質は、手続法というよりも実体法である[92]。したがって、「本法廷は、かようなパナマ法の適用を妨げるべき合衆国の優先的 public policy を知らない。すなわち、合衆国の手続法がパナマの責任制限に関する実体法に取って代わるべきである、というような合衆国の public policy が存在するとは考えない」[93]。

メールテンス判事は、これに加えて、さらに次のような傍論を述べている。「もし前述のタイタニック号判決およびノーウォーク・ヴィクトリー号判決の

---

90) Petition of Chadade Steamship Co. (The Yarmouth Castle), 266 F. Supp. 517 (S.D.Fla. 1967), at 520.
91) Id., at 520-1.
92) Id., at 521-2.
93) Id., at 522-3.

分析が正しくないとしたら、本法廷は、タイタニック号判決が再検討されるべきであると考える」。そもそもタイタニック号判決は、①合衆国の制定法が準拠外国法にかかわりなく合衆国法の適用を要求していること、②外国の責任制限の適用が合衆国の public policy に反すること、③あらゆる責任制限が手続に分類されること、以上のいずれかを述べているに違いない[94]。

しかし、①に対しては、「アメリカの裁判所は、アメリカの制定法が法選択規則により指定された場合に限り、その制限金額を適用すべきであり、またそうするであろう。抵触法の原則は、本質的に、社会によって支持された道徳的・社会的価値に対応した正義の観念に基づいている。人々は、当該法律関係が事件発生の当時に最も重要な牽連関係（the most significant contacts）を有していた法制度に期待を抱いており、その国の法が当該法律関係に適用されることを期待している。もし当事者の正当な期待が実体的な権利に関する外国法に基づいているのであれば、その法が適用されるべきである」[95]。

また、②に対しては、「もし責任限度額が実体と分類されるのであれば、それは、外国の責任制限の適用がアメリカの制度の円滑な運用を、いかなる形にせよ害さない限りにおいてのみである。本件の金額的責任制限は、船主が責任を制限するために、いかなる手段を取りうるのかを示した法廷地の規定と抵触しうるいずれの規定からも、容易に分離できる。たとえば、責任制限の申立、基金の形成、公告、その他の書類の提出などの手続は、特定の状況を扱うために制定法によって定められた法廷地の制度の一部である。これらの規定から外れるのは、非常に困るが、本件の金額的責任制限それ自体の適用は、かような困難を生じない」[96]。

最後に、③に対しては、旗国法の適用は、「アメリカ法、英国法またはブラッセル条約のうち、いずれが最初に訴えを提起した者に有利であるのかによる法廷地漁りを減少させ、かつ当事者の権利義務を事故の時点で確定する。この

---

94) *Id.*, at 523.
95) *Ibid.*
96) *Ibid.*

結論は、外国の責任制限を実体に関するものとして適用することに抵抗を感じなかった大多数のヨーロッパの裁判所の態度と一致する。外国の船主は、これによって差別を受けているわけではない。なぜなら、まさに自国の法廷におけるのと同じ扱いを受けているのであるし、また相異なる国における相異なる損害賠償請求の危険が減少するからである」[97]。

このヤーマス・キャッスル号判決は、連邦地方裁判所によるものとはいえ、それから約10年後の1976年に相前後して、2つの他の連邦地方裁判所判決において取り上げられている。ひとつは、スチールトン号判決である。本件は、合衆国船スチールトン号がカナダの運河にかかった橋に衝突し、橋の破片が運河に埋まって交通を妨害した、というものである。そこで、船主は、合衆国の裁判所に責任制限の申立を行ったのであるが、責任限度額については、カナダ法の適用を主張した。これに対して、クルパンスキー判事は、以下の理由により、ヤーマス・キャッスル号判決を支持しながらも、結果的には船主の主張を退けた。

まず、ノーウォーク・ヴィクトリー号判決以前においては、「船舶衝突訴訟における船主の責任を制限する制定法は、手続法であり、それゆえ法廷地法が適用されることに、異論はなかったように思われる」。しかし、その後、ノーウォーク・ヴィクトリー号判決において、「最高裁判所は、以前の判決を変更した。すなわち、もし外国の責任制限が当該外国法のもとにおいて発生した権利に『結びついている』のであれば、法廷地において施行された救済にかかわらず、外国の責任制限が適用される」。他方において、外国の責任制限が単に手続にすぎないのであれば、それは適用されない。「それゆえ、最高裁判所は、地方裁判所に対し、主に外国の責任制限の性質が実体または手続のいずれであるのかを確認するために、調査を行うよう命じたのである」[98]。

ところが、本件においては、カナダの責任制限が実体または手続のいずれで

---

97) *Ibid*.
98) *In re* Bethlehem Steel Corp. (The Steelton), 435 F. Supp. 944 (N.D.Ohio 1976), at 946-7, affirmed, 631 F. 2d 441 (6th Cir. 1980).

あるのかに関する証拠は、何も得られなかった。そこで、クルパンスキー判事は、ダイシー＆モーリスの第9版および1971年の貴族院判決（Boys v. Chaplin）を引用する。これらによると、損害の疎遠性および項目（remoteness and heads of damage）は、実体として原因債権の準拠法により、また損害賠償額の算定（measure or qualification of damages）は、手続として法廷地法による[99]。そして、ノーウォーク・ヴィクトリー号判決の見地から、これらの英国の判例学説が最も説得力ある、というのである。そこで、この基準を本件に当てはめてみると、船主の責任限度額を船舶のトン数に応じて定めたカナダ法の規定は、単に責任基金の限度を算定しているにすぎないから、その性質は手続であり、それゆえ、合衆国の裁判所においては適用されない、と結論づけている[100]。

これに対して、もうひとつのユリピラス号判決は、ヤーマス・キャッスル号判決を批判する。本件は、パナマ船ユリピラス号が公海上で炎上し、積荷に燃え広がった、というものである。そして、船主は、合衆国制定法にもとづき責任制限の申立を行ったが、債権者側は、ヤーマス・キャッスル号判決を引用して、パナマ法により保険金も責任基金に取り込もうとした。ところが、テニー判事は、次のように述べて、債権者側の主張を退けた。

たしかに、ヤーマス・キャッスル号判決は、船主責任制限に関するパナマ法が手続というよりも実体であると認定し、それゆえ、船主により形成されるべき基金を確定するために、パナマ法を適用した。しかし、「これは、当該外国船が外国の実体法に従おうとも、合衆国において訴訟が行われる限り、合衆国の責任制限法にもとづく責任制限は外国船にも適用される、というホームズ判

---

99) ダイシー＆モーリスの第10版においても、この点は変更されていない。Dicey and Morris on the Conflict of Laws, 10th ed., 1980, p. 1178. これに対して、Boys v. Chaplin [1971] A.C. 356 では、5人の裁判官のうち3人が手続と実体の区別を明白とは考えていなかった（at 382 per Lord Guest; at 392 per Lord Wilberforce; at 395 per Lord Pearson）。現に、不法行為責任に被害者の慰籍料を算入すべきか否かという問題について、多数意見は、これを実体の問題として不法行為準拠法を適用したが、少数意見は、これを手続の問題として法廷地法を適用した。

100) 435 F. Supp. 944, at 947-9.

事の判決に反すると思われる」。また、たしかに、ヤーマス・キャッスル号判決によると、外国法が合衆国の責任制限法より高い責任限度額を定めている場合も、当該外国法が実体として適用されることになる。「しかし、外国の実体法は、より低い責任限度額を定めている場合に限り、合衆国の制定法により形成されるべき基金に影響を与えると思われる」。なぜなら、合衆国の船主責任制限法183条は、船主の責任が船舶および運賃に対する船主の「権利の価格を超えないものとする」と述べているからである。すなわち、船主の責任は、場合によって、それよりも少なくできるだけである。したがって、合衆国の船主責任制限法は、パナマの実体法がそれより低い責任限度額を定めているという証拠がない限り、責任基金に適用される[101]。

4　諸説の分析

　冒頭で述べたように、わが国は、昭和51年に1957年条約を批准し、かつ同条約を国内法化するために、いわゆる船主責任制限法を施行したが、条約7条は、全く同法に編入されなかった。それにもかかわらず、同法の解説によれば、同法が条約7条にもとづき適用されると解されている[102]。ただし、条約7条が抵触法的適用範囲を定めたものであるのか、それとも実質法的適用範囲を定めたものにすぎないのか、という問題は残るし、また船主責任制限法が条約7条前段にもとづき適用されるのか、それとも後段も考慮して適用されるのか、という点にも問題がある[103]。さらには、ドイツおよびアメリカ合衆国におい

---

101) Complaint of Ta Chi Navig. (Panama) Corp., S.A. (The Eurypylus), 416 F. Supp. 371 (S.D.N.Y. 1976), at 379-380.

102) 時岡＝谷川＝相良・前掲注(1)93頁以下。1976年条約を国内法化した新法についても、寺田・前掲注(15)50頁。

103) 時岡＝谷川＝相良・前掲注(1)93頁以下は、次のように述べている。「船主責任条約の締約国の船舶を利用する締約国の船舶の所有者等……がわが国の裁判所に責任制限手続開始の申立てをすることができることは問題がない（条約7条前段）が、非締約国の船舶を利用した締約国の船舶の所有者等、締約国の船舶を利

て提起された問題点を振り返ってみると、そもそも条約のいかんにかかわらず、船主責任制限の準拠法がどのように定められるのか、という点にまず問題が残っているので、以下では、この点を中心に考えてみたい。

まず、同則主義によると、船主責任制限の準拠法は原因債権の準拠法と同一になる。ここでいう原因債権とは、不法行為債権または契約債権のいずれであるかを問わない[104]。ところが、国際私法上は、不法行為債権と契約債権とで

用した非締約国の船舶の所有者等又は非締約国の船舶を利用する非締約国の船舶の所有者等については問題がある。条約は、各締約国は、非締約国に対し、又は条約による利益を求める者がそのための手続をとる時に締約国に常居所、本店を有せず、また事故を起した船若しくは差し押えられた船が締約国を旗国としていない場合には、その者に対し、この条約の利益の全部若しくは一部を与えないことができる旨を規定している（7条後段）が、本法では条約の非締約国につき特段の規定をおいていない。しかし、条約第7条後段の趣旨によれば、締約国の船舶の所有者等がその住所又は本店を締約国に有する限り、事故を起した船舶が非締約国の国籍を有する場合でも、船舶の所有者等は条約によってその責任制限を求めることができるし、また非締約国の船舶の所有者等が締約国の国籍を有する船舶を利用した場合には、住所又は本店を締約国の1つに有しなくても、当該船舶による事故について、条約による責任制限を求めうると解される」。

これに対して、寺田・前掲注(15)50頁は、次のように述べている。「新条約15条1は、締約国とつながりを持たない者又は船舶について、条約の適用を排除することができることを規定しているが、改正法も、現行法同様、対象となる者及び船舶について、締約国、非締約国の区別をしないこととしている」。

また、日本海法会は、万国海法会からの1975年1月24日付け質問状に対し、次のように回答している。「責任制限の適用法については先例がないが、次のように解される。すなわち、責任制限の申立をする船舶が1957年条約の締約国に属する船舶である場合には、条約を適用することは勿論であるが、責任制限を申立てる船舶が非締約国船舶の場合にも、1957年条約を採り入れた日本法によって責任制限を認める」。柴田博「万国海法会における1910年船舶衝突条約の検討——日本海法会船舶衝突小委員会の中間報告として」海法会誌復刊20号67頁。

なお、船主責任制限法制定のための海法会小委員会は、7条後段について、それは留保条項ではないから、条約の批准後においても、必要に応じて国内法で規定することができる、と述べている。大塚龍児＝江頭憲治郎訳「船主責任制限制度特別委員会資料」海法会誌復刊17号69頁。

104) 責任制限の根拠については、不法行為債権と契約債権とで別に考えるべきであ

は、準拠法が異なりうるのであるから（法例7条・11条）、同則主義によると、相異なる準拠法にもとづく相異なる船主責任制限制度が競合する事態が起こりうる。そして、このように相異なる船主責任制限制度は、別々に適用するにしても、また同時に適用するにしても、不都合な結果を招くから、同則主義はとりえない。この点に関するプトファルケンの論証には、異論がないであろう。

これに対して、実際上、このように相異なる船主責任制限制度が競合した例は、各国の判例上見られない、という批判がある[105]。しかし、実際の裁判において問題になったことがないということから直ちに、その可能性までも否定することはできないであろう。また、多様な債権をひとつの手続の中で扱うという船主責任制限の本質からしても、この制度が個々の原因債権の準拠法に従うことの根拠は薄弱である。その点で、たとえば、わが国の国際海上物品運送法において、運送人の責任が貨物一包または一単位につき10万円に制限されているのとは、区別されなければならない。国際海上物品運送法における責任制限は、そもそもの責任の存否との関連で規定されたものであり、また、その対象も個々の貨物についての個々の損害賠償請求権に限定されている。これに対して、船主責任制限においては、タイタニック号判決も指摘しているように、責任はすでに他の根拠にもとづいて存在するとされているわけであり、その個々の損害賠償請求権に対する責任の存否および範囲が原因債権の準拠法に従うことはともかく[106]、これらを一括して制限すべき船主責任制限までもが、原因債権の準拠法に従うことには、疑問がある。

それでは、船主責任制限独自の準拠法があるとして、それは、どのように定められるのか。これには、まず旗国法説が考えられる。しかし、旗国法説は、結局のところ、消極的な理由づけしか与えられなかったように思われる。たと

　　　　る、と主張されているが（原茂・前掲注(1)433頁、石井・前掲注(1)153頁）、本稿の考察には影響しないであろう。

105)　P. Bonassies, La loi du pavillon et les conflits de droit maritime, 128 Rec. des Cours (1969-III), p. 578.

106)　折茂豊『国際私法（各論）〔新版〕』（1972年、有斐閣）147頁、185頁以下参照。

えば、ケーゲルは、船主の責任が特別財産＝海産に限定される点に着目して、法人や相続の場合との類似性を強調し、その結果、船主または船舶の属人法としての旗国法の適用を主張していた。しかし、ケーゲル自身も認めているように、金額主義においては、海産が直接には船主の責任制限に結びつかないのであるから、海産を根拠とする立論は、その点で、すでに破綻していると言える。さらに、ケーゲルによると、旗国法は、船主自身が選択したのであるし、契約の相手方にとっても容易に識別でき、また不法行為についても、その一貫性のゆえに、これを受け入れることができるというが、これは、海事における旗国法の優位を主張するものであろうか。もしそうであるとしたら、少なくとも、わが国においては、海事におけるあらゆる法律関係が原則として旗国法による、という意味での旗国法の優位は、もはや否定され、むしろ国際私法の一般原則によりながら、やむを得ない場合に限り、例外的に旗国法による、という説が多数を占めつつある[107]。したがって、船主責任制限の準拠法もまた、他に適当な連結点があれば、それによるべきであり、あえて海事の特殊性を根拠として、旗国法の適用を主張することには無理がある。

　それでは、法廷地法説はどうであろうか。まず、プトファルケンは、法廷地法説の積極的根拠として、ベター・ローたる統一法が可能な限り広く適用されるべきことを挙げ、消極的根拠として、法廷地漁りが不当な結果にならないことを挙げる[108]。しかし、ここでは、統一法条約のいかんにかかわらず、そもそも船主責任制限の準拠法がどのように定められるのかを考察しようとしているのであるから、プトファルケンの積極的根拠は、考え方の順序として受け入れ難い。また、統一法のみがベター・ローとして広く適用されるべきであるとしたら、1957年条約を国内法化する以前のドイツにおいては、船主責任制限

---

107) 山内惟介「便宜置籍船と法律回避論」『国際私法の争点』（1980 年、有斐閣）51 頁以下、窪田・前掲注(1)18 頁、木棚照一「旗国法」『国際法辞典』（1975 年、鹿島出版会）124 頁、石黒一憲『金融取引と国際訴訟』（1983 年、有斐閣）348 頁以下。

108) V. aussi Bonassies, *op.cit.*, n. (105), p. 579 et suiv.

の準拠法が別の方法で定められていたはずであり、結局、法廷地法説は、統一法自体の抵触規定によって、初めて根拠づけられることになる。そこで、プトファルケンにおいても、積極的根拠は破綻しており、法廷地法説は、消極的理由づけしか与えられていない[109]。

つぎに、合衆国の判例は、タイタニック号判決およびノーウォーク・ヴィクトリー号判決の解釈をめぐって区々に分かれているが、それらを分類してみると、次のようになるであろう。①あらゆる船主責任制限法は、救済（remedy）に結びついたものであり、それゆえ法廷地法が適用される[110]。②外国の船主責任制限制度が手続または実体のいずれであるのかを調べ、もしそれが実体であり、権利に結びついていると判断された場合には、責任限度額について、法廷地法でなく当該外国法が適用される[111]。③同じく外国の船主責任制限が手続または実体のいずれであるのかを調べるが、たとえそれが実体であるとしても、責任限度額については、法廷地法および当該外国法の両方が適用され、いずれか低いほうの限度額を定めている法律が適用される[112]。

これらのうち、②および③は、外国の船主責任制限制度が手続または実体のいずれであるのかを調べる点で共通している。しかし、合衆国で公表された幾つかのコメントは、これらの判決が機械的に手続か実体かの区別をしたものとして、批判している[113]。いずれにせよ、②および③は、実質法上の区別が直

---

109) それゆえ、プトファルケン自身も、法廷地法説を可能な解決のうちのひとつにすぎないとしたのではなかろうか。Vgl. Puttfarken, a.a.O., Anm. (19), S. 116.

110) Kloeckner Reederei und Kohlenhandel v. A/S Hakedel (The Western Farmer), 210 F. 2d 754 (2nd Cir. 1954); The Mandu, 102 F. 2d 459 (2nd Cir. 1939); Royal Mail S. Packet Co. v. Companhia de Nav. Lloyd Brasileiro, 31 F. 2d 757 (E.D.N.Y. 1928).

111) *In re* Bethlehem Steel Corp. (The Steelton), 435 F. Supp. 944 (N.D. Ohio 1976), affirmed, 631 F. 2d 441 (6th Cir. 1980); Petition of Chadade Steamship Co. (The Yarmouth Castle), 266 F. Supp. 517 (S.D. Fla. 1967).

112) Complaint of Ta Chi Navig. (Panama) Corp., S.A. (The Eurypylus), 416 F. Supp. 371 (S.D.N.Y. 1976).

113) たとえば、G.E. Duncan, Limitation of Shipowners' Liability: Parties entitled to limit; The vessel; The Fund, 53 Tulane Law Review (1979), p. 1052 は、次のように

述べている。「タイタニック号判決に対するノーウォーク・ヴィクトリー号判決の意味を中心問題とした最高裁判所の判決は、その後存在しないので、下級裁判所は、実体か手続かというゲームをこれからも続けるであろう。なぜなら、幾つかの裁判所および多数の評釈者にとって、責任制限制度に対する侮辱の表明は、最近の流行であるからである。それゆえ、これらの裁判所は、『ゲーム』によって『あいまいな制定法の規定』を解釈し、完全な賠償が支払われるように、すなわち責任制限が行われないようにするであろう」。

また、G.S. Staring, Limitation Practice and Procedure, 53 Tulane Law Review (1979), p. 1168 は、次のように述べている。ノーウォーク・ヴィクトリー号判決において、「最高裁判所は、もしベルギー法が実体法であるとしたら、ベルギー領水内におけるアメリカ船と英国船の事故に適用されたであろう、という結論を受け入れているように見える点において、抵触法における obligatio または『既得権』の理論に、少なくとも黙示的には大きな重点を置いていた」。しかし、Lauritzen v. Larsen, 345 U.S. 571 (1953) などの一連の判決は、「もはや最高裁判所がかような理論から離れ、今日では、ほとんどの州裁判所が俗世の抵触法問題について行っているように、牽連関係、利益および期待を分析するであろうことを示している」。

さらに、D.C. Greenman, Limitation of Liability: A Critical Analysis of United States Law in an International Setting, 57 Tulane Law Review (1983), p. 1191-2 は、次のように述べている。「筆者の見解によると、制定法および最高裁判所の見解の正しい解釈は、外国の責任制限が合衆国のそれよりも低い場合にのみ、抵触法的解決を要するということである。かような法選択が許される場合には、それは、実体と手続を区別する、というような非論理的な試みに隷属することなく行われるべきである」。すなわち、スチールトン号事件において「控訴裁判所が行ったと思われるように、裁判所は、判断を求められた場合には、他の要因も考慮すべきである」。

その控訴審判決は、次のように述べている。「本法廷は、カナダの責任制限法が手続法である、という地方裁判所の結論を承認する。この結論は、有効な証言によって支持されている。さらには、それは望ましい法選択上の判断である。スチールトン号は、アメリカ船である。本件の責任制限判決により影響を受けるべき当事者は、カナダの裁判所ではなく合衆国の裁判所において、スチールトン号の船主を訴えることにした。船舶衝突はカナダの領水内で起こったが、本件当事者間の責任制限に関する限り、合衆国が立法により定めた責任制限制度を適用する利益のほうが、カナダのそれよりも強い。これは、法廷地法を適用するのが適切な事件であると思われる」。*In re* Bethlehem Steel Corp. (The Steelton), 631 F. 2d 441 (6th Cir. 1980), at 445-6.

接に抵触法に反映する点で、わが国の国際私法の解釈としては、採用し難いし[114]、また原因債権の準拠法が適用される可能性を残す点で、同則主義に対するのと同じ疑問が感じられる。これに対して、①は、比較的古い判決によるものであるが、国際私法的判断として法廷地法説を採用したものと考えられる。しかし、船主責任制限が救済に結びついたものであるから、というだけでは、法廷地法説の積極的根拠として不十分である。そこで、タイタニック号判決およびノーウォーク・ヴィクトリー号判決それ自体の中に、法廷地法説の根拠づけを探求すべきである。

まず、タイタニック号判決においては、権利の存否は原因債権の準拠法によるとしても、権利の実現は法廷地法による、という前提があった。したがって、通常は、権利の実現に何の障害がないとしても、政策的判断により、それを全く否定ないし制限することが、立法により可能であるとする。すなわち、権利そのものは否定されないが、合衆国の裁判所は、その実現に手助けをしないだけである、とも言えるであろう。そのような立法の一例が船主責任制限法である。それゆえ、合衆国の船主責任制限法が合衆国における訴訟の当事者以外の者を拘束することはないし、また逆に、合衆国の裁判所が他国の船主責任制限法を適用することもない。ただ実質法的適用範囲として、合衆国の船主責任制限法が外国人船主にも適用されるか否かは、問題となりうるが、同法の解釈として、そのような制限は存在しない。

つぎに、ノーウォーク・ヴィクトリー号判決は、たしかに、すべての船主責任制限制度が手続であるという断定を避け、手続か実体かの区別を行うべきであるとする。しかし、これは、実質法上の区別をそのまま抵触法においても採用する、という意味であろうか。その後の一部の下級審判決は、このように解しているが、ノーウォーク・ヴィクトリー号判決は、実質法上の区別と抵触法上の区別を分けているように見える。すなわち、「ある責任制限が個々人の損

---

114) それは、第二次法性決定に対する批判と相通ずるかもしれない。山田鐐一『国際私法』(1982年、筑摩書房) 55頁、池原季雄『国際私法(総論)』(1973年、有斐閣) 96頁参照。

害賠償請求権ではなく、一定の不法行為から生じた債権全体に結びついている場合には、それは言葉の特殊な意味においてのみ、『権利に結びついている』と言えるのであるし、また、ある規則が債権者の回復しうる金額を削るように機能する場合には、それは『手続』という用語の……非常に広い定義に当てはまりうる」と述べている点である。

　以上は、タイタニック号判決およびノーウォーク・ヴィクトリー号判決を部分的に取り上げたにすぎず、判決全体の解釈は、合衆国の裁判所のみが行いうるところであるが、わが国の国際私法の解釈として、これらを法廷地法説の根拠づけに利用することは許されるであろう。すなわち、わが国の実質法の解釈としては、たしかに、船主責任制限の要件および効力、とりわけ責任限度額は、実体に分類されるであろう。しかし、実質法上、手続に分類されたからといって、直ちに法廷地法の適用が導かれないように[115]、実質法上、実体に分類されたとしても、それは法廷地法の適用を否定する理由とはならない。そこで、国際私法独自の立場からみると、船主責任制限制度は、法廷地国の政策的考慮により、権利の実現を制限し、かつ特別の手続に導くものであるから、実体と手続を分けることは、法廷地国の立場から不可能であり、それゆえ、全体として法廷地法に従うものと解する。

　これは、船主責任制限の存在理由からも導きうる。たとえば、わが国の最高裁判所は、昭和55年1月5日の決定において、船主責任制限法第2章（実体規定）が憲法29条の財産権の保障に違反しないとしたが、それは次のような理由に基づく。①船主責任制限制度は、海運業保護のため、その態様はともかく、古くから各国において採用されてきた。②わが国の船主責任制限法第2章は、1957年条約を国内法化したものであり、国際的性格の強い海運業について、わが国だけが船主責任制限制度を採用しないことは、実際上困難である。③わ

---

115)　澤木敬郎「『手続は法廷地法による』の原則について—国際民事訴訟法上の証拠を中心として」立教法学13号31頁以下、福永有利「渉外訴訟事件における訴訟追行権」『手続法の理論と実践〔下巻〕（吉川追悼）』（1981年、法律文化社）83頁以下参照。

が国においても、従前は商法に委付の制度が定められていたが、本法は、これを金額主義に改めたものであり、しかも損害が船主自身の故意または過失によって発生した場合の債権など、一定の債権は制限債権とせず、また本法施行に伴って改正された商法690条は、民法所定の使用者責任を加重し、船主にある程度の無過失責任を認めている。以上の点を勘案すると、「本法第2章の規定は、公共の福祉に適合する定めとして是認することができ、憲法29条1項、2項に違反するものということはできない」[116]。

このように海運業保護の面を強調した決定に対し、学説は、結論に反対しないとはいえ、これだけでは不十分であるという批判がある。たとえば、「現代における責任制限条約の理念は、企業者保護の側面があることを否定できないが、それよりもむしろ、債権者・被害者に対して公平で迅速かつ確実な債権額の分配を行なうことに」ある[117]。「船主有限責任の合理性の問題は、責任の限定を図る船主と経済的損失の回復を求める被害者（債権者）との相反する権益のバランスがいかに合理的にとられているかにあり、現代社会においては、被害者に対する公正な救済がどれほど適切に実現されているかに、いわば責任制限制度の存立がかかっている」[118][119]。すなわち、船主責任制限制度は、船主と債権者との間の微妙な利益のバランスの上に立っており、それゆえ、責任制限手続は、その前提となる実体部分が異なれば、存在理由を失いかねないのである。

さらには、類似の制度である破産の準拠法について述べられていることも、参照されるべきであろう。すなわち、破産制度も船主責任制限と同じく、実質法上は、手続と実体とに分けられているが、国際私法上は、破産債権自体の成

---

116) 最大決昭55・11・5民集34巻6号765頁、判時986号105頁、判タ428号180頁。
117) 原茂・前掲注(1)428頁。
118) 重田晴生「判批」ジュリスト768号118頁。
119) 小島孝「判批」判タ472号163頁、能勢泰彦「判批」早稲田法学57巻1号77頁も参照。

立および効力を除いて、法廷地法によるとされている[120]。ただし、その理由としては、破産法の大部分が本質的に手続に属し、公序法の性格を有するから、としか述べられていないが、これは、とりもなおさず、破産制度が全体として法廷地法に従うことに疑いが抱かれていなかったことを表している。したがって、たまたま船主責任制限制度がかつて商法典に規定されていたからといって、これと区別すべきではない。すなわち、疑いが抱かれるとすれば、どちらの制度も俎上に乗せられるべきであろう。しかし、前述の理由により、少なくとも船主責任制限制度は、法廷地法に従うべきであると考える。

5 おわりに

わが国の船主責任制限法は、立法の最初から、手続について破産法をモデルとしていただけでなく[121]、「責任制限事件の実質は、制限債権者の制限債権額を確定し、基金を分配することにあるから、まさに一部破産であり、破産事件と同様の性質を有するものと解すべきである」とされていた[122]。ただし、「この手続における債務者は支払不能ではなく、債務者の企業活動を支える一般財産から切り離された特別財産として基金が形成されること、配当すべき金銭は最初から純粋な形で用意されていること」などの相違点も指摘されている[123]。

そこで、船主責任制限の準拠法は、以上の考察から法廷地法であるとしても、その他の関連問題、すなわち外人法上の問題および手続の国際的効力の問題は、ある面では破産法における議論が参考になるし、他の面では全く異なった解決

---

120) 谷口安平『倒産処理法〔第2版〕』(1984年、筑摩書房) 421頁、山戸嘉一「破産」『国際私法講座第3巻』(1964年、有斐閣) 892頁以下、三浦正人「破産」『国際私法講義』(1970年、青林書院新社) 257頁以下。

121) 霧島甲一「船主責任制限手続に関する立法の構想と問題点」海法会誌復刊17号10頁。

122) 時岡＝谷川＝相良・前掲注(1)84頁。

123) 青山善充「船主責任制限手続の構想と問題点」『現代商法学の課題(下)(鈴木古稀)』(1975年、有斐閣) 1130頁以下。霧島・前掲注(121)12頁以下も参照。

が必要となる。これらの問題は、本稿の範囲外であるが、本稿を締めくくるにあたり、ここで試論を述べてみたい。

まず、外人法の問題については、破産法2条は相互主義を採用している。すなわち、外国人は、その本国法において日本人が「同一の地位」を有する場合に限り、日本の破産法において日本人と同一の地位を有する。この「同一の地位」という文言については、解釈が分かれているが、いずれにせよ、立法論として批判されており、本来削除すべきものであると言われているから[124]、あえて船主責任制限法において、相互主義を採用すべき理由は存在しない。たしかに、1957年条約7条後段によれば、わが国がかような相互主義を採用することは可能であるが、わが国の船主責任制限法は、条約7条を全く編入しなかったのであるから、内外人平等の原則を貫くべきであろう[125]。

つぎに、手続の国際的効力については、破産法3条が属地主義を規定しており、それによると、日本における破産宣告は在外財産に効力が及ばず、その反面として、外国における破産宣告も、日本に所在する財産には効力が及ばない。これに対して、船主責任制限制度においては、船主の一般財産から切り離された特別財産として基金が形成され、責任はこの基金に限定されるのであるから、破産法3条のような問題は生じない。

最後に、わが国における破産免責の効力が外国でも承認されるか否かは、その外国の法律の定めるところにより、逆に、わが国においては、外国で破産手続が開始されたからといって、わが国に所在する財産の差押および同一人に対するわが国の破産手続の開始が妨げられるわけではない、と解されている[126]。これに対して、船主責任制限法96条は、他の締約国で基金が形成された場合には、当該基金から支払を受けることができる限りにおいて、船主の基金以外

---

124) 青山善充「倒産手続における外国人の地位」『新・実務民事訴訟講座第7巻』(1982年、日本評論社) 267頁以下、谷口・前掲注(120)413頁以下。
125) 前掲注(103)の文献の多数も、この立場を採用している。
126) 谷口・前掲注(120)418頁、422頁。なお、青山善充「倒産手続における属地主義の再検討」民事訴訟雑誌25巻157頁以下も参照。

の財産に対する権利行使はできないと規定する。これは、締約国間において、責任制限手続の効力を一定の条件のもとで相互に承認し合うものである[127]。しかし、かような条件を満たすのであれば、責任制限手続の相互承認を締約国間に限定する必要はなく、非締約国における責任制限手続についても、船主免責の効力を認めてよいと思われる。

たとえば、合衆国において船主責任制限手続が開始され、わが国の債権者がそこに参加することができる場合、もし基金の配当がわが国の船主責任制限法のもとにおける配当より多ければ、改めてわが国において船主の基金以外の財産に対し権利行使をさせる必要はないであろう。また、合衆国法における配当が日本法における配当より少ない場合でも、当該配当金額は、わが国における権利行使または責任制限手続に際して、何らかの形で考慮されるべきであろう。

このように船主責任制限制度については、その準拠法だけでなく、関連分野についても、検討すべき課題が多数ある[128]。本稿がそのような議論のきっかけとなれば幸いである。

---

127) 1957年条約2条4項「基金が形成された後は、基金に対して権利を行使することができる債権者は、基金が当該債権者の利益のために実際に用いることができるものである限り、同一の債権に関し、船舶の所有者の他の財産に対していかなる権利をも行使することができない」。
128) 〔追記〕国際的裁判管轄については、奥田安弘「責任制限手続の管轄権」高桑昭・道垣内正人編『新・裁判実務大系第3巻国際民事訴訟法（財産法関係）』（2002年、青林書院）123頁参照。

V 私法分野における組織的国際協力

1 はじめに

　本稿は、国際機構法の観点から、私法分野における組織的国際協力を考察するものである。私法分野における組織的国際協力といえば、まず思い浮かべるのは、私法の統一であるが、この作業は、歴史的にみれば、もともと民間団体ないし学術団体によって担われていた。たとえば、国際商業会議所（International Chamber of Commerce, ICC）[1]、国際法協会（International Law Association, ILA）[2]、万国国際法学会（Institut de droit international）[3]などである。

---

1) 国際商業会議所は、1919年10月にアメリカのアトランティック・シティーで開催された各国実業家の会議における決議にもとづき、1920年5月にパリで開催された会議において設立された。その活動は、とりわけ貿易条件の解釈に関する国際規則（インコタームズ）、荷為替信用状に関する統一規則および慣例（信用状統一規則）などの援用可能統一規則の制定によって知られているが、他方において、1923年の仲裁条項ニ関スル議定書および1927年の外国仲裁判断の執行に関する条約が国際連盟主催の会議により、また1958年の外国仲裁判断の承認及び執行に関する条約が国際連合主催の会議により採択されるにあたり、多大の貢献をしたとされる。J. Kropholler, Internationales Einheitsrecht, 1975, S. 85 f. 朝岡良平『貿易売買と商慣習—定型取引条件の研究〔第2版〕』（1978年、東京布井出版）104頁以下。後述のように、手形法条約についても、国際連盟が本腰を入れる前から、国際商業会議所が重要な役割を果たしてきた。

2) 国際法協会は1873年に設立されたが、当初は国際法改正法典化協会（Association for the Reform and Codification of the Law of Nations）と称し、1895年から現在の名称となった。私法の統一に関する活動としては、1877年の共同海損に関するヨーク・アントワープ規則（その後、数次の改正を重ねている）、1921年の船荷証券に関するハーグ規則（その後、1924年の船荷証券条約の基礎とな

しかし、国際連盟およびその後の国際連合といった政府間機構も、設立直後から、私法の統一作業に携わってきた[4]。ヨーロッパ経済共同体（のちのヨーロッパ連合）のような経済統合を目指す政府間機構の場合は、その目的を達成するために、私法の統一が必要であることは比較的分かりやすく、またその旨を基本条約の中に明文で規定することも行われている[5]。しかし、国際連盟や国際連合が私法の統一作業に携わることは、一見したところ、違和感を感じるし、また規約の中にも、明らかにそれと分かる根拠規定が置かれているわけではな

った）などが知られている。Kropholler, a.a.O., Anm. (1), S. 86 f. 国際法学会編『国際関係法辞典』（1995年、三省堂）288頁〔石本泰雄〕、田中誠二『海商法詳論〔増補第3版〕』（1985年、勁草書房）238頁、473頁。後述のように、手形法の統一についても、前身の国際法改正法典化協会が制定したブレーメン規則が先駆的役割を果たした。

3) 万国国際法学会は、国際法協会と同じく1873年に設立された。その設立者には、マンチーニやアッセルが加わっていたこともあり、第1回の会期において、国際私法の統一に関する委員会が設置された。万国国際法学会が採択した決議は、1893年に発足したハーグ国際私法会議の初期の条約に強い影響を及ぼしたとされる。Kropholler, a.a.O., Anm. (1), S. 86 ff. 折茂豊『国際私法の統一性』（1955年、有斐閣）157頁。後述のように、手形法の統一についても、国際法改正法典化協会に続き、大部のモデル法を作成した。

4) 国際連盟は1919年に設立され、本稿で取り上げる手形小切手法条約以外にも、1923年の仲裁条項ニ関スル議定書および1927年の外国仲裁判断の執行に関する条約などの外交会議を主催した。また、国際連合は1945年に設立され、1956年の外国における扶養料の取立に関する条約、1958年の外国仲裁判断の承認及び執行に関する条約などの草案を準備した。国連国際商取引法委員会を設立してからの状況は、周知のとおりである。同委員会の活動の成果については、国際法学会編・前掲注(2)325頁〔藤下健〕、寺田逸郎「国際機関による取引法統一作業の現状」ジュリスト781号127頁以下。

5) たとえば、EC条約100条は、構成国の法令の接近を規定し、また220条は、判決および仲裁判断の相互の承認執行、会社の相互承認などについて、構成国間の（条約締結）交渉を求めている。その結果、民事および商事に関する裁判管轄ならびに判決の執行に関する条約、契約債務の準拠法に関する条約などがEC構成国間で成立している。岡本善八「EC統一法の動向」『現代契約法大系第8巻・国際取引契約(1)』（1983年、有斐閣）95頁以下。

い。

　そこで、なぜ国際連盟や国際連合のような政府間機構が私法の統一作業に取り組むことになったのか、という問題に焦点を絞って、本稿のテーマを考察することにしたい。ただし、今日では、国際連合が私法の統一作業に携わることは、ほとんど自明と考えられており、とりわけ国連国際商取引法委員会（United Nations Commission on International Trade Law, UNCITRAL）が設立されてからは、その感が強い[6]。また国際機構法の専門家は、めったに私法の統一を取り上げず[7]、私法の統一を扱った文献は、国際機構法上の問題に深入りすることを避けている[8]。そこで、本稿では、国際連盟における手形小切手法条約の作成経緯を中心に考察する[9]。なぜなら、そこでは、まさに国際連盟が私法の

---

[6]　国連国際商取引法委員会の設立については、道田信一郎「国際商法の世界的統一と国連総会決議」『商事法の研究（大隅先生還暦記念）』（1968年、有斐閣）458頁以下〔同『国際取引と法』（1990年、商事法務研究会）93頁以下所収〕。ただし、同論文は、若干の国連報告書に基づくものであり、どのような議論が内部であったのかは、明らかにされていない。V. aussi R. David, La Commission des Nations Unies pour le droit commercial international, AFDI 1970, p. 453 et suiv.

[7]　高野雄一『国際組織法〔新版〕』（1975年、有斐閣）、横田洋三編『国際組織法』（1999年、有斐閣）など参照。わずかに、小谷鶴次「文化的国際協力（ユネスコ等）」『国際法講座第2巻』（1953年、有斐閣）150頁以下が「司法の国際化」として取り上げた例が見られるだけである。

[8]　たとえば、Kropholler, a.a.O., Anm. (1)は、私法の統一に関する基本文献であるが、その作業に従事する国際機構の考察には、比較的少ない頁しか割いていない。Ders., S. 43 ff. 奥田安弘『国際取引法の理論』（1992年、有斐閣）1頁以下も参照。

[9]　1930年、ジュネーブにおいて、為替手形、約束手形および小切手に関する法律統一のための国際会議が国際連盟主催のもとに開かれ、そこで為替手形及約束手形ニ関シ統一法ヲ制定スル条約、為替手形及約束手形ニ関シ法律ノ或抵触ヲ解決スル為ノ条約、為替手形及約束手形ニ付テノ印紙法ニ関スル条約が採択された。また、1931年に第2回の会議が開催され、そこで小切手ニ関シ統一法ヲ制定スル条約、小切手ニ関シ法律ノ或抵触ヲ解決スル為ノ条約、小切手ニ付テノ印紙法ニ関スル条約が採択された。以下では、これらを総称して手形小切手法条約と呼

統一に介入することの是非が問われていたからである。また、国際連盟がこれと並行して私法統一国際協会（Institut international pour l'unification du droit privé, Unidroit）を設立しようとした際にも、同様の問題が提起されているので、紹介したい[10]。

本稿は、以上のように私法分野における組織的国際協力の歴史を考察するものである。かような歴史的考察によって、現在の問題を解決する糸口が見えてくることもあるであろう。しかし、具体的に、どのような現代的問題がこれによって解決されるのかは、今後の課題としたい。本稿は、最近では忘れ去られたかのように見えるこの問題に改めて光を当て、当然と思われていたことの見直しだけを任務とする。

2　手形小切手法条約

(1)　前　　史[11]

各国の手形法を統一しようという構想は、1709 年にニュルンベルクの商人マルペルガー（P.J. Marperger）がその著書のなかで主張したのが最初であると

ぶ。なお、わが国は、これらの条約を 1932 年・33 年に批准し、統一規則を国内法化した手形法および小切手法を制定した。窪田宏『概説手形法・小切手法』（1978 年、晃洋書房）17 頁以下参照。

10)　私法統一国際協会については、有体動産の国際的売買についての統一法に関する条約（ハーグ売買法条約）、有体動産の国際的売買契約の成立についての統一法に関する条約（ハーグ売買契約成立条約）、国際商事契約原則などの具体的成果は、わが国でも詳しく紹介されているが、設立の経緯や組織などは、あまり知られていない。曽野和明＝山手正史『国際売買法』（1993 年、青林書院）13 頁以下および同所引用の文献参照。さらに、国際商事契約原則については、「特集・ユニドロワ原則：国際契約法への新たな展望」ジュリスト 1131 号 65 頁以下参照。

11)　前史については、J. Hupka, Das Haager Wechselrechtsübereinkommen und der Völkerbund, 4 RabelsZ (1930), S. 205 ff. 毛戸勝元『改訂統一手形法論』（1934 年、有斐閣）1 頁以下、田中耕太郎『世界法の理論第 3 巻』（1934 年、岩波書店）10 頁以下参照。

されているが[12]、初めて具体的な統一作業に着手したのは、国際法協会の前身である国際法改正法典化協会であった。同協会は、1876年から1878年までの3回の会議を経て、27か条のブレーメン規則を作成した（後に1908年のブダペスト規則により改正される）。

続いて、万国国際法学会も、1882年から1885年までの3回の会議を経て、106か条のモデル法を作成した。さらに、1885年の万国博覧会を契機として開催されたアントワープ会議は、小切手法を含む57か条の草案を作成し、これは1888年のブラッセル会議において修正され、68か条の草案となった。

その後、20世紀に入り、各国の実務界において、手形法統一を目的とした外交会議の開催を望む声が高まり、1910年にハーグで国際手形法会議が開催された。同会議において採択された統一規則および条約の草案は、1912年に同じくハーグで開催された会議において修正され、ついに手形法の統一規則および条約が採択されたのである。その80か条の統一規則を国内法化する義務を負わせた条約には、27か国が署名し、中には、西側ヨーロッパ諸国だけでなく、東欧諸国や中南米諸国も含まれていた[13]。

ところが、このハーグ手形法条約は、ほとんど批准されないまま放置されてしまった[14]。その最大の理由は、第1次世界大戦の勃発により、時期を逸したことであるが、それだけではない。若干の署名国は、すでに1912年の会議終了直後から、条約の内容に不満を表明していた。すなわち、統一規則の多数の規定について留保が認められていたこと（イタリア、フランス）、および議会の立法権が長期にわたって制限されること（イタリア、フランス、ドイツ）が問

---

12) 毛戸・前掲注(11)2頁、田中・前掲注(11)11頁。

13) このハーグ条約に署名した国は、ベルギー、ブルガリア、ドイツ、フランス、イタリア、ルクセンブルク、モンテネグロ、オランダ、オーストリア、ロシア、スイス、セルビア、北欧3国、トルコ、ハンガリー、アルゼンチン、ブラジル、チリ、コスタリカ、グアテマラ、メキシコ、ニカラグア、パナマ、パラグアイ、サルバドールである。わが国は代表を派遣したが、署名はしていない。

14) 批准したのは、ブラジルのみであった。毛戸・前掲注(11)26頁、田中・前掲注(11)47頁。

題とされた[15]。後者の点は、要するに、条約28条2項により、条約の廃棄が批准書の寄託から3年間は禁止され、さらに廃棄の通知がオランダ政府に届いてから、1年後に初めて効力が生じることを指している。すなわち、この条約の批准を承認したら、議会は、4年間にわたり立法権を奪われることになる[16]。これらの事情が重なり、改めて条約作成のための会議を開く必要が生じたのである。

(2) 連盟専門家委員会の報告書

この問題に国際連盟が関与するようになった経緯は、紆余曲折を経ている。すなわち、第1次世界大戦後に国際連盟が設立されたからといって、直ちにその任務として、手形法条約作成会議の開催が日程に上ったわけではない。

この点について、1930年のジュネーブ会議の報告書は、随所において、1920年のブラッセル国際金融会議（Conférence financière internationale de Bruxelles）の決議に言及し、この決議が国際連盟に手形法統一の作業を引き継ぐことを要請したので、連盟理事会が経済委員会（Comité économique）に調査を命じたと述べている[17]。

しかし、その経済委員会によって任命された専門家委員会は、この問題に関

---

15) Hupka, a.a.O., Anm. (11), S. 209 f.

16) Société des Nations, Comptes rendus de la Conférence internationale pour l'unification du droit en matière de lettres de change, billets à ordre et cheques, tenue à Genève, du 13 mai au 7 juin 1930, première session, lettres de change et billets à ordre, C.360.M.151.1930.II, p. 125. 以下では、この報告書を"Comptes rendus"として引用する。これに対して、ジュネーブ条約では、廃棄禁止期間は2年に短縮されたが、それは、この問題を意識したからである。Id., p. 126.

17) Id., p. 11, 125, 161. このブラッセル国際金融会議の決議は、次のように述べているにすぎなかった。「会議は、一定の改善を促進し、信用業務を容易にするための資料を集めるという点で、国際連盟が有益な活動をすることができると考える」。Hupka, a.a.O., Anm. (11), S. 213 Fn. 1. この決議は、むしろオランダ政府が第3回のハーグ会議を開催する際に、国際連盟が後方から支援することを求めていると解される。ただし、後述のクラインの報告書参照。

する国際連盟の権限に疑問を提起し、むしろハーグ手形法会議を招集したオランダ政府の役割を重視した報告書を 1923 年に提出した[18]。専門家委員会のメンバーは、オランダのジッタ (D.J. Jitta)、イギリスのチャルマーズ (D. Chalmers)、オーストリアのクライン (F. Klein)、フランスのリヨン・カーン (Ch. Lyon-Caen) からなっていたが、とりわけクラインの報告書は、この問題を詳しく論じている。

まず、クラインは、この問題に関する自己の見解が国際連盟（とりわけ理事会や経済委員会）の意にそぐわないことを意識しつつも、自らの役割を明らかにするため、次のように述べている。すなわち、1912 年のハーグ会議は、当時の水準においてベストの統一法条約を作成したのであり、またその後の国際連盟の質問状に対する回答は、さらなる調査を不要とした。「そうであれば、やるべきことは、もはや新しいことではなく、第 2 回ハーグ会議の作業の継続のみである。ちょうど、後者が単に 1910 年の第 1 回会議の継続であったように」[19]。

続いて、クラインは、国際法の状況が変化し、多数の国際機構が設立されたこと、その権利義務関係が原則として構成国間に限られること、ハーグ会議も手形法の統一という目的をもった独立の国際機構であること、その権限は他の国家や国際機構によって侵害されるべきでなく、権限の放棄などは構成国自らの決定によるべきことを指摘する。すなわち、ハーグ会議は手形法の統一という特定の目的をもった国家の団体である。「国際礼譲は、少なくとも、これらの団体が他の国家または他の公的機構によって攻撃されるべきではないことを要求するであろう」。ハーグ会議は、まだその目的を達成していないのであるから、法的に存続している。またオランダ政府は、議長国としての権限を放棄

---

18) League of Nations, Economic Committee, Unification of Laws relating to Bills of Exchange and Promissory Notes, General Report and Individual Reports, C.487.M.203.1923.II. 以下では、この報告書を "1923 Experts Report" として引用する。

19) *Id.*, p. 133-134.

したことはないし、他の構成国もオランダ政府に満足している[20]。

　さらに、クラインは、国際連盟規約24条2項によっても、この問題については、国際連盟の権限が制限されるべきであることを明らかにしている。すなわち、ハーグ会議は、一般条約によって規定された国際利害関係事項を扱っているが、国際事務局や委員会ではない。したがって、規約上、国際連盟は、当事国の請求があった場合に、情報の収集や必要な援助を行うことができるだけであり、その点で、上記のブラッセル国際金融会議の決議は誤っていた。これに対して、クラインの報告書が作成される直前に国際商業会議所のローマ会議によってなされた決議は、クラインによれば正当であった。その決議は、国際連盟ではなく、ハーグ会議に参加した個々の国に対し、作業の継続を求めていたからである[21]。

　以上の考察にもとづき、クラインは、結論の(6)および(7)において、国際連盟の権限を制限的に解し、オランダ政府が新しい手形法会議の招集権限を有するが、その会議自体が国際連盟との協力の可否および協力の範囲、さらには会議の性質の変更などを決定できると述べている[22]。

---

20)　*Id.*, p. 134-135.

21)　*Id.*, p. 135-137. 国際連盟規約24条2項は、次のように規定している。「一般条約ニ依リ規定セラレタル国際利害関係事項ニシテ国際事務局又ハ委員会ノ管理ニ属セサルモノニ関シテハ、連盟事務局ハ、当事国ノ請求ニ基キ連盟理事会ノ同意ヲ得テ其ノ一切ノ関係情報ヲ蒐集頒布シ、其ノ他必要又ハ望マシキ一切ノ援助ヲ与フヘシ」。また、1923年の国際商業会議所ローマ会議の決議は、次のように述べていた。「国際商業会議所は、……各国政府に対し、手形に関するハーグ会議において中断されたままとなっている問題について合意に達するため、新しい専門家会議を開催し、僅かながらでも手形に関する法の統一を目的とする立法が様々な国において採択されることを求める」。Hupka, a.a.O., Anm. (11), S. 212. ちなみに、ジュネーブ会議の報告書は、この決議に全く言及していない。Comptes rendus, *op. cit.*, n. (16), p.11, 125, 161.

22)　1923 Experts Report, *supra* note (18), p. 144. ちなみに、ここで「国際連盟規約（平和条約24条）」と述べているのは、この規約が平和条約の一部（第1編）をなしていたことによる。国際法学会編・前掲注(2)299頁〔香西茂〕参照。

(6) 国際法および国際連盟規約（平和条約24条）によれば、条約改正会議は、国際連盟の指揮下に入ったり、その管理に服することはできない。国際連盟の協力は、参加国の請求にもとづく制限的なものに留まるべきであり、特段の決定がない限り、国際連盟の役割は、単に情報を収集し、必要または望ましい援助を与えることのみである。まだ効力を有している条約の規定により、オランダ政府が引き受けた義務を考慮するならば、会議を招集し、指揮するのは、オランダ政府であろう。

(7) ただし、同会議と国際連盟が協力するという決定がなされるならば、かかる決定においては、この協力が同会議の指揮に限定されるか否か、第3回の会議がそれ以前の会議と異なり、もはや国家の自由な独立の会議ではないのか否か、という事項を決めておく必要がある。ハーグ会議で定められたルールによれば、上記のような性質の調整は、1912年会議に参加した構成国の合意があった場合にのみ、可能である。国際連盟の組織は、最近の条約によって厳格かつ明確に規定されているので、かかる協力関係は、いずれにせよ国際連盟自体の手続規則に拘束されないであろう。

かようなクラインの報告書は、他の委員の支持を得たようである。すなわち、ジッタがまとめた全体報告書の結論によれば、国際連盟およびオランダ政府は、対等の立場で会議の日を決め、しかもその会議の場所は、国際連盟の本部があるジュネーブではなく、ハーグにすることが勧告された。ただし、会議の時期は、もう少しあとの方がよいとされている[23]。

報告者は、すでに国際連盟とオランダ政府との間で、意見の交換がなされ、両者の間に、非常に友好的な関係が築かれていることを了解した。あとは、完全な合意に達するだけである。世界の政治状況を適切に考慮し、会議の日を決定するのは、国際連盟およびオランダ政府である。ただし、報告者は、

---

23) 1923 Experts Report, *supra* note (18), p. 10.

現時点はあまり良くないという意見である。場所に関しては、一致してハーグを勧める。最初の2回の会議がオランダ政府の提唱により開催された地は、そこであった。そして、オランダは、新しい条約が『ハーグ条約』と呼ばれる道義的権利を有している。たしかに、会議の組織や費用など、その他多数の解決すべき問題があるであろう。しかし、報告者は、さらなる詳細に関する提案はしない。

(3) その後の国際連盟の対応

ところが、その後の国際連盟の対応は、不可解きわまるものであった。この点については、オーストリアのフプカ（J. Hupka）教授が丹念に資料を引用しながら、1930年のジュネーブ会議に至る経緯を明らかにしている[24]。

まず、1923年9月7日、経済金融機構（Organisation économique et financière）は、第4回連盟総会に対し、専門家委員会の報告書の完成を報告した。ただし、報告書自体は、印刷中であることを理由として配布されず、9つの結論だけが示された。さらに、次のような経済委員会の独自の結論が示され、連盟総会の同意が求められたのである[25]。

1．第3回総会が関心を寄せた問題は、一定の範囲で、諸国民間の経済関係促進の実現に向けて、努力することであった。
2．この意見が全世界の法曹界および経済界により共有されるとしても、いわゆる英米法の基礎と大陸法の基礎との間に残る根本的な違い、ならびに特にヨーロッパ法のちぐはぐな状態は、現在のところ、普遍的な理論の構築を全く不可能としている。これは、オランダ政府が1912年に招集したハーグ会議により作成された草案にもとづき、いかに統一への努力が有益になされようとも、また各国の立法においてなされた法改正の結果が部分的かつ漸進的にのみ接近しようとも、そうである。

---

24) Hupka, a.a.O., Anm. (11), S. 223 f.
25) Ders., S. 223 f..

3．それゆえ、各国政府にこの努力の時期を示し、国際連盟に主導権を委ねること、そして国際連盟が状況の変化に対応して、手形に関する統一立法ないし国内法の修正を目的とする国際会議の招集を成功裏に実現できるようにすることが重要である。

以上の考察、とりわけ極めて近い時期における一般会議の招集が見込めないことから、本委員会は、目下のところ、必要な手続および同様の会議のための準備に関する決定をするには、早すぎると判断した（報告書の結論6および7参照）[26]。

この経済委員会独自の結論は、ハーグ会議などの従来の取組には限界があるので、国際連盟が主導権をもって新たな会議を開くべきであると述べている点で、専門家委員会の結論とは、ニュアンスが大きく異なる。フプカ教授によれば、連盟総会は、この両者の違いや、さらにハーグ条約の完成を求める国際商業会議所の決議がほんの6か月前にあったことを知らされないまま、1923年9月24日、この経済委員会独自の結論を採択してしまった[27]。

その後、経済委員会は、1925年の第6回連盟総会において、次のような報告を行った。すなわち、経済委員会は、「4人の専門家により1923年に作成された報告書、……および同じ時期に本委員会により採択された結論について、国際連盟の構成国と意見交換をした後、事務局に寄せられた幾つかの回答を検討する……機会を持った」。「本委員会は、同様に幾つかの国において支配的な

---

26) ここで専門家委員会の報告書の結論6および7を援用することは、ミスリーディングであろう。結論7は、前述のように、国際連盟とオランダ政府が共同で会議の日を決めること、結論6は、国際連盟の構成国だけでなく、原則としてすべての国に招集通知を送ることを求める内容であった。1923 Experts Report, *supra* note (18), p. 10. Vgl. auch Hupka, a.a.O., Anm. (11), S. 224 Fn. 1.

27) Hupka, a.a.O., Anm. (11), S. 225. フプカ教授によれば、この専門家委員会の報告書は、その後、国際連盟の構成国にのみ送付された。これは、報告書の結論6が国際連盟の構成国以外の国にも会議の招集通知を送ることを求めていた趣旨に反するものである。

傾向、および国際商業会議所の第3回会議により1925年6月に採択された決議を知った」[28]。

この国際商業会議所のブラッセル会議の決議は、次のような内容であった。すなわち、国際商業会議所の「国内委員会が各国の銀行界・産業界・商業界の利益を代表し、かつ国民の経済利益全体を考慮していること……に鑑み、本会議は、これらの国内委員会に対し、ハーグ条約（1912年）を基礎として、手形法統一の研究が公的会議において継続されたい、というローマ会議で表明された要望を確認することを求める。さらに、国内委員会は、国際連盟主催の新たな国際会議が正式に招集されるよう、各国の政府に働きかけることが非常に重要である」[29]。

フプカ教授によれば、これらの回答や要望から、経済委員会も、各方面および各国において事態の改善を望む声があることを認め、手形法統一の研究を再開することが自己の責務であると考えた。ただし、上記の連盟総会への報告では、「最終的な研究の方向は、完全な統一よりも、むしろ漸進的な同化（assimilation progressive）である」と考えられていた[30]。

そこで、経済委員会は、この新しい目標を達成するために、1926年3月、新たな専門家委員会の設置を理事会に提案した。この提案は、理事会によって承認され、次のような検討課題が決められた[31]。

---

28) Ders., S. 225.
29) Ders., S. 226.
30) Ebenda.
31) Ders., S. 227 f. これも、1923年の専門家委員会の見解に反するものであった。すなわち、その報告書の結論5によれば、「……専門家委員会の任命は、控えるべきである。メンバーの限定は、メンバーを出せなかった国にとって不幸な結果となる。申出のあった国全体からの専門家を入れることは、委員会の規模が大きくなりすぎるし、かといってこれを拒否すれば、その国の感情を傷つけるおそれがある。さらに、この種の委員会の設置は、時間と旅行と日当をかなり必要とするが、それにもかかわらず、4人の報告者の場合以上の一般的な統一ができるという保証はない」。1923 Experts Report, *supra* note (18), p. 9-10.

1．(a) 手形および (b) 小切手に関して、1912年のハーグ条約を署名した主要な商業国（またはその法律システムが同一の原則にもとづく国）の法および慣習における違いから、国際取引において、どのような実務上の困難が生じているのか。
2．これらの困難のうち、いずれが国際条約による規律に適しているのか、また各場合において勧められるべき解決の性質は、どのようなものであるべきか。
3．『大陸』法系と『英米』法系の間の違いを、基本原則に触れないで減少させるためには、どの程度、両法系を修正することが可能かつ望ましいか。

これらの課題を検討するために任命されたのは、ドイツ政府の役人1名および10か国（オランダ、ベルギー、フランス、イタリア、日本、スイス、チェコスロバキア、デンマーク、イギリス、アメリカ）の取引界代表であった。これら11名からなる専門家委員会は、1926年12月14日から16日までジュネーブで会議を開き、報告書を作成した。その総論部分は、次のように述べている。すなわち、「専門家は、手形・小切手法におけるより大きな統一性をできる限り実現することが、きわめて重要であると認める。たとえこの統一が大陸法系にだけ及ぶとしても、そうである。……以下のリストで取り上げられていないすべての問題について、専門家は、ハーグで作成された条約が現実かつ早急に、さらにできるだけ広く適用されることを希望する」[32]。

フプカ教授によれば、おそらく専門家委員会は、経済委員会の抑制的な傾向に対する明らかな否定や、ハーグ条約の完全な維持を意図していたわけではなかったのであろう。しかし、経済委員会は、1927年4月、上記の総論部分を全く無視した報告書を理事会に提出したのである。すなわち、「経済委員会は、本質的に実際的な観点に立つことにし、専門家に対しては、とりわけ銀行や商人にとって、日常、法の不統一から生じる真に深刻な問題を示すように求めた

---

32) Hupka, a.a.O., Anm. (11), S. 229 f.

……。専門家は、この指示にしたがって、これらの不統一や彼らの直面する困難を網羅的に挙げるだけでなく、その頻度および重要性から、法の接近の試みが必要と思われる問題点を列挙することにした。彼らは、これらの列挙に際して、国際条約の形では十分な解決を得ることが難しいと思われる問題だけを取り上げた」[33]。

さらに、経済委員会の報告書は、次のような結論を述べている。「経済委員会が手形法の不統一により国際取引の実務に生じている主要な困難に関するリストを、権限をもって手にした今では、専門家の報告がとくに言及した法の不統一による弊害を回避ないし緩和するために、条約の形であれ、国内立法者が守るべき勧告の形であれ、基本的に国際協調に役立つ適切な条文の作成に向け、新たな一歩を踏み出す道が開けた。そこで、経済委員会は、理事会の承認を得て、大多数を法律家が占める新たな専門家委員会を招集し、上記の目的に答える条文の作成を依頼することを提案したい」[34]。

連盟理事会は、この経済委員会の提案を承認した。これに対して、同年7月、国際商業会議所は、ストックホルム会議において、次のような決議を行った[35]。

1．国際商業会議所がすでに何度も表明し、また国際連盟の専門家が1926年12月の報告書において表明した要望にしたがって、1910年および1912年にハーグで開催された会議の成果を継続し、国際商業会議所の委員会が作成した草案にもとづく作業を再開する第3回目の国際会議の招集が進められるべきこと。
2．この第3回会議が他の準備作業抜きで行われること。
3．上記の草案を添付した本決議は、国際商業会議所に代表を送った各国政府および国際連盟に公式に送付されること。

---

33) Ders., S. 230.
34) Ders., S. 231.
35) Ders., S. 231 f.

(4) ジュネーブ会議招集の決定

　この国際商業会議所の決議は、明らかにハーグ条約を無視しようとする国際連盟に対する抗議声明であり、同会議所および連盟の専門家委員会の要望にしたがって、ハーグ会議の継続を求めるものであったが、国際連盟は、これも全く無視し、8名の法律家からなる委員会を設置した。しかし、この法律専門家委員会が1928年4月に提出した報告書も、次のように、国際連盟（とりわけ経済委員会）の意図に反する内容であった。

　第1に、報告書は、経済委員会が無視した1926年の専門家委員会の報告書および1927年の国際商業会議所の決議を重視した。そして、ハーグ条約の完成を目指したのである。事実、報告書には、ハーグ条約に若干の加筆修正を行っただけの草案および解説が付されていた。第2に、経済委員会は、英米法系諸国も受け入れられる解決を目指していたが、報告書は、大陸法系諸国のみの法統一を求めていた。第3に、経済委員会は、早期の外交会議招集を目指していたが、報告書は、十分に時間をかけて、事前に会議参加予定国が納得できるような草案を準備すべきであると述べていた[36]。

　フプカ教授によれば、もはや経済委員会にとっては、この専門家委員会の草案（ハーグ条約に若干の加筆修正を行ったもの）を各国に送付し、これをたたき台として国際会議を招集するべきであるか否か、というアンケートをとる以外に方法は残されていなかった。このアンケートは、国際連盟の構成国には1928年7月19日に送付され、その他の国には同年8月2日に送付された。そして、31か国から、早期の会議招集に賛成する意見が寄せられたので、1929年夏、国際連盟の事務総長は、ジュネーブ会議を招集したのである[37]。

　このジュネーブ会議は、当初、1930年2月17日を予定していたが、その後、

---

36) League of Nations, International Conference for the Unification of the Law on Bills of Exchange, Promissory Notes and Cheques, Preparatory Documents, C.234.M.83.1929.II, p. 6-7.

37) Hupka, a.a.O., Anm. (11), S. 233 f.

同年 5 月 13 日に延期された。その会議の冒頭において、オランダのリンブルク（Limburg）議長は、19 世紀末以来の手形法統一の試みに言及した後、次のように述べた。すなわち、「私がすでに述べたように、国際連盟の草案について意見を求められた各国政府は、これらの草案にもとづく会議への参加の意向を表明した。この点に関する最終的な意思表明の場は、本来はこの会議上であるが、私は、特段の決定がない限り、これ［とりあえずの招集］が会議のとるべき方法であると考える」。「私が強調すべきであると思うのは、どれほどの注意を払って、この会議が準備されたかである。この問題については、最も優れた専門家が研究を重ね、すべての問題点を調べて議論した。その始まりにまで遡らなくても、1910 年に作成された規則は、1912 年に見直され、さらに国際商業会議所の特別委員会で修正され、また国際連盟の専門家は、これらの条文をたえず精査して、今ここに提出された草案の準備に大いに役立てたことを指摘しておきたい」。「最後に、準備書面の中には、ローマの私法統一国際協会から提出された意見書もあることが分かるであろう」[38]。

このリンブルクの開会の辞は、様々な解釈が可能であろうが、上記の経緯によれば、1923 年の専門家委員会以来、疑問視されてきた国際連盟の権限を擁護していると解することができる。すなわち、クラインが指摘したように、本来は、オランダ政府が新しい手形法会議を招集して、その会議自体が国際連盟との協力の可否および協力の範囲、さらには会議の性質の変更などを決定する必要があったと思われる。しかし、かような手続を省略して、国際連盟主催の会議が招集されたのである。

リンブルクによれば、各国政府は、その会議への参加の意思を表明したのであるから、改めて反対の決定がない限り、会議の招集は追認されたのであり、また（結果的にそうなったにすぎないが）ハーグ条約に加筆修正したものが草案として提出されたのであるから、ジュネーブ会議はハーグ会議の延長であると言いたいのであろう。すなわち、ジュネーブ会議は、全く新たな国際連盟主催

---

38) Comptes Rendus, *op. cit.,* n. (16), p. 162.

の会議ではなく、ハーグ条約の完成を目指す会議としてのみ正当性を有することになる。それは、国際連盟（とりわけ経済委員会）自体の意図には反しているが、さもなければジュネーブ会議の招集は、国際法上の疑義を免れなかったと思われる。

3 私法統一国際協会の設立

(1) 知的協力国際委員会における審議

　1930年のジュネーブ会議の冒頭において、議長のリンブルクは、私法統一国際協会の意見書が提出されていることに言及した。この私法統一国際協会は、1926年にイタリア政府の寄附行為により国際連盟の補助機関として設立されたこと、および1940年にイタリアの連盟脱退に伴い独立の国際機構になったことは、一般に知られているが、その設立の経緯は、あまり詳しく紹介されていない[39]。

　しかし、1926年といえば、前述のように、国際連盟が本格的な手形法研究に着手しようとしていたのに対して、国際商業会議所などの実務界はむしろハーグ会議の継続を求めており、両者の対立が鮮明となりつつあった時期である。したがって、私法統一国際協会の設立の経緯は、私法分野における組織的国際協力に対する当時の考え方を知るうえで、貴重な資料を提供するものであろう。

　その私法統一国際協会の設立については、とりわけ1926年1月15日の知的協力国際委員会（Commission internationale de coopération intellectuelle）の会議において活発な議論が行われた。議事録によれば、争点は大きく分けて2つである。ひとつは、私法統一国際協会の任務に関するものであり、具体的には、法統一の必要性、その手段、対象分野などの問題が提起されている。もうひとつは、私法統一国際協会の組織に関するものであり、具体的には、理事会および運営委員会の構成、連盟理事会および知的協力国際委員会、さらに同委員会に

　39）Kropholler, a.a.O., Anm. (1), S. 57. 国際法学会編・前掲注(2)393頁〔江泉芳信〕。さらに、前述注(10)参照。

より同時に設立された知的協力国際協会との関係などの問題が提起されている[40]。なお、以下では、私法統一国際協会を「ローマ協会」、知的協力国際協会を「パリ協会」ということがある。

(2) 任務に関する議論

まず、私法統一国際協会の任務について、イタリア政府により公表された規約草案2条は、次のように規定していた。「協会は、国際連盟の指揮のもとに、知的協力委員会の作業および国際連盟の諸機関の活動を考慮して、国家間または国家グループ間で私法を統一し、調和させ、かつ調整することを目的とする」[41]。

かような私法統一国際協会の任務について、ロッコ (Rocco) 委員は、次のように述べている。すなわち、「国毎の法の不統一は現代文明にとって著しい不利益である。様々な立法は、たしかに、ほとんどすべてがローマ法に由来しているが、残念ながら若干の法分野では、いかんともしがたい不統一が多数存在している。一方において、とりわけ債務法、商法、海事法の分野では、統一のための努力がなされており、その統一のための国際委員会が何年も前にアントワープで設立された。かような時期に、イタリアは、民法の改正を計画し、フランス政府との間で、債務法の研究が両国において並行的に行われることを合意し、債務法の統一に向けた努力をしている」。「これは明らかに漸進的に行うことが必要である。この仕事は、立法が同じようにローマ法に由来するラテン系の諸国やドイツにとっては、比較的容易であるが、英米系の国にとっては、

---

40) Société des Nations, Commission internationale de coopération intellectuelle, Procès-Verbal de la septième session, C.87.M.43.1926.XII, p. 16-19. 以下では、単に"Procès-Verbal"として引用する。ちなみに、国際連盟規約は、文化の問題について規定していなかったが、連盟事務局には知的協力部が置かれ、さらに知的協力国際委員会および知的協力国際協会が設けられた。これらが後に、国際連合教育科学文化機関 (United Nations Educational, Scientific and Cultural Organization, UNESCO) の母胎となった。高野・前掲注(7)304頁以下。

41) Procès-Verbal, *op. cit.,* n. (40), p. 28.

より困難を生じる」。「国際私法は、むろんローマ協会のプログラムから外れる。なぜなら、国際私法は、法抵触の解決を目的としているからである。それは、結果的に、諸国の法の不統一を前提としているが、統一法の成立により、国家法の不統一は消滅する」[42]。

　ここでは、法統一の必要性、その手段（漸進的な法統一）、対象分野（国際私法の除外）が一般的に述べられている。これに対して、デストレ（Destrée）委員は、その対象分野および手段をより具体的に述べている。「イタリアの計画は、それが立案された実際的精神により、最も満足を与えるものである。現にそれは、ハーグで作業されている国際私法、ならびに国家の利益によって命じられる公法および行政法を暫定的に除外している。これに対して、債務法、海事法および商法、とりわけ国際的な信用証券である手形法は、ローマ協会の主たる活動分野である」[43]。

---

42) *Id.,* p. 16-17. ロッコ委員のいうアントワープで設立された国際委員会とは、1897年に設立された万国海法会（Comité maritime international, CMI）を意味しているのであろう。万国海法会については、国際法学会編・前掲注(2)651頁〔落合誠一〕参照。またロッコ委員は、実質法の統一により国際私法が不要になるという趣旨を述べているが、これは、万国国際法学会において、1874年のマンチーニ報告書が国際私法と統一法の二律背反性を指摘したこと、および1882年のトリノ会期の決議が「法の抵触を消滅させるための最も根本的であり、かつ最も効果的な手段である統一法」という表現を使ったことに由来すると思われる。これらの報告書および決議については、澤木敬郎「国際私法と統一法」松井芳郎＝木棚照一＝加藤雅信編『国際取引と法』（1988年、名古屋大学出版会）128頁。しかし、法統一には様々な限界があり、統一法自体が国際私法を介して適用されることは、今日では疑いのないところである。Kropholler, a.a.O., Anm. (1), S. 167 ff. 奥田・前掲注(8)11頁以下参照。

43) Procès-Verbal, *op. cit.,* n. (40), p. 17. デストレ委員のいう「ハーグで作業されている国際私法」とは、明らかにハーグ国際私法会議（Hague Conference on Private International Law）を意味している。同会議は、この時点ですでに5回開催されており（1893年、1894年、1900年、1904年、1925年）、私法統一国際協会がその任務から国際私法を除外した理由は、ロッコ委員の説明よりデストレ委員の説明のほうが正しいと言うべきであろう。ハーグ国際私法会議の当時までの活動については、折茂・前掲注(3)159頁以下参照。

この対象分野の問題については、さらにモレット（Maurette）委員とロッコ委員の次のようなやりとりが興味深い。「モレット氏は、ローマ協会が創設された精神の点で、ロッコ氏の見解に賛同した。ロッコ氏は、それぞれの分野で法統一の作業をしている幾つかの組織のことを述べたが、ローマ協会は、労働法の統一作業も予定しているのであろうか。毎年きわめて大部の労働法の法令集を出版する国際労働機関が、これに尽力しているが」。「ロッコ氏は、これを受けて、ローマ協会は、いかなる形においても、誠実さをもって素晴らしい仕事をしている国際労働機関の権限を奪うことはしないと述べた」[44]。ここでは、他の国際機構がすでに着手した分野に介入しないことが述べられており、この点は、手形法の統一について、国際連盟とハーグ会議の関係が問題となったことを想起させる。

　さらに、デ・モンタロヨス（De Montarroyos）委員は、その他の私法分野についても、限定が必要であると主張する。「総会の第12委員会において、ローマ協会の活動に対する疑念が幾つか表明されたことを想起すべきである。とくに日本代表は、強い調子で意見を述べ、若干の問題を正式にローマ協会の統一作業から外させようとした。なぜなら、日本は、とくに家族法などの立法を不可侵のままで維持したい、と考えていたからである。同様の疑念が総会でも表明された。ブラジル政府は、ローマ協会がまず複数国で一般的なアンケートを行い、私法の様々な問題のうち、研究対象とすることが有益であるものを確認するため、選別を行うことを求める」[45]。

---

44)　Procès-Verbal, *op. cit.,* n. (40), p. 17-18. 国際労働機関（Bureau international du Travail）は、ベルサイユ平和条約第13編「労働」（いわゆる国際労働憲章）にもとづいて設立され、国際連盟組織の一部を構成していた。当時の活動については、高野・前掲注(7)323頁。

45)　Procès-Verbal, *op. cit.,* n. (40), p. 18. たしかに、法統一の試みは、知的財産法・運送法・手形小切手法などの分野から始まり、その後も契約法、国際民事訴訟法などの分野が主流を占めてきた。しかし、アプリオリにその他の分野が法統一の対象から外されるわけではない。家族法ないし人事法の分野についても、国際連合のもとで、1950年の失踪者の死亡宣告に関する条約、1962年の婚姻の同

また、マックスウェル・ガーネット（Maxwell Garnett）委員は、ロッコ委員が英米法および大陸法の法体系全体の漸進的統一を提案しているのか、それとも私法のみを対象とするのかを懸念して、次のように述べている。「マックスウェル・ガーネット氏は、法体系が部分的にローマ法にもとづく全大陸法諸国と、法体系がイギリスの『コモン・ロー』にもとづく英米諸国の両方に有効な統一法体系の漸進的構築を、ロッコ氏が提案しているのかと尋ねた。それともロッコ氏は、一国の市民と他国の市民または政府との関係に適用される私法だけを扱うつもりであろうか。後者であれば、おそらく英米諸国において生じる懸念は除かれるであろう」[46]。

　これに対して、ドゥ・レイノルド（De Reynold）委員は、問題が規約の表現にあるとして、次のように述べている。「第1に、統一という文言は、民法および刑法の〔国内的〕統一に大変な苦労を払ったスイスのような国にとっては、非常に疑わしく、私法の統一など、ユートピアに思われる。それを実現するためには、様々な国の領土、気候、風俗、欲求を統一し、世界の統一を実現する必要があるが、ドゥ・レイノルド氏は、そんな世界に住むのは断るという。『統一の日々は退屈なだけであろう』。しかし、これはきっとイタリア政府の意図ではあるまい。問題は、単に協会の目的および計画を明らかにする条文にすぎない」[47]。

　この発言を受けて、ロッコ委員は、「第2条の規定があまり明確でないこと

　　意、婚姻の最低年齢および婚姻の登録に関する条約などが採択されている。前者については、国際法学会編・前掲注(2) 388頁以下〔三井哲夫〕、後者の抄訳としては、田畑茂二郎ほか編『国際人権条約・宣言集〔第2版〕』(1994年、東信堂) 101頁以下。また、ヨーロッパを中心とした国際戸籍委員会（Commission internationale de l'état civil, CIEC）は、戸籍法・婚姻法・親子法などに関する条約を多数作成している。その邦訳としては、山内惟介「国際戸籍委員会（CIEC）の協定および協定案について(1)～(5)完」戸籍時報218号6頁、219号35頁、220号34頁、222号36頁、223号35頁。

46) Procès-Verbal, *op. cit.*, n. (40), p. 18.
47) *Id.*, p. 19.

を認めた。現実には、協会は、各国ができるだけ他の国の立法と近づけながら自国の立法を制定する、という可能性を研究しようとするだけである。協会は、漸進的な統一を用意するだけであり、すでに他の分野（ベルン条約、運送、手形法）の例が示すように、それを実現するのは、各国次第である」。「国家の主権は当然に尊重されるべきであり、協会は適切な忍耐力をすべて注いで、この雄大かつ困難な計画に臨むであろう。最初からその活動に限界を設けるのは無益である。現実が限界を定めるであろう。ただし、家族法は、いかに私法の一部とはいえ、対象にならないであろう」[48]。

以上の経緯から、規約草案 2 条の表現がきわめてミスリーディングであったことが分かるであろう。それによれば、私法統一国際協会は、あたかも各国の立法権を無視して、強制的に法統一を達成する国際機構であるかのような印象を与えたのである。そこで、規約草案 2 条は、次のように修正された[49]。「協会は、国家間または国家グループ間で私法を調和させ、かつ調整する手段を研究し、諸国が統一私法立法を採択することを漸進的に準備することを目的とする。これらの作業は、国際連盟の指揮のもとに、知的協力委員会および国際連盟の諸機関と連携しながら行われる」。

この修正によって、統一私法立法の採択は、あくまで各国の自由な裁量により行われるべきであり、私法統一国際協会がこれを強制するわけでないことが明らかにされた。ただし、その手段自体は、私法統一国際協会の研究対象であるから、これを規約に明示することは避けられている。また、ロッコ委員の発言からも分かるように、法統一の対象分野も、「私法」であることが定められているだけであり、それ以上の限定は加えられていない。このように修正された規約草案 2 条は、各国の懸念を払拭する一方で、過度に私法統一国際協会の活動を制限しないように、配慮がなされていたのである。

---

48) *Ibid.* ロッコ委員がここで対象分野の限定を拒否しながら、家族法を対象から外した点は疑問である。前述注(45)参照。
49) *Id.*, p. 30.

(3) 組織に関する議論

つぎに、私法統一国際協会の組織について、イタリア政府により公表された規約草案は、次のような規定を置いていた[50]。すなわち、協会の機関としては、理事会および事務局を設ける（3条）。理事会は、理事長および10名の理事からなる（4条1項）。彼らは、国際連盟の理事会によって任命されるが、そのうち4名の理事は、国際連盟の常任理事国の国民でなければならない（同条2項）。また理事の任期は3年であり、再任を妨げない（同条4項）。さらに理事会は、常任委員会および運営委員会を設置し、各委員会の委員は3名の理事からなり、3年の任期とする（5条）。

なお、前述(2)のように、当初の規約草案2条では、私法統一国際協会の活動は、「国際連盟の指揮のもとに、知的協力委員会の作業および国際連盟の諸機関の活動を考慮」すると定められていたが、これに関連して、ロッコ委員は、次のように述べている。「ローマ協会の作業を指揮する権限があるのは、国際連盟である。知的協力協会も、同様にそれらの作業をフォローしなければならない。とりわけ、これらの作業方法の研究に対する実際的必要性をローマで指摘するのは、この協会である」[51]。そこでは、とくに並行して設立が計画されていた知的協力国際協会の役割が重視されている

これに対して、デストレ委員は、知的協力国際協会および本委員会との関係を明らかにすべきであると述べたうえで、私法統一国際協会の組織の国際性を問題とする。「フランスが総会に協力協会の設立を申し入れた際に、知的帝国主義の懸念が様々な方面から寄せられたが、幸いなことに、現在は解消された。イタリア政府の場合とフランス政府の場合とで、かかる懸念が異なって取り扱われることは、不公平であろう。デストレ氏によれば、本委員会はイタリア政府に感謝すべきであるが、ローマ協会が真に国際的になって初めて、その行為が完全な意味を有しうることになる。これは最も明確な方法で規定されるべき

---

50) *Id.*, p. 28-29.
51) *Id.*, p. 17. 知的協力国際協会については、前述注(40)参照。

点である」。「フランスが要求した唯一の特権は、本委員会のフランス人メンバーを運営委員会の委員長にすることだけであった。〔ローマ協会にも〕同じルールを適用することが妥当と思われるが、これが実現するのであれば、残りはすべて国際的でなければならない。知的協力協会では、時として権限をいくらか犠牲にしてまで、各国にその地位を保証しようとした。デストレ氏が考えるには、ローマ協会も同じであるが、規約は、この人事の問題を十分明らかにしていない」[52]。

この批判に対し、ロッコ委員は、「２つの協会に若干の違いがあると指摘する。一方は、知的作業を組織するのに対して、他方は、各国政府とより密接に協力しながら、法律草案を準備する」。「規約４条は、国連理事会が協会の理事会の議長およびメンバーを指名すると規定することによって、この協会に国際的性格を明確に保証している。また、知的協力委員会は、ローマ協会の運営に対し、重い責任を負うべきであると考える。規約は、理事会の４人のメンバーが国際連盟の常任理事国の国民でなければならない、と規定している。この規定は、大国の恒常的な代表権を保証するものである」[53]。

これに対して、ローレンツ（Lorentz）議長は、知的協力協会との関係を明らかにすべきであるとしながらも、知的協力委員会の関与については、むしろ消極的な態度を表明している。「本委員会は、責任を負わない立場で、ローマ協会と協力しなければならない」[54]。

キュリー（Curie）委員は、この議長の発言に賛成して、次のように述べる。

---

52) *Ibid.* デストレ委員は、規約草案４条に関連して、理事会のメンバーが特定の国の国民に偏ることを心配していたようである。その後の修正では、できる限り国籍の異なることが要件として加えられた。

53) *Ibid.* ロッコ委員の発言の趣旨は、必ずしも明確でないが、各国の法の統一という作業の性質から、大国の発言権を保証することが得策であると考えていたようである。またロッコ委員は、知的協力委員会が重要な任務を担うべきであるというが、規約草案には、かような趣旨の規定は見当たらない。

54) *Ibid.* ローレンツ議長の発言は、おそらくローマ協会の独立性を尊重する趣旨であったと思われる。

「たしかに、本委員会がローマ協会と友好的な関係であり続けることは望ましく、またイタリアのメンバーがいることは、これを十分に保証するものであるが、本委員会が永続的な形で協会の運営委員会に参加し続けることは、あまり適当でないであろう」[55]。

一方、ロッコ委員は、私法統一国際協会の設立に多大の貢献をしたイタリアの立場が十分に尊重されていないことに不満を漏らしているが、連盟常任理事国の突出については、見直しを表明している。「彼は、本委員会のメンバーに任命されることは大変光栄であるが、それだけでは不十分であると考える」。「4つの常任理事国の参加に関する4条の規定については、それを修正することに全く異存がない」[56]。

これに対して、ボレル（Borel）委員は、理事会の構成メンバーの資格について、次のような意見を述べている。「連盟理事会は、当然のことながら、本委員会の法律家のメンバーを代表として指名するであろう。しかし、この指名は、まさに個人の資格によるものであり、代表となっているのは本委員会ではない」。「彼は、大国と小国で区別する必要がないという点では、デストレ氏に賛成する。むしろ、いかなる場合であっても、協会の理事会は、同一の国から2人以上の参加を認めないと定めることが、国際連盟の精神に合致するであろう」[57]。

ここでキュリー委員は、再び知的協力委員会の関与について、消極的な見解を表明している。「キュリー夫人は、自分の見解によれば、協会は国際連盟の

---

55) *Ibid.* キュリー委員とは、ノーベル賞学者のマリー・キュリー夫人であると思われる。横田編・前掲注(7)265頁〔内田孟男〕参照。

56) Procès-Verbal, *op. cit.,* n. (40), p. 18. 当初の規約草案では、イタリア政府は事務総長を任命できるだけであった（4条3項）。その後の修正では、イタリアの理事が当然に理事長とされたが（4条1項）、事務総長は理事会によって任命されることになった（同条2項）。また、理事4名を連盟の常任理事国の国民とする規定は削除された。

57) *Ibid.* 連盟理事会が知的協力国際委員会の委員から協会の理事を選任するであろう、という点は予測にすぎず、明文で規定されているわけではない。ただし、できる限り国籍を異にする点は明記された。前述注(52)参照。

指揮下にあり、本委員会は自己の意見を述べるべきでないと指摘した。本委員会の役割は、ローマ協会との友好的な関係を維持することであり、いかなる形でも干渉するべきでない」[58]。

これに対して、デ・モンタロヨス委員は、次のような反対意見を述べている。「本委員会は、連盟理事会の諮問機関として、この規約案に対する意見を述べる権利があるだけでなく、義務がある」。「彼は、ローマ協会とパリ協会の違いについては、ロッコ氏の意見に賛成である。しかし、両者が国際連盟の指揮下にある、という共通点もある。それゆえ、協会の事務総長がイタリア政府によって指名されるのは、この定義と抵触する。同様に、国際連盟の諸機関との関係も、十分な形で明らかにされていない」[59]。

ボンヌヴィー（Bonnevie）委員も、知的協力委員会の積極的役割に賛成し、さらに具体的な規約草案の問題点を指摘する。「国際連盟は、パリ協会とローマ協会を非常によく似たものにしている。それゆえ、本委員会は、これらの協会の性質上の違いを十分に考慮しつつも、両者の規約を比較する義務を負う……」。「第1に、協会の国際的性質は、パリ協会と同じ形では保証されていない。後者は、できるだけ多数の国を運営委員会に入れ、かつ各メンバーの再任を禁止することによって、恒常的な入れ替えを保証しようとしている。この規定は、ローマ協会の規約でも維持されるべきである」。「第2に、協会の機能および様々な業務の権限は、あまり明確に規定されていない。たとえば、3条は、英語では"a Governing Body"と規定し、フランス語では"un Conseil de direction"と規定している。また5条は、常任委員会および運営委員会について規定しているが、これらの機関の権限および機能は、どうなっているのであろうか」。最後に、ボンヌヴィー委員は、「ローマ協会の規約の諸規定と知的協力協会の規約の規定を対比させ、両者の違いを考慮しながらも、できるだけ似た規定とすることを提案する」[60]。

---

58) *Ibid.*
59) *Ibid.* イタリア政府による事務総長の任命に関する規定は、その後の修正により削除された。前述注(56)参照。

マックスウェル・ガーネット委員も、具体的な問題点として、「ローマ協会の事務総長は、イタリア政府によって指名されると規定されているが、誰が彼を罷免できるのであろうか」と述べている[61]。

さらに、ドゥ・レイノルド委員も、これにならって、具体的な問題点を指摘する。すなわち、「4条では、理事会のメンバーは、各国を代表しているのか、それとも能力によって選ばれているのか。彼らは、全員が連盟理事国の国民でなければならないのか。……彼らが少なくとも一定の期間内は再任可能であることが、作業の継続性にとって有益である」。「また、いずれの規定をみても、職員が国際的でなければならないか否かという点は、明らかにされていない。最後に、連盟事務局、本委員会およびパリ協会の権限の配分は、どこにも明らかにされていない」。「それゆえ規定を明確にすること、および作業計画を作成することが必要不可欠である」[62]。

ロッコ委員は、これらの問題提起に対応するため、次のような規約草案の修正を約束した。「明らかに、協会は国際的であり、その規約はパリ協会の規約に大変似たものにならざるを得ない。協会の理事会は14名のメンバーからなり、運営委員会は、理事長を長として、5名のメンバーからなると規定するであろう」[63]。

この発言は、他の委員の支持を得たようである。たとえば、ボレル委員は、「フランスがイタリアと長年にわたる関係であること、および法の起源を共有

---

60) *Ibid.* その後の修正では、理事の人数は増やされなかったが、任期を3年から5年に延長し、再任を1回に制限することにした（4条）。また、理事会の下部機関としては、各3名の理事からなる常任委員会および運営委員会が設けられていたが、その後の修正では、5名の理事からなる常任委員会のみとなった（5条）。

61) *Ibid.* 当初の規約草案では、事務総長の任期が定められていなかったが、その後の修正では、任期は7年とし、1回の再任を妨げないとされている（4条）。

62) *Id.,* p. 19. その後の修正では、理事の国籍ができる限り異なること、および1回に限り再任されることは規定されたが、その他の点は規定されなかった。前述注(52)(53)(57)(60)も参照。

63) *Ibid.* しかし、理事の人数は、結局、当初の案が維持された。

していることを理由として、イタリア政府の提案を全面的に歓迎すると述べた。また、委員会のメンバーについては、ローマ協会の規約ができるだけパリ協会の規約に近いことが望ましい、という一般原則にもとづき賛成の意を述べた。協会の国際的性質は、明確に規定されなければならない」[64]。

また、デストレ委員も、「賛意を表明した。ローマ協会の計画作成にあたっては、イタリア政府を信頼する必要があり、本委員会は、単に規約について意見を述べ、とりわけこの機関の国際的性質を明確にしなければならないだけである。彼は、キュリー夫人の見解に対し、正式に反対を表明した。すなわち、法律問題は、知的領域において、最も重要な問題であり、国際的協調を達成することが極めて有益である。知的協力委員会は、これに関心を持たなければならない」[65]。

以上の議論を受けて、規約草案は次のように修正された[66]。まず、私法統一国際協会の組織としては、理事会・常任委員会・事務局を設ける（3条）。理事会は、「できる限り国籍の異なる」理事長および10名の理事からなり、彼らは連盟理事会によって任命されるが、イタリアの理事が理事長となる以外は、とくに条件は定められていない（4条1項）。また理事の任期は5年とされ、1回の再任を妨げない（同条3項）。さらに理事会は常任委員会を設置し、そのメンバーは、理事長および国籍の異なる5名の理事からなる（5条）。なお、規約草案2条も、前述(2)のように、ローマ協会が国際連盟の指揮のもとに「知的協力委員会および国際連盟の諸機関と連携」して活動すると改められた。

これらの修正は、とくに私法統一国際協会の国際性、すなわち各国の代表権の平等を考慮したものであると言えるであろう。ただし、知的協力委員会などの国際連盟の諸機関との関係は、依然として不明確なままである。しかし、い

---

64) *Ibid.*

65) *Ibid.* ボレル委員およびデストレ委員は、ロッコ委員の発言を歓迎しながらも、協会の国際性を確保する規定が具体的に提案されなかったことを危惧したようである。

66) *Id.*, p. 30.

ずれにせよ、1940年には、イタリアの連盟脱退に伴い、私法統一国際協会は、独立の国際機構としての道を歩むことになる。

4　おわりに

　以上のように、手形小切手法条約の作成および私法統一国際協会の設立の経緯をみることによって、国際連盟が私法の統一に着手した理由がおおよそ理解できたかと思う。すなわち、私法の統一作業は、国際連盟の設立以前は、主に民間団体ないし学術団体によって担われてきたが、期待どおりの成果を挙げていなかった。その理由は様々であろうが、いわゆる援用可能統一規則と異なり[67]、モデル法や条約などによる法統一の試みは、結局のところ各国の立法権を制限することになるので、各主権国家の利害を調整することができる組織力を必要とする。その点で、史上初の一般的国際機構として設立された国際連盟に大きな期待が寄せられたことは、想像に難くない。

　一方、国際連盟の側にとっても、規約上は、たしかに私法の統一がその任務として明記されていなかったが、規約23条は、様々な国際協力を行うことを規定していたし、また規約24条2項は、一般条約によって規定された国際利害関係事項について、一定の条件のもとに援助を行うことを規定していた。その結果、手形小切手法条約については、アドホックな措置として専門家委員会による草案の作成が試みられ、また同時に、恒常的な措置として私法統一国際協会が設立されたのであろう。

　むろん、私法の分野への国際連盟の進出に対し、批判がなかったわけではない。たとえば、手形小切手法条約についてみたように、すでに他の組織によっ

---

67)　援用可能統一規則とは、契約書において援用することにより、当事者の合意内容とすることが可能な規則をいう。その代表例としては、国際商業会議所によって作成されたインコタームズおよび信用状統一規則などがある。奥田・前掲注(8) 4頁以下、畑口紘「援用可能統一規則と国際的約款」『現代契約法大系第9巻・国際取引契約(2)』(1985年、有斐閣) 52頁以下参照。

て私法の統一作業が着手されている場合には、国際連盟の進出は権限の侵害と受け止められる可能性があった。また、私法統一国際協会の設立の際にも、ハーグ国際私法会議や国際労働機関との関係が問題となった。かような権限の問題を解決するために、手形小切手法条約については、各国が国際連盟主催の会議への招集に応じたことによって、会議自体を追認したという擬制が行われたし、また私法統一国際協会の設立の際には、他の組織の権限を侵害しないという暗黙の了解が成立していた、と見ることができるであろう[68]。

　さらに、これらの作業の間繰り返し強調されてきたことは、私法の統一が最終的には各国の判断にかかっている、という点である。すなわち、国際連盟がモデル法や統一法条約の草案を作成しても、各国がそれを受け入れなかったら、現実には全く私法の統一は達成されない。その意味で、主役はあくまで各国家であり、国際連盟は、各国家に受け入れてもらえるようなモデル法や条約草案を準備するしかない立場にあったと言える[69]。

　これらの限界を抱えながらも、国際連盟は、私法の統一に向けて、幾つかの成果を残したし、また国際連合は、さらにその活動を活発化させてきた。とりわけ国連国際商取引法委員会の設立に際しては、やはり従来の私法統一の試みが十分な成果を挙げておらず、それを改善するのに最も適しているのが国際連合であるとされる一方で、この問題が困難であることを意識して、国際取引法の漸進的調和および統一の促進を目的として掲げている[70]。しかし、その多

---

68) かような作業の競合は、それに従事する組織の増加に伴い、現在では避けがたい状況になっている。そこで、これらの作業を調整するために、情報の交換、他の組織の作業への参加、協議や協定などが行われている。Kropholler, a.a.O., Anm. (1), S. 44.

69) 手形小切手法条約は、もともと大陸法諸国間の法統一だけを目的としていたので、英米法系の諸国が締約国にならなかったのは当然であるが、さらに中南米諸国も代表を送っていながら、ほとんど署名および批准に至らなかった。その結果、締約国は、主に西側ヨーロッパ諸国および日本に限定されている。田中・前掲注(11)61頁以下参照。また、私法統一国際協会は、その後、ハーグ売買法条約を作成したことによって知られているが、同条約の締約国は、西側ヨーロッパ諸国の一部に限定されている。曽野＝山手・前掲注(10)15頁。

くは、すでに国際連盟の時代に言われてきたことであり、歴史は繰り返されたにすぎない。したがって、手形小切手法条約の作成および私法統一国際協会の設立の経緯は、先例として再評価する価値が十分にあると考える。

---

70) 前掲注(6)の文献参照。

第 2 章

国際私法の立法論的課題

I　スイス国際私法の基本問題

1　はじめに

　1987年12月18日、スイスの新しい国際私法に関する連邦法（IPRG）が成立し、1989年1月1日から施行された。このIPRGは、全文200か条からなり、準拠法のみならず、国際管轄・外国判決の承認執行・国際破産・国際仲裁に及ぶ包括的国際私法立法である[1]。わが国においても、IPRGは、予備草案および草案の段階から注目を集め、全体の紹介は少ないものの、個々の条文は、しばしば文献に引用されている[2]。そのIPRGについて、本稿は、若干の基本

---

1) 本法の正式名称は、「国際私法に関する1987年12月18日の連邦法」（Bundesgesetz vom 18. Dezember 1987 über das Internationale Privatrecht; Loi fédérale du 18 décembre 1987 sur le droit international privé; Legge federale del 18 dicembre 1987 sul diritto internazionale privato）である。しかし、IPRG（ドイツ語）およびLDIP（フランス語・イタリア語）という略語が官報に表記されているので、本稿では、ドイツ語表記に従うことにした。本法の日本語訳については、奥田安弘「1987年のスイス連邦国際私法(1)〜(6)完」戸籍時報374号2頁、375号18頁、376号43頁、377号51頁、378号54頁、379号58頁〔奥田安弘編訳『国際私法・国籍法・家族法資料集』（2006年、中央大学出版部）2頁以下所収〕参照。なお、以下でも、スイスの法令・判例集・雑誌などについて、2つ以上の言語の表記がある場合には、ドイツ語表記に従うことにする。
2) 1982年草案全体については、石黒一憲「スイス国際私法第2草案（1982年）について(1)〜(3)完」法学協会雑誌100巻10号164頁、101巻2号104頁、101巻6号138頁がある。1982年草案の個々の規定については、澤木敬郎＝烊場準一＝田村精一＝松岡博「（シンポジウム）わが国際私法改革への基本的視座──婚姻・親子を中心として」国際法外交雑誌84巻2号67頁以下、西賢「法例改正の中間報告」同85巻6号35頁以下、田村精一「『法例改正についての中間報告』

問題の考察を試みるものである[3]。

まず、何故、かような包括的国際私法典がこの時期にスイスにおいて成立したのか、という法典化の必要性が問題となる。周知のように、スイス連邦においては、従来は1891年の定住者・滞在者法（NAG）が人事・家族・相続法の分野を不完全に規律するのみであり[4]、財産法分野は、ほとんど判例法によっていた。しかるに、今回の立法作業が始まったのは、ようやく1970年代に入ってからのことである。したがって、むしろ何故、これまで成文法の欠缺が続いていたのか、このように第1の問題を言い換えることができるであろう。

つぎに、IPRGは、属人法の決定基準として基本的に住所地法主義を採用している。この住所地法主義は、NAG以来の伝統とされているが、周辺諸国はいずれも本国法主義を採用している[5]。そこで、IPRGにおける住所地法主義採用の理由、さらにそこで採用された住所概念が問題となる。またIPRGは、いかなる場合にも住所地法主義を貫徹しているわけではなく、一定の範囲で本

について」同86巻1号45頁以下、松岡博「『法例改正中間報告』について」同86巻1号55頁以下参照。1978年予備草案の個々の規定については、山田鐐一『国際私法』（1982年、筑摩書房）67頁注1、132頁注1および石黒助教授（当時）の諸著作（前掲・法学協会雑誌100巻10号165頁注1に引用されたもの）がある。

3) 奥田安弘「Yvo Hangartner (Hersg.), Die allgemeinen Bestimmungen des Bundesgesetzes über das internationale Privatrecht（書評）」国際法外交雑誌88巻1号158頁も参照。

4) 本法の正式名称は、「定住者および滞在者の民事的法律関係に関する1891年6月25日の連邦法」(Bundesgesetz vom 25. Juni 1891 betreffend die civilrechtlichen Verhältnisse der Niedergelassenen und Aufenthalter; Loi fédérale du 25 juin 1891 sur les rapports de droit civil des citoyens établis ou en séjour; Legge federale del 25 giugno 1891 sui rapporti di diritto civile dei domiciliati e dei dimoranti) であるが、スイスにおいては、一般にNAG（ドイツ語）およびLRDC（フランス語）という略語が使われているので、ドイツ語表記による。以下、民法典（ZGB）および債務法（OR）も同様である。

5) たとえば、オーストリアおよび西ドイツの国際私法は、それぞれ1978年および1986年の改正においても、基本的には本国法主義を維持した。

国法の適用も認めている。かような住所地法主義の修正は、IPRG において重要な地位を占めているように思われる。

　最後に、わが国において最も注目を集めた一般例外条項の意義を探ってみたい[6]。これも、スイス国際私法の伝統に基づくものと言われているが、そのルーツはどこにあるのか、また現行の IPRG において、どのような機能を果たしうるのか、これらが関心事となる。

　これら3つのテーマのうち、中心をなすのは、住所地法主義である。なぜなら、後に見るように、スイス国際私法の法典化が遅れた最大の原因は、少なくとも当初は、NAG の住所地法主義の存続にあったからであり、また一般例外条項の伝統は、主に契約に関する判例に求められるが、現在の IPRG では、とくに人事・家族・相続法の分野において、いかに例外を見出しうるのか、これが焦点となっているからである。したがって、本稿のテーマは、本来は IPRG の全体に関わるものであるが、その叙述は、人事・家族・相続法の分野にやや偏ることをお断りしておく。

　さらに、本稿は、人事・家族・相続法の分野においても、その全体構造を分析することに重点を置いたため、個々の規定の細かな解釈問題は、割愛することにした。また本稿は、スイス法の論理を解明することに努めたが、もとよりスイスの文献は、スイスの研究者にとって当然の事柄を事細かに説明したりしない。何よりも、IPRG の解釈については、すでにスイスの学界においても見解が大きく分かれている。したがって、本稿も、少なからぬ箇所において、問題が未解決のままであることを指摘せざるを得なかった。この点も、ご了解頂きたい。

---

[6]　前掲注(2)の諸文献参照。とりわけ、澤木＝妹場＝田村＝松岡74頁、77頁以下、91頁以下、西61頁以下、松岡56頁以下。

2 法典化の必要性

(1) NAG の問題点

　前述のように、スイス国際私法の主な法源として、従来は、1891年のNAGが挙げられるのみであった[7]。しかし、このNAGは、元来、1912年にスイス民法典（ZGB）が施行されるまで、準国際私法として、カントン間の法抵触を規律することが主要目的であった[8]。後述のような経緯から、NAGは、ZGB施行後も、国際私法を規律するために残されたとはいえ、その内容は十分と言えるものではなかった。

　第1に、NAGの構成は、第1章「スイスにおけるスイス人定住者および滞在者の民事的法律関係」（1条～27条）、第2章「在外スイス人の民事的法律関係」（28条～31条）、第3章「在留外国人の民事的法律関係」（32条～34条）、第4章「経過・最終規定」（35条～40条）となっている。すなわち、その規定の大半は、第1章のカントン間抵触法に向けられており、国際私法は、周辺においてのみ規定されていた。しかも、在外スイス人については、原則として、「外国の立法により外国法に服さない場合には、本籍カントンの法および裁判

---

7) Bundesgesetz über das internationale Privatrecht (IPR-Gesetz), Schlussbericht der Expertenkommission zum Gesetzesentwurf, 1979, S. 1; Botschaft zum Bundesgesetz über das internationale Privatrecht (IPR-Gesetz) vom 10. November 1982, 1983, S. 3. 両文献の性質については、後述注(31)(35)参照。

8) BBl 1888-III, S. 610. ちなみに、1862年11月28日の「カントン間定住関係におけるカントンの管轄の規律および分配に関する法律案」においては、税法および破産法が含まれていたが、在留外国人および在外スイス人に関する規定は存在しなかった。BBl 1862-III 509. 続いて、1876年10月25日の「スイスの定住者および滞在者の民事的法律関係に関する法律案」においては、在留外国人に関する規定だけが置かれた（15条）。BBl 1876-IV 39. そして、ようやく1887年5月28日の「定住者および滞在者の民事的法律関係に関する法律案」において、在留外国人および在外スイス人に関する規定がそれぞれ3か条ずつ設けられた。BBl 1887-III 113.

管轄に服する」(28条) と規定するのみであり、また在留外国人についても、原則として、本法の規定が準用されるだけであった (32条)[9]。それゆえ、内容の面からも、これらの規定は不明確であるため、後に問題を残すことになった (後述 3 (12)、4 (2)参照)。

第 2 に、NAG は、後に若干の補充が行われたとはいえ、人事・家族・相続法の枠を越えるものではなく、財産法関係については、全く規定を欠いていた[10]。なぜなら、すでに 1881 年に連邦債務法が成立しており、これは後に 1907 年の ZGB および 1911 年の連邦債務法 (OR) に取って代わられるとはいえ、その時点において、スイスの国内財産法は統一されていたからである[11]。

第 3 に、NAG は、人事・家族・相続について、準拠法および裁判管轄を規定していたが、判決の承認執行は規定していなかった。これは、カントン間の判決の承認執行が 1874 年の連邦憲法 61 条に規定されていたことによる[12]。

---

9) 「本法の規定は、スイスに住所を有する外国人に準用する」。ただし、在外スイス人に関する第 2 章が在留外国人に準用される範囲については、争いがあった Vgl. W. Stauffer, Praxis zum NAG, 1975, S. 100. なお、ZGB 施行後に追加された規定 (7a 条～ 8e 条) は、32 条によるまでもなく、在留外国人に適用される。Vgl. I. Schwander, Die Handhabung des neuen IPR-Gesetzes, in: Y. Hangartner (Hersg.), Die allgemeinen Bestimmungen des Bundesgesetzes über das internationale Privatrecht, 1988, S. 13.

10) 財産法分野における国際私法規定については、Schlussbericht, a.a.O., Anm. (7), S.4 f.; Botschaft, a.a.O., Anm. (7), S. 5 f. 抵触規定だけを列挙しておくと、道路交通に関する 1958 年 12 月 19 日の連邦法 85 条、OR 418b 条 2 項 (代理商契約)、OR 501 条 4 項 (保証契約)、OR 1086 条～ 1095 条 (手形)、OR 1138 条～ 1142 条、1143 条 1 項 21 号 (小切手)、OR 最終規定 14 条、1937 年 6 月 7 日の商業登記規則 50 条 2 項 (法人の本拠移転) が存在するのみであった。

11) Schlussbericht, a.a.O., Anm. (7), S. 2 f.; Botschaft, a.a.O., Anm. (7), S. 4. この債務法に関する 1881 年 6 月 14 日の連邦法は、動産物権・会社・手形小切手などに関する規定も含んでいた。ちなみに、現在では、人事・家族・相続・物権は ZGB により、債権・会社・手形小切手などは OR により規律されている。

12) Schlussbericht, a.a.O., Anm. (7), S. 2; Botschaft, a.a.O., Anm. (7), S. 4. 連邦憲法 61 条は、次のように定める。「カントンにおいて下された確定力を有する民事判決は、全スイスにおいて執行することができる」。ただし、ZGB の施行に伴い追

最後に、総論関係の問題は、第1章において、カントン間抵触法として必要なものだけが規定されていた。すなわち、他のカントン法の職権による適用、住所の定義、重本籍、不統一カントン法などである。

以上のように、NAGは、カントン間抵触法としては、必要十分であったかもしれないが、国際私法としては、欠缺が多すぎた[13]。それゆえ、当時の外国人の在留状況からみても（後述3(1)参照）、ZGBの施行と同時に、NAGは廃止し、新しい国際私法立法を行うことが自然の成り行きであったと思われる。現に、ZGBの起草過程において、それは試みられたが、失敗に終わったのである。

(2) ZGB草案における国際私法規定

1900年に公表されたフーバーのZGB予備草案は、まず序章5条において、

　　　加されたNAGの規定は、外国における婚姻および離婚判決の承認を定めていた。それによると、外国において挙行された婚姻は、明らかにスイス法の無効事由を回避する意図をもって、挙行地を外国に移したものでない限り、承認される（7f条）。また、外国の裁判所により下された在外スイス人の離婚に関する判決は、当該外国法により管轄が認められる限り、承認される（7g条3項）。

13）とくに国際民事訴訟法の分野においては、連邦法とカントン法が入り乱れ、複雑な様相を呈していた。すなわち、連邦憲法64条によると、連邦は、自然人の行為能力、商法・手形法を含めた債務法、無体財産権法、倒産法、その他の民事法に関する立法権限を有するが、裁判手続法は、カントンの管轄とされている。したがって、26のカントンが独自の民事訴訟法を有し、かつ国内管轄についても独自の規定を有していた。しかも、カントンの裁判所は、国際的管轄についても、国内管轄に関するカントン法の規定を準用する傾向にあった。他方において、連邦も、連邦法の適用に必要な限りにおいて、国際的管轄を定めていた。しかし、これらは、包括的な連邦民事訴訟法としてではなく、個別の連邦法に散在していた。そして、これらの連邦法の規定が存在する限りにおいてのみ、カントン法の適用が排除されたのである。Vgl. Schlussbericht, a.a.O., Anm. (7), S. 4 f.; Botschaft, a.a.O., Anm. (7), S. 5 f.; P. Volken, Referat, in: Lausanner Kolloquium über den deutschen und schweizerischen Gesetzesentwurf zur Neuregelung des internationalen Privatrechts, 1984, S. 221 ff.; Ders., Neue Entwicklungen im Bereich der internationalen Zuständigkeit, in: Festschrift für Rudolf Moser, 1987, S. 237 ff.

若干の総論上の問題、すなわち条約法の優位、外国法の適用、外国法の内容不明の場合における措置などを扱い、さらに、最終章第1節において、「内外法の適用」を規定していた。この最終章第1節は、物権・債権・公序・方式を規定している点において、NAGの欠缺をかなり補うものであったが、さらに、在留外国人の人事・家族・相続法関係については、NAGの原則を変更していた。すなわち、NAGは、住所地法主義を採用していたのに対して、このフーバー予備草案は、出生以来、または少なくとも10年以上継続して、スイスに住所を有する外国人のみがスイス法の適用を受け、その他の外国人は、本国の国際私法によって指定された準拠法に服するとしていた（Ⅱ項）[14]。しかし、かようなフーバー予備草案の国際私法規定は、その起草過程、立法形式、そして何よりも住所地法主義と本国法主義の調整方法などの点で、マイリーの強い批判を受け[15]、専門委員会においても、結局、審議されることなく削除された[16]。

ところが、その後、1905年の政府草案においては、再び33か条に上る国際私法規定が最終章に置かれた。そのうちの24か条が人事・家族・相続法関係の規定であるが、ここでも、在留外国人について、住所地法主義と本国法主義

---

14) フーバー予備草案の国際私法規定については、E. Huber, ZGB Vorentwurf von 1900, 1900, S. 6, 250 ff. その最終章第1節Ⅱ項の立法趣旨については、後述3(1)参照。

15) マイリーの批判は、とりわけ次の3点に集約される。第1に、フーバー予備草案は、公表前に、スイスの（国際私法）専門家に対し何の説明もなかった。少なくとも、ハーグ国際私法会議の代表の意見をあらかじめ聞くべきではなかったのか。第2に、立法形式については、国際私法は単行法とされるべきである。第3に、住所地法主義と本国法主義の調整については、フーバー予備草案のような解決方法は他に見たこともなく、改められるべきである。その際には、NAGの原則を拡張するとともに、万国国際法学会の（1880年の）決議も考慮すべきである。F. Meili, Die Kodifikation des schweizerischen Privat- und Strafrechts, 1901, S. 112 ff.

16) そのため、1904年の委員会草案は、国際私法規定を欠いて公表された。BBl 1905-I, S. 675 f.; Sten. Bull. STR 1907, S. 126.

の調整が図られた。すなわち、スイスにおいて出生し、かつスイスに住所を有する外国人のみがスイス法に服し、その他の外国人は、本国の国際私法によって指定された準拠法に服するとされたのである（1745条）[17]。しかし、かような 1905 年草案の国際私法規定も、とりわけ住所地法主義の修正の点で、連邦議会の強硬な反対を受け、再び削除された[18]。そして、結局、1907 年に成立した ZGB は、在外スイス人および在留外国人の法律関係について、引き続き NAG が効力を有することを確認するとともに、婚姻などについて、若干の規定を追加するに留まった（最終章 59 条）[19]。

かような決定に至った理由は、次のとおりである。第 1 に、国際私法は、いまだ形成途上の段階にある。第 2 に、今後の国際条約の成り行きを見守るのが得策と思われる。すなわち、あくまで暫定的に NAG の存続を認め、数年後には、国際私法立法を行うことが予定されていたのである[20]。しかし、その後、学界の中に、包括的な国際私法立法を求める声があったにもかかわらず[21]、

[17] 1905 年の政府草案の国際私法規定については、BBl 1905-II, S. 276 ff. 連邦政府の報告書によると、1745 条の起草趣旨は、基本的には、フーバー予備草案の最終章第 1 節 II 項と変わらないが、法的安定性のために、住所地法に従うべき外国人と本国法に従うべき外国人の区別を明確にしたと説明されている。BBl 1905-II, S. 59 f. ちなみに、この 1905 年草案の国際私法規定は、まずハーグ国際私法会議の連邦政府代表、すなわちマイリー（チューリッヒ大学教授）およびローガン（ローザンヌ大学教授）の鑑定に付され、さらに、ローガンおよびグレニエ（ローザンヌ大学教授）が出席した会議において審議された。BBl 1905-II, S. 57 f. 前掲注(15)のマイリーの批判も参照。

[18] Vgl. Sten. Bull. STR 1907, S. 126 ff.

[19] 追加された規定の詳細については、後述 3 (5)(12)参照。

[20] Sten. Bull. STR 1907, S. 127 f.

[21] たとえば、スイス法曹協会は、すでに 1925 年に国際債務法を含む包括的な立法を求める決議を行っている。ZSR 1925-II, S. 335 a. その後の学説としては、H. Fritzsche, Das Problem der Gesetzgebung über das internationale Privatrecht der Schweiz, ZSR 1927, S. 232 ff.; A.F. Schnitzer, Bedarf das Schweizerische Internationale Privatrecht eines neuen Gesetzes?, SJIR 1955, S. 55 ff.; Ders., Entwurf eines Rechtsanwendungsgesetzes, in: Festgabe zum 70. Geburtstag von Max Gutzwiller, 1959, S. 429 ff.; W. Schönenberger/P. Jäggi, Züricher Kommentar

1970年代に入るまで、長い暫定期間が続くことになった。

(3) IPRG 成立の経緯

今回の立法作業の契機は、スイス法曹協会の1971年総会における報告および討論にある[22]。フィシャーおよびブロジーニの報告は、NAG の全面改正という点では一致していたが[23]、財産法の分野については意見が分かれ[24]、総論の立法化については両者とも消極的であった[25]。包括的な立法に反対しながらも、NAG の全面改正を主張する理由は、フィシャーによると、次のとおりである。第1に、ひとたび成文法として成立したもの (= NAG) を再び不文法に戻すことは、経験則上不可能である。第2に、家族法および相続法の分野においては、とりわけ法的安定性が重要であり、また、ここでは法適用が裁判所ではなく官庁の手に大部分委ねられている。しかるに、NAG の規定は、現状において満足できるものではないと言うのである[26]。他方、包括的立法に

zum Schweizerischen Zivilgesetzbuch, Teilband V la, 1973, S. 32 f.

22) F. Vischer, Das Problem der Kodifikation des schweizerischen internationalen Privatrechts, ZSR 1971-II, S. 1 ff.; G. Broggini, La codification du droit international privé en Suisse, ZSR 1971-II, S. 245 ff. ただし、口頭の報告においては、要旨だけが述べられた。ZSR 1971-II, S. 391 ff.

23) Vischer, a.a.O., Anm. (22), S. 56 f.; Broggini, a.a.O., Anm. (22), S. 245 ff., 253 ff., 304 ff.

24) すなわち、財産法分野の法典化については、フィシャーは、明らかに消極的であったが、ブロジーニは、これを肯定しているように思われる。Vischer, a.a.O., Anm. (22), S. 48 ff.; Broggini, a.a.O., Anm. (22), S. 309 f. ただし、フィシャー自身は、ブロジーニが全体として同じ結論に至ったと考えていた。ZSR 1971-II, S. 397. Vgl. auch Schlussbericht, a.a.O., Anm. (7), S.14; Botschaft, a.a.O., Anm. (7), S. 10. これに対して、ブロジーニの報告は、より包括的法典化に積極的である、とみる見解が討論において表明されている。ZSR 1971-II, S. 404 (P. Lalive), 412 f. (A.F. Schnitzer). Vgl. auch F. Sturm, Die allgemeinen Grundsätze im schweizerischen IPR-Gesetzesentwurf, Eine kritische Analyse, in: Festschrift für Moser, a.a.O., Anm. (13), S. 3 Fn. 2.

25) Vischer, a.a.O., Anm. (22), S. 52 ff.; Broggini, a.a.O., Anm. (22), S. 312 f.

26) Vischer, a.a.O., Anm. (22), S. 57. 第2の点に関するブロジーニの同様の見解に

反対する理由は多岐に渡るが、とりわけ判決の硬直化および国際的法統一の阻害が強調されている[27]。これに対して、討議においては、総論も含めた包括的立法を主張する者、NAG だけの改正を主張する者、NAG の改正を不要と主張する者、NAG を廃止して国際私法全体を判例に委ねよと主張する者、このように様々な見解があった[28]。

ところが、その後間もなく、連邦議会に動議が提出された。この動議は、形式上は NAG の全面改正を要求するものであるが、新たに規定されるべき分野として、法人に関する法、外国における外国人に関する法、国際債務法、国際物権法、国際私法総論を挙げており、実質上は包括的立法を要求するものであった。これに対して、連邦政府は、先のスイス法曹協会の年次総会における意見の不一致も考慮して、問題全体を専門家グループの作業に委ね、動議に拘束されることなく、作業の結果を判断したいと回答した。そこで、この動議は要請に変更され、連邦下院が 1972 年 9 月 27 日の決議によって、これを承認した[29]。翌 1973 年、連邦政府は、スイス国際法協会に対し、「学説および実務

ついては、Broggini, a.a.O., Anm. (22), S. 308.
27) Vischer, a.a.O., Anm. (22), S. 29 ff. これに対して、ブロジーニによると、法的安定性のためには、ある程度の硬直化は止むを得ず、また現状においては、国際的法統一は非常に限定されているので、結局、これらの要因は、国内における国際私法の法典化を妨げないとされる。Broggini, a.a.O., Anm. (22), S. 299 ff.
28) ZSR 1971-II, S. 404 ff. 第 1 の立場については、S. 404 ff. (P. Lalive), S. 411 ff. (A.F. Schnitzer)、第 2 の立場については、S. 415 ff. (A. Heini), S. 419 ff. (A. von Overbeck)、第 3 の立場については、S. 424 ff. (P. Mercier)、第 4 の立場については、S. 417 ff. (P.M. Gutzwiller), S. 422 ff. (R. Hengartner).
29) Motion von Arx Egli, Amt. Bull. NR 1972, S. 1556 ff. Vgl. auch Schlussbericht, a.a.O., Anm. (7), S. 15; Botschaft, a.a.O., Anm. (7), S. 11. ちなみに、外国に住所を有する外国人の民事的法律関係は、NAG において規定されておらず、これも NAG の欠陥として挙げられている。Schlussbericht, a.a.O., Anm. (7), S. 2; Botschaft, a.a.O., Anm (7), S. 4. Vgl. auch F. Vischer/ A. von Planta, Internationales Privatrecht, 2. Aufl., 1982, S. 37 ff. ただし、ZGB の施行に伴い追加された NAG7e 条は、スイスに住所を有しない外国人の婚姻について、それが本国において承認されることが証明された場合には、挙行地のカントン政府が許可することができる

の現状において可能であると判断できる限りにおいて」、スイス国際私法・国際民事訴訟法の予備草案を作成するよう依頼した。この依頼にもとづき、スイス国際法協会は、会員の中から人選を行い、これにもとづき専門委員が任命された[30]。

　専門委員会は、その後1978年に全文196か条からなる予備草案および最終報告書を提出した[31]。報告書の冒頭において、スイス国際私法の現状が概観された後、そこには多数の欠缺および欠陥が存在するとの結論が下されている。もっとも、スイスは、約300に上る二国間および多数国間の国際私法関係条約を締結していた。しかし、それらはスイス国際私法の運用を容易ならしめるどころか、むしろ国内立法の欠如を際立たせる。なぜなら、国際私法条約を嵌め込むべき「国内法の枠」が存在しないからである。専門委員会は、このように述べて、包括的立法を支持する結論を下したのである[32]。

　　と規定していた。
30) BBl 1973-I, S. 1676 ff. Vgl. auch Schlussbericht, a.a.O., Anm. (7), S. 15 ff.; Botschaft, a.a.O., Anm. (7), S. 11 f.
31) Schlussbericht, a.a.O., Anm. (7). この最終報告書は、Schweizer Studien zum internationalen Recht, Bd.13 (Schulthess Polygraphischer Verlag, Zürich) として出版された。その前年に、F. Vischer/P. Volken, Bundesgesetz über das internationale Privatrecht (IPR-Gesetz), Gesetzesentwurf der Expertenkommission und Begleitbericht/Loi fédérale sur le droit international privé (Loi de d.i.p.), Projet de loi de la commission d'experts et Rapport explicatif, 1978 が同じシリーズの第12巻として出版されている。両者は区別すべきであるが、内容的には、実質上同じと考えられるので、本稿においては、Schlussbericht だけを引用する。もっとも、後述の意見聴取に付されたのは、Begleitbericht のほうである。また専門委員会の草案は、一般に、Vorentwurf/avant-projet と呼ばれているので、本稿においても、「予備草案」として引用する。
32) Schlussbericht, a.a.O., Anm. (7), S. 1 ff, bes. S.11 f. Vgl. auch Botschaft, a.a.O., Anm. (7), S. 3 ff., bes. S. 8. ちなみに、専門委員会の議長は、フィシャーであった。そこで、連邦議会の審議においては、フィシャーが「改宗した」(vom Saulus zum Paulus werden) と評する発言もあった。Amt. Bull. STR 1985, S. 120; Amt. Bull. NR 1986, S. 1286. しかし、もともと予備草案および草案の作成は、32名の委員全員の共同作業であり、フィシャー個人に帰せられるべきではない。また、

その後直ちに、この予備草案について、各方面に意見が求められた。立法の必要性に関しては、大部分は専門委員会の方針に同意したものの、一部においては依然として、判決の硬直化および国際私法条約の増大による国内立法の実質的意義の喪失が懸念されている。また、かような包括的立法ではなく、部分立法に留めるべきであるとの見解も、一部には残っていた[33]。その結果、たとえば、予備草案においては、第12章として、「司法共助、訴訟費用の担保および訴訟上の救助」が規定されていたが（183条～189条）、草案においては、独立の章を置かず、司法共助行為に関する11条および期間に関する12条だけが残された[34]。しかし、連邦政府は、その他の規定については、大方の支持を得ていると判断し、1982年に政府草案および理由書を公表した[35]。

フィシャーが専門委員会の議長となったのは、たまたま当時、スイス国際法協会の理事長を務めていたからにすぎない。専門委員会の作業方法については、Schlussbericht, a.a.O., Anm. (7), S. 17 f.; Botschaft, a.a.O., Anm. (7), S. 12 f.

33) Bundesgesetz über das internationale Privatrecht, Darstellung der Stellungnahmen auf Grund des Gesetzesentwurfs der Expertenkommission und des entsprechenden Begleitberichts/Loi fédéral sur le droit international privé, Présentation des réponses à la procédure de consultation relative au projet de loi de la commission d'experts et au rapport explicatif, 1980. この意見表明は、連邦法務省によってタイプ打ちで1冊にまとめられた（G.54/Nu/ha）。法典化それ自体に対する疑問については、S. XXI (Uni Basel, Uni Lausanne, Staatsrat des Kantons Waadt)、法典化の範囲に対する疑問については、S. XXII (Schweizerische Bankiervereinigung, Regierungsrat des Kantons Schaffhausen, Regierungsrat des Kantons Thurgau) 参照。ちなみに、意見聴取は、1978年10月9日から1979年5月31日まで行われた。

34) これに対する批判としては、P. Volken, Rechtshilfe und andere besondere Fragen innerhalb des Erkenntnisverfahrens, in: Hangartner, a.a.O., Anm. (9), S. 122 ff., bes. S. 124.

35) Botschaft, a.a.O., Anm. (7). この政府草案および理由書は、官報 (BBl 1983-I 263) に掲載されたものが別刷として市販されている。同様に、フランス語版およびイタリア語版も市販されている。Message concernant une loi fédéral sur le droit international privé (Loi de DIP) du 10 novembre 1982/Messaggio per la legge federale sul diritto internazionale privato (Legge di DIP) del 10 novembre 1982. 官

この政府草案は、1985年から連邦議会の審議にかけられたが、上院における審議開始の表決は、23対11であった。また、国際仲裁に関する草案第11章が18対17で削除される一幕もあった。しかし、下院においては、満場一致で審議が開始され、国際仲裁に関する規定も、多数の修正追加を経て、復活している[36]。そして、1987年12月18日、ついにIPRGは成立したのである[37]。

(4) IPRG成立の要因

　スイスにおける国際私法の法典化というひとつの歴史的事実を説明するには、政治的側面、憲法問題なども考慮する必要があるが[38]、ここでは国際私法プロパーの問題に限定したい。
　第1に、NAG・ZGB成立の時代は、ヨーロッパ大陸において本国法主義が定着し始めた頃であり、それは当時の立法作業において無視できない状況であ

　　　報においては、FF 1983-I 255; FFi 1983-I 239. 本稿においては、とくに断らない限り、ドイツ語版を引用する。
36) Amt. Bull. STR 1985, S. 111-183; NR 1986, S. 1281-1288, 1290-1315, 1343-1370; STR 1987, S. 178-200; NR 1987, S. 1064-1073, 1894; STR 1987, S. 506-510, 685.
37) ただし、スイスの連邦法については、法律公布の日から90日以内に5万人の有権者または8のカントンの要求があった場合には、国民投票を行わなければならない。その90日の期限が当初は1988年4月11日とされていた。ところが、ドイツ語およびフランス語の条文が1月12日に公布されたのに対し、イタリア語の条文は、印刷の遅れから2月3日に公布された。そこで、イタリア語圏の国民投票要求期限を5月4日まで延長することが、3月7日付けで確認されたが、かような手続上の不備を理由として、IPRGの施行に対し、連邦裁判所に2件の異議申立が行われた。しかし、連邦裁判所は、9月30日および10月3日の判決により、これらの異議申立をいずれも棄却した。そこで、10月27日、連邦政府は、IPRGの1989年1月1日施行を決定したのである。Vgl. BBl 1988-I 5; FF 1988-I 5; FFi 1988-I 5, 990; BBl 1988-II 111; FF 1988-II 1084; FFi 1988-II 989; A.E. von Overbeck, Das neue schweizerische Bundesgesetz über das Internationale Privatrecht, IPRax 1988, S. 329 Fn. 1.
38) IPRGの合憲性については、連邦法務省が1980年2月15日付けの鑑定書を提出している。45 VPB (1981) Nr. 49, S. 279 ff. Vgl. auch Botschaft, a.a.O., Anm. (7), S. 26 ff.; Schlussbericht, a.a.O., Anm. (7), S. 20 ff.

った[39]。しかるに、当時においても、すでに在留外国人は、スイス住民のかなりの割合を占めていた（後述3 (1)参照）。そこで、前述のように、住所地法主義と本国法主義の調整が図られたが、それは失敗に終わったのである。ところが、その後のNAGの運用においては、住所地法主義の適用を命じた原則規定ではなく、むしろ例外的に本国法を指定していた規定に問題が生じ、それが1972年および1976年におけるNAGの一部改正につながった[40]。さらに、周辺諸国およびハーグ国際私法会議においても、本国法主義は、絶対的優位を徐々に失い、少なくとも部分的には修正を余儀無くされている[41]。かような状況の変化により、スイス国際私法においても、属人法の決定基準について合意の成立が可能になったと言えよう。

　第2に、スイスは、ヨーロッパ大陸の中心に位置する小国として、すでにNAGの時代から、国際私法条約の締結に積極的にならざるを得なかった。ところが、前述のように、本国法主義が定着し始めていた時期に、ちょうどハーグ国際私法会議が活動を開始していた。したがって、たとえ住所地法主義にもとづく国内立法を成立させたとしても、本国法主義にもとづく多数国間条約の批准により、実質上、国内立法が無意味となるのではないか、かような判断から、ZGB草案における国際私法規定は削除され、暫定期間が設けられること

---

39) すでにNAGの制定過程において、万国国際法学会の1880年決議が取り上げられ、学説における本国法主義への傾斜が意識されていた。BBl 1888-III, S. 611. また、ZGBの制定過程においては、ドイツ国際私法がすでに本国法主義を採用していたことから、本国法主義が有力となり、国際私法統一条約においても、それが基調になるであろうと予測されている。BBl 1905-II, S. 58. Vgl. auch Sten. Bull. STR 1907, S. 126. さらに、フーバー予備草案に関しては、後述3 (1)参照。

40) 後述3 (5)、4 (2)参照。

41) たとえば、西ドイツの改正法においては、常居所の単独連結（8条、18条、20条2項）、法選択の可能性（10条4項・5項、15条2項）、択一的連結（20条1項）、補充的連結（13条2項）、段階的連結（14条1項、17条、19条、21条）などが見られる。また、オーストリアの改正法においても、段階的連結（18条、19条、20条1項）および法選択の可能性（19条）が見られる。ハーグ国際私法条約における常居所概念の採用については、後述3 (3)参照。

になったのである[42]。しかし、その後のハーグ国際私法条約の状況は、もはやこれを国内立法不要の理由とすることを許さない。なぜなら、それは、事項的に限られた分野を扱っているにすぎず、また、すべての周辺諸国によって批准されているわけではないからである[43]。何よりもスイス自体が、すべてのハーグ条約を批准しているわけではなかった[44]。

　他方において、かような状況の変化にもかかわらず、国内立法が国際私法の統一を阻害するとの考えは、一部において根強く残っていた[45]。しかし、かような危惧も、IPRG の制定過程において克服されたと言えよう。すなわち、前述のように、IPRG は、国際私法条約を嵌め込むべき「国内法の枠」と考えられており、現在および将来の国際私法条約をすべて受容可能としている。これは、スイスがすでに批准した国際私法条約の解釈において、国内法に対する条約法の優位を意味するだけでなく（1条2項）[46]、スイスが IPRG 成立後も、国際私法条約の締結に積極的であり続ける、という政策の表明とも受け取れるであろう[47]。

---

[42] Sten. Bull. STR 1907, S. 127 f.

[43] スイスの学説における同様の指摘については、Fritzsche, a.a.O., Anm. (21), S. 259 f.; Broggini, a.a.O., Anm. (22), S. 301; W. von Steiger, Zur Kodifikation des internationalen Privatrechts, 115 ZbJV (1979), S. 54 ff.

[44] たとえば、1988年7月21日現在でみると、1955年から1980年までに成立したハーグ条約28件のうち、13件だけがスイスによって批准されている。また、スイスが批准していない条約のうち、5件はすでに発効している。ただし、司法共助に関する3件の条約は、現在、連邦政府部内において批准が検討されている。Volken, a.a.O., Anm. (34), S. 125 f.

[45] Vischer, a.a.O., Anm. (22), S. 34 f. Vgl. auch P. Mercier, ZSR 1971-II, S. 426; A. von Overbeck, ZSR 1967, S. 723. ただし、フォン・オーヴァーベックは、後に改説した。ZSR 1971-II, S. 420.

[46] 詳細については、Schwander, a.a.O., Anm. (9), S. 45 ff. ちなみに、国際私法における条約の優位の規定は、スイス法の伝統と言える。NAG 34 条、1900年のフーバー予備草案5条1項、1905年の ZGB 草案 1741 条1項・2項。Vgl. auch Sten. Bull. STR 1907, S. 127.

[47] Vgl. von Overbeck, a.a.O., Anm. (37), S. 330. ZGB の制定過程における同様の態

また、IPRG は、相互主義にもとづかない普遍的適用の条約を、直接に指定している。すなわち、夫婦間の扶養義務 (49 条)、親子間の扶養義務 (83 条)、遺言の方式 (93 条)、有体動産の売買 (118 条)、道路交通事故 (134 条)、外国仲裁判断の承認執行 (194 条)、これらは、それぞれ特定の条約によることが明記されている[48]。これに対して、相互主義にもとづく条約は、当然の事ながら、IPRG の条文において指定されていないが、後見に関する 85 条のように、IPRG が相互主義の要件を外し、普遍的適用に拡張した条約も見られる。他方において、その他の相互主義にもとづく条約に関係する事項は、外国離婚判決の承認 (65 条) および養子縁組 (75 条以下) のように、IPRG において独自に規定されているが、これらは全く問題を生じない。なぜなら、締約国間の関係においては、1 条 2 項により、当然に条約だけが適用されるからである[49)50)]。

　第 3 に、スイスの学説におけるアメリカ法の影響は、法典化に対し消極的に作用していた。その典型は、スイス法曹協会の 1971 年総会におけるフィシャーの報告であり、前述のような判決の硬直化に対する警戒であった[51]。しか

度表明については、BBl. 1905-II, S. 59; Sten. Bull. STR 1907, S. 127 f.
48)　条約の直接指定は、IPRG においては、単なる情報提供の意味を持つだけである。Schwander, a.a.O., Anm. (9), S. 49; A.E. von Overbeck, Le projet suisse de loi sur le droit international privé: Une codification nationale d'inspiration internationaliste?, dans: Colloque en souvenir de François Laurent, 1989, p. 553. 〔追記〕この問題に関するその後の詳細な研究としては、奥田安弘「国際私法立法における条約の受容」北大法学論集 41 巻 2 号 511 頁〔『国際取引法の理論』(1992 年・有斐閣) 126 頁以下所収〕。
49)　しかも、養子縁組についての機関の管轄、準拠法および判決・決定の承認に関する 1965 年 11 月 15 日のハーグ条約は、スイス以外には、オーストリアおよび英国によって批准されているにすぎない (1988 年 7 月 21 日現在)。
50)　報告書および理由書は、さらに、第 3 のグループとして、実質法の統一を目的とする条約を挙げている。すなわち、これらの条約も、IPRG において、直接に指定されていないが、1 条 2 項により、IPRG に対し優先する。Schlussbericht, a.a.O., Anm. (7), S. 42; Botschaft, a.a.O., Anm. (7), S. 35.
51)　同様の主張としては、ZSR 1971-II, S. 417 ff. (P.M. Gutzwiller), S. 422 ff. (R. Hengartner).

し、そこで念頭に置かれていたのは、フーバー予備草案のような国際私法規定であり、フィシャーの主張は、むしろ IPRG の起草過程において考慮されるべき問題であった。たとえば、フーバー予備草案は、在外スイス人の人事・家族・相続法関係、在留外国人の同様の法律関係、物権および債権について、それぞれ 1 か条を規定するにすぎず、その他には、若干の総則規定が見られるだけであった。かような適用範囲の広い概括的な国際私法規定においては、たしかに、判決の硬直化が著しいであろう。しかし、IPRG においては、「表面的に同じに見えるもの」も、厳密に区別する方針がとられている[52]。すなわち、IPRG は、意識的に詳細な規定方法を採用したのであり、それゆえ、国際民事訴訟法を含むとはいえ、200 か条に上る規定を擁することになった。また、IPRG においては、随所に硬直化防止のための規定が置かれているが[53]、とりわけ一般例外条項は、かような IPRG 成立の経緯を抜きにしては、語れないであろう。

　最後に、ヨーロッパ大陸における国際私法法典化の傾向を挙げておかなければならない。NAG・ZGB 成立の時代には、たしかに、ドイツ・オーストリア・フランス・イタリアなどに成文国際私法が存在していたが、まだ不完全なものが多かった[54]。スイス法曹協会の 1971 年総会の当時においても、これらの諸国に国際私法改正の動きがあったが、まだ本格化していなかった[55]。し

---

52) Schlussbericht, a.a.O., Anm. (7), S. 22 f.; Botschaft, a.a.O., Anm. (7), S. 23 f. Vgl. auch F. Vischer, Die Kritik an der herkömmlichen Methode des internationalen Privatrechts, in: Festschrift für Oskar A. Germann, 1969, S. 304 ff.

53) たとえば、緊急管轄（3条）、一般例外条項（15条）、外国の強行適用規定の考慮（19条）、契約の客観的連結（117条）などが代表的なところであろう。後述 4 参照。Vgl. auch Amt. Bull. STR 1985, S. 127; A.K. Schnyder, Das neue IPR-Gesetz, 1988, S. 14 f.; K. Siehr, Zum Entwurf eines schweizerischen Bundesgesetzes über das internationale Privatrecht, RIW/AWD 1979, S. 735 ff.

54) たとえば、ドイツの EGBGB（1896 年）、フランス民法典（1804 年）、オーストリアの ABGB（1811 年）、イタリアの民法施行規則（1865 年）など。Vgl. auch Vischer, a.a.O., Anm. (22), S. 39.

55) たとえば、フランスの国際私法協会の草案（1951 年、1955 年）、西ドイツの国

かるに、連邦議会において政府草案の審議が開始された1985年には、すでにオーストリア（1978年）、チェコスロバキア（1963年）、ポーランド（1965年）、ポルトガル（1966年）、ドイツ民主共和国（1975年）、ハンガリー（1979年）、トルコ（1982年）などにおいて包括的国際私法典が成立しており、ドイツ連邦共和国のEGBGB改正（1986年）も目前に迫っていた。したがって、包括的法典化の傾向は、いまや着実なものとなっており、政府草案は、他に例を見ない程の条文数とはいえ、これを拒否すべき理由は見出し難かったと言えよう[56]。

　以上のように、IPRG成立の過程は、決して平坦ではなかった。それは、NAGの問題点にもかかわらず、決してその当時から急務とされてきたわけではなく、むしろ、しばらく様子を見ることが決断されていたのである。また、1973年に専門委員会が設けられてからも、さらに、1978年の予備草案および1982年の草案が公表されてからも、反対意見が表明され続けてきた。しかるに、ようやく1987年にIPRGが成立したのは、以上のように有利な環境があったからであろうし、またIPRGの内容自体においても、反対意見において主張されていた問題点が一応の解決を見ていたからであろう。本稿は、かようなIPRGの諸規定をすべて考察するわけにはいかない。そこで、以下では、2つの重要なテーマ、すなわち、属人法の決定基準および一般例外条項だけを取り上げることにしたい。

　　　　際私法会議の改正提案（1960年、1966年、1969年）、イタリアのヴィッタ草案（1967年）、オーストリアのシュヴィント草案（1971年）など。Vgl. Vischer, a.a.O., Anm. (22), S. 39 ff.
　56) 　Vgl. auch M. Gutzwiller, Der Entwurf zu einer Kodifikation des schweizerischen Internationalprivatrechts, ZSR 1979-I, S. 4 f. フィシャーも、これらの国における包括的法典化の傾向を意識していたと言われている。Amt. Bull. STR 1985, S. 126.

3　属人法の決定基準

(1)　在留外国人および在外スイス人の状況

　スイスにおける在留外国人数は、常に大きな社会・経済問題であった[57]。すでに NAG の起草過程において、この在留外国人数が重視されている。すなわち、1880 年 12 月 1 日付けの統計によれば、スイス住民 284 万 6102 人のうち、在留外国人数は、21 万 1035 人であり、バーゼル・シュタット州においては 34 パーセント、ジュネーヴ州においては 37 パーセントに上る。さらに、NAG にとって重要な他州出身者数は、バーゼル・シュタット州において 36 パーセント、ジュネーヴ州において 20 パーセントである。したがって、先の在留外国人数を合わせると、自州民以外の割合は、バーゼル・シュタット州において 70 パーセント、ジュネーヴ州において 57 パーセントに上り、これらの住民について、外国法ないし他州法の適用を命じる本国法ないし本籍地法主義は、到底受け入れ難い状況であった[58]。

　さらに、フーバーは、住所地法主義と本国法主義の調整の必要性を次のように述べている。すなわち、NAG の住所地法主義は、たしかに、現在通説となりつつある本国法主義に反するものである。しかし、通常、外国人がスイス国

---

57)　国際私法における住所地法主義は、まさにスイスにおいて、外国人統合の側面を持っている。F. Vischer, Referat, in: Lausanner Kolloquium, a.a.O., Anm. (13), S. 266. さらに、スイスの就業人口における外国人の比率は、1970 年以降の数字をみると、常に 20 パーセントを超えており、かような外国人労働者の問題も重要である。Statistisches Jahrbuch der Schweiz 1987/1988, S. 336 f.

58)　その他に、国際私法と準国際私法の違い、取引保護、人の移動の活発化、連邦憲法 46 条などが住所地法主義採用の理由として挙げられている。BBl. 1888-III, S. 612 ff. ちなみに、連邦憲法 46 条は、次のように定める。「定住者は、民事的法律関係については、原則として住所地の法および立法に従う」。「連邦の立法は、この原則の適用および二重課税防止のために、必要な規律を行わなければならない」。それゆえ、NAG は、連邦憲法 46 条の「施行法」と呼ばれていた。Schlussbericht, a.a.O., Anm. (7), S. 2; Botschaft, a.a.O., Anm. (7), S. 4.

籍を取得するためには、一定の金銭を支払って、ゲマインデ（市町村）に帰属することを要するので、たとえ何世代にわたりスイスに居住していようとも、ほとんどの場合には、外国人のままである。そこで、予備草案の規定は、住所地法主義と本国法主義の調和を図ったというのである[59]。

かような状況は、帰化が比較的容易となった現在においても変わらない。すなわち、スイスへの帰化件数は、最近10年間をみると、毎年1万件前後あるにもかかわらず、1987年1月1日現在の在留外国人数は、97万7000人であり、全人口の15パーセントに当たる。また、1986年にスイスにおいて挙行された婚姻4万234件のうち、約4分の1は当事者の双方または一方が外国人であり、7万6320人の出生者のうち、1万2251人が外国人である。養子縁組に至っては、1430件のうち、半数以上が外国人を養子とするものであった[60]。

一方、在外スイス人の状況をみると、NAG制定当時には、正確な統計がないとはいえ、1883年には、1万2800人が外国に移住していたとされる。これは、全スイス人の約5パーセントに上る。当時は、南北アメリカへの農民の移住が多かったとのことであるが[61]、最近は、他のヨーロッパ諸国への流出が目立つ。1986年末に在外公館に届出のあったスイス人は、40万2758人であり、全スイス人の約7パーセントに当たる。ただし、そのうちの25万1506人、すなわち半数以上は重国籍者である[62]。かような状況のもとで、連邦憲法は、1966年の改正により、新たに在外スイス人に関する45条 bis を設けた。それ

---

59) E. Huber, Erläuterungen zum Vorentwurf des eidgenössischen Justiz- und Polizeidepartments, 1901, S. 34.

60) 以上の数字については、Statistisches Jahrbuch, a.a.O., Anm. (57), S. 38, 49, 64, 81.

61) 以上については、A. Huber, Staatskunde-Lexikon, 3. Aufl., 1988, S. 34; Schweizer Brevier, 1988, S. 26. 一般に、在外スイス人は、その数の多さから、ドイツ系、フランス系、イタリア系、レート・ロマーニシュ系に続く「第5のスイス」と呼ばれる。

62) Statistisches Jahrbuch, a.a.O., Anm. (57), S. 86 f. それによると、ヨーロッパ在住者が24万1660人、南北アメリカ在住者が11万4418人、アフリカ在住者が1万7153人、アジア在住者が1万2520人となっている。

によると、連邦は、在外スイス人の本国および本籍地との関係を促進し、その
ための組織を援助する権限を有する（1項）。さらに、連邦は、在外スイス人
の特別な状況に鑑みて、その権利義務の規律に必要な法令、とりわけ政治的な
権利の行使、兵役義務の履行および生活保護に関する法令を制定することがで
きる。ただし、これらの法令の制定に際し、事前にカントンの意見を聴取しな
ければならない（2項）。

(2) IPRG の基本方針

　これらの数字から、スイスは、移民受入国であると同時に、移民送出国であ
るとも言えよう。しかし、そのことから、直ちに、属人法の決定基準が導き出
されるわけではない。報告書および理由書は、たしかに同様の数字を挙げてい
るが、NAG の起草過程の際と異なり、それは、単にスイスにおける国際私法
立法の必要性を裏付けるためであった[63]。
　IPRG が住所地法主義を採用したのは、スイスにおける在留外国人数ではな
く、最も密接な関係という IPRG の基本的連結政策に沿ったものであった。す
なわち、人事・家族・相続法における最も密接な関係の法は、人が生活の中心
を置く場所である住所によって連結されるべきである、というのである[64]。
しかしながら、人事・家族・相続法の問題がすべて住所地法の適用によって解
決されるわけではない。最も密接な関係は、むしろ本国に存在する場合もあり、

---

63) Schlussbericht, a.a.O., Anm. (7), S. 12; Botschaft, a.a.O., Anm. (7), S. 8 f. 後者は、さらに、財産法分野における立法の必要性を裏付ける数字として、輸出入額、外国人労働者数、登録外国会社数、内外直接投資額、外国居住者の特許件数、外国人当事者の関わる仲裁件数などを挙げている。

64) Schlussbericht, a.a.O., Anm. (7), S. 32 f.; Botschaft, a.a.O., Anm. (7), S. 46, 54 f. Vgl. auch Vischer, a.a.O., Anm. (22), S. 58 ff. ただし、スイスにおいても、本国法主義を採用すべきであるとの見解が見られる。Stellungnahmen, a.a.O., Anm. (33), S. XXXVIII (Uni Basel, Verband Schweizerischer Zivilstandsbeamten, Konferenz der kantonalen Aufsichtsbehörden im Zivilstandswesen). Vgl. auch B. Dutoit, ZSR 1971-II, S. 427 ff.; B. Dutoit, L'avenir possible du rattachement à la loi nationale en droit international privé suisse, SJIR 1969/70, S. 41 ff.

そのような場合には、段階的連結によって本国法が指定されている。また、IPRG 全体がそうであるように、実質法の基礎にある法目的、法律関係の容易な成立、より柔軟な解決など様々な要素が考慮された結果、随所において、択一的連結、補充的連結、当事者による法選択などの連結方法が採用されている。さらに、在外スイス人に対しても、一定の配慮がなされているが、これは、その他の問題と区別して、取り扱われるべきであろう。そこで、以下では、まず連結概念としての住所・常居所・国籍に関する規定を考察した後、個々の問題における住所地法主義およびその修正を見てゆきたい[65]。

なお、全体として住所地法主義を採用した理由としては、報告書および理由書も認めているように、NAG 以来の伝統、周辺諸国およびハーグ国際私法条約における本国法主義の後退なども、たしかに大きな影響を及ぼしているに違いない[66]。しかし、IPRG は、そのような従来の本国法主義と住所地法主義の対立を止揚した点に、意義が見出されるであろう[67]。

---

65) Vgl. auch Botschaft, a.a.O., Anm. (7), S. 54; Schlussbericht, a.a.O., Anm. (7), S. 32 f. ちなみに、フィシャーは、1900 年のフーバー予備草案および 1905 年の ZGB 草案のような本国法主義と住所地法主義の調整方法は一方的抵触規定としてのみ可能であり、スイス在留の外国人にしか適用できないと批判する。Vischer, a.a.O., Anm. (22), S. 60.

66) Schlussbericht, a.a.O., Anm. (7), S. 32; Botschaft, a.a.O., Anm. (7), S. 53 f. また、移民受入国としての政策的立場から、これを支持する見解もある。G. Kegel, Internationales Privatrecht, 6. Aufl., 1987, S. 282; von Overbeck, *op. cit.*, n. (48), p. 564. さらに、フォン・オーヴァーベックは、住所地管轄と相まって、自国法適用の機会が増大するという面を指摘する。A.E. von Overbeck, Die Ermittlung, Anwendung und Überprüfung der richtigen Anwendung des anwendbaren Rechts, in: Hangartner, a.a.O., Anm. (9), S. 93; von Overbeck, *op. cit.*, n. (48), p. 564.

67) ちなみに、万国国際法学会の 1987 年総会においては、「国際私法における国籍主義と住所地主義の二元性」が決議された。とりわけ、夫婦財産制・相続・婚姻の効力・離婚および別居について、当事者の法選択を認めるべきこと、ならびに本国法主義において共通国籍が存在しない場合には、共通住所地法を適用し、住所地法主義において共通住所が存在しない場合には、共通本国法を適用するというように、段階的連結を認めるべきことなどが勧告されている。La dualité des principes de nationalité et de domicile en droit international privé, Ann. Inst. Dr. int.

(3) 住所および常居所

スイス国際私法における住所概念は、NAG 3条および4条にまで遡ることができるが[68]、ZGBの施行に伴うNAGの一部改正に際して削除され、そのままZGB 23条ないし26条に受け継がれたので、これらの規定が渉外事件にも適用されると解されていた[69]。

まず、ZGB 23条は、住所を次のように定義する。「人の住所は、その者が継続して留まる意思をもって滞在する地に存する。何人も、複数の地に同時に住所を有することはできない。本条の規定は、営業所の所在には適用しない」[70]。

さらに、ZGB 26条は、住所概念を補足して、特別な目的をもった滞在は、住所を形成しないとする。すなわち、「通学のためのある地における滞在、および教育・養育・療養・刑罰のための施設における宿泊」がそれである[71]。

他方において、ZGB 24条および25条は、それぞれ擬制的住所および派生的住所を定める。すなわち、前者によると、スイスにおいて一旦取得した住所は、新しい住所を取得するまで存続する[72]。ただし、以前に取得した住所が

1987-II, p. 290 ss.

68) さらに遡ると、住所の定義は、1876年のNAG草案2条・3条および1887年のNAG草案3条・4条に見られる。これに対して、1862年の草案においては、住所ではなく「定住カントン」という用語が使われていた。ところが、1876年の草案において、定住者と滞在者を区別すべきでないとして、住所概念が導入された。BBl 1876-IV, S. 40. Vgl. auch BBl 1887-III, S. 116 f. これらの草案の条文については、前掲注(8)の官報参照。

69) BG 10.10.1930, BGE 56 II 335, S. 337 f.; BG 7.2.1934, BGE 61 II 12, S. 16; Vischer/von Planta, a.a.O., Anm. (29), S. 33; M. Keller/K. Siehr, Allgemeine Lehren des internationalen Privatrechts, 1986, S. 318; A. Egger, Nr. 13 zu Art. 23 ZGB, Züricher Kommentar, Bd. I, 1930, S. 197.

70) 本条1項・2項は、NAG旧3条1項・4項、1887年草案3条1項を継受したものである。これに対して、1876年のNAG草案2条1項は、意思を要件としていなかった。すなわち、「すべてのスイス国民は、ただひとつの普通住所を有し、それは通常、その者が定住または継続して滞在する地に有するものとする」。

71) NAG旧3条2項、1887年草案3条2項参照。

不明であるか、または外国において取得した住所が放棄され、まだスイスにおいて新しい住所を取得していない場合は、居所をもって住所とする。また後者によると、妻の住所・親権に服する子の住所・後見に服する者の住所は、それぞれ夫の住所・父母の住所・後見官庁の所在地と同一とみなされる[73]。

　これに対して、専門委員会は、IPRGとZGBの間では、異なった住所概念が定められるべきであるとして、次のような規定を提案した[74]。「人は、その生活関係〔独〕＝利害関係〔仏〕の中心の存する国に住所を有する」（予備草案19条1項）。「住所および居所に関する民法典の規定は適用しない」（同条3項1文）。

　これによって、専門委員会は、とりわけ次の2点を明らかにしようとした。第1に、IPRGにおいては、擬制的または派生的な住所は認められない。住所は、それぞれの人について独立に定められるべきである。第2に、住所は、本人のみならず、第三者および官庁にとっても重要であるから、本人の主観のみでは決定できない。住所は、むしろ外部から認識しうるすべての事情を考慮して、客観的に認定されるべきである。しかし、これは、住所の取得に際して、全く本人の意思を不要とする趣旨ではない。かような意思も、外部から認識しうる事情によって確認されるべきである[75]。

---

72)　NAG旧3条3項、1887年草案3条2項、1876年草案2条2項参照。

73)　NAG旧4条、1887年草案4条参照。ただし、妻の派生的住所は、1984年10月5日の婚姻法改正により廃止され、それに伴って、親権に服する子の住所に関する規定も修正された。それによると、「親権に服する子の住所は、父母の住所、または父母が共通の住所を有しない場合は、子を監護する親の住所と同一とみなす。その他の場合には、居所をもって住所とする。」

74)　ただし、専門委員会の中には、様々な意見があった。すなわち、ZGB 23条以下の規定をそのままIPRGにも適用すべきであるとする見解、ZGB 24条ないし26条を除き、23条だけを適用すべきであるとする見解、もっぱら常居所を連結点とし、定義しないで採用すべきであるとする見解などである。Schlussbericht, a.a.O., Anm. (7), S. 68 f.

75)　Schlussbericht, a.a.O., Anm. (7), S. 72 f. 第1の点については、少なくとも妻の派生的住所は、ZGBにおいて廃止されていた。前述注(73)参照。Vgl. auch BG

I　スイス国際私法の基本問題　177

　以上のような専門委員会の提案趣旨自体は争われなかったが、同じく住所と言いながら、IPRG と ZGB とで異なった定義規定を置くことには、批判が多かった[76]。そこで、草案においては、規定の文言だけは、ZGB と一致させられた。すなわち、人は、「継続して留まる意思をもって滞在する国」に住所を有する（草案19条1項a号、IPRG 20条1項a号）。ただし、ZGB の適用を排除する規定は、そのまま残された（草案19条2項3文、IPRG 20条2項3文）。さらに、理由書においても、報告書の説明がそのまま受け継がれている。したがって、前述のような ZGB との相違点は、現在の IPRG にも当てはまるであろう[77]。

　ところで、IPRG においては、新たに常居所の概念が採用されたので、これと住所の区別を明らかにする必要がある[78]。まず、予備草案以来変わらない

3.5.1984, BGE 110 II 102, S. 112 f. 第2の点については、とりわけ BG 25.3.1971, BGE 97 II 1, S. 3 f. Vgl. auch J.M. Grossen, Einzelperson, in: Schweizerisches Privatrecht, Bd. 2, 1967, S. 350 f.; E. Bucher, Nr. 5 zu Art. 23 ZGB, in: Berner Kommentar, Bd. I-2, 1976, S. 549 f.; Egger, Nr. 19 zu Art. 23 ZGB, a.a.O., Anm. (69), S. 199. また、1887年の NAG 草案3条4項は、同様の趣旨を明文で規定していた。すなわち、「争いのある場合には、住所は、その際に問題となった事実関係の全体から決定される」。1876年の NAG 草案2条1項2文も同じ趣旨である。

76) Stellungnahmen, a.a.O., Anm. (33), S. XXXVII (Staatsrat des Kantons Tessin, Uni Basel, Uni Lausanne, Institut Universitaire de Hautes Etudes Internationales, Schweizerischer Anwaltsverband), S. 90 ff. (Ticino, Vaud, Uni Basel, Uni Lausanne, Institut universitaire de Genève, Schweizerischer Anwaltsverband). ただし、スイスの判例および学説は、一般に住所を「生活関係〔独〕＝利害関係〔仏〕の中心」(Mittelpunkt der Lebensverhältnisse/le centre des intérêts) と解していた。BG 25.3.1971, BGE 97 II 1, S. 3; BG 7.6.1963, BGE 89 II 113, S. 115; BG 12.2.1951, BGE 77 II 15, S. 17; Bucher, Nr. 3 zu Art. 23 ZGB, a.a.O., Anm. (75), S. 549; Egger, Nr. 19 zu Art. 23 ZGB, a.a.O., Anm. (69), S. 199; Grossen, a.a.O., Anm. (75), S. 350 f. グロセンは、ここでいう「生活関係の中心」をフランス民法102条の principal établissement と異ならないとする。Vgl. auch BBl 1876-IV, S. 40 f.

77) Botschaft, S. 54 ff. ちなみに、連邦政府は、意見聴取の後、IPRG の規定と ZGB 23条を別の形で調和させようと試みたが、結局、ZGB 23条が国民の法感情に深く根づいているとして、本文のような解決を採用したとする。

78) ただし、前述注(74)のように、専門委員会の中には、住所または常居所のいず

その定義規定によると、人は、「たとえ期間があらかじめ限定されていたとしても、相当の期間居住する国」に常居所を有する（予備草案 19 条 2 項、草案 19 条 1 項 b 号、IPRG 20 条 1 項 b 号）。これを住所の定義規定と比較するならば、次の点において、両者は異なるように思われる。

第 1 に、住所に関しては、規定の文言および立法趣旨から、本人の意思を必要とすることは明らかである。これに対して、常居所は、意思が要件とされていない。それでは、常居所に関しては、全く本人の意思は考慮されないのであろうか。報告書および理由書は、この点については、住所の場合よりも外観が重視され、意思の要素が後退するとだけ述べている[79]。

第 2 に、常居所に関しては、滞在期間が最初から限定されていてもよいとされている。これに対して、住所に関しては、かような文言がないことから、期間をあらかじめ限定した滞在が住所の要件を満たすか否かは不明である。報告書および理由書も、この点については、何も述べていない[80]。

さらに、その他の規定も見ておくと、まず IPRG 20 条 2 項 1 文は、「何人も、複数の地に同時に住所を有することはできない」とする。すなわち、住所の積極的抵触は生じない。これは、IPRG が国際私法独自の立場から住所を定義し

れか一方だけを採用すべきであるとの見解があった。さらには、後述注(96)も参照。

79) Schlussbericht, a.a.O., Anm. (7), S. 74; Botschaft, a.a.O., Anm. (7), S. 57. 他方、困難な問題は、子の奪取の場合に生じる。すなわち、子を保護する権利のある親から違法に奪取され、別の国に連れ去られた子の常居所は、どこに存在するのであろうか。理由書は、この点について、子を保護する権利のある親が定めた地に、子の生活の中心があるとする。なぜなら、子の常居所は、子の利益を考慮するならば、最も密接な、すなわち最も安定した家族関係が存在する地にあると考えられるからである。Botschaft, a.a.O., Anm. (7), S. 58. Vgl. auch Schlussbericht, a.a.O., Anm. (7), S. 75.

80) もっとも、ZGB 23 条の住所に関しては、滞在期間があらかじめ限定されていても構わないと解されている。BG 2.2.1923, BGE 49 I 188, S. 193; BG 5.3.1943, BGE 69 I 9, S. 12; BG 4.10.1943, BGE 69 I 75, S. 79; BG 23.9.1943, BGE 69 II 277, S. 281. Vgl. auch Egger, Nr. 25 zu Art. 23 ZGB, a.a.O., Anm. (69), S. 201; Bucher, Nr. 22 zu Art. 23 ZGB, a.a.O., Anm. (75), S. 553 f.

I　スイス国際私法の基本問題　179

ていることから、当然のように思われるが、最も密接な関係の観点からも、肯定されるであろう[81]。これに対して、常居所に関しては、かような規定が存在しない。そして、報告書および理由書は、複数の地に常居所が存在しうると明言している[82]。

また、IPRG 20条2項2文は、「人がどこにも住所を有しないときは、常居所をもって住所とする」と規定している。これは、予備草案および草案には存在しなかった規定であり、連邦議会でも提案の理由は説明されていない。ひとつの可能性としては、草案19条2項1文が「本法において住所という場合、行為能力を有しない者については、常居所をもって住所とする」と規定していたので、IPRGが草案の趣旨を拡大したものとも考えられるが、憶測の域を出ない[83]。

つぎに、報告書および理由書の説明をみておくと、まず住所は、前述のように、生活関係の中心にあると考えられているが、かような生活関係の中心は、

81) Botschaft, a.a.O., Anm. (7), S. 55. 予備草案には、かような規定が存在しないが、報告書は同様の趣旨を述べている。Schlussbericht, a.a.O., Anm. (7), S. 71. さらに、ZGB 23条2項、NAG旧3条4項参照。

82) Schlussbericht, a.a.O., Anm. (7), S. 74; Botschaft, a.a.O., Anm. (7), S. 57. Vgl. auch Keller/Siehr, a.a.O., Anm. (69), S. 324 f. 報告書および理由書は、常居所の積極的抵触をいかに解決すべきかを述べていないが、IPRGの全体の趣旨からみると、重国籍に関する23条が準用されるべきであろう。この規定に関しては、後述3(4)参照。

83) 現に、専門委員会は、かような規定の拡張を予想していなかったようである。A.E. von Overbeck, le droit des personnes, de la famille, des régimes matrimoniaux et des successions dans la nouvelle loi fédérale suisse sur le droit international privé, Rev. crt. 1988, p. 240; A.E. von Overbeck, Les régimes matrimoniaux et les successions dans le nouveau droit international privé suisse, dans: F. Dessemontet (éd.), Le nouveau droit international privé suisse, 1988, p. 60 s.; Ders, a.a.O., Anm. (37), S. 331. 草案19条2項1文の起草趣旨は、行為無能力者が住所を形成するだけの判断能力を有するか否かを個別に認定することが困難であるという点にあった。Botschaft, a.a.O., Anm. (7), S. 58. Vgl. auch Schlussbericht, a.a.O., Anm. (7), S. 74 f. したがって、行為能力者の無住所の問題は、全く念頭に置かれていなかった。

通常は、親族とのつながりが最も強い場所に求められるとする。しかし、これは職業的・経済的利益の考慮を全く排除するものではなく、親族とのつながりが全く存在しないか、または非常に疎遠である場合には、むしろ職業的利益が決定的となりうる。たとえば、独身の外人労働者が本国の親族と疎遠な関係になり、その時々の労働場所を生活の中心とする場合が考えられる[84]。

　これに対して、常居所は、通常、特別の目的のために取得されるとする。たとえば、職業または営業の目的、療養・教育・勉学の目的、余生を過ごす目的などがそれである。したがって、常居所は、必ずしも住所と一致するとは限らず、異なった場所に存在しうる。たとえば、季節労働者は、本国に家族と家があり、度々そこに戻るわけであるから、生活関係の中心、すなわち住所は本国に存在するが、常居所はスイスに有するであろう。また、年間滞在者も、通常は常居所を有するだけであるが、家族を呼び寄せることができるようになった時点から、むしろ住所を有すると考えるべきであろう。さらに、定住許可を受けた者は、通常、住所も常居所もスイスに有する[85]。

　それでは、IPRG において住所と常居所は、どのように使い分けられているのであろうか。ここでは、準拠法および管轄に関する規定だけを見ておく。

　まず、準拠法に関しては、人事・家族・相続法の分野において、圧倒的に住所が連結点とされている。理由書によると、これらの分野においては、直接の

---

84) Botschaft, a.a.O., Anm. (7), S. 55; Schlussbericht, a.a.O., Anm. (7), S. 71. Vgl. auch OGer Zürich 21.2.1963, ZR 62 N. 93, S. 314.

85) Botschaft, a.a.O., Anm. (7), S. 57; Schlussbericht, a.a.O., Anm. (7), S. 74. Vgl. auch OGer. Zürich 21.2.1963, ZR 62 N. 93, S. 308 ff. ちなみに、かような季節労働者（Saisonnier）、年間滞在者（Jahresaufenthalter）、定住権者（Niedergelassene）という区別は、滞在許可の区分に基づく。すなわち、季節労働者は、1年に最大9か月間のみ継続して滞在することが可能であり、家族の同伴は認められない。年間滞在者は、まず1年間についてのみ滞在が許可されるが、毎年更新することが可能である。定住権者は、もはや許可を必要とせず、永住することが可能である。Huber, a.a.O., Anm. (61), S. 32. ただし、報告書および理由書によれば、以上の滞在許可の区分は、単なるひとつの要素として考慮されるにすぎない。Botschaft, a.a.O., Anm. (7), S. 55; Schlussbericht, a.a.O., Anm. (7), S. 71 f.

個人的関係にある者だけが関与すること、それゆえ、かような関係の一定の継続性を保証する解決が望ましいことが、理由として挙げられている[86]。ただし、親子関係における子については、その子が住所を形成するだけの判断能力を有しているか否かの認定が困難であるため、住所に代えて常居所が連結点とされている[87]。

これに対して、属人法とは言えないが、債務法の分野においては、一定の範囲で常居所が連結点とされている。たとえば、契約の客観的連結において、最も密接な関係は、特徴的給付を行うべき当事者の常居所地国または営業所所在地国との間にあると推定され（117条2項）、不法行為の客観的連結においても、加害者と被害者が同一国に常居所を有する場合には、共通常居所地国法が準拠法とされる（133条1項）。報告書によると、これらの分野においては、ある者がその活動を行っている地に統合されているか否かではなく、その地に活動の中心があるという外観が重要であるとされている[88]。

つぎに、管轄に関しては、IPRG 2条の一般規定において、被告の住所が原則的管轄原因とされる。しかし、財産法の分野では、被告の住所がない場合に

---

86) Botschaft, a.a.O., Anm. (7), S. 56. IPRG 33条1項（人事法の一般原則）、35条（行為能力）、48条1項・2項（婚姻の効力）、52条2項（夫婦財産制における法選択）、54条1項（夫婦財産制における客観的連結）、72条1項（認知）、95条1項（相続契約）など。後述3(5)のように、住所地管轄と結びついたスイス法の指定も、住所地法の指定と解される。IPRG 37条1項（氏名）、38条3項（氏名変更）、41条3項（失踪宣告）、44条1項（婚姻の実質的成立要件）、61条・63条・64条（離婚および別居）、77条1項（養子縁組）、90条1項（相続）など。

87) Botschaft, a.a.O., Anm. (7), S. 58; Schlussbericht, a.a.O., Anm. (7), S. 74 f. IPRG 68条1項（親子関係の成立）、72条1項（認知）、82条1項（親子関係の効力）など。さらに、前述注(79)参照。

88) Schlussbericht, a.a.O., Anm. (7), S. 33, 74. 報告書は、それを「信頼保護」（Vertrauenschutz）の問題であるとする。本文に掲げた以外にも、IPRG 120条1項（消費者契約）、122条1項（無体財産権に関する契約）、123条（申込に対する沈黙）、135条1項a号（生産物責任）、139条1項b号（人格権侵害）、158条（団体法における代表権の制限）など。ただし、121条2項・3項（労働契約）は、住所概念も採用している。

も、被告の常居所が管轄原因とされ（補充的管轄）[89]、また場合によっては、原告の住所または常居所が管轄原因とされる（択一的管轄）[90]。他方において、人事・家族・相続法の分野では、やはり住所を管轄原因とするほうが多いが[91]、ここでも、親子関係における子については、常居所が基準とされ[92]、また婚姻の効力および親子関係の効力における親については、住所がない場合にも、常居所が管轄原因とされる[93]。かような常居所を原因とした補充的および択一的管轄について、理由書は、スイスの裁判所へのアクセスを容易にするためであると説明している[94]。

---

89) ただし、スイス全体の国際的管轄にとっては、被告の住所または常居所がスイスにあれば、管轄が発生するので、択一的管轄と同じ結果となる。IPRG 98条1項（動産物権）、112条1項（契約の一般規定）、114条1項b号（消費者契約）、127条（不当利得）、129条1項（不法行為）、151条2項（団体法）、152条a号（外国の団体の責任）など。Vgl. auch Keller/Siehr, a.a.O., Anm. (69), S. 577.

90) IPRG 114条1項a号（消費者契約）、115条2項（労働契約）など。Vgl. auch Keller/Siehr, a.a. O., Anm. (69), S. 577 ff.

91) IPRG 33条1項（人事法一般）、38条1項（氏名変更）、41条1項（失踪宣告）、43条1項（婚姻の挙行）、51条a号・b号（夫婦財産制）、59条・62条1項・63条1項・64条1項（離婚および別居）、66条1項（出生による親子関係の成立）、71条1項（認知）、75条（養子縁組）、86条1項（相続）など。

92) IPRG 66条1項（出生による親子関係の成立）、71条1項（認知）、79条1項（親子関係の効力）など。

93) IPRG 46条（婚姻の効力）、51条c号（夫婦財産制）、79条1項（親子関係の効力）。

94) Botschaft, a.a.O., Anm. (7), S. 58; Schlussbericht, a.a.O., Anm. (7), S. 74. 報告書は、さらに家族法の分野について、スイスの裁判所の管轄原因がスイス法の適用要件よりも厳格にされるべきではないという。すなわち、ここでは、裁判管轄の発生は、一種の「公共サービス（service public）」であり、それゆえ、外国人にとって、スイス裁判所へのアクセスをあまり困難としてはならない。Schlussbericht, a.a.O., Anm. (7), S. 71. Vgl. auch Botschaft, a.a.O., Anm. (7), S. 77. ちなみに、予備草案においては、管轄の一般原則は、被告の住所または常居所とされていた。それゆえ、家族法および財産法の分野においては、住所または常居所のいずれかを管轄原因とする択一的管轄が広く採用されていた。予備草案44条1項（婚姻の効力）、49条b号・c号（夫婦財産制）、58条・62条1項・63条1項・

以上のように、住所および常居所は、様々な分野において連結点または管轄原因として採用されている。すなわち、住所は、人事・家族・相続法における準拠法の連結点および管轄原因として、最も多く使われているが、管轄原因としては、財産法の分野においても採用されている。他方において、常居所は、親子関係における子にとっては、住所に代わる機能を果たしているが、財産法分野における準拠法の連結点としては、むしろ中心的役割を果たしている。また管轄原因として、常居所は、親子関係における子の場合を除けば、住所がない場合の補充的管轄原因として、または住所とともに択一的な管轄原因として、認められている。したがって、前述のようなIPRGの定義規定ならびに報告書および理由書の説明は、一応の参考にはなるが、むしろ各分野における機能を考察して、問題毎に住所および常居所を決定していくことになると考えられる[95]。

　最後に、条約における住所および常居所概念との関係について触れておきたい。たとえば、スイスが批准した範囲でみても、条約における住所概念としては、無国籍者の法的地位に関する1954年9月28日のニューヨーク条約12条1項があり（IPRG 24条1項）、条約における常居所概念としては、扶養義務の準拠法に関する1973年10月2日のハーグ条約（IPRG 49条、83条1項）、未成年者の保護についての管轄および準拠法に関する1961年10月5日のハーグ条約（IPRG 85条1項）、有体動産の国際的売買の準拠法に関する1955年6月15

　　64条1項（離婚および別居）、66条（親子関係の成立）、71条1項（認知）、72条1項（準正）、78条1項（親子関係の効力）、100条2項（動産物権）、111条1項（債権）、150条2項（団体法）など。

95)　Vgl. A.E. von Overbeck, Der schweizerische Entwurf eines Bundesgesetzes über das internationale Privatrecht, RabelsZ 1978, S. 613; Ders., Zwischenbericht über die schweizerische IPR-Reform, ZfRV 1978, S. 200; Bucher, Nr. 42 ff. zu Art. 23 ZGB, a.a.O., Anm. (75), S. 559 f. フォン・オーヴァーベックは、もともと常居所概念だけで足りるとする見解であった。A.E. von Overbeck, Quelques solutions générales du projet suisse de loi sur le droit international privé et premières réactions à leur égard, Traveaux du Comité français de droit international privé, années 1980-1981 (en réalité 1979-1980), 1981, p. 86.

日のハーグ条約（IPRG 118条1項）などがある。そして、これらの条約においては、住所および常居所の定義がほとんど行われていないので、IPRG の定義がこれらの条約に適用されるのではないか、という疑問が生じるかもしれない[96]。しかし、これは、条約の優位を定めた IPRG 1条2項により否定されるであろう。また、報告書および理由書によれば、一般に条約において使用された概念は、その目的および趣旨を考慮して、独自に定められるべきであるから、住所および常居所の概念も、条約と IPRG の間で同一に解釈される必要はないとされる[97]。もっとも、前述のように、IPRG の定義規定を機能的に解釈するのであれば、住所および常居所概念について、IPRG と条約の区別はそれほど重要でないとする見解もある[98]。

---

96) すなわち、ハーグ国際私法条約において一般に考えられている常居所は、予備草案19条の定義によると、むしろ住所に該当するので、さらに IPRG 独自の常居所概念を定めることは、混乱を招くとする批判があった。Stellungnahmen, a.a.O., Anm. (33), S. 90 ff. (Regionalkonferenz, Uni Genéve, Siehr). また IPRG の成立前の判例によると、条約にいう常居所は、「生活関係の重心〔独〕＝生活の現実的中心〔仏〕」(Schwerpunkt der Lebensverhältnisse/le centre effectif de la vie) にあるとされていた。BG 24.7.1986, BGE 112 V 164, S. 166（社会保障に関する1969年5月1日のスイス・トルコ共和国間の条約最終議定書第3号）; BG 5.6.1984, BGE 110 II 119, S. 122（未成年者の保護についての機関の管轄および準拠法に関する1961年10月5日のハーグ条約）。Vgl. auch Vischer/von Planta, a.a.O., Anm. (29), S. 34 f. かような定義は、前述注(76)の ZGB における住所の定義とそれほど異ならないであろう。さらに、より端的に、管轄原因については、住所と常居所が等価値であるとする判例も見られる。BG 6.6.1963, BGE 89 I 303, S. 314; BG 8.2.1968, BGE 94 I 235, S. 243. Vgl. auch Vischer/von Planta, a.a.O., Anm. (29), S. 35; Bucher, Nr. 52, 94 vor Art.22-26 ZGB, a.a.O., Anm. (75), S. 521, 530. 前述注(78)も参照。

97) Botschaft, a.a.O., Anm. (7), S. 56; Schlussbericht, a.a.O., Anm. (7), S. 75 f. ちなみに、予備草案1条2項もすでに条約の優位を定めていたが、19条3項2文は、改めて条約の規定を留保する旨を定めていた。これは、専門委員会がとりわけ住所および常居所について、IPRG と条約の関係を意識していたためと思われる。

98) Von Overbeck, a.a.O., Anm. (37), S. 331. とりわけ条約の適用範囲を拡張した箇所において、IPRG とハーグ条約との間で異なった解釈を行ったならば、不都合が生じるであろう。IPRG 83条2項、85条2項・3項、93条2項参照。Vgl.

(4) 国　　籍

　連結点としての国籍については、NAG および ZGB の本籍 (Heimat) に関する規定から見ておく必要がある。まず、NAG 5 条は、重本籍を規定する。それによると、複数のカントンに本籍を有する者については、最後に住所を有していた本籍カントンを本籍地とみなし、いずれの本籍カントンにも住所を有しなかった場合は、本人または尊属が最後に市民権を取得したカントンをもって、本籍地とする[99]。また、ZGB 22 条 3 項も、同様の規定を置いている。すなわち、人が複数の地に市民権を有する場合は、現在または最後の住所のある本籍地を基準とし、いずれの本籍地にも住所がない場合は、本人または尊属が最後に市民権を取得した地をもって、本籍とする。両者は、同じ趣旨の規定であると解されるので、NAG の規定は、条文としては残っていたが、ZGB の規定によって廃止されたと考えられる[100]。

　ところで、ZGB 22 条 3 項は、従来の判例により、重国籍者にも準用されていたが、その者が同時にスイス国籍も有する場合は、それのみが基準とされる傾向があった[101]。これに対して、IPRG は、場合に応じた解決方法を採用している。まず、直接管轄が問題となる場合には、スイス国籍は、とくに在外スイス人を保護する目的で管轄原因とされているので（後述 3 (12) 参照）、当然に、スイス国籍のみが基準とされる（23 条 1 項）。これに対して、準拠法については、国籍の実効性が問題とされる。すなわち、IPRG に別段の定めがない限り、

---

auch H. Hoyer, Die gemeinsamen Bestimmugen des schweizerischen IPR-Gesetzesentwurfs, SJIR 1979, S. 42 f.

99) 同趣旨の規定は、1887 年の NAG 草案 6 条および 1876 年の NAG 草案 4 条にも見られる。

100) Vgl. Vischer/von Planta, a.a.O., Anm. (29), S. 32.

101) BG 22.5.1950, BGE 76 I 34, S. 38; BG 2.7.1953, BGE 79 II 337, S. 338; BG 22.7.1958, BGE 84 II 469, S. 474; OGer. Zürich 25.11.1954, SJIR 1956, 285, S. 288 f. Vgl. auch Vischer/von Planta, a.a.O., Anm. (29), S. 31 f.; Botschaft, a.a.O., Anm. (7), S. 60; Schlussbericht, a.a.O., Anm. (7), S. 79.

本人と最も密接な関係のある国の国籍が基準とされる（同条2項）。ただし、別段の定めとしては、夫婦財産関係における法選択（52条2項）、相続における法選択（90条2項）、死因処分能力に関する択一的連結（94条）があり、これらの場合には、実効性に関わりなく、いずれの国の国籍も連結点となりうる。さらに、外国判決の承認に関しては、それを容易にするために、いずれの本国において下された判決も間接管轄の要件を満たすとされている（23条3項）[102]。

以上によれば、IPRG の規定は、とりわけ準拠法の決定にあたり、重国籍の在外スイス人について、従来の判例を大きく変更するものであろう。これに対して、外国国籍のみを有する重国籍者については、ZGB の規定を適用した結果とそれほど大きく異ならないと思われる。なぜなら、本人と最も密接な関係がある国とは、通常は、その者が現に住所または常居所を有する国であるからである[103]。

つぎに、国籍の消極的抵触については、ZGB の施行に伴って追加された NAG 7a 条が規定しており、国籍および住所のいずれも証明できない者については、スイス法の適用を定めていた。これは、住所が明らかである場合は、無国籍者について、住所を基準とする趣旨であろう[104]。同様の趣旨は、IPRG においても規定されている。ただし、IPRG においては、まず無国籍者の定義が行われており、それによると、無国籍者の法的地位に関する1954年9月28日のニューヨーク条約により無国籍者とされる者、さらには無国籍者と同一視しうる程に本国との関係が疎遠になった者は、無国籍者とされる（24条1項）。また、1979年10月5日の連邦難民法により難民とされる者は、IPRG においても難民とされる（同条2項）。そして、これらの無国籍者および難民について

---

102) 以上については、Botschaft, a.a.O., Anm. (7), S. 61 f.; Schlussbericht, a.a.O., Anm. (7), S. 80 f.

103) Vgl. auch Keller/Siehr, a.a.O., Anm. (69), S. 310. また、直接管轄および間接管轄については、IPRG と同様の趣旨がすでに従来の判例において認められていた。BG 22.7.1958, BGE 84 II 469, S. 472 ff.; BG 6.6.1963, BGE 89 I 303, S. 308 f.

104) Vgl. Vischer/von Planta, a.a.O., Anm. (29), S. 32.

は、住所をもって国籍とされる（同条3項）[105]。住所も有しない場合は、前述のように、IPRG 20条2項2文により、常居所をもって住所とされるであろう。したがって、後者の場合についてのみ、NAG 7a条が修正されたことになる。

最後に、ZGB 22条1項によると、人の本籍は、市民権の有無によって定めるとされていた。同様の趣旨は、IPRGにおいて、国籍についても規定されている。すなわち、人がある国に国籍を有するか否かの決定は、当該国の国籍法によることが明記されている（22条）。この点は、とくに説明を要しないであろう。

(5) 住所地法主義

前述のように、スイス国際私法における住所地法主義の伝統は、NAGにまで遡ることができる[106]。すなわち、そこでは、妻の行為能力および遺言能力（7条）、親権（9条1項）、後見（10条）、夫婦財産制（19条）、相続（22条）、相続契約（25条）について、住所地法の適用が定められていた。しかし、NAGには、重要な例外が存在していた。

---

105) ちなみに、予備草案においては、「いかなる国もその者を自国民としない場合、または無国籍者と同視しうる程に本国との関係が乏しくなった場合」に、その者を無国籍者とし、かような無国籍者については、住所をもって国籍としていた（22条）。この規定は、事実上の無国籍者を含めることにより、ニューヨーク条約の適用範囲を拡大しているため、草案以降は、この点が明らかにされた。また難民についても、IPRGの規定は、難民の地位に関する1951年7月28日のジュネーヴ条約および1967年1月31日のニューヨーク議定書の適用を妨げるものではなく（IPRG 1条2項）、単にスイスの国内立法により難民の概念を拡大することがあり得ることを示唆するにすぎない。Botschaft, a. a. O., Anm. (7), S. 62 f.; Schlussbericht, a.a.O., Anm. (7), S. 81 f.

106) さらには、1848年の連邦憲法46条にまで遡ることができるであろう。前述注(58)参照。ただし、1887年のNAG草案2条および1876年のNAG草案1条では、「本法に別段の定めがない限り、住所地の法および住所地の裁判管轄」によるとされていたのに対し、NAG 2条では、「本法が明示的に本籍地の裁判管轄を規定しない限り、……住所地の裁判管轄」によるとしており、準拠法については、住所地法原則を定めていなかった。

すなわち、人の身分、とりわけ嫡出・非嫡出、認知、親子関係の確認および養子縁組については、それぞれ夫、父または養親の本国(本籍地)法が適用され、かつ管轄も本国(本籍地)に認められていた（旧8条）[107]。また、親族間の扶養義務は、扶養義務者の本国(本籍地)の法によるとされていた（9条2項）[108]。相続についても、原則的には、被相続人の最後の住所地法が適用されるが、遺言または相続契約により相続順位を本国(本籍地)法によらせることができた（22条）[109]。さらに、ZGB の施行に伴う NAG の一部改正においては、むしろ本国法主義が基調とさえなっている。すなわち、行為能力については、内国取引保護を規定することにより、原則は本国法主義であることを窺わせ（7b条1項）、婚姻の成立要件については、各当事者につき本国法によるとされ（7c条1項）、離婚についても、離婚原因は本国法によるとされていた（7h条1項）[110]。

しかし、1972年の ZGB の養子法改正に伴う NAG の一部改正においては、

---

[107]　連邦政府の報告書によると、人の身分は公法の問題であり、本籍と最も密接な関係にあるとされている。BBl 1891-III, S. 559.

[108]　連邦政府の報告書によると、親族間の扶養義務の問題は、本籍カントンの生活保護義務と密接に関連しているため、本籍地法によらせることにしたとされている。BBl 1891-III, S. 560.

[109]　本条の立法趣旨については、後述3 (10)参照。

[110]　ただし、これらの規定の趣旨は、すでに NAG 以前の連邦法によって規定されていた。すなわち、行為能力については、自然人の行為能力に関する1881年6月22日の連邦法10条2項および3項により、外国人の本国法主義および内国取引保護が規定されていた。そして、この1881年法は、NAG 34条により、その適用を妨げないとされていた。他方において、ZGB の最終章60条は、この1881年法が ZGB の規定と抵触する限りにおいて廃止されるとしていたが、同法10条2項および3項については、判例により効力維持が確認されている。BG 17.9. 1982, BGE 108 V 121, S. 125; BG 28.3.1980, BGE 106 Ib 193, S. 197. Vgl. auch Vischer/von Planta, a.a.O., Anm. (29), S. 53. また婚姻および離婚について、身分の確定および公証ならびに婚姻に関する1874年12月24日の連邦法31条1項・37条4項・56条は、スイスにおける婚姻および離婚が本国において承認されることを要件としていた。Vgl. auch Sten. Bull. STR 1907, S. 127 f.

住所地管轄と結びついた法廷地法主義が採用され (8a 条〜 8c 条)[111]、さらに、1976 年の ZGB の親子法全面改正に伴う NAG の改正においては、8 条がついに削除された。そして、親子関係の確認および否認は、共通住所地法を第 1 順位とする段階的連結が採用され (8e 条)、管轄についても、当事者の一方の住所により、スイスの管轄が肯定されることになった (8d 条)[112]。1984 年には、ZGB の婚姻法が改正されたが、これに伴う NAG の改正は、IPRG の成立により不要となった[113]。

　以上のように、NAG は、一旦、本国法主義に傾斜した後、再び住所地法主義へ復帰する傾向を示していた。かような傾向は、IPRG において、さらに発展させられた。すなわち、IPRG においては、前述のように、住所と常居所が区別されているが、両者を含めた広い意味の住所地法主義としては、人事法の一般原則 (33 条)、行為能力 (35 条)、婚姻の効力 (48 条)、夫婦財産制 (54 条)、出生による親子関係の成立 (68 条)、認知 (72 条)、親子関係の効力 (82 条)、相続契約および相互的死因処分 (95 条) などが見られる。これらの規定においては、明示的に住所地法ないし常居所地法が指定されている。

　ところが、NAG においても、養子縁組について、住所地管轄と結びついた

---

111) この改正は、同時に、養子縁組についての機関の管轄、準拠法および判決・決定の承認に関する 1965 年 11 月 15 日のハーグ条約批准のためでもあった。しかし、このハーグ条約は、締結国の国籍を有する未成年者の養子縁組のみを対象としていたので、NAG の改正が必要とされたのである。その背景には、外国人を当事者とする養子縁組件数の増加があり、NAG 8 条の本国法主義は、この点で不都合と考えられていた。BBl 1971-I, S. 1243 f. ちなみに、ハーグ条約においては、住所ではなく、常居所が連結点とされている (3 条 1 項 a 号)。

112) 親子関係の確認および否認については、ハーグ条約は存在しないが、NAG 8 条の不都合は明白であった。詳細については、後述 4 (2) 参照。ただし、政府草案においては、共通本国法を第 1 順位とする段階的連結が採用されていた。以上については、BBl 1974-II, S. 106 ff. なお、かような管轄および準拠法の例外についても、後述 4 (2) 参照。

113) 連邦政府は、もともと ZGB の改正婚姻法を施行する 1988 年 1 月 1 日に、IPRG も同時に施行することを望んでいた。P. Volken, Das Zivilstandswesen im neuen schweizerischen IPR-Gesetz, ZZW 1986, S. 339.

法廷地法の指定が行われていたように（以下では、「管轄・法廷地法主義」と称する）、IPRGにおいても、氏名（37条1項）、氏名の変更（38条1項・3項）、失踪宣告（41条1項・3項）、婚姻の実質的成立要件（43条1項、44条1項）、離婚・別居（59条、61条1項、63条、64条）、養子縁組（75条1項、77条1項）、相続（86条1項、90条1項）などに同様の規定が見られる。すなわち、管轄・法廷地法主義は、IPRGにおいて、さらに拡大されたのである。そして、これらの規定は、要するに、スイスの裁判所または官庁が管轄を有する場合についてのみ、準拠法を定めているのであって、実質上は、住所地法主義を採用しているのと異ならないと説明されている[114]。ただし、次の2点を指摘しておく。

まず、かような管轄・法廷地法主義は、人事・家族・相続の法律関係形成の分野に限定されていることが注目される。そして、これらの分野においては、外国における形成行為は、すべて承認の問題として扱われている。すなわち、氏名の変更（39条）、失踪宣告（42条）、婚姻挙行（45条）、離婚・別居（65条）、養子縁組（78条）、相続（96条）がそれである。これらの形成行為の承認については、裁判所が関与したものだけでなく、行政機関が行ったものでも構わないとされている[115]。しかも、承認の要件となる間接管轄は、スイスの機関の直接管轄と別に規定されており、それらは、おおむね直接管轄よりも広く定められている[116]。むろん準拠法要件は、この場合、それとして課せられていな

---

114) 一般的には、Schlussbericht, a.a.O., Anm. (7), S. 27; Siehr, a.a.O., Anm. (53), S. 732; von Overbeck (Traveaux), *op. cit.*, n. (95), p. 87; von Overbeck (Rev. crt.), *op. cit.*, n. (83), p. 244. 氏名、離婚・別居および相続については、Botschaft, a.a.O., Anm. (7), S. 73, 96 f., 123 f.; Schlussbericht, a.a.O., Anm. (7), S. 91 f., 134 f., 180. その他については、Keller/Siehr, a.a.O., Anm. (69), S. 314.

115) Botschaft, a.a.O., Anm. (7), S. 74, 75, 81, 99 f., 110 f.; Schlussbericht, a.a.O., Anm. (7), S. 93, 94, 106 f., 139 f., 158, 193 ff.

116) 一般的には、Botschaft, a.a.O., Anm. (7), S. 65 f.; Schlussbericht, a.a.O., Anm. (7), S. 34 f.; Volken (Festschrift Moser), a.a.O., Anm. (13), S. 246 f. これに対して、財産法の分野においては、連邦憲法59条の制約から、間接管轄が直接管轄よりも制限される傾向にある。IPRG 111条1項b号、149条2項a号・f号、165条1項a号・2項参照。連邦憲法59条1項によると、スイスに住所を有する債務

いのであるから、この面から、人事・家族・相続の法律関係形成行為については、双方的抵触規定が必要なかったと言えるであろう。

つぎに、これらの法律関係形成行為の幾つかは、スイスにおいても、官庁の手によって行われている点に、注目しなければならない。すなわち、氏名・婚姻・養子縁組がそれである[117]。したがって、この場合の管轄・法廷地法主義は、むしろ手続の迅速性のために必要であった、と説明できるかもしれない[118]。ただし、ここでのスイス法の適用は、必ずしも国内事件におけるものと同一であるとは限らない。

たとえば、養子縁組について、IPRG 77条2項は、次のように規定する。「養子縁組が養親となるべき者もしくは夫婦の住所地国または本国において承認されず、その結果、子に重大な不利益が及ぶと認められる場合には、機関は、当該国の法による要件も考慮しなければならない。それでもなお、承認が確実と認められない場合には、縁組を許可してはならない」。これをもって、養子縁組については、住所地法と本国法が累積適用されていると速断することはできない[119]。なぜなら、外国法は考慮されるにすぎないからである。したがって、これは、むしろ渉外的要素を考慮したスイス法の適用とみるべきであろう。これに対して、その他の法律関係形成行為については、同様の規定を見出すことができない。したがって、外国における承認可能性の考慮およびそれに伴う外国法の適用ないし考慮は、国際私法総論の課題と言えるであろう[120]。

　　者は、その住所地において訴えられることを要し、かつその住所地カントン以外の財産については、差押を受けない。
117)　氏名については、ZGB 30条・149条・160条、婚姻挙行については、ZGB 105条以下、養子縁組については、ZGB 268条参照。さらに、1953年6月1日の戸籍規則67条以下、73a条以下、92条以下も参照。
118)　Vgl. Keller/Siehr, a.a.O., Anm. (69), S. 391 f.
119)　ただし、おそらく累積適用と解するものとして、von Overbeck (Rev. crit), *op.cit.*, n. (83), p. 244; Keller/Siehr, a.a.O., Anm. (69), S. 278.
120)　Vgl. Botschaft, a.a.O., Anm. (7), S. 80. この点で注目されるのは、IPRGの施行に伴い改正された戸籍規則の氏名および婚姻に関する規定である（1988年11月28日改正、1989年1月1日施行）。まず、氏名に関する43a条によると、カント

ちなみに、IPRG 43 条 2 項は、スイスに住所を有しない外国人間の婚姻について、「スイスにおける婚姻が当事者双方の住所地国または本国において承認される場合」に限り、許可することができると規定している。しかし、これは、第 1 に、管轄に関する規定であるから、婚姻が外国において承認されない場合に、当該外国法の考慮を定めたものではなく、そのような場合には、そもそもスイスの管轄自体を否定するものである。第 2 に、これは、スイスに住所を有しない外国人の婚姻に関する規定であり、IPRG の管轄原則によるならば、全くの例外に属する[121]。したがって、後述 3 (12)の在外スイス人に対する特別の配慮を除くならば、少なくとも婚姻当事者の一方の住所が管轄原因となり、それと結びついて、住所地法たるスイス法が適用される、これが常態であろう。

(6) 特別留保条項

管轄・法廷地法主義と区別すべきものとして、IPRG においては、随所に特別留保条項が見られる。これらは、当然の事ながら、スイスの裁判所または官庁が管轄を有する場合にのみ適用されるが、その趣旨は、住所地法としてよりも、スイスの国内実質法の適用確保にある。

まず、権利能力について、予備草案 32 条 1 項および草案 32 条 1 項は、ZGB 11 条 1 項と同じく、「何人も権利能力を有する」と定めていたが、現行の IPRG 34 条 1 項は、スイス法を指定している。もっとも、この規定は、予

ンは、外国法が適用されるか、または適用されうる場合について、氏名の問題をカントンの監督機関の審査に委ねる旨を規定することができる。また、婚姻に関する 168 条によると、同じくカントンは、婚姻当事者の一方がスイス国民でない場合について、婚姻公示の書類をカントンの監督機関の審査に委ねる旨を定めることができる。ちなみに、IPRG の予備草案 41 条 3 項においては、スイスにおける婚姻を困難としない限りにおいて、外国における承認を容易にするために、婚姻当事者の一方の本国法または住所地法を付随的に適用することができるとされていたが、かような規定は、草案以降は削除された。

121) 同様の規定は、すでに NAG 7e 条に見られる。前述注(29)参照。ちなみに、IPRG の施行に伴い追加された戸籍規則 168a 条によると、かような婚姻については、カントンの監督機関が決定を下すとされている。

備草案および草案の趣旨を変更するものではないとされている[122]。

つぎに、認知の取消について、予備草案73a条は、出生による親子関係の成立に関する規定に従うと定めていたが、草案以降は、スイス法によると修正されている (IPRG 72条3項)。その趣旨は、もっぱらZGB 260a条以下、とりわけ260b条の適用にあるとされている[123]。これによると、認知の取消は、認知を行った者が子の父でないという事実を証明すれば足りる。

他方において、方式におけるスイス法の適用は、行為地法と解することができるかもしれない。すなわち、「スイスにおいて挙行される婚姻の方式」(44条3項)および「スイスにおける認知の方式」(72条2項)をスイス法によらせる規定がそれである。しかし、同じく行為地法主義といっても、夫婦財産契約および契約の方式は、択一的に実質の準拠法または締結地の法によることができるのに対して (56条、124条)、婚姻および認知の方式は、常に行為地法によることを要する。その意味では、絶対的行為地法主義であり、やはり行為地の公序を反映したものであろう[124]。具体的には、婚姻の方式は、ZGB 105条以下により[125]、また認知の方式は、ZGB 260条3項によらなければならない[126]。

---

122) Amt. Bull. STR 1985, S. 140. Vgl. auch Botschaft, a.a.O., Anm. (7), S. 70; Schlussbericht, a.a.O., Anm. (7), S. 87 f.

123) Botschaft, a.a.O., Anm. (7), S. 108.

124) Botschaft, a.a.O., Anm. (7), S. 80 f., 108; Schlussbericht, a.a.O., Anm. (7), S. 104 f. 婚姻の方式については、Vgl. auch Keller/Siehr, a.a.O., Anm. (69), S. 293.

125) スイスにおいては、領事婚は認められていない。Botschaft, a.a.O., Anm. (7), S. 80 f.; Schlussbericht, a.a.O., Anm. (7), S. 105. ただし、ベイルート、カイロ、ダマスカス、バグダッド、テヘランのスイス大使館では、スイス人間の婚姻について、領事婚が行われているとの指摘がある。B. Dutoit, Le nouveau droit international privé suisse de la famille, dans: Dessemontet, *op.cit.*, n. (83), p. 32 note 10. なお、IPRG 43条2項によるスイスに住所を有しない外国人間の婚姻については、婚姻挙行に先立つ公示手続は、カントンの監督官庁の裁量に任されている (戸籍規則168a条4項)。

126) ZGB 260条3項によると、認知は、戸籍官吏の面前における宣言により、もしくは遺言により、または父子関係確認の訴えが係属している場合は、裁判官の面前において、行わなければならない。IPRG 71条1項・2項も参照。

最後に、離婚および別居の保全処分についても、スイス法が指定されている（IPRG 62 条 2 項）。ここでは、通常、迅速な手続が要求されるので、外国法の適用は妥当でないとされる[127]。具体的には、離婚および別居の保全処分については、ZGB 145 条が常に適用される[128]。

ちなみに、NAG においては、婚姻の方式（7c 条 2 項）および離婚原因を除いた離婚の要件および効力（7h 条 3 項）について、スイス法が指定されていた。これらも、特別留保条項と解することができるであろう。

(7) 段階的連結

段階的連結は、すでに NAG において、親子関係の確認および否認に関する 8e 条において採用されていた。すなわち、第 1 段階として、親子の共通住所地法が指定され、同一国に住所がない場合には、第 2 段階として、共通本国法が指定されていた。さらに、共通住所地法および共通本国法のいずれもない場合は、第 3 段階として、スイス法が指定された。これに対して、IPRG においても、たしかに一定の場合には、住所地法が適用されず、それに代わって、本国法が適用されるが、第 2 段階以降の連結の要件は、様々に規定されている。

まず、夫婦財産制の客観的連結に関する 54 条 1 項は、第 1 段階として、夫婦の現在または最後の共通住所地法を指定する[129]。ここでいう共通住所とは、国内で住所が同じであることや同居を意味しているのではなく、住所がひとつ

---

127) Botschaft, a.a.O., Anm. (7), S. 98; Schlussbericht, a.a.O., Anm. (7), S. 137.

128) ZGB 145 条によると、離婚または別居の訴えが提起された場合、夫婦は、訴訟の間、同居義務を免れる（1 項）。そして、裁判所は、とりわけ住居、扶養、夫婦財産関係および子の監護について、必要な保全処分を命じなければならない（2 項）。

129) 婚姻の一般的効力と異なり、夫婦財産制においては、夫婦が同一国に住所を有しない場合、最後の共通住所地法が指定されている。したがって、夫婦双方が最後の共通住所他国を離れ、相異なる第三国に住所を有する場合にも、夫婦財産制は、最後の共通住所地国の法による。これは、夫婦財産制においては、できる限り同一の連結を維持することが望ましいと考えられているからである。Botschaft, a.a.O., Anm. (7), S. 91; Schlussbericht, a.a.O., Anm. (7), S. 124.

の国のどこかに存在すれば足りる[130]。したがって、現在も過去も、夫婦が全く同じ国に住所を有したことがないというケースは、極めて稀にしか生じないであろう。ところが、54条2項は、第2段階として、かような稀なケースのために、共通本国法を指定している[131]。そして、もっと稀なケースであろうが、「夫婦が一度も同じ国に住所を有したことがなく、かつ共通の国籍も有しない場合」には、スイス法の別産制が適用される（同条3項）。

ところで、この第3段階におけるスイス法の適用は、単なる法廷地法ではない。スイス法は、夫婦の財産関係について、原則として、収益共有制を採用しているからである（ZGB 181条・196条以下）。ただし、特別な夫婦財産関係として、別産制が規定されている（同185条以下）。それによると、夫婦は、法定の重大な事由が存在する場合にのみ、裁判所に別産制を申し立てることができる。さらに、別産制においては、夫婦は、法定の範囲内において、各自で自己の財産を管理・収益・処分するものとされている（同247条以下）。したがって、IPRG 54条3項のような特別の状況においては、ZGBの別産制が適切であると判断されたのである[132]。

つぎに、離婚および別居については、第1段階において、スイス法が指定されているが（61条1項）、これは、前述のように、住所地管轄（59条）と併せて解釈するならば、夫婦の共通住所地法の指定と見るべきである。そして、夫婦の一方のみがスイスに住所を有する場合には、第2段階として、共通本国法が適用される（61条2項）。ここでは、「夫婦の一方のみがスイスに住所を有する場合」と書かれているが、夫婦のいずれもがスイスに住所を有しない場合には、いずれにせよ、外国人夫婦の離婚について、スイスの管轄が生じないのであるから、単に「夫婦が同一国に住所を有しない場合」と書いても、同じことにな

---

130) Botschaft, a.a.O., Anm. (7), S. 91; Schlussbericht, a.a.O., Anm. (7), S. 124.
131) 報告書および理由書によると、この場合には、婚姻前に実効的国籍が共通であることを要するので、単に婚姻の結果としてのみ取得した国籍は考慮されない。Botschaft, a.a.O., Anm. (7), S. 91; Schlussbericht, a.a.O., Anm. (7), S. 124 f.
132) A. Bucher, Das neue internationale Ehegüterrecht, ZBGR 1988, S. 69; D. Henrich, Referat, in: Lausanner Kolloquium, a.a.O., Anm. (13), S. 107.

る。さらに、住所および国籍のいずれもが共通でない場合は、第3段階として、61条1項に戻り、スイス法が指定される。このように、61条1項によるスイス法の指定は、2通りに解釈される[133]。

最後に、出生による親子関係の成立および親子関係の効力については、第1段階として、子の常居所地法が指定されている（68条1項、82条1項）。しかし、父母のいずれもが子の常居所地国に住所を有しない場合は、第2段階として、当事者の共通本国法が適用される（同条2項）。さらに、当事者の共通本国法もない場合は、結局、子の常居所地法が適用される。ただし、これをもって、直ちに、子の常居所地法の優先と見ることはできない。なぜなら、子の常居所は、通常、父母の住所と同一であるか、または、少なくとも、母の住所と同一であると考えられるからである。そして、子の常居所が親の住所と同一でない例外的なケースとしては、外国人労働者の子がスイスに残された場合、または非嫡出子を養子にするために、親権が解除された場合（ZGB 312条2号）などが考えられており、これらの場合は、未成年者の保護に関する規定との調和が必要であるとされる[134]。

以上のように、現実問題として、第2段階以降の連結は、離婚および別居に

---

133) Botschaft, a.a.O., Anm. (7), S. 96 f. ちなみに、予備草案60条では、第1段階として共通住所地法、第2段階として共通本国法、第3段階としてスイス法が指定されていた。さらに、第3段階においては、夫婦双方の申立により、一方の住所地法または本国法の適用も可能とされていた。Vgl. auch Schlussbericht, a.a.O., Anm. (7), S. 134 f.

134) Botschaft, a.a.O., Anm. (7), S. 104 f., 113. ちなみに、予備草案68条1項および81条1項では、第1段階として父母、または子と同居する親の住所地法が指定され、父母のいずれもが子と同居しない場合、第2段階として子の常居所地法が指定されていた。したがって、草案以降の規定は、第2段階として当事者の共通本国法が入った以外は、実質上、予備草案と異ならない。ただし、出生による親子関係の成立について、予備草案68条2項は、事案が子または父母の一方の本国法と明らかにより密接な関係を有する場合、この国の法が適用されると規定しており、また同条3項は、本来の準拠法が出生による母子関係を成立させない場合は、スイス法が適用されるとしていた。しかし、これらの規定は、草案以降では削除されている。

ついては、比較的頻繁に行われるかもしれない。しかし、出生による親子関係の成立および親子関係の効力については、若干それが少なくなり、夫婦財産制については、極めて稀にしか生じないであろう。いずれにせよ、第2段階への連結の要件は、本国法がより密接な関係の法として適用されるべき典型的事例として規定されたと言える[135]。

ところで、かような住所地法から本国法への段階的連結ではなく、婚姻の一般的効力に関する48条のように、あくまで住所地法の範囲内における段階的連結も見られる。すなわち、婚姻の一般的効力は、第1段階において、夫婦の共通住所地法が適用されるが（1項）、夫婦が同一国に住所を有しない場合は、第2段階として、事案とより密接な関係を有する住所地国の法が適用される（2項）。理由書によると、この規定が設けられた趣旨は、一方において、当事者の相対立する利害関係を十分に考慮する必要があるが、他方において、実務にとって迅速に処理しうる規則が必要である、という点に求められる。そこで、48条2項の適用に際しては、具体的事案、事情全体、および婚姻共同体を維持するための処分の機能が考慮されるべきである、とされている[136]。

ちなみに、婚姻共同体を維持するための処分は、ZGB 172条以下に規定されている。それによると、夫婦の一方が家族に対する義務を履行しない場合、または婚姻共同体にとって重要な事項について、夫婦の意見が一致しない場合には、共同または単独で裁判所に調停を申し立てることができる（172条1項）。さらに、裁判所は、必要に応じて、夫婦の一方の申立にもとづき、法定の処分を行わなければならない（同条3項）。したがって、事案とより密接な関係のある住所地国とは、通常、かような処分が実行されるべき国を指すものと思われる[137]。

---

135) Botschaft, a.a.O., Anm. (7), S. 54; Schlussbericht, a.a.O., Anm. (7), S. 32 f. かような段階的連結は、当事者の平等の観点からも肯定されるであろう。Botschaft, a.a.O., Anm. (7), S. 77 f.; Schlussbericht, a.a.O., Anm. (7), S. 98 f.

136) Botschaft, a.a.O., Anm. (7), S. 83. Vgl. auch Schlussbericht, a.a.O., Anm. (7), S. 112.

(8) 択一的連結

　一定の実質法的価値判断にもとづいて、法律行為の成立を容易にするための択一的連結も、すでに NAG 24 条において、遺言などの方式について見られた。すなわち、「遺言、相続契約および遺贈は、行為地法、被相続人の行為時もしくは死亡時の住所地法または本籍カントン法に合致する場合には、方式に関して有効とする」[138]。これに対して、IPRG は、遺言の方式の準拠法に関する 1961 年 10 月 5 日のハーグ条約を直接に指定するとともに、これを遺言以外の死因処分の方式にも準用している（93条）[139]。同様の択一的連結は、その他にも、夫婦財産契約の方式（56条）・認知（72条）・死因処分の能力（94条）について見られるが、連結可能な法の範囲は様々である。しかし、いずれも、当該法律行為の成立を容易にする点では、目的を同じくする。

　まず、夫婦財産契約は、実質の準拠法または締結地法のいずれかに合致すれば、方式に関して有効とされる。婚姻および認知の方式については、前述のように、絶対的行為地法主義ないし特別留保条項が採用されていたが、ここでは、むしろ契約の方式の場合（124条）と同じ解決になっている[140]。

　つぎに、認知の実質的成立要件については、認知有効視の政策が採用されており、認知の方式および取消に関する特別留保条項とは対照的である[141]。す

---

137)　I. Schwander, Das Internationale Familienrecht der Schweiz, Bd. II, 1985, S. 697 f.; Ders., Referat, in: Lausanner Kolloquium, a.a.O., Anm. (13), S. 88.

138)　ただし、1862 年の草案 26 条では、行為地法または定住カントンの法のいずれか、1876 年の草案 14 条では、行為地法のみ、1887 年の草案 18 条では、行為地法または最後の住所地法のいずれかによるとされていた。

139)　ただし、スイスは、条約 10 条による留保宣言を行っているため、重国籍を有しないスイス国民は、緊急の場合を除き、口述による遺言を行うことができない。Botschaft, a.a.O., Anm. (7), S. 129. なお、ZGB 506 条 1 項によると、口述による死因処分は、生命の危険、交通遮断、疾病または戦時のような異常事態において、他の方式によることが不可能である場合にのみ、行うことができる。

140)　Botschaft, a.a.O., Anm. (7), S. 93; Schlussbericht, a.a.O., Anm. (7), S. 128.

141)　ただし、予備草案 71 条 3 項は、認知の方式についても、実質の準拠法または

なわち、「スイスにおける認知は、子の常居所地法もしくは本国法または父母の一方の住所地法もしくは本国法により行うことができる」（72条1項）[142]。これに対して、認知の結果として発生する親子関係の効力は、前述のように、子の常居所地法を第1順位とする段階的連結による。したがって、親子関係の効力の準拠法によるならば、認知が成立しない場合にも、72条1項に掲げられた法のいずれかにより、認知が成立しうるが、本条に服するのは、親子関係の成立までであり、それ以降の親子関係の効力は、82条の指定する準拠法による[143]。同様に、72条1項に掲げられた法のいずれかによると、認知の取消が許されないことがあるかもしれないが、そのような場合であっても、認知の取消は、常にスイス法による（同条3項）[144]。

最後に、死因処分は、その時点における住所地法・常居所地法・本国法のうち、いずれかの法により能力を有する場合には、行うことができる（94条）。これは、行為地法および不動産所在地法が含まれていないことを除けば、遺言の方式の準拠法に関するハーグ条約に匹敵する広い択一的連結であり、方式の場合と同様に、死因処分有効視の政策が働いていると見ることができる。なお、この場合の本国法の適用については、23条2項が排除され、重国籍者は、いずれの本国法によることもできる[145]。

　　スイス法のいずれかによれば足りるとしていた。また、認知の取消は、予備草案73a条では、親子関係の成立に関する予備草案66条ないし70条によるとされていた。

142)　Botschaft, a.a.O., Anm. (7), S. 108; Schlussbericht, a.a.O., Anm. (7), S. 154. ちなみに、予備草案71条2項では、子または父母の一方の住所地法、常居所地法もしくは本国法のいずれかによるとされていた。したがって、父母の一方の常居所地法によることができなくなった点では、適用可能な法の範囲が狭まったと言える。

143)　Vgl. K. Siehr, Referat, in: Lausanner Kolloquium, a.a.O., Anm. (13), S. 182.

144)　Vgl. Siehr, a.a.O., Anm. (143), S. 187.

145)　Botschaft, a.a.O., Anm. (7), S. 129; Schlussbericht, a.a.O., Anm. (7), S. 192. ちなみに、NAG 7条4項では、遺言能力は、遺言作成時の住所地法によるとされていた。

(9) 補充的連結

　同じく実質法的な価値判断にもとづき、法律行為の成立を容易にするものとしては、補充的連結がある。しかし、これは、一定の法律行為が原則的連結によるならば成立しない場合にのみ、例外的に他の連結によるものであり、その点で、択一的連結と区別すべきである[146]。かような補充的連結は、NAG には見られなかったが、IPRG においては、婚姻の実質的成立要件（44条）および離婚・別居（61条）について採用されている。いずれも、婚姻および離婚・別居を容易にするという政策は、共通である。ただし、かような政策を実現する手段としての連結点は、両者の間で大きく異なっている。

　まず、婚姻の実質的成立要件については、第1段階として、前述のように、管轄・法廷地法主義により、住所地法たるスイス法が指定されている。これに対して、外国人間の婚姻は、たとえスイス法の要件を満たさない場合といえども、一方当事者の本国法によることが可能である（44条2項）[147]。かような一方当事者の本国法の補充的連結は、スイスに住所を有しない外国人間の婚姻（43条2項）のみならず、スイスに住所を有する外国人間の婚姻についても、

---

146)　補充的連結は、さらに段階的連結とも区別されるべきである。後者は、第1段階における住所地実質法の適用結果を問題としないからである。Vgl. auch Keller/Siehr, a.a.O., Anm. (69), S. 238 f.

147)　理由書によると、住所地法主義の基本原則を維持しながら、公序に反しない範囲において、婚姻の容易化を図ったと説明されている。Botschaft, a.a.O., Anm. (7), S. 80. これを受けて、IPRG の施行に伴い改正された戸籍規則は、168b 条により、細目を定めている。すなわち、外国人間の婚姻がスイス法の要件（ZGB 96条～104条）を満たさない場合といえども、婚姻当事者の一方の本国法の要件を満たし（IPRG 44条2項）、かつ婚姻がスイスの公序に反しないときは、カントンの監督官庁は、婚姻を許可するとされている。ちなみに、予備草案41条では、第1段階としてスイス法が指定されていたが（1項）、第2段階として、スイス法の要件を満たさなくても、共通住所地法または共通本国法によることができるとされ（2項1文）、第3段階として、それでもなお婚姻が不可能である場合は、婚姻当事者の一方の本国法または住所地法によることができるとされていた（2項2文）。Vgl. Schlussbericht, a.a.O., Anm. (7), S. 104.

行うことができる[148]。ただし、重国籍者については、23条2項により、本人が最も密接な関係を有する本国法が基準とされるため、スイスに住所を有する重国籍者たるスイス人が44条2項により外国法の適用を受けるケースは、ほとんど考えられない[149]。

つぎに、離婚および別居については、前述のように、第1段階として、共通住所地法が適用され、第2段階として、共通本国法が適用される。ところが、共通本国法によると、「離婚が全く、または異常に厳格な要件のもとでしか許されない場合」には、補充的にスイス法が適用される。ただし、夫婦の一方が重国籍者たるスイス人であるか、または2年以上スイスに滞在していることを要する（61条3項）。かような規定は、非常に煩雑に見える。しかし、これは、公序条項の適用を回避するために設けられたものと思われる。そこでは、主に在外スイス人の保護が考えられていた。すなわち、後述3(12)のように、61条1項によるスイス法の指定は、本国（本籍地）の管轄（60条）と結びつく場合には、本国法の指定を意味するが、管轄・法廷地法主義であるため、国籍の実効性は問題とされない。ただし、この者が住所地国の国籍も有するスイス人であり、かつ61条2項の要件を満たす場合は、住所地法たる外国本国法が適用されることになる。たとえば、配偶者が同じ外国国籍を有し、かつ当該配偶者のみがスイスに居住している場合が考えられるであろう。そこで、在外スイス人保護の趣旨を徹底するために、61条3項が設けられたのである[150]。ところが、連邦議会の審議において、新たに61条4項が設けられ、スイスの裁判所が60条により管轄を有する場合は、常にスイス法が適用されることになった[151]。したがって、61条3項は、本来不要な規定であったとも言える。

---

148) 改正された戸籍規則168a条3項によると、カントンの監督官庁は、IPRG 43条2項にもとづく申立とともに、婚姻当事者の一方の本国法による婚姻の許可（168b条）についても決定を下すとされている。

149) Vgl. auch W. Heussler, Eheschliessung mit Auslandsberührung nach lnkrafttreten des IPR-Gesetzes, ZZW 1989, S. 5.

150) かような規定は、特別留保条項の性格が強いと言える。Vgl. Botschaft, a.a.O., Anm. (7), S. 97; Keller/Siehr, a.a.O., Anm. (69), S. 283.

なお、条約における補充的連結の例としては、扶養義務の準拠法に関する1973年10月2日のハーグ条約があり、IPRGにおいては、夫婦間の扶養義務（49条）および親子間の扶養義務（83条1項）について、条約が直接に指定されている。また同条約は、未婚の母による子の扶養および出生費用の償還請求についても、準用されている（83条2項）[152]。

(10) 限定的当事者自治

人事・家族・相続法における限定的当事者自治のルーツは、前述のように、NAG 22条に求められる。それによると、相続は、原則として、被相続人の最後の住所地法によるが、遺言または相続契約により、本国（本籍地）法を選択することができた。かような限定的当事者自治の規定は、連邦政府の理由書によると、本籍地法主義を主張するカントンとの妥協を図るため、最後の段階で導入されたものである[153]。これに対して、IPRGにおいては、むしろ積極的に当事者自治が拡大された。すなわち、それは、相続のみならず、夫婦財産制および氏名についても、新たに認められたのである。

まず、相続については、スイスに最後の住所を有する外国人は、遺言または相続契約により、本国法を選択することができる（90条2項1文）。しかも、重国籍者については、23条2項の適用が排除されているので、いずれの本国法を選択することも可能である。ただし、死亡の時点において、スイス国籍を有する場合は、たとえ同時に外国国籍を有していても、外国本国法を選択することはできない（90条2項2文）。すなわち、相続における当事者自治は、スイスに最後の住所を有するスイス人には認められない[154]。

---

151) 後述3 (12)参照。
152) これらの事項は、ハーグ条約の適用の有無が明らかでないとされる。したがって、83条2項は、この点の解釈問題を立法的に解決したものと言える。Vgl. Botschaft, a.a.O., Anm. (7), S. 114; Schlussbericht, a.a.O., Anm. (7), S. 162.
153) BBl 1891-III, S. 566 f.
154) IPRG 90条2項2文によると、さらに、被相続人が死亡の時点において、もはや選択した法の所属国の国籍を有していなかった場合にも、法選択は失効すると

これに対して、在外スイス人は、法選択の自由が認められている[155]。したがって、外国に最後の住所を有するスイス人は、遺言または相続契約により、本国法たるスイス法を選択することができる（87条2項、91条2項）。かような法選択は、スイス所在の財産だけに限定することもできるし、全財産について行うこともできる（87条2項）。他方において、在外スイス人がこれらの財産について、スイスの管轄だけを選択した場合は、原則として、本国法たるスイス法が適用される（87条2項、91条2項本文）。ただし、同じく遺言または相続契約により、最後の住所地法を選択することもできる（91条2項但書）。以上のような在外スイス人の相続に関する当事者自治は、NAGでは規定されていなかったものである。

　つぎに、夫婦財産制についても、夫婦財産契約において、または夫婦財産契約とは別の書面により、法選択を行うことができる（52条1項、53条1項）[156]。この場合、選択可能な法の範囲は、夫婦の現在もしくは婚姻挙行後の共通住所地法または夫婦の一方の本国法に限定されている（52条2項1文）。ただし、23条2項の適用は、排除されているので（52条2項2文）、重国籍者は、いずれの本国法を選択することも可能である。

　最後に、スイスに住所を有する者の氏名は、スイス法に準拠し、また外国に

　　されている。したがって、法選択の有効性の基準時点は、選択を行った時ではなく、死亡の時である。なお、報告書および理由書によると、スイス国籍を有する重国籍者に対し、法選択を認めないのは、他のスイス人との平等を考慮したものとされている。Botschaft, a.a.O., Anm. (7), S. 125 f.; Schlussbericht, a.a.O., Anm. (7), S. 183.

155)　その立法趣旨については、後述3 (12)参照。
156)　IPRG 53条1項によると、夫婦財産関係に関する法選択は、「書面により合意されるか、または夫婦財産契約から一義的に明らかでなければならない」とされ、さらに、その他の点については、選択された法によるとされている。これに対して、相続における法選択は、予備草案91条3項では、死因処分から一義的に明らかでなければならないとされていたが、かような限定は、草案以降は削除された。したがって、この点は、相続に関しては、判例を待つしかない。V. von Overbeck (Dessemontet), *op.cit.*, n. (83), p. 74.

住所を有する者の氏名は、住所地国の抵触法によって指定された法に準拠する（37条1項）。これが原則であるが、これらの者は、その氏名を本国法によらせることを申し立てることができる（同条2項）。

　これらの限定的当事者自治のうち、相続および夫婦財産制に関するものは、統一的に理解する必要がある。すなわち、報告書および理由書によると、これらの分野における当事者自治は、単に住所地法主義と本国法主義の調和のためだけでなく、その財産法的性格のゆえに、当事者の処分権を広く認めようとしたこと、さらには、夫婦財産制の準拠法と相続の準拠法を一致させる可能性を認めようとしたことにも、その根拠が求められる[157]。そこで、後二者の根拠について、若干の補足を行っておきたい。

　まず、予備草案91条2項3文では、生存配偶者および卑属は、その正当な期待が侵害される場合には、法選択のいかんにかかわらず、スイス法による遺留分を主張できるとされていたが、かような規定は、不明確であるとの批判を受けて[158]、草案以降では削除された。したがって、遺留分保護の規定がない現在のIPRGにおいては、遺留分侵害の危険は、とくに考慮されないものと解される。しかし、かような規定の削除にもかかわらず、IPRG 90条2項2文の趣旨から、被相続人が死亡の時点において、もはや本国と僅かの関係しか持たず、かつ法選択が遺留分の侵害と考えられる場合には、これを権利の濫用として排除することが可能であるとする見解がある[159]。他方において、権利濫用

---

157) Botschaft, a.a.O., Anm. (7), S. 83 f.,125; Schlussbericht, a.a.O., Anm. (7), S. 120 f., 182 f.

158) Stellungnahmen, a.a.O., Anm. (33), S. 303 ff. (Zürich, Regionalkonferenz, Ticino, Vaud, Neuchâtel, PLS, Uni Basel, Uni Genève, Schweizerischer Anwaltsverband, Bankiervereinigung, Vorort, Girsberger, Kronauer, EDA, Direction de recherches de Genève). Vgl. auch von Overbeck (RabelsZ), a.a.O., Anm. (95), S. 628 f.

159) A. Bucher, Das neue internationale Erbrecht, ZBGR 1988, S. 149. ブーハーは、1976年8月17日の連邦裁判所判決を挙げて、かような解釈の必要性を訴えている。それによると、スイスに20年以上滞在した英国人がNAG 22条により英国法を選択し、スイスに住む子を相続から完全に排除したが、連邦裁判所は、かような法選択を公序違反とも権利の濫用ともせず、その効力を認めたのである。

の判断基準については、かような遺留分に対する単なる期待を考慮すべきではなく、むしろ相続財産がどこで取得されたのか、誰がその取得に寄与したのか、相続から排除された者がいかなる影響を受けるのか、何よりも、その者が現実に困窮状態に陥るのか否かなどの客観的事情を考慮すべきであるとする見解もある[160]。したがって、法選択による被相続人の処分権そのものは否定されないが、いずれにせよハード・ケースにおいては、権利の濫用として、法選択が否定されることもあり得ることに注意を要する[161]。

つぎに、相続の準拠法と夫婦財産制の準拠法を一致させるためには、当事者による意識的な法選択が必要であろう。なぜなら、客観的連結によると、必ずしも両者は一致しないからである。たとえば、夫婦の一方のみが他の国に住所を移した場合には、夫婦財産制については、最後の共通住所地法が適用されるため（54条1項b号）、相続の準拠法たる死亡の時点における最後の住所地法と一致しないことになる。また、夫婦が共に他の国に住所を移した場合にも、書面によって、以前の住所地法の継続適用を合意したとき、または夫婦財産契約が存在するときには、夫婦財産関係の準拠法が変更されない（55条2項）。したがって、最も確実に夫婦財産関係の準拠法と相続の準拠法が一致するのは、

BG17.8.1976, BGE 102 II 136. Vgl. auch A. Bucher, Referat, in: Lausanner Kolloquium, a.a.O., Anm. (13), S. 136 ff. さらに、報告書も、予備草案91条2項3文の起草理由として、この連邦裁判所判決を挙げている。Schlussbericht, a.a.O., Anm. (7), S. 184 ff.

160) H. Hanisch, Professio iuris, réserve légale und Pflichtteil, in: Mèlanges Guy Flattet, 1985, S. 473 ff., bes. 483. ハニッシュは、前掲注(159)の連邦裁判所判決の事案が権利の濫用に当たる否かは、必ずしも明らかでないとする。Ders., S. 478 ff.

161) 後述注(272)参照。Vgl. auch Vischer, a.a.O., Anm. (57), S. 267. ちなみに、スイスにおいては、NAG 22条による本国法の選択は、とりわけコモン・ロー諸国の出身者により利用されている。V. von Overbeck (Dessemontet), *op.cit.*, n. (83), p. 73; Ders. (RabelsZ), a.a.O., Anm. (95), S. 625. ただし、米国人にも相続に関する法選択が認められるか否かは、1850年11月25日のスイス・米国間の友好通商条約4条の解釈として、争いがある。Vgl. N.E. Schiess, Die Auslegung von Art. IV des schweizerisch-amerikanischen Staatsvertrages von 1850, SJIR 1976, S. 43 ff.

双方について、夫婦の共通本国法を選択した場合に限られる[162]。

　さらに、選択可能な法の範囲は、とりわけ夫婦財産関係について争われている。まず、婚姻後の共通住所地法の選択は、報告書および理由書によると、婚姻挙行前に将来の婚姻住所地法を選択することを意味しており、その後、選択された法の所属国に住所を有するに至ることが要件とされる[163]。これに対して、この規定の意味は、婚姻挙行時点においても、夫婦がいまだ同一国に住所を有しない場合に、共通本国法またはスイス法の別産制の適用（54条2項・3項）を回避することにあるので、婚姻挙行後も法選択が可能であるとする見解がある[164]。また、夫婦が婚姻挙行後に、選択された法の所属国に現実に住所を有するに至らなかった場合、法選択は無効となるが、これは、長期間にわたり、法律関係を不安定にするものであると批判されている[165]。しかし、連邦議会の審議において、新たに20条2項2文が追加されたことにより、どこにも住所がない場合は、常居所が基準となるのであるから、夫婦は、他の国に住所を有しない限り、選択された法の所属国に、少なくとも常居所を有していれば足りる[166]。

　つぎに、夫婦財産制の準拠法に関する1978年3月14日のハーグ条約（未発効）は、スイスによって署名も批准も行われていないが、その3条1項2号は、夫婦の一方の常居所地法の選択を認めている。これに対して、IPRGは、夫婦の一方の住所地法の選択を認めていない。そこで、IPRGにおいても、夫婦の

---

162)　Vgl. Bucher (Lausanner Kolloquium), a.a.O., Anm. (159), S. 137. ブーハーによると、さらに、当事者は、住所地法主義と本国法主義の調和ならびに相続の準拠法と夫婦財産制の準拠法の一致よりも、むしろ実質法の内容から、自己に有利な法を選択すると予測される。Bucher (Erbrecht), a.a.O., Anm. (159), S. 149.

163)　Botschaft, a.a.O., Anm. (7), S. 89; Schlussbericht, a.a.O., Anm. (7), S. 121 f.

164)　A. Bucher, Das neue internationale Ehegüterrecht, ZBGR 1988, S. 69.

165)　Bucher (Lausanner Kolloquium), a.a.O., Anm. (159), S. 119; S. Stojanovic, Die Parteiautonomie und der internationale Entscheidungseinklang, unter besonderer Berücksichtigung des internationalen Ehegüterrechts, 1983, S. 87 ff.

166)　V. von Overbeck (Rev. crit.), *op. cit.*, n. (83), p. 253; von Overbeck (Dessemontet), *op. cit.*, n. (83), p. 68.

一方の住所地法の選択を認めるべきであるとする批判があった[167]。しかし、これに対しては、相異なる国に居住する夫婦は、いまだ夫婦の財産関係について、法選択を行うに至らないであろうし、また、一方当事者がその本国に居住していれば、結局、この国の法を選択することが可能であるから、IPRG の規定で十分であるとする見解も主張されている[168]。

最後に、氏名に関する限定的当事者自治は、予備草案 35 条 3 項においては、在外スイス人についてのみ認められていた。これに対して、戸籍実務の側から、在留外国人にも本国法選択の可能性を認めるべきであるとする批判があり、現行の IPRG 37 条に規定されているとおり修正されたのである[169]。したがって、予備草案では、スイスに住所を有する者の氏名は、もっぱらスイス法によることになっていたが、現行の IPRG 37 条では、外国法の適用が予想される。そこで、草案以降、戸籍記載の方法は、「スイスの戸籍記載の原則」に基づくことが特に規定されている（40 条）[170]。

(11) 取 引 保 護

属人法の決定基準として、住所地法(常居所地法)主義または本国法主義のいずれを採用するのかを問わず、以上の規定は、当事者の利益を考慮したもので

---

167) Stojanovic, a.a.O., Anm. (165), S. 84 ff.; F. Pocar, Les régimes matrimoniaux et les successions dans le projet suisse de codification du droit international privé, SJIR 1979, S. 63 ff.
168) Bucher, a.a.O., Anm. (164), S. 69.
169) Botschaft, a.a.O., Anm. (7), S. 72 f. Vgl. auch Stellungnahmen, a.a.O., Anm. (33), S. 114 (Graubünden), S. 145 (Thurgau), S. 150 (Aufsichtsbehörde im Zivilstandswesen).
170) IPRG の施行に伴い改正された戸籍規則では、新たに 40 条 1 項および 43 条 1 項 2 文により、氏名は、アルファベットで記載されるべき旨が明記された。また、同じく追加された 43 条 3 項によると、称号および位階は、記載することができない。さらに、43 条 1 項 bis によると、現在または過去に婚姻していた者が最初の婚姻前の姓を称しない場合には、これを出生時の姓として結合させる必要があり、また同条 2 項によると、名は、必ず姓の前に記載することを要する。

あるが、財産法と交錯する分野においては、第三者の利益を考慮した取引保護が問題となる。

まず、行為能力の準拠法については、自然人の行為能力に関する1881年6月22日の連邦法において、取引保護が規定されていた。それによると、外国人の行為能力は、原則として、本国法によるが（10条2項）、本国法により行為能力を有しない外国人が、スイスにおいて義務を負った場合は、スイス法により行為能力を有する限り、義務を負うとされる（同条3項）。かような内国取引保護の規定は、NAG 7b条にも引き継がれた[171]。これに対して、IPRGの予備草案においては、自然人の行為能力は、原則として常居所地法によるが（33条1項）、たとえ常居所地法により行為能力を有しない場合といえども、行為地法によれば行為能力を有するときは、行為無能力を主張できないと規定されるに至った（34条1項）。すなわち、内国取引保護は、一般的取引保護に拡張されたのである。草案以降においては、行為能力は、原則として、住所地法によるが（IPRG 35条）、住所地国以外の国において行った法律行為については、やはり取引保護が規定されている（IPRG 36条1項）[172]。

一方、家族法および相続法上の法律行為ならびに不動産物権に関する法律行為については、取引保護の適用除外がNAGに規定され（7b条但書）、IPRGにも引き継がれている（36条2項）。さらに、IPRGにおいては、当該法律行為の相手方が行為無能力を知っていたか、または知るべきであった場合にも、取引保護の適用は排除されることになった（36条1項但書）。かような規定は、取引における信頼保護を目的とするものであり、行為能力を有するか否かの調査義務を、相手方に課すものではない[173]。

---

171) 前述3(5)および注(110)参照。

172) Botschaft, a.a.O., Anm. (7), S. 71 f.; Schlussbericht, a.a.O., Anm. (7), S. 89 f. なお、予備草案33条における常居所地法の適用に対しては、濫用のおそれがあるという批判が多かったため、草案以降では、住所地法の適用に代えられた。Botschaft, a.a.O., Anm. (7), S. 70; Stellungnahmen, a.a.O., Anm. (33), S. 136 f. (Regionalkonferenz, PLS, Aufsichtsbehörden im Zivilstandswesen).

173) Amt. Bull. STR 1988, S. 141; Schwander (Lausanner Kolloquium), a.a.O., Anm.

つぎに、夫婦財産関係における取引保護は、行為地法ではなく、行為時における夫婦の住所地法の適用により、実現が図られている。NAG においても、夫婦の財産関係は、原則として最初の婚姻住所地法によるが（19 条 1 項）、第三者に対する関係においては、その都度の婚姻住所地法によることが定められていた（同条 2 項）。IPRG においては、かような取引保護は、とりわけ法選択があった場合に、重要性を有する。なぜなら、夫婦の一方の本国法が選択された場合のみならず、共通住所地法が選択された場合も、一方または双方の住所変更により、現実の住所地法と選択された法との不一致が生じるからである（53 条 3 項参照）[174]。そこで、IPRG は、次のように規定した。「配偶者の一方と第三者との間の法律関係に対する夫婦財産制の効力は、当該配偶者が法律関係成立の時に住所を有していた国の法による」（57 条 1 項）。ただし、第三者が法律関係成立の時点において、夫婦財産関係の準拠法を知っていたか、または知るべきであった場合には、取引保護の適用は排除される（同条 2 項）。かような夫婦財産関係における取引保護の適用排除は、NAG においては規定されていなかったが、IPRG においては、行為能力の場合と同様の趣旨から規定された。したがって、この規定も、第三者に夫婦財産関係の準拠法の調査義務を負わせるものではない[175]。

---

　　　(137), S. 85 f. なお、報告書および理由書は、ZGB 3 条を引用している。それによると、法律が人の善意を要件とする場合、善意の存在は推定される（1 項）。したがって、行為無能力を主張する者は、相手方が善意でなかったことを証明しなければならない。Botschaft, a.a.O., Anm. (7), S. 71 f.; Schlussbericht, a.a.O., Anm. (7), S. 90. それにもかかわらず、この新たな例外の追加に対しては、批判が多かった。Stellungnahmen, a.a.O., Anm. (33), S. 139 ff. (Uni Lausanne, Schweizerischer Anwaltsverband, Bankiervereinigung, Vorort).

174)　Vgl. Schnyder, a.a.O., Anm. (53), S. 45.
175)　理由書は、57 条 2 項が行為能力に関する 36 条に対応しているとする。Botschaft, a.a.O., Anm. (7), S. 94. しかし、行為能力における取引保護が行為地法を指定するのに対し、夫婦財産制における取引保護が住所地法を指定していることを理由として、両者の不一致を指摘する見解もある。G. Fischer, Diskussion, in: Lausanner Kolloquium, a.a.O., Anm. (13), S. 154.

最後に、予備草案94条は、相続についても、第三者、すなわち相続債権者の保護を規定していた。それによると、相続財産および相続人の相続債務に対する責任は、原則として相続の準拠法によるが（1項）、被相続人の最後の住所地法により、それ以上の相続財産の責任が認められる場合には、この法の適用が妨げられないとする（2項）。すなわち、ここでも、法選択に対する取引保護が図られていた。しかし、かような規定は、不明確であり、かつ債権者を不必要に保護するものであるとして、草案以降は削除された[176]。

(12) 在外スイス人の保護

在外自国民をいかに保護するか、これはスイスにとって、その数の多さからみて、在留外国人の取扱と同様に重要な問題であった。前述のように、すでにNAGにおいて、在外スイス人に関する章が設けられていた。その一般原則によると、在外スイス人は、「外国の立法により外国法に服さない場合には、本籍カントンの法および裁判管轄に服する」とされていた（28条）。しかし、この規定の解釈は争われていた。連邦裁判所の判例および一部の学説によると、この規定は、住所地の国際私法が自国法を指定している場合を例外として、直接に本国実質法を指定していると解されていた。これに対して、他の学説は、これを包括的指定と解して、住所地の国際私法が全面的に適用されるとする。なぜなら、この規定は、元来は、住所地の国際私法がスイス法を指定した場合に、準国際私法として、いずれのカントンの法によるかを規定しているだけであり、在外スイス人は、国際私法を含め、全面的に住所地法に服すべきであるからである[177]。

---

176) Botschaft, a.a.O., Anm. (7), S. 126; Stellungnahmen, a.a.O., Anm. (33), S. 321 f. (Vaud, Uni Genève, Uni Lausanne, Direction de recherches de Genève).

177) これらの見解の対立については、Botschaft, a.a.O., Anm. (7), S. 63; Schlussbericht, a.a.O., Anm. (7), S. 36 f.; Vischer/von Planta, a.a.O., Anm. (29), S. 36 f.; A. Schnitzer, Handbuch des IPR, Bd. I, 4. Aufl., 1957, S. 215 f.; P.A. Lalive, zu BGE 81 II 17, SJIR 1955, S. 252 ff.; C.E. Rathgeb, La loi applicable aux suisses à l'étranger en vertu de l'article 28 ch. 2 de la loi fédérale du 25 Juin 1891 sur les rapports de droit

続いて、ZGB の施行に伴う NAG の一部改正においては、前述のように、在留外国人の婚姻および離婚について、本国法主義が採用されたが、在外スイス人の婚姻および離婚についても、住所地国際私法のいかんにかかわらず、無条件にスイスの本籍地の管轄およびスイス法の適用が規定された（7d 条、7g 条 1 項・2 項）[178]。

これに対して、1972 年および 1976 年の NAG の改正においては、たしかに、在外スイス人の養子縁組ならびに親子関係の確認および否認について、スイスの本籍地の管轄およびスイス法の適用が規定されたが、その際に、様々な条件が付け加えられた。すなわち、在外スイス人を養親とする養子縁組は、それが住所地国において不可能である場合に限り、スイスの本籍地の官庁が管轄を有する。しかも、かようなスイスの養子縁組が住所地国において承認されず、その結果、子に重大な不利益を及ぼす場合は、管轄が否定される（8a 条 2 項）[179]。

---

civil des citoyens établis ou en séjour, in: Festschrift für Hans Lewald, 1953, S. 359 ff.; H. Lewald, Renvoi Revisited?, in: Festschrift für Hans Fritzsche, 1952, S. 176 ff. 代表的な判例としては、BG 3.4.1952, BGE 78 II 200, S. 203 ff.; BG 2.2.1955, BGE 81 II 17, S. 20 f. ちなみに、1887 年の NAG 草案 20 条によると、「外国に住所を有するスイス国民の法律関係について、当該外国の立法により本国法が適用されるべき場合には、……当該国民の本籍カントンの法が適用される」と規定されていた。この規定の立法趣旨については、BBl 1887-III, S. 126 f. また、最終草案の理由書によると、在外スイス人に関する NAG 第 2 章の諸規定は、「外国の立法に服さない法律関係について、……確固たる規範が欠けているという在外国民のもっともな訴えを救済すること」を目的としている。BBl 1891-III, S. 569. かような立法の経緯からは、後説の方が妥当であると思われる。ただし、両説の実際上の結果は、転致を認めるか否かの点で異なるにすぎない。

178) ちなみに、前述注(110)の 1874 年の連邦法は、婚姻挙行について、いずれかの婚姻当事者の住所地または本籍地の管轄を規定していた（29 条）。また、離婚については、スイスに住所を有しない夫婦は、夫の本籍地または最後の住所地に訴えを提起することができると規定していた（43 条 2 項）。したがって、スイスの裁判所または官庁は、常に在外スイス人の婚姻および離婚について管轄を有していた。

179) ただし、前述注(111)のハーグ条約においては、かような本国の管轄に対する制限は、規定されていない（3 条 1 項 b 号）。

しかし、スイスにおいて養子縁組が行われる限り、その要件および効力は、スイス法による（8b条）。また、在外スイス人の親子関係の確認および否認についても、住所地国が自国の管轄を否定する場合に限り、子または親の一方の本籍地のスイス裁判所が管轄を有する（8d条2項）。しかも、「他国との関係が優越的であり、かつこの国がスイスの裁判管轄を承認しない場合」には、ここでもスイスの管轄は否定される（同条3項）。さらに、準拠法についても、在外スイス人は、スイスの裁判所が管轄を有する限り、原則として、スイス法に服するが（8e条2項）、「他国との関係が優越的である場合」には、この他国の法が適用される（同条3項）[180]。

以上のように、NAGの規定は、その時々の状況を反映して、在外スイス人の取扱について、統一を欠いていた。すなわち、一般原則は曖昧であったし、婚姻法と親子法とでは、在外スイス人に対する保護の程度が異なっていた。

これに対して、IPRGの予備草案は、在外スイス人に対するスイスの管轄について、明確な原則規定を設けた。それによると、在外スイス人については、スイスが通常の管轄を有しない場合にも、外国における訴えもしくは申立が不可能であるとき、または手続が合理的に期待しえないときは、本籍地または最後の住所地のスイス裁判所もしくは官庁が管轄を有する（3条）。しかし、かような規定は、草案以降、削除された。したがって、現行のIPRGにおいては、在外スイス人に関する一般規定は存在しない[181]。IPRG3条は、予備草案の3条と同様に、外国における手続が不可能であるか、または合理的に期待できない場合には、事案と十分な関係を有する地のスイス裁判所または官庁が管轄を有すると定めるが、かような緊急管轄の規定は、とくに在外スイス人だけを対象とするものではない[182]。また、前述のように、重国籍者については、も

---

180) なお、かような管轄および準拠法の例外は、在留外国人の親子関係の確認および否認の訴えにも適用される。詳細については、後述4(2)参照。

181) なお、連邦議会の審議においては、人事・家族・相続法の分野における在外スイス人に対する本国管轄および本国法の適用が提案されたが、これは否決された。Amt. Bull. NR 1986, S. 1296 ff.

っぱらスイス国籍だけが管轄の基準となるが（23条1項）、これは、そもそもIPRGにおいて、本国（本籍地）の管轄が規定されている場合にのみ、意味を持つわけであるから、まずもって個々の管轄規定を見ていく必要がある。

そこで、IPRGの規定を個別に見ると、家族法のほとんどすべての事項について、本国（本籍地）の管轄が規定されている。ただし、ほとんどの規定は、住所地ないし常居所地における手続が不可能であるか、または合理的に期待できないことを要件としており、その意味では、一種の緊急管轄と言えるであろう。すなわち、婚姻の一般的効力（47条）、夫婦財産制（51条b号・c号）、離婚・別居（60条、62条1項、63条1項、64条1項）、出生による親子関係の成立（67条）、認知の取消（71条3項）、養子縁組（76条）および養子縁組の取消（75条2項）がそれである。

これらのうち、離婚・別居に関する規定についてのみ、報告書および理由書は、詳細な説明を行っている。すなわち、外国における訴訟提起が合理的に期待できない状況とは、外国において適用されるべき法の内容にも関係してくる。それは、離婚の要件および効力の両方が考えられる。まず、離婚の要件が異常に厳格であり、実質上、離婚禁止と異ならない場合、または耐え難い程に長い待婚期間が設けられている場合などが考えられる。さらに、離婚の効力が現実の利害状況に全く対応しない場合も、緊急管轄の要件を満たす。これらの場合には、公序条項は、何ら救済とならない。なぜなら、公序条項は、スイスの管轄を発生させないからである[183]。その他の緊急管轄の規定については、この

---

182) ちなみに、一般的な緊急管轄の規定は、予備草案および草案からの変遷が見られる。まず、予備草案4条によると、外国における手続が不可能であるか、または期待しえない場合、およびスイスの無管轄が事情全体から裁判拒否を意味する場合には、スイスの裁判所または官庁が管轄を有するとされていた。これに対して、草案3条によると、外国における手続が不可能である場合にのみ、事案と十分な関係を有するスイスの裁判所または官庁が管轄を有すると改められた。ところが、さらに、連邦議会の審議において、本文のように修正されたのである。連邦議会の審議については、Amt. Bull. STR 1985, S. 129; NR 1986, S. 1296 ff.; STR 1987, S. 181; NR 1987, S. 1066 f.; STR 1987, S. 506.

ように詳細な説明は見られないが、いずれも、当該外国に当事者の権利保護の制度が存在しないか、またはそれに等しい場合が想定されている[184]。

これに対して、婚姻挙行（43条1項）および親子関係の効力（80条）においては、無条件に本国（本籍地）の管轄が認められている。しかし、その理由は、両者の間で異なっている。まず、婚姻挙行については、少なくとも当事者の一方がスイスに住所を有するか、またはスイス国民であれば、スイスとの関係は、十分に強いとされる。これに対して、親子関係の効力については、扶養判決・決定の承認執行に関する1973年10月2日のハーグ条約の間接管轄の規定に同調させたと説明されている[185]。

つぎに、在外スイス人の相続に関しては、住所地国の機関が手続を行わない場合（87条1項）、および在外スイス人自身がスイス所在の財産または全財産について、遺言または相続契約により、スイスの管轄もしくはスイス法の適用を指定した場合には（同条2項、前述3(10)）、本籍地のスイス裁判所または官

---

[183] Botschaft, a.a.O., Anm. (7), S. 95 f.; Schlussbericht, a.a.O., Anm. (7), S. 133 f. なお、NAG 7g条では、在外スイス人たる配偶者は、いつでも本籍他のスイス裁判所に離婚訴訟を提起できるのに対し、外国人たる他方配偶者は、全くかような機会が与えられていなかった。これに対して、IPRGにおいては、夫婦のいずれか一方がスイス国民であれば、外国人たる他方配偶者にも、スイスにおける訴訟の機会が与えられている。この規定は、両当事者の平等を図るものである。Botschaft, a.a.O., Anm. (7), S. 95 f.

[184] Botschaft, a.a.O., Anm. (7), S. 82, 103 f., 109; Schlussbericht, a.a.O., Anm. (7), S. 43 f., 110, 147, 156. なお、NAG 8a条2項但書および8d条3項と異なり、IPRGにおいては、スイスの判決・決定が外国において承認されることは、もはや要件とされていない。

[185] 以上については、Botschaft, a.a.O., Anm. (7), S. 79, 112; Schlussbericht, a.a.O., Anm. (7), S. 102, 160. なお、報告書および理由書は、子に対する扶養義務についての判決・決定の承認執行に関する1958年4月15日のハーグ条約とも同調させたというが、この条約には、本国管轄は規定されていない（3条）。また、1973年のハーグ条約においても、扶養権利者および扶養義務者の共通本国の管轄が規定されているだけであり（7条）、IPRGのように、一方当事者の国籍だけでは、管轄は認められない。

庁が管轄を有する。前者は、住所地国における事実上または法律上の相続手続の空白を回避するものである。たとえば、住所地国の機関が自国の領域内に所在する財産についてのみ、相続を開始し、スイスまたは第三国に所在する財産を無視する場合、さらには、住所地国の機関が事実上、手続を開始しない場合などが想定されている[186]。これに対して、後者は、住所地国の機関が同意する限りで、在外スイス人の現実の需要に応えようとしている。そのため、スイス所在の財産だけを対象とする部分指定が許されるとともに、不動産所在地国の専属管轄（86条2項）を妨げないとされている（87条2項2文）。しかし、その他の財産についても、財産所在地国の承認がなければ、事実上、スイス裁判所または官庁による相続手続の実行は不可能であろう[187]。

さらに、人事法の分野においては、氏名の変更に関して、在外スイス人は、本籍地の管轄を選択することができる（38条2項）。これは、住所地国の国際私法が氏名の問題を本国法によらしめている場合、または本人が以前の氏名変更を撤回したい場合などを想定したものである[188]。

他方において、準拠法の指定については、予備草案および草案は、とくに在外スイス人を保護する必要がないとの立場を取っていたようである[189]。たと

---

186) Botschaft, a.a.O., Anm. (7), S. 121; Schlussbericht, a.a.O., Anm. (7), S. 177. Vgl. auch Amt. Bull. NR 1986, S. 1351. ブーハーは、87条1項が適用されるケースをさらに分析する。たとえば、外国機関が処分を命じ、または判決・決定を下したが、それが他国において承認されないため、実効性を持たない場合は、87条1項が適用される。これに対して、外国機関が自ら手続を開始しなくても、第三国の機関が行った手続を承認するため、そもそも自国の手続が全面的または部分的に目的を欠く場合には、87条1項が適用されない。Bucher (Erbrecht), a.a.O., Anm. (159), S. 151; Ders. (Lausanner Kolloquium), a.a.O., Anm. (159), S. 142.

187) Botschaft, a.a.O., Anm. (7), S. 121 f.; Schlussbericht, a.a.O., Anm. (7), S. 177 f.

188) Botschaft, a.a.O., Anm. (7), S. 74; Schlussbericht, a.a.O., Anm. (7), S. 92.

189) 「スイスの官庁および裁判所の管轄は、自動的にスイス法の適用に結びつくわけではない。かようなスイス法の適用に対して、在外スイス人が重大な利害を有するわけではないからである」。Schlussbericht, a.a.O., Anm. (7), S. 38. Vgl. auch Botschaft, a.a.O., Anm. (7), S. 64.

えば、現行の IPRG において予備草案および草案から残っている規定だけを見ていけば、次のとおりとなる。

まず、重国籍者については、管轄の場合と異なり、最も密接な関係のある国の国籍が基準とされている（23条2項）[190]。もっとも、管轄・法廷地法主義にもとづき、本国（本籍地）の管轄と結びつけて、本国法たるスイス法が適用される事項については、当然の事ながら、国籍の実効性は、問題とされない。すなわち、氏名の変更（38条3項）、婚姻の実質的成立要件（44条1項）、離婚・別居（61条1項）、養子縁組（77条1項）がそれである。また、認知の取消（72条3項）のように、特別留保条項として、スイス法が指定されている場合も、同じ結果となる。これらの場合は、本国（本籍地）の管轄を肯定するのと同じ理由にもとづき、本国法たるスイス法の適用が肯定されているのであろう[191]。ただし、離婚・別居、養子縁組および認知の取消については、緊急管轄だけが認められていることにも、注意を要する。

これに対して、婚姻の効力、夫婦財産制、出生による親子関係の成立および親子関係の効力の準拠法については、とくに在外スイス人のための特別の規定は置かれていなかった。また、離婚・別居についても、原則は、外国本国法への段階的連結であり、極めて例外的にのみ、スイス法への補充的連結が認められていた（61条2項・3項）[192]。ただし、相続については、外国に最後の住所を有する者の相続は、原則として、住所地国の国際私法が指定する法によるにもかかわらず（91条1項）、本籍地のスイス裁判所または官庁が管轄を有する場合には（87条）、常にスイス法が適用されることになっていた（91条2項本

---

190) 前述3(4)のように、最も密接な関係の国籍は、通常は、本人が現に住所または常居所を有する国のそれであるから、62.4パーセントに上る重国籍の在外スイス人については、スイス法が適用される可能性は極めて少ない。

191) ただし、養子縁組については、IPRG 77条2項により、養親の住所地法が考慮される可能性がある。これに対して、NAG 8c条では、住所地法たるスイス法が適用される場合に、養親の本国法を考慮する可能性だけが認められていた。前述3(5)も参照。

192) 前述3(7)(9)参照。

文)¹⁹³⁾。しかし、かような規定は、少なくとも草案においては、あくまで例外であった。

　ところが、連邦議会の審議においては、婚姻の効力および離婚・別居に関する規定に修正が加えられ、本籍地のスイス裁判所または官庁が管轄を有する場合には、常にスイス法が適用されることになった（48条3項、61条4項）。これとは逆に、在外スイス人の相続については、遺言または相続契約により、最後の住所地法の適用を選択することができる旨の規定が追加された（91条2項但書）。前者は、法律関係の明確化・簡略化を、後者は、在外スイス人の便宜を一段と図ったものと見ることができるであろう¹⁹⁴⁾。

⒀　反　　　致

　もともと専門委員会は、住所地法主義を採用するIPRGにおいて、反致を規定する必要をほとんど感じていなかった¹⁹⁵⁾。現に、予備草案においては、IPRGが規定する場合にのみ、外国法の抵触規定が考慮されるとされていた（13条1項）。そして、この例外的な反致条項とは、一般に、外国に住所を有する者の氏名（予備草案35条2項、IPRG 37条1項2文）、および外国に最後の住所を有する者の相続（予備草案92条2項、IPRG 91条1項）を指すと解されていた¹⁹⁶⁾。

---

193)　報告書および理由書は、現行のIPRG 87条1項のケースについて、在外スイス人の権利保護および国際的な判決調和の観点から、本国法たるスイス法の適用を説明している。Botschaft, a.a.O., Anm. (7), S. 124; Schlussbericht, a.a.O., Anm. (7), S. 181.

194)　61条4項については、Schnyder, a.a.O., Anm. (53), S. 58. また、91条2項但書については、Amt. Bull. SR 1987, S. 186; NR 1987, S. 1068 f.; SR 1987, S. 507.

195)　Schlussbericht, a.a.O., Anm. (7), S. 31, 57.

196)　両方を挙げるものとしては、Stellungnahmen, a.a.O., Anm. (33), S. 39 f. (Uni Basel). 外国に住所を有する者の氏名だけを挙げるものとしては、I. Schwander, Einige Gedanken zum Renvoi, in: Liber Amicorum A.F. Schnitzer, 1979, S. 419 Fn. 18; F. Knoepfler, Le projet de loi fédérale sur le droit international privé helvétique, Rev. crit. 1979, p. 38; A. Bucher, Auslegungsregeln in der neueren Gesetzgebung

ところが、かような反致否定の原則は、一方において、硬直的すぎるとの学界からの批判があり[197]、他方において、戸籍実務の側からの強力なロビー活動があったことにより[198]、草案以降においては、修正を余儀なくされた。すなわち、身分の問題全体について、スイス法への反致を認める規定が新たに付け加えられたのである（草案13条2項b号、IPRG 14条2項）。しかし、かような規定の変遷は、様々に解釈することが可能である。そこで、現段階における問題状況を、以下に概観してみたい。

まず、IPRG 14条1項は、次のように規定している。「準拠法がスイス法への反致または他の外国法への転致を規定する場合には、本法がそれを規定するときに（のみ）〔仏〕考慮される」。すなわち、フランス語の条文においては、制限的に規定されているのに対して、ドイツ語およびイタリア語の条文において

---

des schweizerischen internationalen Privatrechts, in: Festschrift für A. Meier-Hayoz, 1982, S. 56. 外国に住所を有する者の相続だけを挙げる者としては、von Overbeck (Zwischenbericht), a.a.O., Anm. (95), S. 202; Stellungnahmen, a.a.O., Anm. (33), S. 43 (HSG). これに対して、他国の研究者による予備草案の解説は、さらに夫婦財産制の第三者に対する効力に関する予備草案56条2項を挙げていた。Siehr, a.a.O., Anm. (53), S. 732 Fn. 36; P.H. Neuhaus, Der Schweizer IPR-Entwurf: ein internationales Modell?, RabelsZ 1979, S. 287; S. McCaffrey, The Swiss Draft Conflicts Law, Am. J. Com. L. 1980, p. 256 note 110. すなわち、予備草案56条によると、夫婦の一方と第三者との間の法律関係に対する夫婦財産制の効力は、原則として、法律関係発生当時の当該配偶者の住所地実質法によるが（1項）、住所地の抵触法またはそれが有効とする法選択によって指定された法により、当該法律関係がすでに成立していた場合には、この法が適用された（2項）。しかし、いずれにせよ、この規定は、草案以降では削除されている。

197) Stellungnahmen, a.a.O., Anm. (33), S. 38 ff. 批判的意見としては、Uni Basel, Uni Genève, Institut universitaire de Genève, Kronauer, Direction de recherches de Genève. 肯定的評価としては、Obwalden, Schaffhausen, Uni Lausanne, von Steiger, Gutzwiller. 疑問を提起しつつも、結果的に肯定するものとしては、HSG (Hochschule St. Gallen).

198) A.E. von Overbeck, Referat, in: Lausanner Kolloquium, a.a.O., Anm. (13), S. 37; Ders., a.a.O., Anm. (66), S. 97. V. aussi F. Vischer, La loi fédérale de droit international privé, dans: Dessemontet, *op. cit.*, n. (83), p. 21.

は、制限的な文言が入っていない[199]。

　また、かような例外的反致は、前述のように、外国に住所を有する者の氏名および相続についてのみ規定されていると一般に解されていたが、報告書および理由書は、これら2つの規定には触れず、外国において行われた法律行為の承認、法律行為の形式または実質の有効性確保などを挙げているにすぎない[200]。したがって、外国に住所を有する者の氏名および相続は、全く別の問題であり、14条1項は、IPRGの個々の規定の解釈から反致を認めるためのものであると見ることも可能であろう[201]。たとえば、親子関係の効力に関する82条2項においては、共通本国法から子の常居所地法への反致または転致が認められるべきであり、また、婚姻の効力に関する48条2項においては、夫婦のいずれの住所地法が事案とより密接な関係を有するのかは、夫婦の一方の住所地法の抵触規定が他方の住所地法を指定している場合、反致の観点から判断されるべきである、という主張が見られる[202]。しかし、これに対しては、専門委員会がもともと反致に消極的であったこと、フランス語の条文が制限的な文言を使用していることなどから、14条1項は、制限的に解釈されるべきであるとする批判がある。そして、この見解によると、14条1項に該当するのは、依然として、外国に住所を有する者の氏名および相続に限られるのである[203]。

---

199) "..., ce renvoi n'est pris en considération que si la présente loi le prévoit". "... so ist sie zu beachten, wenn dieses Gresetz sie vorsieht". "..., il rinvio dev'essere osservato qualora la presente legge lo predeva". ちなみに、かような制限的文言は、予備草案においては、独・仏両方の条文に入っていたが、草案以降においては、フランス語の条文においてのみ、見ることができる。

200) Schlussbericht, a.a.O., Anm. (7), S. 31, 57; Botschaft, a.a.O., Anm. (7), S. 47.

201) シュヴァンダーによれば、報告書および理由書の説明は、外国に住所を有する者の氏名および相続の問題とほとんど関係していないと解される。Schwander, a.a.O., Anm. (9), S. 70 Fn. 77.

202) Schwander, a.a.O., Anm. (9), S. 73.

203) Von Overbeck, a.a.O., Anm. (66), S. 97 f. Vgl. auch von Overbeck, a.a.O., Anm. (37), S. 333 Fn. 29; von Overbeck (Rev. crit.), *op. cit.*), n. (83), p. 251 note 15. 結果的に同様の見解として、F. Knoepfler/P. Schweizer, La nouvelle loi fédérale suisse

それでは、なぜ外国に住所を有する者の氏名および相続についてのみ、反致および転致が認められたのであろうか。まず、氏名については、周囲のヨーロッパ大陸諸国が圧倒的に本国法主義を採用している点が注目される。すなわち、37条1項では、とりわけ本国法への反致および転致が見込まれている。しかも、同条2項では、いずれにせよ、本人による本国法の選択が認められていた[204]。これに対して、相続に関する91条1項は、外国に最後の住所を有する外国人のみを対象としていることに注目しなければならない。なぜなら、在外スイス人の相続については、特別の規定が設けられていたからである（87条、91条2項、前述3(12)参照）。そして、スイスの裁判所は、外国に最後の住所を有する外国人の相続については、極めて例外的にのみ管轄を有する（88条、89条）[205]。そこで、91条1項の規定をスイス流の"Foreign Court Theory"とみる見解もある[206]。

つぎに、IPRG 14条2項は、身分の問題に関して、スイス法への反致を規定している。これは、もっぱらスイス法への反致のみを認めている点で、本国法主義と住所地法主義の調和ならびに国際的な判決の調和などよりも、むしろ自国法優先の表れとみる以外にないであろう[207]。しかも、IPRGは、前述のように、随所において、段階的連結・択一的連結・補充的連結を行っていたが、

sur le droit international privé (partie générale), Rev. crit. 1988, p. 226; Vischer, *op. cit.*, n. (198), p. 20. 草案段階における見解としては、A.E. von Overbeck, Der schweizerische Regierungsentwurf eines Bundesgesetzes über das internationale Privatrecht, IPRax 1983, S. 50; Ders., a.a.O., Anm. (198), S. 37; Keller/Siehr, a.a.O., Anm. (69), S. 470 Fn. 30.

204) Schlussbericht, a.a.O., Anm. (7), S. 92; Botschaft, a.a.O., Anm. (7), S. 73. 37条2項については、前述3(10)参照。

205) Schlussbericht, a.a.O., Anm. (7), S. 181; Botschaft, a.a.O., Anm. (7), S. 124.

206) Von Overbeck, a.a.O., Anm. (37), S. 332 Fn. 26; von Overbeck (Rev. crit.), *op. cit.*, n. (83), p. 248. V. aussi Vischer, *op. cit.*, n. (198), p. 20.

207) A.E. von Overbeck, Les questions générales du droit international prevé à la lumière des codifications et projets récents, Rec. des Cours 1982-III, p. 134; von Overbeck (Rev. crit.), *op. cit.*, n. (83), p. 249.

これらの場合に反致を認めるならば、規定の趣旨は完全に没却されてしまう。

たとえば、44条2項によると、外国人間の婚姻の実質的成立要件は、当事者の一方の本国法によることも可能であるが、当該本国法からスイス法への反致を認めることにより、婚姻の成立を容易にするという目的は阻害されることになる。また、離婚および別居に関する61条2項によると、夫婦が共通の外国国籍を有し、かつ夫婦の一方のみがスイスに住所を有する場合には、共通本国法が適用され、これに対する例外は、同条3項により比較的厳格に定められていた。ところが、共通本国法からスイス法への反致を認めることにより、3項の要件が満たされなくても、2項に対する例外が生じてしまう。さらに、72条によると、スイスにおける認知は、子の常居所地法、子の本国法、父母の一方の住所地法または本国法、これらのいずれかの法により行うことができる。しかし、子の常居所地法から子の本国法への反致、または逆に、子の本国法から子の常居所地法への反致を認めることにより、連結可能な法の範囲は狭まってしまう[208]。

以上のように、14条2項は、理論的にも実際的にも、全く正当化できるものではなかった。それでは、かような規定は、いかにして、制限的に解釈することができるのであろうか。たとえば、スイス法への反致がIPRGの個々の規定の趣旨に反する場合には、反致を認めないという解釈も可能であるかもしれ

---

208) 以上の例については、von Overbeck, a.a.O., Anm. (198), S. 40 f.; von Overbeck (Rev. crit.), *op. cit.*, n. (83), p. 250. フォン・オーヴァーベックは、さらに、親子関係の成立および効力に関する68条および82条において、子の常居所地法から本国法への反致を認めることにより、これらの規定における段階的連結の趣旨が害されるとする。ただし、親子関係の効力は、14条2項にいう「身分 (der Personen- oder Familienstand; l'état civil; il statuto personale o familiare)」に含まれないとする見解として、Dutoit, *op. cit.*, n. (125), p. 52. さらに、シュヴァンダーも、フォン・オーヴァーベックと同様の不都合を指摘するが、親子関係の効力に関する規定は含めない。Schwander, a.a.O., Anm. (9), S. 73 f. これに対して、フォン・オーヴァーベックは、そもそも14条2項にいう「身分」が何を指すのかは、明らかでないとする。Von Overbeck, a.a.O., Anm. (198), S. 37 Fn. 6; von Overbeck (Rev. crit.), *op. cit.*, n. (83), p. 250.

ない。しかし、かような解釈は、法律関係を不安定にするであろう。現に、今のところ、規定の不備を指摘する声はあるものの、かような意味での制限的解釈は、主張されていない[209]。

4 一般例外条項

(1) 成立の経緯

例外条項の最初の提唱者は、マリダキスであると言われているが[210]、スイスの立法への導入を最初に主張したのは、フィシャーであった。彼は、すでにスイス法曹協会の1971年総会の報告において、NAGの改正に際し、一般例外条項の導入が必要であると主張している。フィシャーによると、連邦裁判所は、契約法分野における非定型的事案について例外条項の必要性を認めているが、非定型的事案は、契約法以外の分野にも存在する。そもそも通常の抵触規範は、連結の根拠が具体的事案に適合し、かつ結果が妥当である限りにおいてのみ、効力を有する。したがって、たとえ形式的に事案が抵触規範の構成要件を満たしていたとしても、当該事案における抵触規範の適用が立法者の真実の意図に合致しない場合、または実際上不都合な結果に至る場合には、この抵触規範の機能は停止する。すなわち、抵触規範は、単に一応の意味しか持たないのである[211]。

---

209) Von Overbeck (Rev. crit.), *op. cit.*, n. (83), p. 250 s. ただし、シュニーダーは、15条の一般例外条項により、14条2項の不都合な結果が緩和されるとする。Schnyder, a.a.O., Anm. (53), S. 28 f. しかし、これは、また別の次元の問題である。後述4 (3)参照。

210) G.S. Maridakis, Le renvoi en droit international privé, Ann. lnst. Dr. int. 1957-II, p. 53. マリダキスによると、人の身分・家族・相続の関係について、本国法または住所地法（常居所地法）を指定する国際私法規定は、一定の事情により、他国の法が最も妥当な法であると判断される場合には、「例外」を認めることが望ましい。かようなマリダキスの見解については、さらに、Von Overbeck, *op. cit.*, n. (207), p. 193 ss.; Keller/Siehr, a.a.O., Anm. (69), S. 121.

211) Vischer, a.a.O., Anm. (22), S. 74 f. Vgl. auch F. Vischer, Methodologische Fragen

それでは、フィシャーは、どのような要素を考慮すべきであると言うのであろうか。彼は、主観的および客観的な4つの要素を挙げている。第1に、特定の法の適用に対する当事者の期待がある。かような期待は、単なる思惑または仮定ではなく、法律関係成立の時点に存在していた客観的事情から証明され、かつ正当である場合に限り考慮される。たとえば、当事者が予測できなかった準拠法の変更、期待していた法廷地の抵触法とは異なった結果を導く抵触法の所属国における訴訟、ある法のもとにおいて有効に成立した法律行為の効力維持などが考えられる。第2に、より密接な関係が挙げられる。かようなケースとしては、別の準拠法に従う他の法律関係への密接な従属、場所的または時間的な観点からみた通常の連結点の孤立化などが考えられる。第3に、矛盾した結果の回避がある。この場合には、実質法上および抵触法上の調整が重視される。たとえば、離婚と婚姻の関連、当該法律関係に密接な関連を有する他国の解決と一致した判決などが挙げられる。最後に、内国法の基本原則に対する違反（公序）、および当事者にとって予期できない困難の回避（過酷条項）が含められるべきである[212]。

　以上の要素を盛り込んで、フィシャーは、次のような例外条項を提案している。「裁判官は、内国法の基本原則と矛盾するか、または当事者にとって予期できない困難をもたらす結果を回避するため、抵触規範により指定された法と異なった法を、例外的に適用することができる。立法的解決からの乖離は、さらに、事案のすべての事情、たとえば、当事者の正当な期待および利益、他の法とのより密接な関係、他国の優越した執行利益、矛盾した結果のおそれなどを考慮して、必要であると判断される場合、例外的に認められる」[213]。

---

　　　　bei der objektiven Anknüpfung im internationalen Privatrecht, SJIR 1957, S. 43 ff.
212)　Vischer, a.a.O., Anm. (22), S. 75 ff.
213)　Vischer, a.a.O., Anm. (22), S. 77 Fn. 63. スイスにおいては、さらに、ディエツィおよびブーハーの提案がある。
　　　まず、ディエツィのそれは次の通りである。H.P. Dietzi, Zur Einführung einer generellen Ausweichklausel im schweizerischen internationalen Privatrecht, in: Festgabe zum schweizerischen Juristentag 1973, 1973, S. 74.

ところが、専門委員会は、かようなフィシャーの提案をそのままの形では採用せず、より簡略に規定することにした。すなわち、「本法において指定された法は、すべての事情から、事案が指定された法とわずかな関係のみを有し、他の法とより密接な関係を有する場合には、例外的に適用されない」（予備草案14条）。そして、公序条項は、別に規定された（予備草案17条）。ところが、フィシャーが提示した要素は、公序および過酷条項を除いて、ほぼそのまま最終報告書に受け継がれている。ただし、抵触規範が一応の意味しか持たないとする見解は、退けられた。すなわち、抵触規範は、当然の事ながら、拘束力を有するが、立法者が予想していなかったような例外的場合にのみ、排除が許される[214]。

　　　　当事者の正当な期待、他の法秩序とのより密接な関係もしくは矛盾した結果の回避がそれをぜひとも必要とする場合、または結果が自国法の基本原則に反するか、もしくは当事者にとって予期しえない困難を生じる場合には、抵触規範により指定された法に代えて、他の法を例外的に適用することができる。

　これに対して、ブーハーは、次のように提案する。A. Bucher, Grundfragen der Anknüpfungsgerechtigkeit im internationalen Privatrecht, 1975, S. 251.

　　　　事案に関係する法秩序を考慮することにより、この事案が本法により指定された法秩序以外の法秩序と明らかにより密接な関係を有する場合には、この法秩序が適用される。

　　　　前項の規定は、とりわけ次の場合に適用される。
　a　本法の規定により命じられた外国法の適用が、事案とスイスとの特別な関係に鑑みて、スイス法の本質的規定または原則に反する場合。
　b　本法の規定により指定された法秩序がその法の適用を拒否し、かつその国際私法により適用されるべき法秩序と事案とが明らかにより密接な関係にある場合。
　c　ある外国の法秩序がその法の適用を要求しており、かつ事案との密接な関係に鑑みて、その本質的規定または原則の適用について利益を有しており、かつこの利益が本法の規定により適用されるべき法秩序に対し明らかに優越している場合。

214）Schlussbericht, a.a.O., Anm. (7), S. 27 ff., 59 f. Vgl. auch Botschaft, a.a.O., Anm. (7), S. 48. ちなみに、予備草案14条の標題は、「通常の連結の例外」とされてい

この予備草案の一般例外条項には、支持と批判が相半ばした。批判は、報告書が例外的適用を強調したにもかかわらず、やはり法的安定性の阻害に集中した。また、賛成意見のなかにも、当事者による法選択がある場合には、一般例外条項を適用すべきでないとする見解が多かった[215]。そのため、政府草案は、次のように改められた。「本法により指定された法は、すべての事情から、事案がこの法とわずかな関係のみを有し、他の法とはるかに密接な関係を有することが明らかである場合には、例外的に適用されない」(14条1項)。「本条は、法選択がある場合には、適用されない」(同条2項)。そして、これが若干の字句の修正を受けただけで、IPRG 15 条として成立したのである[216]。

たが、報告書は、「回避条項（Ausweichklausel）」という名称も用いている。また、予備草案68条2項および69条2項には、特別例外条項が規定されていた。前者については、前述注(134)参照。後者は、親子関係成立の準拠法の基準時点に関係する。すなわち、69条1項によると、基準時点は、子の出生の時とされていたが、同条2項により、裁判による親子関係の確認および否認については、事案が訴訟の時点における住所地、常居所他または本国と明らかにより密接な関係を有しているか、またはこれらの法のいずれかの適用が子の利益に適う場合には、訴訟の時点が基準とされた。しかし、かような規定は、草案以降では修正され、子の優越的利益が必要とする場合にのみ、訴訟提起の時点が基準とされることになった（IPRG 69条2項）。なお、IPRGにおける一般例外条項の規定の文言は、契約上および契約外の債務の準拠法に関する 1974 年の EEC 条約草案 10 条 2 項の影響を受けたと言われている。Von Overbeck (RabelsZ), a.a.O., Anm. (95), S. 610; Von Overbeck (Traveaux), *op. cit*., n. (95), p. 82. 同条約草案によると、不法行為の準拠法は、原則として、行為地法によるが（10条1項）、一方において、不法行為の結果と行為地国との間に強い関係が存在せず、他方において、この結果が他国と優越的な関係を示している場合には、後者の法が適用される（同条2項）。

215) Stellungnahmen, a.a.O., Anm. (33), S. 48 ff. 賛成意見としては、Uni Genève, Institut Universitaire de Genève, HSG, CNG, Direction de recherches de Genève. 反対意見としては、Schaffhausen, Vaud et uni Lausanne, Neuchâtel, FDP, PLS, Bankiervereinigung, Arbeitsgeberorganisationen, Vorort, Gutzwiller. 法選択がある場合の不適用については Uni Basel, Uni Genève, Schweizerischer Anwaltsverband, Vorort, Direction de recherches de Genève.

216) 字句の修正は、規定の意味に影響しないであろう。まず、ドイツ語の条文は、草案では、"Das Recht, auf welches..."となっていたが、"Das Recht, auf das..."

(2) 従来の判例および NAG の規定

　報告書および理由書は、一般例外条項がスイス国際私法の伝統に基づくものであるという。すなわち、連邦裁判所は、かような例外をとりわけ契約法において認めてきたし、親子関係の否認についても、NAG 8 条の連結を変更した例がある。また、1976 年の改正によって、NAG 8e 条 3 項に明文の例外条項が置かれた[217]。しかし、以下でみるように、これらの判例および立法がはたして一般例外条項の先例といえるのかは、若干疑問に思われる。
　まず、契約法においても、一般例外条項の先例として挙げうる連邦裁判所の判決は、それほど多くない。デュプラーによると、それは、1934 年 9 月 18 日の判決から 1976 年 3 月 30 日の判決に至るまで、全部で 11 件にすぎない[218]。理

と改められた。つぎに、イタリア語の条文は、草案では、"La legge richiamata è..." となっていたが、"Il diritto richiamato dalla presente legge è..." と改められた。その他の修正は、取り上げるまでもない。なお、上院の審議においては、「他の法の適用の結果、より妥当な解決が導かれる場合」という要件を加えるべきであるという提案がなされたが、17 対 5 で否決された。Amt. Bull. STR 1985, S. 131 f. また標題は、草案以降、「例外条項」とされている。

217) Botschaft, a.a.O., Anm. (7), S. 48; Schlussbericht, a.a.O., Anm. (7), S. 28, 59 f.
218) C.E. Dubler, Les clauses d'exception en droit international privé, 1983, p. 57 note 106. ただし、デュプラーが挙げる BG 30.3.1976, BGE 102 II 143, S. 149; BG 29.4.1980, BGE 106 II 36, S. 40 は、いずれも不動産契約の方式と実質を同一の準拠法、すなわち不動産所在地法に従わせるものであるから、他の判例とは区別されるべきであろう。
　これに対して、初めての判決とされる BG 18.9.1934, BGE 60 II 294, S. 301 f. は、金銭消費貸借契約に関するものであった。そして、当時の判例によると、一般には契約の履行地法が最も密接な関係の法とされていたところ、本件の契約では、返還債務の履行地は、借主の任意の地とされていた。そこで、裁判所は、借主の住所地、金銭の使途、契約公証の方式、担保物の所在地、裁判管轄条項などから、ドイツ法が最も密接な関係の法であると判断した。同じく金銭消費貸借契約に関する判例としては、BG 2.3.1937, BGE 63 II 42, S. 44 f.; BG 10.6.1952, BGE 78 II 190, S. 191 f. 後者については、後述 4 (3) 参照。
　代理商契約については、OR 418b 条 2 項により、代理商が活動を行う国の法が

由書も、そのうちの3件を挙げているだけである[219]。最も代表的と思われる1968年10月1日の判決を引用すると、それは次のように述べている[220]。

「現在の確立した実務によると、契約は、当該法律関係が最も密接な場所的関連を有する国の法に従う。そこで、裁判官は、一般的には、特徴的義務の債務者が住所を有する国の法を適用すべきであると判断する。この原則に従うならば、〔本件の場合〕、それが委任契約であるか、代理商契約であるか、問屋契

適用されると解されていたが、これに対する例外を認めた判例としては、BG 7. 3.1950, BGE 76 II 45, S. 48. 詳細については、後述4 (3)参照。いわゆる独占的代理店契約については、判例の変遷がある。BG 12.2.1952, BGE 78 II 74, S. 81 ff. は、これを抵触法の観点からは売買契約であるとして、例外の可能性を認めながらも、特徴的給付の履行義務者である売主の住所地法を適用した。これに対して、BG 3.12.1962, BGE 88 II 471, S. 474 f. は、例外を認め、買主、すなわち代理店の住所地法を適用した。ところが、さらに、BG 10.12.1974, BGE 100 II 450 は、判例を変更し、独占的代理店契約における特徴的給付は、代理店が行う給付であると判決した。

動産売買契約について、BG 3.12.1946, BGE 72 II 405, S. 411 f. は、当時の判例による履行地法主義に対し例外の可能性を認めたものの、本件については否定した。これに対して、BG 4.7.1953, BGE 79 II 165 の事案では、その当時の判例により、最も密接な関係は、一般に売主の住所地国との間に存するとされていたところ、本件の売主は契約締結当時、無住所であった。そこで、裁判所は、その他の事情として、契約締結地、買主の住所地、信用状の発行地、目的物の検査証発行地などから、最も密接な関係はスイスにあると判断した。

保証契約について、BG 23.9.1941, BGE 67 II 215, S. 220 f. では、最も密接な関係の法は、一般に保証人の住所地（ブダペスト）によって定まるとしながらも、その他の連結点がニューヨークに集中しているとして、ニューヨーク州法を適用した。

最後に、混合契約について、BG 5.3.1974, BGE 100 II 34, S. 38 f. では、売買契約が代理商契約に従属しているとして、代理商が活動を行う国の法（ドイツ法）が適用された。また、BG 1.10.1968, BGE 94 II 355, S. 360 ff. については、本文参照。

219) すなわち、BG 7.3.1950, BGE 76 II 45; BG 10.6.1952, BGE 78 II 190; BG 1.10.1968, BGE 94 II 355.
220) BG 1.10.1968, BGE 94 II 355.

約であるかを問わず、イタリア法が当事者の契約関係に適用されるであろう」。

「しかしながら、学説および判例は、かような個別の契約のために導き出された規則が……一般原則の具体的適用の結果にすぎないことを知っている。例外的状況は、時として当該法律関係が……別の国とより密接な場所的関係を有すると思わせるであろう。かような場合に契約を規律するのは、この別の国の法である」。

「さらに、学説は、ある契約の目的が他の契約の目的と非常に密接な関係を有する場合、この密接な関係が共通の連結を正当化すると指摘する。たとえば、相異なる契約が当事者にとって切り離すことができない程に、ひとつの契約をなす一連の合意であるかのように思われる場合がある。すなわち、別の契約……を準備・履行・変更するための契約がそれである。ただし、法的安定性のためには、相異なる契約の統一性が明らかである場合に限るという条件を付けて、この理論を適用することが望しい」。

要するに、契約は、当事者による法選択がない場合、最も密接な関係の法に従う。それは、通常、特徴的給付を行う当事者の住所地法であるが、例外的状況においては、別の法が適用される。本件契約が委任契約であるか、代理商契約であるか、問屋契約であるかはともかく、別のライセンス契約に密接に従属しているのであるから、後者の準拠法であるスイス法に従うとされた。ただし、法的安定性のためには、この例外的状況が明らかでなければならないことが強調されている。

ところで、これらの判例が一般例外条項の先例であると言うためには、特徴的給付の理論が通常の抵触規定として確立している必要がある。しかし、IPRG 117条は、この点について、必ずしも明白ではないように思われる。すなわち、それによると、契約は、法選択がない場合、最も密接な関係を有する国の法による（同条1項）。そして、この最も密接な関係は、特徴的給付を行うべき当事者が常居所または営業所を有する国の法との間に存在すると推定される（同条2項）。そして、一定の契約類型については、特徴的給付とみなされる行為が具体的に定められている（同条3項）。

そこで、この117条1項と2項の関係が問題となるが、理由書は、これを次のように説明している。すなわち、事案と特定の法との関係が、特徴的給付を行うべき者の常居所地法または営業所所在地法との関係より密接であるという事態が生じるかもしれない。この場合は、より密接な関係の証明によって、2項の推定が覆される。そして、118条以下の個別契約の特則において、かような例外の幾つかが具体的に挙げられている[221]。

しかし、かような説明には、幾つかの疑問が生じる。第1に、理由書によると、2項の「推定」を覆すには、当事者がより密接な関係を証明する責任を負っているかのように読めるが、連邦裁判所の判例によると、より密接な関係は、裁判所が職権によって認定すべきであると考えられる[222]。第2に、この場合の推定が後者の意味であるとしたら、117条1項と2項の関係は、15条の一般例外条項と通常の抵触規定の関係と同じであるのか、という疑問が生じる[223]。第3に、両者の関係が一般例外条項の場合と同じであるとしたら、立法者は、なぜ2回同じ規定を繰り返す必要があったのか、117条1項は無用の規定ではなかったのか、という疑問が生じる[224]。第4に、逆に117条1項による修正

---

221) Botschaft, a.a.O., Anm. (7), S. 149. Vgl. auch Schlussbericht, a.a.O., Anm. (7), S. 219 f.

222) 前掲注(218)の判例参照。Vgl. auch I. Schwander, Internationales Vertragsrecht: Direkte Zustädigkeit und objektive Anknüpfung, in: Festschrift für Moser, a.a.O., Anm. (13), S. 83 f., 86; S. Stojanovic, Le droit des obligations dans la nouvelle loi fédérale suisse sur le droit international privé, Rev. crit. 1988, p. 278.

223) フォン・オーヴァーベックによると、「最も密接な関係」も「特徴的給付」も単なる立法理由にすぎず、どちらも法律の条文に書かれるべきではない。たとえば、ある抵触規定が連結点として住所を定めている場合、これがその者の生活関係の中心であることを、いちいち断る必要はないとされる。A.E. von Overbeck, Contracts: The Swiss Draft Statute compared with the E.E.C. Convention, in: P. M. North (ed.), Contract Conflicts, 1982, p. 278.

224) 特徴的給付の理論の提唱者とされるシュニッツァーが1980年に公表した国際私法の試案では、契約の客観的連結および例外条項は、次のように規定されていた。A.F. Schnitzer, Gegenentwurf für ein schweizerisches IPR-Gesetz, 76 SJZ 1980, 309.

　　第58条　双務契約

機能が 15 条の一般例外条項と異なるのであれば、前述の連邦裁判所の判例は、むしろ 117 条の先例とされるべきではなかったのか、という疑問が生じる[225]。すなわち、これらの判例は、117 条の立法理由を説明しえても、15 条を根拠づけることは、困難であると思われる。しかし、理由書は、これらの疑問に何も答えていないのである。

つぎに、親子法に至っては、理由書が先例として挙げた連邦裁判所の判決は、2 件にすぎない。しかも、そのうちの 1 件は傍論である[226]。より明白な先例

---

1 双務契約は、契約を特徴づける給付が行われるべき地の法による。
2 前項の給付は、一般に、請求を受けた営業所の所在地、通常の職業活動地、またはかかる給付の義務を負う者の住所地もしくは常居所地において行われるべきものとする。
3 第 3 条の適用は妨げない。
第 3 条 回避条項
　事案の事情が例外的に他の法秩序とより密接な関係を示している場合には、かかる法の規定が適用されるべきものとする。

　さらに、フォン・オーヴァーベックは、前述注(223)のような理由から、117 条 1 項および 2 項の両方を無用の規定とする。すなわち、同条 3 項のような契約類型に則した規定だけで十分であるというのである。「必要な柔軟性は、例外条項によって与えられるであろう」。また、法定の契約類型に該当しない契約については、法の欠缺として、ZGB 1 条 2 項により補充が行われるべきであるとする。Von Overbeck, *op. cit.*, n. (223), p. 278. V. aussi von Overbeck, *op. cit.*, n. (48), p. 561 s.

225) 後述 4 (3) のように、15 条の一般例外条項は、きわめて制限的に規定されている。これに対して、117 条 1 項による修正機能は、単に他の法より密接な関係が存在すれば十分であるように読める。また、前掲注(218)の連邦裁判所判決も、例外的状況が明らかであることを要求しているとはいえ、15 条ほど厳格な要件を求めているとは思われない。

226) これらの判決は、公式判例集に登載されていない。BG 12.11.1970, SJIR 1972, 399; BG 15.12.1977, SJIR 1978, 359.
　　第 1 の事件においては、スイスに住所を有するイタリア人夫婦がスイス裁判所の判決により別居したが、10 か月後に子が出生し、その子は、夫の嫡出子として戸籍に記載された。そこで、夫は父子関係否認の訴えを提起した。この訴えは、父の住所地（ルガノ）の裁判所において認容され、ボー州の戸籍に記載された。

としては、むしろ 1969 年 9 月 4 日のチューリッヒ高等裁判所の判決が挙げられる[227]。いずれの事件においても、問題となったのは、1976 年に削除される前の NAG 8 条であった。それによると、親子関係の確認および否認などの問題は、父の本籍地の裁判管轄および法に従うとされていた。そして、従来の連邦裁判所の判例によると、NAG 8 条は、同 32 条による類推適用の結果、在留外国人については、父の本国の裁判管轄および本国法の適用と読み換えられていた[228]。

　チューリッヒ高等裁判所の事件においては、戸籍上の父がイタリア国籍また

　　その後、子の後見人が父子関係確認の訴えをヌシャテル州裁判所に提起したところ、先の父子関係否認の判決は、裁判所が管轄を欠くために無効であり、父子関係は否認されていないとして、訴え却下の決定を下した。この決定を受けて、ボー州政府は、父子関係否認の記載を戸籍から抹消することを決定した。この決定に対する抗告訴訟が本件である。連邦裁判所は、ルガノ裁判所の判決が連邦裁判所の判例に反することを認めつつも、いまだ無効とするには至らないという。「外国国籍の当事者に関する親子関係否認の訴えにおいて、これらの者がすべてスイスに住所を有する場合には、本国管轄の原則に例外が認められないか否かを問うことができる」。さらに、ルガノ裁判所はイタリア法にもとづいて判決を下しており、またイタリアは、かような訴訟について専属管轄を要求していなかった。しかし、以上の NAG 8 条の解釈は、傍論にすぎない。
　　第 2 の事件においては、夫はアメリカ国籍を、妻はフランス国籍を有し、1957 年にフランスにおいて婚姻を挙行したが、1959 年以来別居していた。妻は、さらに 1969 年以来スイスにおいてスイス人男と同居し、1973 年 1 月 15 日に子が出生した。そして、同年 2 月 9 日にフランス裁判所の判決により離婚し、翌 1974 年 2 月 28 日にスイス人男と再婚した。そこで、1975 年 6 月 4 日、子は父子関係否認の訴えを提起した。しかし、ヌシャテル州裁判所は、NAG 8 条および 32 条にもとづいて訴えを却下した。これに対する上訴が本件である。連邦裁判所は、後述の 1969 年 9 月 4 日のチューリッヒ高等裁判所判決とほぼ同様の論旨を展開して、破棄差戻の判決を下した。したがって、後述のチューリッヒ高等裁判所判決に対する疑問点は、すべて本判決にも当てはまる。なお、前述 3 (5) のように、1976 年の NAG の改正により 8 条は削除されたが、改正法の施行は、1978 年 1 月 1 日からであった。

227)　OberG Zürich 4.9.1969, SJZ 1969, 374.
228)　BG 7.7.1949, BGE 75 II 177, S. 180; BG 30. 3. 1962, BGE 88 II 6, S. 8 f.

はエジプト国籍のいずれであるのかは、不明であった。また、仮に無国籍であったとしても、子の出生当時の父の住所は、エジプトにあった。いずれにせよ、戸籍上の父がスイス国籍を有しないことは明らかであったため、前述の NAG 8 条の解釈によると、スイスの裁判所は管轄を有しない。しかし、かような解釈が立法者の真の意図に合致するであろうかという疑問を、チューリッヒ高等裁判所は投げかける。そして、次のようなフリッチェの言葉を引用する。「関係が同質でない場合には、妥当な解決を導くために、例外が認められてよいし、認められるべきである」[229]。すなわち、NAG の立法当時に予想されていたカントン間事件では、すべての当事者はスイス人であるから、国際私法事件における同質性は、すべての当事者が外国人である場合にのみ存在する。したがって、当事者の一部がスイス人であり、他の一部が外国人である場合には、ZGB 1 条 2 項にいう法の欠缺が存在する。以上のように述べて、裁判所は、欠缺補充として、父の国籍ではなく、子の国籍を基準にすべきであるとする。しかも、本件の場合には、スイス人が真実の父であることが確実であり、また準正によって子がスイス国籍を取得することが予定されているとして、結局、スイスの裁判管轄およびスイス法の適用が認められた[230]。

しかし、本判決もまた、一般例外条項の先例として挙げるには、若干の疑問がある。第 1 に、本判決の主たる争点は、裁判管轄であった。すなわち、戸籍上の父がスイス国籍を有しないために、真実の父がスイス人であるにもかかわらず、スイスの裁判所が管轄を有しないという結果の妥当性が問題とされたのである[231]。第 2 に、本判決は、子の国籍を基準にするというが、結局のところ真実の父の国籍を基準にしたのと異ならない。すなわち、NAG 8 条にいう

---

229) H. Fritzsche, zu ZivilG Basel-Stadt 24.12.1946 u. OberG Zürich 3.3.1948, SJIR, 1948, S. 237. Vgl. auch Fritzsche, a. a. O., Anm. (21), S. 249 f.; P. Lalive, Conflits de filiations en droit civil et en droit international privé, Semaine Judiciaire 1966, p. 624 ss.

230) OberG Zürich 4.9.1969, SJZ 1969, 374.

231) Dubler, *op. cit.*, n. (218), p. 141 s.

父の国籍（本籍地）を戸籍上の父ではなく、真実の父のそれと解することによって、同一の結果が得られた。すなわち、論理的には、まず戸籍上の父との関係が否認されなければ、真実の父との関係が成立しないにもかかわらず、この真実の父の国籍を先取りした形になっている[232]。第3に、本件は、一般例外条項の適用の際に考慮されるべき要素のうち、いずれに該当するのかが明らかでない。裁判所の理由づけは、むしろ NAG においてスイス人と外国人の混ざった家族関係が規定されていない、という法の欠缺問題に帰着するように思われる[233]。第4に、本件が法の欠缺問題であるならば、それは一般例外条項の適用と区別しなければならない。なぜなら、一般例外条項は、通常の抵触規定がまず適用されること、すなわち法の欠缺が存在しないことを前提としているからである[234]。

以上のように、本件の論理構成が一般例外条項の先例として疑問であるだけでなく、IPRG においては、親子関係の確認および否認は、子の常居所地または父母の一方の住所地の裁判所の管轄に服し（66条）、かつ子の常居所地法によることになった（68条）。したがって、本件のような事例は、すでに立法的に解決されている。

---

232) Dubler, *op. cit.*, n. (218), p. 142. デュプラーは、本判決が子の常居所を連結点としていたならば、例外条項適用の事例に該当したであろうという。すなわち、本件は、連結点の解釈の問題であり、連結点の是正ではない。なお、NAG 旧8条は、単に父の本籍としか規定していない。V. aussi A.E. von Overbeck, L'intérêt de l'enfant et l'évolution du droit international privé de la filiation, dans: Liber Amicorum Adorf F. Schnitzer, 1979, p. 367.

233) ZGB 1条は、次のように規定している。「本法は、文言または解釈により規律の対象となったすべての法律問題に適用される。本法からいかなる規定も導き出せない場合には、裁判官は慣習法により、慣習法もないときには、立法者であったならば定立したであろう規則により、判断しなければならない。裁判官は、前項の場合には、権威ある学説および法的伝統に従うものとする」。

234) Dubler, *op. cit.*, n. (218), p. 61 s.; F. Knoepfler,Utilité et danger d'une clause d'exception en droit international privé, dans: Hommage à Raymond Jeanprêtre, 1982, p. 116; K. Kreuzer, Referat, in: Lausanner Kolloquium, a.a.O., Anm. (13), S. 20.

最後に、立法上の先例として、NAG における例外条項が挙げられる。すなわち、1976 年の改正によって、前述3(5)のように、NAG 8 条が削除され、親子関係の確認および否認については、子または父母の一方の住所地の裁判所が管轄を有することになった (8d 条 1 項)。そして、準拠法については、親子の共通住所地法を第 1 順位とする段階的連結が採用され、同一国に住所を有しない場合には、親子の共通本国法が、また共通住所地法も共通本国法も存在しない場合には、スイス法が適用される (8e 条 1 項)。ところが、かような段階的連結の全体について、他国との関係が優越的である場合には、この他国の法が適用される (同条 3 項)。この 3 項の規定が例外条項の先例とされている。しかし、1978 年 1 月 1 日に施行されて以来、この例外条項の適用例として注目されるような判決は存在しない[235]。

むしろ逆に、この条項の適用を否定した 1981 年 6 月 18 日の連邦裁判所の判決があり、学説の批判を受けている。本件においては、母子ともにドイツ連邦共和国の国籍を有し、住所もそこに有していた。これに対して、父とされる者の国籍および住所は、ともにスイスにあった。したがって、NAG 8e 条 1 項によると、当事者間に共通住所地法も共通本国法も存在しない場合として、スイス法が適用されるべき事例であった。ところが、第 1 審および第 2 審のシャフハウゼン州裁判所は、ドイツ連邦共和国との関係が優越的であり、NAG 8e 条 3 項によりドイツ連邦共和国法が適用されるべきであるとして、スイス法にもとづく父子関係確認の訴えを却下した。これに対して、連邦裁判所は、父とされる者の側にも一定の重心が存在するとして、この者の国籍および住所がスイスにある限り、母子の外国国籍および住所は、当該外国との優越的関係を根拠づけることができないとする。したがって、本件においては、スイス法が適用

---

235) ただし、8e 条 1 項 3 号により、スイス法が適用されるべき場合、子の家庭の中心がスイスに存在することは、同条 3 項にいう優越的関係がスイスとの間に存在することを示すとして、同条 1 項の適用を正当化するために、同条 3 項を引用した連邦裁判所判決がある。BG 12.6.1980, BGE 106 II 236, S. 241. V. aussi Dubler, *op. cit.*, n. (218), p. 89.

されるべきであるから、本案審理に入るべきであるとして、破棄差戻の判決を下したのである[236]。

本件においては、まずスイスの国際的管轄を考察する必要がある。なぜなら、NAG 8d 条 1 項は、原則として、子または父母の一方の住所がスイスにあれば、スイスの管轄を生じるとするが、同条 3 項は、他の国との関係が優越的であり、かつこの国がスイスの裁判管轄を承認しない場合には、スイスの管轄を例外的に否定するからである。しかし、州裁判所は、この規定を全く審理せず、単に外国法の適用から、直ちにスイスの管轄を否定したように思われる[237]。

つぎに、仮に NAG 8d 条により、スイスの管轄が肯定されるとしても、本件においては、NAG 8e 条 3 項により、ドイツ連邦共和国法が適用されるべきではなかったのか、という点が問題となる。現に、例外条項の適用を否定した連邦裁判所判決は、学説の批判を受けている。なぜなら、本判決は、子の利益よりも父とされる者の利益を重視し、かつ例外条項を外国法の適用のためではなく、もっぱら自国法の適用のために利用する趣旨であるかのように読めるからである[238]。また、NAG 8e 条 3 項と IPRG 15 条の文言を比較すると、前者は、他国との関係が優越的であることだけを要求し、後者のように、通常の準拠法との関係が乏しいことまでは必要としない点も注目すべきであろう[239]。しかし、この点を重視するならば、はたして NAG 8e 条 3 項が IPRG 15 条の先例と言えるのかは、やはり疑わしくなる。

(3) IPRG 15 条の考慮要素

PRG 15 条の構成要件は、前述のように、制限的に規定されている。すなわち、①事案が通常の準拠法とわずかな関係だけを有していること、②事案が他

---

236) BG 18.6.1981, BGE 107 II 209, SJIR 1982, 311.
237) スイスの判例における並行原則の傾向は、つとに指摘されてきたところである。Vischer, a.a.O., Anm. (22), S. 66.
238) P. Lalive/A. Bucher, zu BG 18.6.1981, SJIR 1982, S. 313 ff.
239) Von Overbeck, *op. cit.*, n. (207), p. 203 s.

の法とはるかに密接な関係を有していること、③かような状況がすべての事情から明白であること、これら3つの要件をすべて満たした場合、かつ「例外」的にのみ、通常の連結点が修正されるのである。

　IPRG 15条のような一般条項について、適用例を厳密に予測することは不可能であろう。それゆえ、報告書および理由書も、IPRG 15条の適用に際して考慮されるべき要素だけを挙げたのである。しかし、これらの要素の一部は、学説において争われている。そこで、以下では、まず、報告書および理由書に挙げられた要素、つぎに、報告書および理由書には入れられなかったが、フィシャーが提案した要素、最後に、その他の要素を見ていきたい。

　まず、報告書および理由書に挙げられた要素のうち、他の法とのより密接な関係は、争われていない[240]。これは、さらに、別の法に従う他の法律関係への密接な従属（以下では「従属関係」という）、および場所的または時間的観点における通常の連結点の孤立化（以下では単に「孤立化」という）に分けられる。

　従属関係の例は、すでに引用した1968年10月1日の連邦裁判所判決をはじめ、とりわけ契約法の事例において見られるところである[241]。しかし、学説は、人事・家族・相続法の分野においても、従属関係は存在しうるとする。たとえば、デュプラーによると、妻の書面による同意（フランス民法494条）なく、夫がスイスにおいて締結した保証契約の有効性は、婚姻の効力に従属しうるとされ、また戸籍上の父との親子関係の否認は、真実の父との親子関係の確認または認知に従属しうるとされる[242]。さらに、フォン・オーヴァーベックによると、相続は夫婦財産制に従属しうるし、逆に夫婦財産制は相続に従属しう

---

240) ノイハウスは、これのみが IPRG 15条の一般例外条項に該当すると主張する。Neuhaus, a.a.O., Anm. (196), S. 287. 同様の見解として、Kreuzer, a. a. O., Anm. (234), S. 14.

241) BG 1.10.1968, BGE 94 II 335. Vgl. auch BG 5.3.1974, BGE 100 II 34. 前者については、前述 4 (2)参照。後者については、前述注(218)参照。V. aussi Dubler, *op. cit.*, n. (218), p. 109; Dietzi, a.a.O., Anm. (213), S. 64.

242) Dubler, *op. cit.*, n. (218), p. 51, 109, 135. 前述 4 (2)のチューリッヒ高等裁判所判決参照。

る[243]。ところで、これらの問題は、むしろ法律関係の性質決定として、論理的には、一般例外条項の適用の前に解決されるべきであるのかもしれない。しかし、デュプラーによると、一般例外条項の事前適用によって、かような法律関係性質決定の問題を回避することができるというのである[244]。

　他方、孤立化についても、まず契約法の例が挙げられる。フィシャーが引用する1952年6月10日の連邦裁判所判決の事案では、金銭消費貸借契約の貸主はスイス人であり、その家族は、1945年以来スイスに住所を有していた。本件契約は、西ドイツにおいて締結されたが、貸主がそこに住所を有していたのは、以前に住んでいたポーランドから引き揚げた際に、財産をドイツ・マルクに換金し、生活必需品をドイツでしか購入しえなかったからにすぎない（ZGB 24条2項）[245]。他方において、借主も西ドイツに滞在していたとはいえ、当時すでにスイスへの入国許可を申請しており、それは後に取得した。それゆえ、両当事者は、当初よりスイスにおける貸金の返還を予定していたに違いなく、また現に、その趣旨の合意が後に行われた。これらすべての事情を考慮するならば、ドイツとの関係は偶然的なものにすぎず、密接な場所的関係は、むしろスイスとの間にあったと言える。このように述べて、連邦裁判所は、特徴的給付の理論によるならば、貸主の契約締結時の住所地法であるドイツ法が適用されるべき事案において、スイス法を適用したのである[246]。

　さらに、デュプラーは、不法行為における例として、1973年5月2日の連邦裁判所判決を挙げている。本件においては、事故発生地は、フランスであったが、車に同乗していた両当事者は、スイス人であり、スイスに住所を有していた。車は、スイス・ナンバーであり、スイスの保険に入っていた。しかも、

---

243) Von Overbeck, *op. cit.*, n. (207), p. 120 ss., 191.
244) Dubler, *op. cit.*, n. (218), p. 133 ss.
245) 前述3(3)参照。すなわち、外国（ポーランド）において取得した住所が放棄されて、いまだスイスに新しい住所を取得していない事例であり、この場合には、西ドイツにある居所をもって住所とされる。
246) BG 10.6.1952, BGE 78 II 190, S. 191 f. Vgl. Vischer, a.a.O., Anm. (22), S. 76, Fn. 57. Vgl. auch BG 23.9.1941, BGE 67 II 215. 前述注(218)参照。

フランスは、単なるヴァカンスの地にすぎなかった。したがって、かような状況のもとでは、不法行為地であるフランスとの関係は孤立化しており、より密接な関係を有するスイス法が適用されると判断された[247]。ただし、IPRGにおいては、かようなケースは、すでに133条1項によって立法的に解決されていることに注意を要する[248]。

以上のより密接な関係とは異なり、報告書および理由書に挙げられた残り2つの要素、すなわち当事者の期待および矛盾した結果の回避は、学説において大いに争われている。これらのうち、当事者の期待については、やはり契約法の例がまず挙げられる。すなわち、ディエツィが引用する1950年3月7日の連邦裁判所判決によると、スイスの企業間において締結された南米における代理商契約は、OR 418b条2項によるならば、契約履行地法によるべきであった。しかし、契約の履行地が南米のすべての国に及んでいる状況下において、当事者は、契約を単一の法に従わせることを期待していると推定されるので、例外が認められるべきである。そして、かような単一の準拠法は、両当事者の設立準拠法であり、契約締結時の本店所在地法であり、契約締結地法であるスイス法以外には考えられないので、結局、スイス法が適用される、との判決が下された[249]。

---

247) BG 2.5.1973, BGE 99 II 315, S. 319. V. Dubler, *op. cit.*, n. (218), p. 108. ただし、連邦裁判所は、当事者の正当な期待を理由としている。

248) IPRG 133条1項によると、加害者と被害者が同一国に常居所を有する場合には、その国の法が適用される。また同132条によると、当事者は、加害事実の発生後いつでも、法廷地法の適用を合意することができる。ちなみに、前注の連邦裁判所判決は、かような不法行為における法選択の可能性については、本件の場合、客観的連結によっても同じ結論が導かれるとして、判断しなかった。BGE 99 II 315, S. 317 f.

249) BG 7.3.1950, BGE 76 II 45, S. 48. Vgl. Dietzi, a.a.O., Anm. (213), S. 62 f. ディエツィは、さらに、BG 18.12.1951, SJIR 1953, 346, S. 348を挙げる。本件は、スイス人間の雇用契約に関するものであったが、労務給付地はアジス・アベバであった。連邦裁判所は、当事者がアジス・アベバ法など全く知らないし、後に本国に帰ることが予定されていたとして、スイス法を適用した。フィシャーも、本件を

これに対して、当事者の期待は、一般例外条項の適用に際して考慮されるべきでない、とする批判がある。なぜなら、かような主観的要素の重視は、当事者自治が認められていない分野において、客観的連結を空洞化するおそれがあるし[250]、また、当事者自治が認められている分野においても、仮定的当事者意思は考慮されるべきでないからである[251]。他方において、報告書の記述からは、当事者の期待は、客観的に認識しうる限りで考慮されるようにも読み取れるが[252]、客観的な予見可能性は、まさに通常の抵触規定を適用することにより、保証されうるとの批判がある[253]。

なお、報告書は、当事者の期待保護の例として、当事者が予期していなかった準拠法の変更を挙げているが、かようなケースは、すでにIPRGにおいて十分に規定されている、との批判がある（55条、69条、90条2項）[254]。また、一般的にも、準拠法の変更による不都合な結果は、通常の抵触規定の解釈によって是正されるべきであり、一般例外条項の適用を必要としない、とも主張されている[255]。報告書は、さらに、当事者が期待していた法廷地の抵触法と異なった結果を導く抵触法を有する法廷地における訴訟を挙げるが、これが何を意味するのかは明らかでない。この場合に外国の抵触法を考慮すべきであるとい

　　　引用して、IPRG 15条の適用に際しては、当事者の期待を考慮すべきであると改めて主張している。Vischer, *op. cit.*, n. (198), p. 15.
250) Dubler, *op. cit.*, n. (218), p. 96; Kreuzer, a.a.O., Anm. (234), S. 18 f. ただし、かつてクロイツァーは、当事者の期待が例外条項の適用を正当化しうると主張していたことがある。K. Kreuzer, Berichtigungsklauseln im internationalen Privatrecht, in: Festschrift für Imre Zaitay, 1982, S. 328.
251) Von Overbeck, *op. cit.*, n. (207), p. 191. 報告書および理由書も、契約の準拠法に関するIPRG 116条2項について、これを明言している。Botschaft, a.a.O., Anm. (7), S. 146; Schlussbericht, a.a.O., Anm. (7), S. 217.
252) Vgl. auch Vischer, a.a.O., Anm. (211), S. 60 f.
253) Dubler, *op. cit.*, n. (218), p. 95; Kreuzer, a.a.O., Anm. (234), S. 19.
254) Dubler, *op. cit.*, n. (218), p. 113; von Overbeck, op. cit., n. (207), p. 191; Kreuzer, a.a.O., Anm. (234), S. 19.
255) Dubler, *op. cit.*, n. (218), p. 111 ss., 139 ss. 前述4 (2)のチューリッヒ高等裁判所判決参照。

うのであれば、それは反致を意味するのであろうか。

　続いて、報告書は、矛盾した結果の回避として、先決問題および調整問題を挙げている。しかし、先決問題は、通常の抵触規定の確定の問題として、一般例外条項の適用の前に解決されるべきである、との批判がある[256]。また調整問題は、実質法のレベルに属する問題として、一般例外条項の適用範囲から除外されるべきである、との主張がある[257]。これに対して、先決問題については、法律関係性質決定の場合と同様に、一般例外条項の事前適用により、この問題を回避できる可能性があるとして擁護する見解もある[258]。報告書は、さらに、当該法律関係に密接な関係を有する国の解決と一致した判決を挙げ、これが反致と同じ結果に至るとするが、IPRG 14条に該当しないケースにおいても、一般例外条項により反致を認めるべきか否かは争われており、これを支持する見解と批判する見解が対立している[259]。

　つぎに、報告書および理由書から削除されたが、フィシャーが提案していた要素を見ておく。第1に、フィシャーは、当事者の期待の中に、ある法のもとにおいて有効に成立した法律行為の効力維持を含めていた。これは、既得権の保護と言い換えてもよいであろう。そして、これを支持する見解もある[260]。しかし、既得権成立の根拠となった法が必ずしも事案と最も密接な関係を有しているとは限らないので、これをすべて一般例外条項の中に含めることには、

---

256) Knoepfler, *op. cit.*, n. (234), p. 121; Kreuzer, a.a.O., Anm. (234), S. 20.

257) Dubler, *op. cit.*, n. (218), p. 157; Kreuzer, a.a.O., Anm. (234), S. 20.

258) Dubler, *op. cit.*, n. (218), p. 123 s.; von Overbeck, *op. cit.*, n. (207), p. 191.

259) これを支持する見解としては、Dubler, *op. cit.*, n. (218), p. 119; Schwander, a.a.O., Anm. (9), S. 74; Keller/Siehr, a.a.O., Anm. (69), S. 475; F. Vischer, in: Freiburger Kolloquium über den schweizerischen Entwurf zu einem Bundesgesetz über das internationale Privatrecht, 1979, S. 76; Vischer, *op. cit.*, n. (198), p. 20 s.; von Overbeck (Traveaux), *op. cit.*, n. (95), p. 81; Ders., a.a.O., Anm. (37), S. 333; von Overbeck, *op. cit.*, n. (48), p. 561. これを批判する見解としては、Kreuzer, a.a.O., Anm. (234), S. 17 f.; Knoepfler, op. cit. n. (234), p. 121 ss.; Bucher, a.a.O., Anm. (196), S. 56 Fn. 29.

260) F. Rigaux, Referat, in: Freiburger Kolloquium, a.a.O., Anm. (259), S. 83.

抵抗が見られる[261]。

　第2に、フィシャーは、矛盾した結果の回避として、他国が事案の規制を欲し、かつ事実上の執行力を有している場合における自国法の後退の可能性を挙げている。たとえば、相続人不存在の場合における国家の無主物に対する主権的請求権と個人の相続にもとづく請求権との対立、あるいは物権の準拠法と相続の準拠法の対立が考えられるとする[262]。しかし、これは、とくにその他の調整問題と区別して取り上げる必要がないため、報告書および理由書では削除されたのであろう。

　第3に、フィシャーは、公序および過酷条項を要素に含めている。しかし、まず公序については、報告書および理由書は、一般例外条項と根本的に異なると明言する。すなわち、一般例外条項においては抵触法的考慮が、公序条項においては実質法的考慮が前面に出ているというのである[263]。さらに、デュプラーは、より詳細に両者の違いを分析してみせる。すなわち、例外条項は、準拠法を決定する段階において適用されるが、公序条項は、準拠法の内容を認定した後に適用される。例外条項は、連結点を是正するが、公序条項は、実質法の適用結果を問題にする。例外条項は、外国法を排除するだけでなく、内国法をも排除するが、公序条項は、外国法だけを排除する。例外条項は、準拠法の全体を排除するが、公序条項は、公序に反する規定だけを排除する。例外条項は、当事者の法選択がある場合など、適用範囲が制限されているが（後述4(4)）、公序条項は、国際私法の全分野において適用しうる。したがって、公序条項と例外条項とは、全く異なる[264]。また、過酷条項については、1970年代以降、その導入を主張する見解は、スイスにおいて見当たらない[265]。

---

261) Von Overbeck, *op. cit.*, n. (207), p. 192; Dubler, op. cit., n. (218), p. 118. V. aussi von Overbeck, *op. cit.*, n. (48), p. 561.

262) Vischer, a.a.O., Anm. (22), S. 76.

263) Schlussbericht, a.a.O., Anm. (7), S. 64; Botschaft, a.a.O., Anm. (7), S. 46, 51.

264) Dubler, *op. cit.*, n. (218), p. 159 s.

265) フィシャーと同時期に、ディエツィの提案が見られる程度である。前述注(213)参照。

最後に、その他の考慮すべき要素として提案されているものを見ておく。第1に、法律関係性質決定の問題がある。これに関しては、すでに従属関係および先決問題に関連して述べたように、一般例外条項の事前適用によって、法律関係性質決定の問題を回避することができるとする見解があるが[266]、他方において、一般例外条項はあくまで通常の抵触規定が確定した後に適用されるべきである、とする批判がある[267]。

第2に、法廷地法および第三国法の強行規定の適用ないし考慮を一般例外条項に含める見解がある。それによると、IPRG 18条および19条は、15条の特別規定とされる[268]。これに対しては、公序を含めることに対する批判と同様に、IPRG 15条の一般例外条項は、抵触法的考慮に基づくものであり、18条および19条は、実質法的利益を考慮したものであるから、両者は区別すべきである、とする批判がある[269]。

第3に、一般例外条項は、IPRG が別段の規定を置いていない限り、すべての総論上の問題を扱うことができる、とする見解がある[270]。それによると、指定の範囲（13条）、反致（14条）、外国法の証明および不明（16条）、公序の消極的および積極的機能（17条～19条）は、特別の規定があるため除外されるが、その他の問題は、すべて含まれることになる。しかし、とくに規定されていない総論上の問題の中でも、調整問題のように実質法上の考慮に基づくものは、前述の学説の傾向からみると、除外されるように思われる。また、準拠法の変更のように、通常の抵触規定の解釈によって処理しうるものも除外されるであろう。さらに、当事者の期待や既得権の保護などは、それを全面的に考慮することに、そもそも抵抗があると言える。これとは逆に、反致のように、制限的

---

266) Dubler, *op. cit.*, n. (218), p. 133 ss. V. aussi von Overbeck, *op. cit.*, n. (207), p. 192; Rigaux, a.a.O., Anm. (260), S. 83 f.

267) Kreuzer, a.a.O., Anm. (234), S. 20; Knoepfler, *op. cit.*, n. (234), p. 121; Bucher, a.a.O., Anm. (196), S. 63 Fn. 45.

268) Bucher, a.a.O., Anm. (196), S.58.

269) Dubler, *op. cit.*, n. (218), p. 161; von Overbeck, *op. cit.*, n. (207), p. 192.

270) Rigaux, a.a.O., Anm. (260), S. 83.

に規定されている問題については、規定の範囲外において、一般例外条項がそれを扱う可能性が認められるかもしれない。その他に、法律関係の性質決定および先決問題のように、部分的に取り扱うことが可能とされる分野もある。したがって、一般例外条項は、一定の限度において国際私法総論上の問題を整理することができるかもしれない。しかし、すべての問題を扱うことは、そもそも不可能であるし、IPRG全体の趣旨に反することになるであろう。

(4) IPRG 15条の適用対象

以上の議論を踏まえ、IPRG 15条によって連結点是正の対象となる抵触規定は、そもそも最初から一定の範囲に限定されているとする見解が多い。しかし、いかなる範囲で限定されるのかに関しては、争いがある。

第1に、IPRG 15条2項は、当事者による「法選択がある場合」について、一般例外条項の不適用を規定する。これは、前述のように、予備草案14条に対する批判を受け入れたものである。すなわち、IPRGにおいて法選択が認められている場合、選択された法が事案と最も密接な関係を有していることは、最初から要求されていない。したがって、事後的に、一般例外条項によって、選択された法をより密接な関係の法と取り替えることは、当事者自治の趣旨に反している[271]。それゆえ、15条2項は、注意的な規定にすぎない[272]。

第2に、契約の客観的連結に関する117条のように、最も密接な関係それ自

---

271) Dubler, *op. cit.*, n. (218), p. 78 s.; R. Moser, Methodologische Fragen und ihre Beantwortung im Entwurf zu einem schweizerischen IPR-Gesetz, in: Festgabe zum schweizerischen Juristentag 1981, 1981, S. 333; von Overbeck (RabelsZ), a.a.O., Anm. (95), S. 609 ff. 前述注(215)も参照。

272) ただし、ZGB 2条の適用可能性は否定されていない。それによると、「何人も、権利の行使および義務の履行に際しては、信義および誠実にもとづいて行動しなければならない。明白な権利の濫用は、法的な保護を受けない」。それゆえ、報告書および理由書によると、契約上の法選択は、明らかに恣意的であり、かつ単なる技巧にすぎないと判断される場合、ZGB 2条により否定される可能性がある。Botschaft, a.a.O., Anm. (7), S. 14 f.; Schlussbericht, a.a.O., Anm. (7), S. 215. これは、他の法選択にも当てはまるであろう。前述3(10)参照。

体を連結点とする抵触規定は、論理的にそれ以上の密接な関係というものを考えることはできないから、一般例外条項の適用を受けないと主張されている[273]。しかし、117条については、前述のように、まず1項と2項の関係を明らかにしなければならない。すなわち、117条2項によると、最も密接な関係は、特徴的給付を行う当事者の常居所地国または営業所所在地国との間にあると「推定」されている。この推定を覆すために、当事者の主張・立証を要するというのであれば、裁判所は、このように硬直的な抵触規定を修正するために、一般例外条項の適用を必要とするであろう。これに対して、117条1項による修正が裁判所の職権によって行われるのであれば、一般例外条項の適用は必要ないであろう[274]。

　ただし、後者の見解によっても、117条1項による修正機能が118条から122条までの一定の契約類型に関する特別規定にまで及ぶ、と解することはできない。なぜなら、条文の構成から、118条以下の規定は、117条全体に対し特別規定の関係に立つと考えられ、また内容的にも、118条は、有体動産の国際的売買の準拠法に関する1955年6月15日のハーグ条約を指定しており、119条から122条までは、それぞれ不動産、消費者契約、労働契約、無体財産権に関する契約について、特徴的給付の理論に基づかない指定を行っているからである[275]。したがって、119条から122条までは、15条の一般例外条項によって修正されうるが、118条は、1条2項により、そもそもIPRGのすべての規定に対し優先する[276]。

---

273) Moser, a.a.O., Anm. (271), S. 332 f.; Schwander, a.a.O., Anm. (222), S. 94 f.

274) V. aussi Dubler, *op. cit.*, n. (218), p. 87. ただし、デュプラーは、これを草案114条2項（IPRG 117条3項）と草案114条1項（IPRG 117条1項・2項）の関係として述べている。

275) Schwander, a.a.O., Anm. (222), S. 89.

276) Vgl. auch Schwander, a.a.O., Anm. (222), S. 95. 理由書は、消費者契約に関する120条について、15条適用の可能性を述べている。たとえば、消費者が自ら売主の営業所所在地に赴き、そこで当該国の法規を知りながら、売主と契約を締結した場合が、それに当たるとする。Botschaft, a.a.O., Anm. (7), S. 152. しかし、か

第3に、択一的連結、補充的連結、弱者保護などのように、実質法的価値判断を反映した抵触規定も、当事者自治の場合と同様に、指定された法が事案と最も密接な関係を有することを必要としていないので、一般例外条項の適用を受けない、と主張されている。なぜなら、これらの抵触規定に対し一般例外条項を適用するならば、法律関係の容易な成立や弱者保護などの法目的が達成されなくなるからである[277]。しかし、これらの法目的を阻害しない範囲で、一般例外条項を適用しうるとする見解も見られる[278]。

　最後に、IPRG 1条2項により、条約にもとづく抵触規定は、IPRG のすべての規定に対し優先するので、当然の事ながら、15条の適用を受けない[279]。これに対して、条約自体における例外条項としては、まず1980年6月19日の契約債務関係の準拠法に関する EC 条約4条5項および6条2項が知られている[280]。さらに、相続の準拠法に関する1988年10月20日のハーグ条約におい

　　　ような事案は、そもそも120条の適用要件を満たさないであろう。
277) Kreuzer, a.a.O., Anm. (234), S. 15 f. フォン・オーヴァーベックも、択一的連結および弱者保護に関して、同意見である。Von Overbeck (Traveaux), *op. cit.*, n. (95), p. 82. さらに、フォン・オーヴァーベックによると、択一的連結が例外条項の適用を受けないことは、専門委員の間では、当然と考えられていた。Von Overbeck, *op. cit.*, n. (207), p. 190. また、クロイツァーおよびブーハーは、渉外実質法も例外条項の適用を受けないとするが、これは当然の事であろう。Kreuzer, a.a.O., Anm. (234), S. 15; Bucher, a.a.O., Anm. (196), S. 53 Fn. 25.
278) Dubler, *op. cit.*, n. (218), p. 76 ss. デュプラーは、さらに、特別留保条項および第三者保護の規定にも15条が適用されうると主張する。Vgl. auch Schwander, a.a.O., Anm. (9), S. 83. また、択一的連結については、Vgl. auch Bucher, a.a.O., Anm. (196), S. 53 Fn. 25.
279) Dubler, *op. cit.*, n. (218), p. 32; Kreuzer, a.a.O., Anm. (234), S. 16.
280) 契約の客観的連結に関する同条約4条5項2文は、次のように規定する。「契約が他の国とより密接な牽連関係を示すことが事情全体から明らかとなる場合は、第2項、第3項および第4項による推定は行わない」。また、労働契約に関する6条2項は、次のように規定する。「第4条の規定にかかわらず、第3条による法選択がない場合は、次のいずれかの法が労働契約および労働関係に適用される。……ただし、労働契約または労働関係が他の国とより密接な牽連関係を示すことが事情全体から明らかとなるときは、この限りでない。この場合には、その他国

て、例外条項が導入されたことは注目に値する（3条3項）[281]。しかし、スイスが現在までに批准した条約においては、例外条項が見られないので、条約にもとづく抵触規定については、例外的事案においても、通常の連結が維持されることになるであろう[282]。

(5) IPRG 15条の効果

IPRG 15条の一般例外条項は、その文言からも分かるように、個別の事案において、例外的に通常の準拠法の適用を排除するにすぎない。すなわち、その直接的な効果は、当該事案限りのものである。しかし、報告書および理由書が示唆するように、一般例外条項適用の事例が積み重なることによって、新しい抵触規定を形成することも可能であろう[283]。

報告書および理由書は、さらに、ZGB 1条2項を引用して、例外条項が実務によって「立法的な方法」で具体化されるであろう、と述べている[284]。そのZGB 1条2項によると、法の欠缺の場合、裁判官は、「立法者であったとしたならば」定立したであろう規則にしたがって判決すべきである、とされている[285]。同様に、裁判官は、一般例外条項の適用に際しても、当該事案の解

の法が適用される」。以上は、ドイツ語の条文によった。
281) 相続準拠法の段階的連結に関する同条約3条3項は、次のように規定する。「その他の場合には、相続は、被相続人が死亡の時点において国籍を有していた国の法による。ただし、被相続人が死亡の時点において、国籍を有していた国以外の国とより密接な関係を有していたときは、この国の法が適用される」。
282) デュプラーは、二国間条約における例外条項として、1934年4月25日のスイス・イラン友好条約8条3項を挙げるが、疑問である。それは、次のように規定している。「人事、家族および相続の法については、他方当事国の領域内にいる各当事国の出身者は、その本国法の規定に服する。この法は、当該当事国において本国法の不適用がすべての外国人について一般的に行われている場合に限り、例外的に適用されない」。Dubler, *op. cit.*, n. (218), p. 45.
283) Botschaft, a.a.O., Anm. (7), S. 48; Schlussbericht. a.a.O., Anm. (7), S. 28.
284) Botschaft, a.a.O., Anm. (7), S. 48; Schlussbericht, a.a.O., Anm. (7), S. 29, 60.
285) ZGB 1条全体については、前述注(233)参照。

決だけでなく、現行法の体系全体からみて、将来の事案にも適用することができる規則を定立することが求められている[286]。

　他方において、一般例外条項には、濫用の危険もある。たとえば、一般例外条項は、本来、外国法の適用を排除するだけでなく、内国法の適用も排除する可能性を有しているが[287]、一般例外条項の先例とされる判決にも見られるように、裁判所がこれを内国法の適用のためにのみ濫用するおそれも否定し難い[288]。また、裁判所があまりにも頻繁に一般例外条項を発動するならば、IPRG の立法それ自体の存在意義が危ぶまれるであろう[289]。しかし、もし一般例外条項が存在しなかったならば、裁判官は、不当な結果を回避するために、法律関係の性質決定、反致、公序など、その他の総論上のテクニックを使わざるをえなかったであろう[290]。一般例外条項は、これらの疑わしい「自己発見的な補助手段」の使用を回避し[291]、「方法論的な誠実さ」を実現するためにも[292]、必要とされるのである。

5　おわりに

　属人法の決定基準として、本国法主義および住所地法主義は、それぞれに根

---

286) A. E. von Overbeck, Some observations on the role of the judge under the Swiss Civil Code, Louisiana L. R. 1977, p. 690.

287) 前述 4 (3)における公序との比較参照。

288) Dubler, *op. cit.*, n. (218), p. 101 s.; Knoepfler, *op. cit.*, n. (234), p. 128; von Overbeck, *op. cit.*, n. (207), p. 190. 前掲 4 (2)の NAG 8e 条 3 項に関する連邦裁判所判決参照。ただし、契約に関する判例においては、必ずしも、そのような傾向は見られない。前述注(218)参照。

289) 意見表明においても、かような規定が立法と矛盾するのではないかという疑問が提起されていた。Stellungnahmen, a.a.O., Anm. (33), S. 30 (Uni Lausanne, SPS), S. 48 (Vaud et Uni Lausanne). フィシャーも、1971 年の報告において、立法が単なる指針となってしまう危険を指摘している。Vischer, a.a.O., Anm. (22), S. 77.

290) Vischer, a.a.O., Anm. (22), S. 77. V. aussi von Overbeck, *op. cit.*, n. (207), p. 207.

291) Vischer, a.a.O., Anm. (22), S. 77.

拠があり、いずれが優れているのかを判断することは困難とされてきた。それゆえ、最近の国際私法改正の作業においても、結局は、旧法の伝統を基本的に維持していると評価することができるであろう[293]。しかし、人事・家族・相続法の分野における最も密接な関係の法として、住所地法ないし常居所地法は、現実の生活関係の中心が存在する国の法であるから、より国際私法の基本理念に忠実であると言える。また、安定性および明白性の観点からも、ここでいう住所ないし常居所は、実質法上の住所と異なり、国境を越えて変更された場合にのみ、法的な意味を持つわけであるから、必ずしも属人法の適格性に欠けているとは言い難いであろう。我々は、これらの点で、スイスの新しい国際私法に注目しなければならない。

IPRGは、さらに、住所地法一辺倒ではなく、一定の範囲において、本国法の適用も認めている。しかし、それは、従来のスイス国際私法に対する誤った認識、すなわち在留外国人には住所地法主義、在外スイス人には本国法主義[294]、というような図式とは、明らかに異なっている。なぜなら、IPRGにおいては、在留外国人にも一定の範囲で本国法の適用が認められているし、また在外スイス人への本国法の適用は抑制されているからである。

他方において、IPRGは、従来の国際私法立法の形式に変革を迫るものでもある。それは、一言でいえば、方法論における誠実さである。第1に、国際的管轄、準拠法および外国判決・決定の承認は、それぞれ密接に関連していることが認識されていながらも、それを立法に反映させたのは、IPRGが初めてであろう。すなわち、これらは、互いに密接に関連づけて立法すべきであることが明らかとなった。第2に、例外的事案は、すべてが国際私法の総論に委ねられるべきではなく、可能な限り、個々の条文において、明白に規定されるべきである。それは、法的安定性に寄与するだけでなく、分かりやすい立法のためにも必要とされる[295]。第3に、国際私法立法は、決して完璧なものではあり

---

292) Bucher, a.a.O., Anm. (196), S. 46.
293) Siehr, a.a.O., Anm. (143), S. 194 ff.
294) Kegel, a.a.O., Anm. (66), S. 278.

えず、それゆえ、いかに詳細な規定を置こうとも、将来における新たな例外的事案に備えた非常措置が必要である。IPRG においては、それは、緊急管轄に関する3条および一般例外条項に関する15条に見られる。

しかし、とりわけ一般例外条項については、以上のような学説の状況を見る限り、決して過大な期待が抱かれているわけではない。むしろ、IPRG の構造自体がそれほど例外条項の発動を必要としていないと言えよう[296]。たとえば、人事・家族・相続法の分野においては、最も密接な関係の法として住所地法主義が基本に据えられているし、また例外的状況は、すでに詳細な明文の規定によって解決されている。すなわち、一般例外条項は、このように詳細な規定の延長線上に存在するわけであり、それなくしては、IPRG において立法化されなかったであろう[297]。

むろん IPRG も、スイスにおける様々な利害の対立から、妥協を余儀なくされた面は多々ある。たとえば、身分の問題におけるスイス法への反致を認めた14条2項は、その典型であろう。しかし、それにもかかわらず、全体としての IPRG の構造は、その理念を実現するに適したものと評価できる。今後は、その運用に注目していく必要がある。

---

295) むろん詳細な規定にも、一定の限界が存在する。たとえば、IPRG における住所および常居所の使い分けは、厳密に計算されたものであるが、人事・家族・相続法と財産法の間および準拠法と管轄の間では、その持つ意味は、当然、異なってくることが予想される。前述3(3)参照。

296) ただし、一部の学説に見られるように、一般例外条項が法的安定性を害するという批判に過剰反応を示し、IPRG がまだ発効していない段階から、適用の可能性を極度に制限しようとする動きには、疑問を感じる。Vgl. bes. Kreuzer, a.a.O., Anm. (234), S. 21 ff.

297) たしかに、従来の契約法に関する判例は、現行の IPRG 15条と区別すべきであるが、IPRG 15条がその精神を受け継いでいることだけは、間違いない。これによるならば、明文の一般例外条項を持っていない国においても、不文の例外条項を見出すことが可能であろう。

II　国際私法の現代化に関する要綱中間試案

1　はじめに

　2005年3月29日、国際私法の現代化に関する要綱中間試案（以下では「中間試案」という）および同補足説明（以下では「補足説明」という）が公表された[1]。本稿は、これらに関する意見募集に応じて、筆者が法務省民事局参事官室あてに送った意見書に参考文献を補充し、加筆修正したものである。
　まず、中間試案および補足説明の全体を通して感じられるのは、これらがわが国の法律実務および私人（企業を含む）の行動に対し明確な指針を与えるというよりも、むしろ欧州諸国の立法動向に目を奪われているのではないかということである[2]。たしかに、外国の立法例は、わが国にとっても重要な指針であるが、わが国の地理的状況や取引の実態、さらには法律実務において現実に生じている問題に着目するのであれば、必ずしも欧州の立法動向に追随することなく、わが国独自の解決方法を選択することもあり得ると思われる。
　以下では、かような観点から、まず国際私法の総則規定を提案するとともに、財産法上の諸規定（契約、不法行為、事務管理・不当利得、債権譲渡）を取り上げ、そのあと家族法に関連した総則的問題（日本人条項、外国における身分的法律行為の効力）を考察したい。
　なお、本稿は、研究者としての立場から、各事項に関する国際私法規定の基

---

[1]　<http://www.moj.go.jp/PUBLIC/MINJI57/refer01.html>; <http://www.moj.go.jp/PUBLIC/MINJI57/refer02.pdf>. さらに、民事月報60巻5号279頁および293頁も参照。

[2]　この点は、とくに不法行為の準拠法に当てはまる。後述4参照。

本理念を述べるものであって、立法技術上の細かな問題を扱うものではない。また、わが国の現実の需要からみれば、本来は、国際的裁判管轄などの国際民事訴訟法上の詳細な規定も新しい国際私法の中に設けるべきであるが[3]、便宜上、中間試案および補足説明において取り上げられた事項を中心として、考察を行うことにしたい。

2 国際私法の総則規定

(1) 問題の所在

補足説明第16は、総則規定の検討結果を述べているが、結論的には、住所地法の決定に関する現行法例29条を削除し、反致に関する32条を維持する案を示しているにすぎない（中間試案第11）。しかし、財産法分野を含めた国際私法全体に関する総則規定が設けられるべきであり、それに対する現実の需要も存在していると考える。その意味において、中間試案が一般例外条項および絶対的強行法規の適用に関する規定の新設を見送ったことは遺憾である。また私見によれば、さらに国際私法の指定の対象に関する規定も必要である。以下では、各規定の必要性を詳しく述べたい。

(2) 一般例外条項

補足説明第16の3(7)は、一般例外条項の新設を見送るとしながらも、物権

---

[3] かような国際民事訴訟法上の規定を含む国際私法立法としては、1987年のスイス国際私法、1995年のイタリア国際私法、2004年のベルギー国際私法などにある。条文については、奥田安弘「1987年のスイス連邦国際私法(1)〜(6)完」戸籍時報374号2頁、375号18頁、376号43頁、377号51頁、378号54頁、379号58頁〔同編訳『国際私法・国籍法・家族法資料集』（2006年、中央大学出版部）2頁以下所収〕、奥田安弘＝桑原康行「イタリア国際私法の改正」戸籍時報460号56頁〔同70頁以下所収〕、Belgique. — Droit international privé.— Codification, Rev. crit. 2005, p. 154. その必要性については、アンドレア・ボノミ＝奥田安弘「ヨーロッパ国際私法の動向と法例改正—契約・不法行為を中心と

および法定債権については、個別的例外条項を採用する案を示している（中間試案第6のA案、第7の4）。しかし、筆者は、かような例外条項の使い方には反対であるし、またそこで提案された例外条項の文言も不適当であると考える。

第1に、補足説明によれば、物権および法定債権における個別的例外条項は、原則連結の柔軟化を図るため、細かな例外規定の代替物として機能することが期待されているが[4]、そもそも例外条項を置くとしたら、細かなルールを十分に作成し、例外条項が真の意味での例外としてのみ発動する態勢を整えるのでなければ、実務は機能しないと思われる[5]。たとえば、仮に不法行為地法主義のみを定め、それが不都合を生じる場合は、すべて例外条項によるとしながら、典型的な例は同一常居所地法によるべき場合であるというのであれば、なぜ最初からそれを規定しないのかと批判されることになるであろう。すなわち、「規定できるもの」ないし「規定すべきもの」は、なるべく詳しく規定すべきであって、例外的なケースをすべて一般条項によらせることは、法的安定性および結果の予見可能性を著しく阻害することになる。

第2に、物権および法定債権における個別的例外条項は、「より密接な関係の法がある場合はそれによる」というように緩やかな文言で書かれているが[6]、

して」比較法雑誌38巻3号50頁以下参照。
4) 補足説明第10の2および第11の3(4)。
5) ボノミ＝奥田・前掲注(3)58頁、奥田安弘「スイス国際私法典における若干の基本的諸問題(1)(2)完」北大法学論集40巻2号20頁、40巻3号174頁以下〔本書169頁、249頁所収〕参照。
6) 中間試案第6のA案「物権等について、第10条第1項又は第2項の規定により適用すべき法律が属する地域よりも明らかにより密接な関係を有する他の法域がある場合には、その法域の法律によるものとする」。同第7の4(1)「不法行為によって生ずる債権の成立及び効力について、前記1から3までの各(1)により適用すべき法律が属する法域よりも明らかにより密接な関係を有する他の法域がある場合には、その法域の法律によるものとする」。同(2)は、事務管理・不当利得についても、不法行為と同様の規定を置くとしている。これらは、ドイツ民法施行法41条1項および「契約外債務の準拠法に関する欧州議会および欧州理事会の規則（ROM II）に関する提案」（2003年7月22日付け欧州共同体委員会、以下では「ローマII委員会提案」という）3条3項前段の影響を受けたものと思

これでは、例外条項が頻繁に発動されることになって、原則規定の存在意義が損なわれることになる。私見によれば、スイス国際私法15条および韓国国際私法8条のように[7]、まず「原則的な準拠法と事案との関連性が極めて少ないこと」、すなわち原則規定が当該事案において不適切であることを要件とすべきである。これによって、例外条項は、真の意味での例外的ケースでのみ発動されることになる。そのうえで、「より密接な関連を有する法が別に存在すること」を要件とするだけでなく、「これらが事案全体から明白であること」を追加的な要件とし、例外条項が発動されるケースをさらに絞り込むべきである[8]。

第3に、かような意味での例外は、国際私法規定の全体について必要であるから、むしろ総則規定として一般例外条項を設けることを提案する。たしかに、「規定できるもの」ないし「規定すべきもの」は、なるべく詳しく規定すべきであるが、わが国で実際にあまり起こりそうもないケースまで考えて、水も漏らさぬような法律を作ることは、かえって不適切であろう。しかし、例外的ケースが発生した場合に、規定の文言に明らかに反するような解釈を容認するこ

われる。前者の日本語訳として、国友明彦『国際私法上の当事者利益による性質決定』(2002年、有斐閣) 63頁、後者の日本語訳として、ボノミ＝奥田・前掲注(3) 72頁、佐野寛「契約外債務の準拠法に関する欧州議会及び理事会規則 (ローマII) 案について」岡山大学法学会雑誌54巻2号42頁参照。

7) スイス国際私法15条1項「本法により指定された法は、事案がこの法とわずかな関係だけを有し、他の法とはるかに密接な関係を有することが、事情全体から明らかである場合には、例外的に適用されないものとする」。奥田・前掲注(3)戸籍時報374号5頁〔同編訳8頁所収〕。韓国国際私法8条1項「この法律によって指定された準拠法が当該法律関係とわずかの関連しかなく、その法律関係と最も密接な関連のある他の国の法が明確に存在する場合は、その国の法による」。青木清訳「改正韓国国際私法」国際私法年報5号291頁。同様の規定は、ベルギー国際私法19条1項にもある。

8) 法的安定性を確保するために、かような何重もの制限が必要であることについては、M. Keller/D. Girsberger, Züricher Kommentar zum IPRG, 2. Aufl., 2004, Art. 15 N 48. これに対して、補足説明第11の3(4)アは、「明らかに」という文言のみで足りると考えているようである。

とは、方法論的に不誠実である[9]。また、わが国の学説においても、明文の規定に反するような解釈はすべきでないとして、現行法の解釈として、生産物責任を法例11条の範疇に入らない不法行為と法性決定することに反対する見解がある[10]。そうであれば、例外的取扱いの根拠となる規定が必要であり、そこに例外を認める要件を厳格に規定すれば、恣意的な解釈を防ぐことになり、かえって法的安定性および結果の予見可能性が高まるであろう。

(3) 絶対的強行法規の適用

補足説明第16の3(6)は、法廷地の絶対的強行法規の適用については、ほぼ争いがないとしながらも、解釈に委ねることが適当であるとし、また第三国の絶対的強行法規の適用については、学説上の見解が分かれていることを理由として、結局のところ、提案を見送っている。しかし、消費者契約に関する消費者保護規定および労働契約に関する労働者保護規定については、その適用を保障する規定を置く案がある一方で、これらを置かないとしても、法廷地の絶対的強行法規が契約準拠法のいかんにかかわらず適用されるという解釈は否定されないとの注が付いている（中間試案第4の5・6）。かような見解は、実務に明確な指針を示すという役割を放棄したものであると同時に、首尾一貫性を欠いている。

第1に、法廷地の絶対的強行法規の適用は、ほぼ争いがないというが、何が絶対的強行法規であるのかは、実務家にとって必ずしも明らかでないと思われる。とくにわが国では、契約法の分野でも、新たな強行法規の制定が増える傾向にあるが、立法に際して、渉外的法律関係への適用ないし国際私法との関係は、ほとんど議論がなされていないため、極端な場合には、実務家は、実質法

---

9) ボノミ＝奥田・前掲注(3)59頁、奥田・前掲注(5)北大法学論集40巻3号172頁〔本書248頁所収〕参照。
10) 道垣内正人『ポイント国際私法総論』（1999年、有斐閣）45頁。ただし、道垣内教授は、すべての場合に規定の文言に固執した解釈を主張しているわけではないと思われる。

的な意味での強行法規と国際私法上の絶対的強行法規との区別さえも十分にできないおそれがある。そこで、「実質法規定の趣旨および目的から、国際私法規定により指定された準拠法のいかんにかかわらず、一定の場合において、強行的に適用されるべきである、と判断できるもの」が国際私法上の絶対的強行法規であるという程度の定義規定は置くべきであろう[11]。かような定義規定は不明確であるとの批判が予想されるが、実質法的な意味での強行法規と国際私法上の絶対的強行法規とを区別すべきであることは、これによって十分に明らかとなるし、また実質法のレベルにおいて新たな強行法規が制定される際に、渉外的法律関係への適用ないし国際私法との関係に注意を喚起することになり、その結果、明文の適用範囲規定を置くことが期待できる[12]。

　第2に、消費者保護規定および労働者保護規定の適用に関する規定は、当事者による準拠法選択にかかわらず、消費者の常居所地ないし労働契約と最も密接に関係する地の強行法規を絶対的に適用しようとするものであるから、これらは、まさに第三国の絶対的強行法規の適用にほかならない。そうであれば、その他の分野の絶対的強行法規も、それが法廷地法上のものであるか否かを問わず、適用の余地を認めるべきであろう。この点において、中間試案は首尾一貫性を欠いている[13]。すなわち、絶対的強行法規の適用は、消費者法および

11)　スイス国際私法18条「スイス法の規定は、その特別な目的のために、本法により指定された法のいかんにかかわらず、強行的に適用されるべき場合には、その適用を妨げない」。奥田・前掲注(3)戸籍時報374号6頁〔同編訳9頁所収〕。韓国国際私法7条「立法目的に照らして、準拠法に関係なく当該法律関係に適用されなければならない大韓民国の強行規定は、この法律によって外国法が準拠法に指定される場合においても、これを適用する」。青木・前掲注(7)291頁。同様の規定は、イタリア国際私法17条およびベルギー国際私法20条1項にもある。

12)　たとえば、EUの消費者保護に関する理事会指令には、かような規定を置くものがある（1993年の不公正な契約条件に関する理事会指令6条2項、1994年のタイムシェアリングに関する理事会指令9条など）。奥田安弘「国際化と消費者」ジュリスト1139号90頁〔本書374頁所収〕参照。

13)　ECの契約債務準拠法条約も、消費者保護規定および労働者保護規定の絶対的適用に関する規定を置きながら（5条2項・6条1項）、第三国の絶対的強行法

労働法の分野に制限されるべきではないし、法廷地法上のものに限定されるべきでもない。広く法廷地法ないし第三国法上の絶対的強行法規の適用を認めることにより、判例が蓄積され、将来的に新たな明文の規定を立法するための基礎を作っておくべきである[14]。

　第3に、第三国の強行法規については、その絶対的適用の要件をわが国の国際私法の立場から審査しなおす必要がある。すなわち、法廷地の絶対的強行法規と同じく、「当該実質法規定の趣旨および目的から、国際私法規定により指定された準拠法のいかんにかかわらず、一定の場合において、強行的に適用されるべきである、と判断できるもの」であることは当然であるが、さらにわが国の国際私法からみて、「当該規定の所属国と事案との間に密接な関係があること」、および「その適用結果が当該事案の解決のために適切であること」を要件とすべきである[15]。とくに経済秩序の維持や外交政策の遂行などを目的とする規定（独禁法や経済制裁法規など）は、当該国においては、絶対的強行法規として制定されている場合であっても、わが国からみれば、適用範囲が広すぎるか、または適用結果がわが国の利益を損ねるおそれがある。それにもかかわらず、刑事的制裁を伴うため、一方の契約当事者が履行不能を主張した場合

　　　規の適用を定めた7条1項については、締約国に留保を認めており（22条1項）、この点において首尾一貫性を欠いているが、これは、多数国間条約を成立させるための妥協の産物とみるべきであろう。
14）　いわゆる「直接適用規定」について一般抵触規定への発展の可能性を述べたものとして、P.H. Neuhaus, Die Grundbegriffe des Internationalen Privatrechts, 2. Aufl., 1976, S. 105 ff. その翻訳として、パウル・ハインリッヒ・ノイハウス（櫻田嘉章訳）『国際私法の基礎理論・第2版』（2000年、成文堂）111頁以下参照。
15）　スイス国際私法19条「①本法により指定された法以外の法の規定は、それが強行的に適用されることを欲する場合、スイスの法観念により保護されるべき明らかに優越的な（当事者の）〔独〕〔伊〕利益がそれを必要とし、かつ事案が当該法と密接な関係を有するときには、考慮することができる。②かかる規定が考慮されるべきか否かの判断は、当該規定の目的、および（そこから生じる）〔独〕＝（その適用の）〔仏〕結果に鑑みて、スイスの法観念にとって妥当な判決・決定を得るために、行われるものとする」。奥田・前掲注(3)374号6頁〔同編訳9頁以下所収〕。同様の規定は、ベルギー国際私法20条2項にもある。

などは、これを単に準拠実質法の解釈の問題とすることなく、むしろ第三国の強行法規の絶対的適用の問題として、その趣旨および目的、事案との密接関連性、適用結果の妥当性を審査しなおすべきである。そして、場合によっては、その適用を否定することが事案の妥当な解決に資すると考えられる。すなわち、第三国の絶対的強行法規に関する規定は、その適用を肯定するだけでなく、制限するための法的根拠として機能することが期待される[16]。

なお、かような絶対的強行法規の適用は、契約の分野に限定すべきではないから、総則規定として定め、あらゆる分野でその可能性を発展させるべきである。

(4) 国際私法の指定の対象

補足説明によれば、検討もされなかったようであるが、「国際私法の指定の対象は、当該準拠法所属国の実質法秩序全体であること」、および「当該実質法秩序内のいずれの規定が事案に適用されるべきであるのかは、当該準拠実質法の解釈の問題であり、個々の規定が私法的性質を有するか、それとも公法的性質を有するかによって左右されないこと」を定めた規定を置くべきである[17]。

最近はあらゆる分野において、新たな強行法規の制定が増える傾向にあるが、かような傾向は、諸外国においても見られ、場合によっては、刑事的または行

---

16) いわゆるシベリア・パイプライン事件に関するオランダ裁判所の判決は、米国の輸出管理規則を米国の孫会社たるオランダ法人の旧ソ連への機械の輸出に適用することは国際法違反であるとして、その適用を否定したが、これを第三国の絶対的強行法規の適用の問題と考えても、同様の結論を導くことができる。奥田安弘『国際取引法の理論』(1992年、有斐閣) 255頁以下参照。同様の分析は、イラン製絨毯の米国への運送に関する東京高判平成12年2月9日判時1749号157頁についても可能であろう。

17) スイス国際私法13条「本法による外国法の指定は、当該外国法により事案に適用されるべきすべての規定を含む。外国法の規定の適用は、当該規定が公法的性質を有することのみを理由として、排除されないものとする」。奥田・前掲注(3)374号5頁〔同編訳8頁所収〕。

政的制裁を伴うため、公法的な性質の規定として、国際私法の指定の対象から外れるかのような議論がなされることがある[18]。しかし、問題は、当該事案の性質であって、個々の法規の性質ではない。たとえば、わが国の独禁法は、公正取引委員会による排除措置命令および課徴金納付命令の事案ならびに刑事事件では、国際私法とは異なったルールによって、場所的適用範囲が決定されるが、私人による損害賠償請求の事案では、国際私法により指定された準拠実質法たる日本法の一部として適用される[19]。かような問題の区別を明確にするため、明文の規定によって、国際私法の指定の対象を示しておくことが望ましい。

3　契約の準拠法

(1)　問題の所在

契約準拠法に関する中間試案第4は、ほとんどの問題について、A案とB案が対立している。前者は、詳細なルールを定めようとしているのに対して、後者は、これらを解釈に委ねようとしている。しかし、前述のように、国際私法の現代化の役割は、実務に明確な指針を与えることであるから、その点ですでに、B案は妥当性を欠いている。ただし、A案のほうも、その内容には不十分な点が見られる。

(2)　契約一般

現行の法例7条は、同条2項も当事者の意思推定と解した場合[20]、当事者の意思を連結点とした主観的連結を貫こうとしているが、実質法において契約自由の原則が認められているからといって、国際私法においても当事者の意思

---

18)　道垣内正人『ポイント国際私法各論』(2000年、有斐閣) 30頁 (公法的性格)、91頁 (公法的規制)、161頁 (公法又はそれに近い規律)。

19)　奥田・前掲注(16)192頁以下参照。

20)　山田鐐一『国際私法〔第3版〕』(2004年、有斐閣) 327頁参照。

を絶対的なものと考えるわけにはいかない。すなわち、実質法上の強行法規が増えている点を措いても、国際私法における法的安定性および結果の予見可能性は、おのずから当事者の意思の明確性を求めることになるであろう。

そこで、わが国の従来の判例により、契約準拠法に対する当事者の行動を分析してみれば、おおむね以下の3つに分類できると思われる[21]。第1に、当事者が最初から契約準拠法について明確な意思を有しており、あらかじめ契約書に準拠法条項を置いているケースがある。ただし、海上箇品運送契約を除けば、かようなケースは、それほど多くない。第2に、訴訟において契約準拠法が重要な争点となり、適用結果が異なるために、当事者の主張が真っ向から対立するケースがあるが、これもあまり多いとは言えない。第3は、当事者が契約準拠法について明確な意思を有しておらず、訴訟になってからも漫然とある特定の実質法（多くは日本法）にもとづいて主張を展開するケースであり、実務的には、このパターンが最も多いと思われる。契約準拠法の規定は、かような当事者の行動パターンを念頭に置いて、立法されるべきである。

まず、当事者が契約準拠法について明確な意思を有している場合は、その意思を最大限尊重して、自由な法選択を保障すべきである。したがって、分割指定を認める中間試案第4の1のA案に賛成する。補足説明によれば、分割の限界が議論されたとのことであるが、かような意識の高い当事者は、十分に検討したうえで分割指定をするであろうし、仮に矛盾を生じるような分割指定をしたのであれば、それは自己責任というしかない[22]。

これに対して、当事者が明確な意思を有しておらず、訴訟になってからも漫然とある特定の実質法にもとづいて主張を展開した場合は、たしかに明示的に

---

[21] 奥田安弘「わが国の判例における契約準拠法の決定―契約類型毎の考察」北大法学論集45巻5号1頁〔本書323頁所収〕は、裁判所の判断を分析したものであるが、そこから当事者の行動も推測される。

[22] ECの契約債務準拠法条約3条1項後段および韓国国際私法25条2項なども、分割指定を認めた明文の規定を置いているが、分割の限界については定めていない。

準拠法選択がなされているとは言えないが、中間試案第4の2(2)A案にいう「法律行為その他これに関する事情から一義的に明らか」であるとして、法選択の存在を認めてもよいであろう。かようなケースは、今後もわが国の裁判実務において最も多いと予測されるのであるから、むしろ明文の規定を置くことが望ましい。たとえば、「訴訟において当事者が双方とも特定の実質法にもとづく主張をするか、または一方が特定の実質法にもとづく主張をしたのに対し、他方が準拠法を争わなかった場合は、かかる法を準拠法として選択したものとみなす」というような規定が考えられる。

　かような規定に対しては、当事者の意思を擬制するものであるとする批判が予測されるが、たとえば、国際的裁判管轄についても、被告が管轄違いの抗弁を提出しないで本案について弁論をした場合には、一般に応訴管轄が認められるのであるから[23]、同様の扱いを準拠法選択について認めても差し支えないであろう。また、かような規定は、諸外国には見られないが、わが国の裁判実務特有の事情を考慮し、新たな創意工夫により独自の規定を設けることは、かえってわが国からの問題提起として意義があると思われる。

　他方において、契約準拠法が訴訟の重要な争点となり、適用結果が異なるために、当事者の主張が真っ向から対立するケースでは、当事者による準拠法選択が明示的であるか、または一義的に明らかであるという要件は、厳格に解釈されるべきであろう。かようなケースでは、もはや当事者の意思により準拠法を決定することはできないのであるから、いわゆる客観的連結によるしかない。しかし、中間試案第4の3の客観的連結に関する提案は、とりわけ規定の全体的な構造に問題がある。すなわち、中間試案は、最密接関係地法を原則とし、その最密接関係地法は、特徴的給付を行う当事者の常居所地法であると推定しているが[24]、むしろ原則規定としては、特徴的給付の理論を具体化した詳細

---

23) 国際的裁判管轄としての応訴管轄の根拠を当事者の意思に求めるか否かについては、見解が分かれているが、筆者は、応訴という外形的行為を根拠とする見解に賛成したい。学説の対立については、山田恒久「応訴管轄」『国際私法の争点〔新版〕』(1996年、有斐閣) 233頁参照。

な規定を置き、より密接な関係の法が別にある場合はそれによるとする個別的例外条項を定めるべきであろう。以下では、その理由を詳述する。

　第1に、最密接関係地法を原則とした場合には、契約の客観的連結がもっぱら個々のケースの事情を総合的に考慮して行われると解されることになり、それでは従来の仮定的意思の探求と異ならないとの誤解を招きかねない。第2に、中間試案によっても、まずは特徴的給付の理論による客観的連結が試みられ、その後、特徴的給付が存在しない場合、または他の法がより密接な関係を有する場合は、個々の事情を考慮したケースバイケースの判断が行われるわけであるから、かような処理の手順に従った規定のほうが実務家にとって理解しやすいと思われる。第3に、従来の判例では、ほとんど同じような事案であるにもかかわらず、黙示的意思の探求の名のもとに恣意的な解釈がなされたり、法例7条2項により行為地法が適用されたり、全く準拠法判断を示すことなく日本法が適用されてきたが[25]、特徴的給付の理論は、不完全とはいえ、ひとつの指針を示すものである。したがって、かような指針の有用性を強調するためにも、これを原則規定とすべきである。さらに加えれば、推定規定に伴う解釈上の問題点、すなわち当事者に反証の責任があるのか、それとも裁判所が職権によってこれを覆すのか[26]、そもそも「推定」という用語が適当であるのかなどの問題点を回避することができる。

　そこで、私見によれば、契約の客観的連結に関する規定は、次のように立法すべきであると考える。第1に、「特徴的給付」という用語が適当でないのであれば、中間試案のように「その種類の法律行為に固有の給付」と置き換えることには反対しないが、いずれにせよ、当事者による準拠法選択がない場合は、

---

24) かような構造は、ECの契約債務準拠法条約4条1項・2項およびスイス国際私法117条1項・2項にならったものと思われるが、たとえば、後者の1項と2項の関係に対する疑問については、奥田・前掲注(5)北大法学論集40巻3号151頁以下〔本書229頁以下所収〕参照。

25) 奥田・前掲注(21)46頁以下〔本書363頁以下所収〕参照。

26) 補足説明第6の6(3)アによれば、かような問題は解釈に委ねるとのことであるが、それでは、裁判実務に混乱を招くおそれがある。

特徴的給付を行う当事者の常居所地法ないし営業所所在地法によるとすべきである。補足説明第6の6(3)イによれば、特徴的給付の理論は「取引実務の感覚と合致しない」との批判があったようであるが、前述のように、当事者による法選択は原則として自由に認められているし、またほとんどのケースは、訴訟において当事者が特定の実質法（多くは日本法）により主張を展開することにより、法選択があったとみなされるわけであるから、特徴的給付の理論によるべきであるのは、契約書に準拠法条項がなく、しかも訴訟において当事者間に準拠法をめぐる争いがある場合に限定されることになる。かような場合に、従来のように恣意的な仮定的意思の探求に戻ることは明らかに不合理であるし、また最密接関係地法によるという一般条項を置くだけでは、実務は機能しない。むしろ特徴的給付の理論をひとつの指標として、今後の判例の蓄積によって、これをさらに精緻化していく道を選ぶべきである。

　第2に、特徴的給付の例を民法の典型的契約について具体的に示すべきである。これは、国際私法の研究者にとっては、無用の規定と思われるかもしれないが、実務家にとっては、何が特徴的給付であるのかを容易に知るための重要な手がかりとなるであろう。したがって、「売買については売主の給付、消費貸借・使用貸借・賃貸借については貸主の給付、請負については請負人の給付、委任については受任者の給付、寄託については受寄者の給付」が特徴的給付である旨の規定を置くべきである[27]。中間試案のように「その種類の法律行為に固有の給付」とのみ抽象的に規定するのでは、国民に不親切な立法であるとの批判を免れないであろう。

　第3に、特徴的給付の理論に対する例外は、なるべく詳細に規定すべきである。中間試案は、不動産契約および労働契約についてのみ例外規定を置いてい

---

27) たとえば、スイス国際私法117条3項は、特徴的給付とみなされるべきものを5つの契約類型について示している。これに対して、韓国国際私法26条2項は、特徴的給付またはこれに代わる用語を使用しないで、3つの契約類型の特定の履行行為を挙げ、これらの履行行為を行うべき当事者の常居所地法（営業所所在地法）が最密接関係地法であると推定している。

るが、不十分である。たとえば、売買契約についても、ハーグ売買準拠法条約の例にならって、例外的に買主の営業所所在地法によるべき場合を具体的に規定すべきであろう。たとえば、「(1) 当事者の双方（代表者）が買主の営業所所在地において、対面して契約の交渉および締結をした場合、(2) 契約の目的物の引渡が買主の営業所所在地においてなされる旨が明示的に約定された場合、(3) 主に買主が示した契約条件に対し、売主が入札することにより契約を締結した場合」のいずれかに該当することを要件とする規定が考えられる[28]。また、複合的な契約および保証契約などのように、「複数の契約が密接に関連しており、そのうちのひとつが主たる契約であることが明らかである場合は、他の契約も同一の準拠法による」旨の規定を置くことが望ましい。これらは、従来は黙示的意思の探求として行われていたことを、客観的連結として明文化することを意味している。

最後に、「以上の規定によって準拠法を決定することができない場合、またはより密接な関係を有する法が他にある場合は、事案のすべての事情を総合的に考慮して、最も密接な関係の法を適用する」旨の規定を置くべきである。これは、総則規定として提案した一般例外条項よりも緩やかな文言であるが、複雑な要素がからむ契約の特殊性を考慮すれば、かような規定もやむを得ないであろう[29]。この規定は、特徴的給付の理論およびその他の例外規定によっても準拠法を決定できない場合すべてに対応することを予定している。すなわち、現段階では、特徴的給付の理論および若干の例外規定を置く以外に、明確な指針を示すことはできないのであるから、かような一般条項を最後の手段として

---

28) ハーグ売買準拠法条約8条2項の例外規定については、松岡博＝高杉直＝多田望「国際物品売買契約の準拠法に関するハーグ条約（1986年）について」阪大法学43巻1号26頁、28頁以下参照。

29) これに対して、ECの契約債務準拠法条約の規則化について、スイス国際私法15条と同様の厳格な例外条項を主張する見解もある。A. Bonomi, Conversion of the Rome Convention on Contracts into an EC Instrument: Some Remarks on the Green Paper of the EC Commission, Yearbook of Private International Law, Vol. 5, 2003, p. 75-76.

置くべきである。ただし、従来の判例では、恣意的に特定の事情だけに着目して黙示的意思を認定したものがあるので[30]、事案のすべての事情を総合的に考慮すべきであることを明記すべきである。

(3) 消費者契約および労働契約

中間試案第4の5および6の各A案は、消費者契約および労働契約について強行法規の適用に関する特別の規定を置いているが、その内容の一部に疑問がある。

まず、消費者契約に関する特則の対象者を受動的消費者に限定する点では、中間試案のA案に賛成する。なぜなら、現在のように、多数の外国人旅行者がわが国を訪れ、また多数の日本人旅行者が外国を訪れている現状において、これらの旅行者が常に自己の常居所地法の保護を受け続けるとしたら、企業は、予想もつかない国の消費者保護法に直面することになるからである[31]。したがって、特則の適用があるのは、外国の企業が消費者の常居所地国にダイレクトメールを送り、郵便などで契約の締結および履行がなされた場合、外国の企業が消費者を常居所地国の外に連れ出し、そこで契約の締結ないし履行がなされた場合などであろう。しかし、そうであれば、中間試案のように、当事者による準拠法選択を認めながら、消費者の常居所地法上の強行規定にもとづく主張を許すという立法には、疑問を感じる。その理由は、以下のとおりである。

第1に、当事者による法選択というが、仮にあらかじめ契約書に準拠法条項が入っていたとしたら、それは、当事者間の交渉の結果ではなく、企業の側であらかじめ作成した契約書に消費者が同意したという意味で、附合契約によるものであろう。かような附合契約は、実質法上は一般に有効とされているが、

---

30) 奥田・前掲注(16)62頁注5、同・前掲注(21)14頁注32〔本書333頁注32所収〕参照。

31) ECの契約債務準拠法条約の規則化に関する委員会の報告書（いわゆるグリーン・ペーパー）は、能動的消費者も保護すべきであるという見解に傾いているが、これに疑問を提起するものとして、Bonomi, *supra* note (29), p. 81-83.

消費者契約の準拠法選択として有効と認めるべきであるか否かは別個の検討を要する（準拠法選択の有効性の基準に関する中間試案第4の2(1)A案自体には反対しない）。すなわち、常居所地法による保護を必要とする受動的消費者は、あらかじめ準拠法選択の意思を有していたとは思われず、また一般に自己の常居所地法の適用を受ければ、国際私法上の当事者利益を十分に保護されたと言えるのであるから、あえて附合契約における準拠法条項を有効としてまで、消費者の常居所地法以外の法を適用する必要はないであろう。

　第2に、上記のような見解に対しては、訴訟において消費者および相手方の双方が消費者の常居所地法以外の法を選択することまで否定すべきではないという批判が予想されるが[32]、受動的消費者は、準拠法選択の判断をすること自体が困難であるだけでなく、上記のように、自己の常居所地法の適用を受ければ、国際私法上の当事者利益を十分に保護されたと言えるのであるから、準拠法選択を積極的に認めるべき理由がない。要するに、受動的消費者に関する限り、その常居所地法が定型的に最密接関係地法であると言える。

　第3に、仮に将来、国際的裁判管轄に関する規定が立法され、消費者の常居所地管轄が認められたならば、消費者は、自己の常居所地における訴訟の際に、自国法の適用を主張することができるのであるから、消費者保護は一段と充実することになるであろう。外国法の適用は、それだけで消費者による訴訟を困難にするおそれがある[33]。

　以上により、消費者契約については、受動的消費者の定義を満たす限り、

---

[32]　中西康「契約に関する国際私法の現代化」ジュリスト1292号31頁以下は、わが国の実質法が消費者の自立支援を基本的な視点としていることを理由として、準拠法選択により当事者が自己決定する余地を残すべきであると主張するが、実質法上の立法政策をストレートに国際私法に反映させている点において疑問を感じる。

[33]　ボノミ＝奥田・前掲注(3)57頁、Bonomi, *supra* note (29), p. 80. その意味では、わが国の消費者法は、実質法のみならず、国際私法および国際民事訴訟法も視野に入れた総合的なものに変身する必要がある。奥田・前掲注(12)88頁〔本書368頁所収〕参照。

「当事者による準拠法選択は認められず、消費者の常居所地法が適用される」旨の規定を置くべきである[34]。

つぎに、労働契約においても、労働者は、通常、自己の就労地法によって保護されるべきであり、かつその適用を受ければ、国際私法上の当事者利益を十分に保護されたと言えるであろう。また、航空機や船舶の乗務員のように就労地が複数の国にまたがっている場合に限らず、一般に雇入地法を準拠法として選択することにも一定の合理性が認められる。ただし、雇入地法の選択は、就労地法上の保護を奪う結果となってはならないであろう。また、労働者と使用者の力関係の差を考慮すれば、その他の準拠法選択を認めることは、労働者保護に欠けるおそれがあるし、企業の側にとっても、正当な利益があるとは言えない。

そこで、以下のような規定を提案する。「労働契約の当事者は、労働者の通常の就労地法または雇入地法のいずれかを契約の準拠法として選択することができる。ただし、雇入地法を選択した場合は、労働者が通常複数の国において就労するという事情がない限り、通常の就労地法上の強行法規の適用を妨げない」。この提案は、当事者自治を無制限に認めるのではなく、量的制限を加えるものである[35]。また中間試案は、最密接関係地法上の強行法規の主張を認めるという規定を提案するが、筆者の提案は、就労地法上の強行法規を裁判所の職権により適用すべきであるとするものである。これは、総則規定として提案した絶対的強行法規の適用を具体化したものである。すなわち、ここでいう就労地法上の強行法規とは、当然のことながら、労働契約の準拠法いかんを問わず適用されるべき絶対的強行法規でなければならない。ただし、労働者保護を目的とする絶対的強行法規は、適用結果に妥当性があるものとみなし、またそれが通常の就労地法上のものであれば、定型的に密接な関連性があるとみなしてよいであろう。上記の提案は、かような理由によって根拠づけられる。

---

34) 同様の立法例として、スイス国際私法120条。
35) スイス国際私法121条3項も、同様に量的制限を認めているが、選択肢としては、労働者の常居所地法および使用者の営業所所在地法を挙げている。

4 不法行為の準拠法

(1) 問題の所在

不法行為についても、詳細な規定を見送る案が出ているが（中間試案第 7 の 2 (1)、3 (1)、7 (1) (2) の各 B 案）、現代化の任務に反するものとして反対する。また詳細な規定を置く案も、内容の一部に疑問がある。すなわち、わが国の状況を観察すれば、おのずから規定の優先順位、およびどこまで詳しく規定すべきであるのかという限界が見えてくるはずであるが、中間試案および補足説明は、むしろ欧州諸国の立法動向に目を奪われているように見える。

(2) 不法行為地法主義の維持

補足説明は、不法行為地法主義の柔軟化を強調するが、現在でも、不法行為地法主義が最も重要な原則として維持されるべきであることは言うまでもない。たとえば、日本における外国人の交通事故は、今後も入国者数の増加に伴って年々増加していくと予想されるが[36]、かようなケースにおいて日本法が不法行為地法として適用されることは自明のことであり、当事者ないし裁判官が準拠法に言及しなくても当然の前提になっていると言ってよい。

かような観点からみると、中間試案は、原則規定として、いきなり隔地的不法行為を前提として、結果発生地法主義を定めているが、むしろ原則規定としては、「不法行為債権の成立および効力は、不法行為地の法律による」旨の規定を置き、隔地的不法行為については、「不法行為の行動地と結果の発生地が相異なる国にある場合は、結果発生地の法律による」旨の規定を別に置くべきである[37]。それによって、本来の意味における不法行為地法主義が維持され

---

36) 全国的な統計は見当たらないが、たとえば、茨城県だけの統計をみても、外国人の関係した交通事故および外国人による交通事故は、平成 7 年に 373 件であったのに対し、平成 15 年には 818 件に増えている。<http://www.pref.ibaraki.jp/kenkei/kikaku/tokei/h15hakusyo/020317.pdf>

ており、その柔軟化は附従的連結、同一常居所地法への連結、あるいは当事者による法選択という例外的ケースに限定されていること、ならびに名誉毀損および生産物責任については、不法行為地法主義の精緻化ないし緩やかな柔軟化が行われているにすぎないことが明確となる。これは、一般市民にとって分かりやすい立法という国際私法の現代化の目的のひとつを実現するために必要である。

(3) 同一常居所地法への連結

問題は、カナダへのスキーツアーに参加した日本人間の接触事故のように、不法行為地法主義に疑問を感じさせる例外的ケースをどのように処理するのかであるが、これまでに裁判になったケースをみる限りでは、同一常居所地法への優先的連結が当面の不都合を十分に解決するであろうし、法的安定性の観点からも適切である。すなわち、かかる不法行為は、同じツアーの参加者の間で起きたわけであり、あるいは往復の航空機および途中で宿泊した米国のホテルの中でいさかいが起きて傷害事件となる可能性もあったわけであるから、事件の発生した場所よりも、むしろ日本からのツアーであることを考えれば、当事者の同一常居所地法である日本法を適用することが妥当であったと言える[38]。

37) たとえば、ベルギー国際私法99条は、当事者の同一常居所地法を第1順位の準拠法、原因行為および損害発生がすべてあったか、またはそのおそれのある国の法を第2順位の準拠法とし、例外として、原因行動地法または損害発生地法の被害者による法選択（名誉毀損、人格権侵害）、損害発生地法（不正競争・競争制限、環境損害）、被害者の常居所地法（生産物責任）による旨を定めている。V. J.-Y. Carlier, Le Code belge de droit international privé, Rev. crit., 2005, p. 36. これに対して、いきなり結果発生地法主義を定めた例としては、イタリア国際私法62条本文（ただし、被害者による行動地法の選択を認める）およびローマⅡ委員会提案3条1項などがあり、また行動地法主義を定めた例としては、スイス国際私法133条2項（ただし、加害者の予見可能性を要件として、結果発生地法を適用する）、ドイツ民法施行法40条1項（ただし、被害者による結果発生地法の選択を認める）、韓国国際私法32条1項などがある。

38) 千葉地判平成9年7月24日判時1639号86頁。ただし、本判決は、事故がカ

同様に、米国に語学留学に来ていた日本人同士が週末のドライブに出かけて事故を起こし、負傷した同乗者が運転者に損害賠償を請求したようなケースにおいても、日本法が当事者の同一常居所地法として適用されるべきであるが[39]、道路交通法のような不法行為地のローカルデータの適用は妨げられるべきでない。これは、当然のことであるが、無用な誤解を避けるためには、明文の規定を置くことが望ましい[40]。かような規定が存在しない場合には、あるいは当事者の同一常居所地法である日本法が準拠法となるのであるから、事故発生地の道路交通法違反さえも帳消しとなり、そのため過失はなかったというような誤解を招くおそれがある。

かような観点からみれば、中間試案第7の2(1)A案は、基本的には妥当であるが、不法行為地のローカルデータの適用に関する規定が存在しない点において不十分である。

(4) 附従的連結

現実の裁判において深刻な問題となった例は見当たらないが、附従的連結の規定も欠かすことができない。たとえば、外国人の労働災害において、会社の

　　ナダで発生したことを認めながらも、①治療費などの損害の発生地が日本であり、法例11条1項にいう原因事実発生地には損害発生地も含まれること、②両当事者が日本法を選択する意思を有すること、③同条2項・3項の特別留保条項の存在などを理由として、日本法を準拠法とした。当事者の意思を除き、同様の判決としては、すでに東京地判昭和40年5月27日下民集16巻5号923頁がある。これは、原告たる日本の映画会社の社員が被告たる日本人（住所も日本）の世話により米国において映画の試写をみた際に、被告をだまして日本上映権の買取代金を立て替えさせたとして、被告が米国において提起した損害賠償請求訴訟に対抗するため、原告が債務不存在確認訴訟を提起したという事案である。

39) たとえば、大阪地判昭和62年2月27日判時1263号32頁の事案参照。ただし、本判決は、法例11条1項により米国カリフォルニア州法を適用し、不法行為債務の相続性を否定した。

40) スイス国際私法142条2項、ベルギー国際私法102条、ローマⅡ委員会提案13条参照。ただし、これらの規定は、行動地の安全および行動規則を「考慮」しなければならないとする。

債務不履行を理由とした請求は法例7条によるが、代表取締役の不法行為を理由とした請求は法例11条によるとした下級審判決がある[41]。たしかに、当該事件では、法例7条および法例11条のいずれによっても、日本法が準拠法になるので、実際上の不都合は生じなかった。しかし、たとえば、A国に常居所を有する外国人がB国に営業所を有する会社に雇用され、通常はA国において就労していたが、たまたまC国に出張した際に労働災害にあったと仮定する。かような場合に、新しい国際私法のもとで附従的連結を認めず、この下級審判決の論理によるならば、会社の債務不履行を理由とした請求は、通常の労務給付地法たるA国法によるが、代表取締役の不法行為を理由とした請求は、不法行為地法たるC国法によることになるであろう。しかし、当事者間に同一常居所地法が存在しないとはいえ、労働災害は、A国はもとよりB国でも起こりえたわけである。そして、これらの事故がすべて労働契約に関連していることを考えれば、実質法上、契約上の債務不履行と構成するか、それとも不法行為と構成するかを問わず、すべての請求を契約準拠法によらせるべきであろう。

　一般的にみても、労働契約の準拠法が労務給付地法ないし雇入地法であるとされ、これが当事者の同一常居所地法ないし不法行為地法と異なる場合は、労務給付地法ないし雇入地法のほうが事案とより密接な関係を有すると思われる。かような附従的連結は、労働契約の準拠法に関する規定によって実現されるべき労働者保護にも合致するし[42]、また企業の観点からみても、労働者との関係がすべて単一の法に服することになり、予見可能性が図られることになるであろう。したがって、同一常居所地法への連結と同様に、附従的連結について

---

41)　東京地判平成4年9月24日判時1439号131頁。

42)　奥田安弘「外国人労働者の災害補償」『国際私法の争点〔新版〕』(1996年、有斐閣) 144頁、同「渉外判例研究」ジュリスト1131号138頁では、条理により事業者の本拠地法説に好意的な見解を述べたが、これは、現行法の解釈論として主張したものであり、改正により当事者自治の量的制限および通常の就労地法上の絶対的強行法規の適用を認めるのであれば、契約準拠法によらせるほうが妥当な結果を得られるであろう。前述3(3)参照。

も明文の規定を置くべきであるが（中間試案第7の3(1)A案）、適用の順序としては、附従的連結のほうが同一常居所地法への連結に優先すべきである[43]。これは、当事者の同一常居所地法よりも当事者間の法律関係の準拠法のほうが事案との関連性を個別具体的に示しているからである。

(5) 当事者自治

不法行為地法主義の柔軟化のテクニックとしては、当事者自治も有力に主張されているが、その効用を過大に評価すべきではない。当事者による法選択は、合意とまで言えなくても、同一の法を準拠法とすることについて、少なくとも当事者の意思の合致が必要となるが、選択しようとしている法と不法行為地法との間で適用結果が明らかに異なる場合は、むろん当事者の意思が合致しないであろう。また、適用結果の相違が一見したところ明らかでない場合も、当事者は、あえてリスクを犯してまで法選択をするとは思えない。当事者が法選択をするとしたら、たまたま外国で事故が発生しただけであって、当事者が双方とも日本に常居所を有する場合に、両当事者とも日本法の適用を望むというケースが予想されるが、そうであれば、同一常居所地法への優先的連結のほうが実務にとっては処理が容易であり、かつ実際上もそれで足りるであろう。仮に念のために規定を置くとしたら、日本法の選択に限定するなどの量的制限を設けるべきであるが[44]、日本法優先のような印象を与えるので好ましくないというのであれば、あえて規定を置く必要もないと考える。

---

43) スイス国際私法133条3項、ドイツ民法施行法41条2項1号、韓国国際私法32条3項、ベルギー国際私法100条、ローマⅡ委員会提案3条3項後段参照。

44) たとえば、公海における異国籍船舶間の衝突のような事案については、法廷地法主義（日本法適用）の規定または日本法の選択を認める規定によって対応することが考えられる。ただし、従来の判例としては、加害船舶の旗国法と被害船舶の旗国法を累積適用した仙台高判平成6年9月19日高民集47巻3号173頁、および原告（被害船舶の所有者・乗組員遺族）と被告（加害船舶の定期傭船者）の同一本国法として日本法を適用した東京地判昭和49年6月17日判時748号77頁があるにすぎない。

要するに、筆者が言いたいのは、契約と不法行為とでは、まだまだ本質的に異なる点があるということである。すなわち、契約では、当事者の利害が一致して、一見したところ事案と関係のないような法が選択されることもあるが、不法行為事件では、一般に当事者の利害が厳しく対立しており、また契約のように客観的に準拠法を決定することが困難であるような事例は、少なくともわが国については生じていないように思われる。したがって、欧州諸国の傾向に追随する必要はないであろう[45]。かような理由から、中間試案第7の5には反対する。

(6) 結果発生地法主義

最近は、わが国でも、不法行為地法主義の柔軟化が有力に主張されているが、以上のように、わが国の状況をみる限りでは、若干の例外的ケースを処理するために、附従的連結および同一常居所地法への連結を認めれば対応できるわけであって、ほとんどの事件は、今後も不法行為地法主義によって処理されるであろう。

ただし、不法行為地法主義を維持した場合も、隔地的不法行為については、周知のように、行動地法または結果発生地法のいずれによるのかという問題が生じる。この問題を考える際に留意しておくべきであるのは、隔地的な不法行為が一般に企業活動に基づいていることである。すなわち、誤解を恐れずにいえば、損害が国境を越えてどこで発生するのかは、原則として加害者たる企業が予測できるはずであるし、予測すべきであったと言える。したがって、原則規定としては、結果発生地法主義を採用し、その際に加害者の予見可能性などを追加的な要件とする必要はないであろう[46]。ただし、後に述べるように、

---

45) スイス国際私法132条および韓国国際私法33条は、法廷地法の選択を認め、ドイツ民法施行法42条、ベルギー国際私法101条およびローマⅡ委員会提案10条1項は、まったく量的制限を伴わない法選択を認めている。これに対して、イタリア国際私法には、法選択を認める規定が存在しない。

46) たとえば、スイス国際私法133条2項は、行動地法主義を採用する一方で、加

若干の不法行為類型については、結果発生地法の精緻化ないし緩やかな柔軟化が必要である。

　その前に、結果発生地法主義をさらにみておくと、被害者保護の観点からは、むしろ被害者が行動地法または結果発生地法のいずれかを選択できるようにするという「遍在理論」の妥当性も検討しておく必要がある[47]。すなわち、行動地および結果発生地は、いずれも不法行為地であるから、いずれの法が準拠法になったとしても、加害者たる企業は対応すべきであると考えられるかもしれない。しかし、たとえば日本企業の隔地的不法行為によって被害を受けた発展途上国の住民が日本法を選択したとしても、現実の損害賠償額の算定は所得格差を反映した結果とならざるを得ないのであるから[48]、日本法適用のメリットはそれほど大きくないと思われる。また、米国企業の隔地的不法行為によって損害を受けた日本の被害者は、懲罰的賠償を求めるメリットがあると考えられるかもしれないが、これも、国際私法上の公序、ないし特別留保条項を損害賠償額についてのみ維持するのであれば[49]、それによって実損害の賠償に制限されることになるであろう。むろん被害者の保護は、損害賠償額の多寡につきるものではないが、さらに言えば、被害者は一般に結果発生地法により自らが予測した程度の保護を受けることによって、国際私法上の当事者利益を十分に保護されていると考える。

　以上の観点からみれば、中間試案第7の1(1)A案は、支持することができるが、同B案は、結果発生地法主義に無用の制限を加えるものであり、妥当性を欠いている。

　　　害者の予見可能性を要件として結果発生地法の適用を認めるが、ローマⅡ委員会提案3条1項は、無制限に損害発生地法主義による。
47) イタリア国際私法62条1項、ドイツ民法施行法40条1項参照。
48) 不法滞在者の労働災害における逸失利益の算定に関する最判平成9年1月28日民集51巻1号78頁、その評釈として、奥田安弘「渉外判例研究」ジュリスト1131号137頁参照。
49) 後述4(9)参照。

(7) 名誉毀損および生産物責任

　さて、かような原則規定としての結果発生地法主義は、若干の不法行為類型については、精緻化ないし緩やかな柔軟化が必要となるが、わが国の現実の必要性を考えれば、中間試案第7の7の各A案のように、名誉毀損および生産物責任に関する特則を置くだけで、当面は足りるであろう。

　まず、名誉毀損については、現実に拡散型の事件に関する裁判例がみられるが[50]、単純にすべての結果発生地法を適用するという「モザイク理論」を採用した場合には、外国法調査の負担が過重になるので、中間試案第7の7(2)A案のように、被害者の常居所地法主義が適切であると思われる。とくにわが国の場合は、外国法の調査が裁判所の職権調査事項であるという建前とは裏腹に、現実には当事者（より具体的には訴訟代理人である弁護士）に委ねられていること、またヨーロッパのように外国法の情報交換に関する条約もなければ、外国法調査の専門機関もないことなどから[51]、当事者の負担は測り知れないものになるおそれがある。

　そこで、被害者の常居所地法を最も重要な損害発生地と考えて、請求全体をこの法によらせることにするわけであるが、反論公表請求権は、表現の自由と密接に関連するので、加害者の営業所所在地法によるとする例外規定が必要であると思われる。これに対して、中間試案第7の7(2)A案は、被害者の常居所地法主義のみを定めており、また補足説明でも、この点に関する検討は十分になされていない。反論公表請求権については、スイス国際私法139条2項およびローマⅡ委員会提案6条2項においても、例外規定が設けられており、全般的には欧州諸国の立法動向を重視する中間試案および補足説明がこれらの規定

---

50)　東京地判平成4年9月30日判時1483号79頁。ただし、本判決は、準拠法について、明確な判断を示していない。

51)　山内惟介「外国法の情報に関する欧州協定」『国際関係法辞典』（1995年、三省堂）119頁、奥田安弘「スイス比較法研究所について」国際商事法務17巻9号955頁参照。

を無視しているのは、不可解である。

　つぎに、生産物責任については、従来はいずれかといえば国際的裁判管轄に注目が集まっていたが[52]、今後は準拠法が主たる争点となる事件も現れることが予想されるので、対応が必要であろう。その場合には、単純な結果発生地法主義ではなく、原則として生産物取得地法主義を採用することが適切であると考える。なぜなら、生産物の取得地は、欠陥のある生産物が流通し、最終消費者と接触した地であり、通常は加害者と被害者の双方にとって中立的な場所であり、予見可能性を害さないと考えられるからである。これに対して、被害者保護の観点から、結果発生地法ないし被害者の常居所地法の適用を主張する見解が予想されるが[53]、たまたま同一の生産物がこれらの地において流通していたとしても、あまりに偶然的であり、むしろ生産物が最終消費者と接触した地である生産物取得地法によるほうが双方の当事者にとって公平であると考える。

　また、バイスタンダーのケースとして、欠陥自動車の暴走に巻き込まれて負傷した者の損害賠償請求を考えてみても、わが国で取得された自動車が他の国で事故を起こすというケースは極めて稀であろう。これに対して、欠陥により墜落した航空機の乗客の場合は、航空会社の責任および航空機製造会社の生産物責任の両方を追及することが多いであろうから、これらの責任の存否は、航空会社の営業所所在地法により統一的に処理したほうがよいと考えられるが[54]、航空機の引渡が製造会社の営業所所在地でなされ、そこから航空会社

---

52) 東京地判平成3年1月29日判時1390号98頁、東京地判平成元年6月19日判タ703号246頁、東京地判昭和61年6月20日判時1196号87頁、東京地判昭和59年3月27日下民集35巻1-4号110頁、東京地判昭和49年7月24日下民集25巻5-8号639頁、大阪地判昭和48年10月9日判時728号76頁など参照。

53) 被害者の常居所地法主義を採用するものとして、ベルギー国際私法99条2項4号、ローマⅡ委員会提案4条などがある。

54) 航空会社の責任は、たとえ不法行為によるものとして主張されても、附従的連結により契約準拠法が適用されることになり、その結果、特徴的給付の理論により、航空会社の営業所所在地法が適用されるであろう。

が航空機を自らの営業所所在地に運航した場合、生産物の取得地を文言どおりに解釈すれば、それは製造会社の営業所所在地ということになるであろう。そこで、「生産物が生産者の営業所所在地で引き渡され、最終消費者の常居所地（営業所所在地）において使用または消費が開始される場合には、この地をもって生産物取得地とする」という規定を置くことが考えられる。これによって、欠陥により墜落した航空機のバイスタンダー（乗客）に対する損害賠償は、すべて航空会社の営業所所在地法によることになるであろう。

他方において、生産物取得地法に対する例外の定め方については、周知のように、様々な議論があるが、予見可能性を要件とする見解には疑問を感じる。なぜなら、予見可能性がなかったという証明は極めて困難であり、生産者にとってあまりに厳しい結果となりかねないからである。筆者としては、生産者の同意なしに当該取得地で流通したことの証明があれば、例外として生産者の営業所所在地法を適用するという定め方が適当であると考える[55]。

かような観点からみれば、中間試案第7の7(1)A案は、生産物取得地法主義を採用している点では妥当であるが、欠陥により墜落した航空機の乗客のケースを念頭に置いていない点、および予見可能性を例外の要件としている点では疑問である。

(8) 知的財産権

さらに、知的財産権侵害も、重要な最高裁判決などが出ていることから[56]、

---

55) スイス国際私法135条1項およびイタリア国際私法63条は、生産者の営業所所在地法または生産物取得地法の被害者による法選択を認め、ローマⅡ委員会提案4条は、被害者の常居所地法主義を採用している点において異なるが、いずれも生産者の同意なしに流通したことの証明があった場合には例外を認めている。これに対して、ベルギー国際私法99条2項4号は、被害者の常居所地法主義のみを定めている。

56) たとえば、特許権については、最判平成14年9月26日民集56巻7号1551頁（カードリーダ事件）、著作権については、東京高判平成15年5月28日判時1831号135頁など参照。

原則として保護国法主義を定めた明文の規定を置く必要があるが、知的財産権全体について、物権・契約・不法行為とは別に独立の規定を置くべきであると考える[57]。以下では、その理由を詳述する。

第1に、保護国法主義の根拠は、不法行為地法主義のそれとはかなり異なっている。すなわち、不法行為における不法行為地法主義は、加害者と被害者の双方にとって中立的な場所の法であり、両者の予見可能性を害しないという国際私法上の当事者利益によって根拠づけられるが、知的財産権侵害における保護国法主義は、そもそも知的財産権が当該権利の保護を認めた国の領域内でのみ効力を有するという、実質法上の属地主義によって根拠づけられる[58]。言い換えれば、知的財産権侵害における保護国法主義は、その権利の特殊性から導かれるのであり、実質法上、その侵害に対する差止請求および損害賠償請求などが不法行為と性質決定されるのか、それとも特許権の効力と性質決定されるのかを問わず、知的財産権侵害を独立の単位法律関係とし、その成立および効力を保護国法によらせることが適切であると考える[59]。

---

57) たとえば、スイス国際私法では、当初、知的財産権は物権に関する章において規定されていたが、最終的には独立の章（第8章）が設けられた。最終的な条文と草案との違いについては、奥田・前掲注(3)戸籍時報 376 号 50 頁注 59 以下〔同編訳 33 頁注 56 以下所収〕参照。ローマⅡ委員会草案 8 条には、知的財産権侵害に関する規定が設けられているが、本来は、独立の規則の制定が望ましいとするものとして、E.I. Obergfell, Das Schutzlandprinzip und „Rom II": Bedeutung und Konsequenzen für das Internationale Urheberrecht, IPRax 2005, S. 12. これに対して、イタリア国際私法 54 条、韓国国際私法 24 条、ベルギー国際私法 93 条などでは、物権の章に知的財産権に関する規定が置かれている。

58) ただし、属地主義そのものは、個々の知的財産権が保護を認められた国においてのみ効力を有するという実質法上の原則であり、その侵害の成立および効力が保護国法によるという国際私法上の保護国法主義とは明確に区別されるべきである。Vgl. J. Kropholler, Internationales Privatrecht, 5. Aufl., 2004, S. 150.

59) 最判平成 14 年 9 月 26 日民集 56 巻 7 号 1551 頁は、差止および廃棄請求を特許権の効力と性質決定して条理により登録国法によらせ、損害賠償請求を不法行為と性質決定して法例 11 条によらせるが、これは、わが国の実質法上の区別に基づくものであり、国際私法上の性質決定としては不適切である。

第2に、かような知的財産権の特殊性から、その侵害について保護国法主義を採用するのであれば、当事者の同一常居所地法への連結は否定されるべきである。また、仮に不法行為について限定的または無制限の当事者自治を認めるとしても、これを知的財産権について認めることは適当でない[60]。

第3に、知的財産権自体の成立は、その侵害行為の成立および効力と同様に保護国法によるが、使用許諾または譲渡に関する契約当事者間の関係は、契約準拠法によるという旨の明文の規定が必要である[61]。また、労働契約に関連して成立した知的財産権（職務発明など）に関する使用者と労働者の関係は、労働契約の準拠法によるべき旨の規定があったほうが望ましいであろう[62]。さらに若干特殊な問題であるが、映画の著作権の原始的帰属（いわゆる first author）の決定は、保護国法ではなく映画製作者の営業所所在地法説が考えられるので、明文の規定を検討すべきである[63]。

これに対して、中間試案は、知的財産権に関する明文の規定を見送っている点で疑問である。わが国では、最高裁判決でさえ、属地主義の意味を取り違えて、学説の批判を受けているし[64]、また下級審判決に至っては、準拠法決定の問題を生じないとさえ判示したものがある[65]。しかし、属地主義は、あく

---

60) スイス国際私法110条2項は、法廷地法の選択のみを認めるが、ローマⅡ委員会提案10条1項は、法選択も否定している。

61) スイス国際私法110条3項参照。

62) 東京地判平成16年2月24日判時1853号38頁参照。〔追記〕その後、この問題については、Y. Okuda, Arbeitnehmererfindungen im japanischen IPR, in: Die richtige Ordnung — Festschrift für Jan Kropholler zum 70. Geburtstag, 2008, 613において、詳しく考察した。

63) ローマⅡ委員会提案8条にかような趣旨の規定の追加を提案するものとして、Obergfell, a.a.O., Anm. (57), S. 13. 同論文によれば、映画製作者の営業所所在地法説は、ドイツの多数説とされる。

64) たとえば、最判平成14年9月26日民集56巻7号1551頁については、出口耕自「判例紹介」コピライト2003年1月号26頁、早川吉尚「特許権の効力」『国際私法判例百選』（2004年、有斐閣）92頁など参照。

65) 東京高判平成12年1月27日判時1711号131頁。

まで実質法上の概念であり、たしかに国際私法上の保護国法主義の根拠とはなり得るが、保護国法主義そのものとは区別されるべきである。ましてや、準拠法決定の問題を生じないとする下級審判決に至っては、論外である。

前述2(4)の独禁法の例と同様に、たとえば特許法も、3つの側面を有している。第1は、特許の出願および査定という行政法的側面であり、様々な審判手続および審決などに対する訴えが定められているが、これらの手続が日本において出願された特許のみを対象としており、それゆえ日本法のみを適用することは当然である。第2は、刑事法的側面であり、特許法でも、若干の刑事罰の規定が置かれているが、これらに関する裁判でも、原則として日本法のみが適用される。しかし、第3の私法的側面は、特許権にもとづく差止および損害賠償などであるから、必ずしも日本法のみが適用されるとは限らない。外国の特許権の外国における侵害行為について、わが国で訴訟が提起されることもあるであろうし、差止および損害賠償の前提として、外国法によるべき使用許諾または譲渡に関する契約の成立などが争われることもあるであろう。さらには、映画の著作権がそもそも誰に帰属していたのかという問題についても、まず準拠法を決定しなければならない。

以上のように、わが国の実務において、知的財産権における国際私法問題の所在および内容が正確に理解されるようにするためには、新しい国際私法中に明文の規定を置くことが不可欠であると考える。

(9) 特別留保条項

補足説明第11の4(1)によれば、現行法例11条2項および3項が適用された裁判例がかなりあり、実務的に重要な規定であるという意見が出たというが、明文の規定があれば、これを適用するのは当然のことであり、かような理由から規定の維持を根拠づけることはできない。むしろこれらの特別留保条項は、外国においてなされた不法行為について、外国法の適用を大きく制限するものであり、偏狭な自国法優先主義として国際私法の存在意義そのものを否定するものである。したがって、これらの規定を維持するとする中間試案第7の6の

A案は、国際私法の現代化に真っ向から反している。

仮に特別留保条項を維持するとすれば、米国法上の懲罰的賠償を前提として、賠償額の制限のみを定めた規定を置くことが考えられるにすぎない[66]。その場合でも、現行の法例11条3項の文言は大きく修正されるべきである。すなわち、この規定については、不法行為の効力全般を制限したものであるとする見解があるが[67]、新しい国際私法では、賠償額のみを制限する旨を明らかにした文言を採用すべきである。たとえば、「不法行為の成立および効力の準拠法が外国法である場合には、加害者が支払うべき金銭的給付は、日本法によれば認められるべき金額を超えてはならない」というような規定が考えられる。その点では、中間試案第7の6のB1案も不十分である。

5 事務管理・不当利得の準拠法

事務管理・不当利得の準拠法については、裁判例がそれほど多くなく、現実問題として、不法行為ほどの対応は必要ないであろう。ただし、当事者間に何らかの法律関係があって、それと密接に関連して事務管理・不当利得の問題が

---

66) たとえば、スイス国際私法135条2項および137条2項は、それぞれ生産物責任および競争制限について、スイス法以上の賠償を認めない旨の規定を置いているが、これが米国の懲罰的賠償を念頭に置いたものであることについては、ボノミ＝奥田・前掲注(3)65頁以下参照。また、韓国国際私法32条4項も、不法行為全体について、被害者の賠償を目的としないもの、またはその必要を超えたものを排除する旨の規定を置いている。

67) たとえば、法例11条3項は、「損害賠償其他ノ処分」についてのみ、日本法の累積適用を定めているのであるから、消滅時効ないし除斥期間の問題は除かれるはずであるが、東京地判平成10年7月16日判夕1046号270頁および東京地判平成10年10月9日判時1683号57頁は、これらが含まれると解している。かような解釈の誤りについては、奥田安弘「国際私法からみた戦後補償」奥田安弘ほか『共同研究・中国戦後補償―歴史・法・裁判』(2000年、明石書店) 158頁以下〔本書442頁以下所収〕、駒田泰士「渉外判例研究」ジュリスト1213号155頁参照。

発生することが多いので、附従的連結の規定は必要と思われる。

これに対して、当事者の同一常居所地法への連結は不要である。すなわち、当事者間に法律関係が存在しないにもかかわらず、たまたま常居所地法が同一であり、かつそれが原因事実発生地法と異なっていたとしても、かような場合には、常居所地法が同一であることのほうが偶然的であるから、これを原因事実発生地法に優先させる必要はないであろう。

かような観点からみれば、中間試案第7は、現行の法例11条1項と同様に、事務管理・不当利得の原因事実発生地法を原則的な準拠法としている点では妥当であるが、附従的連結だけでなく同一常居所地法への連結および当事者自治まで認める点において、疑問がある[68]。

6 債権譲渡の準拠法

債権譲渡については、とくに第三者に対する効力の準拠法を被譲渡債権の準拠法によらせる試案第8の3のA案、およびこれを譲渡人の常居所地法によらせる同B案が対立しているが、これは、どのような形態の債権譲渡を念頭に置くのかによって、評価が異なる。すなわち、すでに成立した債権の個別的な譲渡という従来型の債権譲渡を前提とした場合は、譲渡の当事者間の効力、債務者に対する効力、その他の第三者に対する効力を統一的に規律するために、すべてが被譲渡債権の準拠法による旨の規定が望ましいと考えられるが、集合的債権譲渡および債務者不特定の将来債権の譲渡を前提とした場合は、むしろ各債権間の準拠法の統一ないし被譲渡債権の準拠法の未確定を理由として、譲

---

[68] 不法行為について、同一常居所地法への連結および（限定的）当事者自治を認める立法例においても、事務管理ないし不当利得については、これらを認めないものとして、韓国国際私法30条・31条があり、当事者自治のみを認めるものとして、スイス国際私法128条、ドイツ民法施行法38条・39条・42条、ベルギー国際私法104条がある。これに対して、ローマⅡ委員会提案9条・10条は、同一常居所地法への連結および当事者自治を両方とも認めている。

渡人の常居所地法によるべきことになるのであろう[69]。しかし、たとえば、わが国の実質法をみても、民法上の債権譲渡と債権譲渡特例法による債権譲渡が並存しているのであるから、いずれか一方のみを前提とした議論は、すれ違いに終わってしまう。

　そこで筆者は、いずれの形態の債権譲渡にも対応できる解決策を目指すべきであると考える。まず原則規定としては、すでに成立した債権の個別的な譲渡という従来型の債権譲渡を念頭に置いて、A案を採用すべきである。なぜなら、債務者に対する効力の準拠法とその他の第三者に対する効力の準拠法が異なるとしたら、債権の二重譲渡があった場合に、不都合が生じるからである。一般に集合的な債権譲渡では、譲受人が債権の回収を譲渡人に委託するので、債務者は、旧債権者たる譲渡人に支払えば足りるとされるが[70]、従来型の債権譲渡では、むしろ譲受人が債権の回収をすることになるであろう。その場合に、債務者に対する効力は被譲渡債権の準拠法により、その他の第三者に対する効力は譲渡人の常居所地法によるとしたら、債務者が前者により優先権を有する譲受人に支払をしたところ、後者により優先権を主張する他の譲受人が現れるおそれがある。この点については、B案の立場から、不当利得の問題として処理すれば足りるとする見解が主張されているが[71]、各譲受人は、相異なる国に常居所を有することが少なくないであろうから、現実に不当利得の返還請求権を行使することは困難を極めるであろう。さらに相手方の無資力のリスク、不当利得の準拠法により返還請求権が否定されるリスクなども指摘されている[72]。ひとたびB案が立法化されたとしたら、それは、集合的債権譲渡だけでなく従来型の債権譲渡にも適用されるのであるから、後者にとっての不都合

---

69) 補足説明第12の1(2)エ。さらに、今回の立法の目的のひとつとして、債権流動化への対応が挙げられていることも、譲渡人の常居所地法説に影響を及ぼしているようである。補足説明第1の1参照。
70) 北澤安紀「債権流動化と国際私法」国際私法年報6号3頁参照。
71) 北澤・前掲注(70)19頁。
72) 神前禎「物権及び債権譲渡」ジュリスト1292号48頁。

が存在する以上、これを受け入れるわけにはいかない。

　他方において、集合的債権譲渡および債務者不特定の将来債権の譲渡にとって、被譲渡債権の準拠法説が不都合を生じることも、また真実であるが、かような形態の債権譲渡は、わが国の債権譲渡特例法のような法律により登記がなされるのであるから、かかる法律を絶対的強行法規として扱うことにより、不都合は回避されるであろう。すなわち、わが国の債権譲渡特例法により登記がなされたものについては、その準拠法のいかんを問わず、同法が適用されるべきである。さらに言えば、債権譲渡特例法自体の中に、その旨の明文の規定を設けることが望ましい。また、第三国の法律により登記された債権譲渡については、これらの法律が第三国の絶対的強行法規として適用されるべきであるか否かを判断することになる[73]。これは、いまだ債権譲渡の登記制度がすべての国の法秩序において唯一の対抗要件として認められているわけではないことに配慮して、個別的に対応すべきであるという考えに基づくものである[74]。

7　家族法上の総則的問題

(1)　日本人条項

　平成元年に婚姻・親子に関する規定および若干の総則的規定が改正されたが、その後の運用において問題となった点は、今回の現代化において更なる改正を必要とする。ただし、学説の批判の中には、戸籍実務に対する誤解を含むものがあるので、これを正しておく必要があるが、補足説明は、十分にこの役割を果たしていない。

　かような問題点は、とくに日本人条項をめぐる議論に現れている。講学上「日本人条項」と呼ばれているものとしては、婚姻の方式に関する法例13条3項但書、離婚に関する法例16条但書、重国籍者の本国法の決定に関する法例

---

　73)　その具体的基準については、前述2(3)参照。
　74)　この点において、中西康「比較国際私法における登録パートナーシップ」法学論叢156巻3・4号293頁は、異なる問題に関するものとはいえ、示唆に富む。

28条1項但書がある。中間試案第9は、これらのうち、法例13条3項但書についてのみ、これを維持する案と削除する案を示しており、法例16条但書は維持するとしている。これに対して、かような日本人条項は、戸籍の便宜を優先するものであり、内外人ないし内外法平等の原則に反するので、すべて削除すべきであるとの意見もある。そこで、以下では、かような誤解を正すとともに、これとは別の視点から現行法例の問題点を指摘したい。

まず、婚姻の方式に関する法例13条3項但書については、補足説明第13の1(1)によれば、内外人平等の原則に反するという批判以外に、日本人の身分関係の変動が戸籍に反映されないという問題は、日本国外における外国法による婚姻の場合にも生じること、および創設的婚姻届と報告的婚姻届とでは効果が異なるのであるから、前者が後者に比べて当事者に格別の困難を強いることにならないとは言えないとする批判がある。

しかし、第1の批判については、国内居住者の身分関係の把握と国外居住者のそれとでは、重要性が異なるという点を指摘しておきたい。すなわち、日本国内においては、外国人でさえも、一定期間以上滞在する場合は、在留資格の有無にかかわらず、刑罰をもって外国人登録の義務を負わせ、その際には家族関係事項も記載させているのであるから[75]、国内居住者の身分関係の把握は国外居住者のそれよりも重要である。しかるに、法例13条3項但書が存在しないとしたら、日本在住の日本人が外国人当事者の本国法の方式により有効に婚姻できることになるが、戸籍法41条の適用または類推適用による報告的届出の義務については、戸籍法120条の過料の制裁さえも適用されないのであるから[76]、日本人の身分関係の把握が外国人のそれよりも疎かになってしまう。

75) 外国人登録法3条、4条1項17号〜19号、18条参照。
76) 戸籍法41条は、「外国に在る日本人が、その国の方式に従つて、届出事件に関する証書を作らせたとき」、3か月以内に証書の謄本の提出を義務づけている。すなわち、外国の挙行地法の方式により身分関係を成立させた場合のみを対象としているので、日本で外国人当事者の本国法の方式によった場合、報告的届出の根拠は、戸籍法41条の類推適用に求めるしかない。しかるに、外国において外国人当事者の本国法の方式によった場合については、すでに法例改正当時から、

また、第 2 の批判は、戸籍の実務を十分に把握したうえのものとは思われない。平成元年改正前からの実務によれば、日本人と外国人がわが国において外国法の方式で婚姻した旨（領事婚など）の報告的届出があった場合は、当該婚姻の際に作成された婚姻証書をもって外国人当事者の本国の婚姻要件具備証明書とみなし、創設的届出をさせる取扱いである[77]。具体的には、日本人当事者のみが届出人となっている場合は、さらに外国人当事者も届出人として署名し、証人 2 名の署名（押印）を加えて、届書を補正するのみで足りる。したがって、実務上、創設的届出と報告的届出との間で当事者の負担に大きな違いがあるとは言えない。

　法例 13 条 3 項但書の問題点は、別のところにある。すなわち、日本人と韓国人が後者の本国の本籍地に届書を直接郵送した場合、平成元年改正前は、韓国が挙行地であるという理解にもとづき、婚姻は有効に成立したと解されていたが[78]、改正後は、これも「日本で挙行した場合」に該当するとして、婚姻

　　　戸籍法 41 条の類推適用が認められているが、類推適用であるがゆえに、戸籍法 120 条の適用がないとして、同施行規則 65 条による失期通知は要しないとされていた。法務省民事局内法務研究会編『改正法例下における渉外戸籍の理論と実務』（1989 年、テイハン）119 頁参照。ところが、その後、そもそも戸籍法 41 条は、証書の謄本の提出を命じているだけであるから、届出の懈怠を理由とする戸籍法 120 条および同施行規則 65 条の適用はないとされるに至っている。平成 10 年 7 月 24 日民二 1374 号通知参照。

77)　昭和 28 年 8 月 15 日民事甲 1458 号回答、昭和 29 年 8 月 4 日民事甲 1596 号回答、昭和 31 年 6 月 27 日民事甲 1433 号回答、昭和 40 年 12 月 20 日民事甲 3474 号回答。奥田安弘「渉外戸籍入門(24)」外国人登録 535 号 41 頁も参照。

78)　昭和 45 年 11 月 19 日民事甲 4526 号回答。これは、日本に居住する韓国人男と日本人女の婚姻届が、駐日韓国総領事を経由して、韓国人男の本籍地である韓国の面長に送付・受理された後、さらに同面長から日本人女の本籍市長に送付されたケースにおいて、これを戸籍法 41 条にいう証書の謄本として処理するとしたものである。韓国法は、日本法と同様に、同国人間についてのみ領事婚を認めているが（韓国民法 814 条）、婚姻届が誤って受理され、韓国人当事者の本籍地に送付された場合は、本籍地において改めて受理する取扱いのようである。わが国の同様の取扱いについては、昭和 11 年 2 月 3 日民事甲 40 号回答、大正 15 年 2 月 3 日民事 281 号回答参照。

は不成立と解されることになった[79]。逆に、日本人と韓国人が韓国から日本人の本籍地に届書を直接郵送した場合は、現行の韓国国際私法36条2項但書が「韓国人条項」を設けているので、婚姻は不成立と解されることになるであろう。すなわち、日韓の間で跛行婚が多発するおそれがある。

　そこで、婚姻の方式については、「婚姻が代理人または使者などの第三者によって挙行される場合は、かかる第三者が婚姻を成立させる行為をした地を婚姻挙行地とする」旨の規定を設けるべきである。外国からの直接郵送は、要するに郵便職員を使者とする届出であるから、届書が同封された郵便物が本籍地の市町村に到達した時に、到達した地を挙行地として婚姻が成立することになる[80]。日韓の間の跛行婚は、韓国側も同様の規定を置かなければ、完全には解消しないが、日本側がかような規定を置くことは、韓国側に同様の立法を促すことになるし、いずれにせよ跛行婚を減少させることができるであろう。

　つぎに、離婚に関する法例16条但書については、補足説明第13の2(1)によれば、内外人平等の原則に反するという批判以外に、同条但書がなければ、協議離婚届の審査の際に、外国人配偶者の事情聴取なども行うことになるので、「離婚意思の確認」を行うことができるが、現行法のもとでは、これが不十分になるという批判がある。しかし、この批判は、戸籍実務に対する誤った理解に基づいている。

　すなわち、戸籍事務の管掌者である市町村長（およびその補助者である市町村職員）は、原則として形式的審査（書類審査）しか行わないのであるから、法例

---

79) 『理論と実務』前掲注(76)123頁、奥田・前掲注(77)40頁参照。
80) 直接郵送の場合、到達地を挙行地と解する見解を改めたのは、学説からの批判に応えたものとされている。『理論と実務』前掲注(76)113頁参照。しかし、戸籍への届出は、必ずしも当事者が自ら行う必要はなく、使者や郵便によって行うことができるのであるからこそ、届出地は、届出事件の本人の本籍地または届出人の所在地とされているのである（戸籍法25条1項）。さらに、届出の効力は、本籍地の市町村長が受理した時に生じ、到達時にまでしかさかのぼらない。したがって、平成元年改正前の見解を改める必要はなかったと思われる。奥田安弘「婚姻の方式」『国際私法判例百選』前掲注(64)105頁参照。

の規定がどのようなものであれ、事情聴取ないし離婚意思の確認をすることはない。ただし、法例 16 条但書がなければ、外国人配偶者の常居所を認定するために、外国人登録証明書および旅券の提示を求め[81]、これらの書類は、原本の写真を本人と照合した後、本人に返還するので、その結果として「本人確認」がなされることになる。これに対して、法例 16 条但書のもとでは、日本人配偶者の常居所を認定するため、住民票の写しの提出を求めるだけであるので[82]、結果的に日本人配偶者による偽造の離婚届がなされやすい状況にあった[83]。

しかし、その後、全般的に偽造届が増加したことから、「緊急かつ暫定的な措置」として、本人確認制度が設けられ[84]、一定の創設的届出については、届出人の双方について運転免許証または旅券などにより本人確認がなされ、これができなかった場合には、届出を受理した後に、その旨の通知を本人に対しすることになったので、偽造の届出は抑制されることになった。ただし、この制度のもとでも、偽造届の疑いがあるとして、法務局に受理照会がなされ、法務局長などが事情聴取を行うなどして、調査を実施した場合にのみ、離婚意思の確認がなされるわけである。これに対して、市町村から通知がなされるだけの場合は、外国人配偶者が事後的に離婚無効確認の裁判をするしかない。とはいえ、当面は、この暫定的な本人確認制度によって、法例 16 条但書の弊害は抑制されていると言ってよいであろう。

一方、法例 16 条但書を維持する理由として、補足説明第 13 の 2(3)は、この規定の要件を満たすケースでは、最密接関係地法を個別に検討しても、ほとんどの場合は、それが日本法となること、および日本に常居所を有する日本人に

---

81) 平成元年 10 月 2 日民二 3900 号通達第 8 の 1 (2)柱書参照。
82) 同第 2 の 1 (1)イ(ア)前段、第 8 の 1 (1)前段参照。
83) 鳥居淳子「国際離婚におけるいわゆる日本人条項」『国際私法の争点』前掲注(23)167 頁、奥田安弘『市民のための国籍法・戸籍法入門』(1997 年、明石書店) 176 頁以下参照。
84) 平成 15 年 3 月 18 日民一 748 号通達。

離婚の自由、ひいては再婚の自由を保障すべきであることを挙げている。筆者も、同様の理由から、法例16条但書を維持する案に賛成したい。

すなわち、婚姻の身分的および財産的効力が問題になる場合と異なり、離婚の場合は、当事者が国際的な別居状態になっていることが多い。しかし、当事者が日本で婚姻し、日本で婚姻生活を営んでいたところ、外国人配偶者が本国に帰ってしまった場合には、離婚の最密接関係地法は日本法であると言えるであろう[85]。これに対して、外国人当事者の本国で婚姻を挙行し、その地で婚姻生活を営んでいたところ、日本人配偶者が日本に帰国してしまった場合には、法例16条但書は「逃げ帰り離婚」を容易にするものであるとする批判があるかもしれないが、かようなケースでは、外国人配偶者も離婚に同意していると思われるから、日本法による協議離婚を認めることによって、実質的に妥当な解決が導かれるであろう。

さらに、重国籍者の本国法の決定に関する法例28条1項但書について、補足説明第16の3(1)は、国際的な判決の調和が図れないなどの批判を紹介する一方で、内国国籍優先の原則が諸外国でも採用されていること、および戸籍などの実務において円滑かつ迅速な処理が可能になるという利点を述べている。これを補足しておけば、およそいかなる国でも、内国国籍を有する者とそうでない者とでは、その登録制度は異なっている。たとえば、日本国籍を有する者は、重国籍者であるか否かを問わず、戸籍に登載され、住民基本台帳法による住民登録をするが、日本国籍を有しない者（無国籍者を含む）は、90日以上滞在する場合に、外国人登録をする義務を負う。かような登録制度の相違は、他の諸国でも同様であるからこそ、いずれの国の国際私法においても、内国国籍

---

85) 戸籍実務では、最密接関係地法による場合は、すべて受理照会をすべきことになっている。平成元年10月2日民二3900号通達第2の1(1)イ(イ)、エ(イ)。ただし、平成5年4月5日民二2986号通知は、一応の留意事項を示すことによって、地方法務局から本省への照会を原則として不要としている。それによれば、外国人同士の夫婦の離婚であっても、本文のようなケースでは、最密接関係地は日本であると認められるであろう。奥田安弘「渉外戸籍入門(28)」外国人登録539号29頁以下参照。

優先の原則が採用されているのであろう[86]。

　さらに詳細をみれば、日本国籍を有する者については、その出生地のいかんを問わず、出生届の義務が課されているが、他に外国国籍を有するか否かは届出事項に含まれていない（戸籍法49条）。わずかに国籍選択宣言の届出をする者に対し（国籍法14条2項）、その者の有する外国国籍を届書に記載させ（戸籍法104条の2第2項）、これを戸籍に記載するのみである。その国籍選択制度においても、外国国籍を有する日本国民が一定期間内に日本国籍を選択しない場合は、国籍選択の催告がなされることになっているが（国籍法15条1項）、これまでに催告がなされた例は存在しない[87]。すなわち、市町村どころか、中央官庁にとってさえ、日本国民が外国国籍を有するか否を把握することは、困難な状況にある。したがって、内国国籍優先の原則は、単に戸籍の便宜のためというよりも、むしろ戸籍実務が機能するためには必要不可欠である。

　ところで、日本人条項の全体について言えることであるが、日本法上の身分的法律行為の方式が戸籍への創設的届出であること、および外国法の方式により成立した日本人の身分的法律関係については、戸籍への報告的届出が義務づけられていることから、戸籍実務が機能するか否かは、国際私法の立法に際して考慮すべき重要な要素である。

　すなわち、現実問題を考えれば、戸籍事務の管掌者である市町村長（およびその補助者である市町村職員）に対し、裁判官と同様の調査および判断を要求することはできない。そのため、原則として形式的審査（書類審査）しか行わな

---

86)　ドイツ民法施行法5条1項、イタリア国際私法19条2項、ベルギー国際私法3条2項参照。スイス国際私法23条2項は、スイス国籍を有する重国籍者についても、実効的国籍を基準とするが、同条1項は、裁判管轄について、スイス国籍のみをもって足りるとしており、かつスイス国際私法では、氏名の変更、婚姻の実質的成立要件、離婚・別居、養子縁組について、本国管轄と結びついた法廷地法主義を採用しているので、実質上、内国国籍優先と同じ結果が導かれる。奥田・前掲注(5)北大法学論集40巻3号136頁以下〔本書216頁所収〕参照。

87)　平成15年7月17日参議院法務委員会会議録23号13頁、平成17年3月18日参議院法務委員会会議録5号17頁参照。

いのである。たしかに、届出の審査に疑問が生じた場合は、法務局に受理照会をすることができるが（戸籍法施行規則82条）、これは、あくまで例外的な措置であり、あらゆる渉外的な届出をすべて受理照会させるわけにはいかない。また、仮に渉外的な届出を専門とする審査機関を設けたとしても、各都道府県に1箇所ないし数箇所が限度であろうから、届出が困難となってしまうであろう。戸籍の届出は郵送でも可能であるが、しばしば添付書類の不足などから、受付後に補完を求められることが多いので、届出人が身近な市町村役場において届出ができるという現在の態勢を維持していく必要がある。

日本人条項は、かような戸籍実務の態勢を維持し、渉外的な身分関係の成立および戸籍への記載を容易にしているのであるから、これを変更すべきであるというのであれば、戸籍実務が実際上機能するような内容の提案がなされる必要がある。すなわち、単に日本人条項を削除すべきであるとする提案は、不十分であると考える。

(2) 外国における身分的法律行為の効力

国際的な判決の調和については、別の観点から検討が必要である。戸籍実務上、身分関係の成立について外国の裁判があった場合には、民事訴訟法118条により、送達の有無などが審査されるだけであるが[88]、当事者の法律行為による場合には、わが国の国際私法の立場から準拠法審査がなされる。しかし、身分的法律行為の方式について、行為地法によることを妨げないとしておきながら（法例13条2項、22条但書）、準拠法審査をするのであれば、跛行的な法律関係の発生は不可避である。なぜなら、外国における身分的法律行為は、当該国の官憲により当該国の国際私法にしたがって審査がなされるので、必然的にわが国の国際私法の立場からみて認められない身分的法律行為が成立する可能性が大きくなるからである。

そこで、次のような規定の新設を提案したい。「外国においてなされた身分

---

88) 昭和51年1月14日民二280号通達参照。その実際上の運用については、奥田安弘「渉外戸籍入門(31)」外国人登録545号11頁以下参照。

的法律行為は、行為地の法律により有効に成立した場合は、わが国においても効力を有するものとする。ただし、わが国の国際私法により指定された準拠法上の要件を回避する目的を有していたことが、事案の諸事情から明白である場合は、この限りでない」[89]。すなわち、準拠法審査により有効となる身分的法律行為は、従来どおり承認されるが、これによれば無効とされる法律行為にも承認の途を開くべきである。この規定は、次のような利点を有している。

　第1に、法例28条1項但書の日本人条項に反対する見解が主張していた国際的な判決の調和が達成されることになる。すなわち、外国国籍を有する日本国民がもう一方の国籍国において当該国の国民として成立させた身分的法律行為は、一般に法律回避の目的を有していたとは考えられないので、有効と解されることになる。

　第2に、先決問題における本問題準拠法所属国法説が提起した問題にも対応できることになる。たとえば、日本人夫婦が中国において中国人を養子とした場合、中国の養子縁組法によれば実親との関係が断絶するが、登記および公証により成立するため、現在の準拠法審査によれば、日本法上の特別養子の要件とされる裁判手続が欠けているとして、普通養子としての効力しか認められない[90]。したがって、中国人養子の実親が死亡した場合には、相続が認められることになる。これに対して、新しい規定によれば、断絶養子の効力を認めることができるであろう。すなわち、先決問題について、本問題準拠法所属国法説を採用しなくても、同様の結論が得られることになる。

　第3に、とりわけ当事者の期待に反する結果を回避することができる。すな

---

89)　同様の規定としては、スイス国際私法45条がある。ただし、この規定は、婚姻のみに関するものであり、認知については、子の常居所地国もしくは本国または父母の一方の住所地国もしくは本国のいずれかにおいて有効であることを要件としており（73条1項）、養子縁組については、養親の住所地国または本国において成立したことを要件としている（78条）。

90)　平成7年10月4日民二3959号回答、平成8年5月28日民二995号回答参照。ただし、改めてわが国における特別養子の成立を認めた審判例がある。東京家審平成8年1月26日家月48巻7号72頁。

わち、当事者が外国の行為地法の方式により身分的法律行為を成立させるのは、本国法の方式によることが困難であるからであろう。たとえば、当事者の一方が外国人である場合は、わが国の領事館における創設的な婚姻届、離婚届、養子縁組届などはできず（民法741条・801条、戸籍法40条）、また日本人当事者の本籍地に直接郵送した場合には、不足した添付書類の補完を求めることが困難であるとして、不受理になるおそれがある[91]。そのため、行為地法の方式によることが多くなるが、前述のように、かような身分的法律行為の成立を審査するのは、外国の官憲であるから、当該国の国際私法が適用されることになる。それにもかかわらず、後にわが国の国際私法による準拠法審査の結果、これが有効に成立していないとしたら、当事者の合理的な期待を裏切ることになってしまう。

　以上のような理由から、外国の行為地法（国際私法を含む）による身分的法律行為の効力を承認する旨の規定の新設を提案する。

8　おわりに

　法制審議会国際私法部会は、2003年5月から作業を始め、2005年3月22日に取りまとめ、同月29日に中間試案を公表した。その後、5月21日・22日には、国際私法学会において、国際私法の現代化に関するシンポジウムが開催されたが、同月24日には、中間試案に対する意見募集は締め切られている。学会では、かような改正作業に対し、もっと時間をかけるべきであるという意見も強く主張された。

　たとえば、スイス国際私法については、1973年から作業が開始され、1978年に全文196か条からなる予備草案が公表された後、各方面に意見が求められ、1982年に187か条の草案が公表されている。その後、1985年から連邦議会の

---

91)　その後、当事者の一方が死亡したため、再度の届出も不受理となり、これに対する不服申立も退けられた例として、東京高決昭和56年5月26日判時1008号157頁がある。

審議にかけられ、1987年12月18日にようやく200か条の法律が成立した[92]。すなわち、およそ15年の歳月をかけて、立法作業がなされたのである。

　もちろん、単純にスイス国際私法とわが国の国際私法の現代化を比較するわけにはいかないが、わが国の場合は、あまりに作業の期間が短く、また意見募集の期間も短いと言えるであろう。とはいえ、わが国の立法作業の方針として、これが通常であるとしたら、時間の少なさを嘆いても、何の解決にもならないであろう。むしろ前向きに改正の機会を最大限に利用することこそが、研究者に課された使命であると思われる。

　ただし、従来は、1989年の婚姻・親子に関する規定の改正を除き、100年以上もの間、重要な改正がなされなかったが、今後は、より頻繁に改正の機会が与えられること、および作業期間が短くても、必要に応じて大幅な改正が断行されるべきであること、これら2つの要望を述べて、本稿を終えることにしたい。

---

[92]　奥田・前掲注(5)北大法学論集40巻2号13頁以下〔本書162頁以下所収〕参照。

III　法適用通則法の不法行為準拠法規定

1　はじめに

　わが国の国際私法の基本法たる法例の改正については、2005年3月29日、国際私法の現代化に関する要綱中間試案（以下では「中間試案」という）および同補足説明（以下では「補足説明」という）が公表され[1]、同年5月21日および22日、国際私法学会第112回研究大会において、「法例改正について」と題するシンポジウムが開催された[2]。その後、2005年7月12日に国際私法の現代化に関する要綱案、同年9月6日に国際私法の現代化に関する要綱（以下では「要綱」という）が採択され[3]、翌2006年2月14日、法の適用に関する通則法案が国会に提出され、同年6月15日に可決成立し、同月21日に法律第78号として公布された[4]。本稿の執筆時点では、法の適用に関する通則法（以下では「通則法」という）は、成立から間がなく、国会および法制審議会の議事録を十分に検討する時間もないが、本稿では、不法行為の準拠法に関する規定に絞って、その立法論的妥当性および解釈上の問題点を考察したい[5]。

---

[1] <http://www.moj.go.jp/PUBLIC/MINJI57/refer01.html>; <http://www.moj.go.jp/PUBLIC/MINJI57/refer02.pdf>. さらに、民事月報60巻5号279頁および293頁も参照。

[2] <http://wwwsoc.nii.ac.jp/pilaj/112_j.html>.

[3] NBL814号84頁、817号51頁参照。

[4] <http://www.moj.go.jp/HOUAN/houan35.html>.

[5] とくに中間試案ないし要綱における不法行為準拠法に関する規定を考察したものとして、奥田安弘「国際私法の現代化に関する要綱中間試案について」中央ロー・ジャーナル2巻2号12頁以下〔本書267頁以下所収〕、西谷祐子「不法行為

なお、法制審議会の議事録は、原則として中間試案に関する意見照会以降のものだけを取り上げることにする[6]。ただし、意見照会の結果には[7]、原則として言及しない。これは、個々の論点毎に数の多少を問題としても無意味であるからである。また筆者のような部外者は、議事録に掲載された情報に依拠するほかなく、議事以外の場で関係者がどのような議論をしたのかは知るよしもないが、そもそも議事録も絶対的な権威をもつはずがなく、法解釈の基本は、あくまで条文であるから、以下では、なるべく多様な解釈の可能性を示すよう努めたい[8]。

　　　―特集・新国際私法の制定に向けて」ジュリスト1292号35頁、同「新国際私法における不法行為の準拠法決定ルールについて」NBL813号35頁、中野俊一郎「国際私法の現代化に関する要綱中間試案と国際取引（下）―国際私法の将来像と準拠法選択の自由」JCAジャーナル52巻9号2頁以下、野村美明「国際私法の現代化に関する要綱案について」判タ1186号70頁以下参照。
　6）　これらの議事録は、法務省のウェブサイト（http://www.moj.go.jp/）からダウンロードしたものによる。
　7）　小出邦夫ほか「『『国際私法の現代化に関する要綱中間試案』に対する各界意見の概要」NBL812号64頁参照。
　8）　以下の注では、比較のために、各国の立法例を引用するが、それらの日本語訳については、奥田安弘訳「1987年のスイス連邦国際私法(1)～(6)完」戸籍時報374号2頁、375号18頁、376号43頁、377号51頁、378号54頁、379号58頁〔奥田安弘編訳『国際私法・国籍法・家族法資料集―外国の立法と条約』（2006年、中央大学出版部）2頁以下所収〕、奥田安弘＝桑原康行訳「イタリア国際私法の改正」戸籍時報460号56頁〔奥田編訳70頁以下所収〕、笠原俊宏訳「ベルギー国際私法（2004年）の邦訳と解説（上）」戸籍時報593号20頁、青木清訳「改正韓国国際私法」国際私法年報5号288頁参照。さらに、ドイツ民法施行法の関連条文については、国友明彦『国際私法上の当事者利益による性質決定』（2002年、有斐閣）63頁、いわゆるローマⅡ委員会提案（2003年7月22日）については、アンドレア・ボノミ＝奥田安弘「ヨーロッパ国際私法の動向と法例改正―契約・不法行為を中心として」比較法雑誌38巻3号71頁以下、佐野寛訳「契約外債務の準拠法に関する欧州議会及び理事会規則（ローマⅡ）案について」岡山大学法学会雑誌54巻2号37頁参照。ただし、ローマⅡについては、その後、2006年2月21日に変更提案がなされている。Geänderter Vorschlag für eine Verordung des Europäischen Parlaments und des Rates über das auf außerver-

2　立法の範囲

　通則法は、17条から22条において、不法行為の原則規定、生産物責任の特例、名誉・信用毀損の特例、例外条項、当事者自治、特別留保条項を定めているが、知的財産権に関する明文の規定は置いていない。この点については、2006年4月18日の参議院法務委員会において、次のような答弁がなされているが[9]、疑問が残る。

○国務大臣（杉浦正健君）（前略）
　知的財産権の侵害等に関する準拠法の問題が積み残しになったのは先生御指摘のとおりでございます。法制審における審議の中でも規定を設けることも検討されたというふうに伺っております。しかしながら、この問題に関しましては我が国の学説上の議論が十分に蓄積されておらず、また国際的な知的財産権の保護をめぐる法的問題については今後、WIPO、世界知的所有権機関等の専門機関において検討される可能性があることなどから、現時点で準拠法を確定してしまうことは時期尚早であるとの意見が大勢を占めたと伺っておりまして、そのため特段の規定を設けないこととされたものでございます。
　当面、この問題については解釈にゆだねられることになりますが、今後の重要な検討課題として認識しながら専門機関における検討状況、諸外国の立法動向等を見守り、また我が国における裁判例及び学説等の積み重ね

---

　　　tragliche Schuldverhältnisse anzuwendende Recht („Rom II") (Vorschlag der Kommission gemäß Art. 250 Abs. 2 EG-Vertrag), Brüssel, den 21. 2. 2006, KOM (2006) 83 endg. 2003/0168 (COD); abgedruckt in: IPRax 2006, 404. 以下では、2003年の提案を「ローマⅡ第1提案」、2006年の提案を「ローマⅡ第2提案」として引用する。

9)　第164回国会参議院法務委員会会議録第11号15頁以下。寺田逸郎・政府参考人の答弁も参照。同12頁。

を待ちまして、関係省庁とも協力し適切に対処したいと考えております。

　この答弁は、要するに、知的財産権に関する学説の蓄積が十分でないので、国際機関や外国の動向を待って立法したいという趣旨のようである。その結果、知的財産権の準拠法は解釈に委ねられるというが、たとえば、いわゆるカードリーダー事件に関する最高裁判決は[10]、大いに疑問が残るのであるから、立法によって是正する必要性があった。すなわち、同判決は、実質法上の区別にもとづき、同一の特許権侵害について、差止めおよび廃棄請求と損害賠償請求とを相異なる単位法律関係と性質決定し、前者は特許権の効力の問題として条理により登録国法によるが、後者は不法行為の問題として法例 11 条によると判示した。しかし、同じ知的財産権侵害について、請求の趣旨により準拠法が異なるのは、明らかに不当である。そもそも知的財産権が当該権利の保護を認めた国の領域内でのみ効力を有するという、実質法上の属地主義の原則からみれば、国際私法上も、原則として、保護を求められた国の法によるとする保護国法主義によることが妥当であり、通則法 17 条以下によるべきではない[11]。したがって、知的財産権侵害は、通則法の適用範囲に含まれない特殊な不法行為として、条理により原則として保護国法によるべきであり、その準拠法の適用範囲は、損害賠償請求にも及ぶとする解釈の可能性が認められてよいであろう[12]。

---

10)　最判平成 14 年 9 月 26 日民集 56 巻 7 号 1551 頁。

11)　とくに、当事者自治を認めた通則法 21 条の適用は疑問である。奥田・前掲注(5)19 頁〔本書 278 頁所収〕参照。たとえば、スイス国際私法 110 条 2 項は、原則規定（132 条）と同様に、法廷地法の選択のみを認めるが、ローマⅡ第 1 提案 10 条 1 項および第 2 提案 8 条 3 項は、法選択を全面的に否定している。

12)　かような保護国法主義は、スイス国際私法 110 条 1 項、ローマⅡ第 1 提案 8 条 1 項および第 2 提案 9 条 1 項などに定められている。これに対して、イタリア国際私法 54 条は、使用地国法によるとする。なお、知的財産権については、物権・契約・不法行為とは別に独立の節において規定すべきである。詳細については、奥田・前掲注(5)18 頁以下〔本書 277 頁所収〕参照。

3 原則規定

　通則法 17 条は、不法行為の原則的準拠法を定めており、不法行為債権の成立および効力は、加害行為の結果発生地法によるが、「その地における結果の発生が通常予見することのできないものであったときは」、加害行為地法によるとする。すなわち、原則は結果発生地法であるが、例外的に加害行為地法による可能性が認められており、通常の予見可能性が原則と例外の区別の基準とされている。この通常の予見可能性について、2006 年 4 月 18 日の参議院法務委員会では、次のようなやり取りがなされている[13]。

　　○簗瀬進君（前略）
　　　この通常ということを、例えば中国でいわゆるばい煙が出た、NOx が出た、それが流れて日本で酸性雨になったと。中国の人は、例えばばい煙が出た、それが雨と一緒になって酸性雨になるという、そういうふうな認識は普通はないかもしれませんね。だから、この通常予見というようなものの通常性の判断基準をいわゆる原因結果のその地に求めるという形になると、ほとんど意味がないことになるんではないのかなと思うんですが、この通常の意味、その判断基準はどこに置くのか、これについてのお答えをお願いします。
　　○政府参考人（寺田逸郎君）　ここは、実は法文上表現するのも非常に難しいと思ったところでございまして、これはポイントは、その地における、ここに本当はゴシックか傍点を打ちたいところというような気持ちでございますが、その結果の発生が通常予見できないというところにポイントがあるわけでございます。
　　　つまり、結果の発生自体が予見できるかどうかというのは、これは不法

---

13) 第 164 回国会参議院法務委員会会議録第 11 号 9 頁。

行為そのものの問題でございますけれども、ここでポイントになりますのは、まさか煙があんなところに行くとはなということを念頭に置いたわけでございます。とんでもない異常気象があって、通常ですと中国のおっしゃるようなばい煙はニュージーランドには届かないのに届いたというようなことを想定してここは通常予見できないということを申し上げているわけで、酸性雨の発生原因そのものは、これは実質法の方の不法行為の成否の問題でございます。

ここでは、通常予見できない場合として、異常気象により汚染物が通常の範囲を越えて飛来したケースが取り上げられているが、いかにも苦しい答弁である。そもそも隔地的な不法行為は、一般に企業活動に基づいており、結果が国境を越えてどこで発生するのかは、原則として加害者たる企業が予見できるはずであるし、予見すべきであったと言える。加害者たる企業が通常予見できない外国において結果が発生するような事態は、ほとんど起こりえないであろう[14]。法制審の議論によれば、被害者の利益と加害者の利益のバランスを図ったという見解も述べられているが[15]、本当のところは、全面的な結果発生地法主義を採用することに漠然とした不安があったのではないかと推測される[16]。

---

14) 奥田・前掲注(5) 16 頁〔本書 272 頁所収〕、西谷・前掲注(5)(NBL) 38 頁参照。たとえば、スイス国際私法 133 条 2 項は、行動地法主義を採用する一方で、加害者の予見可能性を要件として結果発生地法の適用を認めるが、ローマⅡ第 1 提案 3 条 1 項および第 2 提案 5 条 1 項は、無制限に損害発生地法主義による。ここでいう損害発生地とは、直接的な損害の発生地と解されているので、実質的には、結果発生地と異ならない。Vgl. G. Wagner, Internationales Deliktsrecht, die Arbeiten an der Rom II-Verordnung und der Europäischen Deliktsgerichtsstand, IPRax 2006, 372, S. 376.

15) 法制審議会国際私法(現代化関係)部会第 26 回会議議事録(2005 年 6 月 14 日)参照。

16) たとえば、法制審議会の第 26 回会議議事録・前掲注(15)には、次のような発言がある。「金融に特殊な事情なのかもしれませんけれども、一つの行為が一つ

ところで、典型的な隔地的不法行為として、生産物責任および名誉・信用毀損については、明文の特例が設けられているので、通則法17条の適用を受けるべき隔地的不法行為としては、環境汚染および競争制限などを考えておけば足りるであろう。その他の大多数の不法行為では、加害行為地法と結果発生地法は通常一致するであろう[17]。結果発生地とは、直接的な損害の発生地であり、2次的な損害の発生地を含まないことは言うまでもない[18]。結果発生地がどこの国であるか、加害行為地がどこの国であるか、および通常の予見可能性の有無は、すべて連結点の確定の問題であるから、裁判所が職権で認定すべきである。法制審では、加害者のみならず被害者も、結果発生地法より加害行為地法が自己に有利であると判断すれば、通常の予見可能性を争い、訴訟が遅延するという懸念が表明されているが[19]、裁判所としては、通常の予見可能性が否定されるのは、極めて例外的な場合に限られるという解釈を、なるべく早く判例において定着させるべきであろう。

の結果を一つの場所で生むというケースと、一つの行為が玉突きのようにいろいろなところで結果を生むというようなことがあろうかと思うんですが、特に後者の場合、金融の場合はお金を瞬時に移動させるという事情がございますので、どこで侵害結果が発生したかということが非常に見えづらいというような事情がございます。そうした中で、やはり侵害の結果が発生したと一言で言うのが、なかなか心配な部分があるなというのが、私がイの方が適切であるというぐあいに考える事情でございます」。

17) それゆえ、立法論としては、「不法行為債権の成立および効力は、不法行為地の法律による」旨の原則規定を置き、隔地的不法行為については、「不法行為の行動地と結果の発生地が相異なる国にある場合は、結果発生地の法律による」旨の規定を別に置くべきであったと考えられる。奥田・前掲注(15)13頁〔本書267頁以下所収〕参照。

18) 前述注(14)のローマⅡ提案の解釈参照。

19) 第26回会議議事録・前掲注(15)参照。これに対して、西谷・前掲注(5)(ジュリスト)38頁、中野・前掲注(5)3頁は、加害者が加害行為地法の適用を主張するケースのみを念頭に置いているようである。

4 生産物責任の特例

　通則法18条は、生産物責任の特例を定めており、生産物の瑕疵による不法行為債権は、「被害者が生産物の引渡しを受けた地の法」によるが、「その地における生産物の引渡しが通常予見することのできないものであったときは」、生産業者等の主たる事業所所在地法によるとされている。すなわち、原則は生産物引渡地法であるが、例外的に生産業者等の主たる事業所所在地法による可能性が認められており、不法行為責任の原則規定と同様に、通常の予見可能性が原則と例外の区別の基準とされている。

　この規定は、すでに法制審の議論において、事業者寄りとの批判が起きることが予想されていたが[20]、2006年4月13日の参議院法務委員会では、かかる批判に対し、次のような答弁がなされている[21]。

　〇参考人（櫻田嘉章君）　製造物責任につきましては、通常の不法行為とはちょっと異なりまして、これは一定の製品の瑕疵に基づく責任でございますので、メーカーといいますか、製造者がございます。その被害者保護だけを念頭に置きますと、これはひょっとするといろんなところで結果が発生して過大な製造物責任、まあアメリカの場合は懲罰的損害賠償がございますので非常に過大になっておりますけれども、そうでなくても、過大な損害賠償をしなければいけないという結果が出ないとも限らない。そうなりますと、これは安んじてメーカーが製造するということが阻害されるわけでございますから、被害者の利益と、それからそういうメーカーの利益、製造者の利益というものを、これ調整しなければいけない。

　　それはどこでやるかということで、従来の通説によりますと、通説とい

---

20)　第26回会議議事録・前掲注(15)参照。
21)　第164回国会参議院法務委員会会議録第10号13頁。寺田逸郎・政府参考人の答弁も参照。同第11号11頁（2006年4月18日）。

いますか有力な考え方によりますと、それは両者が会う市場地ではないか。つまり、流通に製品を置いて、そこの法律によって責任を負うのはこれは仕方がないと。消費者の方も、そういうものを取得した、その市場で取得するわけですが、そこの法律によって責任を追及するしかないんじゃないかということで、こういう考え方がとられたわけです。

　被害者保護を徹底するのであれば、生産物引渡地法もしくは生産業者等の主たる事業所所在地法の選択権を被害者に与えるか[22]、または端的に被害者の常居所地法によることが考えられるが[23]、被害者と直接の契約関係にない生産業者等に責任を負わせる趣旨からみれば、両者の接点たる生産物の引渡地を連結点としたことは、予見可能性の観点から正当化できるであろう[24]。また生産物責任については、生産業者等が予想できない地において生産物が流通し、被害者に引き渡されることがあるので、例外的に生産業者等の主たる事業所所在地法による可能性を認めることもやむを得ないであろう。
　ただし、通常の予見可能性を原則と例外の区別の基準とした点については、不法行為の原則規定である通則法17条とはまた別の理由により、疑問を感じ

---

22)　スイス国際私法135条1項、イタリア国際私法63条参照。
23)　ローマⅡ第1提案4条および第2提案6条、ベルギー国際私法99条2項4号参照。
24)　奥田・前掲注(5)17頁〔本書275頁所収〕参照。これに対して、中野・前掲注(5)6頁は、立法論として被害者の選択権を主張するが、他国の立法を引き合いに出す点には、疑問を感じる。たとえば、イタリア国際私法は、原則規定および生産物責任の両方において被害者の選択権を認めているのであって、単に選択肢が異なるにすぎない（62条・63条）。ドイツ民法施行法40条も、原則規定として被害者の選択権を認め、それが生産物責任にも適用されるにすぎない。しかも選択権を認めた場合、隔地的不法行為の被害者が他の事件の被害者よりも有利な地位を与えられる点にも疑問がある。Vgl. Wagner, a.a.O., Anm.(14), S. 377. 中野・前掲注(5)2頁も、原則規定については、被害者の選択権を主張しないのであるから、とくに生産物責任についてのみ選択権を認める理由を明らかにすべきであろう。

る。すなわち、前述のように、通則法 17 条における通常の予見可能性は、よほどの異常事態がない限り肯定されるべきであるが、生産物責任においては、生産業者等の同意なしに当該取得地で流通したことの証明があれば、例外を認めてよいと思われる。したがって、通則法 17 条と 18 条とでは、原則と例外の区別の基準を異なる文言で規定すべきであった[25]。今後の解釈論においても、結果発生地の予見と引渡地の予見とでは、難易度が異なるので、通常の予見可能性は、通則法 17 条と 18 条との間で異なって解するべきであろう。

　また、バイスタンダーが被害者となった場合は、当該被害者は生産物の引渡を受けていないのであるから、「被害者が生産物の引渡しを受けた地の法」は存在しないことになる。この点については、2006 年 4 月 18 日の参議院法務委員会において、カリフォルニアの航空機メーカーがロサンゼルスで日本の航空会社に対し旅客機を引き渡し、その後、航空機の欠陥によってインドネシアで墜落したという例を挙げて質問がなされたところ、次のような答弁がなされている[26]。

　　〇政府参考人（寺田逸郎君）　大変難しい問題を簡潔にということでございますが、基本的にこの生産物責任、製造物責任の特別連結と申しますのは、完全な不法行為というよりも一歩契約責任に近付いたような、そういう混合的な性格のものだという理解でどこの国もやっているわけでございます。

　　したがいまして、その市場というものが連結として認められているわけでございますが、その考え方から申し上げますと、この場合、日本の航空会社が航空機製造会社を生産物責任で訴える場合には当然のことながら今の規定がそっくりそのまま当てはまるわけでございまして、引渡しのロサ

---

25)　奥田・前掲注(5)18 頁〔本書 276 頁所収〕参照。たとえば、前掲注(22)(23)の立法例においても、生産者の同意の有無を原則と例外の区別の基準としている。ただし、ベルギー国際私法は、被害者の常居所地法主義のみを定めている。
26)　第 164 回国会参議院法務委員会会議録第 11 号 10 頁。

ンゼルスの地の生産物責任の法律、その他の法律が適用されるわけでございます。

これに対しまして、乗客の方は基本的にマーケットと全く関係がない被害者でございますので、この生産物責任の準拠法の指定そのものには当てはまりませんので、これは一般の不法行為の準拠法を適用されるという関係に立つように思われます。

ただし、そうはいいましても、しかしこのインドネシアが必ずその結果発生地ということで準拠法になるかどうかは分かりませんで、より密接な関係がある地の法律が適用される可能性もございますので、なおもちろんアメリカ法あるいは日本法が適用になる余地も全く否定はできません。しかし、基本的には一般の不法行為の問題だというように連結上は理解していただければと思います。

この答弁は、バイスタンダーに対する生産物責任が通則法18条の適用範囲から外れると理解しているが、同条の単位法律関係は、「生産物（生産され又は加工された物をいう。以下この条において同じ。）で引渡しがされたものの瑕疵により他人の生命、身体又は財産を侵害する不法行為によって生ずる生産業者（生産物を業として生産し、加工し、輸入し、輸出し、流通させ、又は販売した者をいう。以下この条において同じ。）又は生産物にその生産業者と認めることができる表示をした者（以下この条において「生産業者等」と総称する。）に対する債権の成立及び効力」であるから、バイスタンダーに対する責任は、なお適用範囲に含まれており、単に「被害者が生産物の引渡しを受けた地」という連結点が欠けているにすぎない。この解釈によれば、問題は、連結点の欠缺であるから、条理によって補充すべきであろう[27]。たとえば、航空機事故においては、航空会

---

27) これに対して、補足説明86頁以下は、バイスタンダーに対する責任を特則の対象とするのか否かは解釈に委ねられるとのみ述べている。また、第164回国会参議院法務委員会会議録第10号13頁（2006年4月13日）によれば、手塚裕之参考人は、航空機の旅客も、墜落地において生産物の引渡を受けたことになるの

社の契約責任および航空機製造会社の生産物責任の両方が追及されることが多いのであるから、航空会社の事業所所在地法により統一的に処理されたほうがよいと考える[28]。上記の答弁も、例外条項によって、同様の処理の可能性を認めているが、同時に航空機製造会社の事業所所在地法によるという可能性も認めている。後述6のように、例外条項に頼りすぎることへの疑問だけでなく、例外条項には不確実性が伴うのであるから、むしろ条理により、新たなルールを創造することが望ましい。

なお、陸上運送および海上運送においても、旅客ないし荷主の損害について、運送用具の生産物責任が問題となる場合は、航空運送と同様に、運送会社の事業所所在地法による統一的処理が望ましい。これに対して、自動車事故の際の好意的同乗者や歩行者などについて、自動車の生産物責任が問題となる場合は、通則法17条の原則規定によるしかないのであろうか。今後に残された課題である。

5 名誉・信用毀損の特例

通則法19条は、名誉・信用毀損の特例を定めており、他人の名誉・信用の毀損による不法行為は、「被害者の常居所地法（被害者が法人その他の社団又は財団である場合にあっては、その主たる事業所の所在地の法）」によるとされている。

仮に原則規定である通則法17条をそのまま適用した場合、名誉・信用毀損の結果が複数の法域において発生する拡散型の不法行為については、すべての結果発生地法を適用しなければならなくなる（いわゆるモザイク理論）。しかし、外国法の調査が裁判所の職権調査事項であるという建前とは裏腹に、現実には当事者（より具体的には訴訟代理人である弁護士）に委ねられていることなどを考慮すれば、被害者の常居所地法を最も重要な結果の発生地法と考え、不法行為

であるから、「被害者が生産物の引渡しを受けた地」が存在するという趣旨の発言をしているが、解釈論として無理があり、首肯できない。

28) 奥田・前掲注(5)17頁以下〔本書275頁以下所収〕参照。

債権全体をこれによらせる通則法19条の規定には、合理性がある[29]。ただし、表現の自由との関係では、若干の疑問がないわけではない。たとえば、2006年4月13日の参議院法務委員会では、日弁連の参考人が次のような発言をしている[30]。

　　○参考人（手塚裕之君）（前略）
　　　最後に、名誉・信用毀損の特例ですが、名誉・信用毀損については日弁連としては特段の規定を置く必要がないという意見でございました。これは、各国ごとに名誉・信用毀損が成立するといういわゆるモザイク理論はインターネット時代においては余りにも現実離れしておりますので、統一した準拠法が望ましいという点では一致するのでございますが、被害者保護とは別に報道の自由という観点も考える必要がございまして、特別留保条項が削除されても公序によって報道の自由の保護が考えられるところであるという中でどのような連結点にすべきかということでございますが、日弁連としては、被害者の常居所地が侵害結果発生地と重なることも多いと思われますけれども、例外として予見不能な場合もあり得るわけでございますし、被害者の名誉・信用侵害の中心地を一つに確定するという作業によって具体的、妥当な結果は図られたのではないかというふうに考えておりまして、この点については意見の異なるところでございます。

　この発言は、被害者の常居所地が名誉・信用毀損の最も重要な結果発生地であるとは限らないのであるから、特則を置かずに通則法17条の原則規定によるべきであり、かつモザイク理論ではなく個別事案毎に最も重要な結果発生地を探求すべきであるという趣旨に解されるが、通則法17条によりながら、結果発生地をひとつに限定する根拠が乏しいだけでなく、明確なルールの定立を否定する点において、賛成しかねる[31]。しかし、被害者保護とは別に報道の

29）　奥田・前掲注(5)17頁参照〔本書274頁所収〕。
30）　第164回国会参議院法務委員会会議録第10号6頁。

自由も考慮すべきであるとする点は注目すべきである。たとえば、反論公表請求権などは通則法19条の適用範囲外の問題とし、条理により加害者の常居所地法（事業所所在地法）によらせるという解釈は、全く否定されるべきではないであろう[32]。

6 例外条項

　通則法20条は、以上の原則および特則に対する例外を定めており、「不法行為の当時において当事者が法を同じくする地に常居所を有していたこと、当事者間の契約に基づく義務に違反して不法行為が行われたことその他の事情に照らして、明らかに前三条の規定により適用すべき法の属する地よりも密接な関係がある他の地があるときは、当該他の地の法による」とする。いわゆる個別的例外条項である。この規定は、国会の審議では、とくに議論がなされていないが、極めて問題が多いと思われる。

　第1に、中間試案でも、「不法行為によって生ずる債権の成立及び効力について、前記1から3までの各(1)により適用すべき法律が属する法域よりも明らかにより密接な関係を有する他の法域がある場合には、その法域の法律によるものとする」という規定が提案されていたが、その補足説明によれば、原則連

---

31) 法制審議会国際私法（現代化関係）部会第27回会議議事録（2005年7月5日）によれば、イタリアに常居所がある日本人サッカー選手について、「日本の新聞・雑誌で、日本語で日本の読者を相手として、彼の日本における行動について名誉を毀損」したという例を挙げ、被害者の常居所地と名誉侵害の中心地はしばしば異なりうるので、特則を置くべきでないという主張もなされているが、明確なルールを置かないことによる不都合とのバランスが考慮されていない。

32) 奥田・前掲注(5)17頁〔本書274頁以下所収〕、西谷・前掲注(5)(NBL)44頁も参照。たとえば、スイス国際私法139条2項およびローマⅡ第1提案6条2項においても、反論公表請求権は、独立の単位法律関係として、名誉・信用毀損一般の準拠法とは異なる準拠法が定められている。ただし、ローマⅡ第2提案では、人格権侵害に関する規定全体が削除され、メディアによるプライバシーないし人格権の侵害はローマⅡの適用範囲から除外されている（1条2項h号）。

結の柔軟化を図るために、細かな例外規定の代替物として機能することが期待されていた[33]。その後も、法制審の議論では、条文案の不備が指摘される度に、例外条項による救済の可能性が示唆された[34]。しかし、そもそも例外条項を置くとしたら、細かなルールを十分に作成し、例外条項が真の意味での例外としてのみ使われる態勢を整えるのでなければ、予見可能性を害することになるであろう[35]。

第2に、中間試案では、同一常居所地法への連結および附従的連結は、それぞれ独立の規定とする案があったが[36]、通則法20条では、これらは、例外条項を発動する際に考慮すべき要素とされている。法制審の議事録によれば、その理由としては、加害者や被害者が複数いる場合、同一常居所地法を適用することが常に適切であるとは限らないこと、および不法行為による損害賠償が認められにくい法律を契約準拠法として指定するという濫用の危険があることが挙げられている[37]。しかし、前者の理由は、いずれにせよ当事者による法選択があった場合は（通則法21条）、当事者毎に準拠法が異なること、および不法行為準拠法はそもそも当事者毎に決定されるべきであることなどから疑問である[38]。また後者の理由は、通則法11条および12条の契約準拠法の弱者保護規定によって、濫用の防止は図られることから[39]、やはり疑問である。し

---

33) 補足説明80頁。
34) たとえば、第26回会議議事録・前掲注(15)、第27回会議議事録・前掲注(31)参照。
35) 奥田・前掲注(5) 3頁以下参照〔本書252頁所収〕。さらに、ボノミ＝奥田・前掲注(8)58頁、奥田安弘「スイス国際私法典における若干の基本的諸問題(1)(2)完」北大法学論集40巻2号20頁、40巻3号174頁以下〔本書169頁、249頁所収〕参照。
36) 中間試案第7の2(1)A案および第7の3(1)A案。
37) 第26回会議議事録・前掲注(15)。
38) スイス国際私法140条参照。
39) すなわち、消費者契約および労働契約では、当事者の法選択による準拠法が消費者の常居所地法ないし労働契約の最密接関係地法と異なる場合は、消費者ないし労働者が後者の法の強行規定を適用すべき旨の意思表示をすることが認められ

たがって、立法論としては、同一常居所地法への連結および附従的連結は独立の規定とすべきであった[40]。

　以上の立法論は、通則法20条の解釈に反映されるべきであろう。すなわち、当事者間に同一常居所地法がある場合、および契約上の義務違反による不法行為の場合は、原則として同一常居所地法への連結および附従的連結が認められるべきであり[41]、よほどの事情がない限り[42]、通則法17条ないし19条の規定によったり、その他の法が準拠法とされるべきではない。また通則法20条

　　　ている。なお、第26回会議議事録・前掲注(15)によれば、契約準拠法が分割指定された場合の不都合も指摘されているが、成立と効力に分けて相異なる準拠法が指定されることが多いであろうから、その場合は、効力の準拠法に附従させることになるであろう。

40) ちなみに、法制審の第26回会議議事録・前掲注(15)によれば、「諸外国の法制を見ても、例外条項の中で附従連結を処理している立法例が多かったんじゃないかなという点もございます」との発言があるが、疑問である。たしかに、ドイツ民法施行法41条、ローマⅡ第1提案3条3項および第2提案5条3項は、附従的連結を例外条項の考慮要素としているが、スイス国際私法133条3項、韓国国際私法32条3項、ベルギー国際私法100条などは、独立の規定としている。しかもドイツ民法施行法40条2項、ローマⅡ第1提案3条2項および第2提案5条2項では、同一常居所地法への連結は独立の規定とされているのであるから、他国の立法例を引き合いに出して、通則法20条全体を正当化する発言には疑問を感じざるを得ない。

41) たとえば、カナダへのスキーツアーに参加した日本人間の接触事故、米国に語学留学に来ていた日本人同士のドライブ中の事故などのケースは、同一常居所地法によるべきである。また労働災害について、日本の実質法上は、会社の責任は契約上の安全配慮義務違反、代表取締役の責任は不法行為を理由とするが、後者についても、労働契約の準拠法への附従的連結が認められるべきであろう。奥田・前掲注(5)13頁以下〔本書269頁以下所収〕参照。なお、労働災害の場合、労働者と代表取締役との間には、直接の契約関係がないので、厳密には、通則法20条にいう当事者間の契約義務に違反した不法行為とは言えないが、これに準ずるものと解してよいであろう。

42) たとえば、米国に語学留学に来ていた日本人が歩行中に車にはねられたところ、たまたま運転者も語学留学中の日本人であったケースが考えられるが、かようなケースは、極めて稀であろう。

では、同一常居所地法への連結および附従的連結が並列的に考慮要素とされているので、両者の優先順位が必ずしも明らかでないが、一般に附従的連結のほうが同一常居所地法への連結に優先すべきであると考えられる[43]。なぜなら、当事者の同一常居所地法よりも当事者間の法律関係の準拠法のほうが、事案との関連を個別具体的に示しているからである。

これに対して、その他の場合は、通則法17条ないし19条の明文規定に不備があっても、直ちに例外条項によるべきではなく、まずは条理による不文規定の探求が試みられるべきである[44]。そのうえで、どうしてもルールになじまないような例外的事案についてのみ、①原則的な準拠法と事案との関連性が極めて少ないこと、②より密接な関連を有する法が別に存在すること、③これらが事案全体から明白であることを要件とし、通則法20条を慎重に運用することが望まれる[45]。

7　当事者自治

通則法21条は、当事者自治を認めており、「不法行為の当事者は、不法行為

---

[43]　中間試案第7の3(1)A案の注、奥田・前掲注(5)15頁〔本書271頁所収〕参照。かような優先関係が明らかとなる点でも、独立の規定とするほうが優れている。同旨、中野・前掲注(5)3頁参照。なお、通則法15条は、事務管理・不当利得についても、同様の例外条項を置いているが、同一常居所地法への連結は不要であったと考えられる。奥田・前掲注(5)20頁〔本書281頁所収〕参照。解釈論としても、事務管理・不当利得については、附従的連結は積極的に認められるが、同一常居所地法への連結は、よほどの事情がない限り認められず、むしろ原因事実発生地法が維持されるべきであろう。

[44]　知的財産権侵害および名誉・信用毀損における反論公表請求権については、すでに条理による解決を示唆した。前述2・5参照。

[45]　奥田・前掲注(5)4頁〔本書253頁所収〕、スイス国際私法15条1項、韓国国際私法8条1項、ベルギー国際私法19条1項参照。法的安定性を確保するために、かような何重もの制限が必要であることについては、M. Keller/D. Girsberger, Züricher Kommentar zum IPRG, 2. Aufl., 2004, Art. 15 N 48.

の後において、不法行為によって生ずる債権の成立及び効力について適用すべき法を変更することができる。ただし、第三者の権利を害することとなるときは、その変更をその第三者に対抗することができない」とされている。すなわち、不法行為における当事者自治は、不法行為の発生後に制限されるが、選択できる法の範囲は制限されておらず、また第三者の権利保護が図られている。この規定も、国会の審議では、とくに議論がなされていないが、極めて問題が多いと思われる。

　第1に、そもそもわが国の裁判実務の現状からみて、不法行為における当事者自治を認める実益があるのかという点に疑問がある[46]。通則法21条の解釈としては、準拠法の変更について、合意とまで言えなくても、少なくとも当事者の意思の合致が必要であると解されるが、変更しようとしている法と本来の準拠法との間で適用結果が明らかに異なる場合は、むろん当事者の意思が合致しないであろう。また、適用結果の相違が一見したところ明らかでない場合も、当事者は、あえてリスクを犯してまで準拠法の変更をすることはないと思われる。当事者が準拠法を変更するとしたら、たまたま外国で事故が発生しただけであって、当事者が双方とも日本に常居所を有する場合に、両当事者とも日本法の適用を望むというケースが予想されるが、そうであれば、同一常居所地法への連結のほうが処理しやすく、かつ実際上もそれで足りるであろう[47]。

---

46) 奥田・前掲注(5)15頁〔本書271頁所収〕参照。公海における異国籍船舶間の衝突について、加害船舶の旗国法と被害船舶の旗国法が累積適用されると解する場合には（仙台高判平成6年9月19日高民集47巻3号173頁）、法廷地法（日本法）の選択を認める実益があると思われるが、かような解釈自体に疑問がある。なお、法制審の第27回会議議事録・前掲注(31)によれば、「実務的な感覚から言うと、不法行為の当事者自治というのは非常にニーズがあって双方が同じ法律でやりたいと言っているのを拒む必要はないし、例外条項でも賄い切れない部分を何とかできるというので必要な部分だと思います」との発言があるが、具体性に欠ける。

47) 中野・前掲注(5)4頁以下は、国際取引における当事者自治の必要性を強調するが、契約準拠法への附従的連結および契約準拠法における当事者自治を認めることで十分に対応できると思われる。これを不十分とする論拠は明確でなく、ま

第2に、当事者自治については、当事者間の情報格差や交渉力の格差から、弱者である被害者が自己に不利な準拠法への変更に同意してしまうというリスクがあるが、法制審の議事録によれば、かような弱者保護が検討されたものの、法廷地法への変更に限定するという量的制限は採用されず、不法行為発生後の変更に限定するという時間的な制限のみが採用された[48]。しかし、わが国の裁判実務における外国法調査能力の不備をみれば、加害者が企業であり、被害者が個人である場合は、被害者が自己に不利な準拠法への変更に同意してしまうリスクは、極めて大きいと思われる。かようなリスクを放置したまま、広く準拠法の変更を認めることは、立法論として疑問である。しかも法制審の議事録によれば、黙示の意思による準拠法の変更を認めるべきではないという意見もあったが、結局のところ、この点は、十分な審議がなされないまま、契約準拠法の変更に関する通則法9条と同様の規定が採用されてしまった[49]。相違点は、不法行為の発生後への時間的制限のみである。契約準拠法と不法行為準拠法との間で、そのように同一の取扱いをすることが妥当であったのかは疑問である[50]。

　以上の立法論は、通則法21条の解釈に反映されるべきであろう。すなわち、条文の文言は、通則法9条と21条とで類似しているが、不法行為準拠法の変

たそこに挙げられた様々な例も、現実性に乏しい。
48) 第26回会議議事録・前掲注(15)。
49) 第26回会議議事録・前掲注(15)、第27回会議議事録・前掲注(31)。
50) 奥田・前掲注(5)15頁〔本書272頁所収〕参照。すなわち、契約では、当事者の利害が一致して、一見したところ事案と関係のないような法が選択されることもあるであろうが、不法行為事件では、一般に当事者の利害が厳しく対立しており、また契約のように客観的に準拠法を決定することが困難であるような事例は、少なくともわが国については生じていないように思われる。したがって、ヨーロッパなどの他国の傾向に追随する必要はないであろう。ちなみに、スイス国際私法132条および韓国国際私法33条は、法廷地法の選択を認め、ドイツ民法施行法42条、ベルギー国際私法101条、ローマⅡ第1提案10条1項および第2提案4条1項は、かような量的制限を伴わない法選択を認めているが、イタリア国際私法は、法選択に関する規定を置いていない。

更は、契約準拠法の変更よりも慎重に認定されるべきである。とくに日本法から外国法への変更および訴訟開始前の変更は、当事者の明確な意思および合理的な理由の存在を確認する必要があり[51]、そのために裁判官による求釈明が望まれるところである。かような制限的解釈は、通則法21条の文言からは明らかでないが、規定の趣旨から認められてよいと思われる。

なお、法制審の議事録および要綱の注意書きによれば、変更が遡及効を有するか、それとも将来効のみを有するのかは、当事者が決定できるとされているが[52]、むしろ原則的には、遡及効を認める意思であったと推定され、将来効への限定は、とくにその旨の意思が明らかであった場合にのみ認められるべきであろう[53]。

8　特別留保条項

通則法22条は、法例11条2項・3項の特別留保条項をそのまま温存した。すなわち、外国法が不法行為の準拠法となる場合、成立要件について、「当該外国法を適用すべき事実が日本法によれば不法とならないときは、当該外国法に基づく損害賠償その他の処分の請求は、することができない」（1項）とされ、効力についても、「当該外国法を適用すべき事実が当該外国法及び日本法

---

51) たとえば、当事者が和解交渉をしていた場合、直ちに損害賠償額などを交渉するであろうから、後に交渉が決裂して、訴訟になったとしても、和解交渉の経緯から黙示的意思による準拠法の変更を認定することは、差し控えるべきであろう。
52) 第26回会議議事録・前掲注(15)、要綱第6の3(1)の注2、第4の2の注。
53) 将来効への限定は、極めて特殊なケースに行われるにすぎないと考えられる。法制審の第27回会議議事録・前掲注(31)も参照。なお、西谷・前掲注(5)(NBL)41頁は、「責任保険の保険者などは準拠法の事後的変更によって直接不利益を被るおそれがあること」などから、第三者の権利を害することができない旨の規定を設ける必要があるとし、現にその旨の規定が設けられている。しかし、一般に責任保険が付いている場合、実質的には、保険者が被害者との対応にあたるであろう。仮に加害者が保険者のアドバイスにより準拠法の変更に応じたとしたら、保険者は、信義則上、通則法21条ただし書を援用できないと解するべきであろう。

により不法となるときであっても、被害者は、日本法により認められる損害賠償その他の処分でなければ請求することができない」（2項）とされている。

　かような特別留保条項の全面的存続は、立法論として最大の疑問であり、かつ解釈論にも大きな疑問点を残すことになった。たとえば、2006年4月13日の参議院法務委員会では、次のような説明がなされているが、釈然としない[54]。

　　○参考人（櫻田嘉章君）（前略）
　　先ほど来手塚参考人がおっしゃっている現行法例の11条の2項のところでございますが、要するにいわゆる特別留保条項と呼ばれるものでございます。この点につきましては、学説は従来このようなものは不要であると、それはそういうことをしなくても現行法例の33条の公序の規定がございますので、甚だしい場合はそれではねることができるわけだから、特別留保条項のようなものは不要であるというふうに考えていたところであります。
　　しかし、まあ現在でもこの立法例も少数ながらこういうものはございますし、それから、何よりもこの新たな特別留保条項を設けるのではなくて、既存のものを、その削除を見送るかどうかという消極的な判断でございますので、その点については積極的に設けるよりはやや程度が、何といいますか、決定の程度が低いと申しますか、それで削るかどうかということについて議論があったわけでありますけれども、先ほど触れました名誉棄損の問題については、例えばこの法制のモデルになりましたイギリスなんかにおいても、1995年に法律によりこういう特別留保条項というのは廃止されているわけですよね。ところが、名誉棄損については、これは表現の自由もあるということで、これは残されております。
　　それから、さらに、先ほどちょっとカードリーダー事件でお触れになり

---

54) 第164回国会参議院法務委員会会議録第10号9頁以下。

ましたけれども、アメリカの特許侵害について日本で適用する場合に、アメリカの特許法では、要するに外国からそういう特許侵害を幇助するといいますか、そういうものも適用対象にしているという、そういう意味で一種の域外適用になろうかと思いますけれども、そういうものも認めておりましたので、そういうものをやはりこれでたしかけっていたわけですね。

　ですから、ほかに時効期間について、これは公序に反するとまでは言えないけれども、日本法の考え方と違うということで、時効期間についてそういうものを排除しているものもありまして、大村参考人の方から御指摘がありましたように、実際に使う産業界の方でなお多くのところで不安があるとおっしゃるもんですから、それだったらまあ当面は存続させる以外はないのかなということで、ある意味でそんなに賛成をしていたわけではございませんけれども、消極的な判断としてはやむを得ないのかなということでこの特別留保条項が残ったのではないだろうか。確かに問題はございます。

　この発言は、消極的理由として、特別留保条項を残している立法が存在しないわけではないことなどを挙げているが、積極的理由としては、わずかに経済界からの不安の声があるという程度のことしか述べていない。しかし、法制審の議事録によれば、通則法17条が結果発生地法を原則としたこと、および通則法18条が生産物責任について特則を定めたことは、特別留保条項の存続と引き換えに経済界からの理解を得たという疑いがある[55]。仮にこれが事実で

---

55)　第26回会議議事録・前掲注(15)によれば、「それよりも、例の最後の特別留保条項はパッケージでございまして、特別留保条項はぜひ維持するという前提で原因事実発生地というところから離れて、結果発生地は原則だというところにするということについて理解が得られたというのが実情でございます」とか、「それから、これと関連いたしまして、生産物責任に関する規定を設けることに関し、特別留保条項が現行法どおり維持されることを条件として賛成する意見もございましたし、名誉毀損または信用毀損に関しまして、11条2項を含む日本の不法行為法の累積適用は不可欠であるとの意見もございました」とされている。なお、

あるとすれば、かようなバーターには、大きな疑問が残る。なぜなら、通則法17条および18条は、法例11条の不法行為地法主義を精緻化したにすぎないのに対し[56]、特別留保条項は、不法行為地法主義自体を大幅に制限し、実質上無意味にするものと言えるからである。特別留保条項を残すくらいであれば、むしろ隔地的不法行為について、加害行為地法主義を採用する方向で議論すべきであったといっても過言ではないであろう。

さらに、法制審の議事録によれば、法例11条2項・3項を残す場合、「それは単純な現代語化ということになる」ので、その解釈も引き継がれるであろうされているが[57]、現実には、従来からの解釈上の疑義が残っただけでなく、通則法のもとで新たな解釈上の疑義が生じることになった。

第1に、通則法22条の体系的位置の問題がある。この規定は、不法行為準拠法の末尾に置かれているから、体系的解釈によれば、通則法17条から21条までのすべての規定について、日本法の累積適用を定めていると解されることになるであろう。しかし、通則法17条ないし19条はともかく、20条の例外条項および21条の当事者自治については、累積適用に疑問がある。たとえば、通則法20条により附従的連結がなされる趣旨は、同一の当事者間における契約上の義務違反が、ある時は通則法7条以下により、ある時は通則法17条以下によるというのでは、当事者間の紛争を統一的に解決できないという点にあると思われる。それにもかかわらず、不法行為と法性決定される限りは、通則法22条により、常に日本法が累積適用されるとしたら、結局のところ、附従

名誉・信用毀損については、仮に特則を置かなくても、特別留保条項の存続を求めるという趣旨のようである。現に同議事録によれば、「それから、今回のパブコメでは上がってきませんでしたけれども、マスコミの方から連絡がございました。名誉毀損、信用毀損についての特則を設けるか否かにかかわらず、11条2項の存否は不可欠であるという意見が来ておりまして、いずれ書面で提出させていただくということでございますので、そういった方面からもそういう要望があるという点でございます」とされている。

56) 奥田・前掲注(5)13頁〔本書267頁以下所収〕参照。
57) 第27回会議議事録・前掲注(31)。

的連結の趣旨は没却されることになるであろう。また通則法 21 条は、当事者自治について量的制限をしていないのであるから、当事者は、全く自由に任意の外国法を選択することができるはずである。しかし、この場合にも、通則法 22 条により日本法を累積適用することは、当事者自治を認めた趣旨に反するであろう。法制審の議事録によれば、通則法 20 条および 21 条についても、日本法の累積適用があると解されているが[58]、かような解釈は、再検討を要するであろう[59]。

---

58) 第 26 回会議議事録・前掲注(15)によれば、「当事者自治を認めて準拠法が選択されたという場合にも、11 条 2 項、3 項がかかってくることになりますけれども、これは準拠法選択を認めている趣旨を没却することになると思われますが、この点はいかがでしょうか」という発言に対し、「それは、不法行為に関する法制が公序法であるという、そういう理由で合理化するしかないのであればということでございます」と回答されている。また第 27 回会議議事録・前掲注(31)によれば、「1 点お聞きしたいのですけれども、例外条項のところに移りましたけれども、請求権が競合するような場合には契約準拠法と一致するように、当事者間の法律関係に基づく義務に違反して不法行為が行われた云々とありますけれども、これはそういう趣旨だと思うのですが、これは 2 項、3 項とかがある場合には成り立たないと思うのですが、どうやって説明するのですかね。契約でいけばあれなんですけれども、不法行為になった途端に日本法が累積適用されるというふうなのは、どういうふうになるのか、2 項、3 項残しておいては説明がつかないと。残すことには反対なんですけれども、そういう問題とか、何か議論されたのですか」という発言に対し、「連結政策について、詳細化していろいろな考慮をして例外条項とかいろいろな特則を設けることと、特別留保条項の関係はどうかと言われると痛いところだと思いますが、やはり観点が違うというふうにしか申し上げられないわけでございまして、そのように最密接関係地法で厳選された連結点に従って判断して、不法行為が成立しなければ、そもそも特別留保条項というのは出てこないわけでございますし、不法行為法の公序法的な性格というのも何回も申し上げておりますが、それを考えるときにはそのような連結点によって一たん適用された準拠法であっても日本法の枠内で、2 項についてはどの範囲でというのは解釈に争いはありますけれども、日本法の枠内でということに、という結論自体についてはやむを得ないのじゃないかというふうに考えております」と回答されている。

59) すなわち、通則法 20 条および 21 条の趣旨からみて、22 条の適用が全面的ま

第2に、すでに法例11条2項・3項の解釈について、不明な点があり、これらは、すべて通則法22条に引き継がれることになった。たとえば、法制審や国会の審議では、カードリーダー事件に関する最高裁判決がしばしば引用され、特別留保条項により妥当な結論が得られた例であるとされているが[60]、この判決は、米国法の適用範囲が広すぎることを理由として、法例11条2項を適用した点において疑問がある。法例11条2項は、外国法の実質的な内容を問題としているので、仮に特許権侵害の勧誘行為が日本法上の不法行為の成立要件を満たさないというのであれば、日本法の累積適用が肯定されるであろう。しかし、実際には、日本法においても、不法行為の教唆は共同不法行為として取り扱われるのであるから、法例11条2項を発動すべきではなかったと考えられる[61]。通則法22条1項の条文は、法例11条2項とほとんど同じであるから、かような解釈上の疑義は、今後も残ることになる。また、前述の参議院法務委員会での発言によれば、時効についても、日本法の累積適用が認められるとのことであるが、法例11条3項は、その立法経緯によれば、時効や除斥期間を含める趣旨ではなかったと解される。条文上も、法例11条3項および通則法22条2項は、いずれも日本法の認めた「損害賠償その他の処分」でなければ請求できないというのであるから、時効や除斥期間を含まないと解する余地は十分にある[62]。これも、今後の課題として残されている。

たは部分的に排除される、という解釈の可能性も認められるべきであろう。
60)　第26回会議議事録・前掲注(15)、第164回国会参議院法務委員会会議録第10号10頁（2006年4月13日）、同第11号8頁（2006年4月18日）。
61)　山田鐐一『国際私法〔第3版〕』（2004年、有斐閣）392頁参照。
62)　詳細については、奥田安弘「国際私法からみた戦後補償」奥田安弘ほか『共同研究中国戦後補償—歴史・法・裁判』（2000年、明石書店）158頁以下〔本書442頁以下所収〕参照。なお、法制審の第27回会議議事録・前掲注(31)によれば、米国法上の懲罰的賠償のようなものだけを制限する規定を置くべきであるという提案がなされている。その意味で、立法論的には、「不法行為の成立および効力の準拠法が外国法である場合には、加害者が支払うべき金銭的給付は、日本法によれば認められるべき金額を超えてはならない」というような規定のみを置くべきであったと考えられる。奥田・前掲注(5)20頁〔本書280頁所収〕参照。

9 おわりに

　通則法の不法行為準拠法に関する規定を全体としてみると、国際私法立法の難しさが伝わってくる。国際私法の理念、とくに国際私法のレベルにおける弱者保護を実現しようとしても、経済界からの反対があったり、また明確なルールを定めようとしても、極限的な状況を挙げて、例外を認めるべきであるという主張がなされる。これらは、すべて国際私法の基本理念について、コンセンサスが成立していないことによるものであろう。現に通則法では、結局のところ、総則規定の充実が図られず、法例28条ないし34条がほとんどそのまま「補則」として口語化されるに留まった（通則法38条～43条）。たとえば、絶対的強行法規の適用、国際私法の指定の対象、一般例外条項などの総論的問題がもう少し議論されていれば[63]、各論の議論も違う形になったのではないかと思われる。

　また、通則法の立法作業では、しばしば学説の蓄積が十分でないとか、他国や国際機関の立法動向を見極めたいという理由によって、明文の規定を置くことが見送られたが、かような方針は疑問である。各国は、わが国がいかに進歩的な立法を行うのかを注目してみており、今後、通則法の内容が他国の言語で紹介され、それが控えめな立法であることが分かった際には、失望を招くであろう。通則法の国会審議では、なぜか日本法の国際的な地位を高めるために、英語への翻訳が促進されるべきであるという関連の少ない発言が何度もなされているが[64]、問題は、むしろその内容であろう。知的財産権に関する規定が置かれなかったことは、その実際上の必要性からみて明らかに疑問であるし、

　　　同旨、野村・前掲注(5)70頁参照。
　63)　奥田・前掲注(5)3頁以下〔本書251頁以下所収〕参照。
　64)　第164回国会参議院法務委員会会議録第10号7頁（2006年4月13日）、同第11号12頁（2006年4月18日）、第164回国会衆議院法務委員会会議録第31号7頁以下（2006年6月14日）参照。

また特別留保条項を全面的に存続させたことは、驚きをもって迎えられるであろう[65]。その他の規定も、従来と比べれば、大幅な改正と言えるのかもしれないが、最近の諸国の立法と比べれば、控えめであったと評価されるであろう。

　今後、学界および実務界がともに解釈論的努力を積み重ね、次の改正の機会に備えることを期待して、本稿を終えたい。

---

65) 第164回国会参議院法務委員会会議録第11号16頁以下（2006年4月18日）によれば、附帯決議として、「特に、不法行為に関する特別留保条項については、本法の運用状況を注視しつつ、国際的調和及び利用者のニーズの観点から、その必要性について更なる検討を行うこと」が求められている。

第 3 章
国際取引と法

I　わが国の判例における契約準拠法の決定
——契約類型毎の考察——

1　はじめに

　わが国の法例7条1項は、契約の準拠法について、いわゆる「当事者自治の原則」を採用し、7条2項は、当事者による法選択がない場合における客観的連結として、行為地法、すなわち契約締結地法を指定している。これに対して、ヨーロッパ諸国の近年の国際私法立法は、契約の類型毎に、より詳細な規定を置いている[1]。

　まず、当事者自治は、原則として認められているが、契約の類型によっては、排除または制限されている。たとえば、ポーランド国際私法25条2項および

---

1)　本稿において取り上げる外国の立法例としては、ECの契約債務準拠法条約（1980年）、スイス国際私法（1987年）、オーストリア国際私法（1978年）、ハンガリー国際私法（1979年）、旧ユーゴスラビア国際私法（1982年）、ポーランド国際私法（1965年）、旧チェコスロバキア国際私法（1963年）がある。これらの条文の翻訳としては、笠原俊宏編『国際私法立法総覧』（1989年、冨山房）70頁以下、131頁以下、208頁以下、309頁以下、355頁以下、384頁以下、奥田安弘『国際取引法の理論』（1992年、有斐閣）273頁以下、288頁以下、奥田安弘「1987年のスイス連邦国際私法(1)〜(6)完」戸籍時報374号2頁、375号18頁、376号43頁、377号51頁、378号54頁、379号58頁〔奥田安弘編訳『国際私法・国籍法・家族法資料集』（2006年、中央大学出版部）2頁以下所収〕、山内惟介「オーストリアの国際私法典について」法学新報88巻5・6号171頁、溜池良夫＝国友明彦＝河野俊行＝出口耕自「1979年ハンガリー国際私法」法学論叢112巻1号70頁、井之上宜信「ユーゴスラヴィアの国際私法典（1983年）について」法学新報92巻3・4号211頁、松岡博「ポーランド新国際私法」阪大法学61号39頁参照。

旧ユーゴスラビア国際私法21条は、不動産契約について、ハンガリー国際私法51条ないし53条は、労働契約について、スイス国際私法120条2項は、消費者契約について、当事者自治を排除している。また、スイス国際私法121条3項は、労働契約について、選択できる法の範囲を制限する。さらに、ECの契約債務準拠法条約5条2項およびオーストリア国際私法41条2項は、消費者契約について、ECの契約債務準拠法条約6条1項およびオーストリア国際私法44条3項は、労働契約について、オーストリア国際私法42条2項は、不動産の使用に関する契約について、強行法規の特別連結による当事者自治の制限を規定している。

つぎに、当事者による法選択がない場合における客観的連結は、契約の類型毎に行われている。たとえば、スイス、オーストリア、旧ユーゴスラビア、ハンガリー、ポーランド、旧チェコスロバキアの各立法およびECの契約債務準拠法条約がそれである。代表的な例として、ECの契約債務準拠法条約を取り上げると、いわゆる「特徴的給付の理論」により、特徴的給付を行うべき当事者の常居所地法を原則的な準拠法としながら（4条2項）、契約が他の国とより密接な関連を有することが事情全体から明らかである場合には、この他国の法が適用される、という例外条項を置いている（4条5項）。また、不動産契約、物品運送契約、消費者契約、労働契約については、特別規定がある（4条3項・4項、5条3項、6条2項）。

かようなヨーロッパ諸国の立法に対して、わが国の法例7条は、契約の類型を考慮した規定とはなっていない。しかし、わが国の学説は、すでに契約の類型を考慮した解釈論を展開しつつある。たとえば、当事者による明示の法選択がない場合、直ちに法例7条2項により行為地法、すなわち契約締結地法を適用するのではなく、当事者の黙示的意思を探究すべきであるとして、契約の類型毎に最も密接な関連の法を提示しようとするものがある[2]。そこで、本稿は、

---

2) 溜池良夫『国際私法講義』（1993年、有斐閣）349頁、354頁以下、澤木敬郎『国際私法入門〔第3版〕』（1990年、有斐閣）179頁、190頁以下、木棚照一＝松岡博編『基本法コンメンタール・国際私法』（1994年、日本評論社）46頁、47

これらの学説およびヨーロッパ諸国の立法を参照しながら、若干の契約類型について、わが国の判例を調べることにした。

本稿では、とりわけ以下の点に留意した。第1に、わが国の判例においては、明示の法選択はあまり多くないと言われているが[3]、それは、契約の類型毎に異なっている可能性がある。すなわち、契約の類型によっては、むしろ明示の法選択が多い場合が予想される。また、当事者がどのような基準によって準拠法を選択しているのかも、契約の類型によって異なっているであろう。

第2に、黙示の法選択については、どのような事情が考慮されているのかに注目した。たとえば、特定の事情だけが考慮されているのか、それとも諸般の事情を総合的に考慮しているのか、準拠法の決定にとって重要とは思われない事情も考慮しているのではないか、という点などである。

第3に、法例7条2項により行為地法を適用した判例については、その結果の妥当性が問題となる。とりわけ隔地的な契約について、法例9条2項により、申込発信地法ないし申込者の住所地法を適用した判例では、準拠法の決定が偶然的な要素によって左右されているのではないか、という疑いがある。

第4に、明白な準拠法判断を示さないまま、日本法を適用した判例についても、その結果の妥当性が問題となる。かような判例は、おそらく非常に多数に上ると思われるので、網羅的に取り上げることはできなかった。しかし、おおよその問題点は、指摘することができたと思われる。

いずれにせよ、契約の準拠法に関する判例は、そのすべてが必ずしも論旨明解であるとは限らないし、その解釈も様々に分かれるであろう。また本稿は、限られた契約類型しか取り上げていないし、それらの契約類型についても、判例を完全に網羅することはできなかった。しかし、準拠法の決定において、契約類型毎の考察が重要視されている現在、本稿は、その基礎的な研究として、判例の主要な動向を把握することを目的としたい[4]。

頁以下〔佐野寛〕。
3) 山田鐐一『国際私法』(1992年、有斐閣) 293頁参照。
4) 法例7条に関する判例の総合的研究としては、1966年に、鳥居淳子「わが国

2 売買契約

　渉外的な売買契約に関する判例においては、明示の準拠法合意が認定されたものは少ない。これを明白に認定したものとしては、①日本の会社（売主）とアメリカ合衆国（買主）との間で締結された物品製作物供給契約について、アメリカ軍事物資調達法施行規則に定められた軍需品供給契約条項に関する「ゼネラルプロビジョンズ」によって、準拠法をアメリカ合衆国法とする旨の合意があったとした東京地判昭和37年10月31日下民13巻10号2169頁[5]、②デンマーク法人（売主）と日本法人（買主）との間で締結された継続的販売契約の効力の準拠法について、デンマーク法の明示の指定がなされているとした最判昭和50年11月28日民集29巻10号1592頁[6]があるにすぎない。また、日本法を合意したことについて、当事者間に争いがないと判断したものとしては、③日本の会社（売主）と米国の会社（買主）との間で通信によって締結された売買契約に関する東京地判昭和40年8月28日下民16巻8号1342頁[7]、④設立準拠法不詳の会社間における代理販売契約に関する大阪地判昭和41年9月24日下民17巻9・10号839頁[8]がある。

　また、契約締結当時は、準拠法の合意がなかったが、その後、準拠法の合意に至ったと認定した判例もある。たとえば、⑤ポツダム宣言受諾前の朝鮮における日本人間の継続的商品供給販売契約について、当事者双方が口頭弁論期日に日本法による旨の意思を表明したとする奈良地判昭和26年2月6日下民2

の判例における渉外債権契約の準拠法の決定」法政論集35号71頁が公表されている。しかし、そこでは、契約の類型毎の考察は行われていないし、その後の約30年間に、相当数の新しい判例が蓄積されている。
5) 小原喜雄・ジュリスト297号122頁参照。
6) 奥田（国際取引法の理論）・前掲注(1)261頁以下、小原喜雄・渉外判例百選〔第2版〕250頁、久保田穣・渉外判例百選〔増補版〕286頁参照。
7) 田中徹・ジュリスト347号101頁参照。
8) 三ツ木正次・ジュリスト380号142頁参照。

巻 2 号 146 頁[9])、⑥日本法人（売主）と香港法人（買主）との間の売買契約について、準備手続期日において日本法を準拠法とする旨を合意したことが当事者間に争いないとした東京地判平成 2 年 4 月 25 日判時 1368 号 123 頁がそれである。

　つぎに、黙示の準拠法合意が認定された判例も、それほど多くない。たとえば、⑦ともに日本に居住する日本人（売主）と韓国人（買主）との間の日本所在の不動産に関する売買契約について、反対の意思が明示されない限り、日本法によるという黙示の意思があるとした前橋地桐生支判昭和 37 年 4 月 9 日下民 13 巻 4 号 695 頁[10])、⑧船舶の燃料油等の売買契約について、原則として当該船舶の旗国法（韓国法）による意思であるとした秋田地決昭和 46 年 1 月 23 日下民 22 巻 1・2 号 52 頁[11])、⑨日本の会社（売主）と米国の会社（買主）との間で締結された独占販売契約について、日本の法令に従って問題を処理するという暗黙の合意があるとした大阪地判昭和 47 年 3 月 28 日判タ 283 号 277 頁がある。

　また、諸般の事情を総合的に考慮したものとしては、⑩パナマの会社（売主）と米国ミシガン州の会社（買主）との間の売買契約に関する東京地判昭和 39 年 12 月 18 日判タ 172 号 208 頁[12])（売主の営業所が日本にあること、日本所在の物を目的として、日本で契約が締結・履行されたこと、日本法が準拠法であると買主が主張し、売主もこれを争わないことなどから、日本法による意思であると判断した）、⑪米国の会社間における航海用燃料売買契約および船舶売買契約に関する山口地柳井支判昭和 42 年 6 月 26 日下民 18 巻 5・6 号 711 頁[13])（当事者がいずれも米

---

9) 三ツ木正次・ジュリスト 209 号 91 頁参照。
10) 鳥居淳子・ジュリスト 277 号 81 頁参照。
11) 烝場準一・渉外判例百選〔第 2 版〕26 頁、木棚照一・法律時報 1973 年 6 月号 176 頁、畑口紘・ジュリスト 538 号 110 頁、山崎良子・ジュリスト 560 号 136 頁参照。
12) 烝場準一・ジュリスト 392 号 148 頁参照。
13) 谷川久・渉外判例百選〔第 2 版〕64 頁、田辺信彦・渉外判例百選〔増補版〕226 頁、川又良也・海事判例百選〔増補版〕254 頁、平塚真・ジュリスト 420 号

国の会社であること、契約書が英文で作成されたこと、米ドルの支払が約定されていたことなどから、米国法による意思であると判断した)、⑫日本の会社（売主）と米国の会社（買主）との間で締結された製作物供給契約に関する東京地判昭和52年4月22日下民28巻1～4号399頁[14]（買主の代表者が来日して交渉を行い、日本で契約を締結したこと、買主の連絡事務所が東京にあり、その責任者が買主の代表者の通訳などを行ったこと、日本における製作物の供給契約であり、米国の転売先の技術主任が来日して、製作に関する指示を行ったこと、買主の代表者が来日して、瑕疵の通知を行ったこと、買主が日本の裁判所に提訴し、準備期日および口頭弁論期日において、日本法が準拠法であるという意思を表明し、売主も同様の意思を表明したことなどから、準拠法を日本法とする黙示の合意があったと判断した)、⑬英国の会社（売主）と日本の会社（買主）との間の売買契約に関する東京地判平成3年8月27日判時1425号100頁[15]（売主が英国の美術商であり、売買価格もポンド建てで、目的物の引渡しも英国で行われ、英国との関連性が他国よりも密接であるほか、当事者が英国法の適用を前提とする供述をしていることから、英国法を準拠法とする意思を有していたものと推認した）がある。

　これに対して、売買契約の準拠法について、最も多いのは、法例7条2項により、行為地法を適用したものである。たとえば、⑭上海で宝石類の売買を営んでいたスペイン人（売主）と日本人（買主）との間の委託販売契約について、契約締結当時に上海共同租界において行われていた法律、すなわち日本法を行為地法として適用した大阪地判昭和35年4月12日下民11巻4号817頁[16]、⑮日本において継続的に貿易などの商業取引を行っていた設立準拠法不詳の会社（売主）とケニア法上のパートナーシップ（買主）との間の売買契約につい

　　　123頁、山崎良子・ジュリスト466号103頁参照。
14) 川又良也・渉外判例百選〔第2版〕70頁、同・ジュリスト666号248頁、石黒一憲・ジュリスト668号139頁参照。
15) 奥田安弘・ジュリスト1020号170頁、野村美明・ジュリスト1024号287頁、出口耕自・私法判例リマークス8号178頁参照。
16) 川又良也・渉外判例百選〔第2版〕30頁、同・渉外判例百選〔増補版〕24頁、沢木敬郎・ジュリスト233号102頁参照。

て、日本法を行為地法として適用した東京地判昭和35年8月9日下民11巻8号1647頁[17]および東京高判昭和43年6月28日高民21巻4号353頁[18]、⑯日本の会社（売主）と米国の会社（買主）との間の売買契約について、日本法を行為地法として適用した東京地判昭和36年4月21日下民12巻4号820頁[19]、⑰日本の会社（売主）とフィリピン国法令により設立された組合（買主）との間の売買契約について、日本法を行為地法として適用した大阪地判昭和37年11月16日判時339号36頁[20]、⑱日本の会社（売主）と米国の会社（買主）との間の売買契約について、日本法を行為地法として適用した東京地判昭和55年9月29日判時999号113頁[21]、⑲香港の会社（売主）と日本の会社（買主・傭船者）が口頭で締結した船舶の燃料供給契約について、日本法を行為地法として適用した高松高決昭和60年5月2日判タ561号150頁（＝高松高決昭和60年4月30日金判730号28頁）[22]、⑳ドイツの会社（売主）と日本人（買主）との間の売買契約について、ドイツ法を行為地法として適用した大阪地判平成2年12月6日判タ760号246頁[23]がある。

また、隔地的な売買契約について、法例9条2項により、申込発信地法ないし申込者の住所地法を適用したものとして、㉑インド人（売主）と日本の会社（買主）との間で通信により締結された売買契約について、変更を加えた承諾、すなわち新たな申込が行われた地の法として、日本法を適用した大阪地判大正10年3月11日評論10巻諸法98頁[24]、㉒日本の会社（売主）と米国の会社（買

---

17) 国友明彦・渉外判例百選〔第2版〕208頁、大原栄一・渉外判例百選〔増補版〕44頁、土井輝生・ジュリスト235号84頁参照。
18) 烑場準一・ジュリスト433号209頁、同・ジュリスト435号138頁、田辺信彦・ジュリスト483号148頁参照。
19) 佐藤幸夫・海事判例百選〔増補版〕200頁、佐藤幸夫・神戸法学雑誌12巻4号526頁、土井輝生・ジュリスト243号89頁参照。
20) 五十嵐清・渉外判例百選〔増補版〕90頁、三ツ木正次・ジュリスト289号306頁参照。
21) 鈴木五十三・ジュリスト758号158頁、小林登・ジュリスト789号106頁参照。
22) 谷川久・ジュリスト862号260頁参照。
23) 道垣内正人・ジュリスト996号119頁参照。

主）との間の売買契約について、電報による申込が発信された地の法として、日本法を適用した大阪地判昭和39年11月11日判時395号44頁、㉓日本法人（売主）と米国法人（買主）との間の売買契約について、電報による申込が発信された地の法として、日本法を適用した札幌地判昭和49年3月29日判時750号86頁がある。

　さらに、渉外的な売買契約にもかかわらず、明白な準拠法判断は示さず、日本法によったものと思われる一連の判例がある。たとえば、㉔英国会社の日本支店らしい売主と日本人買主が在英商品（生地天）に関して締結した見本売買契約について、横浜貿易市場で行われている商慣習によったものと推定した東京控判大正6年11月28日新聞1362号20頁、㉕在日のスイス人（売主）とロシア人（買主）が在外商品（アメリカ産赤鉄鉱結晶）について締結した売買契約に関する東京控判大正8年10月22日新聞1641号15頁、㉖日本の会社間で在米商品について締結された売買契約に関する東京地判昭和32年7月31日下民8巻7号1366頁[25]および東京地判昭和34年3月26日下民10巻3号594頁、㉗日本の会社（売主）と米国の会社（買主）との間の売買契約に関する東京地判昭和34年12月24日下民10巻12号2701頁、㉘韓国人による日本の船舶の競売申立に関する広島高決昭和38年6月28日下民14巻6号1297頁、㉙日本の会社（売主）とイギリス系商社（買主）との間の売買契約に関する東京高判昭和44年9月29日下民20巻9・10号716頁がある。

　また、隔地的な売買契約についても、同様の判例として、㉚ニュージーランドの会社（売主）と日本の会社（買主）が電信または航空便により締結した売買契約に関する神戸地判昭和37年11月10日下民13巻11号2293頁[26]、㉛日本の会社（売主）と外国の会社（買主）がテレックスの交換により締結した建造中の船舶の売買契約に関する東京地判昭和61年5月30日判時1234号100

24）　田中徹・渉外判例百選〔第2版〕84頁、久保岩太郎・渉外判例百選〔増補版〕78頁参照。
25）　土井輝生・ジュリスト219号73頁参照。
26）　川上太郎・渉外判例百選〔増補版〕52頁参照。

頁[27]) がある。

　以上の概観から、次のように、売買契約の準拠法に関する判例をまとめることができる。まず、明示の準拠法合意は、契約締結時であるか、紛争発生後であるかを問わず、ほとんど行われていない。①②は、数少ない契約締結時における準拠法合意の例であるが、それらの事案においては、一方の当事者が外国政府ないし継続的販売契約の売主であり、他方の当事者に対し、相対的に強い立場にあったと言えよう[28]。逆に、当事者が対等の立場にある売買契約では、契約締結時における準拠法の合意が困難であるのかもしれない。また、売買契約の当事者が準拠法の合意に関心を持っていない可能性もある。

　一方、紛争発生後における準拠法合意を認定した判例が少ないのは、様々な理由が考えられる。いずれも憶測の域を出ないが、(a) いざ紛争となった場合に、意外と準拠法が争われること、(b) 当事者が準拠法について主張・立証を行わないから、あえて裁判所が準拠法に関する判断を示さないこと、(c) 契約が日本で締結されたので、当事者は、あえて準拠法合意を主張しなくても、法例7条2項により日本法が準拠法になると考えたことが挙げられる。しかし、(b) に対しては、裁判所は準拠法に関する判断を示す義務がある、という批判が可能であるし、(c) に対しては、裁判所が黙示の準拠法合意を認定して、契約締結地法以外の法を適用する可能性がある。したがって、法的安定性のためには、当事者は、紛争発生後であっても、可能な限り、準拠法の合意を行うことが望ましいし、⑤⑥の判例は、これが可能であることを認めたものとして、注目に値する。なお、これに関して明文の規定を置く立法例としては、ECの契約債務準拠法条約3条2項およびスイス国際私法116条3項がある[29]。

---

27) 弥永真生・ジュリスト971号307頁参照。

28) 現に②の事案は、継続的販売契約の終了後も、3年間は競合商品を製造・販売しないことなどを買主側に義務づける条項が入っていたため、不公正な取引方法に該当する事項を内容とする国際的契約の締結を禁止した独禁法6条1項に違反するとされ、これらの条項を削除する旨の勧告審決が下されたところ、審決の名宛人となっていないデンマーク法人（売主）が取消を求めたものであった。

29) ECの契約債務準拠法条約3条2項およびスイス国際私法116条3項は、さら

つぎに、黙示の準拠法合意が認定された判例も、それほど多くはないが、次のように、まとめることができる。第1に、不動産の売買契約が不動産所在地法によるという黙示の意思を認定した⑦は、問題がないであろう。わが国の学説も、同様の結論を支持しているし[30]、ECの契約債務準拠法条約4条3項、スイス国際私法119条1項、ハンガリー国際私法26条1項、旧チェコスロバキア国際私法10条2項b号なども、当事者による法選択がない場合には、不動産に関する契約一般について、不動産所在地法を原則的な準拠法としている[31]。これに対して、船舶の燃料油等の売買契約に関する判例は、原則として旗国法による意思があるとした⑧、諸般の事情を総合的に考慮した⑪、直ちに行為地法を適用した⑲に分かれている。しかし、船舶それ自体の売買に関する㉘の事案と異なり、単に船舶の用に供する物品の売買においては、船舶の旗国が準拠法の決定において重要とは思われない。その意味で、少なくとも⑧は疑問である。さらに、⑨は、独占販売契約について、とくに理由を示さないまま、日本法による旨の暗黙の合意を認定しており、不明確さを増している。

第2に、諸般の事情を総合的に考慮した⑩ないし⑬がある。しかし、これらのほとんどは、たとえ契約締結時に明示の準拠法合意がなかったとしても、少なくとも紛争発生後には、準拠法に関する意思が合致しており、準拠法合意を認定することが可能な事例であったと言えるであろう。あるいは、裁判所は、さらに根拠を示す必要があると考えて、その他の事情を挙げたのかもしれない。しかし、これらの事情がすべて準拠法の決定にとって重要であったか否かは、疑問であり、かえって法的安定性を害するように思われる[32]。仮に特徴的給

に準拠法合意の変更も認めている。なお、これらの新たな準拠法合意および準拠法合意の変更は、第三者の権利を害することはできない（ECの契約債務準拠法条約では、さらに契約の方式の有効性も害することはできない）。同様に、オーストリア国際私法11条3項も、事後的な法選択は第三者の法的地位を害することができないとする。

30) 溜池・前掲注(2)355頁、澤木・前掲注(2)190頁、佐野・前掲注(2)48頁参照。
31) さらに、旧ユーゴスラビア国際私法21条およびポーランド国際私法25条2項は、当事者による法選択を認めず、常に不動産所在地法を適用する。

付の理論によるならば、売買契約において特徴的な給付を行うべき当事者、すなわち売主の営業所所在地法を基準とすることによって、同じ結論を得ることができたであろう[33]。なお、⑩の事案では、パナマの会社が売主であるが、当該契約の履行は、日本の営業所が担当することになっていたようである。

　続いて、法例7条2項により行為地法を適用した、という最も多いケースを見ていく。第1に、対面契約に関する⑭ないし⑳のほとんどは、売主の常居所ないし営業所と契約締結地が一致しており、特徴的給付の理論によっても、同じ結論を得ることができたであろう。ただし、⑲だけは、香港の会社（売主）の日本支店が履行行為を行ったのか否か、という点が不明である。第2に、隔地的な売買契約に関する㉑ないし㉓は、行為地法主義の不都合が全面的に現れている。すなわち、㉒および㉓が売主の営業所所在地法を準拠法としたのに対して、㉑は買主の営業所所在地法を準拠法とした結果になっている。しかも、㉒および㉓は、たまたま売主が申込を発信しただけであり、㉑は、たまたま買主が変更を加えた承諾、すなわち新たな申込を発信した、という事情があったにすぎない。

　最後に、渉外的な売買契約にもかかわらず、明白な準拠法判断を示さなかった一連の判例を見ていく。第1に、対面契約に関する㉔ないし㉙は、いずれも売主の常居所ないし営業所が日本にあり、日本法を適用した結果は、問題がないであろう。とくに㉕および㉖は、当事者双方の常居所ないし営業所が日本にあるのに対して、売買の目的物が外国にあるという事案であったが、これらの目的物は動産であるから、不動産の売買契約に関する⑦と異なり、目的物所在地法の重要性は少ない。また㉘は、目的物が日本の船舶であること、日本にお

---

32) たとえば、⑪では、契約書の使用言語および支払の通貨、⑫では、契約の交渉地、買主の連絡事務所所在地、目的物の製造地、瑕疵の通知方法、⑬では、支払の通貨などが、重要性の低い事情であったと思われる。

33) ECの契約債務準拠法条約の解釈としては、M. Giuliano/P. Lagarde, Report on the Convention on the law applicable to contractual obligations, O. J. No. C 282/1980, p. 374.

ける競売申立事件であることからも、日本法の適用を根拠づけることができる。なお、船舶に関する契約について、旗国法を指定するものとして、ハンガリー国際私法26条1項、競売について競売地法を指定するものとして、同法27条1項およびオーストリア国際私法40条がある。

　第2に、隔地的な売買契約に関する㉚および㉛は、前者が買主の営業所所在地法を適用したのに対して、後者が売主の営業所所在地法を適用した結果になっている。しかし、特徴的給付の理論によるならば、㉚は、売主の営業所所在地法であるニュージーランド法が適用されるべきであった。

　なお、売買契約一般について、当事者による法選択がない場合、売主の常居所地法ないし営業所所在地法を原則的な準拠法とする立法例としては、スイス国際私法117条3項a号、ハンガリー国際私法25条a号、旧ユーゴスラビア国際私法20条1号、ポーランド国際私法27条1項1号、旧チェコスロバキア国際私法10条2項a号がある。

3　海上物品運送契約

　渉外的な海上箇品運送契約ないし傭船契約においては、明示的な準拠法合意が行われることが多い。たとえば、①英国の船会社による運送契約について、英国法により解釈支配される旨の船荷証券の約款によって、明示の準拠法合意を認定した東京控判明治39年月日不明(ワ)14号新聞515号8頁、②英国船の傭船契約について、英国法により解釈支配される旨の約款によって、明示の準拠法合意を認定した大阪控判明治40年月日不明(子)349号新聞590号9頁、③米国から日本へのノルウェー船による運送について、ノルウェー法によるべき旨の船荷証券の記載によって、明示の準拠法合意を認定した東京控判昭和10年12月13日評論85巻商法250頁[34]、④イタリアからリベリアへの運送に

---

[34]　平塚眞・渉外判例百選〔第2版〕78頁、同・渉外判例百選〔増補版〕154頁参照。上告審である大判昭和11年9月15日新聞4033号16頁については、溜池良夫・渉外判例百選〔第2版〕58頁、同・渉外判例百選〔増補版〕56頁参照。

ついて、日本法が適用される旨の船荷証券の約款によって、明示の準拠法合意を認定した東京地判昭和38年4月20日下民14巻4号772頁および東京高判昭和44年2月24日高民22巻1号80頁（明哲丸事件）ならびに東京地判昭和39年6月20日判時382号42頁および東京高判昭和44年1月30日高民22巻1号62頁（うめ丸事件）[35]、⑤船会社（被告）の主張によると、インドから日本への運送に関する船荷証券において、日本法が適用される旨の約款があり、結果的に日本法が適用された東京地判昭和39年1月31日下民15巻1号113頁[36]、⑥英国から日本への運送について、英国法により解釈支配される旨の船荷証券の記載によって、明示の準拠法合意を認定した神戸地判昭和45年4月14日判タ288号283頁[37]、⑦インドから日本への運送について、インド法が適用されるべき旨の船荷証券の条項によって、明示の準拠法合意を認定した神戸地判昭和58年3月30日判時1092号114頁[38]、⑧インドネシアから韓国への運送に関する船荷証券の約款によって、日本法が準拠法として指定されていることを、当事者間に争いのない事実とした東京地判平成3年3月19日判時1379号134頁がそれである。

　また、契約当事者間に準拠法の合意があったことについて、訴訟当事者が争わなかった、と認定した判例もある。たとえば、⑨英国の船会社と米国の会社（荷送人）との間で締結された運送契約の準拠法を英国法とする旨の合意があったことについて、訴訟当事者である船会社と船荷証券所持人の間で争いがないとした東京控判大正9年3月24日新聞1694号20頁[39]、⑩ノルウェーの船会社とマニラ在住の外国人との間で締結された傭船契約の準拠法を英国法とする

---

35)　平塚真・ジュリスト465号134頁参照。
36)　土井輝生・ジュリスト307号175頁参照。
37)　櫻田嘉章・渉外判例百選〔第2版〕108頁、同・渉外判例百選〔増補版〕236頁、石黒一憲・損害保険判例百選208頁、同・ジュリスト580号137頁参照。
38)　奥川安弘・香川法学4巻1号219頁、伊東すみ子・ジュリスト822号114頁参照。
39)　上告審と思われる大判大正9年10月6日評論9巻諸法481頁について、鳥居淳子・渉外判例百選〔第2版〕62頁、同・渉外判例百選〔増補版〕60頁参照。

旨の合意があったことについて、訴訟当事者である船会社と船荷証券所持人の間で争いがないとした東京控判昭和10年12月13日評論85巻商法250頁[40]がある。

これに対して、黙示の準拠法合意を認定した判例は、比較的少ない。たとえば、⑪ベルギーから日本への英国船による運送について、船荷証券に英国法固有語の記載がある事実などから、英国法による旨の暗黙の合意を認定した横浜地判大正7年10月29日評論8巻諸法4頁[41]、⑫日本から米国への運送に関する船荷証券において、1936年米国海上物品運送法に準拠する旨の約款があること、および船荷証券発行者（運送人）の主たる営業所が米国カリフォルニア州にあることから、「同法が適用されるほか、米国連邦法及びカリフォルニア州法律の適用を受ける意思であるものと推定」した東京地判昭和36年4月21日下民12巻4号820頁[42]があるにすぎない。

また、法例7条2項により行為地法を適用した判例も、売買契約に関するものと比べて、相対的に少ない。たとえば、⑬米国から日本への海上物品運送について、在米日本人間で締結された契約に関する神戸地判大正6年9月16日新聞1329号23頁[43]、⑭中華民国法人からリベリア法人へ傭船された船舶を日本法人へ再傭船するために、日本で締結された契約に関する大阪地判昭和36年6月30日下民12巻6号1552頁[44]、⑮香港から日本へのデンマーク船による運送について、香港で締結された契約に関する東京地判昭和42年10月17日下民18巻9・10号1002頁、⑯パナマの会社から日本の会社への傭船契約が日本で締結された事案に関する高松高決昭和60年5月2日判タ561号150頁（＝高松高決昭和60年4月30日金判730号28頁）[45]がある。

---

40)　前掲注(34)参照。
41)　烑場準一・渉外判例百選〔増補版〕70頁参照。
42)　前掲注(19)参照。
43)　西賢・渉外判例百選〔第2版〕60頁、同・渉外判例百選〔増補版〕58頁参照。
44)　畑口紘・渉外判例百選〔第2版〕92頁、同・渉外判例百選〔増補版〕86頁、喜多川篤典・ジュリスト263号112頁参照。
45)　前掲注(22)参照。

一方、これらの判例ほど明白ではないが、おそらく法例7条2項により行為地法を適用したと考えられるものとしては、次の判例がある。すなわち、⑰英領インドから日本への英領インド会社による海上運送において、契約締結地法である英領インド法を適用することについて、当事者間に争いがないとした横浜地判明治41年10月2日新聞573号12頁、⑱英領インドから日本への海上運送について、香港で積替えがあった事案において、英領インドないし香港に関する事項であるから、「イギリス海上運送に関する法規」が適用されるとした横浜地判明治42年4月24日新聞573号10頁、⑲英国から日本への英国の船会社による運送について、「英国法ニ依ル海上運送契約ヲ締結」したと認定した大阪控判昭和9年12月26日評論24巻商法109頁、⑳カナダから日本への海上運送契約の準拠法がカナダ法であることについて、保険代位にもとづき提訴した保険会社が自認したとする大阪高判昭和37年4月6日下民13巻4号653頁[46]がある。また、㉑ポルトガル領インドから日本への運送のために、パナマ法人（船主）と日本の商社との間で締結された傭船契約について、当事者双方が行為地法である日本法の適用を主張したところ、「準拠法を日本法とする旨の裁判上の合意をなした」と認定した東京地判昭和31年11月29日下民7巻11号3431頁[47]がある。

　以上の概観によって、次のように判例をまとめることができる。まず、渉外的な海上物品運送契約においては、明示的な準拠法合意が行われることが多い。とりわけ船荷証券が交付された場合には、ほとんどの事案において、準拠法約款が挿入されている（①③〜⑨）。しかも、必ず運送人の本店所在地法が指定されている。これに対して、傭船契約においては、船主の本店所在地法が指定されることもあるが（②）、それ以外の法が指定されることもある（⑩）。つぎに、黙示の準拠法合意を認定した判例においても、結局は運送人の本店所在地法が

46）　池原季雄・渉外判例百選〔第2版〕54頁、同・渉外判例百選〔増補版〕50頁、佐藤哲夫・ジュリスト271号102頁参照。

47）　田中徹・渉外判例百選〔増補版〕66頁、土井輝生・ジュリスト203号81頁参照。

適用されている。とりわけ⑫は、運送人の主たる営業所が米国カリフォルニア州にあることから、カリフォルニア州法による意思を推定しており、注目に値する。一方、法例7条2項により行為地法を適用した判例は、必ずしも運送人の本店所在地法の適用と同じ結果にならない。とりわけ三国間運送に関する⑮では、船積地法が適用され、傭船契約に関する⑭⑯㉑では、傭船者の本店所在地法が適用された結果になっている。これに対して、往航運送に関する⑰⑲では、船積地と一致する運送人の本店所在地法が適用される結果になっている。

ところで、わが国の学説においては、とりわけ船荷証券が発行される箇品運送契約について、運送人の本店所在地法が最も密接な関連の法である、と主張するものがある[48]。この見解によるならば、少なくとも⑮は、直ちに法例7条2項によるべきではなく、黙示の意思を探究して、運送人の本店所在地法であるデンマーク法を適用すべきであったことになる。なお、運送契約について明文の規定を置いているハンガリー国際私法25条ⅰ号、旧ユーゴスラビア国際私法20条12号、ポーランド国際私法27条1項2号、旧チェコスロバキア国際私法10条2項c号によっても、運送行為は、運送人の主たる営業所によって履行されているものと考えられるから、運送人の本店所在地法が原則的な準拠法になる。

これに対して、ECの契約債務準拠法条約は、特徴的給付の理論に対する例外規定を置いている。すなわち、積込地、荷揚地または荷送人の主たる営業所所在地のいずれかと一致する限りでのみ、運送人の主たる営業所所在地国が最も密接な関連を有すると推定している（4条4項）。これによるならば、⑮は、三国間運送に関する事案であるから、必ずしも批判の対象とはならず、逆に⑪が問題視されることになるであろう。なぜなら、ベルギーから日本への運送にもかかわらず、船荷証券に英国法固有語の記載がある事実などから、結局のところ、運送人の本店所在地法である英国法を適用しているからである。

48) 怀場準一・渉外判例百選〔増補版〕71頁、西賢・渉外判例百選〔増補版〕59頁参照。

たしかに、三国間運送においては、運送人の本店所在地国は、必ずしも契約と最も密接な関連を有するとは言えない。それにもかかわらず、船荷証券における準拠法約款が運送人の本店所在地法を指定しているのは、かような約款が専ら運送人によって作成される、という附合契約の性質に由来するものである。したがって、明示の準拠法約款がない場合にまで、運送人の本店所在地法を適用する必要はない。しかも、特徴的給付の理論は、あくまでも原則的な準拠法の決定に利用されているだけであり、例外的事情がある場合には、別の法を準拠法とすることを妨げない。ECの契約債務準拠法条約は、とりわけ運送契約において、かような例外的ケースが多発することを予測したからこそ、明文の規定によって、特徴的給付の理論を制限することにしたのであろう[49]。したがって、法例7条の解釈論としても、必ずしも運送人の本店所在地法による旨の黙示の意思を認定する必要はなく、むしろ三国間運送においては、荷送人と荷受人のいずれが運送契約を締結したのかなどの事情によって、船積地法または荷揚地法のいずれかを準拠法とすべきであろう。

4 保険契約

渉外的な保険契約として最も重要であるのは、海上保険であろう。すなわち、海上運送に伴う積荷の危険に対する保険である。かような海上保険契約においては、英国法によるべき旨の約款が挿入されることが多いが、その意味を巡って争いがある。

たとえば、①日本から英国へ運送される貨物に関する海上保険契約が、日本

---

49) ECの契約債務準拠法条約の公式報告書は、物品運送契約の特殊性（peculiarities）を考慮した、とのみ述べている。Giuliano/Lagarde, *supra* note (33), p. 375. かような例外規定を置いていなかった契約・契約外債務準拠法条約予備草案（1972年）4条に対する批判としては、E. Selvig, Certain Problems Relating to the Application of the EEC Draft in the Field of International Maritime Law, in: O. Lando/B. von Hoffmann/K. Siehr, European Private International Law of Obligations, 1975, p. 197.

の保険会社と外国人との間で締結された事案において、一方で、行為地法たる日本法が準拠法であることは、当事者間に争いがないとしながら、他方で、保険金の支払および損害の決定については、英国の法令および慣習に従うべき旨の記載があるから、これらの事項については、とくに英国の法令および慣習によるべき旨の合意が成立しており、この特約は、わが国の公益規定もしくは公序良俗に反しないとした東京控判昭和7年12月27日新聞3531号15頁[50]がある。この判決は、英国法によるべき旨の約款を抵触法的な指定ではなく、準拠法たる日本法の強行規定に反しない限りでのみ、英国法を実質法的に指定したものと認定したのであろう[51]。

　これに対して、②米国から日本へ運送される貨物に関する海上保険契約が、日本の保険会社と荷受人との間で締結された事案において、本件の「英文保険証券には準拠法約款があり、それによれば、一切の保険金請求について、保険者に塡補責任があるかどうか及び塡補責任があるとすればその支払については、イングランド（以下英国という）の法と事実たる慣習による」という記載があり、「右約款は、保険契約自体の有効性と航海事業の適法性については日本法に準拠するが、保険金請求に関する保険者の塡補責任の有無と保険者に塡補責任があるとするならばその決済については、英国の法と事実たる慣習に準拠する趣旨であり、かつ、そのように解するのが海上保険業界の慣習である」とした東京地判昭和52年5月30日判時880号79頁[52]がある。この判決は、英国法によるべき旨の約款を抵触法的な指定と解しており、契約の全体が1つ

50）　林脇トシ子・渉外判例百選〔第2版〕88頁、同・渉外判例百選〔増補版〕82頁参照。

51）　同旨、折茂豊『国際私法（各論）〔新版〕』（1972年、有斐閣）130頁。なお、上告審である大判昭和13年8月31日新聞4323号16頁は、英国法によるべき旨の約款によって、英国法における海上保険証券と同一の効力を有するに至ったとしているが、この約款を抵触法的指定と解しているのか、それとも実質法的指定と解しているのかは不明である。

52）　澤木敬郎・渉外判例百選〔第2版〕68頁、道垣内正人・ジュリスト687号134頁参照。

の準拠法による、という準拠法単一の原則ではなく、契約の有効性などは日本法により、塡補責任などは英国法による、という分割指定を認めたものと思われる[53]。

なお、かような英国法によるべき旨の約款は、日本の保険会社だけによって利用されているわけではない。たとえば、③イランから日本へ運送される貨物に関する海上保険契約が、スイスの保険会社らしき原告とイランの商社らしき訴外会社との間で締結された事案において、原告の主張によると、英国法によるべき旨の約款が挿入されていた東京地判昭和34年6月23日下民10巻6号1329頁[54]がある。しかし、④イタリアからリベリアへ運送される貨物に関する海上保険契約が、スイスの保険会社らしき原告・控訴人とリベリア法人らしき訴外会社との間で締結された事案において、スイス法に準拠する旨が約定されていたことが、訴訟当事者である保険会社と船会社の間で争いがないとした東京高判昭和44年2月24日高民22巻1号80頁もある。

また、すべての海上保険契約において、準拠法約款が挿入されているわけでもない。たとえば、⑤日本からベトナムへ運送される貨物に関する海上保険契約が、日本の保険業者とインド商人との間で締結された事案において、英国法を準拠法とする旨の合意が成立した証拠はないが、一般に英文の保険証券が発行された場合には、契約の解釈について、英国法の規定および慣行によるべき旨の事実たる慣習があるとした東京控判昭和15年4月24日新聞4587号12頁がある。もっとも、この判決は、黙示的意思の探究として、英国法を抵触法的に指定する意思を認定したのか、それとも単なる実質法的指定を認定したのか、という点が明らかでない[55]。

さらに、日本の保険会社と日本の輸入業者との間で締結された海上保険契約については、あたかも渉外性を否定したかのような判決が見られる。たとえば、⑥英国から日本へ運送される貨物に関する海上保険契約について、とくに理由

---

53) 同旨、松岡博『国際取引と国際私法』（1993年、晃洋書房）174頁。
54) 土井輝生・ジュリスト229号79頁参照。
55) 同旨、折茂・前掲注(51)136頁。

を示すことなく、日本法が適用されるとした神戸地判昭和45年4月14日判タ288号283頁[56]、⑦インドから日本へ運送される貨物に関する海上保険契約について、契約当事者がいずれもわが国の法人であることを理由として、日本の商法が適用されるとした神戸地判昭和58年3月30日判時1092号114頁[57]がある。

最後に、その他の保険契約については、とくに準拠法判断を示さないまま、結果的に日本法を適用したと思われる判例がある。たとえば、⑧英国保険会社の日本支店と日本人との間の火災保険契約に関する大判大正4年12月24日民録21輯2182頁、⑨外国保険会社の日本支店と日本人との間の生命保険契約に関する東京地判昭和7年7月15日評論21巻商法565頁、⑩米国の会社が日本の営業所で雇った者についての信用保険契約を米国保険会社の日本支店と締結した事案に関する最判昭和39年10月15日民集18巻8号1637頁、東京高判昭和35年4月9日下民11巻4号765頁[58]、東京地判昭和31年10月15日下民7巻10号2906頁[59]、⑪外国保険会社の日本支店と在日米国人との間で締結されたと思われる責任保険契約に関する東京地判昭和40年4月26日下民16巻4号739頁[60]がある。

以上の概観によって、次のように判例をまとめることができる。まず、海上保険契約においては、英国法によるべき旨の約款が挿入されることがあるが、この約款は、保険金の支払などの保険者の塡補責任に関する事項に限定されていることから、抵触法的指定ではなく実質法的指定である、と解される余地があった。たとえば、①の判例は、この立場である。しかし、その根底には、契約の準拠法は契約全体について1つだけ決定されるべきである、という準拠法単一の原則がある。逆に、契約の一部についてのみ準拠法を指定できる、と

56) 前掲注(37)参照。
57) 前掲注(38)参照。
58) 田中徹・ジュリスト283号97頁参照。
59) 土井輝生・ジュリスト211号69頁参照。
60) 畑口紘・ジュリスト345号122頁参照。

いう分割指定を認めるのであれば、かような海上保険契約における英国法の指定を実質法的指定と決めつける必要はなくなる。②の判例は、それほど明白ではないが、保険者の塡補責任などについてのみ英国法を指定する、という分割指定を認めたものと解することができる。なお、わが国の最近の学説は、分割指定を認めるものが有力となってきており[61]、ECの契約債務準拠法条約3条1項も、分割指定を認める明文の規定を置いている。

　つぎに、②③の判例のように、一見したところ、英国と何の関連もないような事案において、英国法を指定することが許されるのか否か、という問題がある。むろん、わが国の法例7条1項の解釈論としては、契約と何らかの関連を有する法だけを指定することができる、という当事者自治の量的制限は否定されているから、かような理由から、英国法の指定を有効とする見解もある[62]。

　しかし、海上保険契約における英国法の指定は、さらに様々な理由から根拠づけられる。たとえば、「海上保険契約については、古い伝統をもち、その高度に発達した海上保険の理論は世界を支配しているといってもいいイギリス法を準拠法とすることはかなり合理的であり、契約が海上保険契約であるというそのことが、その契約をイギリス法に結びつける重要な要素になると考えることも可能である」とする見解がある[63]。また、「イギリスでは古くから海上保険市場が発達し、その法律・約款も世界中に伝播しているから、英文証券・英法準拠がわが国保険会社の発行する保険証券の利用度を高めるために有効と考えられる」とする見解がある[64]。さらに、多くの国の保険会社が英国のロイズＳＧフォームを使用していることから、「この英国フォームを使用する以上、英国海上保険法に準拠しなければ意味がない」とする見解がある[65]。英国法

---

61)　山田・前掲注(3)299頁以下、溜池・前掲注(2)344頁、佐野・前掲注(2)44頁、松岡・前掲注(53)174頁。
62)　澤木敬郎・渉外判例百選〔第2版〕68頁。
63)　鳥居・前掲注(4)75頁。
64)　高桑昭＝江頭憲治郎編『国際取引法』(1991年、青林書院) 178頁〔松田和也〕。同旨、菊池武編『国際取引法』(1986年、六法出版社) 312頁〔加藤修〕。
65)　小原三佑嘉『新国際取引法の講話』(1981年、外国為替貿易研究会) 113頁。

の選択は、このように様々な理由から説明することができるのであり、海上保険契約においては、直接の契約当事者および運送区間のいかんを問わず、合理性を持っていると言える。

ところで、⑤の判例は、一般に英文の保険証券が発行された場合には、英国法によるべき旨の慣習があると認定している。しかし、明示の準拠法約款がないケースにおいても、英国法指定の合意が存在していると言えるかどうかは疑問である。現に、④の判例は、外国の保険会社に関する事例であるが、スイス法の合意を認定しているし、⑥⑦の判例においても、おそらく英文の保険証券が発行されていたと思われるが、とくに英国法によるべき旨の黙示の合意を認定していない。⑥⑦の事案については、法例7条2項によるならば、契約締結地法として、また特徴的給付の理論によるならば、特徴的な給付を行うべき保険者の営業所所在地法として[66]、日本法を適用した結論は、妥当であったと思われる。

さらに、その他の保険契約については、いずれも外国保険会社の日本支店が締結したものであるから、同じく法例7条2項によるならば、契約締結地法として、また特徴的給付の理論によるならば、特徴的な給付を行うべき保険者の営業所所在地法として、日本法を適用した⑧ないし⑪の判例の結論は、妥当であったと言える。

なお、保険契約について、当事者による法選択がない場合、保険者の営業所所在地法を原則的な準拠法とする立法例としては、オーストリア国際私法38条2項、ハンガリー国際私法25条k号、旧ユーゴスラビア国際私法20条13号、ポーランド国際私法27条1項3号、旧チェコスロバキア国際私法10条2項d号がある。

---

66) EC の契約債務準拠法条約の解釈としては、Giuliano/Lagarde, *supra* note (33), p. 374. スイス国際私法の解釈としては、Botschaft zum Bundesgesetz über das internationale Privatrecht (IPR-Gesetz) vom 10. November 1982, 1983, S. 148 f.

5 銀行取引契約

　銀行取引においては、定型的な契約書式が利用されているが、明示の準拠法条項が挿入されていた例は見当たらない。判例は、黙示の意思を推定したもの、および法例7条2項により行為地法を適用したものに分かれる。

　まず、前者の例としては、①インドネシア法によるパートナーシップの労務出資組合員である英国人が、インド銀行日本支店と当座取引契約を締結した事案において、諸般の事情を総合的に考慮した大阪高判昭和37年10月18日下民13巻10号2094頁[67]がある。それによると、(a) 組合員両名は、いずれもインド系の英国人であること、(b) 本件の当座取引契約が組合名義で締結されたこと、(c) インド銀行日本支店は、契約の締結にあたり、両名が登録を経たパートナーシップとしての組合の組合員である旨を組合契約書により確認していること、(d) 本件の取引は、すべて英法系の取引慣行に従い、かつ契約に関する書類はいずれも英文のものを用いており、契約書が日本の銀行の当座取引契約書の形式に従ったものでないこと、(e) 相手方がインドの銀行であること、(f) 組合員両名は、本件の当座取引契約を締結するにあたり、各自が組合を代表する権限を有し、かつ組合の取引上の一切の債務について連帯責任を負担する旨を特約しており、この特約は、英法系のパートナーシップの法理において認められるところと何ら異なるところがないこと、これらの事情を考え併せると、「本件取引契約の当事者が右契約をイギリス法によつてなしたのか、インド法によつてなしたのか必ずしも明白でないとしても、少くともイギリス法系に属する契約法理に準拠してなしたものと推認するを相当とする」。

　これに対して、同じく黙示的意思の推定によりながら、当該取引を担当した外国銀行の支店所在地法を適用した判例がある。すなわち、②日本在住の華僑とタイ銀行日本支店との間の定期預金契約について、諸般の事情を総合的に考

---

　67) 松岡博・渉外判例百選〔増補版〕68頁参照。

慮した東京地判昭和47年4月15日下民23巻1～4号180頁[68]、東京高判昭和49年12月19日下民25巻9～12号1042頁[69]、最判昭和53年4月20日民集32巻3号616頁[70]である。それによると、本件の定期預金契約は、日本在住の華僑とタイ銀行日本支店との間で、日本の通貨の「円」を対象として締結されたこと、および日本国内において行う一般の銀行取引と同様に、定型的・画一的に行われる附合契約の性質を有することなどから、銀行の営業所所在地法である日本法による意思であったと推定される。さらに、地裁判決によると、預金証書が英語で作成されていたという事情は、英語が国際的な商業用語のひとつであることによるものであるから、重要な意味はないし、また高裁判決によると、本件の定期預金契約が香港における華僑の継続的取引と密接な関連を持っていたという事情は、契約の動機・縁由に関するものにすぎないとされる。さらに、最高裁判決によると、「外国銀行がわが国内に支店等を設けて営業を営む場合に主務大臣の免許を受けるべきこと、免許を受けた営業所は銀行とみなされること（銀行法32条）」なども、日本法による意思を推認させる事情として考慮される。

つぎに、法例7条2項により行為地法を適用した判例としては、③韓国の株式会社と韓国銀行日本支店との間の無記名定期預金契約に関する東京地判昭和42年7月11日判タ210号206頁[71]、④インド人とインド銀行日本支店および香港支店との間の当座勘定取引契約に関する大阪地判昭和58年9月30日判タ

---

68) 西賢・ジュリスト542号145頁、同・ジュリスト565号211頁、山本敬三・判例評論170号148頁参照。

69) 三浦正人・渉外判例百選〔増補版〕234頁、木棚照一・ジュリスト615号224頁参照。

70) 道垣内正人・渉外判例百選〔第2版〕104頁、同・法学協会雑誌97巻7号1010頁、松岡博・民商法雑誌80巻5号35頁、同・判例タイムズ390号50頁、牧山市治・ジュリスト673号86頁、同・法曹時報33巻11号172頁、櫻田嘉章・判例評論241号144頁、早田芳郎・ジュリスト693号270頁、越川純吉・中京法学13巻3号54頁、渋川満・金融法務事情895号16頁参照。

71) 岡本善八・渉外判例百選〔第2版〕106頁、同・渉外判例百選〔増補版〕238頁、畑口紘・ジュリスト409号124頁参照。

516号139頁がある。とりわけ前者は、「当事者が共に韓国人であるという事実のみでは黙示意思により韓国法を準拠法とする旨の指定があつたとみることはできない」と述べている。

　以上のように、銀行取引契約の準拠法に関する判例は数が少ないので、そこから一般的な傾向を導き出すことは困難であるが、個々の判例に表れた論点を整理するならば、次のようになるであろう。まず、黙示の意思を推定した①と②は、真っ向から対立している。すなわち、①の判例は、事案がたまたま英国・インドネシア・インドというように、英法系の諸国と密接な関連を有していたので、それらの国の共通法として「イギリス法系に属する契約法理」を準拠法としたようである。しかし、かような「イギリス法系に属する契約法理」が準拠法として極めて曖昧である、という点を除いても、そこで考慮された事情が準拠法の決定において重要であるかどうかは、疑問である。たとえば、契約に英語が使用されていたという事情は、②の地裁判決がいうように、英語が国際的な商業用語であることから、重要な意味はないと思われるし、組合員両名の連帯責任の特約は、組合内部の問題であり、インド銀行という第三者との外部関係を決定づけるものではない。また仮に、本件の当座取引契約がインド銀行とインド人との間で締結されたものであったとしても、③の判例がいうように、あたかも共通本国法によるかのような黙示的意思を認定するわけにはいかない。なぜなら、本件の取引は、インド銀行の本店ではなく、日本支店によって行われたものであり、かつ銀行取引は、②の判例がいうように、定型的・画一的に行われる附合契約の性質を有するから、たまたま取引の相手方がインド人ないし英法系の国民であるからといって、そのような事情が考慮されるとは思われないからである[72]。

　つぎに、③④の判例は、法例7条2項により行為地法を適用しており、結果的に銀行の営業所所在地法の適用と一致しているが、むしろ端的に営業所所在地法の適用を明言すべきであったと思われる。わが国の学説は、②の最高裁判

---

　72)　松岡博・渉外判例百選〔増補版〕69頁参照。

決とほぼ同様に、一般に附合契約は営業所所在地法によるという黙示的意思があり、さらに銀行は一般に強度の行政監督に服するうえ、とくに外国銀行の日本支店は、各営業所毎に営業免許および代表者の選任が義務づけられているから、免許地である営業所所在地法による、という黙示の意思があると主張する[73]。また、特徴的給付の理論によっても、かような特徴的給付を行う銀行の営業所所在地法が準拠法となる[74]。なお、銀行取引契約について、当事者による法選択がない場合、銀行の営業所所在地法を原則的な準拠法とする立法例としては、オーストリア国際私法38条1項およびハンガリー国際私法25条j号がある。

6　消費貸借契約

渉外的な消費貸借契約に関する判例においても、明示の準拠法合意が認定されたものは見当たらない。ここでは、黙示の意思を推定したもの、法例7条2項により行為地法を適用したもの、および準拠法判断を示さないまま、日本法を適用したものに分かれる。

まず、黙示の意思を推定したものとしては、①在米の日本人間で締結された消費貸借契約について、貸借成立の日時および返済期日に日本の年号を用い、かつ借主の住所を日本の住所とした点を考慮して、日本法を準拠法とする意思を推認した甲府地判大正8年3月3日新聞1557号19頁[75]、②日本において、ハワイ居住者を貸主とし、日本居住者を借主として締結した消費貸借契約について、それが日本で事業を行うことを目的としていたこと、日本で返済する約

---

[73]　岡本善八・渉外判例百選〔増補版〕238頁、松岡博・渉外判例百選〔増補版〕69頁、畑口紘・ジュリスト409号125頁、西賢・ジュリスト542号148頁、山本敬三・判例評論170号150頁参照。

[74]　ECの契約債務準拠法条約の解釈としては、Giuliano/Lagarde, *supra* note (33), p. 374.

[75]　土井輝生・渉外判例百選〔増補版〕72頁参照。

束であったことなどから、日本法によるという黙示の意思を推定した東京地判昭和44年3月4日判タ235号236頁、③戦前に中国に設置された日本の行政機関が中国人から融資を受けた契約について、契約当事者の一方が国の行政機関である場合には、特段の事情がない限り、日本法を準拠法とする意思であったとする東京地判昭和45年4月8日判タ253号279頁がある。

つぎに、行為地法を適用したものとしては、④法例施行前の明治25年に、在米の日本人間で締結された消費貸借契約について、行為地法として米国法を適用した大判大正6年3月17日民録23輯378頁[76]、⑤米国カリフォルニア州において日本人間で締結された消費貸借契約について、法例7条2項により行為地法を適用した大判大正7年8月9日新聞1474号16頁および東京控判大正10年11月9日新聞1926号17頁、⑥日本において英国人と日本人との間で締結された消費貸借契約について、契約締結地法として日本法を適用した東京控判大正10年7月1日新聞1912号20頁、⑦中華民国駐日代表団から中華民国人経営の会社および設立中の会社に対し行われた借款供与について、法例7条2項により行為地法として日本法を適用した東京高判昭和32年7月18日下民8巻7号1282頁[77]がある。また、⑧中国の天津において日本人間で締結された消費貸借契約について、当然には日本法によるという意思が認められないとして、原判決を破棄した大判大正11年7月7日新聞2024号15頁がある。

最後に、準拠法判断を示さないまま、日本法を適用したと思われるものとして、⑨終戦当時、中華民国青島において、在留邦人から青島総領事に対し行われた貸付に関する東京高判昭和42年3月30日下民18巻3・4号294頁がある。

以上の概観により、次のような問題点が明らかとなる。まず、ほぼ同様の事案と思われる判例においても、黙示の意思を推定するのか、それとも法例7条2項により行為地法を適用するのかによって、準拠法が全く異なっている。たとえば、在外日本人間の消費貸借契約について、一方で日本法を適用した①の判例があり、他方で行為地法たる外国法を準拠法とした④⑤の判例がある。ま

---

76) 沢木敬郎・渉外判例百選〔増補版〕28頁、同・続判例百選202頁参照。
77) 林脇トシ子・ジュリスト163号67頁参照。

た、準拠法判断を示さないまま、結果的に日本法を適用した⑨の判例は、前者に属し、逆に、当然に日本法によるべきではないとした⑧の判例は、後者の趣旨に解される。たしかに、①の判例は、当事者双方が日本人であることを理由としているわけではないが、日本の年号の使用および日本の住所の記載が準拠法の決定において重要であるとも思われない。むしろ行為地法を適用した④⑤の判例の結果は、当事者の常居所地法と一致しており、結果として妥当であったと思われる。

また③の判例は、日本の行政機関が一方の当事者である場合には、原則として日本法によるという黙示的意思を推定しているが、⑦の判例は、中華民国駐日代表団を一方の当事者とする消費貸借契約について、行為法を適用している。たとえ国や国の行政機関が一方の当事者であったとしても、内容的に私人間の契約と異ならない場合には、特別な推定を行うべきではない[78]。したがって、行為地法を適用した⑦の判例のほうが、機関の所在地法および相手方の常居所地法と一致しており、結果的に妥当であったと思われる。

それでは、②の事案のように、貸主の常居所と借主の常居所が相異なる国にある場合には、いずれの常居所地法を準拠法とすべきであろうか。特徴的給付の理論によるならば、貸主の給付が特徴的であるから、原則として貸主の常居所地法が準拠法になるであろう[79]。しかし、貸付から返済までのすべての履行行為が借主の常居所地国で行われた場合には、例外的に借主の常居所地国法を準拠法とすることが考えられる。その点で、②の判例は、結果的に妥当であったと思われる。

なお、消費貸借契約について、当事者による法選択がない場合、貸主の常居所地法を原則的な準拠法とする立法例としては、ハンガリー国際私法25条1号およびユーゴスラビア国際私法20条8号がある。

---

78) 折茂・前掲注(51)136頁も参照。

79) スイス国際私法の解釈としては、Botschaft, a.a.O., Anm. (66), S. 148.

7 雇 用 契 約

　渉外的な雇用契約に関する判例は、売買契約と同じく数が多い割に、明示の準拠法合意が認定されたものは少ない。わずかに、①設立準拠法不詳の会社が英国人らしき被用者と締結した雇用契約について、英国法の解釈に従うべき旨の約定があると認定した大判明治 41 年 11 月 2 日民録 14 輯 1085 頁、②欧州共同体委員会と日本人との間で締結された雇用契約について、現地職員との紛争および就業条件は職務遂行地法による旨の欧州共同体理事会規則があり、本件契約に適用される欧州共同体委員会駐日代表部の就業規則は、これにしたがって作成された、と認定した東京地判昭和 57 年 5 月 31 日下民 33 巻 5 ～ 8 号 875 頁[80]があるにすぎない。さらに、日本法を準拠法とする旨の合意があったことについて、当事者間に争いがないとした判例も、③フランスの航空会社の日本支社と日本人との間の雇用契約に関する東京地判昭和 48 年 12 月 22 日判時 726 号 25 頁、東京高判昭和 49 年 8 月 28 日労民 25 巻 4・5 号 354 頁[81]、東京地判昭和 50 年 2 月 28 日判時 772 号 95 頁しか見当たらない。

　つぎに、黙示の合意を認定した判例も、それほど多いとは思われない。たとえば、④米国カリフォルニア州において同州法人と米国人との間で締結された労働契約では、日本の航空会社に派遣されることになっていたが、雇用条件について米国以外の政府の管轄から逃れるために、被用者が本籍を米国内に置くことを拘束的条件としていたことなどから、カリフォルニア州法を準拠法とする意思を認定した東京地決昭和 40 年 4 月 26 日労民 16 巻 2 号 308 頁[82]、⑤米

---

80) 小寺彰・ジュリスト 792 号 268 頁、野田進＝椿原史子・阪大法学 129 号 111 頁参照。
81) 田村精一・ジュリスト 586 号 163 頁、澤木敬郎・ジュリスト 590 号 231 頁参照。
82) 桑田三郎・渉外判例百選〔増補版〕76 頁、喜多川篤典・ジュリスト 349 号 120 頁、澤木敬郎・判例評論 85 号 7 頁、安屋直人＝田村精一・法と政治 17 巻 1 号 69 頁参照。

国ニューヨーク州においてニュージャージー州法人と米国人との間で英語により締結された雇用契約では、被用者は日本支社のゼネラル・マネージャーという監督的地位において勤務することになっていたが、報酬その他の諸手当がドルで表示され、その一部がニューヨークで支払われる旨の約定があったことなどから、アメリカ連邦法およびニューヨーク州法を準拠法とする意思であったと認定した東京地判昭和42年8月9日労民18巻4号872頁（＝東京地判昭和42年7月9日判タ210号174頁）[83]および東京地判昭和44年5月14日下民20巻5・6号342頁[84]、⑥米国会社の日本営業所に勤務する日本人の雇用契約について、同会社は、日本の商法479条により、日本における代表者および営業所を定め、その登記を行っているから、日本法による意思が推認されるとした東京高判昭和57年7月19日労民33巻4号673頁[85]、⑦英国において英国法人と英国人との間で締結された雇用契約について、日本の労働基準法に従った解雇予告手当が支払われたこと、被用者の職種が東京事務所の代表者であって、労務提供地のみが予定されていたこと、契約が英国で締結されたのは、被用者がたまたま所用でロンドンを訪問していたためであることなどの事情から、日本法を準拠法とする意思を推認した東京地決昭和63年12月5日労民39巻6号658頁[86]がある。

さらに、法例7条2項により行為地法の適用を明言した判例も、きわめて少ない。たとえば、⑧米国カリフォルニア州において、同州法人と米国人との間で締結された、極東方面のセールスマンとして雇用する旨の契約に関する東京地判昭和34年6月11日下民10巻6号1204頁[87]、⑨中華民国政府の許可を受

---

83) 田中徹・ジュリスト399号139頁参照。
84) 佐野寛・渉外判例百選〔第2版〕76頁、山田鐐一・渉外判例百選〔増補版〕228頁、沢木敬郎・ジュリスト456号198頁、山崎良子・ジュリスト457号144頁、炊場準一・判例評論134号25頁参照。
85) 尾崎正利・三重法経67号22頁参照。
86) 佐野寛・ジュリスト957号283頁、高桑昭・ジュリスト961号237頁参照。
87) 久保田穣・渉外判例百選〔増補版〕170頁、岡本善八・ジュリスト189号71頁参照。

け、日本法により設立された教育機関が、日本において在日中華民国人との間で締結した雇用契約に関する東京地決昭和58年3月15日判時1075号158頁[88]があるにすぎない。

　最も多いのは、準拠法に関する明確な判断を示さないまま、日本法を適用したと思われる判例である。かような判例は無数にあるが、たとえば、⑩パナマ会社の日本営業所に勤務する日本人被用者の解雇に関する東京地決昭和31年7月5日労民7巻6号1044頁、⑪日本会社の米国における営業活動および現地法人設立のために、米国へ派遣された日本人被用者の滞米中の給与等の支払義務に関する東京地判昭和43年12月14日判時548号97頁、⑫ベトナム勤務中の日本会社被用者の無断帰国を理由とした解雇に関する東京地判昭和44年4月30日労民20巻2号384頁、⑬米国ニュージャージー州法人の日本支店勤務の日本人被用者による退職金放棄に関する東京高判昭和44年8月21日判時568号85頁[89]および最判昭和48年1月19日民集27巻1号27頁[90]、⑭米国会社による日本人被用者の解雇に関する東京地判昭和50年3月28日判時786号89頁、⑮米国会社の日本支店に勤務する日本人被用者の国内転任禁止の仮処分申請に関する千葉地佐倉支決昭和54年5月30日労判325号41頁、⑯英国国営会社の日本営業所に勤務する日本人被用者の解雇に関する東京地判昭和54年11月29日労民30巻6号1137頁、⑰シンガポール会社の日本支店に勤務する日本人被用者の解雇に関する東京地判昭和55年2月29日労判337号43頁、⑱日本の会社からタイの子会社へ出向した日本人被用者に対する親会社の賃金支払義務に関する大阪高判昭和55年3月28日判時967号121頁[91]、⑲米国会社の日本支店に勤務する日本人被用者に対する解雇予告に関する千葉地佐倉支決昭和57年4月28日判時1047号154頁、⑳日本会社の米国における業務の統括責任者として雇用された、米国カリフォルニア州在住の

---

88) 田中徹・ジュリスト862号263頁、尾崎正利・三重法経61号55頁参照。
89) 林脇トシ子・ジュリスト443号156頁参照。
90) 鈴木康之・法曹時報26巻12号151頁参照。
91) 尾崎正利・三重法経56号59頁参照。

日本人被用者の解雇に関する大阪地判昭和 57 年 7 月 26 日労判 391 号 33 頁[92]、㉑EC の現地職員の地位保全等に関する東京高判昭和 58 年 12 月 14 日労民 34 巻 5・6 号 922 頁、㉒フランス会社の日本営業所に勤務する日本人被用者の解雇に関する東京地判昭和 59 年 1 月 27 日判時 1106 号 147 頁、㉓米国ニューヨーク州において、日本の会社と米国人との間で締結された、日本で勤務する旨の雇用契約に関する東京地判昭和 59 年 5 月 29 日労判 431 号 57 頁、㉔スイス会社の日本支店で勤務する日本人被用者の解雇に関する東京地判昭和 59 年 5 月 30 日労判 433 号 22 頁、㉕米国銀行の日本支店に勤務する日本人被用者の雇用契約に関する大阪地決平成 3 年 4 月 12 日判タ 768 号 128 頁がある。なお、㉖サウジアラビア法人の東京事務所に勤務する日本人被用者の解雇について、日本法を適用しながら、サウジアラビア法によっても同じ結論になるとした東京地決平成 4 年 3 月 4 日労判 617 号 75 頁がある。

　以上の概観により、次のように判例をまとめることができる。まず、渉外的な雇用契約において、明示の準拠法合意が行われることは稀である。事案が不明確である①の判例はともかく、②③の判例のように、欧州共同体委員会駐日代表部や外国航空会社の現地採用職員の雇用契約は、使用者の特性による例外的なケースに属するであろう。明示の準拠法合意が少ない理由は、憶測の域を出ないが、幾つか考えられる。第 1 に、②③の判例のように、明示の準拠法合意による採用地法の適用は、法例 7 条 2 項による行為地法すなわち契約締結地法の適用と一致することになり、明示の準拠法合意がなくても、結果は同じことになる。第 2 に、仮に会社の本店所在地法を指定する合意を行ったとしても、労務給付地の強行法である労働法などの適用を免れることができないのであれば、結局のところ、明示の準拠法合意を行うことの意味は、あまり多くないと考えられるであろう。

　後者の点については、「法例第 7 条の採用した準拠法選定自由の原則は属地的に限定された効力を有する公序としての労働法によって制約を受ける」とし

---

92) 尾崎正利・三重法経 59 号 45 頁参照。

た④の判例がある一方で、「法例 7 条にいう準拠法指定自由の原則により一旦外国法を適用すべきものとされた場合に、継続的労務給付地が日本であり、日本に独自の強行法規たる労働法規があるという一般的な理由にもとづき法例 30 条を根拠として法例 7 条の適用を排斥すべきではない」とした⑤の判例（東京地判昭和 44 年 5 月 14 日。同旨、東京地判昭和 42 年 8 月 9 日）がある。すなわち、わが国の判例を見る限りでは、外国会社の本店所在地法を準拠法とする合意が、全く無意味であるとは思われない。しかし、わが国の学説においては、公法の属地的適用の理論により[93]、あるいは強行法規の特別連結の理論により[94]、労務給付地がわが国である場合、労働契約の準拠法が外国法であっても、わが国の労働法を適用すべきである、とする見解が有力である[95]。また、EC の契約債務準拠法条約も、労働契約における準拠法合意について、労務給付地法などの強行規定により労働者に与えられた保護を奪う結果になってはならない、と規定している（6 条 1 項）[96]。

　つぎに、黙示の準拠法合意を認定した判例も、それほど多くはないが、次のような問題を提起している。すなわち、④⑤⑦の判例は、いずれも外国において、外国の会社と外国人との間で締結された雇用契約に関するものであったが、④⑤の判例が契約締結地法の適用と同じ結果になったのに対して、⑦の判例は、労務給付地法である日本法を適用する結果になっている。むろん後者においても、日本の労働基準法に従った解雇予告手当が支払われたこと、および英国における契約締結が偶然的であったことが、併せて考慮されているが、④⑤⑦の判例に共通しているのは、労務給付地が日本に限定されていた点である。これに対して、④の判例がいうように、被用者が本籍を米国内に置くことを拘束的

---

93) 折茂・前掲注(51)135 頁、溜池・前掲注(2)358 頁、澤木・前掲注(2)192 頁参照。
94) 桑田三郎・渉外判例百選〔増補版〕77 頁、烔場準一・判例評論 134 号 25 頁。
95) さらに、佐野・前掲注(2)49 頁、同・渉外判例百選〔第 2 版〕77 頁、山田鐐一・渉外判例百選〔増補版〕229 頁も参照。
96) 同様の立法例として、オーストリア国際私法 44 条 3 項。

条件としていたこと、また⑤の判例がいうように、報酬などがドルで表示され、その一部がニューヨークで支払われる旨の約定があったことは、準拠法の決定において重要であるとは思われない。さらに、⑥の判例は、外国会社の日本営業所に勤務する日本人の雇用契約に関するものであり、日本法の適用は、契約締結地法および労務給付地法のいずれとも一致する結果になっているが、商法479条による外国会社としての登記は、やはり準拠法の決定において重要であるとは思われない。なお、EC の契約債務準拠法条約は、当事者による法選択がなく、かつ労働者が通常ひとつの国で就労している場合には、原則として、その労務給付地法を準拠とする（6条2項a号）[97]。

さらに、法例7条2項により行為地法の適用を明言した判例も、極めて少ないが、その適用結果を見ておくと、⑨の判例は、労務給付地法の適用と一致しており、問題がないであろう。また、⑧の判例では、労務給付地が数か国にまたがっていた可能性があるので、契約締結地法（雇入地法）の適用は、結果的に妥当であったと思われる。なお、EC の契約債務準拠法条約は、労働者が通常、複数国で就労している場合には、原則として、使用者の営業所所在地法を準拠法とする（6条2項b号）[98]。

最後に、準拠法に関する明確な判断を示さないまま、日本法を適用したと思われる判例をまとめてみる。第1に、これらの判例の中で、最も多いのは、外国会社の日本営業所において現地採用された日本人の雇用契約に関するものである。すなわち、⑩⑬〜⑰⑲㉑㉒㉔〜㉖である。これらのケースでは、通常の労務給付地が日本に限定されているので、日本法の適用は結果的に妥当であった。もっとも、⑬の最高裁判決では、使用者が外国の会社であることを考慮すべきである旨の少数意見があるし、㉖の判例では、使用者の本拠地法であるサウジアラビア法によっても、適用結果が日本法と異ならないことが付け加えら

---

97) 同様の立法例として、スイス国際私法121条1項、オーストリア国際私法44条1項。

98) 同様の立法例として、スイス国際私法121条2項、オーストリア国際私法44条2項。

れている。しかし、原則として、現地採用の被用者については、使用者が外国会社であるか否かを考慮する必要はないと思われる[99]。

　第2に、もともと日本の会社に勤務していた日本人が外国へ派遣されたために、渉外的要素が発生した事案が数件ある。すなわち、⑪⑫⑱である。むろん外国派遣といっても、単なる出張から海外支店における継続的勤務、さらには海外子会社への出向など、様々な形態がある。しかし、当初から特定の外国における勤務を条件として雇用契約を締結した場合はともかく、その他の場合には、数年以内に日本へ帰国することが予定されており、通常の労務給付地は依然として日本にある、と言えるであろう[100]。したがって、⑪⑫⑱の判例は結果的に妥当であったと思われる。

　第3に、米国において日本の会社と米国人との間で締結された雇用契約に関する㉓の判例がある。この事件は、法例7条2項によるならば、契約締結地法である米国ニューヨーク州法が適用されていたであろう。しかし、契約は日本における勤務を目的としており、現実に、通常の労務給付地は日本であったから、日本法の適用は結果的に妥当であった。なお、かような事案は、使用者が日本の会社か外国の会社かという違いはあるが、④⑤⑦の事案と同一に取り扱ってよいと思われる。なぜなら、⑪⑫⑱の事案と異なり、当初から契約締結地国以外の国における勤務が予定されており、通常の労務給付地は、その国にあったと言えるからである。

---

99)　結果同旨、佐野・前掲注(2)49頁。
100)　税制との関係から5年以内に帰国するのが一般的であるとするのは、南敏文『改正法例の解説』(1992年、法曹会) 198頁。ただし、これは、法例における常居所の認定に関連して述べられたものである。〔追記〕ちなみに、わが国が各国と締結している最近の社会保障協定では、5年未満の一時派遣社員は日本の社会保障制度（年金・医療保険）にのみ加入し、相手国の社会保障制度への加入義務を免除する旨が規定されている。たとえば、「社会保障に関する日本国とアメリカ合衆国との間の協定」（平成17年条約第10号）4条2項。一般的には、社会保険庁のウェブサイト <http://www.sia.go.jp/seido/kyotei/manual/contents-1.html> 参照。あるいは、従来からも、5年以内に帰国する理由は、むしろ社会保障制度にあった可能性がある。

最後に、米国在住の日本人と日本の会社との間の雇用契約に関する⑳の判例がある。この事案においては、日本法の適用に疑問がある。なぜなら、もともと米国に居住していた者が、米国における勤務を目的として、雇用契約を締結しており、現に通常の労務給付地は米国内にあったからである。逆にいえば、日本における勤務は予定されていなかった。したがって、日本の会社と日本人との間の雇用契約とはいえ、米国法の適用が妥当であったと思われる。

8 その他の契約

委任契約に関する判例としては、①在日の英国人夫からカナダ人妻に物上保証を委任した契約の準拠法を日本法とすることについて、当事者間に争いがないとした京都地判昭和32年10月17日下民8巻10号1940頁[101]、②米国銀行のパリ支店からフランスの銀行に取立を委任した契約について、フランス法による意思のもとに締結したとする東京地判昭和45年3月27日下民21巻3・4号500頁[102]、③米国ニューヨーク州において日本の会社が同州の弁護士に法律業務を委任した契約について、法例7条2項により行為地法たるニューヨーク州法を適用した徳島地判昭和44年12月16日判タ254号209頁[103]、④米国在住者から日本在住者に相続税の納付を委任した契約について、とくに準拠法に関する判断を示さないまま、日本法を適用したと思われる東京地判昭和47年5月10日行裁集23巻5号299頁がある。

代理店契約に関する判例としては、⑤設立準拠法不詳の当事者間における船舶代理店契約および船舶サービス供給契約の準拠法を日本法とすることについ

---

101) 三井哲夫・渉外判例百選〔第2版〕120頁、沢木敬郎＝林脇トシ子・ジュリスト183号69頁参照。
102) 後藤明史・ジュリスト543号141頁参照。
103) 田辺信彦・渉外判例百選〔第2版〕110頁、畑口紘・渉外判例百選〔増補版〕240頁、烁場準一・ジュリスト482号222頁、山崎良子・ジュリスト485号170頁参照。

て、当事者間に争いがないとした東京地判昭和51年1月29日下民27巻1～4号23頁、⑥ドイツ会社と日本会社との間で、お互いに相手国における代理店として事業活動を行い、その利益を折半すること等を内容とする契約について、行為地法（契約締結地法）としてドイツ法を適用した東京地判昭和31年2月25日下民7巻2号429頁[104]、⑦日本において米国の保険会社と日本人との間で締結された総代理店契約について、行為地法として日本法を適用した東京控判昭和10年8月5日新聞3904号5頁がある。

　不動産の貸借契約に関する判例としては、⑧米国ニュージャージー州法人の被用者である米国人が、使用者から日本所在の家屋を無償で借り受ける契約について、契約締結地および目的物所在地が日本であることを理由として、日本法を準拠法とする意思であったと推認した東京地判昭和44年5月14日下民20巻5・6号342頁[105]、⑨インドネシア法に準拠して結成された組合の組合員が、組合のために、日本の会社から日本所在のビルの一室を賃借した契約について、事案の性質上、日本法にしたがって契約を締結する意思であったことは明白であるとした大阪高判昭和44年8月5日高民22巻4号543頁[106]、⑩在日中華民国人間における日本所在の土地の使用貸借契約について、とくに準拠法に関する判断を示さないまま、日本法を適用した東京地判昭和62年8月28日判時1278号97頁がある。

　知的財産権契約に関する判例としては、⑪米国法人が日本人に対し特許権の専用実施権を設定する契約について、「本件契約は日本における特許の実施についての契約であり、基本契約も附随契約もその契約書は日本語で記載されており、基本契約は東京で締結されたものであることからすれば、本件契約の準拠法は日本法とすることに当事者の黙示の合意があったものと認められる」とした東京高判平成2年9月26日無体例集22巻3号613頁[107]、⑫日本人から

---

104) 西賢・ジュリスト185号64頁参照。
105) 前掲注(84)参照。
106) 松岡博・渉外判例百選〔第2版〕74頁参照。
107) 石黒一憲・判例評論395号43頁、木棚照一・特許42巻10号1353頁参照。

米国法人に対し、日本で登録された意匠権を無償で譲渡する契約について、とくに準拠法に関する判断を示さないまま、日本法を適用したと思われる東京地判昭和 39 年 4 月 21 日判タ 161 号 151 頁[108]がある。

　以上の判例においては、契約締結時に明示の準拠法合意があったことを、明白に認定したものは見当たらない。しかし、日本法を準拠法とすることについて、当事者間に争いがないとしたものとしては、委任契約に関する①の判例および船舶代理店契約などに関する⑤の判例がある。また、明示の準拠法合意がない場合における準拠法の決定を契約類型毎に見ていくと、次のようになる。

　まず、委任契約については、黙示の準拠法合意を認定した②の判例、法例 7 条 2 項により行為地法を適用した③の判例、明確な準拠法判断を示さなかった④の判例がある。②の判例においては、委任者と受任者が同一国に営業所を有する銀行であるから、その国の法を準拠法とした結論には、問題がないであろう。③④の判例においては、結局のところ、受任者の常居所地法が適用されているから、これらも結論的には問題がなかったと思われる。なお、EC の契約債務準拠法条約における特徴的給付の理論によっても、受任者の給付が特徴的と解されている[109]。また当事者による法選択がない場合に、受任者の常居所地法を原則的な準拠法とする立法例としては、スイス国際私法 117 条 3 項 c 号、ハンガリー国際私法 25 条 f 号、旧ユーゴスラビア国際私法 20 条 3 号、ポーランド国際私法 27 条 1 項 2 号、旧チェコスロバキア国際私法 10 条 2 項 e 号がある。さらに、オーストリア国際私法 38 条 1 項は、とくに銀行間取引について、受任銀行の営業所所在地法を指定する。

　つぎに、代理店契約については、法例 7 条 2 項により行為地法を適用した⑥⑦の判例がある。⑦の事案においては、結局のところ、代理店となる者の常居所地法が適用されているので、問題はないであろう。これに対して、⑥の事案では、お互いに相手国において代理店として事業活動を行い、その利益を折半するのであるから、どちらの国の法が契約とより密接な関連を有するのかを決

---

108)　土井輝生・ジュリスト 380 号 140 頁参照。

109)　Giuliano/Lagarde, *supra* note (33), p. 374.

定することは困難であった。したがって、契約締結地法を適用した⑥の判例は、結果的に妥当であったと思われる。なお、ECの契約債務準拠法条約における特徴的給付の理論によっても、代理人の側の給付が特徴的と解されている[110]。また当事者による法選択がない場合に、代理人の常居所地法を原則的な準拠法とする立法例としては、ハンガリー国際私法25条h号、ポーランド国際私法27条1項2号、旧チェコスロバキア国際私法10条2項f号がある。

さらに、不動産の貸借契約については、黙示の合意を認定した⑧⑨の判例、および明確な準拠法判断を示さなかった⑩の判例がある。これらのうち、⑧の判例は、契約締結地および目的物所在地が日本であることを理由として、日本法による意思であったと認定している。しかし、契約締結地を理由とするのであれば、法例7条2項によっても、同じ結論が導かれるし、単なる目的物所在地を理由とするのであれば、目的物が動産である場合にも、その所在地が重要視されることになる。むしろ、これらの事案においては、目的物が不動産であるからこそ、その所在地法である日本法の適用が結果的に妥当であったと思われる。なお、前述2のように、不動産に関する契約一般について、当事者の法選択がない場合、不動産所在地法を原則的な準拠法とする立法例としては、ECの契約債務準拠法条約4条3項、スイス国際私法119条1項、ハンガリー国際私法26条1項、旧チェコスロバキア国際私法10条2項b号がある[111]。また、オーストリア国際私法42条1項は、とくに不動産の使用に関する契約について、不動産所在地法を指定する。

最後に、知的財産権契約については、黙示の準拠法合意を認定した⑪、および特に準拠法判断を示さなかった⑫がある。そして、⑪の判例は、結果的に実施権者の常居所地法を適用したが、⑫の判例は、譲渡人の常居所地法を適用する結果になっている。特許実施契約について、明示の準拠法合意がある場合には、実施許諾者側の法が指定されることが多い、とも言われているが[112]、か

---

110) Giuliano/Lagarde, *supra* note (33), p. 375.
111) 前掲注(31)も参照。
112) 澤木・前掲注(2)193頁参照。

ような準拠法合意がない場合には、いずれの当事者の営業所所在地法ないし常居所地法を適用すべきかを決定することは困難である。外国の立法例においても、スイス国際私法122条1項は、譲渡人ないし実施許諾者の常居所地法を指定しているが、オーストリア国際私法43条1項は、譲渡または実施許諾の対象となった国の法を指定し、かような対象国が複数ある場合には、譲受人ないし実施権者の常居所地法を指定する。また、著作権とその他の知的財産権を区別する立法例もある。たとえば、ハンガリー国際私法は、著作権の実施に関する契約については、実施権者の住所地法を指定し（25条c号）、工業所有権などの実施に関する契約については、実施許諾者の住所地法を指定する（25条d号）。これに対して、旧ユーゴスラビア国際私法は、著作権契約については、著作権者の住所地法を指定し（20条14号）、技術移転契約については、技術の譲受人の本拠地法を指定する（20条18号）。なお、ポーランド国際私法27条1項4号は、著作権の譲渡契約について、譲受人の本拠地法を指定する。

9 おわりに

　以上は、契約類型毎に、わが国の判例を分析したのであるが、最後に、これらの判例全体の分析を試みたい。

　第1に、明示の法選択は、たしかに全体としてみると、それほど多くないが、海上物品運送契約、とりわけ船荷証券が交付された箇品運送契約においては、むしろ明示の準拠法約款の存在が通例であった。その際に、必ず運送人の本店所在地法が選択されるのは、これらの約款が専ら運送人によって作成される、という附合契約の性質に基づくものと思われる。すなわち、運送人は、船積地および荷揚地の双方が自己の本店所在地国以外の国にある三国間運送であっても、自己が熟知した本店所在地法を選択することにより、紛争解決を有利に進めることができるのである。しかし、かような準拠法選択の傾向は、すべての附合契約に共通のものとは思われない。たとえば、銀行取引契約においては、明示の準拠法約款の例が見当たらないし、保険契約においては、異なった基準

で準拠法が選択されている。とりわけ海上保険契約においては、様々な理由から、少なくとも保険者の塡補責任については、英国法を選択する傾向があった。したがって、同じく附合契約といっても、個々の取引形態や伝統の違いなどから、準拠法約款の有無および準拠法選択の基準が異なってくるものと思われる。

　第2に、かような明示の法選択がない場合には、黙示の法選択が認定されるのか、法例7条2項により行為地法が適用されるのか、それとも明白な準拠法判断を示すことなく、日本法が適用されるのかによって、結果が異なっており、法的安定性が著しく損なわれている。かような不都合を再び契約類型毎にまとめ直すと、次のとおりである。

　売買契約については、ほとんどの判例において、結果的に売主の営業所所在地法が適用されているが、隔地的な契約に関する㉑および㉚の判例は、買主の営業所所在地法を適用する結果になっている。㉑の判例は、法例7条2項および9条2項により、申込発信地法を適用したものであり、㉚の判例は、明白な準拠法判断を行っていない。しかし、これらの判例において、買主の営業所所在地法が適用されたのは、全く偶然的な事情によるものにすぎず、売主の営業所所在地法を適用した他の判例と比べて、それほど大きく事案が異なるわけではなかった。

　海上物品運送契約については、明示の法選択がなかった事案がそれほど多くないので、一般的な傾向を見出すことは困難であるが、とりわけ三国間運送に関する⑪の判例は、結果的に運送人の本店所在地法を適用したのに対して、同じく三国間運送に関する⑮の判例は、船積地法を適用した結果になっている。前者は、黙示の法選択を認定したものであり、後者は、法例7条2項により行為地法を適用したものである。しかし、これらの2つの事案は、いずれも三国間運送に関するものであり、とくに結果を異にする事情は存在しなかったように思われる。

　保険契約についても、明示の法選択がなかった事案はそれほど多くないが、とりわけ海上保険契約に関する⑤の判例が、一般的に英国法によるべき旨の慣

習を認定したのに対して、同じく海上保険契約に関する⑥⑦の判例は、結果的に保険会社の営業所所在地法を適用している。前者は、黙示の意思を認定したものであり、後者は、明白な準拠法判断を示すことなく、日本法を適用したものである。たしかに契約の相手方は、前者の事案では、インド商人であり、後者の事案では、保険者と同じ日本法人であった。しかし、これが特に結果を異にする事情とは思われない。

銀行取引契約については、当事者の共通本国法とも思われるような「イギリス法系に属する契約法理」を準拠法とした①の判例と、銀行の支店所在地法を適用した他の判例が対立している。とりわけ、③④の事案は、銀行の本店所在地国の国民ないし会社との取引であり、これらの事案において、共通本国法ではなく、支店所在地法を適用した結果は、①の判例と対比して注目される。なお、①の判例が黙示の法選択を認定したのに対して、③④の判例は、法例7条2項により行為地法を適用したものである。

消費貸借契約についても、当事者の共通本国法を適用した①の判例と、結果的に当事者の常居所地法を適用した④⑤の判例が対立している。前者は、黙示の法選択を認定しており、後者は、行為地法を適用したものである。しかし、事案は、いずれも在米日本人間の消費貸借契約であり、①の事案において、日本の年号および日本の住所を記載したという事情は、とくに重要とは思われない。また、当事者の一方が国の行政機関であるという事情を考慮した③の判例と、かような事情を無視した⑦の判例が対立している。前者は、黙示の意思を認定しており、後者は、法例7条2項により行為地法を適用したものである。

雇用契約については、ほとんどの判例が結果的に通常の労務給付地法を適用しているが、④⑤⑧⑳の判例は、使用者の本店所在地法ないし契約締結地法を適用した結果になっている。これらのうち、⑧の事案では、労務給付地が複数の国にまたがっていたようであるから、他の事案と異なった結果になることは合理性がある。しかし、④⑤⑳の事案は、他の事案と異なった結果になるような特別の事情は見当たらない。すなわち、④の判例は、被用者が本籍を米国内に置くことを拘束的条件としていることを重視し、⑤の判例は、報酬の支払通

貨および支払地を重視しているが、これらの事情が準拠法の決定にとって重要であるとは思われない。また、⑳の判例は、明白な準拠法判断を示さないまま、日本法を適用しているが、おそらく契約当事者が日本の会社および日本人であった、という事情を考慮したのであろう。しかし、通常の労務給付地および契約締結地は、米国内にあったようである。

その他の契約のうち、知的財産権契約に関する⑪および⑫の判例は、一方が特許権の実施権者の常居所地法を適用し、他方が意匠権の譲渡人の常居所地法を適用した結果となっている。前者は、黙示の準拠法合意を認定し、後者は、明白な準拠法判断を示していない。しかし、いずれも知的財産権契約に関する事案であり、とくに結果を異にするような事情は見当たらない。

以上のように、明示の準拠法合意がない場合には、裁判所がどのような基準で準拠法を決定するのかを予測することは困難である。その原因は、次の諸点に見出される。まず、黙示の法選択を認定した判例においても、特定の事情だけを考慮したものと、諸般の事情を総合的に考慮したものがあり、しかも、準拠法の決定にとって重要とは思われない事情も考慮されることがある。つぎに、ほとんど同一の事案においても、黙示の法選択が認定されたり、法例7条2項により行為地法を適用したり、明白な準拠法判断を示さないまま、日本法を適用している。たしかに、学説は、当事者による明示の法選択がなくても、直ちに法例7条2項により行為地法を適用するのではなく、当事者の黙示的意思を探究すべきである、と主張しているが、判例は、これに従うものと、そうでないものとが混在している。また、渉外的事案においては、当事者の主張立証を待つまでもなく、裁判所は準拠法判断を示す義務があるが、依然として、これを無視したり、国内事件と同様に扱うものがある。

そこで、これらの不都合を除去するために、次のような法例7条の解釈論を提起したい。第1に、黙示の法選択と客観的連結は明白に区別すべきであり、黙示的意思に仮託して、客観的連結を行うべきではない。たとえば、ECの契約債務準拠法条約3条1項によると、「法選択は、明示的であるか、または十分な確実性をもって、契約の諸規定もしくは事案の諸事情から明らかでなけれ

ばならない」とされている（同旨、スイス国際私法 116 条 2 項）。これによるならば、本稿で取り上げた判例のうち、黙示的法選択を認定しうるのは、わずかに海上物品運送契約に関する⑫くらいであろう。そこでは、1936 年米国海上物品運送法に準拠する旨の約款が船荷証券に記載されていた。

　第 2 に、客観的連結においては、直ちに法例 7 条 2 項によるのではなく、契約類型毎の不文の連結規則を見出すべきである。従来は、かような契約類型にもとづく考察が黙示的意思の探究として行われていたが、むしろ客観的連結として行われるべきである。それによって、結果の予測可能性および法的安定性が確保される。たとえば、売買契約においては、売主の営業所所在地法、保険契約においては、保険者の営業所所在地法、銀行取引契約においては、銀行の営業所所在地法、貸借契約においては、貸主の営業所所在地法、委任契約においては、受任者の営業所所在地法、代理契約においては、代理人の営業所所在地法を原則的な準拠法とすることができる。これらの連結規則は、本稿で取り上げた判例の傾向および外国の立法例とほぼ一致するであろう。とりわけ EC の契約債務準拠法条約などにおける特徴的給付の理論と一致する結果になる。

　むろん特徴的給付の理論には、限界がある。まず、若干の契約においては、類型的に例外が認められる。たとえば、海上物品運送契約においては、特徴的給付の理論によるならば、運送人の本店所在地法が準拠法になるが、三国間運送においては、むしろ船積地法または荷揚地法が最も密接な関連の法と言えるであろう。また、雇用契約においても、特徴的給付の理論によるならば、被用者の常居所地法が準拠法になるが、むしろ通常の労務給付地法を原則的な準拠法とし、労務給付地が複数の国にまたがる場合には、使用者の営業所所在地法を準拠法とすべきであろう。さらに、不動産の売買や使用に関する契約においては、特徴的給付のいかんを問わず、不動産所在地法によるべきである。なお、知的財産権に関する契約においては、特徴的給付の理論によるならば、実施許諾者ないし譲渡人の営業所所在地法が準拠法になるが、逆に実施権者ないし譲受人の営業所所在地法を準拠法とする可能性もある。

　つぎに、事案の諸事情を総合的に考慮した結果、例外が認められることもあ

る。たとえば、消費貸借契約に関する②の事案は、特徴的給付の理論によるならば、貸主の常居所地法が準拠法になるが、貸付から返済までのすべての履行行為が借主の常居所地国で行われたか、または行われることを予定していたようであるから、例外的に借主の常居所地法を準拠法とすることが考えられる。また、特徴的給付の理論に対する契約類型毎の例外規則においても、さらに個別の事情を考慮した結果、再度の例外が認められる可能性がある。

　最後に、特徴的給付を認定することができない契約がありうる。たとえば、「その他の契約」のうち、代理契約に関する⑥の事案は、お互いが相手国における代理店として事業活動を行い、その利益を折半すること等を内容とする契約に関するものであるから、いずれの当事者の給付が特徴的であるのかを決定することはできない。この場合には、その他のすべての事情を考慮して、準拠法を決定するしかないが、本件においては、とりわけ契約締結地以外に、準拠法を決定する要素がなかった。

　以上のように、特徴的給付の理論を中心とした契約類型毎の連結規則は、法例7条の解釈論としても導入することが可能である。そして、適度な柔軟性をもった連結規則を採用することによって、法的安定性と結果の妥当性の両方を追求すべきであると思われる。

II　国際化と消費者

1　はじめに

　今日、あらゆる法分野において、国際化が言われているが、消費者法も、その例外ではない。日本市場では外国製品が、外国市場では日本製品が氾濫しているし、モノだけでなく、カネ、人、情報の国際的移動が高まっている[1]。かような国際化の時代に、消費者保護を一国の法律だけで達成することは不可能であり、必然的に他国の法律との協調が求められる（法のハーモナイゼーション）。現にわが国でも、これを目指した著書が幾つか現れている[2]。

　しかし、消費者保護に関係する法律は、それぞれの国の経済政策を反映しているため、現実には他国との協調が困難であり、各国ばらばらの状態が続いている。そこで消費者の側からみれば、どこの国の法律によって保護されるのか、また国家の側からみれば、自国の法律がどの範囲で適用されるのか、という問題が生じる（抵触法上の問題点）。さらに消費者にとって、企業を相手に訴えを提起することは、それだけでも大変であるのに、外国企業が相手の場合、わが国の裁判所の管轄が否定され、外国の裁判所に出向かなければならないとしたら、事実上、権利の行使は不可能になるであろう。そこで消費者は、どこの国の裁判所で訴えを提起できるのか、という問題が重要となる（国際的裁判管轄）。

　本稿では、以上のような法のハーモナイゼーション、抵触法上の問題点、国

---

　1) 経済企画庁国民生活局消費者行政第一課編『消費生活の国際化―その現状と課題』（1991年、大蔵省印刷局）3頁。
　2) 長尾治助＝中坊公平編集代表『消費者法の国際化』（1996年、日本評論社）、長尾治助ほか編『消費者法の比較法的考察』（1997年、有斐閣）など。

際的裁判管轄の観点から、「国際化と消費者」について考えてみたい。

2 法のハーモナイゼーション

　国際取引の分野では、各国の法の不統一による不便を除去するために、すでに19世紀から法のハーモナイゼーションへの努力が始まっており、売買法、運送法、手形・小切手法などについては、いわゆる統一法条約が成立している[3]。しかし、1980年の「国際的物品売買契約に関する国連条約」（ウィーン売買法条約）においても、消費者売買が適用範囲から除外されているように（2条a号）、消費者法は、各国の経済政策を反映するため、国際的な統一が困難な分野とされてきた[4]。一方、各国の法を協調させる方法は、必ずしも条約だけに限らない。国際取引についても、統一法条約の作成は、膨大な時間と費用がかかり、必然的に対象となる分野や事項が限定されることなどから、最近では、モデル法による漸進的な法統一が評価しなおされている[5]。

　消費者法の分野では、さらに緩やかなものとして、いわゆる「国連消費者保護ガイドライン」（1985年国連総会採択）がある[6]。このガイドラインは、まさにわが国の消費者保護基本法のように、消費者保護の原則を定めることだけを目的としている。すなわち、（消費者の）物理的安全、消費者の経済的利益の増進および保護、消費者向けの商品およびサービスの安全性ならびに品質に関する規準、消費者向けの必需品などの流通システム、消費者の救済手段の確保、教育および情報提供、特定の分野における消費者保護の重点化について、各国に施策を求めているが、具体的な消費者保護の手段ないし立法の内容を定めているわけではない。

---

　3)　奥田安弘『国際取引法の理論』（1992年、有斐閣）7頁以下。
　4)　曽野和明＝山手正史『国際売買法』（1993年、青林書院）47頁。
　5)　曽野和明『変容した国際社会と条約至上主義への疑問』国際法外交雑誌84巻6号1頁。
　6)　日本語訳として、長尾ほか編・前掲注(2)61頁以下がある。

このガイドラインは、多数の国の立法に影響を及ぼしたと言われているが[7]、法のハーモナイゼーションというには程遠い。たしかに、消費者法が存在する国と存在しない国が並立している状況よりは、消費者保護のための施策を行うという点で、各国の協調が実現されたかに見えるが、肝心の消費者法の内容が各国ばらばらであるから、法の不統一は全く解消していない。むしろガイドラインは、法統一への長い道程のスタートラインにすぎないと言えるであろう。

つぎに、地域レベルにおける法のハーモナイゼーションとしては、EU法がある[8]。すでに1957年のローマ条約において、生活水準の改善ないし消費者保護をうたった規定が散見される（前文、2条、39条1項(e)号、85条3項、86条(c)号）。また理事会は、構成国の法令の接近に関する条約100条にもとづき、多数の消費者保護に関する指令（directive）を発してきたし、1986年の単一欧州議定書により新設された100a条3項によって、委員会は、消費者保護に関する理事会指令などの提案を行うにあたり、高い水準の保護を基礎とすることが求められている[9]。そして、1992年のマーストリヒト条約により、3条(s)

---

[7] デーヴィッド・ハーランド「国連消費者保護ガイドライン―採択後10年間に与えた影響」長尾ほか編・前掲注(2) 24頁以下。

[8] 以下の叙述は、主として、G. Howells/T. Wilhelmsson, EC Consumer Law, 1997, p. 6-15による。さらに、大村敦志「ヨーロッパ共同体と消費者法政策(1)～(3)完」NBL 538号8頁以下、539号30頁以下、540号28頁以下、山根裕子「競争法と消費者利益との関係について―EUの場合」長尾ほか編・前掲注(2) 79頁も参照。

[9] 消費者保護に関する理事会指令としては、次のものを挙げることができる。製造物責任（85/374/EEC, OJ 1985 L. 210/29）、一般的な製品の安全性（92/59/EEC, OJ 1992 L 228/24）、不公正な契約条件（93/13/EEC, OJ 1993 L 95/29）、不当広告（84/450/EEC, OJ 1984 L 250/17）、食品の価格表示（79/581/EEC, OJ 1979 L 158/19, as amended by Directive 88/315/EEC, OJ 1988 L 142/23）、食品以外の製品の価格表示（88/314/EEC, OJ 1988 L 142/19）、訪問販売（85/577/EEC, OJ 1985 L 372/31）、消費者金融（87/102/EEC, OJ 1987 L 42/48, as amended by Directive 90/88/EEC, OJ 1990 L 61/14）、パッケージ旅行（90/314/EEC, OJ 1990 L 158/59）、タイムシェアリング（94/47/EC, OJ 1994 L 280/83）。これらの理事会指令は、Howells/Wilhelmsson, *supra* note (8), p. 343-445に転載されている。

号が新設され、消費者保護は EU の基本政策として掲げられ、同時に新設された 129a 条は、消費者保護に関する詳細な規定を設けた。また、1997 年のアムステルダム条約は、100a 条 3 項および 129a 条を改正して、一段とその内容を詳細にしている[10]。

しかし、かような EU 法は、構成国の法を緩やかに協調させることだけを目的としている。第 1 に、基本条約自体は、消費者保護のための措置をとるという政策を打ち出しているだけであり、消費者法のハーモナイゼーションの具体的な手段としては、理事会指令が用いられている。そして、構成国は、これらの理事会指令を国内法に取り入れる義務を負っているが、国内法化の形式および方法の選択は、各構成国に委ねられている（条約 189 条）。第 2 に、たとえば製造物責任に関する理事会指令が、農産物などへの適用、開発危険の抗弁、責任制限について、各国に選択権を認めたように、消費者保護のすべての事項について、コンセンサスを得ることは不可能である。そもそも域内市場の実現の枠内でとる措置以外の消費者保護に関する措置は、個々の構成国がより厳格な

---

10) アムステルダム条約では、条文番号の変更もなされ、読み替え表が添付されている（OJ 1997 C 340/1）。100a 条 3 項（新 95 条 3 項）「委員会は、健康、安全、環境保護および消費者保護について第 1 項に規定された提案を行うにあたり、とくに科学的事実にもとづく新たな発展を考慮して、高い水準の保護を基礎とする。欧州議会および理事会も、それぞれの権限の範囲内において、この目的を達成するよう努める」。129a 条（新 153 条）「1 消費者の利益を促進し、高い水準の消費者保護を確保するため、共同体は、消費者の健康、安全および経済的利益を保護すること、ならびに情報、教育、利益保護のための組織化に対する権利を促進することに寄与する。2 消費者保護の要請は、共同体の他の政策および活動の定立ならびに実施にあたっても考慮される。3 共同体は、以下の措置によって、第 1 項の目的の達成に寄与する。(a) 第 100a 条にもとづき域内市場の実現の枠内でとる措置。(b) 構成国の政策を支援し、補充し、監視する措置。4 理事会は、189b 条の手続に従うとともに、経済社会委員会に諮問を行った後に、第 3 項 (b) 号の措置をとる。5 前項によりとった措置は、構成国がより厳格な保護措置を継続するか、または導入することを妨げない。これらの措置は、この条約と両立しなければならない。また、これらの措置は、委員会に通知しなければならない」。

措置をとることを妨げておらず（条約129a条5項）、その意味では、ミニマム・スタンダードの設定を目標としている。

以上のように、消費者法のハーモナイゼーションは、地域レベルにおいても簡単に達成することができないし、ましてや全世界レベルでは、漸進的な発展が期待されるに留まっている。

3 抵触法上の問題点

消費者保護に関する各国の法が不統一である現状では、どこの国の法が適用されるのか、という抵触法上の問題が重要となる。しかも消費者保護を目的とする法的救済は、私法・行政法・刑事法のさまざまな分野にまたがっているので、それぞれの分野に応じた抵触法のルールを区別する必要がある。

たとえば、私法的な救済手段としては、消費者保護に反する契約条項を無効とすること、一定期間内は契約を解除する権利を消費者に認めること（クーリング・オフ）、欠陥商品による損害の賠償を認めること（製造物責任）などが挙げられる。かような消費者保護に関する私法の抵触については、ECの契約債務準拠法条約5条（消費者契約）、ハーグの製造物責任準拠法条約、スイス国際私法120条（消費者契約）および135条（製造物責任）などが特別の規定を設けている。

まず、ECの契約債務準拠法条約5条は、消費者契約について、当事者の法選択を原則として認めつつも、消費者の常居所地国の強行規定によって与えられた保護を奪う結果になってはならないとし、また当事者の法選択がない場合には、消費者の常居所地法を準拠法としている[11]。これに対して、スイス国

---

11) EC契約債務準拠法条約5条「1 本条は、ある者、すなわち消費者の職業上または営業上の活動に入らない目的のための動産の譲渡または役務の供給に関する契約、ならびにかかる取引の融資のための契約に適用される。 2 第3条にかかわらず、両当事者の法選択は、次のいずれかの場合、消費者がその常居所を有する国の強行規定によって与えられた保護を奪われる結果になってはならない。

際私法 120 条は、消費者契約について、もはや当事者の法選択を認めず、常に消費者の常居所地法を準拠法とする[12]。

　一方、日本の法例 7 条 1 項は、契約の準拠法について、条文上、当事者の法選択を無制限に認めているが、学説では、いわゆる強行法規の特別連結を認める見解が有力になりつつある[13]。また当事者の明示の法選択がない場合、消費者の常居所地法によるという黙示的意思を探究することを、ひとつの可能性として示唆する見解がある[14]。さらに立法論として、当事者の法選択は、「消費者契約、労働契約、その他当事者の一方に特別の保護を与えるべき契約について、その保護に最も重大な利害を有する地の強行法上の保護を奪うものでは

　　契約締結に先立ち、この国において明示的な申込または誘因が行われ、かつ消費者がこの国において契約締結に必要な法的行動を行った場合。消費者の契約の相手方またはその代理人がこの国において消費者の注文を受けた場合。契約が商品の販売に関するものであり、かつ消費者がこの国から外国へ旅行し、そこで注文を行った場合。ただし、この旅行が消費者に契約締結を促す目的で売主により計画されたときに限る。 3　第 3 条による法選択がないときは、第 4 条にかかわらず、第 2 項に規定された事情のもとで成立した契約については、消費者が常居所を有する国の法が適用される。 4　本条は、以下の契約には適用しない。(a) 運送契約。(b) 消費者に対し約束した役務が専ら消費者の常居所地国以外の国で行われるべき場合における役務供給契約。 5　第 4 項にかかわらず、本条は、一括料金で運送給付と宿泊給付を組み合わせた旅行契約に適用される」。

12)　スイス国際私法 120 条「消費者の私用または家族の用に供し、かつ消費者の職業上または営業上の活動と関係しない日常消費のための給付に関する契約は、次のいずれかの場合には、消費者が常居所を有する国の法による。(a) 供給者がこの国において注文を受けた場合。(b) 契約締結に先立ち、この国において申込または誘因が行われ、かつ消費者がこの国において契約締結に必要な法的行動を行った場合。(c) 供給者が消費者に対し、注文を行うために外国に赴くよう仕向けた場合。 2　法選択は許されない」。

13)　山田鐐一「当事者自治の原則の現代的意義」『国際私法の争点〔新版〕』(1996 年、有斐閣) 122 頁、同『国際私法』(1992 年、有斐閣) 291 頁、および同所掲載の文献参照。

14)　出口耕自「国際私法と消費者・労働者の保護」『国際私法の争点〔新版〕』(1996 年、有斐閣) 43 頁および同所掲載の文献参照。

ない」との提案がなされている[15]。

ところで、前述のEU理事会指令のなかには、独自の抵触規定を置くものがある[16]。たとえば、1993年の不公正な契約条件に関する理事会指令6条2項によると、「構成国は、契約が構成国の領域と密接な関連を有する場合、非構成国の法が準拠法として選択されることによって、消費者が本指令により与えられた保護を失わないことを確保するために必要な措置をとる」とされている。また、1994年のタイムシェアリングに関する理事会指令9条によると、「構成国は、当該不動産が構成国の領域内に所在する場合、準拠法のいかんを問わず、購入者が本指令により与えられた保護を奪われないことを確保するために必要な措置をとる」とされている。

これらの規定は、ECの契約債務準拠法条約5条などとの関係が問題となるが[17]、いずれにせよ個々の消費者法がそれぞれの特性に応じた独自の抵触規定を置いている点で注目に値する。わが国でも、「消費者契約法」制定の動きがあるが、消費者問題の国際化の現状をみると、法例7条1項による当事者の法選択を無制限に認めた場合、同法が骨抜きになるおそれがある。したがって、EUの理事会指令と同様に、独自の抵触規定を置くことを検討すべきである。

つぎに、ハーグ国際私法会議の第12会期（1972年）で採択された製造物責任準拠法条約は、被害者の常居所地、損害発生地、製造者の主たる営業所の所在地、製造物の取得地という4つの連結点を組み合わせて、段階的に準拠法を決定するという方法を採用している[18]。しかし、かような準拠法決定方法の

---

15) 国際私法立法研究会「契約、不法行為等の準拠法に関する法律試案(1)」民商112巻2号121頁。

16) これらの指令については、前掲注(9)参照。

17) A. Junker, Vom Citoyen zum Consommateur: Entwicklungen des internationalen Verbraucherschutzrechts, IPRax 1998, S. 70 ff. 不公正な契約条件に関する理事会指令を取り入れたイギリス法については、森山亮子「契約債務の準拠法に関するローマ条約と強行法規—英国法の視点から（上）」際商24巻10号1050頁以下。

18) 同条約については、高桑昭「生産物責任に適用される法律に関する条約について」際商2巻2号11頁、浜上則雄「生産物責任の準拠法についてのハーグ条約

複雑さゆえに、締約国は、1997年6月30日現在、9か国にすぎない。これに対して、スイス国際私法135条は、製造物責任について、被害者の法選択を認め、その選択により、加害者の営業所所在地法または製造物取得地法のいずれかによるとする[19]。

一方、わが国の法例の解釈論として、製造物責任は、法例11条の適用を受けない特殊な不法行為であるから、条理によって準拠法を決定すべきである、とする見解が有力である。ただし、条理の内容については、見解が分かれており、被害者の常居所地法を重視する説[20]、市場地法（製造物が商品流通を経て顧客に提供された地の法）によるとする説[21]、市場地法・被害者の常居所地法・製造地法の中から原告が自己に有利な法を選択できるとする説[22]などが主張されている。また立法論としては、「製造物の欠陥又は不完全な表示によって生じた損害に対する責任は、製造物が取得された地の法律による。ただし、責任を負うべき者がその地における製造物の流通を予見できなかったことに正当な理由がある場合には、その者の常居所地又は主たる営業所所在地の法律による」との提案がなされている[23]。

　　　（上）（下）」判時1014号3頁、1015号12頁、佐野寛「生産物責任の法選択に関する一考察(1)」法政論集91号19頁以下。

19) スイス国際私法135条「1　製造物の欠陥または不完全な表示に関する請求は、被害者の選択により、次のいずれかの法による。(a)加害者の営業所所在地国の法、または営業所がない場合は常居所地国の法。(b)製造物の取得地国の法。ただし、加害者が、その同意なしに製造物がこの国で流通したことを証明した場合は、この限りでない。2　製造物の欠陥または不完全な表示に関する請求が外国法に服する場合は、スイスでは、かかる損害に対しスイス法により認められた以上の給付を認めない」。

20) 山田『国際私法』前掲注(13)328頁。

21) 佐野寛「生産物責任の法選択に関する一考察(3)完」法政論集99号246頁以下。

22) 木棚照一＝松岡博＝渡辺惺之『国際私法概論〔第3版〕』(1998年、有斐閣)152頁〔松岡博〕、松岡博編『現代国際取引法講義』(1996年、法律文化社)228頁〔松岡博〕。これに対して、製造地法主義はとるべきでないとして、代わりに製造者の主たる営業所所在地法を選択肢に入れる説がある。川又良也「生産物責任」『国際私法の争点〔新版〕』(1996年、有斐閣)139頁。

さらに、競争制限法規の違反による私人の損害賠償請求なども、消費者保護のための私法的救済手段として挙げられる。たとえば、わが国の独禁法25条による無過失損害賠償請求および民法709条による一般不法行為としての損害賠償請求、アメリカの反トラスト法による3倍額賠償請求などである。これらは、私法的な救済手段であるから、双方的抵触規定によって準拠法が決定されなければならない。かような競争制限の準拠法について、スイス国際私法137条は、市場地法を指定する旨の規定を置いている[24]。

　一方、わが国の法例の解釈論を述べたものは少ないが、競争制限も、製造物責任と同様に、法例11条の適用を受けない特殊な不法行為であるとして、市場地法によるとする解釈を示唆するものがある[25]。また立法論としては、「市場における競争の自由又は公正を侵害する行為に基づく責任は、その行為の効果が生じた市場地の法律による」との提案がなされている[26]。

　これらの製造物責任および競争制限の準拠法は、いまだわが国の裁判で争われた例は見当たらないが[27]、消費者問題の国際化を考慮するならば、今後の検討課題として重要である。

　これに対して、行政法および刑事法上の救済手段については、原則として外国法の適用は考えられないから、一方的抵触規定によらざるをえない。たとえば、わが国の独禁法89条以下の罰則規定については、刑法8条により適用範囲が決定される。それによると、刑法の適用範囲などに関する第1編の規定は、

---

　23)　国際私法立法研究会「契約、不法行為等の準拠法に関する法律試案(2)完」民商112巻3号137頁。

　24)　スイス国際私法137条「1　競争制限に関する請求は、制限行為が直接に被害者に効果を及ぼした市場地国の法による。2　競争制限に関する請求が外国法に服する場合は、スイスでは、不当な競争制限に対しスイス法により認められた以上の給付を認めない」。

　25)　奥田・前掲注(3)193頁。

　26)　国際私法立法研究会・前掲注(23)143頁。

　27)　ただし、後述4のように、製造物責任の国際的裁判管轄に関する判例は幾つかある。

「他の法令の罪についても、適用する。ただし、その法令に特別の規定があるときは、この限りでない」とされている。

そこで、まず刑法1条をみると、同法は、「日本国内において罪を犯したすべての者に適用」される。この規定の意味については、犯罪構成事実の一部が国内にあれば足りると解されている[28]。すなわち、行動地または結果発生地のいずれかが日本にあれば、刑罰規定が適用される。しかし、独禁法の目的からみると、わが国の競争秩序を侵害しない行為が国内で行われても、これを処罰する趣旨とは思えない。また刑法8条の解釈としても、刑法以外の法令の趣旨によって、刑罰の範囲を縮小することは、明文の規定がなくても可能であるとされている[29]。したがって、わが国の競争秩序を侵害する行為だけが、独禁法89条以下の罰則の適用を受けるものと解される[30]。

また、独禁法における行政的救済としては、公正取引委員会の排除措置命令および課徴金納付命令がある。しかし、かような行政処分の適用範囲については、独禁法はもとより、その他の法律にも、明文の規定は見当たらない。そこで、条理によるしかないが、独禁法の趣旨および目的によると、同法は、わが国の競争秩序を侵害する行為に適用されると解すべきであろう[31]。

4　国際的裁判管轄

消費者問題の国際化は、さらに消費者がどこの国の裁判所で訴えを提起することができるか、という問題を生じる。なぜなら、外国製品が日本の市場に入ってきた場合や、日本の旅行者が外国で商品を購入して戻ってきた場合など、消費者保護の実現のためには、外国企業に対する訴訟が必要となるからである。

---

28)　団藤重光編『注釈刑法(1)総則(1)』(1964年、有斐閣) 20頁〔福田平〕。
29)　福田・前掲注(28)58頁以下、同『行政刑法〔新版〕』(1978年、有斐閣) 57頁以下。
30)　奥田・前掲注(3)193頁以下参照。
31)　奥田・前掲注(3)194頁参照。

かような消費者訴訟の国際的裁判管轄について、わが国の民訴法には、明文の規定がないが、たとえば、EU の「民事及び商事についての裁判管轄並びに判決の執行に関する条約」(ブラッセル条約)およびこれを EFTA にも拡大した条約（ルガーノ条約）には、消費者契約事件の裁判管轄に関する規定がある。それによると、消費者が契約の相手方に対し提起する訴訟については、相手方が住所を有する締約国の裁判所、または消費者が住所を有する締約国の裁判所のいずれもが管轄を有するが、契約の相手方が消費者に対し提起する訴訟については、消費者が住所を有する締約国の裁判所のみが管轄を有する（14条1項・2項）。また管轄合意は、紛争の発生後に行われた場合や、消費者にとって管轄裁判所が増える場合など以外は許されない（15条）[32]。

同様の規定は、スイス国際私法にもあり、消費者契約について、消費者は、自己の住所地もしくは常居所地のスイス裁判所または相手方の住所地のスイス裁判所のいずれかを選択できる（114条1項）。また消費者は、自己の住所地または常居所地の裁判管轄を事前に放棄することができないとされている（同条2項）[33]。

一方、わが国の判例学説は、契約事件一般について、民訴法5条1号（平成8年改正前5条）を手がかりとして、義務履行地管轄を認めてきたが[34]、とくに消費者契約を取り上げて、消費者の住所地管轄に言及したものは見当たらない。しかし、ブラッセル条約およびルガーノ条約ならびにスイス国際私法は、契約事件一般について、義務履行地管轄を認めながら（前者は5条1号、後者は113条）、消費者契約については、消費者の住所地管轄を認めている。このように国際的裁判管轄における消費者保護の観点からは、義務履行地管轄では不適

---

32) これらの管轄規則は、消費者による動産の割賦販売契約、動産購入のための融資契約、その他一定の動産売買または役務供給契約に適用されるが、運送契約には適用されない（13条）。

33) ここでいう消費者契約とは、スイス国際私法120条1項の要件を満たすものをいう。前掲注(12)の条文参照。

34) 奥田安弘「判批」判評402号50頁以下、長田真理「義務履行地と国際裁判管轄」阪法46巻2号124頁以下。

切であり、条理として消費者の住所地管轄を認めるべきであろう。

　これに対して、製造物責任訴訟の国際的裁判管轄については、ブラッセル条約およびルガーノ条約ならびにスイス国際私法においても、一般の不法行為事件に関する規定が適用されるものと思われる。たとえば、スイス国際私法129条2項によると、不法行為に関する訴えは、被告がスイスに住所を有しない場合は、行動地または結果発生地のスイス裁判所が管轄を有する。またブラッセル条約およびルガーノ条約5条3号によると、不法行為事件については、被告の住所地の裁判所以外に、「原因となった事実が発生した地の裁判所」が管轄を有するが、この規定は、行動地および結果発生地の両方に管轄を認めたものと解されている[35]。

　一方、わが国では、製造物責任訴訟の国際的裁判管轄について、民訴法5条9号（平成8年改正前15条）を手がかりとして、不法行為地管轄を認めた一連の判例がある。そのうち2件は、行動地（欠陥商品の製造地）の管轄を無条件に認めたものであるが[36]、結果発生地（事故地）については、無条件にこれを認めた判例[37]および加害者の予見可能性の有無に言及した判例がそれぞれ1件ある[38]。なお、学説では、製造物責任独自の管轄規則を提唱し、行動地および結果発生地以外に、製造物の購入地および使用地の管轄を認めるべきであるとする見解もある[39]。かような独自の管轄規則を認めるべきか否かは、今後の検討課題と言えるであろう。

---

35)　J. Kropholler, Europäisches Zivilprozeßrecht, 4. Aufl., 1993, S. 105.

36)　大阪地判昭48・10・9判時728号76頁、東京地判平3・1・29判時1390号98頁。

37)　東京地判昭59・3・27判時1113号26頁。

38)　東京地判昭49・7・24判時754号58頁。池原季雄「国際的裁判管轄権」『新・実務民事訴訟法講座7』（1982年、日本評論社）31頁も参照。

39)　後藤明史「生産物責任訴訟」『国際私法の争点〔新版〕』（1996年、有斐閣）225頁。これに対して、「フォーラム・ノン・コンヴェニエンスの法理による調整を認めるのでない限り、……広すぎることになろうか」との疑問提起がある。高橋宏志「国際裁判管轄―財産関係事件を中心にして」『国際民事訴訟法の理論』（1987年、有斐閣）63頁。

さらに、競争制限法規の違反による私人の損害賠償請求についても、不法行為地管轄が認められるべきであるが、行政法および刑事法上の救済手段については、別個の考慮が必要である。すなわち、これらの場合には、原則として外国法の適用が考えられないから、わが国の公正取引委員会および裁判所は、わが国の独禁法が適用される場合には常に、またそれが適用される場合に限り、管轄を有するものと解される[40]。

　むろん実際には、審判開始決定書の送達などが困難であるから、事実上手続を開始できないという事態も起こりうるが、これらの問題は、管轄の有無と区別すべきである[41]。かような送達などの国際的な司法共助態勢の整備も、消費者問題の国際化に伴って検討すべき課題として重要であろう[42]。

---

40)　奥田・前掲注(3)195頁。
41)　奥田・前掲注(3)267頁。
42)　1976年の米独・独禁共助協定については、高野雄一＝小原喜雄『国際経済条約集』（1983年、有斐閣）197頁以下参照。なお、民商事関係の事件における司法共助について、わが国は、ハーグ国際私法会議で採択された「民事訴訟手続に関する条約」および「民事又は商事に関する裁判上及び裁判外の文書の外国における送達及び告知に関する条約」を批准している。

III 直接郵便送達に関する米国判例の展開

1 はじめに

　訴状の送達は、被告に訴訟の開始を知らせ、防御の機会を与える点で非常に重要であるが、具体的な送達方法は、日米間でかなり異なっている。たとえば、わが国においても、郵便による送達が実務上一般的であると言われているが[1]、送達は裁判所の職権によって行う「職権送達主義」を採用しており（民訴法160条）、郵便による送達の場合には、郵便業務従事者が送達吏員となる（民訴法162条2項）。とくに被告が外国企業などであるため、外国において行うべき送達は、その国の管轄官庁またはその国に駐在する日本の大使、公使もしくは領事に嘱託する方法によらなければならず（民訴法175条）、かような方法で送達するためには、その国の協力（国際的司法共助）または容認を求める必要がある[2]。

　一方、米国においても、郵便送達が実務上一般的であると言われているが[3]、その内容は、わが国の郵便による送達と大きく異なっている。すなわち、送達は原告の責任において行う「当事者送達主義」が採用されており、後述のように、原告が自ら訴状を郵送したり、州務長官を経由して訴状を郵送することが認められている[4]。とくに注目すべき点は、外国において行うべき送達のため

---

1) 斎藤秀夫ほか編『注解民事訴訟注(4)〔第2版〕』(1991年、第一法規出版) 170頁、菊井維大＝村松俊夫『全訂民事訴訟法Ⅰ〔追補版〕』(1984年、日本評論社) 927頁。
2) 斎藤ほか編・前掲注(1)228頁以下、菊井＝村松・前掲注(1)960頁以下も参照。
3) 丸山英二『入門アメリカ法』(1990年、弘文堂) 68頁。

にも、郵便が用いられていることである。すなわち、訴状は、米国から直接に外国の被告へ郵送されるので、その国の協力または容認を必要としない。また、この場合、訴状は英語の原文のみであり、翻訳が添付されるわけではない。このように米国の郵便送達は、外国の被告に対しても司法共助などを経ないで行われる「直接郵便送達（direct mail service）」であるからこそ、問題となるのである。

ところで、日米双方は、「民事又は商事に関する裁判上及び裁判外の文書の外国における送達及び告知に関する条約」（以下、「送達条約」と略称する）を批准して久しい。この送達条約は、ハーグ国際私法会議の草案にもとづき、1965年11月15日に採択された。そして、米国は1967年8月24日に批准し（1969年2月10日発効）、日本は1970年5月28日に批准した（1970年7月27日発効）。したがって、日米間の訴状の送達は、この送達条約によるべきことになる。この送達条約は、文書の名あて人のあて先が明らかである限り、外国において行うべき送達について常に適用され（1条）、受託国の中央当局を経由した司法共助による送達方法を原則としている（3条）。しかし、送達条約には、さらに以下の規定がある。

> 第10条　この条約は、名あて国が拒否を宣言しない限り、次の権能の行使を妨げるものではない。
> (a) 外国にいる者に対して直接に裁判上の文書を郵送する権能
> (b) 嘱託国の裁判所附属吏、官吏その他権限のある者が直接名あて国の裁判所附属吏、官吏その他権限のある者に裁判上の文書の送達又は告知を行わせる権能
> (c) 裁判手続の利害関係人が直接名あて国の裁判所附属吏、官吏その他権限のある者に裁判上の文書の送達又は告知を行わせる権能

---

4) 当事者送達主義という用語は、斎藤ほか編・前掲注(1)161頁以下によった。米国の送達制度一般については、丸山・前掲注(3)68頁参照。なお、小林秀之『製造物責任訴訟』（1990年、弘文堂）150頁は、「私人送達」という用語を使っている。

わが国は、この10条(b)号および(c)号については拒否宣言を行ったが、(a)号については拒否宣言を行っていない。そこで、米国の判例学説においては、10条(a)号が直接郵便送達を含むにもかかわらず、日本が拒否宣言を行っていないので、日本への直接郵便送達は有効であるとする見解、および10条(a)号は直接郵便送達を含まないので、日本が拒否宣言を行っているか否かにかかわらず、日本への直接郵便送達は無効であるとする見解が対立している。

この問題に関する米国の判例学説は、すでにわが国においても紹介されているが、十分とは言いがたい。とくに最近の紹介において、無効説を支持する一部の判例学説のみを強調し、あたかも米国においては無効説が有力であるかのような印象を与えるものがある[5]。また、送達条約の草案を作成したハーグ国際私法会議の特別委員会(1989年)において、「わが国が第10条(a)につき拒否宣言をしていないのは、外国から裁判上の文書が直接郵送されてきたとしても、わが国としては、それを主権侵害とはみなさないということを意味しているだけであって、それをわが国においても訴訟法上の効果を伴う有効な送達として容認することまでをも意味するものではない」という発言があったことを受けて、この発言が米国の判例に影響を及ぼすかのような趣旨のコメントも述べられている[6]。

しかし、これらの紹介は、米国からの直接郵便送達を受け取った日本企業の対応を誤らせるだけではなく、わが国の政府が今からでも10条(a)号の拒否宣言を行う必要性を過少評価させるものである。すなわち、米国の判例学説は、本稿が対象とする1991年までの動向を見る限り、有効説と無効説が真っ向か

---

5) 秋田量正「外国被告への訴状直接郵送の有効性をめぐる論争と米国における最近の判例動向の分析」企業法研究2号19頁、とくに21頁、34頁、三浦正人＝熊谷久世「アメリカ合衆国訴訟における訴状の国外への送達」名城法学41巻別冊661頁、とくに686頁、齋藤善人「日米間の直接郵送送達についてのニューヨーク州裁判所判決に関する若干の考察」秋田法学20号182頁、とくに198頁。逆に、有効説のほうが有力であるとするものとしては、小林・前掲注(4)151頁。

6) 原優「私法の国際的統一運動～1989年の展開」際商17巻12号1288頁、秋田・前掲注(5)35頁、三浦＝熊谷・前掲注(5)685頁以下。

ら対立しており、いずれか一方が有力であるとは言えない。そこで本稿では、まず、問題の背景として、なぜ米国からの直接郵便送達が減少しないのかを考察する。つぎに、1970年代から1991年までの米国判例の展開を概観した後、判決理由を詳しく分析する。さらに、以上の考察にもとづき、わが国が10条(a)号の拒否宣言を行うことこそが混乱回避の道であることを結論づける[7]。

2 問題の背景

　一口に米国法による直接郵便送達といっても、細かな点では、連邦および州毎に異なっている。たとえば、わが国への直接郵便送達に関する判例でも、次のように様々な直接郵便送達制度が問題となっている。第1は、原告が呼出状および訴状（summons and complaint）を州務長官（Secretary of State）に送達し、州務長官が謄本を被告に郵送することを認めるものである。たとえば、ヴァジニア州法およびミシシッピ州法がそれである[8]。第2は、原告が呼出状および訴状を州務長官に送達するとともに、自ら謄本を被告に郵送することを認めたり、逆に原告が自ら呼出状および訴状を被告に郵送するとともに、謄本を州務長官に交付することを認めるものである。たとえば、前者としては、フロリダ州法およびアイオワ州法があり、後者としては、ニューヨーク州法がある[9]。

---

7) 送達条約全般については、小林秀之「国際司法共助」澤木敬郎＝青山善充編『国際民事訴訟法の理論』（1987年、有斐閣）285頁以下、高桑昭「渉外的民事訴訟事件における送達と証拠調」法曹時報37巻4号1頁以下など参照。

8) Fleming v. Yamaha Motor Corp., 774 F. Supp. 992, 993 (W.D.Va. 1991); Pochop v. Toyota Motor Co., Ltd., 111 F.R.D. 464, 465 (S.D.Miss. 1986); Weight v. Kawasaki Heavy Industries, Ltd., 597 F. Supp. 1082, 1084 (E.D.Va. 1984). この場合、州務長官への送達によって送達が完了しており、国内送達であるから、送達条約が適用されないのではないかという疑問が生じるが、Fleming, at 994-995 は、被告への郵送が送達の要件の一部であるとして、送達条約の適用を肯定している。

9) McClenon v. Nissan Motor Corp. in U.S.A., 726 F. Supp. 822, 824 (N.D.Fla. 1989); Wasden v. Yamaha Motor Co., 131 F.R.D. 206, 207 (M.D.Fla. 1990); Mommsen v. Toro Co., 108 F.R.D. 444, 444-445 (S.D.Iowa 1985); Philip v. Monarch Knitting

第3は、原告が自ら呼出状および訴状を被告に郵送することだけを要求しているものである。たとえば、カリフォルニア州法、メリランド州法、ペンシルヴァニア州法、テキサス州法、サウス・カロライナ州法がそれである。さらに、連邦民事訴訟規則4条(i)(1)(D)も、これに該当する[10]。

以上のような直接郵便送達は、手続が簡単であり、迅速かつ低費用で行うことができる。これに対して、送達条約によった場合には、原則として、嘱託国(＝米国)の法律上権限を有する当局または裁判所附属吏から、受託国の中央当局(日本の場合は外務大臣)[11]に対し、条約の様式に合致した要請書を送付しなければならない(3条1項)。また、送達実施の方法として、受託国の国内法に

Mach. Corp., 565 N.Y.S. 2d 21 (A.D.1 Dept. 1991); Reynolds v. Koh, 490 N.Y.S. 2d 295, 296 (A.D.3 Dept. 1985); Rissew v. Yamaha Motor Co., Ltd., 493 N.Y.S. 2d 78, 80 (Sup.Ct. 1985), 515 N.Y.S. 2d 352 (A.D.4 Dept. 1987); Ordmandy v. Lynn, 472 N.Y.S. 2d 274 (Sup.Ct. 1984). この場合にも、州務長官への送達によって送達が完了しており、国内送達であるから、送達条約が適用されないのではないかという疑問が生じるが、McClenon, at 824-825 は、被告への郵送が送達の要件であるとして、送達条約の適用を肯定している。

10) Shoei Kako Co., Ltd. v. Superior Court, San Francisco, 109 Cal. Rptr. 402, 406-408 (1st Dist. 1973); Newport Components v. NEC Home Electronics, 671 F. Supp. 1525, 1541 (C.D.Cal. 1987); Suzuki Motor v. Superior Ct. (Armenta), 249 Cal. Rptr. 376, 378 (4th Dist. 1988); Nicholson v. Yamaha, 566 A. 2d 135, 137 (Md.Ct.App. 1989), cert.denied, 569 A.2d 1242 (1990); Sandoval v. Honda Motor Co., Ltd., 527 A. 2d 564, 565 (Pa.Super. 1987); Smith v. Dainichi Kinzoku Kogyo Co., Ltd., 680 F. Supp. 847, 849 (W.D.Tex. 1988); Hammond v. Honda Motor Co., 128 F.R.D. 638, 641 (D.S.C. 1989); Cooper v. Makita, U.S.A., Inc., 117 F.R.D. 16 (D.Me. 1987); Lemme v. Wine of Japan Import, Inc., 631 F. Supp. 456, 462-463 (E.D.N.Y. 1986). 連邦民事訴訟規則4条(i)については、L.A. Leo, The Interplay between Domestic Rules Permitting Service Abroad by Mail and the Hague Convention on Service: Proposing an Amendment to the Federal Rules of Civil Procedure, 22 Cornell Int'l L.J. (1989) 335, at 337-339. なお、連邦民事訴訟規則4条(i)は、代替的な送達方法を規定しているにすぎず、原告は、当該連邦裁判所が所在する州の法律による送達方法を用いることもできる。Id., at 337 n. 15.

11) 民事訴訟手続に関する条約等の実施に伴う民事訴訟手続の特例等に関する法律24条参照。

よる方法（5条1項(a)）または受託国の法律に反しない特別の方法（5条1項(b)）を選択した場合、中央当局は送達文書を受託国の公用語に翻訳することを要請できるが（5条3項）、わが国は、常に日本語による訳文の添付を要請している[12]。

そこで、米国の判決も、結論的には、わが国への直接郵便送達を無効としつつ、送達条約によった場合に800ドルないし900ドルの費用を要し、かつ文書の翻訳が必要であるのは、実際上不都合である、という補足意見が付けられたり、また、被告の日本企業が条約による送達方法を主張することにより、訴訟を遅延させたとして、罰金を命じるものがある（ただし、この判決は、控訴審によって破棄された）[13]。さらに直接郵便送達は、州法および連邦法において広く認められているので、渉外事件の経験が乏しい弁護士は、送達条約の存在自体を認識していないおそれがある、と言われている[14]。ちなみに、わが国への直接郵便送達が問題となった判例をみても、ほとんどは、PL訴訟などの不法行為訴訟であり[15]、この場合、原告は事故の被害者などの個人であるため、

---

12) 最高裁判所事務総局編『民事事件に関する国際司法共助手続の手引』（1990年、法曹会）176頁。

13) 前者については、Bankston v. Toyota Motor Corp., 889 F. 2d 172, 174 (8th Cir. 1989) (Gibson J., concurring). 後者については、Sheets v. Yamaha Motors Corp., U.S.A., 657 F. Supp. 319 (E.D.La. 1987), 849 F. 2d 179 (5th Cir. 1988), 891 F. 2d 533 (5th Cir. 1990). この事件は、まず連邦地方裁判所が2万5000ドルの罰金を命じたところ、連邦控訴裁判所によって差し戻され、再び連邦地方裁判所が1200ドルの罰金を命じたところ、結局、連邦控訴裁判所によって破棄されたというものである。なお、条約による送達方法は、たしかに高くつくが、法外というほどのものではないし、原告が勝訴した場合には、償還請求できるという意見を、わざわざ傍論として述べた判決もある。Dunakey v. American Honda Motor Co., 124 F.R.D. 638, 639 (E.D.Mo. 1989).

14) C.R. Armstrong, Permitting Service of Process by Mail on Japanese Defendants, 13 Loy. L.A. Int'l & Comp. L.J. (1991) 551, at 566. See also Leo, *supra* note (10), at 344.

15) Shoei Kako Co., Ltd. v. Superior Court, San Francisco, 109 Cal. Rptr. 402 (1st Dist. 1973); Weight v. Kawasaki Heavy Industries, Ltd., 597 F. Supp. 1082 (E.D.Va.

適切な弁護士を選択していたかどうかは疑問である。そこで、米国の一部の学説は、確実に送達を行うために、複数の送達方法を試みるよう勧めているが[16]、現実には、必ずしもこれが実践されておらず、そのために直接郵便送達を巡る紛争が減少しないのではないかと推測される[17]。

1984); Sandoval v. Honda Motor Co., Ltd., 527 A. 2d 564 (Pa.Super. 1987); Smith v. Dainichi Kinzoku Kogyo Co., Ltd., 680 F. Supp. 847 (W.D.Tex. 1988); Hammond v. Honda Motor Co., 128 F.R.D. 638 (D.S.C. 1989); Nicholson v. Yamaha, 566 A. 2d 135 (Md.Ct.App. 1989), cert. denied, 569 A. 2d 1242 (1990); Patty v. Toyota Motor Corp., 777 F. Supp. 956 (N.D.Ga. 1991); Rissew v. Yamaha Motor Co., Ltd., 493 N.Y.S. 2d 78 (Sup.Ct. 1985), 515 N.Y.S. 2d 352 (A.D.4 Dept. 1987); Mommsen v. Toro Co., 108 F.R.D. 444 (S.D.Iowa 1985); Prost v. Honda Motor Co., 122 F.R.D. 215 (E.D.Mo. 1987); Cooper v. Makita, U.S.A., Inc., 117 F.R.D. 16 (D.Me. 1987); Suzuki Motor v. Superior Ct. (Armenta), 249 Cal. Rptr. 376 (4th Dist. 1988); Bankston v. Toyota Motor Corp., 123 F.R.D. 595 (W.D.Ark. 1989), 889 F. 2d 172 (8th Cir. 1989); Fleming v. Yamaha Motor Corp., 774 F. Supp. 992 (W.D.Va. 1991). これに対して、反トラスト訴訟、特許訴訟、契約訴訟などは、少数である。Hitt v. Nissan Motor Company, Ltd., 399 F. Supp. 838 (S.D.Fla. 1975); Chrysler Corp. v. General Motors Corp., 589 F. Supp. 1182 (D.C.Cir. 1984); Newport Components v. NEC Home Electronics, 671 F. Supp. 1525 (C.D.Cal. 1987); Isothermics v. U.S. Energy Research & Dev. Agcy., 434 F. Supp. 1155 (D.N.J. 1977); Meyers v. ASICS Corp., 711 F. Supp. 1001 (C.D.Cal. 1989); Lemme v. Wine of Japan Import, Inc., 631 F. Supp. 456 (E.D.N.Y. 1986); Philip v. Monarch Knitting Mach.Corp., 565 N.Y.S. 2d 21 (A.D.1 Dept. 1991).

16) K.B. Reisenfeld, Service of United States Process Abroad: A Practical Guide to Service under the Hague Service Convention and the Federal Rules of Civil Procedure, 24 Int'l Law (1990) 55, at 56; L.A. Cooper, International Service of Process by Mail under the Hague Service Convention, 13 Michigan J. of Int'l Law (1992) 688, at 716. これに対して、日本が送達条約を批准していないという誤った情報を提供しているものもある。T.S. Mackey, Litigation Involving Damages to U.S. Plaintiff Caused by Private Corporate Japanese Defendants, 5 The Transnational Lawyer (1992) 131, at 142.

17) ちなみに、最高裁判所事務総局編『国際司法共助執務資料』（1992年、法曹会）370頁によると、わが国が送達を嘱託した件数は、昭和55年147件、昭和56年196件、昭和57年274件、昭和58年344件、昭和59年337件、昭和60年629

3 米国判例の概観

1970年代から1991年までに、National Reporter System に掲載された判決を調べたところ、わが国への直接郵便送達が争われた事件を30件余り抽出できた。これらを時間的な流れに沿って分類すると、次のようになる。

まず、わが国への直接郵便送達を有効とした最も古い判決は、1973年の Shoei 判決（カリフォルニア州裁判所）[18]であると思われる。この判決は、州裁判所によるものとはいえ、その後の他州裁判所および連邦裁判所の判決に多大の影響を及ぼした。ただし、1970年代に同じくわが国への直接郵便送達を有効とした判決としては、1975年の Hitt 判決（フロリダ南部地区連邦裁判所）[19]および 1977年の Isothermics 判決（ニュージャージ地区連邦裁判所）[20]があるが、これらは、Shoei 判決を引用していないだけでなく、ほとんど理由づけを行っていない。

1980年代に入ると、Shoei 判決に依拠して、わが国への直接郵便送達を有効とする判決が次々と下されていく。たとえば、1984年の Chrysler 判決（コロンビア特別区連邦裁判所）[21]および Weight 判決（ヴァジニア東部地区連邦裁判所）[22]、1985年の Zisman 判決（イリノイ北部地区連邦裁判所）[23]、1986年の Lemme 判決（ニューヨーク東部地区連邦裁判所）[24]、1987年の Newport 判決（カリフォルニア中

件、昭和61年897件、昭和62年1079件、昭和63年1163件、平成元年994件、平成2年1496件、平成3年2069件となっており、近年の増加は著しい。しかし、そのうちの何件が米国からの嘱託であるのかは不明である。

18) Shoei Kako Co., Ltd. v. Superior Court, San Francisco, 109 Cal. Rptr. 402 (1st Dist. 1973).
19) Hitt v. Nissan Motor Company, Ltd., 399 F. Supp. 838 (S.D.Fla. 1975).
20) Isothermics v. U.S. Energy Research & Dev. Agcy., 434 F. Supp. 1155 (D.N.J. 1977).
21) Chrysler Corp. v. General Motors Corp., 589 F. Supp. 1182 (D.C.Cir. 1984).
22) Weight v. Kawasaki Heavy Industries, Ltd., 597 F. Supp. 1082 (E.D.Va. 1984).
23) Zisman v. Sieger, 106 F.R.D. 194 (N.D.Ill. 1985).

部地区連邦裁判所)[25]、Sandoval 判決（ペンシルヴァニア州裁判所)[26]および Rissew 事件の控訴審判決（ニューヨーク州裁判所)[27]がそれである。ただし、1986 年の Saez 判決（第 1 巡回区連邦控訴裁判所）は[28]、Shoei 判決を引用していないだけでなく、ほとんど理由づけを行っていない。

さらに、1980 年代の後半以降になると、判例の主流が直接郵便送達を有効とする方向にあることを強調する判決が増えてきている。たとえば、1988 年の Smith 判決（テキサス西部地区連邦裁判所)[29]、1989 年の Hammond 判決（サウス・カロライナ地区連邦裁判所)[30]および Meyers 判決（カリフォルニア中部地区連邦裁判所)[31]、1991 年の Patty 判決（ジョージア北部地区連邦裁判所)[32]がそれである。しかし、1988 年の Turick 判決（ニューヨーク南部地区連邦裁判所）は[33]、その所在する第 2 巡回区の判例[34]が直接郵便送達を有効としていることだけを理由に挙げているし、1989 年の Nicholson 判決（メリランド州裁判所）は[35]、判例が大きく分かれているとして、独自の理由づけを試みている。さらに 1991 年の Philip 判決（ニューヨーク州裁判所）は[36]、ドイツへの直接郵便送達を無効とした同州裁判所判決の反対解釈によっている。

---

24) Lemme v. Wine of Japan Import, Inc., 631 F. Supp. 456 (E.D.N.Y. 1986).
25) Newport Components v. NEC Home Electronics, 671 F. Supp. 1525 (C.D.Cal. 1987).
26) Sandoval v. Honda Motor Co., Ltd., 527 A. 2d 564 (Pa.Super. 1987).
27) Rissew v. Yamaha Motor Co. Ltd., 515 N.Y.S. 2d 352 (A.D.4 Dept. 1987).
28) Saez Rivera v. Nissan Mfg. Co., 788 F. 2d 819 (1st Cir. 1986).
29) Smith v. Dainichi Kinzoku Kogyo Co., Ltd., 680 F. Supp. 847 (W.D.Tex. 1988).
30) Hammond v. Honda Motor Co., 128 F.R.D. 638 (D.S.C. 1989).
31) Meyers v. ASICS Corp., 711 F. Supp. 1001 (C.D.Cal. 1989).
32) Patty v. Toyota Motor Corp., 777 F. Supp. 956 (N.D.Ga. 1991).
33) Turick v. Yamaha Motor Corp., U.S.A., 121 F.R.D. 32 (S.D.N.Y. 1988).
34) Ackermann v. Levine, 788 F. 2d 830 (2nd Cir. 1986); Lemme v. Wine of Japan Import, Inc., 631 F. Supp. 456 (E.D.N.Y. 1986).
35) Nicholson v. Yamaha, 566 A. 2nd 135 (Md.Ct.App. 1989), cert. denied, 569 A. 2d 1242 (1990).
36) Philip v. Monarch Knitting Mach. Corp., 565 N.Y.S. 2d 21 (A.D.1 Dept. 1991).

つぎに、わが国への直接郵便送達を無効とする判例は、ニューヨーク州裁判所の一連の判決から始まった。すなわち、1984年のOrdmandy判決[37]、1985年のReynolds判決[38]およびRissew事件の第1審判決[39]である。連邦裁判所においても、その後、わが国への直接郵便送達を無効とする判決が続いている。たとえば、1985年のMommsen判決（アイオワ南部地区連邦裁判所）[40]、1986年のPochop判決（ミシシッピ南部地区連邦裁判所）[41]、1987年のProst判決（ミズーリ東部地区連邦裁判所）[42]およびCooper判決（メイン地区連邦裁判所）[43]、1989年のMcClenon判決（フロリダ北部地区連邦裁判所）[44]およびBankston判決（アーカンソー西部地区連邦裁判所および第8巡回区連邦控訴裁判所）[45]、1990年のWasden判決（フロリダ中部地区連邦裁判所）[46]、1991年のFleming判決（ヴァジニア西部地区連邦裁判所）[47]およびRaffa判決（ペンシルヴァニア東部地区連邦裁判所）[48]がそれである。さらに、Shoei判決を下したカリフォルニア州裁判所においても、1988年のSuzuki判決[49]が現れた。これらの判決は、日本への直接郵便送達に関する判例が大きく分かれているとしながらも、これを無効とする判決のほうが妥当であるという結論を下している[50]。

37) Ordmandy v. Lynn, 472 N.Y.S. 2d 274 (Sup.Ct. 1984).
38) Reynolds v. Koh, 490 N.Y.S. 2d 295 (A.D.3 Dept. 1985).
39) Rissew v. Yamaha Motor Co., Ltd., 493 N.Y.S. 2d 78 (Sup.Ct. 1985).
40) Mommsen v. Toro Co., 108 F.R.D. 444 (S.D.Iowa 1985).
41) Pochop v. Toyota Motor Co., Ltd., 111 F.R.D. 464 (S.D.Miss. 1986).
42) Prost v. Honda Motor Co., 122 F.R.D. 215 (E.D.Mo. 1987).
43) Cooper v. Makita, U.S.A., Inc., 117 F.R.D. 16 (D.Me. 1987).
44) McClenon v. Nissan Motor Corp. in U.S.A., 726 F. Supp. 822 (N.D.Fla. 1989).
45) Bankston v. Toyota Motor Corp., 123 F.R.D. 595 (W.D.Ark. 1989), 889 F. 2d 172 (8th Cir. 1989).
46) Wasden v. Yamaha Motor Co., 131 F.R.D. 206 (M.D.Fla. 1990).
47) Fleming v. Yamaha Motor Corp., 774 F. Supp. 992 (W.D.Va. 1991).
48) Raffa v. Nissan Motor Co. Ltd., 141 F.R.D. 45 (E.D.Pa. 1991).
49) Suzuki Motor v. Superior Ct. (Armenta), 249 Cal. Rptr. 376 (4th Dist. 1988).
50) とりわけ、Pochop v. Toyota Motor Co., Ltd., 111 F.R.D. 464, 466 (S.D.Miss. 1986); Cooper v. Makita, U.S.A., Inc., 117 F.R.D. 16, 17 (D.Me. 1987); Bankston v.

一方、その他の送達条約締約国への直接郵便送達が争われた事例は、National Reporter System をみる限りでは、それほど多くない。まず、ドイツへの直接郵便送達が争われた事件を 9 件抽出できたが、いずれの判決も直接郵便送達を無効としている。すなわち、1981 年の Cintron 判決（ニュージャージ州裁判所）[51]および Porsche 判決（カリフォルニア州裁判所）[52]、1982 年の Richardson 判決（ミズーリ西部地区連邦裁判所）[53]および Low 判決（ニューヨーク州裁判所）[54]、1983 年の Rivers 判決（アラバマ州裁判所）[55]および Vorhees 判決（第 4 巡回区連邦控訴裁判所）[56]、1984 年の Harris 判決（ルイジアナ中部地区連邦裁判所）[57]、1987 年の Teknekron 判決（ネヴァダ地区連邦裁判所）[58]、1990 年の Lyman 判決（オハイオ北部地区連邦裁判所）[59]がそれである。ただし、ドイツは、わが国と異なり、送達条約 10 条全体の拒否宣言を行っていることに注意する必要がある。

さらに、日本およびドイツ以外の締約国への直接郵便送達が争われた事例は、もっと少ない。イタリアへの直接郵便送達を無効とした 1988 年の Hantover 判決（ミズーリ西部地区連邦裁判所）[60]、スウェーデンへの直接郵便送達を有効とした 1989 年の Coblenz 判決（アラバマ中部地区連邦裁判所）[61]、香港への直接郵

Toyota Motor Corp., 123 F.R.D. 595, 597 (W.D.Ark. 1989), 889 F. 2d 172, 174 (8th Cir. 1989); Wasden v. Yamaha Motor Co., 131 F.R.D. 206, 209 (M.D.Fla. 1990); Fleming v. Yamaha Motor Corp., 774 F. Supp. 992, 995 (W.D.Va. 1991); Raffa v. Nissan Motor Co. Ltd., 141 F.R.D. 45 (E.D.Pa. 1991).

51) Cintron v. W & D Machinery Co., 440 A. 2d 76 (Sup.Ct.N.J. 1981).
52) Dr. Ing. H.C.F. Porsche v. Superior Court, 177 Cal.Rptr.155 (3rd Dist. 1981).
53) Richardson v. Volkswagenwerk, A.G., 552 F. Supp. 73 (W.D.Mo. 1982).
54) Low v. Bayerische Motoren Werke, A.G., 449 N.Y.S. 2d 733 (Sup.Ct. 1982).
55) Rivers v. Stihl, Inc., 434 So. 2d 766 (Ala. 1983).
56) Vorhees v. Fischer & Krecke, 697 F. 2d 574 (4th Cir. 1983).
57) Harris v. Browning-Ferris Industries Chem. Serv., 100 F.R.D. 775 (M.D.La. 1984).
58) Teknekron Mgt. v. Quante Fernmeldetechnik, 115 F.R.D. 175 (D.Nev. 1987).
59) Lyman Steel Corp. v. Ferrostaal Metals Corp., 747 F. Supp. 389 (N.D.Ohio 1990).
60) Hantover, Inc. v. Omet, S.N.C. of Volentieri & C., 688 F. Supp. 1377 (W.D.Mo. 1988).

便送達を有効とした 1990 年の Hayes 判決（ノース・カロライナ州裁判所）[62]があるにすぎない。また、ドイツ判決の米国における執行に関連して、米国内の郵便送達を有効とした 1986 年の Ackermann 判決（第 2 巡回区連邦控訴裁判所）[63]がある。この判決は、連邦控訴裁判所の判決であるためか、わが国への直接郵便送達を有効とする判決においても、しばしば引用されている[64]。

4 わが国への直接郵便送達を有効とする判例

前述のように、1973 年の Shoei 判決は、わが国への直接郵便送達を有効とした最も古い判決であるだけでなく、判決理由においても、後の判例に多大の影響を及ぼした。そこで、その判決理由を詳しく見ていきたい。

第 1 に、Shoei 判決は送達条約の目的を考察している。すなわち、被告の主張によれば、送達条約の他の規定が「送達（service）」という文言を使っているのに対して、10 条 (a) 号が「外国にいる者に対して直接に裁判上の文書を郵送する権能（the freedom to send judicial documents by postal channels, directly to persons abroad）」と規定しているというが、かような区別は、「条約の目的全体の考察によって覆される。それ〔＝条約〕は、裁判上の文書の外国における送達を規律の対象としている。したがって、〔10 条 (a) 号の〕『外国にいる者に対して直接に裁判上の文書を郵送する権能』という規定は、もし送達のための文書

---

61) Coblentz GMC/Freightliner v. General Motors Corp., 724 F. Supp. 1364 (M.D.Ala. 1989).

62) Hayes v. Evergo Telephone Co., Ltd., 397 S.E. 2d 325 (N.C.Ct.App. 1990).

63) Ackermann v. Levine, 788 F. 2d 830 (2nd Cir. 1986).

64) たとえば、Turick v. Yamaha Motor Corp., U.S.A., 121 F.R.D. 32 (S.D.N.Y. 1988); Smith v. Dainichi Kinzoku Kogyo Co., Ltd., 680 F. Supp. 847 (W.D.Tex. 1988); Hammond v. Honda Motor Co., 128 F.R.D. 638 (D.S.C. 1989); Meyers v. ASICS Corp., 711 F. Supp. 1001 (C.D.Cal. 1989); Nicholson v. Yamaha, 566 A. 2d 135 (Md.Ct.App. 1989), cert. denied, 569 A. 2d 1242 (1990); Patty v. Toyota Motor Corp., 777 F. Supp. 956 (N.D.Ga. 1991).

の送付に関係しないのであれば、無駄であろう。さらに、この規定〔＝10条(a)号〕は、条約によって設けられた『中央当局』の利用に対する代替手段のひとつとして置かれている。たとえ条約の目的が他の送達方法の利用に伴う紛争を防止するための送達方法を確立することにあるとしても、送達の有効な証明がなされるならば、必ずしも他の送達方法を使えないことにはならないであろう。さらに、送達条約5条は、『受託国の法律に反しないならば……任意に受領する名あて人への交付によって送達することができる』と規定している。〔直接郵便送達の〕送達報告書は、この事実の証拠である」[65]（引用省略）。

第2に、Shoei 判決は、直接郵便送達を規定した連邦民事訴訟規則4条(i)と送達条約との関係について、米国の立法者意思を考察する。すなわち、連邦民事訴訟規則4条(i)は、1963年1月21日に公布され、同年7月1日に施行された。被告は、送達条約10条(a)号が直接郵便送達を認めていないと主張するが、もしこの主張が正しいとするならば、米国上院議会は、1967年4月14日に条約を批准することにより、4年前に承認した連邦民事訴訟規則4条(i)を廃止するつもりであったことになる。しかし、「米国上院議会は、送達条約10条(a)号を承認するにあたり、名あて国が拒否しない限り、外国への訴状送達の有効な方法として、連邦民事訴訟規則4条(i)に規定された郵便送達を維持するつもりであった、と推定するほうが合理的である。さらに、もし送達条約が……連邦民事訴訟規則4条(i)を廃止するのであれば、条約が発効した1969年2月10日以来、連邦民事訴訟規則の他の規定が改正されてきたにもかかわらず、4条(i)の改正がなかったことを説明できない」[66]。

第3に、Shoei 判決は、日本法が直接郵便送達を認めているとする。すなわち、郵便送達が「受託国〔＝日本〕において作成される文書をその国の領域内にいる者に送達若しくは告知するためその国の法律で定める方法」（送達条約15条1項(a)号）でないとは思われない。裁判記録によると、「日本の国内法は、

---

65) Shoei Kako Co., Ltd. v. Superior Court, San Francisco, 109 Cal. Rptr. 402, 411 (1st Dist. 1973).

66) *Id.*, at 412.

外国からの文書を日本の領域内で送達のために郵送することを認めている。送達条約10条(a)号の拒否宣言を行わなかったことは、このように解釈できる」[67]。

以上の理由により、Shoei 判決は、わが国への直接郵便送達を有効とするが、この結論は、原告が日本において判決の承認執行を求める際に、日本の裁判所を拘束するものでないことも付け加えている[68]。また被告は、郵送された文書が日本語で記載されていなかった点も争っているが、Shoei 判決は、これを送達条約の問題とはせず、現実の通知（actual notice）があったか否かという問題であるとする。そして、裁判記録によると、「国際取引に従事するすべての日本企業は、外国企業との取引に関する通信を英語で行っており、国際取引に従事するほとんどの日本企業は、英語の連絡を受け取ることに慣れており、かつ読解および翻訳の部門を置いている」。現に、本件の訴状受取人は、英語およびフランス語で書かれた郵便受取書に署名していること、被告企業も、米国における販売促進のために、英語で印刷されたパンフレットを使用していること、本件における限定的出廷（special appearance）は、文書の意味を理解していたことを示していることなどから、本件の郵便送達は適正手続にも条約の文言または趣旨にも反していないと結論づけている[69]。

以上のように、Shoei 判決は、日本への直接郵便送達を有効とするにあたり、様々な理由を挙げているが、その中で、後の判例に最も影響を及ぼしたのは、送達条約の目的に関する部分である。とりわけ送達条約10条(a)号が送達のための文書の送付に関係しないのであれば無駄であったという箇所は、しばしば引用されている[70]。たしかに、判決文を引用しないものは、Shoei 判決のい

---

67) *Ibid.*
68) *Ibid.*
69) *Id.*, at 413.
70) Zisman v. Sieger, 106 F.R.D. 194, 199 (N.D.Ill. 1985); Lemme v. Wine of Japan Import, Inc., 631 F. Supp. 456, 463 (E.D.N.Y. 1986); Sandoval v. Honda Motor Co., Ltd., 527 A. 2d 564, 566 (Pa.Super. 1987); Rissew v. Yamaha Motor Co. Ltd., 515 N.Y.S. 2d 352, 355 (A.D.4 Dept. 1987). また、この箇所を引用した Ackermann v.

ずれの理由を支持したのかは明らかでないが[71]、少なくとも、米国の立法者意思および日本の国内法に関する箇所は、それほど影響を与えなかったようである。

これに対して、1989年のNicholson判決は、独自の理由づけを試みている。この判決は、米国の判例が対立していること、および1989年のハーグ国際私法会議の特別委員会における日本の発言（前述1参照）が曖昧であったことを指摘した後、日本への直接郵便送達を容認する理由として、次の4つを挙げている。①日本は、送達条約を批准するにあたり、メリランド法のような州法は知らなかったとしても、おそらく連邦民事訴訟規則4条(i)は知っていたであろう。②その後、日本は、送達条約10条(a)号が日本への直接郵便送達を禁止していないという多数の連邦裁判所判決を知らされてきた。③日本国民の在米財産は、直接郵便送達にもとづく判決の執行のために、差し押さえられるであろう。④日本は、〔1989年のハーグ国際私法会議の特別委員会における〕宣言によって、自国の裁判所が直接郵便送達を不適法とする権利を留保したのみであり、明白に直接郵便送達の効力を否定しなかった[72]。以上のように、

Levine, 788 F. 2d 830, 839 (2nd Cir. 1986) をそのまま引用することにより、結局、Shoei判決の理由づけを孫引きしているものもある。Turick v. Yamaha Motor Corp., U.S.A., 121 F.R.D. 32, 34 (S.D.N.Y. 1988); Smith v. Dainichi Kinzoku Kogyo Co., Ltd., 680 F. Supp. 847, 850 (W.D.Tex. 1988). ただし、Newport Components v. NEC Home Electronics, 671 F. Supp. 1525, 1542 (C.D.Cal. 1987) は、Shoei判決のうち、送達の有効な証明がなされるならば、必ずしも他の送達方法によられないということにはならない、という箇所を引用している。

71) Chrysler Corp. v. General Motors Corp., 589 F. Supp. 1182, 1206 (D.C.Cir. 1984); Weight v. Kawasaki Heavy Industries, Ltd., 597 F. Supp. 1082, 1085-1086 (E.D.Va. 1984). さらに、Shoei判決を引用した連邦裁判所判決のみを引用したものもある。たとえば、Hammond v. Honda Motor Co., 128 F.R.D. 638, 641 (D.S.C. 1989) は、Weight判決およびLemme判決を引用しており、Meyers v. ASICS Corp., 711 F. Supp. 1001, 1007 (C.D.Cal. 1989) は、Newport判決およびAckermann判決を引用している。

72) Nicholson v. Yamaha, 566 A. 2d 135, 142-143 (Md.Ct.App. 1989), cert. denied, 569 A. 2d 1242 (1990).

Nicholson 判決は、日本への直接郵便送達を有効とする理由を、日本側の態度に求めているが、かような理由づけが今後の判例に影響を及ぼすか否かは、現在のところ不明である。

　ところで、Shoei 判決は、送達された文書が日本語で記載されていなかった点について、被告の個別的事情を考慮したうえで、適正手続に違反していないとするが、その後の判例は、そもそも日本語への翻訳が全く必要でないとしている。すなわち、日本語への翻訳は、訴状の送達が受託国の中央当局を経由する場合にのみ、その中央当局が要請できるだけであって（送達条約5条3項）、10条(a)号により直接郵便送達を行う場合には、かような要請が規定されていないというのである[73]。

5　わが国への直接郵便送達を無効とする判例

　前述のように、わが国への直接郵便送達を無効とする判例は、ニューヨーク州裁判所の判決から始まり、その後、Mommsen 判決などの連邦裁判所の判決に至っている。そこで、これらのニューヨーク州裁判所の判決から見ていきたい。

　まず、1984年の Ordmandy 判決は、送達条約10条(a)号にいう"send"という文言が法技術的な意味における送達を含むか否かについて、条約自体が明らかにしておらず、また支配的な判例も存在しないので、規定に表れた条約当事者の意思および文言の通常の意味を調べたという。その結果、"send"という文言の通常の意味は、"dispatch or transmit"であるとする。そして、「送達条約の他のすべての規定は、送達のための転達手段を表す際には、"service"という文言を使っていること（たとえば8条参照）、および"send"が訴状の送

---

[73]　Weight v. Kawasaki Heavy Industries, Ltd., 597 F. Supp.1082, 1086 (E.D.Va. 1984); Lemme v. Wine of Japan Import, Inc., 631 F. Supp. 456, 464 (E.D.N.Y. 1986); Sandoval v. Honda Motor Co., Ltd., 527 A. 2d 564, 567 (Pa.Super. 1987); Hammond v. Honda Motor Co., 128 F.R.D. 638, 640 (D.S.C. 1989).

達を含むというように緩やかに解するならば、もっとフォーマルな送達方法を確立しようとした条約当事者の基本意思（the fundamental intent of the parties）を損なうであろうことから、送達条約10条(a)号は、本件の被告に対する郵便送達を許さない」と結論づけている[74]。

　続いて、1985年のReynolds判決は、Ordmandy判決を支持しつつ、自らも次のように述べている。「ハーグ送達条約が何度も文書の"service"に言及しながら、10条(a)号が"send"と述べているのを見ると、10条(a)号は、法的な意味での"service"を必要としない通知や法律文書の単なる転達のような……ものを認めているにすぎないと思われる。そのように解しないならば、日本の外務大臣の〔中央当局としての〕役割は、ハーグ条約の趣旨に反するものになってしまうであろう」[75]。

　同じく1985年のRissew事件の第1審判決は、これら2つの判決を引用するにすぎないが、すでに判決理由の基本パターンは出来上がっていた。すなわち、第1に、10条(a)号にいう"send"の通常の意味を明らかにし、第2に、送達条約における"service"という文言と"send"という文言の使い分けを重視し、第3に、直接郵便送達は、送達条約の通常の送達方法を無意味にしてしまうとする[76]。

　連邦裁判所として初めて日本への直接郵便送達を無効とした1985年のMommsen判決は、この基本パターンのうち、主に最初の2つを発展させて、次のように述べている。すなわち、法解釈の出発点は、「法律の文言それ自体」である。反対の趣旨の立法者意思が明示されていない限り、通常は、文言こそが決定的である。さらに、立法者がある規定に特定の文言を使い、同じ法律の他の規定にそれを使っていない場合には、かような区別は、一般に、「意図的かつ目的的」であったと推定される。最後に、立法者が衡平法またはコモン・ローにおいて蓄積された意味を持つ文言を使った場合には、反対の趣旨の規定

---

74) Ordmandy v. Lynn, 472 N.Y.S. 2d 274, 275 (Sup.Ct. 1984).

75) Reynolds v. Koh, 490 N.Y.S. 2d 295 (A.D.3 Dept. 1985).

76) Rissew v. Yamaha Motor Co., Ltd., 493 N.Y.S. 2d 78 (Sup.Ct. 1985).

がない限り、これらの文言は、かような確立された意味を有するものと推定される。したがって、送達条約においても、10条(a)号が代替的な送達方法を規定したものであったならば、起草者は、"service"という文言を使っていたであろう。10条(a)号が直接郵便送達を容認していると解することは、"send"という文言の明白な意味に反し、送達条約に規定された他の送達方法と相いれない送達方法を認めることになるであろう[77]。

以上の判決理由は、その後、Pochop判決[78]、Cooper判決[79]およびProst判決[80]において引用されている。ただし、Bankston事件の控訴審判決は、「法律の文言それ自体」による解釈および「意図的かつ目的的」な文言の使い分けの部分のみを受け継いでおり[81]、Wasden判決[82]およびFleming判決[83]、このBankston事件の控訴審判決を引用している。

これに対して、カリフォルニア州裁判所による1988年のSuzuki判決は、送達条約10条(a)号に関する日本の解釈を判決理由の中心に据えている。まず、同じカリフォルニア州裁判所によるShoei判決については、裁判記録が本質的に異なるので、これに拘束されないとしている[84]。そして、Shoei判決の裁判記録によると、日本の国内法は、直接郵便送達を容認しているというが、本件の裁判記録によると、全く反対の結論になる。すなわち、日本は、弁護士または私人が訴状を郵便で送達することを認めていない。郵便によって訴状を送達するためには、裁判所書記官は、書類が入った封筒の外側に「特別送達」のスタンプを押すし、また郵便配達人は、送達証書に交付の事実を記入し、これを裁判所に返却することにより、特別の裁判所職員として行動する。このように

---

77) Mommsen v. Toro Co., 108 F.R.D. 444, 446 (S.D.Iowa 1985).
78) Pochop v. Toyota Motor Co., Ltd., 111 F.R.D. 464, 466 (S.D.Miss. 1986).
79) Cooper v. Makita, U.S.A., Inc., 117 F.R.D. 16, 17 (D.Me. 1987).
80) Prost v. Honda Motor Co., 122 F.R.D. 215, 216 (E.D.Mo. 1987).
81) Bankston v. Toyota Motor Corp., 889 F. 2d 172, 174 (8th Cir. 1989).
82) Wasden v. Yamaha Motor Co., 131 F.R.D. 206, 209 (M.D.Fla. 1990).
83) Fleming v. Yamaha Motor Corp., 774 F. Supp.992, 996 (W.D.Va. 1991).
84) Suzuki Motor v. Superior Ct. (Armenta), 249 Cal. Rptr. 376, 377 (4th Dist. 1988).

Ⅲ　直接郵便送達に関する米国判例の展開　*399*

日本が米国の郵便送達に相当する送達方法を認めていない事実から、「日本が10条(a)号を拒否しなかったからといって、有効な訴状送達の方法として、書留郵便の使用を認める趣旨であったとは、とても思えない。とりわけ、日本が10条(b)号および(c)号に規定された……はるかにフォーマルな送達方法を拒否した事実からも、そう言える。むしろ日本は、10条(a)号が訴状の送達ではなく、裁判上の文書の転達だけを認めている、と解していた可能性のほうがずっと大きい」[85]。

さらに、この解釈は、送達条約が一貫して"send"と区別して"service"に言及している事実によって、一層合理的なものになる。たとえば、送達条約9条、14条、15条、16条などである。法解釈の原則によると、法律その他の立法における文言は、通常の意味が与えられるべきであり、かつ使用された文言はすべて、ある意味を持っており、有効な機能を果たしていると推定される。送達条約10条(a)号の"to send"という文言が"to serve"を意味するという解釈は、これら2つの原則のいずれにも反する。"to send"の通常の意味は、"to cause to be conveyed by an intermediary to a destination"または"to dispatch, as by mail or telegraph"であって、"to serve"ではない。そして、条約の起草者は、"to send"という文言と"service of process"という文言の両方を使ったのであるから、各文言が異なった意味と機能を有する趣旨であったと解される[86]。

以上のSuzuki判決の理由づけは、Bankston事件の第1審判決[87]およびMcClenon判決[88]において引用されているが、これら3つの判決は、さらに以下の論文の1節を引用することによって、判決理由を補強している点が注目される。「送達条約は、郵便送達の問題を扱っておらず、訴訟開始後の裁判上の

---

85) *Id.*, at 379.
86) *Ibid.*
87) Bankston v. Toyota Motor Corp., 123 F.R.D. 595, 598-599 (W.D.Ark. 1989).
88) McClenon v. Nissan Motor Corp. in U.S.A., 726 F. Supp. 822, 825-826 (N.D.Fla. 1989).

文書を郵送する権能を扱っているだけである。それ以外の解釈は、むしろ非論理的な結果になるであろう。なぜなら、送達条約は、訴状の送達について、かなり慎重な手続を設けているからである。そして、仮に当該規定〔= 10 条 (a) 号〕が単なる郵送によって、この手続を免れることを認めているとしたら、送達条約の大半は不要になってしまうであろう」[89]。これは、ニューヨーク州裁判所の判決理由のうち、第3のパターンを発展させたものと考えられる。すなわち、直接郵便送達は、送達条約の通常の送達方法を無意味にしてしまう、というのである。

ところで、ニューヨーク州裁判所の3つの判決は、直接郵便送達を無効としたうえで、いずれも訴え却下の申立 (motion to dismiss) を認めているが、その後の連邦裁判所の判決は、訴えを却下すべきでないとして、送達無効の申立 (motion to quash service) だけを認めている。また、一部の判決では、もともと送達無効の申立のみが行われていたので、これがそのまま認められている。そして、これらの判決は、送達をやり直すための期間を設けている。これらは、おおむね1か月ないし4か月であった[90]。

---

89) E.C. Rough, Litigation Between Japanese and American Parties, in: J. Haley (ed.), Current Legal Aspects of Doing Business in Japan and East Asia (1978), 188, at 190-191, cited in: Suzuki Motor v. Superior Ct. (Armenta), 249 Cal. Rptr. 376, 381 (4th Dist. 1988); Bankston v. Toyota Motor Corp., 123 F.R.D. 595, 599 (W.D.Ark. 1989); McClenon v. Nissan Motor Corp. in U.S.A., 726 F. Supp. 822, 826 (N.D.Fla. 1989).

90) Mommsen v. Toro Co., 108 F.R.D. 444, 446 (S.D.Iowa 1985); Pochop v. Toyota Motor Co., Ltd., 111 F.R.D. 464, 467 (S.D.Miss. 1986); Cooper v. Makita, U.S.A., Inc., 117 F.R.D. 16, 18 (D.Me. 1987); Prost v. Honda Motor Co., 122 F.R.D. 215, 217 (E.D.Mo. 1987); Suzuki Motor v. Superior Ct. (Armenta), 249 Cal. Rptr. 376, 382 (4th Dist. 1988); Bankston v. Toyota Motor Corp., 123 F.R.D. 595, 599 (W.D.Ark. 1989), 889 F. 2d 172, 174 (8th Cir. 1989); McClenon v. Nissan Motor Corp. in U.S.A., 726 F. Supp. 822, 827 (N.D.Fla. 1989); Wasden v. Yamaha Motor Co., 131 F.R.D. 206, 210 (M.D.Fla. 1990); Fleming v. Yamaha Motor Corp., 774 F. Supp. 992, 996 (W.D.Va. 1991).

6 その他の締約国への直接郵便送達に関する判例

　前述のように、その他の締約国のうちでは、ドイツへの直接郵便送達に関する判決が最も多い。そして、これらの判決は、いずれも結論的には、直接郵便送達を無効とする点で一致しているが、判決理由には変遷がある。
　まず、主に州裁判所によって下された初期の判決は、ドイツが直接郵便送達について拒否宣言を行っていることのみを理由としている[91]。これに対して、連邦裁判所による1983年のVorhees判決は、送達条約と連邦民事訴訟規則の優劣関係を考察している。すなわち、送達条約は自動執行条約（self-executing treaty）であり、連邦の立法と同等の効力を有するが、「両者が抵触する場合には、時間的に後のものが優先する。そして、連邦民事訴訟規則4条（i）が1963年7月1日に発効したのに対して、ハーグ送達条約が米国について発効したのは、1969年2月10日であるから」、後者は前者に優先するというのである[92]。
　これに対して、ほぼ1年後のHarris判決は、別の理由によって、送達条約が連邦民事訴訟規則に優先すると判断した。すなわち、連邦民事訴訟規則4条が代替的な訴状送達の方法を規定しているのに対して、送達条約は、締約国間における国外送達を扱っている。このように「ハーグ送達条約は、国外送達の方法のみに関係する点で特別であり、連邦民事訴訟規則は、すべての状況を扱う点で一般的であるから」、前者は後者に優先するというのである[93]。このHarris判決は、その後、Teknekron判決[94]およびLyman判決[95]においても引

---

91) Cintron v. W & D Machinery Co., 440 A. 2d 76, 81 (Sup.Ct.N.J. 1981); Dr. Ing. H.C.F. Porsche v. Superior Court, 177 Cal. Rptr. 155, 158 (Ct.App.3rd Dist. 1981); Richardson v. Volkswagenwerk, A.G., 552 F. Supp. 73, 79 (W.D.Mo. 1982); Low v. Bayerische Motoren Werke, A.G., 449 N.Y.S. 2d 733, 735 (Sup.Ct. 1982); Rivers v. Stihl, Inc., 434 So. 2d 766, 769 (Ala. 1983).

92) Vorhees v. Fischer & Krecke, 697 F. 2d 574, 575-576 (4th Cir. 1983).

93) Harris v. Browning-Ferris Industries Chem. Serv., 100 F.R.D. 775, 777-778 (M.D.La. 1984).

用されている。

　送達条約が連邦民事訴訟規則に優先する根拠はともかく、これらの判決は、いずれもドイツが直接郵便送達を拒否していることを前提としている。言い換えると、ドイツによる送達条約10条の拒否宣言は、とりもなおさず直接郵便送達の拒否であり、10条(a)号が直接郵便送達を含んでいるという認識に立っている。したがって、かような判決理由によるならば、日本は10条(a)号を拒否していないのであるから、日本への直接郵便送達を有効とすることができるはずである。しかし、日本に関する判決がドイツに関する判決を引用した例としては、Low判決[96]を引用したPhilip判決[97]があるにすぎない。

　もっとも、ドイツ判決の執行に関連して米国内における郵便送達を有効とした Ackermann 判決は、日本への直接郵便送達に関する判決において、しばしば引用されている。本件では、ドイツにおける訴訟のために、ベルリンの裁判所からニューヨーク駐在のドイツ領事館に訴状が送付され、領事館から被告の居所に郵便送達が行われた。その後、原告がドイツ判決の執行を求めたところ、かような送達方法が送達条約10条(a)号により許されるか否かが問題となった。

　まず、「米国は送達条約10条(a)号による"postal channels"の使用を拒否しなかったので、書留郵便による訴状の送達は、送達条約により米国内の送達の方法として適法である」。つぎに、「10条(a)号における"send"という文言は、"service"を意味するつもりであった」として、Shoei 判決などが引用されている。さらに、「ハーグ送達条約を解釈した連邦裁判所は、たとえば米国と同じく送達条約の締約国であり、かつ10条(a)号による郵便送達を拒否しなかった日本の被告に対する郵便送達を、明白かつ一貫して有効としている」。

---

94)　Teknekron Mgt. v. Quante Fernmeldetechnik, 115 F.R.D. 175, 177 (D.Nev. 1987).

95)　Lyman Steel Corp. v. Ferrostaal Metals Corp., 747 F.Supp. 389, 400 (N.D.Ohio 1990).

96)　Low v. Bayerische Motoren Werke, A.G., 449 N.Y.S. 2d 733 (Sup.Ct. 1982).

97)　Philip v. Monarch Knitting Mach. Corp., 565 N.Y.S. 2d 21, 22 (A.D.1 Dept. 1991).

「かような〔郵便〕送達を拒否していない他の締約国の被告に対し行われた郵便送達を有効とし、米国の被告に対し行われた郵便送達を無効とするならば、国外送達の規則を統一するというハーグ送達条約の目的は損なわれるであろう」[98]。

以上のように、Ackermann 判決は、日本への直接郵便送達を有効とする判例を根拠としているが、米国から香港への直接郵便送達を有効とする Hayes 判決は、日本への直接郵便送達に関する判例が対立しているとして、次のように述べている。「日本と異なり、香港は10条のいかなる規定も拒否しておらず、かつ明らかに、香港の国内法は郵便による訴状の送達を認めている」[99]。この判決は、同じ英米法系の締約国への郵便送達に関する判例として、注目に値する。

以上の他には、イタリアおよびスウェーデンへの直接郵便送達に関する判決が1件ずつあるだけである。前者は、送達条約10条(a)号が直接郵便送達を含まないとして、Mommsen 判決などを引用している[100]。後者は、スウェーデンが送達条約10条(a)号を拒否していない以上、直接郵便送達が容認されるとして、Ackermann 判決および Shoei 判決を引用している[101]。

7 おわりに

以上ように、米国においては、わが国への直接郵便送達を有効とする判例と無効とする判例が対立している。前者は、送達条約全体の目的が国外送達に関する規則の確立にあること、とりわけ10条(a)号が送達に関係しないので

---

98) Ackermann v. Levine, 788 F. 2d 830, 839-840 (2nd Cir. 1986).
99) Hayes v. Evergo Telephone Co., Ltd., 397 S.E. 2d 325, 328 (N.C.Ct.App. 1990).
100) Hantover, Inc. v. Omet, S.N.C. of Volentieri & C., 688 F. Supp. 1377, 1385 (W.D.Mo. 1988).
101) Coblentz GMC/Freightliner v. General Motors Corp., 724 F. Supp. 1364 (M.D. Ala. 1989).

あれば、無意味であることなどを理由としている。これに対して、後者は、"send" という文言の通常の意味が "service" を含まないこと、送達条約がこれらの用語を使い分けていること、送達条約の目的がもっとフォーマルな送達方法の確立にあることなどを理由としている。これらの判決理由は、それぞれの最も古い判決、すなわち Shoei 判決およびニューヨーク州裁判所の一連の判決によって確立され、その後も、歩み寄りを見せていない。また、その他の締約国への直接郵便送達に関する判例は、わが国への直接郵便送達の場合と事情が異なっていたり、わが国への直接郵便送達に関する判例を引用するだけであり、あまり参考にならない。さらに米国の学説も、有効説と無効説が対立しているが、本稿においては、詳細に取り上げることを断念した[102]。

　たしかに、わが国の立場から、米国の判例を批判することは可能である。すなわち、米国の判例は、送達条約の文言の通常の意味、文脈および条約の目的などを詳細に検討しているが、なお規定の意味が明らかでない場合には、条約の準備作業、他の締約国の判例学説なども参照すべきである[103]。また日本法の解釈については、Shoei 判決および Suzuki 判決のいずれもが疑問である。すなわち、Shoei 判決は、日本法が郵便送達を認めているというが、それは日本国内における送達方法としてだけであり、日本から外国への送達方法として、直接郵便送達を認めていない以上、むしろ外国から日本への直接郵便送達も認

---

102) わが国への直接郵便送達を有効とする見解としては、Armstrong, *supra* note (14); Leo, *supra* note (10); F.B. Mann, Jr., Foreign Service of Process by Direct Mail under the Hague Convention and the Article 10(a) Controversy: Send v. Service, 21 Cumberland L. Rev. (1991) 647. わが国への直接郵便送達を無効とする見解としては、Cooper, *supra* note (16); D. Davis, An Interpretation of Article 10(a) of the Hague Service Convention: Does "Send" Mean "Serve"?, 53 Albany L. Rev. (1989) 877; A.L. Basarrate, International Service of Process: Reconciling the Federal Rules of Civil Procedure with the Hague Convention on the Service Abroad of Judicial and Extrajudicial Documents in Civil or Commercial Matters, 21 Vanderbilt J. of Transnational L. (1988) 1071.

103) 奥田安弘「国内裁判所における統一法条約の解釈」国際法外交雑誌86巻5号41頁以下〔同『国際取引法の理論』（1992年、有斐閣）103頁以下所収〕参照。

めない趣旨と解するほうが自然であろう。また Suzuki 判決は、米国法の郵便送達が当事者送達主義に基づいているのに対して、日本法の郵便送達が職権送達主義に基づいている点を明らかにしているが、そもそも外国への送達方法として、わが国では直接郵便送達が認められていない点に着目すべきであった。

一方、ハーグ国際私法会議の特別委員会における日本の発言は、Nicholson 判決も指摘するように、米国の判例に影響を及ぼすものではなかった。現に、この発言にもとづいて、わが国への直接郵便送達を無効とした判決は、1件も見当たらない。そこで、もし米国の判例に影響を及ぼすつもりであったならば、むしろ送達条約10条 (a) 号が送達に関する規定ではなく、たとえば民訴法175条による外国送達が不可能であるため、公示送達を行った場合の単なる通知（民訴法179条2項）のようなものに関する規定であると主張すべきであった。むろん、かような主張が米国の判例を変更させるという保証は全くないが、わが国が送達条約10条 (a) 号の拒否宣言を行わない趣旨は、より鮮明になる。

これに対して、わが国の解釈としても、送達条約10条 (a) 号が直接郵便送達を含むというのであれば、わが国が拒否宣言を行わない理由は、全く存在しないように思われる。現に、日本企業が米国からの直接郵便送達を争うケースは、National Reporter System に掲載されないものも含めるならば、かなりの件数に上るであろう。しかるに、米国の判例が対立している現状において、被告の日本企業は、直接郵便送達を争うべきか否かという苦しい決断を迫られることになる。しかも前述のように、直接郵便送達を争ったために、罰金を命じられる危険があるし、また仮に直接郵便送達が無効とされても、原告は送達をやり直す機会が与えられている。したがって、直接郵便送達を争うことは、いたずらに訴訟を遅延させるだけであり、訴訟経済に反する結果にもなっている。

以上により、米国の判例を見る限りでは、わが国は、早急に送達条約10条 (a) 号の拒否宣言を行うべきである[104]。その必要性に対する認識が広まることを期待して、本稿を終わりたい。

---

104) 拒否宣言の手続については、送達条約21条2項参照。

第 4 章

戦後補償における抵触法上の諸問題

I 国際私法からみた戦後補償
――フィリピン従軍慰安婦判決に対する批判――

1 はじめに

　従来の戦後補償裁判では、国内法にもとづく請求権は、もっぱら日本法の適用を前提とするものが多かった。それは、国内事件に当たるケース、たとえば事件当時は日本国民であるとされていた朝鮮人または台湾人が被害者であり、事件が発生した場所も、日本の領域とされていた朝鮮または台湾であったケースについては、やむを得なかったと言えるかもしれない。しかし、その結果、戦前の国家無答責の法理により、損害賠償請求権の成立そのものが否定され、また仮に請求権が一旦は成立したとしても、民法724条後段の除斥期間により、戦後50年以上を経過した現在では、もはや請求権が消滅しているとされてきた[1]。

　これに対して、大陸系中国人やフィリピン人などの戦後補償裁判では、当然に日本法の適用を前提とするわけにはいかない。これらの事件では、当時も外

---

1) 国家無答責の法理については、秋山義昭「行政法からみた戦後補償」奥田安弘＝川島真ほか『共同研究・中国戦後補償―歴史・法・裁判』（2000年、明石書店）48頁参照。また民法724条後段は、不法行為の時から20年を経過したときは、損害賠償請求権が消滅すると規定しているが、これは時効ではなく除斥期間であるから、援用権の濫用や信義則違反を理由として、その適用を制限することはできないと解されている。ただし、これに疑問を提起するものとして、松本克美「戦後補償裁判と消滅時効・除斥期間―不二越訴訟第1審判決」ジュリスト1118号120頁、同「消滅事項・除斥期間と権利行使可能性」立命館法学261号98頁などがある。

国人であった大陸系中国人やフィリピン人などが被害者であり、事件が発生した場所も、外国の領域である中国やフィリピンなどであったからである。すなわち、事件が複数の法域に関連しているから、いずれの国の法が適用されるのかという国際私法の問題が生じる。

仮に中国法やフィリピン法などが適用されるとしたら、損害賠償請求権の成立および効力については、日本法を適用した場合と異なった判断がなされるであろう。また仮に日本法が適用されるとしても、かような外国の法域に関連した事件については、純粋の国内事件とは異なった解釈が妥当する可能性がある。したがって、従来の戦後補償裁判における日本法の適用および解釈は、直ちに中国人やフィリピン人などの戦後補償裁判に当てはめることはできない。

ところで、かような戦後補償裁判における国際私法上の争点については、フィリピン従軍慰安婦事件に関する平成10年10月9日の東京地裁判決（以下では「フィリピン判決」という）が出ている[2]。そこで本稿では、この判決を取り上げて、その問題点を明らかにするとともに、中国関係の事件に特有の問題を考察することにしたい[3]。

第1に、前述のように、複数の法域に関係する事件については、国際私法の問題が生じるはずであるが、フィリピン判決は、そもそも戦後補償裁判における国際私法の適用には疑問があるとする。中国関係の事件でも、被告の国側は、国家賠償のような公法的色彩の強い分野については、国際私法の適用が排除され、当然に日本法が適用されると主張している（以下では「国際私法不適用説」

---

2) 訟月45巻9号1597頁、判時1683号57頁、判タ1029号96頁。本件は、フィリピン人女性46名が第2次世界大戦中に進駐してきた日本軍兵士から暴行、監禁、強姦などの被害を受けたとして、日本政府に対し、1人あたり2000万円の慰謝料を請求した事件である。原告側は、慣習国際法、人道に対する罪、フィリピン国内法、日本民法にもとづく主張を行ったが、いずれも根拠がないとして、請求が棄却された。この判決の国際私法に関する箇所の評釈として、山内惟介・ジュリスト1157号288頁がある。

3) 中国関係の裁判における争点については、山田勝彦「裁判実務からみた戦後補償」奥田＝川島ほか・前掲注(1)217頁参照。

という）。そこで、かような国際私法不適用説の妥当性を検討する。

　第2に、国際私法が適用されるとしても、国家賠償責任は特殊な不法行為責任であるから、公務員の所属する国の法を適用すべきであるとする見解がある（以下では「公務員所属国法説」という）。この見解は、フィリピン判決では取り上げられていないが、中国関係の事件では、国側が国際私法不適用説と併せて主張しているので、その妥当性を検討する。

　第3に、わが国の国際私法の成文法規である「法例」によると、不法行為は不法行為地法によるとされている（11条1項）。しかし、フィリピン判決は、不法行為地法であるフィリピン法が外国国家である日本国の不法行為を規定しているとは思えないと判示している。また中国関係の事件でも、不法行為地法は、中華人民共和国法、中華民国法、または満州法のいずれであるのかという問題が生じる。そこで、かような法例11条1項の解釈問題を考察する。

　第4に、法例11条2項は、不法行為の成立について、不法行為地法と日本法の双方の要件を満たさなければならないとする（累積適用）。そして、フィリピン判決は、この日本法の累積適用により、国家無答責の法理が適用されるから、結局のところ、不法行為が成立しないとする。そこで、かような法例11条2項の解釈問題を考察する。

　第5に、法例11条3項は、不法行為の効力についても、不法行為地法と日本法を累積適用する。フィリピン判決は、これによって、日本の民法724条後段が適用されるから、結局のところ、除斥期間の経過によって、請求権は消滅したと判示している。そこで、かような法例11条3項の解釈問題を考察する。

　以上の5つの論点が本稿の検討課題である[4]。

　4）　筆者は、これらの論点について、すでに「国家賠償責任の準拠法に関する覚書――戦後補償のケースを中心として」北大法学論集49巻4号107頁〔本書452頁以下所収〕において、主に欧米諸国の判例および日本の学説の紹介・分析をしたことがある。これに対して、本稿では、むしろ国際私法の一般理論に重点を置いて考察する。

2 国際私法不適用説の妥当性

(1) フィリピン判決

　フィリピン判決は、まず「法例11条は、渉外的関係について<u>私法規定の抵触</u>がある場合に、その準拠法を定める規定であるところ、後記のとおり、原告らが主張する本件各加害行為は、国家の権力的作用に付随するきわめて公法的色彩の強い行為であって、当時のわが国の法制度の下においては、国の権力的作用について一般私法の適用はないとされていたから、<u>私法規定の抵触がある</u>として法例を適用することには大きな疑問がある」とする（下線・奥田）。

　この判旨は、①国際私法とは私法規定の抵触を規律するものである、②戦前の国家無答責の法理によると、国の権力作用については私法が適用されなかった、③それゆえ私法規定の抵触がなかったのであるから、国際私法の適用には疑問がある、という論法によっている。もっとも、「法例を適用することには大きな疑問がある」と述べているように、確信をもって国際私法不適用説を主張しているわけではない。

　しかし、いずれにせよ、国際私法とは私法規定の抵触を規律するものである、という前提そのものが批判されなければならない。なぜなら、国際私法の規律対象は、「渉外的私法関係」であって、「私法規定の抵触」ではないからである。

　たとえば、溜池良夫教授は、「法律の抵触」について、次のように述べている。「ここに『法律の抵触』とは、1つの法律関係に複数の法律秩序が関係して、あたかも法律が抵触しているような外観を呈することをいうにすぎない。真に法律の抵触が生じるのは、1つの法律関係について複数の法律秩序が共に規律の権限を有する場合である。しかし、その複数の法律秩序のうちのいずれに、その法律関係を規律する権限を認め、内国裁判所においてこれを適用すべきかを決定するのが国際私法である。したがって、国際私法は法律の抵触を生ぜしめないために存在するのであって、予め法律の抵触があって、それを国際私法が解決するのではない。このように、ここに『法律の抵触』とは、あくま

で、一つの法律関係に関係をもつ法律秩序が複数あることの比喩的表現にすぎない」[5]。

このように国際私法は、渉外的私法関係に複数の法律秩序が関連している場合に、あらかじめ１つの法律秩序にだけ規律の権限を付与することによって、「法律の抵触」を事前に防止しているのである。しかも国際私法によって規律の権限が付与されるのは、一国の「法律秩序」全体であって、個々の私法規定ではないし、また当該法律秩序の中で、いずれの規定が適用されるのか、さらに個々の規定が私法規定とされているのか、それとも公法規定とされているのかは無関係である[6]。

要するに、国際私法は、「渉外的私法関係について、その準拠法を定める規則である」と定義すれば足りるのであり、あえて「法律の抵触がある場合」という必要はない。ましてやフィリピン判決のように、「私法規定の抵触がある場合」などと定義することは、国際私法の本質に対する理解を誤っていると言

---

5) 溜池良夫『国際私法講義〔第２版〕』(1999年、有斐閣) 4頁以下。
6) 山田鐐一『国際私法』(1992年、有斐閣) 11頁以下は、国際私法と区別すべき適用規範として、新法と旧法の適用関係を決定する「時際法」、宗教などによって異なる法のいずれを適用すべきかを決定する「人際法」、国際法と国内法、国家法と教会法、一般法と特別法、成文法と慣習法など、法源が異なる場合に、いずれを適用すべきかを決定する「体系際法」を挙げている。これらは、すべて国際私法によって準拠法が決まった後に、当該法律秩序の中で、いずれの法が適用されるべきかを決定する別個の規範である。奥田安弘『国際取引法の理論』(1992年、有斐閣) 26頁、45頁も参照。ただし、外国法が準拠法となる場合、当該外国の国際私法規定は除かれる。かような外国国際私法規定も適用すべきであるとする見解（総括指定説）について、山田・前掲62頁は、「準拠法として指定される法は実質法に限られ抵触規定を含まないとする国際私法上の指定の本質」に反すると批判している。溜池・前掲注(5)147頁、奥田・前掲45頁も参照。なお、公法規定のうち、当事者の利害関係の調整を目的とするものは、渉外的私法関係においても適用されうることについては、後述(2)参照。ちなみに、1987年のスイス国際私法13条は、「この法律による外国法の指定は、当該外国法により事案に適用されるべきすべての規定を含む。外国法の規定の適用は、当該規定が公法的性質を有することだけを理由として排除されない」として、この点を明らかにしている。

わざるを得ない。

　続いてフィリピン判決は、「また、右のように、当時のわが国の法制下では、国の権力的作用については、<u>私法</u>である民法の適用がなく、<u>私法</u>の損害賠償責任の領域に属しないものであったことに照らすと、原告ら主張の本件各加害行為が、<u>私法規定の抵触</u>を規律する目的を有する法例11条の『不法行為』という概念に包摂されることについても疑問なしとしない」とする（下線・奥田）。

　これも、「私法規定の抵触」を国際私法の規律対象とすることから生じた誤解である。すなわち、フィリピン判決は、当時の日本法が国家無答責の法理を採用していたことから、直ちに当該事件の加害行為が法例11条の不法行為概念から除外されるかのように述べている。ただし、ここでも自らの見解に確信を持っているわけではない。いずれにせよ、かような見解は、以下の3つの点で国際私法の本質を見誤っている。

　第1に、講学上、国際私法以外の民法、商法、民事訴訟法などを「実質法」というが、法例11条の不法行為概念は、特定の国の実質法を前提としているわけではない。なぜなら、国際私法は、内外法平等の原則にもとづき、日本法の適用だけでなく、あらゆる国の法律秩序の適用を可能としているからである[7]。

　第2に、前述のように、国際私法によって準拠法とされるのは、一国の法秩序全体である。すなわち、日本法が準拠法になるとしたら、日本の実質法全体を適用すべきであって、その中で国家無答責の法理が適用されるか否かは、国

---

[7] たとえば、法例11条1項は、「事務管理、不当利得又ハ不法行為ニ因リテ生スル債権ノ成立及ヒ効力ハ其原因タル事実ノ発生シタル地ノ法律ニ依ル」というように、内外法が適用される場合を一般的に規定している。講学上は、これを「双方的抵触規定」という。これに対して、仮に「事務管理、不当利得又ハ不法行為ニ因リテ生スル債権ノ成立及ヒ効力ハ其原因タル事実カ日本ニ於テ発生シタルトキハ日本法ニ依ル」というように、日本法の適用だけが規定されていたとしたら、その規定は、日本の実質法を前提にしていると言えるかもしれない。講学上は、これを「一方的抵触規定」という。一方的抵触規定と双方的抵触規定の区別については、山田・前掲注(6)39頁以下、溜池・前掲注(5)74頁参照。

際私法の問題ではなく、準拠実質法の解釈問題である[8]。

　第3に、仮に日本の実質法に限ってみたとしても、戦前は国家無答責の法理が妥当していたが、戦後は国家賠償が認められ、しかも民法の規定が準用されている（国家賠償法4条）。したがって、フィリピン判決の論理によると、戦前は国際私法の適用が排除されていたが、戦後は国際私法によって準拠法を決定すべきことになる。しかし、このように実質法の改正があるたびに、ある問題が国際私法の範囲内となったり、範囲外となったりすることは、あり得ない。なぜなら、戦前の法が適用されるのか、それとも戦後の法が適用されるのかは、国際私法によって準拠法が決まった後に浮上する時際法上の問題（後述5）に属するからである[9]。実質法の内容いかんによって、国際私法の規律範囲が決まるとしたら、循環論に陥り、その決定は不可能となってしまう。

　以上をまとめると、要するに、フィリピン判決は、国家無答責の法理という戦前の日本の実質法の観点から、国際私法の規律対象を決定しようとしていた点に根本的な誤りがあったことになる。このように「法規の側からの観点」ではなく、「法律関係の側からの観点」こそが重要であり[10]、さらにいえば、戦後補償裁判で問題となっている法律関係が「渉外的私法関係」に属するか否かという観点から、国際私法不適用説の妥当性が検討されるべきである。

(2) 渉外的私法関係

　それでは、国際私法の規律対象となる渉外的私法関係とは、どのような法律関係を意味するのであろうか。この点については、国際私法における私法と公法の区別について述べた学説から見ておくことにする。

---

[8] すなわち、日本法の中で、国家無答責の法理によるのか、それとも民法709条以下によるのかは、体系際法によって解決すべき問題である。前述注(6)参照。
[9] 前述注(6)も参照。
[10] そもそも現在の国際私法の基礎を築いたサヴィニーの学説は、「法規の分類から出発するのではなく、法規の適用対象たる法律関係の分類から出発する」という「コペルニクス的転換」を図った点に最大の功績があったとされる。溜池・前掲注(5)47頁。

たとえば、折茂豊教授は、契約の公法的規制に関連して、次のように述べている。「もともと、近代の市民社会においては、個人の社会生活にたいする国家の法的規整の態様には、２つのことなった基本的な型がありうる。すなわち、まず、そのひとつは、国家は個人をして一応自由にその社会関係を形成せしめ、単に個人間において生じた争の解決をもとめられた場合においてのみ、はじめてそこに介入することとし、しかも、そうした争の裁決にあたっては、個人がその自由意思によって定めたところを準則とする、というものである。つぎに、他のひとつは、国家が個人にたいして、その意思の如何にかかわらず、一定の社会関係を形成すべきことをもとめ、個人の側からする要請をまたず、国家権力による強制を予定して、一方的にその実現に向かって働きかける、というものである。個人の社会生活を法的に規整せんとするにあたって、はじめにのべたごとき消極的ないし受動的な態様によるものが私法であり、後にのべたごとき積極的ないし能動的なそれによるものがすなわち公法である、とみらるべきであろう」[11]。

これに対して、横山潤教授は、折茂教授のように、「強制」の有無を基準として公法と私法を分類することは過度の単純化をもたらすと批判している。なぜなら、「その直接適用性を肯定できるとみられる法規の中には、その役割・機能からみて、伝統的な私法と同じく、当事者の利害関係の調整を目的とする法規が存在し、この種の法規については、国際私法の指定の対象とすることがその立法目的と矛盾しない場合があるからである。労働法とか消費者保護法のような法規である」。「他方で、法規の役割・機能が当事者の利害関係の調整とは無縁の法規、とくに国際契約に介入する（輸出管理法のような）法規については、国際私法規定の指定の対象とはならないと考えられる」。このように横山教授は、強制の有無という基準以外に、当事者の利害関係の調整を目的とするか否かという基準を取り入れるべきであるとする[12]。

---

11) 折茂豊『当事者自治の原則』（1970年、創文社）288頁。
12) 横山潤「国際私法における公法」『国際私法の争点〔新版〕』（1996年、有斐閣）22頁以下。

これらの見解は、主に契約の公法的規制を念頭に置いたものであるが、その内容は、国際私法の規律対象となる渉外的私法関係とは何であるか、さらに国家賠償がこの渉外的私法関係に属するか否かを判断するためにも参考となるであろう。

　まず、「強制」の有無ということからいえば、国家賠償は明らかに私法関係に属する。なぜなら、国家賠償は、被害者である個人が裁判所に訴えを提起して、救済を求めたときに、これが認められるか否かという問題であって、国家による一方的実現を予定するものではないからである。また「当事者の利害関係の調整」という面からみても、国家賠償は、加害者（国）が違法行為によって被害者（個人）に損害を与えた場合に、いかにして損害の公平な分配を図るのかという問題であるから、やはり私法関係に属する。

　たしかに、戦前は、国家無答責の法理が認められ、また戦後も、民法の一般原則が一部修正されているが、これらは、国家賠償の私法関係としての性質を否定するものではない。たとえば、他の分野においても、明治32年の「失火ノ責任ニ関スル法律」は、重過失があった場合にのみ、損害賠償責任を負わせているし、また平成6年の製造物責任法は、逆に無過失責任を負わせている。さらに契約責任の問題でもあるが、昭和32年の国際海上物品運送法は、責任の限度額などを定めている。かような責任の制限や否定などによる民法の一般原則の修正は、様々な利益衡量の結果であって、その規律対象が私法関係であることを否定するものではない。なぜなら、加害者と被害者間の損害の分配という基本構造は、いずれの場合にも全く異ならないからである[13]。

---

13) 一般不法行為に関する民法709条は、加害者に故意・過失があった場合には、加害者に損害を負担させ、加害者が無過失であった場合には、被害者に損害を負担させている。失火責任法、製造物責任法、国際海上物品運送法などの特別法は、この損害負担のバランスを変更したものにすぎない。国家無答責の法理も、国家と国民の利益が一致することを擬制したものであり、当時の法観念によれば、「損害の公平な分配」を図っていたと言えるであろう。後述5 (2)参照。

(3) 外国公法不適用の原則

ところで、前述のように、国際私法は、内外法平等の原則により、日本法だけでなく、外国法の適用も可能としている。これに対して、国家賠償について、その公法的色彩を理由として、国際私法不適用説が妥当するとしたら、原則として、外国法は適用の余地がないことになる。いわゆる「外国公法不適用の原則」である[14]。

また、ある事項が公法の領域に属しており、原則として外国法の適用が許されないという場合には、付随して幾つかのルールが存在している。ひとつは、場所的（地域的）適用範囲の限界である。たとえば、山田鐐一教授は、いわゆる外人法が公法の範疇に属するとしたら、「地域的適用範囲を定める規定を有することもあるが、原則としては、わが国内でのみ属地的に適用され、その適用が外国に及ぶ場合には域外適用という表現が用いられるのが普通である」とする[15]。国家賠償法ないし国家無答責の法理についても、これが公法の範疇に属するというのであれば、場所的適用範囲の限界が存在するはずである。

もうひとつは、かような場所的適用範囲を超えた事件については、日本の裁判所は、そもそも管轄を有しない、ということである。なぜなら、外国公法不適用の原則により、日本の裁判所は、原則として日本法の適用のみを任務としており、その日本法が場所的適用範囲の限界のため当該事件に適用されない場

---

14) 山田・前掲注(6)15頁は、「公法は私法と異なり、一国の公益と密接な関係を有する法であり、内国の裁判所において外国の公法を直接に適用することはない」と述べている。かような「外国公法不適用の原則」が「公法の属地性の原則」とほとんど同じ意味で用いられてきたことについては、折茂・前掲注(11)358頁、378頁参照。〔追記〕なお、「外国公法不適用の原則」とは言っても、損害賠償請求の前提として、たとえば外国の公務員による行為の違法性が問題となる場合には、その職務の根拠法令などの外国公法が適用されることがある。奥田安弘「戦後補償裁判とサヴィニーの国際私法理論(2)完」北大法学論集51巻4号345頁〔本書519頁所収〕参照。

15) 山田・前掲注(6)162頁。ただし、「域外適用」という概念がアメリカ法独自のものであることについては、奥田・前掲注(6)160頁以下参照。

合には、結局、裁判管轄を認めることができないからである[16]。

　これらのルールが典型的に当てはまるのは、刑法の領域である。すなわち、日本の刑法は、原則として国内犯にだけ適用され（1条）、国外犯に適用されるのは、2条ないし4条の2に列挙された場合に限定される[17]。そして、これらの適用範囲規定に該当しない事件について、日本の裁判所は、原則として外国刑法を適用することはできないから、管轄が否定されることになる。同様のことは、行政処分の取消訴訟にも当てはまる。すなわち日本の裁判所は、原則として日本法を適用し、日本の行政機関の処分に対する取消請求を審理するだけである。外国法を適用して、外国の行政機関の処分について取消を命じることは考えられない。

　かような刑事訴訟や行政訴訟における外国法の不適用は、それぞれ異なった理由に基づいていると思われる。まず刑事訴訟においては、検察官の起訴により法の発動が求められ、日本における刑の執行が予定されている。いわば国家による刑罰権の行使であるから、原則として外国法によることができない。一方、行政訴訟においては、個人のイニシアティブによって法の発動が求められるが、日本の裁判所は、日本の行政機関に処分の取消を命じることができるだけであって、外国の行政機関に処分の取消を命じることはできない。そして、日本の行政機関が日本法にもとづいて行った処分の取消は、当然のことながら、原則として日本法によってのみ判断されることになる。

　これに対して、国家賠償請求訴訟においては、日本の裁判所が外国法を適用することは妨げられない。まず、法の発動を求めるのは個人であり、日本の裁判所が与える救済は、金銭による損害の賠償である。かような個人の私法的救済は普遍性を持っており、日本の裁判所は、日本法が適用されないからといっ

---

16)　奥田・前掲注(6)195頁参照。
17)　刑法2条は、すべての者の国外犯に刑法を適用すべき場合として、日本の秩序と安全に関わる犯罪を挙げ、3条は日本国民の国外犯、4条は日本の公務員の国外犯に刑法を適用すべき場合を列挙している。さらに4条の2は、条約による国外犯処罰の場合を挙げている。

て、訴えを却下したり、直ちに請求を棄却することはできない[18]。国際私法により外国法が準拠法になる場合には、当該外国法により、権利が実現されるか否かを審理すべきである[19]。

たとえば、前述のフィリピン判決は、加害行為が「国家の権力的作用に付随するきわめて公法的色彩の強い行為」であるというが、これは、実質法のレベルにおいて、戦前の日本法のように、国家無答責の法理を認めたり、また戦後も民法の不法行為規定を一部修正する際に考慮すべき要素にすぎない[20]。個人による金銭賠償の請求は、外国法によることが可能であり、この点からも国際私法不適用説は妥当性を欠いていることになる。

---

18) 国家賠償請求事件は、民事事件とされているから、国際民事訴訟法のルールによって、日本の裁判所の管轄が決定される。国際的裁判管轄に関する明文の規定は存在しないが、条理により、不法行為事件については、被告の住所や不法行為地などが日本にある場合、被告が管轄を争わないで応訴した場合などに、日本の裁判所の管轄が認められる。国家賠償の民事事件性については、下山瑛二『国家補償法』(1973年、筑摩書房) 117頁以下参照。国際的裁判管轄については、渡辺惺之「国際財産事件の裁判管轄基準」『国際私法の争点〔新版〕』(1996年、有斐閣) 222頁、山田恒久「応訴管轄」同233頁参照。なお、外国国家が被告となる場合には、いわゆる裁判権免除が問題となるが、英米法系の国家免除法や1972年のヨーロッパ国家免除条約11条などは、法廷地国の領域内でなされた外国国家の不法行為については、裁判権免除を認めないとしている。臼杵知史「米国主権免除法における外国の非商業的不法行為」北大法学論集36巻3号1頁、とくに38頁以下参照。

19) 国家賠償請求を認容した日本の裁判所の判決は、原則として外国においても強制執行が可能である。ただし、当該外国法の執行要件を満たさなければならない。逆の例であるが、わが国で外国判決を執行する場合には、外国判決の執行判決を求める訴えを提起し、これを認容した判決が確定する必要がある (民事執行法22条6号、24条)。また、一定の範囲の国有財産については、いわゆる執行免除の問題も生じる。後者の点については、杉原高嶺ほか『現代国際法講義〔第2版〕』(1995年、有斐閣) 85頁以下、山本草二『国際法〔新版〕』(1994年、有斐閣) 262頁以下参照。

20) ただし、公法的色彩の強い行為であるからというだけでは、民法の一般原則を修正する理由にはならないであろう。国家無答責の法理について、後述5(2)参照。

3 公務員所属国法説の妥当性

(1) オーストリア最高裁判決

　つぎに、国際私法によって、国家賠償責任の準拠法を決定すべきであるとしても、法例11条による不法行為地法の適用ではなく、公務員所属国法の適用を検討する余地がある。たとえば、山田鐐一教授は、一切の外人法が国際私法の指定にもとづいて適用されるべきであるとしたら、たとえば公務員の不法行為については、「法例11条もしくは『公務員の不法行為はその公務員の属する国の法律による』との不文の抵触法の指定を受けて、準拠法が日本法である場合にはじめてわが国家賠償法が適用される」と述べて、公務員所属国法説の可能性を認めている[21]。そして、この公務員所属国法説によると、一連の戦後補償裁判では、日本軍の構成員、すなわち日本の公務員の不法行為が問題となっているのであるから、国家賠償責任の準拠法は日本法となる。

　たしかに、日本の公務員が外国で不法行為を行った場合に、不法行為地が外国であるからといって、常に当該外国の法を準拠法とすることは疑問である。国家賠償責任は、法例11条の適用を受けない特殊な不法行為責任であるとして、条理によって準拠法を決定することは、法例の解釈として許容範囲内であると言えるであろう[22]。しかし、常に公務員所属国法説が妥当するかといえ

---

21) 山田・前掲注(6)163頁。
22) 山田・前掲注(6)55頁は、法律関係の性質決定について、「それは国際私法全体の構造や関係の諸抵触規定の目的・精神に照らして決定される」としたうえで、さらに「ある事項が国際私法的利益を衡量して現存のいかなる抵触規定の適用範囲にも属しないものとみられるならば、条理によってその準拠法が決定されることになる。いわゆる新しい抵触規定の条理による創造である」と述べている。現に製造物責任は、法例11条の適用を受けない特殊な不法行為であるとして、条理によって準拠法を決定する見解が近年ますます有力となっている。山田・前掲注(6)327頁以下、池原季雄『国際私法（総論）』(1973年、有斐閣) 94頁、川又良也「生産物責任」『国際私法の争点〔新版〕』(1996年、有斐閣) 139頁など参照。

ば、これもまた疑問である。

1982年2月17日のオーストリア最高裁判決（大使射殺事件）は、まさに国家賠償責任の準拠法について、かような公務員所属国法説と不法行為地法説の境界を明らかにした判例として、注目される[23]。事案は、ユーゴスラビア大統領主催の狩りにおいて、オーストリア大使が誤ってフランス大使を射殺してしまったので、フランス大使の遺族がオーストリア政府に対し、損害賠償請求の訴えを起こしたというものである。これに対して、オーストリア最高裁は、まず国家賠償責任についても、一般の不法行為に関する国際私法のルールが適用されるべきことを明らかにし、それによると、原則は不法行為地法主義であるが、加害者と被害者の間に特別な法律関係があり、この特別な法律関係と不法行為との間に内的な関連（innere Beziehung）がある場合には、この特別な法律関係の準拠法が適用されるべきであるとする。たとえば、オーストリア人が外国においてオーストリア大使に助けを求めた場合、外国人が自国に駐在するオーストリア大使館において査証の発給を求めた場合などに、損害が発生したときは、オーストリア法が準拠法となるであろう。これに対して、本件では、フランス大使とオーストリア政府との間に公法的な関係は存在しなかった。フランス大使は、自己の職務の執行に際して、偶然的にオーストリアの国家機関の加害行為に巻き込まれたのである。したがって、本件では、不法行為地法であるユーゴスラビア法が適用されるべきである。

以上のように、オーストリア最高裁判決は、一定の範囲では、公務員所属国法説の妥当性を認めるが、その限界も明らかにしている。すなわち、被害者である個人と公務員所属国との間に、特別な公法的関係が存在し、これと密接に関連して、不法行為が発生した場合に限り、公務員所属国法説が妥当するというのである[24]。

---

23) OGH 17.2.1982, ÖJZ 1982, 462. この判決の詳しい紹介としては、奥田・前掲注(4)111頁以下〔本書455頁以下所収〕がある。

24) ヨーロッパ諸国の判例では、在外公館の職員が自国民の身体または財産を保護すべき義務を怠ったとして、本国政府に対し損害賠償請求の訴えを起こした事件

(2) 附従的連結の限界

このように加害者と被害者の間に特別な法律関係が存在しており、かつこの特別な法律関係と不法行為が密接に関連している場合に、不法行為地法主義の例外を認め、この特別な法律関係の準拠法を適用することを「附従的連結」と呼んでいる。この附従的連結の理論は、従来からヨーロッパ諸国の立法および立法草案によって採用され、またわが国の学説によっても支持されている[25]。

が幾つかある。これらの事件では、裁判所は、とくに理由を述べることなく、自国法を適用しているが、本文で紹介した 1982 年のオーストリア最高裁判決の論理によって、その結論を支持することができるであろう。これらの判例については、奥田・前掲注(4) 110 頁以下〔本書 454 頁以下所収〕参照。

これに対して、OLG Köln 3. 12. 1998, NJW 1999, 1555 は、第 2 次世界大戦中にドイツ軍占領地域からアウシュビッツ強制収容所に送り込まれ、その後、1943 年 9 月から 1945 年 1 月まで企業で強制労働に従事させられた者の損害賠償ないし賃金支払請求について、「行為当時の法状況」によると、外国でなされた公務員の不法行為にも、ドイツ法が適用されると判示した。しかし、その理由としては、高権的行為について国家免除を定めた国家主権の国際法上の原則から導き出されるとしか述べていない。そこでは、なぜ行為当時の（不文の）抵触規定が適用されなければならないのか、また国家主権とは無関係であるはずの準拠法の決定が、なぜ公務員の不法行為についてのみ例外的な方法によるのかという点は、全く明らかにされておらず、その意味で、この判決の先例的価値は乏しい。なお、この事件の憲法上の争点については、清野幾久子「ドイツ戦後補償の法理―アウシュビッツでの強制労働に対する連邦憲法裁判所決定に見る一側面」法律論叢（明治大学）70 巻 5・6 号 1 頁、同「ドイツ憲法判例研究(65)」自治研究 74 巻 5 号 134 頁参照。

25) 附従的連結の理論を採用した立法ないし立法草案としては、1972 年の EEC の契約及び契約外債務の準拠法に関する条約案 10 条、1978 年のオーストリア国際私法 48 条 1 項、1982 年のドイツ国際私法会議による契約外債務の国際私法改正案 4 条 2 項、1984 年の国際私法（契約外債務及び物権）を補充するための参事官草案 41 条、1987 年のスイス国際私法 133 条 3 項などがある。奥田・前掲注(4) 121 頁以下〔本書 468 頁以下所収〕参照。

さらに、1999 年に改正されたドイツ民法施行法は、不法行為地法主義を採用しながらも（40 条 1 項前段）、「債務関係に関連した当事者間の特別な法律上又

この理論は、国際私法上の当事者利益によって根拠づけることができる。すなわち、一般の不法行為においては、加害者と被害者は、不法行為の発生によって、初めて債権債務関係に入る。この場合、不法行為地法は、両当事者にとって中立的な法として適用されることになる。不法行為地法によるならば、加害者は、自己の行動から生じる責任の存否および範囲を予測できるし、また被害者も、自己が受けるべき賠償の有無および範囲を期待することができるからである[26]。これに対して、不法行為の発生以前から、加害者と被害者の間に特別な法律関係があり、この法律関係と不法行為の間に密接な関連がある場合には、事情が異なる。かような場合には、不法行為責任についても、むしろこの特別な法律関係の準拠法を適用したほうが、両当事者の予測可能性ないし正当な期待保護の要請を満たすことになるであろう。そこで、附従的連結が認められるのである[27]。

公務員所属国法説も、この附従的連結の理論によって正当化される。たとえば、日本人が外国において日本の大使館に保護を求めた場合、外国人がその本

は事実上の関係」がある場合には、例外を認めるとしている（41条2項1号）。また、1998年にヨーロッパ国際私法グループによって採択された契約外債務の準拠法に関するヨーロッパ条約草案も、不法行為地法主義を採用しながら（3条3項）、「当事者間にすでに存在しているか、又はこれから予想される関係」がある場合には、例外を認めるとしている（同条5項）。これらの条文については、IPRax 1999, S. 285 f., S. 286 ff.

なお、わが国の学説では、契約と不法行為の請求権競合において、これを不法行為ではなく契約として法性決定する「一体的法性決定説」が主張されている。理論構成は異なるが、この説は附従的連結と同じ結論を導く。国友明彦「契約と不法行為の抵触規則の競合問題(2)」法学雑誌（大阪市大）33巻1号41頁以下、とくに47頁。さらに、同「請求権の競合」『国際私法の争点〔新版〕』（1996年、有斐閣）157頁も参照。

26) 折茂豊『渉外不法行為法論』（1976年、有斐閣）95頁以下参照。
27) まさに国家賠償責任について、かような国際私法上の当事者利益を考察したものとして、H. Mueller, Das Internationale Amtshaftungsrecht, 1991, S. 150 ff. がある。ただし、そこでは附従的連結（akzessorische Anknüpfung）という用語は使われておらず、むしろわが国の一体的法性決定説に近い説明がなされている。

国に駐在する日本の大使館で査証の発給を申請した場合などにおいて、違法に保護や査証の発給などが拒否されたときは、たしかに不法行為地は外国であるが、日本政府に対する損害賠償請求が認められるか否かは、日本法によって判断されるべきであろう。また、日本に駐在する外国の大使が自国民の保護を怠ったり、日本人からの査証の申請を不当に却下した場合なども、当該外国政府に対する損害賠償請求が認められるか否かは、当該外国の法によって判断されるべきである[28]。これらの場合には、被害者が自国民であるか否かを問わず、当該国家との間に公法的な法律関係が存在しており、その法律関係と密接に関連して損害が発生したのであるから、その法律関係の準拠法である公務員所属国法が不法行為責任にも適用されるべきである。

これに対して、中国関係の戦後補償裁判では、被害者である中国の民間人と日本政府との間には、かような公法的関係は事前に存在しなかった。そもそも、これらの裁判で主張されているような不法行為（殺害、強制連行、レイプなど）と関連を有する事前の公法的関係は、想像すらできない。さらにいえば、これらの一連の不法行為について、公務員所属国法である日本法を適用することは、国際私法上の正義に反することになる。なぜなら、加害者である日本政府と被害者である中国の民間人は、これらの不法行為の発生によって、初めて債権債務関係に入ったのであり、この場合、不法行為地法である中国法のみが両当事者にとって中立的な法と言えるからである。また、加害者である日本政府は、その国外行為について、行為地国である中国の同意を得ていたり、国際法上の根拠に基づくという正当性を有していなかった[29]。したがって、行為地であ

---

28) ただし、日本の裁判所において、外国国家を被告とする場合には、裁判権免除の問題が生じる。前述注(18)参照。

29) 宇賀克也『国家補償法』(1997年、有斐閣) 365頁は、「わが国の公務員が外国で公権力を行使することは、そもそも原則として認められないが、当該国の同意がある場合や国際法上の根拠に基づいて、例外的に、わが国の公権力が外国で行使される事態も全く想定されないわけではない」とする。その典型として、在外公館の職員が自国民を保護したり、外国人に査証を発給することなどが考えられる。

る中国の公益からみても、公務員所属国法説は排除されるべきである[30]。

4　法例11条1項の解釈

(1)　フィリピン判決

フィリピン判決は、「さらに、原告らの主張する本件各加害行為について、フィリピン国内法である旧法が適用されるとしても、旧法がフィリピン国の主権の効力の及ばない外国国家である日本国の不法行為の成立やその損害賠償責任をも規定しているとは到底認め難い」とする。この判旨の意味は、必ずしも明らかでない。

フィリピン判決は、おそらく法例11条適用説によったとしても、不法行為地法であるフィリピン法の解釈が問題になると言いたかったのであろう。しかし、さらにフィリピン法が外国国家の損害賠償責任を否定していると言いたいのか、それともフィリピン法に規定が存在しない、すなわち法の欠缺があると言いたいのかという点が明らかでない。また後者であるとしたら、この法の欠缺をどのようにして補充するのか、フィリピン法上の条理によるのか、国際私法上の条理によるのか、それとも最後の手段として日本法によるのかという点も明らかでない[31]。

しかし、いずれにせよ、フィリピン法が外国国家の不法行為を規定していない、とする判旨そのものに疑問がある。なぜなら、ここでいうフィリピンの旧

---

30) たとえば、不法行為地法主義の根拠のひとつとして、「不法行為における加害者の責任と被害者の救済の問題は侵害行為のなされた社会の公益に関係するところが大きい」ことが挙げられる。山田・前掲注(6)318頁。国家賠償責任について、かような行為地の公益を考察したものとして、Mueller, a. a. O., Anm. (27), S. 158 ff. なお、公益と国益は区別しなければならない。

31) フィリピンの旧法が外国国家の不法行為を規定していないという場合、直ちに国家無答責の法理のようなものを考えるわけにはいかない。なぜなら、仮に当時のフィリピン法が国家無答責の法理を認めていたとしても、フィリピン政府の責任だけが対象であると考えられるからである。

法とは、原告側の主張によると、1889 年のスペイン民法であり、原告側の立証による限り、日本民法の一般不法行為や使用者責任の規定と同様であって、とくに外国国家の不法行為への適用を制限していると読むことはできないからである[32]。そもそも各国の民商法は、原則として、場所的適用範囲の制限を明言しておらず、例外的に明文の規定があるか、または立法趣旨などから明らかである場合に限り、場所的適用範囲の制限が導き出される[33]。

たとえば、明治 32 年の「外国人ノ署名捺印及無資力証明ニ関スル法律」によると、法令において署名・捺印すべき場合、外国人は署名だけで足りるし、また捺印すべき場合、外国人は署名をもって捺印に代えることができる（1 条）。そこで、民法 968 条は、自筆証書遺言の作成および変更について、遺言者の署名・捺印を必要とするが、外国人が日本法により自筆証書遺言をする場合には、署名のみで足りる[34]。また戸籍法 29 条は、戸籍の届書について届出人の署名・捺印を必要とするが、外国人は署名のみで足りる。これらの場合、民法や戸籍法の規定がそのままの形で適用されないことは、「外国人ノ署名捺印及無

---

[32]　原告側の立証によれば、フィリピンの旧法（スペイン民法）1902 条は、「行為又は不作為により他人に過失又は怠慢によって損害を生じさせた者はその損害を賠償すべき義務を負う」と規定しており、また同法 1903 条 4 文は、「組織体又は会社の所有者又は長は、雇用されている業務部門に従事している間、あるいはその義務を遂行の際に、その使用人によって引き起こされた損害について同様賠償すべき義務を負う」と規定し、さらに同条 7 文は、「この条項によって課された責任は、それぞれ規定された者が、損害を防止するため家庭の善良な父としての義務を履行した場合にはこの限りではない」と規定していた。

[33]　たとえば、国家無答責の法理については、その趣旨から場所的適用範囲の限界が導き出される。後述 5 (2) 参照。なお、ここでいう場所的適用範囲の限界とは、公法の場所的適用範囲の限界（前述 2 (3)）とは異なることに注意する必要がある。後者は、公法の属地的適用の原則などから、むしろ常態として存在する。

[34]　さらに、民法 968 条 1 項は、遺言者が全文を自書することを自筆証書遺言の要件としているが、イギリス人が作成した遺言について、「遺言者は自筆にかえ平素専らタイプライターを使用しており、本件遺言書は同人自らタイプしたものであるから自筆に匹敵するもの」と認めた審判例がある。東京家審昭和 48 年 4 月 20 日家月 25 巻 10 号 113 頁。

資力証明ニ関スル法律」に実定法上の根拠がある。

　一方、昭和23年の人身保護法では、とくに場所的適用範囲の制限を定めた明文の規定は存在しないが、昭和55年6月16日の大阪地裁判決は、その立法趣旨から、外国にいる拘束者に対し人身保護法を発動することはできないと判示した[35]。すなわち、「人身保護法は、同法第1条に明らかな如く、基本的人権を保護する日本国憲法の精神に従い、現に不当に奪われている人身の自由を、司法裁判により迅速、且つ、容易に回復せしめるための手続法であるが、この手続において注目すべき点は、裁判所が判断作用として被拘束者の釈放を命ずるという観念的救済を図るというのではなく、裁判所自らが釈放の事実状態まで形成することを必須とする手続だということである（法第16条、規則第2条、第37条）。そして、かような事実的形成を可能とするための布石として、この手続では、人身保護命令により裁判所が拘束者及び拘束者を通じて被拘束者をも、その支配下に収めて審理を進める仕組とされているのである（規則第25条第1項）。しかし、かかる仕組みが法的に保障されるのは、拘束者が日本国の主権の及ぶ範囲内に現存し、わが裁判権に服すべき場合に限られるというべきである。つまり人身保護法は、日本国の主権の及ぶ範囲内においてのみ機能することが予定された手続法と解しなければならない。従って、拘束者が国外にあってわが裁判権に服しない場合には、同法の発動の余地はなく、人身保護請求は不適法といわざるを得ない」。

　これに対して、フィリピン判決は、とくに理由を述べることなく、フィリピン法が日本国の不法行為には適用されないという。あるいは日本国が「フィリピン国の主権の効力の及ばない外国国家」であることから、何らかの国際法上の原則により、フィリピンの旧法が日本国の不法行為に適用されないと言いたいのかもしれない。しかし、外国国家については、一定の範囲で裁判権免除および（国有財産に対する）執行免除は認められるが[36]、法律の適用免除は聞い

---

35)　大阪地決昭和55年6月16日判タ417号129頁。事件の概要については、奥田安弘「国境を越えた子どもの移動と戸籍」榊原富士子編『戸籍制度と子どもたち』（1998年、明石書店）167頁以下参照。

たことがない。フィリピンの裁判所ではなく、日本の裁判所がフィリピン法を適用して、日本国の不法行為責任を判断することによって、どのような国際法上の問題が生じるのであろうか。フィリピン法の適用は、いかなる意味でも、主権とは無関係である。したがって、法例11条1項により不法行為地法であるフィリピン法が適用されるべきであり、そのフィリピン法上、当該事件当時の不法行為については、旧法が適用されるというのであれば、日本の裁判所は、この旧法をそのまま日本国の不法行為に適用すべきであった[37]。

(2) 不法行為地法としての中国法

中国関係の戦後補償裁判では、不法行為が発生したとされる場所は、当時は中華民国ないし満州国の領域内であったが、現在は中華人民共和国の領域に属している。そこで、法例11条1項により適用されるのは、中華人民共和国法、中華民国法、満州法のいずれであるのかという問題が生じる。

まず、満州法についていえば、そもそも国際私法上の準拠法として、これを適用することは妥当でないと思われる。たしかに、わが国の判例・通説によると、未承認国家（政府）の法であっても、国際私法上の準拠法として適用すべきであるとされている[38]。したがって、わが国は現在、中華人民共和国を中国の正統政府として承認しているが、国際私法上の準拠法として、中華民国法を適用することは全く問題ない。しかし逆に、わが国が承認した国家（政府）の法であるからといって、常に国際私法上の準拠法として、これを適用すべきであるとは限らない。

なるほど満州国は、1932年に日本政府によって承認されたが、国際連盟は、リットン委員会の報告にもとづき、1933年2月24日、満州に対する中華民国の主権を確認し、満州国の存在を否定した。これは、満州国の独立性に問題が

---

36) 裁判権免除および執行免除については、前述注(18)(19)参照。
37) フィリピン法の中で、旧法が適用されるか否かは、フィリピンの時際法によって決定される。前述注(6)参照。
38) これらの学説および判例の一覧として、山田・前掲注(6)75頁がある。

あるため、日本政府の満州国承認が国際法上いわゆる「尚早の承認（premature recognition）」とされた例として知られている[39]。すなわち、満州国は、国家としての国際法上の要件を満たしていないと判断されたわけである。このように国家としての実質を備えていない「満州国」は、国家承認の対象とならないだけでなく、そもそも法律上の存在が否定されたのであるから、当然のことながら、「満州法」なるものも法律上は存在しない。すなわち、国際私法上の準拠法として未承認国家（政府）の法が適用されるとはいっても、それは国家としての実質を備えているものについてのみ当てはまることである[40]。したがって、「満州法」は、日本政府が満州国を国家として承認していたか否かを問わず、国際私法上の準拠法として適用することができない。

つぎに、中華人民共和国法と中華民国法のいずれが適用されるかという問題についていえば、不法行為が発生したとされる場所は、たしかに現在は中華人民共和国の領域に属するが、事件当時は中華民国の領域であったから、中華民国法が適用されるべきであると考える。これは、国際私法規定の構造から根拠づけることができる。すなわち、法例11条1項は、不法行為という法律関係について、不法行為地という連結点を介して、不法行為地法を指定している。ここでいう不法行為地は、事件の当時は中華民国の領域に属していたのであるから[41]、この連結点を介して、法例11条1項が指定しているのは、中華民国法以外にありえない。たとえば、中国残留孤児の国籍確認請求事件において、

---

39) 杉原ほか・前掲注(19)40頁。

40) 田畑茂二郎「承認と国内裁判」法学論叢76巻1・2号49頁は、原則として未承認国家(政府)法の適用を認めるが、「新国家や新政府がまだ十分国家や政府としての実質をそなえていないことが、未承認の理由になっている場合は、裁判所としても、国家や政府としての取扱いをすることができないことは、いうまでもない」と述べている。

41) このように述べたからといって、事件当時の中華民国法を当然に適用することにはならない。中華民国法の改正があった場合に、新法と旧法のいずれを適用すべきであるかは、中華民国の時際法によって決定されるからである。前述注(6)参照。ちなみに、中華人民共和国法と中華民国法は、それぞれ独立の法律秩序であるから、中華人民共和国の旧法が中華民国法であるということはできない。

中国人男との婚姻の成立や日本人父と中国人母との婚姻の成立が問題になることがあるが、一連の下級審判決は、婚姻の方式について、中華民国法を婚姻挙行地法として適用し、「公開の儀式及び2人以上の証人」という要件の成否を判断している。これらの事件でも、婚姻挙行地は、現在は中華人民共和国の領域に属しているが、いずれの判例も、当然のごとく中華民国法を婚姻挙行地法として適用している[42]。

以上により、法例11条1項により不法行為地法として適用されるべき中国法とは、中華人民共和国法や満州法ではなく、中華民国法である。

(3) 強制連行事件に特有の問題

ところで、強制連行に関する事件では、被害者は、中国で不当に拘束された後、日本に連行されたうえ、強制労働に従事させられたのであるから、これらを一連の不法行為とみるべきか否か、また一連の不法行為であるとしたら、中国と日本のいずれが不法行為地になるのか、という問題が生じる。これは、不法行為地という連結点の確定の問題である[43]。結論からいえば、これらは一

---

[42] 京都地判平成4年12月9日判タ831号122頁、東京高判昭和63年9月29日家月41巻4号59頁、東京地判昭和62年7月29日家月41巻4号71頁、東京地判昭和61年11月20日家月39巻2号174頁。明治32年の旧国籍法18条(大正5年改正)によると、日本人が外国人の妻となり、夫の国籍を取得したときは、日本国籍を失い、中華民国国籍法2条1号によると、外国人が中国人の妻となり、従前の国籍を失ったときは、中華民国国籍を取得した。また、いずれの国際私法によっても、婚姻の方式は婚姻挙行地法によるとされていた(平成元年改正前の法例13条1項但書、中華民国渉外民事法律適用法11条2項)。一方、旧国籍法1条は、父系血統主義を採用していたから、日本人父と中国人母の婚姻が有効に成立し、嫡出父子関係が成立していたか否かという問題が生じた。奥田安弘『家族と国籍』(1996年、有斐閣)170頁以下参照。

[43] わが国の学説も、不法行為が複数の法域にまたがって発生した場合に、いずれを不法行為地とすべきかという問題を論じているが、主に念頭に置いているのは、名誉毀損や公害のように、加害行為がなされた法域と結果が発生した法域が異なるケースであり、行動地説と結果発生地説のいずれによるべきかという問題であった。溜池・前掲注(5)373頁以下、山田・前掲注(6)324頁以下。これに対して、

連の不法行為とみるべきであり、また不法行為地は中国であると考えられる。それは、以下の理由による。

　これらの事件における被害者にとっては、そもそも中国から連れ出されたことだけで、損害が発生しているし、自己の行き先を選択できる状況にはなかった。これに対して、被害者を日本に連れてきたのは、加害者である日本政府や日本の企業であり、仮に連行先が不法行為地になるとしたら、これらの加害者は、自ら連行先を選択することによって、一方的に準拠法を決定できることになる。しかし、加害者と被害者の双方にとって、最も中立的な法が不法行為地法であるからこそ、法例 11 条は不法行為地法主義を採用したのである[44]。その連結点である不法行為地を一方当事者だけが選択できるとするのは、不法行為地法主義の趣旨に反することになる。したがって、国際私法上の当事者利益の観点からは、中国法を不法行為の準拠法として適用すべきである。

　ちなみに、わが国の判例では、外国に所在していた動産を日本に運び込んだ事件において、所有権侵害による不法行為の成立の準拠法を元の所在地法としたものがある。以上で述べた結論は、これらの判例によっても支持することができるであろう。

　ひとつは、平成 6 年 11 月 8 日の松山地裁判決である[45]。この事件では、米国デラウエア州法人 X が英国法人 A、イタリア法人 B、イタリア人 C の三者からヨットを購入して、ペンシルヴァニア州で登録を終えたが、その直後、日本人 Y が同じヨットを B 社から購入し、イタリアから日本に運んで、日本で登録した。そこで、X が所有権にもとづき、ヨットの引渡および損害賠償を求めて提訴した。これに対して、裁判所は、「法令(ママ)11 条は、不法行為による損害賠償請求権の成立については、その原因たる事実が発生した地の法律によると規定しており、被告は本件ヨットをイタリアで買入れたのであるから、

　　　ここで問題としているのは、行動地と結果発生地のいずれもが複数の法域にまたがるケースである。
44）　前述 3 (2) 参照。
45）　松山地判平成 6 年 11 月 8 日判時 1549 号 109 頁。

本件についてはイタリア法が準拠法になる」と判示した。

　もうひとつは、平成2年12月6日の大阪地裁判決である[46]。この事件では、日本人Xがドイツを訪れた際に、日本法人Y1のドイツ現地法人Aを代理人として、自動車を購入し、引渡を受けた。ところが、Y1の代表者Y2がA社を訪れた際に、同社の倉庫にあったXの自動車を横領し、日本に運び込んで、日本法人Bに売却してしまった。そのためXは、自動車を取り戻すことが不可能となったので、Y1およびY2に対し損害賠償請求の訴えを起こした。これに対して、裁判所は、「法例11条によれば、不法行為によって生ずる債権の成立及び効力はその原因たる事実の発生した地の法律によるべきものである」として、ドイツ法により不法行為の成立を認めた。

　これらの判決は、いずれも詳しい理由を述べていないが、所有権侵害が外国および日本の両方で発生しているにもかかわらず（より正確にいえば、運送途上の公海上においても）、当該動産の元の所在地である外国を不法行為地としている。とりわけ後者の事件では、転売行為は日本で行われたのであり、これを別個の不法行為であるとするならば、日本法が準拠法になったはずであるにもかかわらず、一連の不法行為をすべてドイツ法によって判断した。

　これらの判例は、強制連行事件にも当てはめることができるであろう。すなわち、被害者は、もともと中国に住んでいたのであり、そこから外国に連れ出されただけで、すでに不法行為が成立している。その後、日本に連行され、強制労働に従事させられたことも、たしかに不法行為の一部を構成しているが、国際私法の観点からは、これらは、中国における不法行為から派生したものにすぎない[47]。たまたま連行された先が日本であったからというだけで、日本法を不法行為地法として適用することは、国際私法上の正義に反するからであ

---

46)　大阪地判平成2年12月6日判タ760号246頁。
47)　筆者は、実質法上も、日本における強制労働が中国からの強制連行に付随したものであり、従たる不法行為であるというつもりはない。ここでは、国際私法上の準拠法の決定において基準とすべき行為が何であったのかを問題にしているだけである。

る。前述の松山地裁や大阪地裁の判決も、詳しい理由は述べていないが、おそらく同様の理由により、それぞれイタリア法ないしドイツ法を不法行為の準拠法としたのであろう。

5　法例11条2項の解釈

(1)　フィリピン判決

　フィリピン判決は、仮に法例11条1項により、不法行為地法であるフィリピン法が適用され、日本国の不法行為が成立するとしても、同条2項によれば、不法行為の成立については、日本法が累積適用されるから、国家無答責の法理により、不法行為は成立しないとする。そして、戦前において国家無答責の法理が採用された経緯、現行の国家賠償法の制定によって初めて国家賠償が認められたこと、国家無答責の法理の適用結果としての民法の不適用などを述べている。しかし、フィリピン判決は、国家無答責の法理について、2つの重要な論点を見落としている。

　ひとつは、国家無答責の場所的適用範囲の限界である。すなわち、法例11条2項は、「外国ニ於テ発生シタル事実」について日本法の累積適用を定めているのであるから[48]、日本法の解釈は、純粋国内事件の場合と異なってくる可能性がある。とくに国家無答責の法理は、その根拠を論理的につきつめれば、自ずから場所的適用範囲の限界が導き出せたはずである。それにもかかわらず、フィリピン判決は、かような解釈上の努力を怠って、国家無答責の法理を無制限に適用している点で疑問がある。

　もうひとつは、国家無答責の時間的適用範囲の限界である。すなわち、フィリピン判決は、現行の国家賠償法附則6項が「この法律施行前の行為に基づく損害については、なお従前の例による」と定めていることから、直ちに国家無

---

　48)　すなわち、法例11条2項は、「前項ノ規定ハ不法行為ニ付テハ外国ニ於テ発生シタル事実カ日本ノ法律ニ依レハ不法ナラサルトキハ之ヲ適用セス」と定めている。

答責の法理を適用している。この規定は、法律の改正に伴い、旧法と新法のいずれが適用されるかを定めており、講学上は「時際法」と呼ばれるものである[49]。フィリピン判決は、この時際法の解釈を誤った疑いがある。

(2) 国家無答責の場所的適用範囲の限界

まず、フィリピンや中国関係の事件では、法例11条2項にいう「外国ニ於テ発生シタル事実」とは、現地の民間人に対しなされた日本政府の不法行為を指しているが、かようなケースにおいても、日本の実質法の解釈として、当然に国家無答責の法理が適用されるのであろうか。この問題については、そもそも国家無答責の法理がいかなる根拠に基づいていたのかを検討する必要がある。そして、わが国の国家無答責の法理がヨーロッパから継受されたものであることを考慮するならば、そのヨーロッパ諸国において、なぜ国家無答責の法理が認められるようになったのか、という所まで遡る必要がある。

国家無答責の法理は、もともと絶対主義時代に、王権神授説の影響を受けた国王不可謬の法理として現れた。「国家(国王)は違法(悪)をなしえず」というのである。その後、王権神授説を否定し、君主主権を原始契約説によって根拠づけたホッブズも、支配者の無謬性を争うものではなかった。それどころか、ホッブズは、神から与えられた主権を、人民から与えられたものと説明し直しただけであり、「支配者と被支配者の自同性」の論理によって、国家無答責を根拠づけた。一方、ルソーの社会契約説においては、主権は、国民に留保されていたが、依然として支配者と被支配者の同一化は行われていた。ルソーもまた、「何人も自己自身に対しては不正でありえない」とか、「一般意思は常に正しい」と主張していたのである。その後、国家無答責の法理は、「国家と法秩序の自同性」によって根拠づけられることになる。すなわち、近代国家は、法治国家として自己規定する以上、法の枠内においてのみ国家権力が行使されることを前提としていた[50]。

---

49) 前述注(6)参照。

このように国家無答責の法理は、決して国家の利益のみを考慮して認められていたわけではなかった。むしろ国家イコール国民であるから、自己に対する不法行為はありえない、仮に何らかの損害が発生したとしても、自分が自分に対し損害を与えたことになる、という観念に基づいていた。すなわち、国家と国民の利益は完全に一致するのであるから、国家無答責の法理は、同時に国民の利益でもあると考えられていたのである。しかし、かような利益の一致を擬制することができるのは、当該国家の国民との関係または自発的に当該国家の管轄に服する外国人との関係に限定されるであろう。

これに対して、自発的に当該国家の管轄に服していない外国人に対し、国家無答責の法理を適用することは、この法理の趣旨に反することになる[51]。そして、フィリピンや中国関係の事件では、被害者は外国の国民であり、また不法行為の発生以前に、日本における居住などによって、日本の管轄に自ら服していなかった。すなわち、これらの被害者は、日本国との自同性があったわけではなく、また日本国との利益の一致を擬制することもできなかったわけであるから、日本の国家無答責の法理を適用するための前提を欠いていたのである。したがって、これらの事件では、国家無答責の法理を適用すべきではなく、む

---

50) 国家無答責の根拠については、宇賀克也『国家責任法の分析』(1988年、有斐閣) 16頁以下、真柄久雄「公務員の不法行為責任」『現代行政法大系第6巻』(1983年、有斐閣) 178頁参照。

51) たとえ明文の規定がなくても、このように法制度の趣旨から場所的適用範囲の限界が導き出されることについては、前述4(1)参照。なお、国家無答責の法理の場所的適用範囲の限界については、たしかに内外の判例学説において、これを明確に述べたものは見当たらない。しかし、これは、国家無答責の法理が支配的であった時代には、そもそも外国国家に対する裁判が事実上困難であったからにすぎない。すなわち、個人が自国の裁判所で外国国家を相手に損害賠償の訴えを起こしたとしても、当時は、外国国家の裁判権免除について、絶対的免除主義が採用されていたので、訴えが却下されたであろう。杉原ほか・前掲注(19)81頁、山本・前掲注(19)249頁参照。また、それでは当該外国の裁判所に訴えを起こすにしても、当時の交通通信手段の状況では、個人が外国で裁判をすること自体が事実上不可能であった。これは、まさに戦後補償について、外国居住の被害者や遺族が今日まで日本の裁判所に訴えを起こせなかったことからも分かる。

しろ民法709条以下によって、不法行為の成立を判断すべきであると考えられる。

(3) 国家無答責の時間的適用範囲の限界（その１）

以上のような場所的適用範囲の限界に対して、わが国の国家無答責の法理は、そもそもヨーロッパ諸国と同様の根拠に基づいていなかった、という批判が考えられないわけではない。たとえば、以下の宇賀克也教授の見解は、かような批判の論拠とされるかもしれない。

「戦前のわが国では、なにゆえ公権力の違法な行使につき国が免責されるのかという国家無答責の根拠が、必ずしも十分に論じられることなく、とりわけ行政裁判法制定後は、殆ど自明の理と考えられてきたように思われる。これは、１つには、明治憲法下で、公法私法二元論が支配的となり、公権力の行使に関する事件は公法上の事件として、司法裁判所は管轄を有しないと考えられたが、行政裁判法も、16条で、損害要償の訴訟に対する管轄をアンブロックに否定したため、実体的根拠を論ずるまでもなく、訴訟法上の理由で国家責任を追及する道が閉ざされていたことによるのであろう」[52]。

しかし、戦前の立法者や判例、学説などが国家無答責の根拠を考えていなかったからといって、国家無答責の法理に場所的適用範囲の限界がない、ということにはならない。なぜなら、前述のような場所的適用範囲の限界は、国家無答責の制度趣旨から論理的に導き出されるものであり、当時の立法者や判例、学説などがどのように考えていたのかとは無関係であるからである。

また、宇賀教授のいうような訴訟法上の理由によって、国家無答責の法理が根拠づけられるとしたら、今度は、この法理の時間的適用範囲の限界が導き出されることになる。すなわち、現行の国家賠償法附則6項は、「この法律施行前の行為に基づく損害については、なお従前の例による」と定めているが、この時際法規定は、実体法について、新法不遡及の原則を定めているだけであり、

---

52) 宇賀・前掲注(50)413頁。同・前掲注(29)8頁も参照。

訴訟法についてまで、旧法によるべきことを定めているわけではない。なぜなら、今日では、行政裁判所と司法裁判所の区別はなくなり、公権力の行使に関する事件も司法裁判所において審理されるし、ましてや損害要償の訴訟に対する管轄を否定した行政裁判法16条は、適用されるはずがないからである[53]。そもそも訴訟は現時点で行われるのであるから、現行の訴訟法が適用されることは当然である。

現在の裁判所は、国家賠償請求訴訟を民事訴訟として取り扱っており、その管轄を否定する規定は、むろん見当たらない。したがって、現行の国家賠償法施行前の行為についても、民事訴訟法上の訴訟要件を満たす限り、損害賠償請求の訴えを受理すべきであるが、前述の附則6項の規定により、現行の国家賠償法を遡及適用することはできない。しかし、国家無答責の法理が訴訟法上の理由に基づいていたのであれば、この法理を適用することもできないから、結局、民法709条以下により、不法行為の成立が判断されることになる。

(4) 国家無答責の時間的適用範囲の限界（その2）

以上の議論についても、国家無答責の法理は、訴訟法上の理由に基づいていたのではなく、民法の不適用という実体法上のルールとして形成されていた、という批判があるかもしれない。現にフィリピン判決は、「行政裁判所と異なり、訴訟法上は国家責任訴訟の提起が明示的に否定されていなかった司法裁判所も、国又は公共団体の経営にかかる非権力的性質の事業に関し、当該機関が事業の執行につき第三者に加えた損害については、事業主として国又は公共団体が民法715条により賠償の責に任ずべきことを認めていたが、権力的作用に基づく損害については、特別の規定がない限り、私法の不法行為法の規定は適

---

53) たとえば、平成8年改正の民事訴訟法附則3条本文は、「新法の規定（罰則を除く。）は、この附則に特別の定めがある場合を除き、新法の施行前に生じた事項にも適用する」として、遡及適用の原則を定めている。したがって、原因事実が新法の施行前に発生したものであっても、新法の施行後に係属した訴訟の管轄は、新法によることになる。

用されないとして、国又は公共団体の賠償責任を否定していた」と述べている。

ここでは、権力作用にもとづく損害であること、および特別の規定がないこと以外に、民法不適用の理由は何も述べられていないが、前述のように、国家無答責の法理は、「支配者と被支配者の自同性」や「国家と法秩序の自同性」などの根拠に基づいていたというべきである。なぜなら、いかなる法制度であっても、何の根拠もなく実定法化されていたとは考えられないからである。しかし、かような制度趣旨からは、前述の場所的適用範囲の限界が導き出されるし、また当時は合理的と考えられていた根拠であっても、今日の法観念からみて、あまりにも不合理である場合には、時際法上の公序が問題となるであろう。すなわち、国家賠償法附則6項は、たしかに新法不遡及の原則を定めているが、新旧いずれの法が適用されるかを定める時際法も、一種の抵触法である以上、これを全く機械的に適用してよいとは思われない。現在の法秩序からみて、旧法の内容が著しく公序に反する場合には、一定の要件のもとで、旧法の適用を排除することが例外的に認められるべきである[54]。

たとえば、場所的抵触法である法例は、内外法平等の原則にもとづき、外国法にも準拠法としての資格を認めているが、法例33条は、外国法の適用結果が国際私法上の公序に反する場合は、例外的に外国法を適用しないと定めている。そうであれば、国家賠償法附則6項も、新法不遡及の原則により、旧法の

---

54) サーシーも、次のようなスイス民法最終章2条を引用して、同様の見解を主張している。すなわち、「公序良俗のために制定された民法の規定は、特段の定めがない限り、その施行の時から、すべての事実関係に適用される。それに伴い、新法によると公序良俗に反する旧法の規定は、民法施行の時から、もはや適用することができない」。サーシーによると、これは、時際法上の公序の発動を認めた規定である。たしかに、時際法においては、新法と旧法の立法者は同一であるから、公序の発動は国際私法におけるよりも狭い範囲に留まるであろう。しかし、時際法における公序の発動を全く否定することはできない。すなわち、サーシーは、スイス民法以外においても一般的に、時際法上の公序発動の可能性を認めている。I. Szászy, Conflict of Laws in the Western, Socialist and Developing Countries, 1974, p. 376. Vgl. auch B. Hess, Intertemporales Privatrecht, 1998, S. 396 ff.

適用を認めているが、その旧法の適用結果が時際法の観点からみて公序に反する場合は、例外的に旧法を適用しないことが妥当である。すなわち、ほとんどのケースでは、旧法がそのまま適用されるが、例外的なケースでは、旧法の適用が排除される。そして、いかなるケースで旧法の適用が排除されるべきであるのかは、時際法独自の観点から決定される。

まず、新法施行前の行為に旧法を適用する根拠が問われなければならない。これは、法的安定性の観点から、国家賠償請求の否定という、一旦成立した法律関係を覆すことによる混乱の回避に求められる[55]。すなわち、加害者である国や自治体、さらに公務員の予見可能性からみて、また被害者である個人の期待可能性からみても、新法の遡及適用により損害賠償請求を認めることは、一般的には望ましくないと言える。

しかし、フィリピンや中国などの戦後補償裁判では、被害者の肉体的・精神的苦痛は、現在もまだ続いている状態であり、その意味では、今なお救済の必要性は極めて大きい。また加害者である国の側からみても、内外の状況は、補償の必要性を忘れさることを許しておらず、平和と国際協調を標榜する戦後の憲法秩序全体に重大な影響を及ぼしている[56]。

---

[55] 我妻栄『新訂民法総則』（1965年、岩波書店）23頁は、法律不遡及の原則について、「人がある行為をする場合には、その時の法律によって効果を生ずることを予期してなすものであり、行為の後の法律によって予期したと異なる効果を生じさせては、法律関係の紛糾を生じ、社会生活の安定を害するから、かような原則が認められるのである」と述べている。ただし、これは、「一見極めて明瞭な法則のようだが、解釈上疑問を生ずることが少なくない」として、かような場合には、「法律の趣旨を勘案して解釈しなければならない」とも述べている。同23頁以下。

[56] 日本国憲法前文は、平和と国際協調を宣言しており、この規定から直ちに損害賠償請求権が導き出されるわけではないが、時際法上の公序の発動を促す要因のひとつとして考慮することは可能であろう。たとえば、韓国人従軍慰安婦事件に関する山口地下関支判平成10年4月27日判時1642号24頁は、憲法前文に規定された平和的生存権そのものは背景的権利に留まるが、「個人の尊重、人格の尊厳に根幹的価値をおき、かつ、帝国日本の軍国主義等に関して否定的認識と反省を有する日本国憲法制定後は」、被害者救済の法的作為義務がますます重くなっ

さらに、加害行為と被害の状況も、時際法上の公序の発動を検討するにあたり重要である。すなわち、戦後補償において問題となっている加害行為は、いずれも常軌を逸したものであり、到底正当な公権力の行使とは言えないものばかりである。かような加害行為でさえも、戦前は国家無答責の法理によって損害賠償請求権を発生させなかったのかもしれないが、戦後の法秩序において、同じ結論を導き出すことは、正常な法感覚に著しく反すると言える。それは、被害の甚大さからみても首肯できる[57]。

そうであれば、これらの加害行為および損害の発生が新法施行前の出来事であったことを理由として、旧法の国家無答責の法理を適用することは、法的安定性、当事者の予見および期待可能性を考慮してもなお、時際法上の公序に反すると言わざるを得ない。すなわち、これらの出来事は、戦前に起きたとはいえ、現在との関連が極めて密接であるから、時際法上の公序を発動すべきであると考えられる[58]。

なお、国際私法上の公序が発動され、外国法の適用が排除された場合、通説は、内国法をそのまま適用するのではなく、「渉外的事案に個別的に適用されるべき内国の公序に属する実質法」を適用すべきであるとしているが[59]、時際法上の公序が発動された場合には、新法および旧法はいずれも同一の法律秩

たとして、立法不作為による損害賠償請求を認めている。

57) たしかに、戦争はすべて残酷であり、甚大な被害をもたらすものであると言えるであろう。しかし、国際法上合法の戦闘行為とその他の違法行為は区別されるべきである。国際法上の合法性については、申惠丰「国際法からみた戦後補償」奥田＝川島ほか・前掲注(1)90頁以下参照。

58) 国際私法上の公序の発動についても、内国牽連性が重視される。すなわち、たとえ外国法の内容が反公序性を有する場合であっても、日本との関連が薄い事件については、国際私法上の公序を発動すべきでないとされている。山田・前掲注(6)132頁、池原・前掲注(22)259頁参照。同様に、時際法上の公序についても、現在との関連性が重視されるべきである。すなわち、たとえ旧法の内容が反公序性を有する場合であっても、現在との関連が薄い事件について、時際法上の公序を発動すべきではない。

59) 山田・前掲注(6)135頁。池原・前掲注(22)262頁も参照。

序に属するから、新法をそのまま適用して差し支えないであろう。ただし、ここでは、法例11条2項により、不法行為の成立要件についてのみ日本法が累積適用されるのであるから、現行の国家賠償法も、損害賠償責任の成立についてのみ適用されるべきである[60]。

6 法例11条3項の解釈

(1) フィリピン判決

フィリピン判決は、さらに法例11条3項により、「損害賠償其他ノ処分」についても、日本法が累積適用され、その結果、日本の民法724条後段が適用されるから、結局のところ、除斥期間の経過によって、請求権は消滅したとする。すなわち、法例11条3項は、「同条2項と同様の趣旨から、不法行為に基づく損害賠償の方法及び程度に関しても、不法行為地法と日本の法律の累積的適用を認めているものであり、不法行為の効力に関して全面的に日本の法律による制限を認めたものと解するのが相当である。なお法文上も、『日本ノ法律カ認メタル損害賠償其他ノ処分ニ非サレハ之ヲ請求スルコトヲ得ス』との趣旨は、損害賠償等不法行為の効果の発生の態様のみならず、効果の制限に関する時効、除斥期間等についても日本の法律による制限を及ぼそうというものである」とする。しかし、この解釈には、幾つかの疑問がある。

まず判旨は、法例11条3項が「損害賠償の方法及び程度」について日本法を累積適用したものであると述べていながら、そのあと「全面的に」日本法による制限を認めたものであると結論づけている。しかし、不法行為の効力は、損害賠償の方法および程度以外に、時効・除斥期間、不法行為債権の譲渡性・相続性、共同不法行為における責任の分担など様々な事項を含んでいる[61]。

---

60) この点は、とくに国家賠償法6条の相互保証に関係してくる。すなわち、外国人が被害者である場合には、その本国において、日本人にも同様の国家賠償が認められることが要件とされているが、ここでは成立要件についてのみ、相互保証が要求されることになる。

すなわち、損害賠償の方法および程度は、不法行為の効力の一部にすぎないのであるから、この判旨は、前半と後半が相互に矛盾していることになる。

つぎに判旨は、法例11条3項の文言を引用して、その趣旨は、損害賠償などの不法行為の効果の発生の態様だけでなく、効果の制限に関する時効や除斥期間なども含むと述べている。しかし、「損害賠償其他ノ処分」という文言が時効や除斥期間なども含むというのは、文理解釈に反するであろう。すなわち、用語の通常の意味に従えば、「損害賠償其他ノ処分」とは、損害賠償の問題とそれに類似した問題だけを含むはずであるし、また「処分」というからには、何らかの権利実現の手段を指しているものと考えられる。したがって、「損害賠償其他ノ処分」という文言は、むしろ時効や除斥期間などの問題を含まないと解するべきであろう。

(2) 法例11条3項の立法経緯

以上の解釈は、法例11条3項の立法経緯によっても裏付けることができる。たとえば、現行法例の立法資料として一般に利用される法例修正案理由書によると、11条2項および3項の趣旨は、次のとおり説明されている（下線・奥田）[62]。

　　不法行為ヲ以テ債権発生ノ原因トスルコトハ各国法律ノ一般ニ認ムル所ナリト雖モ特定ノ行為カ果シテ不法行為ナリヤ否ヤニ関シテハ各国ノ法律必シモ一定セサルカ故ニ外国ノ法律ニ依レハ不法行為トシテ債権発生ノ原因トナルヘキ行為ニテモ我国ノ法律ニ依レハ合法ノ行為タルコトアリ又不法行為ヨリ発生スル債権ノ救正及ヒ其方法ニ関シテモ亦各国ノ法律必シモ一致セサルカ故ニ外国法律ノ付与スル救正ト我国法律ノ付与スル救正トハ

---

61) 山田・前掲注(6)322頁参照。
62) 皆木ト一郎編『再版法例及国籍法附修正案理由書』（1904年、有終閣書房）29頁。ただし、本来の題名が『法例修正案参考書』であったことについては、高桑昭「法例修正案に関する参考書と理由書——わが国の国際私法学における立法資料の取扱」国際法外交雑誌86巻2号30頁参照。

其処分方法ヲ異ニスルコトアリトス而シテ不法行為ニ関スル規定ハ素ト公ノ秩序ニ関スル規定ナルカ故ニ外国法律ニ依レハ不法行為ニテモ苟モ我国法律ニ於テ之ヲ不法行為ト認メサル限リハ其行為ニ対シテ何等ノ<u>救正</u>ヲモ付与スヘキ理由ナキモノトス又我国法律ノ認メテ不法行為ト為ス行為ニテモ其行為ノ外国ニ於テ発生シタル一事ヲ以テ之ニ対シ我国法律ノ認メサル<u>救正方法</u>ヲ付与スヘキ理由ナキ者トス

ここでいう「救正方法」とは、救済方法の意味であると思われるが、不法行為の救済方法について、各国の法に不統一があるので、外国法の救済方法と日本法の救済方法が異なることがあり、日本法が認めない救済方法は与えないというのである。これを素直に読む限り、時効や除斥期間が含まれると解することはできない。

また、法例議事速記録によると、穂積陳重は、11 条 3 項の提案理由を次のように説明している（下線・奥田）[63]。

> ソレカラ第三項ハ不法行為ノ場合ニ日本デ其責任ヲ認メマスル程度ヲ示シテ即チ法廷地法主義ヲ採用シテ之ハ共同原因デナク寧ロ共同結果ノ方ノ主義ヲ採用シマシタ之ハ獨逸民法施行法等ニ採用致シテアリマスル主義ト同ジコトデアリマス外国ニ於テ発生ヲシタ事実ガ日本ノ法律デ不法デアッテモ日本デハ是丈ケヨリ外損害賠償トイフモノハ許サナイ外国ノ法デハ損害賠償ニ附加ヘテ尚ホ他ノ事ヲ許ストイフコトガアル、サウスルト其発生地法ノ法ニ依ツテ損害賠償其他ノ処分マデモ求メラレルトイフコトハ酷ドイコトデアル例ヘバ和蘭ノ名誉毀損ニ於ケル<u>不法行為ノ賠償法等</u>ハ損害賠償ニ附加ヘテ確カ法廷デ公然ト其被害者ニ対シテ謝スルトカ或ハ前ニ言ツタ事トカ或ハ書イタ事ハ過失デアルトカイフコトヲ公言スルトイフコトニ為ツテ居ルト記憶シテ居リマスサウイフ風ノ事デモ和蘭ニ起ツタ事デモ日本ニ於テ採ルトイフコトハ酷ドウゴザイマスカラ不法行為ノ損害賠償其他ノ処分ノ程度ニ於テモ矢張リ日本ノ法ニ依ルトイフ主義ヲ採用シタノデア

---

[63] 法務大臣官房司法法制調査部監修『法典調査会・法例議事速記録（日本近代立法資料叢書 26）』（1986 年、商事法務研究会）125 頁。

I　国際私法からみた戦後補償　445

リマス

　すなわち、穂積によると、法例11条3項は、日本法が認めた以外の損害賠償の方法を認めないという趣旨であり、たとえばオランダ法では、名誉毀損の場合に、法廷で被害者に謝罪をするとか、以前に述べたこと、あるいは書いたことが誤りであったと公言することが救済方法として認められているが、たとえ不法行為地がオランダであったとしても、日本において、かような救済方法を認めることはできない、というのである[64]。したがって、法例11条3項の立法趣旨は、文字通り損害賠償の方法および程度についてのみ日本法を累積適用することにあり、そこに時効や除斥期間などのその他の事項を含めるつもりはなかったと解される。

(3)　ドイツの立法および立法草案

　ちなみに穂積は、ドイツ民法施行法などにならったとしているが、速記録および前述の修正案理由書には、参照資料として様々な立法および立法草案が挙がっている。そして法例は、とくにドイツのゲープハルト第2草案の影響を大きく受けたとされているから[65]、ドイツの立法および立法草案を見ておくことは重要であろう[66]。

　まず、ゲープハルトに少なからぬ影響を与えたとされるモムゼン草案7条によると、「不法行為によって生ずる債務は、その不法行為のなされた地の法によって定められる。但し、不法行為が外国においてなされたときであっても、

---

64)　むろんここで名誉毀損の例が出ているからといって、法例11条3項が名誉毀損の賠償方法のみに関するものであるということはできない。山田・前掲注(6)324頁参照。しかし、損害賠償の方法および程度のみに関するものであるということは、十分に可能であり、また前後の文章によると、このように解釈せざるをえない。

65)　山田・前掲注(6)24頁参照。

66)　以下の立法草案の条文については、折茂・前掲注(26)11頁以下、中野俊一郎「ドイツにおける不法行為地法主義の形成過程」神戸法学雑誌40巻2号427頁以下。

内国人により内国人に対してなされたときは、内国法が適用される。他の事項につき外国法が適用される場合にあっても、被害者に対する罰金の支払いは、内国法がそれを不法行為の効果として定めるとき、および定める限りにおいてのみ言い渡されうる」。

また、ゲープハルト第1草案13条によると、「不法行為によって生ずる債権は、その不法行為のなされた地の法によって定められる。外国法によって受けた私罰の承認は、内国法がそれを不法行為の効果として認めるとき、および認める限りにおいてのみ許される」とされ、第2草案12条によっても、「不法行為によって生ずる債権関係は、その不法行為のなされた地の法律によって定められる。外国の法律の適用に際して生ずる私罰は、これを宣告することをえない」とされる。

これらの草案にいう罰金ないし私罰とは、現在でいう損害賠償を指しており、まさに内国法の累積適用は、かような損害賠償だけを対象としていた。ところが、審議の過程において、外国法による私罰の宣告が許されないことは、公序から明らかであるとして、この規定が削除され、いわゆる第1委員会草案6条では、「不法行為によって生ずる債権関係は、その不法行為のなされた地の法律によって定められる」という規定だけが残った。また、いわゆる第2委員会草案2243条および参議院法案2367条では、この規定に加えて、「ドイツの法（の効力）が外国でなされた不法行為に及ぶ場合には、ドイツ法が適用される」という第2項が設けられた。これは、外国の不法行為法がドイツ法の知らない効果を認める場合に、それを排除するという趣旨とともに、外国でなされた不法行為についても、ドイツ法が適用を欲する場合には、ドイツ法によるという趣旨であったとされる。その後、いわゆる国際私法委員会において、双方的抵触規定から一方的抵触規定への方針変更がなされ、結局、民法施行法12条は、「外国においてなされた不法行為にもとづいて、ドイツ人に対し、ドイツの法律が認める以上の請求をなすことはできない」とだけ規定することになった。そして、1986年の改正に際しては、この規定が改正の対象から外されたため、条文番号だけが38条とされ、1999年の改正まで効力を有していた[67]。

以上の規定の文言を比較すると、わが国の法例 11 条 3 項は、1999 年改正前のドイツ民法施行法よりも、むしろモムゼン草案やゲープハルト草案に近いと思われる。すなわち、ドイツ民法施行法の旧規定は、ドイツ法の適用だけを定める一方的抵触規定であるとはいえ、そもそも不法行為地法主義の原則を定めた規定を欠いていること、外国における不法行為について、加害者がドイツ人である場合にのみ、ドイツ法の累積適用を定めていること、不法行為の成立および効力におけるドイツ法の累積適用を「ドイツの法律が認める以上の請求をなすことはできない」という広い文言で規定していることなどの点で、法例 11 条と異なる。これに対して、モムゼン草案やゲープハルト草案は、まず不法行為地法主義の原則を規定していること、ドイツ法の累積適用に際して、加害者がドイツ人であることを要件としていないこと、損害賠償についてのみドイツ法の累積適用を規定していることなどの点で、法例 11 条 3 項との親近性を示している。

　それでは、なぜ法例の立法者は、日本法が認めた「損害賠償」としないで、「損害賠償其他ノ処分」としたのであろうか。その理由は、前述の穂積陳重の法案説明から分かる。すなわち、穂積は、オランダ法のように損害賠償に「附加ヘテ」法廷での謝罪などを求める立法があることを念頭に置いており、かような法廷での謝罪などが「其他ノ処分」であった。それゆえ、「其他ノ処分」とは、損害賠償以外の被害者の救済方法のみを指すものと考えられる。また、かような「損害賠償其他ノ処分」は、日本法が認めたもの以外は認めないのであるから、損害賠償の程度（たとえば金銭賠償の額）を含むと解される。しかし、時効や除斥期間がこれに含まれないことは、以上のような法例の制定経緯およ

67）　1999 年に改正されたドイツ民法施行法は、不法行為地法主義を採用しながらも（40 条 1 項前段）、外国法による請求は、①被害者の適切な補償の範囲を本質的に越えている場合、②明らかに被害者の適切な補償とは異なる目的を有している場合、③ドイツ連邦共和国について効力を有する条約の責任法に関する規定に違反している場合には、主張することができないとされている（同条 3 項）。この規定は、改正前の 38 条を受け継いでいるが、その内容は大きく異なり、外国不法行為地法の適用制限は、大幅に縮小されている。

び母法たるドイツ民法施行法の制定経緯からも明らかである。

(4) 時効と公序の関係

さらに補足すれば、条文整理の段階で、契約の準拠法を定めた法例7条に関連して、時効と公序の関係ついてなされた議論も参照に値する[68]。すなわち、寺尾亨は、次のような問題を提起している。

　　第七條ノ『法律行為ノ成立及ヒ効力ニ付テハ』云々ト云フコトデゴザイマス此効力ノ中ニハ時効ノ事モ這入ルヤ否ヤト云フコトニ付テ此前議論モゴザイマシタヤウデアリマス是ハ時効〔効力の誤り？──奥田注〕ニ入ルモノデアルト云フコトノ御説明デアリマシタガ時効ニ付テノ規定ハ起草者ハ御考ヘモゴザイマセウガ一切当事者ノ意思ニ從フト云フ方デアッテ或場合ニ依ツテハ矢張リ一番終リノ三十條ノ公ノ秩序トカ云フモノデ或ハ例外ガアルト云フ御見込ミデゴザイマセウカ又ハ全クサウ云フコトハナイト云フコトデゴザイマセウカ解釈上或ハ迷ヒヲ生ズルデゴザイマセウカラ起草者ノ意見ヲ確カメテ置キタイ尚ホソレニ依テ意見ヲ述ベマス

これに対して、穂積陳重は、欧米諸国の立法学説において様々な見解が主張されていることを紹介した後、別段の規定を設けることにしなかったと答弁したが、梅謙次郎は、時効が公益規定であることを理由として、当事者の意思によって準拠法が定まることに反対であると主張し、次のような提案を行っている。

　　私ノハ孰レ文章ハ又後トデ能ク相談ヲ致シマスガ意味丈ケヲ申スト時効ノ期間ガ日本ノ法律ヨリモ外国ノ法律ノ方ガ短イ場合ニハ矢張リ舊トノ第十條ノ原則ニ依ル今度ノ第七條ノ原則ニ依ルソレカラ若シ時効ノ期間ガ日本ノ時効ノ期間ヨリ長イ場合ニハ日本ノ時効期間ニ依ルソレカラ時効ノ停止、中断等ニ関スル規定ハ総テ日本法ニ依ルソレハ丁度民法施行法ニ類似ノ規定ガアルああ云フ風ニ書イタラ宜カラウ

---

68) 法務大臣官房司法法制調査部監修・前掲注(63)192頁以下。

しかし、この提案は、賛成が少なく、結局は採用されなかった。すなわち、議長の清浦奎吾がいうように、この問題は解釈に委ねられたのである。その後の解釈の展開は周知のとおりである。すなわち、大正6年3月17日の大審院判決は、準拠外国法が日本法よりも長い消滅時効期間を定めている場合には、国際私法上の公序に反するとして、日本法を適用したが[69]、学説は、一斉にこれを批判し、戦後の下級審判例にも、この学説に従ったものが現れている[70]。通説によると、準拠外国法が定める時効期間が極端に長い場合や、全く消滅時効を認めない場合には、法例33条の公序の発動も考えられるが、一般的に時効期間の長短により法例33条を適用すべきではないとされる[71]。

以上は、契約の準拠法を定めた法例7条に関するものであるが、その趣旨は、法例11条3項の解釈にも活かされるべきであろう。すなわち、時効は、債権の効力の問題であるが、立法作業では、別個に規定を置くことも検討された。しかし、立法者およびその後の学説は、準拠外国法が日本法よりも長い時効期間を定めているからといって、必ずしも公序違反になるとは考えておらず、すべては法例33条の解釈に委ねている。かような処理は、契約債権のみならず不法行為債権についても当てはまるであろう。なぜなら、消滅時効は、一定期間行使されない権利を消滅させる制度であり、その趣旨は、契約債権または不法行為債権のいずれであるかを問わず、共通であると考えられるからである。たしかに、わが国の民法724条後段は、時効ではなく除斥期間と解されているが、買主の担保責任追求権に関する民法564条や566条3項なども除斥期間を定めたものと解されており、これらは、日本の実質法上、権利の性質からそのような解釈がなされているにすぎない[72]。

要するに、同じく不法行為の効力とはいっても、損害賠償の方法および程度

---

69) 大判大正6年3月17日民録23輯378頁。
70) たとえば、徳島地判昭和44年12月16日判タ254号209頁。
71) さしあたり、山田・前掲注(6)332頁参照。また、学説の一覧としては、相澤吉晴「消滅時効」『渉外判例百選〔第3版〕』(1995年、有斐閣) 115頁。
72) 我妻・前掲注(55)439頁参照。

と時効・除斥期間を同列に考えることはできず、前者を公序の問題として日本法の累積適用に服させたからといって、後者も同様に取り扱う必然性は、もともとなかった。それゆえ、法例11条3項が損害賠償の方法および程度についてのみ日本法の累積適用を定めたものと解することは、立法者意思に合致するだけでなく、客観的にみても合理性があると考えられる。したがって、時効・除斥期間については、法例11条1項により不法行為地法のみが適用され、同条3項による日本法の累積適用はないから、民法724条後段は適用されないことになる。

7 おわりに

　以上によって、中国人の戦後補償裁判は、国際私法の観点からみた場合、従来の戦後補償裁判と異なった様相を呈することが明らかとなった。すなわち、いずれの国の法が適用されるのかという準拠法の問題が生じるから、当然に日本法の適用を前提とすることはできない。また国家賠償責任は、公務員所属国法を準拠法とすべき場合もあるが、戦後補償では、その前提としての附従的連結の要件が満たされていないから、法例11条によって準拠法を決定すべきである。

　その法例11条1項によると、不法行為の成立および効力は不法行為地法によるから、中華民国法が準拠法になる。また同条2項によると、不法行為の成立については、日本法が累積適用されるが、戦前の国家無答責の法理には、場所的ないし時間的適用範囲の限界があり、中国人の戦後補償には適用されない。むしろ民法709条以下または現行の国家賠償法により、不法行為の成立が判断されるべきである。法例11条3項によると、さらに損害賠償の方法および程度についても、日本法が累積適用されるが、時効や除斥期間などの問題は、累積適用の対象にならないから、中華民国法のみによるべきである。

　しかし、国際私法の任務は、原則として、このように準拠法を決定することだけであり、その先は、実質法の解釈に任されることになる。とくに中華民国

法の解釈については、鈴木教授の論稿を参照して頂きたい[73]。また、仮に戦前の日本軍の行為が国際法違反でなかったとしたら、中華民国法のいかんにかかわらず、日本は賠償責任を免れることになるであろう。かような国際法からみた戦後補償については、申教授の論稿を参照して頂きたい[74]。さらに実際の裁判では、原告の中国人が本当に日本軍の行為によって損害を受けた被害者であるのか、という証明の問題が起きてくる。この点については、山田弁護士の論稿を参照して頂きたい[75]。

　最後に、基本的な考え方をまとめておくと、筆者は、中国人の戦後補償については、これを通常の不法行為事件として処理すべきであると考えている。とくに国際私法によって準拠法を決定すべきこと、その準拠法は公務員所属国法ではなく不法行為地法であること、戦前の国家無答責の法理は適用すべきでないこと、これらは、中国人の戦後補償を通常の不法行為と考えるならば、スムーズに導き出される帰結であろう。たしかに、戦後補償の特殊性を考慮することも重要であるが、一度、このように特殊でない部分にも注目してみる必要があると考える。

---

[73] 鈴木賢「中国法からみた戦後補償」奥田＝川島ほか・前掲注(1) 200頁以下。
[74] 申・前掲注(57)。さらに、阿部浩己『人権の国際化―国際人権法の挑戦』(1998年、現代人文社) 第Ⅳ部「戦後補償への視座」参照。
[75] 山田・前掲注(3)。

II　国家賠償責任の準拠法

1　問題の所在

　国家賠償責任の準拠法について、わが国では、これを正面から取り上げた判例は見当たらないし、また学説においても、十分な議論がなされているとは言い難い。これは、そもそも公務員が外国において公権力を行使して、私人に損害を与えるという事態が極めて稀にしか起こりえない、と考えられているためであろう。しかし、諸外国では、在外公館の職務執行などによる損害賠償責任に関する判例が幾つか見られる。また、わが国でも、戦後補償裁判において、国家賠償責任の準拠法が争点になりつつある。すなわち、外国において日本軍が外国の民間人を殺傷したことによる損害賠償責任は、いずれの国の法によって判断されるべきであるのか、という問題である。とりわけ戦前は、一般に国家無答責の法理が認められていたので、日本法が準拠法となる場合には、この法理により、日本国の賠償責任が否定される可能性がある。これに対して、外国法が準拠法となる場合、当該外国の国家無答責の法理は、日本国の賠償責任まで免除するとは考えられないから、当該外国法上の一般不法行為法の規定によって、賠償責任が認められる可能性がある。
　かような国家賠償責任の準拠法については、大きく分けて3つの見解が主張されている。第1に、国家の公権力の行使による損害賠償責任であることを理由として、国際私法は適用されないとする説がある（以下では「国際私法不適用説」という）。この説によると、わが国の国家賠償法や戦前の国家無答責の法理は、国際私法の仲介によらず、渉外事件に直接適用されることになるであろう。第2に、たとえ国際私法の適用があるとしても、国家賠償責任は、独自の単位

法律関係であるとして、公務員の所属する国の法が準拠法になるとする説がある（以下では「公務員所属国法説」という）。この説によっても、日本の公務員の職務執行による損害賠償責任には、わが国の国家賠償法や戦前の国家無答責の法理が適用されることになる。しかし、これは直接適用ではなく、公務員所属国法として日本法が準拠法になるからである。第3に、国家の公権力の行使による損害賠償責任であっても、その法的性質は、一般の不法行為責任と同じであるとして、法例11条によって準拠法を決定すべきであるとする説がある（以下では「法例11条適用説」という）。この説によると、国家賠償責任は、法例11条1項により不法行為地法に服するが、同条2項および3項により、一定の範囲で日本法が累積適用されることになる。

　結論から言えば、たしかに、国家賠償責任については、公務員所属国法説を妥当とする場合があることは否めない。しかし、そこには、一定の限界がある。たとえば、在外公館の職務執行による損害賠償責任については、当事者間に特別な公法的法律関係があらかじめ存在しているからこそ、公務員所属国法説が妥当すると言える。しかし、かような法律関係が存在しない場合、たとえば戦後補償のようなケースでは、むしろ法例11条によって準拠法を決定すべきであろう。

　以下では、まず、在外公館のケースを中心とした欧米諸国の判例を紹介し、そこに共通する論点を提示したい。つぎに、在外公館のケースにおいて、公務員所属国法説を妥当とする根拠としては、いわゆる「附従的連結の理論」が考えられるが、かような理論を認めたヨーロッパ諸国の立法および立法草案を紹介して、その妥当範囲を考える。さらに、国家賠償責任の準拠法に関する日本の学説を紹介して、その問題点を探る。そして最後に、もっぱら戦後補償のケースを念頭において、法例11条を適用する際の解釈上の問題点を明らかにしたい。

　なお、国家賠償責任の定義については、実質法の分野において、様々な議論があると思うが、本稿では、不法行為の準拠法との関係を問題とするため、さしあたり公務員の職務の執行に伴う不法行為による国家の賠償責任のみを対象

としたい。

2　比較法的考察

(1)　はじめに

　欧米諸国の判例においても、国家賠償責任の準拠法を正面から取り上げたものは少なく、わずかに、後述のオーストリアの判例において、詳しく述べたものが見られるにすぎない。しかし、事案には共通点が見られる。すなわち、在外公館の職務執行に伴う損害賠償責任のケースが多いことである。しかも被害者は、自国民であると推測される。ここに戦後補償のケースとの違いが見出される。すなわち、自国民が在外公館に保護を求めたり、また在外公館が自国民に対し公権力を行使する場合、そこには特別な法律関係が存在しており、不法行為は、当該の法律関係に付随して発生したことになる。この法律関係の準拠法は、当事者の共通本国法であるとともに、公務員所属国法でもある自国法になるであろう。そして、当該不法行為は、それがなされた地（外国）よりも、この当事者間に存在する特別な法律関係との間に、圧倒的に密接な関連があるので、不法行為地法ではなく、当該法律関係の準拠法である自国法によるべきことになる。

　かような附従的連結の理論は、後述のオーストリアの判例以外には、明確に述べたものが見当たらないが、いずれの判例でも暗黙の前提になっているものと考えられる。そこで、まずオーストリアの判例を紹介した後に、ドイツ・フランス・イタリアの判例についても、事案を中心として紹介することにしたい。これに対して、英米の判例は、異なった状況にあるが、幾つか本稿のテーマに関連するものがあるので、参考までに紹介しておきたい。さらに、在外公館ケースの説明のために、附従的連結の理論を認めたヨーロッパ諸国の立法および立法草案を紹介し、どのような要件を満たせば、附従的連結が行われるのか、という問題を考えてみたい。

(2) オーストリア

　まず、1958 年 9 月 10 日のオーストリア最高裁判決は[1]、オーストリア法が不法行為地法たる外国法に優先することを明言しているが、その事案は、次のようなものであった。

　ルーマニア在住のオーストリア人技師である原告は、当地の公使館参事官 (Legationsrat) から繰り返し電話で一般的な質問を受けたが、この電話の内容がルーマニアの公安警察に盗聴されていたために、スパイ容疑で逮捕され、1151 日間拘禁された後、国外追放となった。そこで、原告は、オーストリアの公使館参事官が盗聴の事実を知っていたにもかかわらず、電話をかけてきたうえ、原告の身の安全を確保する措置を怠ったとして、オーストリア政府に対し、逸失利益などの損害賠償請求の訴えを起こした。

　これに対して、オーストリア最高裁判所は、次のとおり判示した。「たしかに、オーストリアの学説および判例によると、一般に、不法行為債権については、不法行為地法が適用されると考えられているが〔引用文献略〕、オーストリア共和国に対する請求権が公務員の職務違反から生じる場合に、もっぱらオーストリア法のみを適用することは、疑いの余地がない。オーストリアの公務員の職務義務を外国法により判断することは、自己矛盾であろう」。

　この事案は、オーストリアの在外公館の職員が自国民を保護する義務を怠ったことの責任が問われたものであった。したがって、当事者間には一定の特別な法律関係が存在しており、その法律関係の準拠法はオーストリア法であると解されるから、オーストリア政府に対する損害賠償請求権の準拠法が不法行為地法ではなく、オーストリア法になることは、附従的連結の理論によって説明がつくことになる。

　この点は、その後、1982 年 2 月 17 日のオーストリア最高裁判決（大使射殺事件）によって明らかにされた[2]。この判決は、まさに国家賠償責任の準拠法

---

1) OGH 10. 9. 1958, JBl 1959, 599.
2) OGH 17. 2. 1982, ÖJZ 1982, 462.

を附従的連結によって説明したものであり、それゆえ本稿のテーマとの関連では、きわめて重要であるから、詳しく紹介したい。

事案は、ユーゴスラビア大統領主催の狩りにおいて、オーストリア大使が誤ってフランス大使を射殺してしまったので、フランス大使の遺族がオーストリア政府に対し、扶養の喪失および慰謝料などの損害賠償請求の訴えを起こした、というものである。これに対して、オーストリア最高裁判所は、次のとおり判示した（以下、引用文献は省略する）。

「当裁判所の見解によると、明白な反対の規定がない限り、……国家賠償請求をその他の民事法と異なって取り扱うことは、妥当とは思われない。国家責任法1条1項によると、むしろ国は、原則として『民事法の諸規定により』責任を負う。法律上この〔民事法の〕適用が制限されるのは、財産または人身の損害賠償……および金銭賠償に限る、という点だけである。抵触法も、この民事法の一部であり、それゆえ国家賠償請求の範囲について適用されるべきである」。

「〔オーストリア〕一般民法典33条ないし37条が適用されていた頃、不法行為による損害賠償請求権については、判例上も以下のルールが承認されていた。すなわち、原則として、不法行為地法が適用されるが、事案の特別な事情が他の連結を求めている場合には、例外が認められるべきである。たとえば、加害者と被害者との間に存する特別の法律関係の枠内において、不法行為がなされ、これらに内的な関連（innere Beziehung）があるときは、この特別な事情が常に存在するであろう。この場合、不法行為が行為地と被害者を結び付ける事実上の関連は、それ以前に存在していた当事者間の別の関係によって、法律上の重要性を喪失する。〔オーストリア〕国際私法典48条1項後段は、この……ルールを次のとおり成文法化した。すなわち、当事者間に、他の一の国の法とのより強い関係がある場合には、この国の法が適用され、損害を惹起した行為がなされた国の法は適用されない」。

「このルールは、とくに国家責任法にとっても重要である。たとえば、外国で自国の大使に助けを求めたり、オーストリア法にもとづく権利の主張を行っ

たオーストリア人が、その際になされた法律違反を理由として賠償を請求する場合、たしかに不法行為地の行政的な取締規定を考慮することはあるが、連邦は、常にオーストリア法によってのみ責任を負うであろう。また、外国人がその本国に駐在するオーストリアの大使館において、オーストリア法の執行、たとえば査証の発給などを求めた場合も、これに関連して生じた損害については、オーストリア法上の責任のみを問うことができるであろう」。

「本件では、たしかにオーストリア法の執行の際に加害行為がなされたが、フランスの大使は、オーストリア共和国と公法的な関係になかった。彼は、むしろ自己の職務の執行に際して、この点でむろん意図しない接触により、オーストリアの機関の加害行為の効力範囲内に入ったのである。かような場合、行為地国以外の国の法とのより密接な関係は存在しえない。それゆえ、……国家責任法が明白に別段の規定をしていない限り、責任を問われた〔オーストリア〕政府は、その機関が仮に法の執行として行動していなかったら賠償すべきであったものを、賠償しなければならない。したがって、被告は、オーストリアの民事法に規定された不法行為準拠法としての行為地法の指定により、当地で施行され、かつ証明されるはずの損害賠償規定の枠内で責任を負う」。

この判決は、国家賠償責任の準拠法を最も詳しくかつ最も慎重に検討している。その意義は、次の3点に求められる。

第1に、国家賠償責任の準拠法も、原則として国際私法によって決定されるべきである。したがって、外国法の適用もありうる。

第2に、公務員の不法行為についても、通常の不法行為の準拠法に関する国際私法ルールが適用される。それによると、原則は、不法行為地法主義であるが、例外的に加害者と被害者の間に特別な法律関係があり、これが不法行為と内的関連を有する場合には、当該法律関係の準拠法が優先する。

第3に、本判決は、この点をさらに具体的に述べている。すなわち、自国民が在外公館の保護を求める場合や、外国人が査証の発給などを求める場合には、これに関連して不法行為が発生しても、不法行為地法ではなく、当該在外公館の職員が所属する国の法（公務員所属国法）が適用される。しかし、本件では、

加害者と被害者の間に、かような特別の法律関係がなかったのであるから、不法行為地法主義の原則に戻るべきである。

これは、まさに附従的連結を国家賠償責任について認めた判決であり、その先例的価値は大きい。しかも、その他の国の判例も、ほとんどは在外公館の職務に関するケースであるから、公務員所属国法が準拠法とされた理由も、この判決によって説明できることになる。かような附従的連結については、後により詳しく説明したい。

(3) ド イ ツ

つぎに、ドイツの国家賠償責任の事案において、ドイツ法の適用を明示したものとしては、1981年10月22日の連邦裁判所判決がある[3]。しかし、この判決は、外国におけるドイツ人間の不法行為については、共通本国法であるドイツ法を適用する、というドイツ法上の明文規定を根拠とするものであった。その事案は、次のとおりである。

1976年4月1日、当時8歳のドイツ人女児がオランダの学校における水泳の授業中に事故に遇った。この学校は、ドイツを含む若干のNATO諸国によって設立されたオランダ法人であったが、学校の監督官庁は、ドイツ各州の文部省の常設委員会であり、また職員の監督官庁は、防衛大臣であった。この学校のプールは、NATOが設置し、費用を負担していたが、ドイツは、その管理に関わっていなかった。

水泳の授業は、プールの管理者が1975年8月13日に締結した契約にもとづき行われていた。この契約は、とくに児童の水泳中には、2人の教師が立ち会うことを定めていた。事故があった日、そのうちの1人は、NATO本部のドイツ連隊においてスポーツ下士官として任命された者であった。そこで、被害者は、監督不行き届きの職務違反があったとして、ドイツ政府を相手に、1万マルク以上の慰謝料を請求した。

---

3) BGH 22. 10. 1981, VersR 1982, 185.

これに対して、ドイツ連邦裁判所は、以下の判決を下した。「控訴裁判所が被告に対する国家賠償請求の審査にあたりドイツの国家賠償法を適用したのは、妥当であった。ドイツ国民に対するドイツ政府の不法行為責任について、ドイツ法を適用することは、1942年12月7日の帝国領域外のドイツ国民の加害行為における法適用に関する規則から導き出される」。

この判決が依拠した1942年12月7日の「帝国領域外のドイツ国民の加害行為における法適用に関する規則」は[4]、次のとおり規定している。「ドイツ国民が帝国の領域外で行った作為または不作為による契約外の損害賠償請求権については、ドイツ国民が被害者である限り、ドイツ法を適用する」（1条1項）。

すなわち、加害者と被害者の双方がドイツ人である場合には、不法行為地が外国であっても、共通本国法であるドイツ法を適用するというのである。この規定は、明らかに一般的な不法行為の準拠法に関するものである。そして、裁判所は、この規定によって準拠法を判断したのであるから、国際私法上、国家賠償責任を一般の不法行為責任と区別しなかったことになる。

ところで、この1981年の判決以前にも、ドイツの在外公館の職務に伴って生じた損害の賠償責任を判断した判例がないわけではない。しかし、これらの判決は、準拠法に関する判断を全く示しておらず、直ちにドイツ法を適用している。そこで、以下では事案だけを紹介しておく。

まず、1962年6月14日の連邦裁判所判決は[5]、以下の事案に関するものであった。

原告所有の船舶M号は、1957年6月上旬にチッタゴン（東パキスタン・現バングラデシュ）向けの米を積み込むために、カラチ（パキスタン）港に到着したが、同年6月9日、乗組員2名が上陸したまま戻らなかった。そこで、M号の船長は、カラチの原告代理人に対し、2名の乗組員の行方不明を伝え、パキスタン政府およびドイツ大使に報告するよう頼んだ。6月11日、船長は、ドイツ大使に電話をして、これらの乗組員を見つけ次第、船に連れ戻すよう頼ん

---

4) RGBl I, 706.
5) BGH 14. 6. 1962, NJW 1962, 2100.

だ。M号がチッタゴンに向けて出航する日、すなわち6月12日、船長は、大使に手紙を書き、これらの乗組員をチッタゴンに連れて来るよう頼んだ。

　6月13日、これらの乗組員は、ドイツ大使に名乗り出た。しかし、彼らは、チッタゴンに行くことを拒否した。なぜなら、彼らの船は、もう1年以上もドイツに戻っておらず、しかもチッタゴンからは、中国に向かうと聞いていたからである。6月14日、大使は、原告の代理人のところに赴き、両名を飛行機でドイツに帰すよう勧めた。代理人は、これを原告に伝えたが、原告は、これらの乗組員をチッタゴンに連れて行き、船に戻すことが大使の務めであり、ドイツへの帰国に同意できないと答えた。この回答は、6月15日、代理人から大使へ伝えられた。

　大使は、その日、以下のような返信を書いた。すなわち、ドイツ法上、これらの乗組員をその意思に反して船に連れ戻す理由がなく、パキスタン法上、原告の代理人がその連れ戻しの責任を負っている、というのである。6月22日、ついに原告の代理人は諦めた。なぜなら、大使の意見およびパキスタンの入国事務所の要求から、これらの乗組員を飛行機でドイツへ送り返すしかないと考えたからである。代理人が立て替えた乗組員の帰国費用は、原告が負担した。そこで、原告は、この費用の償還および電報の費用償還を求めて、ドイツ政府に対し訴えを起こしたのである。

　つぎに、1961年7月13日の連邦裁判所判決は[6]、以下の事案に関するものであった。

　1953年10月2日、ベルギー駐在のドイツ大使館勤務の領事職員Xは、大使館職員Yの依頼を受けて、ベルギー植民地省およびベルギー外事警察に対し、次のとおり通知を行った。すなわち、1953年9月にベルギーに赴いた原告らは、ドイツ検察庁から指名手配を受けていること、ベルギー植民地省に対しては、事件の解明まで、原告らから申請のあったベルギー領コンゴ行きの査証を与えないこと、警察に対しては、原告らのコンゴへの出国を阻止するため、ベ

---

[6] BGH 13. 7. 1961, VersR 1961, 996.

ルギーにおける原告らの所在をなるべく早く大使館に知らせることが求められていた。この通知のきっかけは、1953年9月28日付けのZの書面が同年9月30日に大使館へ届いたことであった。

これによると、Zは、2つの企業の買収において、原告らから詐欺に遇い、家族ともども貧困に陥れられた。そこで、訴訟救助を受けて、原告らに対し、2万7000マルク相当の差押えを行ったが、強制執行の際に、原告らが逃亡のため家を売ろうとしていることを知った。また、Zが訪ねたフランス駐在のベルギー総領事は、ベルギーに滞在している原告らが、フランスにおいて、ベルギー領コンゴへの入国査証を申請したが、まだ取得していないとZに告げた。総領事は、さらにベルギー駐在のドイツ大使館と連絡をとり、ドイツ大使館がベルギーの植民地省とかけあい、入国許可を取得させないよう勧めた。

以上の状況を説明した後、Zは、大使館に援助を要請し、次のとおり書いた。すなわち、原告らは、おそらくコンゴへの入国許可を却下されたとしても、フランスには戻らないであろう。なぜなら、そこでは、詐欺などを理由とした刑事手続が係属しているからである。また原告らは、Zの知る限り、ドイツからフランスを経由して違法に取得した数10万マルクを所持しているであろう。

ドイツ大使館が行った措置にもとづき、ベルギーの警察は、1953年10月7日、原告らがちょうどコンゴへ向かって出発しようとしていた時に、ベルギーの飛行場において、原告らから旅券を取り上げた。その結果、原告らの出国は不可能となった。原告らは、すでに必要な査証をベルギーの官庁から交付されていたが、自己に対し行われていた捜査手続については、ベルギーの官庁に告げていなかった。

1954年5月28日、ドイツ検察庁は、原告らを詐欺により起訴した。しかし、本案訴訟開始の申立は、証拠不十分として、1957年1月18日の判決により却下された。そこで、原告らは、ドイツ政府に対し、ベルギー領コンゴへの旅行が不可能となったことによる損害賠償請求の訴えを起こしたのである。

これらの2つの事案では、原告の国籍は、必ずしも明らかでないが、事実関係からみて、ドイツ人であったと推測される。そして、被告は、むろんドイツ

政府であるから、ドイツ法が準拠法になることは、前述の1942年12月7日の規則から導き出される。

また仮に、原告がドイツ人でなかったとしても、これらの事案は、いずれも在外公館の職務に関するものである。したがって、後述のように、附従的連結の理論によって、ドイツ法の適用を導くことが可能であった。いずれにせよ、これらは、戦後補償のケースとは、大きく異なる事案であったことに注意する必要がある。

(4) フランス

フランスでは、フランスの在外公館の職務に伴って生じた損害賠償請求を判断したものとして、1941年5月16日のコンセイユ・デタの判決がある[7]。しかし、この判決も、準拠法に関する判断を全く示しておらず、直ちにフランス法を適用しているので、以下では事案だけを紹介する。

コンスタンチノープルのロシア軍基地に対し債権を有するフランス人に対し、フランス政府は、少なくとも相当額の内金が支払われるまでは、ロシア船の出航禁止を維持すると保証していた。しかし、このロシア軍基地が振り出した小切手を見せられたフランス大使館の海軍武官は、小切手が債権者に交付されるか否かを確認しないで、船舶の出航禁止を解除してしまった。そして現に、この小切手は、債権者に交付されなかった。そこで、このフランス人債権者は、債権回収の可能性がなくなったとして、フランス政府に対し損害賠償請求の訴えを起こしたのである。

この事件でも、在外公館の職務が問題となっている。したがって、後述のように、附従的連結の理論によって、フランス法の適用を導くことが可能であった。

---

7) Conseil d'Etat 16.5.1941, Sirey 1942 III, 21.

(5) イタリア

　さらにイタリアでも、在外公館の職務に伴って生じた損害賠償請求を判断したものとして、1959 年 5 月 15 日の破棄院判決がある[8]。しかし、この判決も、準拠法に関する判断を全く示しておらず、直ちにイタリア法を適用している。

　本件では、事案の詳細があまり明らかではないが、イタリア社会共和国（repubblica sociale ＝ ムソリーニが作ったイタリアの全体主義国家）により任命された領事の行為が問題となった。すなわち、第 2 次世界大戦中に、在外イタリア国民が財産を領事に預託したところ、それらが滅失したために、損害賠償を求めた訴訟であったようである。

　国側は、①イタリア社会共和国の行為による損害の賠償を認めた 1944 年 10 月 5 日の勅令（regio decreto legge）第 249 号は、領域内における行為だけを規律し、外国の領域における行為を規律の対象外としていること、②領事館の開設および領事の任命は、政治的行為であり、本勅令 1 条および 2 条により無効であること、③イタリアの正当政府は、ドイツとの戦争が勃発し、それにより領事館の業務を停止したとき、自国民の保護を中立国の領事に委ねるつもりであったことを主張した。

　これに対して、裁判所は、①領事の職務は、国民の利益のためになされる行政行為であり、本勅令 4 条により有効とされること、②イタリア国民の保護を中立国の領事に委ねるという正当政府の決定は、本件に無関係であること、③1866 年 6 月 7 日の領事規則第 114 号の諸規定を総合的に考慮すると、原告とイタリア政府との間には、預託契約が成立しており、国家は、預託物の消滅について責任を負うこと、これらを理由として、原告の請求を認容したのである。

　この事件でも、在外公館の職務が問題となっている。しかも原告（イタリア人と推測される）とイタリア政府との間に預託契約が成立していたことを認定したのであるから、まさに附従的連結の理論によって、イタリア法の適用を導

　8）　Cass. 15. 5. 1959, Foro amministrativo 1959 II, 188.

くことが可能であった。

(6) アメリカ合衆国

アメリカ合衆国では、連邦政府の賠償責任を認めた法律として、連邦不法行為請求権法（Federal Tort Claims Act, 28 U.S.C.A）が1946年に制定されており、その2680条が同法の適用除外を定めているので、この規定の解釈が問題となる。それによると、「本編本章および1346条(b)の規定は、以下の請求権には適用しない。〔中略〕(k)外国で生じた請求権」と規定されている。しかし、この規定は、連邦不法行為請求権法というひとつの法律の適用除外に関するものであり、必ずしも国家賠償責任そのものを否定しているわけではない。しかも同条(k)は、「外国で生じた請求権」（Any claim arising in a foreign country）と述べており、外国法による不法行為請求権の成立そのものを否定していない。

この点は、同法1346条(b)からも明らかである。それによると、「連邦政府の職員がその職務の範囲内で行動している際に、ネグリジェンスまたは違法な作為もしくは不作為により、財産・人体・生命に損害を与え、もし合衆国が私人であれば、作為または不作為があった地の法により、賠償責任を負う場合には、合衆国を被告とする1945年1月1日以降に生じた金銭賠償請求に関する民事の訴訟については、本編第171章の規定により、連邦地方裁判所……が専属管轄を有する」。この規定は、連邦不法行為請求権法による訴訟について、連邦地方裁判所の専属管轄を定めただけであり、請求権の成立そのものは、不法行為地法によるとしている。これは、もともと不法行為法が州法の管轄に属し、原則として州の裁判所により審理されるべきであるが、連邦が被告になる場合には、州の裁判所の管轄を否定することを目的としている。また、アメリカ法では、救済手段（remedy）は、法廷地法によるが、実体的な請求権の成立は、当該権利の準拠法によることが認められている[9]。したがって、救済手段を法廷地法によって制限したとしても、不法行為請求権の成立そのものは、あ

---

9) 奥田安弘「船主責任制限の準拠法」香川法学4巻2号187頁〔本書112頁所収〕。

くまで不法行為地法による。

　この点については、さらに連邦控訴裁判所の判決を見ておきたい。すなわち、Meredith v. United States, 330 F. 2d 9 （9th Cir. 1964）は、タイのバンコック駐在のアメリカ大使館でなされた作為または不作為による損害の賠償請求事件について、次のとおり判示した。

　「立法経緯によると、議会は、以下のような理由から、『外国』で生じた請求権を〔連邦不法行為請求権法の適用範囲から〕除外した。すなわち、連邦不法行為請求権法による責任は、『作為または不作為があった地の法により』判断されるべきであるが（28 U.S.C.A. § 1346 (b)）、議会は、『合衆国を外国政府の法による責任に服せしめたくなかった』からである……」。

　「控訴人の主張は、また以下のルールにも反する。すなわち、特段の定めがない限り、〔合衆国の〕立法は、『合衆国の領域管轄権の範囲内においてのみ』適用を意図している……」。

　「最後に、網羅的なカタログや詳しい分析は省略するが、他の多数の制定法上の規定（10 U.S.C.A. §§ 2734 and 2734 (a); 5 U.S.C.A. §§ 170g (b) and (f); 42 U.S.C.A. § 2473 (b) (13); 22 U.S.C.A. § 2509 (b)）は、次のような議会の意図を示している。すなわち、外国における合衆国の軍隊およびその他の公務員の活動から生じた財産・人体・生命に対する損害の賠償請求は、連邦不法行為請求権法による訴訟ではなく、むしろ行政的もしくは外交的な手段、または特別の立法によって処理されるべきである……」。

　判旨の第1段落は、一見したところ、外国法による請求権の成立そのものを否定しているかのように読める。しかし、判旨は、外国法による責任（liabilities）に服することを否定しているだけであり、外国法による請求権の成立そのものまで否定しているわけではない。

　判旨の第2段落は、連邦不法行為請求権法というアメリカ合衆国の立法が、その領域内でなされた行為にしか適用されないことを述べている。いわゆる域外適用の制限である。すなわち、議会が明白に領域外の行為への適用を認めていない限り、立法の適用範囲は属地主義の原則に服するというのである。かよ

うな属地主義の原則そのものがアメリカ法独自のものであることは、明らかである[10]。いずれにせよ、議会が領域外の行為への適用を明らかに認めている場合には、かような属地主義の原則は適用されない。

判旨の第3段落は、アメリカの公務員の外国における不法行為について、その他の立法が連邦政府の責任を定めている可能性を示唆している。たとえば、アメリカ軍の外国における不法行為について、連邦政府が責任を負う旨を定めた立法が存在していることは、連邦裁判所の判例からも明らかである。この Ford v. United States, 88 F. Supp. 263（Ct.Cl. 1950）は、以下の事案に関するものであった。

イギリス駐在のアメリカ陸軍所属の原告は、あるイギリス人から350ポンドを盗んだ。この金銭は、イギリスのリンカン市にある映画館のスーツケースから盗まれた。原告は、数か月後に逮捕され、353ポンドを没収された。しかし、この金銭は、彼が盗んだものと同じではなかった。原告は有罪とされ、懲役刑を命じられた。1944年12月14日、被害者のイギリス人は、合衆国政府に対し、原告が盗んだ金銭の賠償を求める訴訟を起こした。この請求は認容され、イギリス人は、アメリカの通貨で同額の1412ドル25セントを受け取った。

請求認容の根拠となったのは、1943年4月22日の法律第67章1条（31 U.S.C.A. § 224d）であった。それによると、「根拠のある請求の迅速な解決により友好関係を促進し、維持するために、軍事長官（Secretary of War）は、……外国居住者の財産・人体・生命に対する損害の賠償請求……について、かかる損害が陸軍、海軍、海兵隊、またはこれらの構成員……により惹起された場合、これを審査・認定・算定・決定・支払……を行うための請求権委員会（Claims Commission）……を任命する権限を有する」。

原告が有罪判決を受けた後、逮捕の際に没収された金銭と同額の1426ドル99セントについて、合衆国財務省の小切手が振り出された。この小切手を受

---

10) 奥田安弘「アメリカ抵触法におけるジュリスディクションの概念」北大法学論集41巻5・6号217頁以下〔同『国際取引法の理論』（1992年、有斐閣）160頁以下所収〕参照。

け取った合衆国陸軍士官は、原告のもとに赴き、これを合衆国財務省あてに裏書きするよう求めた。原告がこれを拒否したので、小切手は取り消され、金銭は、現在、合衆国財務省にある。原告は、この金銭の支払を求めたが、被告である合衆国側は、原告の窃盗によりイギリス人に支払った1412ドル25セントとの相殺を主張した。連邦請求権裁判所は、以下の理由から、この相殺を認めた。

「被告は、イギリス人に対する原告の債務を〔代位〕弁済するにあたり、ボランティアとして、それを行ったとは考えられない。わが国は、戦争中に占領した友好国との友好的な関係を促進するために、わが軍隊の構成員の一定の行為について責任を負うことにした。これは、これらの国との友好的な関係を促進するためだけでなく、武器の保管・食料などの補給・通信について好意的な環境を作ることにより、我々の軍隊および後方支援部隊の安全のためにも行われた。これは、我々の軍隊の構成員が犯した略奪行為の責任を負うこと、ならびに原告を含めて、我々の軍隊の安全および効率を維持することという両方の道義的義務を履行するために課せられた法的責任であった。かかる状況においては、原告の債務を〔代位〕弁済した被告が、単なるボランティアとして行動したとは考えられない」。

以上の事案から分かるように、アメリカ合衆国は、外国におけるアメリカ軍の不法行為について、請求権委員会を設置して、損害賠償を行うことを認めている。すなわち、外国において成立した不法行為請求権について、救済手段は、アメリカ法によって用意されていたのである。しかも、1950年の請求権裁判所の判決は、これが法的責任（legal liability）であることを明らかにしている。ほぼ同じ頃（1946年）に制定された連邦不法行為請求権法1346条(b)によると、これは、不法行為地法により成立した損害賠償請求権に対する責任を意味していると解される。

(7) イギリス

イギリスの判例も、公務員による不法行為責任の準拠法について、不法行為

地法主義を採用している。Szalatnay-Stacho v. Fink [1947] 1 K. B. 1 (C. A.) がそれである。事案は、次のとおりであった。

チェコスロバキア政府は、第2次世界大戦中、本国がドイツに占領されていたので、ロンドンに亡命していた。その最中の 1941 年 11 月、上級軍事法廷検事総長 (General Prosecutor of the Military Court of Appeal) である被告は、外交使節としてカイロにいた原告を誹謗する文書を、大統領の軍事部 (Military Office of the President) あてに送った。そこで、原告が被告を名誉棄損により訴えたが、被告は絶対的または制限的な免責 (privilege) を主張した。

原審の高等法院は、国家間の礼譲 (comity of nations) により、チェコ法の適用が求められるとして、絶対的免責を認めた。しかし、控訴院は、事件がイギリス国内で起こったことを理由として、チェコ国民間の不法行為であっても、イギリス法が適用されるとした。もっとも、被告は、チェコの公務員として、当該文書を送付したのであり、現実の害意 (actual malice) が証明されなかったのであるから、イギリス法上の制限的免責の要件を満たしているとして、結局、請求は棄却された。

(8) 在外公館ケースの説明—附従的連結の立法および立法草案

以上のように、公務員の外国における不法行為が問題となる場合、在外公館のケースがきわめて多いことが分かる。そして、かようなケースでは、公務員所属国法の適用が半ば当然のことと考えられているようである。しかし、その理論的な裏付けとして、在外公館のケースでは、加害者と被害者の間に特別な法律関係があり、かつこの法律関係と不法行為の間に内的な関連があるからこそ、この法律関係の準拠法が不法行為地法に優先する、という附従的連結の理論が見出される。すなわち、不法行為の準拠法は、特別な法律関係の準拠法に従属 (ないし劣後) するというのである。以下では、附従的連結を認めた立法および立法草案を示すことによって、どのような要件を満たせば、この理論が適用されるのかを明らかにしたい。

まず、1972 年の EEC の契約および契約外債務の準拠法に関する条約案 10

条は、次のとおり規定している。「1　侵害行為により生じた契約外債務は、その行為がなされた国の法による。2　ただし、一方で、侵害行為により発生した結果と行為地国との間に顕著な牽連関係が存在せず、他方で、この結果が他の国とより強固な関係を有する場合には、この他国の法が適用される。3　かかる関係は、原則として、被害者と加害者の双方にとって共通の連結点に基づくものであるか、または加害者の代わりに第三者の責任が問われているときは、この第三者と被害者の双方にとって共通の連結点に基づくものでなければならない」。この条約案10条は、不法行為地法主義を定めながら、その例外も認めている。とくに加害者および被害者の双方にとって共通の連結点にもとづく関係が存在する場合には、例外が認められる、というのであるから、これは、まさに附従的連結を認めたものである。ここでいう「共通の連結点」について、網羅的なリストを作ることは不可能であるが、たとえば、当事者間の契約などの法律関係がこれに当たる、と言われている[11]。

　また、前述の1982年のオーストリア最高裁判決が依拠した1978年のオーストリア国際私法典48条1項は、次のとおり規定している。「契約外の損害賠償請求権は、損害の原因たる行為がなされた国の法による。ただし、双方の当事者にとって、より強固な関係が他の一の国の法との間に存するときは、この法による」。この規定も、不法行為地法主義を定めながら、その例外を認めている。そして、但書にいう「より強固な関係」としては、契約または法律によって当事者間に存する特別な法律関係が考えられている。したがって、この規定も、附従的連結を認めたものと解される[12]。

　さらに、1982年のドイツ国際私法会議による契約外債務の国際私法改正案も、3条1項において、不法行為地法主義を定めながら、4条2項において、次のとおり規定する。「責任を負うべき者と被害者が、損害発生時に法的または事実的特別関係によって結ばれており、かつ損害の発生がこの特別関係と

---

11)　国友明彦「契約と不法行為の抵触規則の競合問題(2)」法学雑誌（大阪市大）33巻1号56頁。

12)　国友・前掲注(11)59頁。

実質的な関連を有するときは、……この特別関係の準拠法が契約外責任に適用される」。この規定は、加害者と被害者の間の特別な法律関係だけでなく、好意的同乗者のように、事実的な特別関係も考慮している。いずれにせよ、この規定も、附従的連結を認めたものである[13]。

同様に、1984年の国際私法（契約外債務および物権）を補充するための参事官草案も、40条1項において、不法行為地法主義を定めた後、41条において、以下の例外を規定している。「1 ……第40条により適用されるべき法よりも、他の国の法とより密接な結合があるときは、その国の法による。2 より本質的に密接な結合は、とりわけ法的に重要な事実が生じた時点における当事者間の法的または事実的な関係……から生じるものとする」。この規定も附従的連結を認めたものであることは、言うまでもない[14]。

最後に、1987年のスイス国際私法典133条3項は、次のとおり規定している。「第1項および第2項の規定〔訳注・共通常居所地法または不法行為地法の適用〕にかかわらず、不法行為が加害者と被害者の間に存する法律関係を侵害するときは、不法行為に関する請求は、かかる法律関係の準拠法による」。政府草案の理由書によると、この規定も、附従的連結を認めたものである。理由書は、とくに次のとおり述べている。すなわち、不法行為と法律関係との間には「密接な実質的関連、すなわち内的関連」が必要である。したがって、単に契約関係の存続中またはその機会における不法行為は除外される。たとえば、ある事業のパートナー同士が事業に関する会議の時に、たまたま日帰り旅行を行い、その際に一方の過失によって他方が負傷した場合には、当該不法行為は、当事者間の契約と関係がないから、附従的連結は生じない[15]。

---

13) 国友明彦「契約と不法行為の抵触規則の競合問題(3)完」法学雑誌（大阪市大）33巻4号25頁、同「契約外債務に関するドイツ国際私法の改正準備(3)」法学雑誌（大阪市大）38巻3・4号79頁以下。
14) 国友（改正準備）前掲注(13)83頁。
15) 国友（競合問題）前掲注(13)21頁、佐野寛「スイス国際私法における不法行為の準拠法(1)」岡山大学法学会雑誌42巻1号84頁。

(9) ま と め

　以上のように、欧米諸国の判例は、公務員の外国における不法行為について、単純に公務員所属国法説のみを採用しているわけではない。1982 年のオーストリア最高裁判決が述べているように、自国民が在外公館に対し保護を求めたり、外国人が査証の申請などを行う場合には、たしかに当事者間の公法的な法律関係のほうが不法行為地よりも密接な関連性を示しているから、公務員所属国法が適用されるべきである。しかし、当事者間に、かような公法的関係が存在しない場合には、不法行為地法の原則に戻らなければならない。

　以上の点は、不法行為地法主義の根拠からも明らかである。すなわち、一般の不法行為においては、加害者と被害者は、不法行為の発生によって、初めて債権債務関係に入る。この場合、不法行為地法は、両当事者にとって中立的な法として適用されることになる。すなわち、加害者にとっては、自己の行動から生じる責任の存否および範囲を予測できるし、また被害者にとっても、自己が受けるべき賠償の有無および範囲を期待することができる。かような予測可能性ないし正当な期待保護の要請を満たす限り、不法行為地法主義は維持されなければならない[16]。

　これに対して、不法行為の発生以前から、加害者と被害者の間に特別な法律関係があり、この法律関係と不法行為の間に内的関連がある場合には、事情が異なる。かような場合には、不法行為責任についても、むしろこの特別な法律関係の準拠法を適用したほうが、両当事者の予測可能性ないし正当な期待保護の要請を満たすことになるであろう。そこで、附従的連結が認められるのである。すなわち、附従的連結を行うためには、当事者間に特別な法律関係が存在していること、およびこの法律関係と不法行為との間に内的な関連があること、という 2 つの要件を満たさなければならない。たしかに、在外公館の職務執行に伴う不法行為のケースは、かような附従的連結の要件を満たし、公務員所属

　16)　折茂豊『渉外不法行為法論』(1976 年、有斐閣) 95 頁以下も参照。

国法が適用される結果になることが多いであろう。しかし、外国において日本軍が外国の民間人を殺傷したというような戦後補償のケースは、この要件を満たしていない。それゆえ、不法行為地法の原則に戻ることが国際私法上の正義にかなうと言える。

3　日本の学説

(1)　はじめに

わが国の国家賠償法をみても分かるように、国家賠償責任の問題は、たしかに形式的には、行政法の分野に属しているので、一見したところ、国際私法の適用範囲外であると思われるかもしれない。しかし、そもそも抵触法における公法と私法の区別は、抵触法独自の観点から行われるべきであり、各国実質法の区別に拘束されない[17]。なぜなら、抵触法は、各国実質法の不統一を前提として、いずれの国の実質法を適用すべきかを決定する規則であり、各国実質法の区別に拘束されるとしたら、準拠法の決定を行うことが不可能となるからである。

また、ある問題が公法的な性質のものであるか、それとも私法的な性質のものであるかは、法律関係の側から決定されるべきである。かような法律関係の側からのアプローチは、抵触法における法律関係の性質決定（法性決定）の基本とされている[18]。そして、法律関係の側からみるならば、国家賠償は、まさしく「違法な行為によって他人に損害を与えた者をしてその損害を賠償せしめる制度であって、社会共同生活において生じた損害の公平な分配を目的とするもの」[19]という不法行為の定義に当てはまる。

---

17)　横山潤「国際私法における公法」『国際私法の争点〔新版〕』（1996年、有斐閣）22頁。

18)　山田鐐一「法律関係の性質決定」『国際私法の争点〔新版〕』（1996年、有斐閣）66頁以下。

19)　山田鐐一『国際私法』（1992年、有斐閣）317頁。

それにもかかわらず、わが国の学説では、冒頭に述べたように、国家賠償責任について、国際私法不適用説、公務員所属国法説、法例11条適用説という3つの見解が対立している。そこで、以下では、国際私法および行政法の幾つかの学説を取り上げ、その問題点を探りたい。

(2) 山　田　説

　まず、山田鐐一教授は、「内国における外国人の地位を定める法律」を外人法と称し、これらの外人法を私権の享有に関するもの（たとえば、外国人土地法、船舶法・鉱業法の一部の規定）とその他のもの（たとえば、外為法・独禁法の一部の規定、国家賠償法6条、外国法人・外国会社に関する民商法の規定）に分ける[20]。そして、前者については「抵触法の適用が外人法の適用に先行」するが、後者は「いずれかといえば公法の範ちゅうに属すべきもの」であり、「抵触法の仲介をまつことなく当該法規の予定する要件を充足する限り直接に適用されると解するのが普通である」とする[21]。

　これによると、山田説は、あたかも国家賠償について、国際私法不適用説を支持しているかのように読める。しかし、山田教授は、これに続いて、「一切の外人法が、抵触法の仲介を受け抵触法の指定にもとづき適用されるべきであるとする見解」を紹介している。そして、この見解によると、公務員の不法行為については、「法例11条もしくは『公務員の不法行為はその公務員の属する国の法律による』との不文の抵触法の指定を受けて、準拠法が日本法である場合にはじめてわが国家賠償法が適用されることになる」と述べ、かような解釈の可能性を否定していない[22]。すなわち、山田説は、国家賠償について、国

---

20)　山田・前掲注(19)160頁以下。
21)　山田・前掲注(19)162頁。
22)　山田・前掲注(19)163頁。しかも、国際私法不適用説を紹介した箇所は、まさに外人法といえる国家賠償法6条のみに関するものであるが、公務員所属国法説ないし法例11条適用説を紹介した箇所は、国家賠償法全体に関するものであるように読める。

際私法不適用説・公務員所属国法説・法例11条適用説という3つの解釈の可能性を示しただけであり、自らがいずれの説を採用するのかを明らかにしていない。したがって、山田説をいずれかの根拠として引用することはできない。

(3) 住 田 説

続いて、住田裕子氏は、国家賠償について国際私法不適用説を強く主張しているので[23]、これを取り上げる。

住田説は、まず山田説を引用しながら、国家賠償法の公法的色彩を強調する。ただし、国家賠償法の性質に関する私法説にも配慮して、「渉外的要素が入ると」公法的色彩があらわになるとする[24]。しかし、国家賠償は、その原因となった行為が領域内で行われたか、領域外で行われたか、また被害者が自国民であるか、外国人であるかによって、その性質が異なるとは思えない。国内事件であれば私法の領域に属し、渉外事件であれば公法の領域に属する、というのであろうか。住田説は、この点で論理の一貫性を欠いている[25]。

住田説は、つぎに法例11条を適用した場合の不都合として、①外国法の適用および②2項・3項による日本法との累積適用を問題とする。そして、①については、「国家免除の法理が国際慣習法上存する」ことを理由として、「通常考えられない事態となる」と主張する[26]。しかし、国際法上、国家免除とは、裁判権免除ないし（国有財産に対する）執行免除を意味するだけであり、外国法の適用免除を意味するわけではない[27]。すなわち、国家が国外における不法行為について、不法行為地法たる外国法により責任を問われることは、いかなる意味でも国際法違反とは言えない。

---

23) 住田裕子「国際私法と国家賠償法との関係」判時1539号20頁。
24) 住田・前掲注(23)21頁。
25) なお、前述の山田説も、国家賠償法の性質について、私法説が有力であることを考慮していない。私法説については、さしあたり住田・前掲注(23)24頁参照。
26) 住田・前掲注(23)21頁。
27) 広部和也「裁判免除と執行免除」『国際私法の争点〔新版〕』(1996年、有斐閣)220頁以下参照。

また②について、住田説は、法例11条2項・3項によると、外国私法と日本の国家賠償法という「かなり異質なものを同等に適用するという結果になる」と主張する[28]。しかし、外国法と日本法は、もともと異質なものであり、公法と私法の区別も相対的なものであるから（たとえば、労働法なども、公法的色彩の強い国と私法的色彩の強い国がある）、住田説に従えば、累積適用は、ほとんどの場合に不可能になってしまう。したがって、住田説のいう累積適用の困難は、国際私法不適用の理由にならない。

　ちなみに、住田説によると、「国際私法は、……もっぱら国際的互換性の強い私的自治に委ねられた民法分野を念頭においたもの」とされているが[29]、これは、明らかな誤りである。なぜなら、私的自治は、契約の分野を中心として、そのほかには遺言自由や社団設立の自由など、民法のごく一部の分野に当てはまるにすぎず、物権、不法行為、親族法など、その他の圧倒的多数の分野は、強行法とされているからである。そして国際私法は、当然のことながら、これらの強行法の分野についても、準拠法を定めている。

　また住田説は、国家賠償法6条に関する判例のうち、「法例11条の適用を明示したものは、一例も見当たらなかった」として、これを国際私法不適用説の根拠としている[30]。しかし、渉外事件であるにもかかわらず、法例の解釈を述べていない判例は多数あり、住田説のような議論が通用するのであれば、財産法の全分野において、国際私法不適用説が跋扈していることになる[31]。おそらく、わが国の判例が国家賠償について準拠法判断を示さなかったのは、不法行為地が日本であるから、日本法の適用を当然と考えたことによるのであろう。

---

28)　住田・前掲注(23)21頁。
29)　住田・前掲注(23)22頁。
30)　住田・前掲注(23)26頁。
31)　契約の分野において、準拠法判断を示さずに、日本法を適用した判例については、奥田安弘「わが国の判例における契約準拠法の決定」北大法学論集45巻5号1頁〔本書323頁以下所収〕参照。

以上のように、住田説は、その前提を誤っており、国際私法不適用説を十分に根拠づけているとは言えない。

(4) 沢 木 説

さらに、沢木敬郎教授は、国家賠償の準拠法について、2つの考え方が可能であるとする[32]。「まず国家賠償法は、一般の私法と異なるところはないから、国際私法的処理の対象となるものであり、したがって、日本法が準拠法とされる場合に、民法とともに適用されると考えることができる。この考え方に立つと、あるいはありえない事態かもしれないが、外国においてわが国の公務員が違法な公権力の行使をなし、又は日本国所有の営造物が外国において瑕疵によって倒壊した場合、その不法行為の準拠法は外国法であり、したがって国家賠償法の適用の余地はないことになる。そしてこの結果は不合理と考えられる」。

「そこで次に、国家賠償法は、わが国の違法行為に基づく損害の賠償について規定するものであるから、同法の予想する要件を充足する限り、それが適用されるとすること、すなわち国際私法上の連結とは異なる理論的根拠を与えることが考えられる。しかしこの場合には、不法行為の準拠法が外国法であるとき、国家賠償法4条による民法の適用をどのように考えるかがさらに問題として残る」。

以上のように、沢木説も、自らの見解を確定的に述べたものではなく、法例11条適用説および国際私法不適用説の2つの可能性を示したものにすぎない。もっとも、法例11条適用説の理解には、疑問がある。すなわち、ここで「国家賠償法の適用の余地はない」と述べているのは、明らかに日本の国家賠償法を指している。そして、法例11条適用説によると、日本の国家賠償法は、不法行為地が日本である場合に限り適用されるから、不法行為地が外国である場合には、不合理な結果が生じるとする[33]。

---

32) 沢木敬郎「国家賠償法と相互の保証」『渉外判例百選〔増補版〕』(1976年、有斐閣) 205頁。

33) さらに、山田・前掲注(19)166頁注5も同旨か。

しかし、沢木説は、日本国が日本の国家賠償法によってのみ責任を負うことを前提としており、この点で疑問がある。そもそも国家賠償責任が私法的性質を有するのであれば、国家賠償法の適用がない場合には、国家は一般私法によって責任を負うべきである。この一般私法の適用を排除するのが国家無答責の法理であるが、後述のように、国家無答責の法理は、当該国家と自国民（ないし当該国家の管轄に服する外国人）の関係についてのみ適用される。したがって、不法行為地法たる外国法は、日本の公務員の不法行為について、国家無答責の法理を適用することはあり得ないから、一般の不法行為法によって、日本国の責任を問うことになるであろう。

(5) 宇 賀 説

一方、行政法の立場からは、宇賀克也教授の見解がある[34]。宇賀説は、在外外国人に対し「わが国の公務員が外国で公権力を行使することは、そもそも原則として認められないが、当該外国の同意がある場合や国際法上の根拠に基づいて、例外的に、わが国の公権力が外国で行使される事態も全く想定されないわけではない」としたうえで、「公権力の行使に起因する国家賠償の領域がそもそも法例の適用に馴染むといえるかについては、将来的にはともかく、現時点においては、肯定説をとることになお若干の躊躇を感じざるをえない」とする。しかし、「在外外国人に対する不法行為に関する法例の適用が実際上重要な意味をもつのは、いわゆる戦後賠償問題」であるとして、この点については、法例 11 条 1 項の適用の可否が論議になっているとする。

かような宇賀説は、在外外国人に対する日本の公務員の不法行為を 2 種類に分けている点に特徴がある。すなわち、当該外国の同意がある場合や国際法上の根拠がある、という例外的な場合については、法例の適用に疑問があるとする。しかし、戦後補償については、法例 11 条の適用の可能性を否定しない。これは、戦時中の日本軍の行為が当該外国の同意や必ずしも国際法上の根拠に

---

34) 宇賀克也『国家補償法』（1997 年、有斐閣）365 頁以下。

基づいていない点に着目したものであり、一般の不法行為との区別がつけがたいことを考慮した結果であると思われる。

(6) 下山説

行政法の立場からは、さらに下山瑛二教授の見解がある[35]。下山説は、国家賠償法の地域的適用範囲として、「国の損害賠償請求事件を、一般私法上の損害賠償請求事件と同一範囲において取り扱うならば、その適用規準にしたがい、したがって、前記諸問題の多くは一般国際私法上の諸原則によって処理されうるものと考える。これにたいして、国賠法全体あるいは国賠法1条を公法上の規定と考えるならば、その限度において、その適用範囲は厳格に主権の及ぶ範囲に限定され、かつまた、その限度において、不法行為法一般の請求権の発生を阻止することになるであろう」と述べる。そして、下山説自体は、前者の立場を合理的と考える。

ここで注目すべきであるのは、下山説によると、国際私法不適用説によった場合、国家賠償法の適用が主権の及ぶ範囲に限定され、その限度でのみ、一般不法行為法の適用が排除されるとする点である。すなわち、戦後補償のケースでは、事件は、いずれにせよ日本国の主権が及ばない範囲で行われたのであるから、一般不法行為法が適用されることになる。そして、法例11条適用説によっても、当該不法行為地の国家賠償法ないし国家無答責の法理は、当該外国国家の不法行為にのみ適用されるはずであるから、日本国の不法行為責任は、不法行為地法たる外国の一般不法行為法によって規律されることになる。したがって、戦後補償について言えば、国際私法不適用説および法例11条適用説は、同じ結論になる。

(7) まとめ

以上のように、日本の学説では、国際私法不適用説を明確に根拠づけた見解

---

35) 下山瑛二『国家補償法』(1973年、筑摩書房) 35頁。

は見当たらない。すなわち、住田説は、その前提を誤っているし、山田説および沢木説は、国際私法不適用説を1つの可能性として示しているにすぎない。宇賀説も、いずれかといえば態度を保留したものと見ることができるし、また戦後補償の場合は区別している。さらに下山説によると、国際私法不適用説を採用した場合でも、日本の国家賠償法は、日本の主権が及ぶ範囲にしか適用されないから、その範囲を越えた事案では、一般不法行為法が適用される。

　つぎに、公務員所属国法説は、山田説において、1つの可能性として挙げられているだけである。その論拠は十分に示されていないが、ヨーロッパ国際私法における附従的連結の理論は、日本の法例の解釈としても採用することが可能であろう。すなわち、日本の公務員の日本における不法行為は、法例11条によっても、日本法が準拠法になるが、外国における不法行為については、たとえば日本人が在外公館の保護を求めたり、外国人が査証の申請を行った場合のように、被害者との間に公法的な法律関係が存在していた場合に限り、当該法律関係の準拠法として、公務員所属国法が適用される。かような公法的法律関係が公務員所属国法によるとするのは、国際私法上の条理による。

　しかし、戦後補償のケースのように、加害者と被害者の間に特別な法律関係が存在せず、不法行為の発生により初めて当事者間に債権債務関係が発生する場合には、附従的連結を認めるわけにはいかない。なぜなら、公務員所属国法は、不法行為の発生より前に存在していた公法的な法律関係の準拠法としてのみ適用が許されるからである。また、かような特別の法律関係が存在しない場合にまで、公務員所属国法を適用することは、前述の不法行為地法主義の根拠、さらには国際私法上の正義に反する。したがって、戦後補償のケースでは、原則に戻って、法例11条が適用されるべきである。

4　戦後補償ケースにおける法例11条の適用

(1)　はじめに

　外国において日本軍が外国の民間人を殺傷したという戦後補償のケースにお

いて、法例11条を適用する場合には、様々な解釈上の問題が生じる。

たとえば、事件当時は、国家無答責の法理が支配的であったから、不法行為地法たる外国法によっても、日本国の賠償責任は否定されるべきではないか、という疑問が生じる。また、仮に不法行為地法によって日本国の賠償責任が肯定されたとしても、法例11条2項により、不法行為の成立については、日本法が累積適用されるから、当時の日本における国家無答責の法理によって、結局、日本国の賠償責任は否定されるとも考えられる。さらに、仮に不法行為の成立が認められるとしても、法例11条3項により、不法行為の効力についても、日本法が累積適用されるから、不法行為債権は、わが国の民法724条後段の除斥期間によって消滅しているのではないか、という問題が生じる。

そこで以下では、もっぱら戦後補償のケースに法例11条を適用する際の問題点を明らかにしたい。

(2) 不法行為地法の適用

法例11条1項は、「……不法行為ニ因リテ生スル債権ノ成立及ヒ効力ハ其原因タル事実ノ発生シタル地ノ法律ニ依ル」と規定している。したがって、不法行為債権の成立および効力は、原因事実発生地法、すなわち不法行為地法による。

ところで、外国において日本軍が現地の民間人を殺傷したという戦後補償のケースでは、前述のように、不法行為地たる外国の国家賠償法ないし国家無答責の法理が日本国に適用されるか否か、という問題が生じる。しかし、この問題は、次のように解決することができる。すなわち、外国の国家賠償法は、当該外国政府の賠償責任のみを定めたものであり、日本国の賠償責任には適用されない。また、当該外国において、国家無答責の法理が認められていたとしても、この法理もまた、当該外国政府のみを対象としたものであり、日本国の免責まで認めたものと解することはできない。この解釈は、次のような国家無答責の法理の根拠から導き出される[36]。

国家無答責の法理は、もともと絶対主義時代に、王権神授説の影響を受けた

国王不可謬の法理として現れた。すなわち、「国家(国王)は違法(悪)をなしえず」というのである。その後、王権神授説を否定し、君主主権を原始契約説によって根拠づけたホッブズも、支配者の無謬性を争うものではなかった。それどころか、ホッブズは、神から与えられた主権を、人民から与えられたものと説明し直しただけであり、「支配者と被支配者の自同性」の論理によって、国家無答責を根拠づけていた。さらに、ルソーの社会契約説においては、主権は、国民に留保されたままであったが、支配者と被支配者の同一化は行われていた。すなわち、ルソーもまた、「何人も自己自身に対しては不正でありえない」とか、「一般意思は常に正しい」と主張していたのである。その後、国家無答責の法理は、「国家と法秩序の自同性」によって根拠づけられることになる。すなわち、近代国家は、法治国家として自己規定する以上、法の枠内においてのみ国家権力が行使されることを前提としていた。

以上のように、「国家(国王)は違法(悪)をなしえず」といい、「支配者と被支配者の自同性」ないし「国家と法秩序の自同性」といっても、これらは、すべて国家と自国民(ないし当該国家の管轄に服する外国人)間の関係のみを前提としており、外国国家の不法行為には当てはまらない。すなわち、外国国家は、悪をなしうるし、また国家無答責の適用を受ける前提としての「自同性」を欠いている。したがって、戦後補償のケースのように、外国において日本軍が外国の民間人を殺傷した場合には、たとえ不法行為地法たる外国法において、国家無答責の法理が認められていたとしても、それは適用されず、むしろ当該外国の一般不法行為法の規定によって、日本国の賠償責任が判断されるべきであると解される。

(3) 不法行為の成立要件における日本法の累積適用

法例11条2項は、1項の適用を制限して、「前項ノ規定ハ不法行為ニ付テハ

---

36) 以下の叙述は、宇賀克也『国家責任法の分析』(1988年、有斐閣) 16 頁以下、真柄久雄「公務員の不法行為責任」『現代行政法大系第6巻』(1983年、有斐閣) 178頁によった。

外国ニ於テ発生シタル事実カ日本ノ法律ニ依レハ不法ナラサルトキハ之ヲ適用セス」と規定している。すなわち、不法行為の成立要件については、不法行為地法に加えて、日本法が累積的に適用される。

これによると、戦後補償のケースでは、事件当時の日本法上、国家無答責の法理が認められていたから、結局、日本国の賠償責任は否定されるべきである、と考えられるかもしれない。しかし、ここで日本法の評価の対象となるのは、外国において日本軍が外国の民間人を殺傷した、という事実であることに注意しなければならない。

この点については、昭和28年6月12日の東京地裁判決を批判した山田鐐一教授の見解が参照されるべきである[37]。この東京地裁判決は、満州国で登録された特許権の侵害について、損害賠償請求の訴えを日本の裁判所に起こした、という事件に関するものであった。これに対して、東京地裁は、以下の理由により、請求を棄却した[38]。

法例11条2項は、「たとえ、行為地たる外国の法律により不法行為を構成してもそれが日本の法律（法廷地法）によって不法行為を構成しない場合には、不法行為による債権を成立せしめて被害者に救済を与える必要がないとしたものと解すべきである。換言すれば、当該事実につき行為地法と日本法とを累積的に適用し、両者の要件をともに具備した場合に限り、不法行為として日本の裁判所においてこれによって蒙った損害の賠償を請求しうるものとしたのである」。

「さて、特許権については、いわゆる特許独立の原則が行われ、日本国内においては、日本の特許権のみが権利として認められ、外国特許権は何ら権利としての存在を有しない（従って日本国内において外国特許権を侵害するも不法行為が成立しない）ことは多言を要しないところで、この理は満州国と満州国の特許権についても何ら異なるところがない」。

---

37) 山田鐐一「法例第11条第2項の適用について」同『国際私法の研究』（1969年、有斐閣）142頁以下。さらに、山田・前掲注(19) 323頁も参照。

38) 下民集4巻6号847頁。

「従って外国特許権を外国において侵害した行為は、日本の法律によって外国特許権が認められない以上法例第11条第2項の規定によって不法行為とならないのである。けだし、外国法（行為地法）によって不法行為たる事実につき、日本法（法廷地法）を累積的に適用するということは、その行為が法廷地において行われたならば法廷地法によって不法行為となるか否かを論ずることである。法廷地において行われた場合において不法行為を構成しないにかかわらず、行為地において認められる権利だからといって、その侵害を不法行為なりとすれば、外国法による不法行為を内国において裁判上主張せしむるにつき、法廷地法たる内国法の干渉を認めた法例第11条第2項の規定の趣旨を没却するにいたるであろう」。

　山田説によると、ここでは、法例11条2項における累積適用の意味が問い直されなければならない。すなわち、累積適用とは、そもそも「相異なった複数の法律の角度から同一の事実を評価することである」。そして、この評価の対象となる同一の事実とは、法例11条2項では、「外国ニ於テ発生シタル事実」である。しかるに、東京地裁判決は、「その行為が法廷地において行われたならば法廷地法によって不法行為となるか」と述べている。すなわち、この判決では、不法行為地法による評価の対象は、「満州国で登録された特許権を満州国において侵害する」という事実であるが、日本法による評価の対象は、「満州国で登録された特許権を日本において侵害する」という事実にすりかわっている。したがって、この判決は、同一の事実を評価の対象としていないから、「累積適用の正しい適用の仕方を示したものということはできない。かかる誤りは、まさに法例第11条第2項を勝手にモディファイして、条件命題的な解釈をした結果にほかならない」[39]。

　また、この事件では、特許権の違法な侵害が問題となっているので、山田説は、「つぎに不法行為たる事実そのものと区別せられた意味における権利自体」について検討する。すなわち、不法行為の対象となりうる権利の種類は、法例

---

39) 以上、山田・前掲注(37)150頁以下。

11条1項では、むろん不法行為地法によって判断されるが、法例11条2項の累積適用においては、日本法によっても不法行為の対象となりうる権利でなければならない。そして、不法行為の対象となりうる「権利自体の存否は、不法行為の成立という本問題に対し、いわゆる先決問題として、その権利自体の準拠法によるべきことが一般に認められている」。この事件では、特許権が問題となっており、その準拠法については、法例に規定がないが、権利付与国（登録国）の法律が準拠法になると解される[40]。

ところで、満州国の特許権が日本において侵害された場合には、特許独立の原則から、日本法（民法709条）によっても不法行為は成立しない。しかし、法例11条2項において、日本法による評価の対象となるのは、満州国の特許権が満州国において侵害されたという事実である。そして、日本法（民法709条）にいう権利とは、必ずしも日本法によって成立したものに限らない。「わが国際私法の立場から管轄権のある法律によって成立したものである以上は、民法第709条における侵害の対象たる権利と認めるべきである」。したがって、本件では、法例11条2項の適用上、日本法によっても不法行為が成立する[41]。

---

40) 以上、山田・前掲注(37)151頁以下。ただし、山田説は、法例11条2項の適用において、日本民法709条にいう「権利」の存否を先決問題として処理する通説に対し、疑問を提起している。すなわち、この通説によると、日本民法709条にいう「権利」とは、その存在が日本の国際私法の立場から管轄のある法律（権利自体の準拠法）によって認められ、かつその種類が日本の国内法の立場からも不法行為による侵害の対象となるものでなければならない。しかし、その存在が日本の国際私法の立場から認められた権利ではあるが、その種類が日本の国内法の立場から認められない場合であっても、不法行為の成立を認めてよいのではないか、と主張する（以上、154頁）。かような権利として、山田説は、「英法上の特殊の物権とか、外国の特殊な身分法上の権利等」を挙げる（158頁注3）。山田説は、かような権利も保護する理由として、日本民法709条にいう権利について、「わが国の学説・判例は次第に権利の観念を広く解釈し、厳格な権利は必要ではなく、単なる法益があれば足り、さらに結局違法な行為であればよいという理論を確立している」という点を挙げる。また法例11条2項も、なんら「権利」という文言を使っておらず、「外国ニ於テ発生シタル事実」と定めている点を指摘している（以上、155頁）。

以上のように、この判決では、不法行為地法による評価の対象は、「満州国において満州国特許権を侵害する」という事実であるが、日本法による評価の対象は、「日本において満州国特許権を侵害する」という事実にすりかわっている点で誤りがある。「もし、強いて『日本において……』というようなことをいいたいのであれば、後者は『日本において日本国特許権を侵害する』という事実といわねばならないであろう。すなわち、満州国で満州国特許権を侵害する行為は不法行為を構成するが、日本でも日本国特許権を侵害する行為は不法行為を構成するから、法例第11条第2項の適用上、不法行為の成立を認めるべきであるというべきであろう」[42]。

以上の山田説による批判は、他の学説によっても広く支持されている[43]。したがって、戦後補償のケースにおける法例11条2項の適用についても、この山田説が参照されるべきである[44]。

まず、戦後補償のケースにおいて、日本法による評価の対象となるのは、「外国において日本軍が外国の民間人を殺傷した」という事実である。そして、当時の日本法では、国家無答責の法理が認められていた。しかし、前述のように、国家無答責の法理は、国家と自国民（ないし当該国家の管轄に服する外国人）との間の関係にだけ適用される。すなわち、国家無答責の法理には、自ずから適用範囲の制限があり、日本国に対する国家賠償請求であるからといって、無制限に適用されると解することはできない。戦後補償のケースでは、「外国において日本軍が外国の民間人を殺傷した」という事実が評価の対象となってい

---

41) 以上、山田・前掲注(37)152頁以下。
42) 以上、山田・前掲注(37)153頁以下。
43) たとえば、江川英文「不法行為に関する法例の折衷主義について」『損害賠償責任の研究（我妻還暦）下巻』（1965年、有斐閣）75頁、折茂豊『国際私法（各論）〔新版〕』（1972年、有斐閣）187頁注4、田中徹「不法行為―法例11条2項」『渉外判例百選〔第3版〕』（1995年、有斐閣）101頁など多数。
44) 〔追記〕ただし、満州法の適用に対する疑問については、奥田安弘「国際私法からみた戦後補償」奥田安弘＝川島真ほか『共同研究・中国戦後補償―歴史・法・裁判』（2000年、明石書店）145頁以下〔本書429頁以下所収〕参照。

るのであり、日本国と日本国民（ないし日本国の管轄に服する外国人）との間の関係が問題となっているわけではない。したがって、日本法上の国家無答責の法理を累積適用することはできない。

また、仮に日本法の適用であるから、日本において発生した事実を評価の対象とすべきであったとしても、これは「日本において外国の軍隊が日本の民間人を殺傷した」という事実にならざるをえない。さもなければ、同一の事実を評価したことにならないからである。しかし、そうであれば、国家賠償責任を問われるのは、外国の国家ということになるので、この場合にも、日本法上の国家無答責の法理は適用されない。したがって、いずれにせよ、日本民法709条以下により、不法行為が成立する。

(4) 不法行為の効力に関する日本法の累積適用

法例11条3項は、さらに1項の適用を制限して、「外国ニ於テ発生シタル事実カ日本ノ法律ニ依リテ不法ナルトキト雖モ被害者ハ日本ノ法律カ認メタル損害賠償其他ノ処分ニ非サレハ之ヲ請求スルコトヲ得ス」と規定している。すなわち、不法行為の効力の一部については、不法行為地法に加えて、日本法が累積的に適用される。しかし、戦後補償のケースにおいて問題となっているような時効ないし除斥期間については、日本法の累積適用はないものと解される。これは、わが国の学説を詳細にみれば、直ちに明らかとなる。

たとえば、山田鐐一教授は、法例11条1項にいう不法行為の効力について、「いかなる者が損害賠償請求権を有するか、損害賠償の範囲および方法、損害賠償請求権の時効、不法行為債権の譲渡性・相続性の有無、共同不法行為の場合における責任の分担など、不法行為の効力に関するすべての問題は不法行為地法による」とする[45]。しかし、法例11条3項については、損害賠償の方法だけを制限したとする説、名誉侵害の賠償方法のみに関するものとする説、損害賠償の方法だけでなく損害賠償の額をも制限しているとする説の3つを紹介

---

45) 山田・前掲注(19)322頁。

し、結局、最後の説が妥当であるとしている[46]。すなわち、山田説は、不法行為の効力としては、様々なものを挙げているが、法例 11 条 3 項の適用範囲は、損害賠償の範囲および方法に限定している。したがって、時効および除斥期間は、そこに含まれない。同じことは、その他の学説にも当てはまる[47]。また一部の学説は、法例 11 条 3 項の適用範囲を損害賠償の方法のみに限定するが、いずれにせよ時効および除斥期間を含めていない[48]。

したがって、不法行為地が外国である場合は、不法行為債権の消滅時効などに関する日本民法 724 条は適用されない。すなわち、不法行為債権の消滅が時効によるものか、それとも除斥期間によるものか、またその際に、権利の濫用ないし信義則違反の主張が許されるか否か、という問題は、すべて不法行為地法たる外国法によって、判断されるべきである。

---

46) 山田・前掲注(19) 324 頁。
47) 江川英文『国際私法〔改訂増補版〕』(1970 年、有斐閣) 237 頁以下、櫻田嘉章『国際私法』(1994 年、有斐閣) 222 頁。
48) 折茂・前掲注(44) 186 頁、沢木敬郎「不法行為」山田鐐一＝沢木敬郎編『国際私法演習』(1973 年、有斐閣) 85 頁、丸岡松雄「法定債権」山田鐐一＝沢木敬郎編『国際私法講義』(1970 年、青林書院新社) 156 頁。

III 戦後補償裁判とサヴィニーの国際私法理論
────南京事件判決に対する批判────

1 はじめに

　従来の戦後補償裁判では、国内法にもとづく請求権は、もっぱら日本法の適用を前提とするものが多かった。それは、国内事件に当たるケース、たとえば事件当時は日本国民であるとされていた朝鮮人または台湾人が被害者であり、事件が発生した場所も、日本の領域とされていた朝鮮または台湾であったケースについては、やむを得なかったと言えるかもしれない。しかし、その結果、戦前の国家無答責の法理により、損害賠償請求権の成立そのものが否定され、また仮に請求権が一旦は成立したとしても、民法724条後段の除斥期間により、戦後50年以上を経過した現在では、もはや請求権が消滅しているとされてきたのである。

　ところが、最近新たに、日本軍が外国の領域内で外国人に対し行った不法行為について、損害賠償を求める訴訟が多数提起されている。これらの訴訟では、事件が複数の法域に関連し、いずれの国の法が適用されるのかという国際私法の問題が生じるから、当然に日本法の適用を前提とするわけにはいかない。仮に外国法が適用されるとしたら、損害賠償請求権の成立および効力について、日本法を適用した場合と異なった判断がなされるであろう。また日本法が適用されるとしても、外国の法域に関連した事件については、純粋な国内事件とは異なった解釈が妥当する可能性がある。したがって、従来の戦後補償裁判における日本法の適用および解釈を、直ちに当てはめることはできない。

　かような戦後補償裁判における国際私法上の争点については、すでにフィリ

ピン従軍慰安婦訴訟に関する平成 10 年 10 月 9 日の東京地裁判決が公表されているが[1]、さらに平成 11 年 9 月 22 日には、七三一部隊・南京虐殺・無差別爆撃損害賠償請求事件についても、東京地裁判決（以下では「南京事件判決」という）が下された[2]。この南京事件判決は、様々な点で異色の判決であった。

第 1 に、南京事件判決は、わが国の裁判所として、おそらく初めてサヴィニーの国際私法理論に言及した例と思われる。ただし、そこで述べられているのは、「サヴィニー型国際私法」という、本来のサヴィニーの理論とは全く異なったものであり、しかもこの架空の理論にもとづいて、戦後補償問題には国際私法が適用されないという結論が導き出されている

第 2 に、南京事件判決は、国際法と国際私法を混同しているという点でも、特異な例であると思われる。たしかに、国際法と国際私法の関係については、学説上様々な議論がありうるところであるが、南京事件判決は完全に両者を混同しており、しかもサヴィニーが否定した主権的発想を国際私法に持ち込んでいる点は、大いに異論があるであろう。

第 3 に、南京事件判決は、裁判官個人の歴史認識にもとづいて、法解釈を決定づけているという点でも、きわめて特異である。その判決のスタイルは、本稿では紹介しきれないが、1368 年の明朝の成立から説き起こし、アジアのみならず世界の歴史を俯瞰して、それが法解釈にとって必要不可欠であると主張する。

本稿は、この南京事件判決の国際私法に関する判旨を批判的に考察するものである[3]。以下では、詳しい事実関係は省略するが、要するに、日中戦争当時

---

1) 訟月 45 巻 9 号 1597 頁、判時 1683 号 57 頁、判タ 1029 号 96 頁。奥田安弘「国際私法からみた戦後補償」奥田安弘＝川島真ほか『共同研究・中国戦後補償—歴史・法・裁判』（2000 年、明石書店）126 頁〔本書 409 頁以下所収〕参照。

2) 訟月 47 巻 1 号 41 頁、判タ 1028 号 92 頁。フランス語による紹介および批判としては、Y. Okuda/D. Yokomizo, Chronique de jurisprudence japonaise, Clunet 2001, p. 558 et suiv.

3) 戦後補償裁判における国際私法問題については、さらに奥田安弘「国家賠償責任の準拠法に関する覚書—戦後補償のケースを中心として」北大法学論集 49 巻

の南京大虐殺、七三一部隊による人体実験、無差別爆撃によって、肉体的・精神的・財産的損害を受けた中国の民間人ないしその遺族10名が、日本政府に対し損害賠償を求めて提訴した事件である。

2　国際私法不適用説

　南京事件判決は、歴史認識に関する判旨が詳細であるのに対して、その法律論は、しばしば歴史認識への言及によって中断され、また論理的な順序で展開されているとは言いがたい。そこで、国際私法不適用説を述べたと思われる箇所と、仮に国際私法を適用するとしても、法例11条2項により日本法が累積適用されることを述べたと思われる箇所を区別して、検討することにしたい。

　まず、南京事件判決は、本件については、国際私法を介しないで、当然に日本法が適用されるという立場を採用している。いわゆる「国際私法不適用説」である。しかし、その理由を見ると、①戦前の日本の実質法（国家無答責）のみを前提としていたり、②公法的法律関係であることを理由に、当然に日本法が適用されるとしていたり、③「サヴィニー型国際私法」という曖昧な概念に依拠しており、随所に疑問点が見出される。

　そもそも判決を下した裁判官は、国際私法の基本を理解していないようである。そこで最初に、国際私法とはどういう法律であるのか、とりわけ他の法律とは、どのように異なるのかを明らかにしたい。すなわち、「国際私法の基本的理解」である。そのうえで、南京事件判決の「実質法を前提とした国際私法の解釈」、「公法的法律関係の意義」、「サヴィニー型国際私法の帰結」を批判する。そして、私見によると、「国際私法適用の基準」および「準拠法の決定」がどのようになるのかを具体的に示すことにする。さらに、南京事件判決では、国際法と国際私法の区別さえも十分に行われておらず、この点も結論を誤らせた原因のひとつであったと思われる。そこで、「国際法と国際私法の違い」に

　　　　4号107頁〔本書452頁以下所収〕、同・前掲注(1)126頁以下〔本書409頁以下所収〕参照。

ついても、様々な角度から分析を行う。

(1) 国際私法の基本的理解

　国際私法とは、複数の国に関連する法律関係（渉外的法律関係）について、いずれの国の法を適用すべきかを決定する法律である。すなわち、それ自体は、当事者の法律関係を直接規律するのではなく、これを直接規律するいずれかの国の法を指定するための法律であり、適用規範ないし間接規範とも呼ばれる。これに対して、民商法や民事訴訟法など、法律関係を直接規律する規範を「実質法」と呼んでいる。

　この国際私法と実質法は、全く異なる次元の法律である。前者を「上位法」、後者を「下位法」と呼ぶこともあるが、これは、両者が異なる次元の法律であることを比喩的に表現したにすぎない。重要であるのは、両者が実現しようとする正義の観念が異なることである。すなわち、実質法における正義は、個別具体的な権利義務の決定に関するもの（たとえば、被害者が損害賠償請求権を有するのか、加害者が損害賠償義務を負うのか）であるのに対して、国際私法における正義は、一般的抽象的な準拠法の決定に関するもの（たとえば、不法行為地法を適用するのか、それとも公務員所属国法を適用するのか）である。このように実現しようとする正義の観念が異なるので、実質法に当てはまる法理が国際私法に当てはまらないのは、当然である。それにもかかわらず、南京事件判決は、随所でこの点を誤っている。具体的な誤りについては、(2)以下で詳しく述べたい。

　なお、適用規範としては、さらに新法と旧法の適用関係を決定する「時際法」（国家賠償法附則6項など）、宗教や種族によって適用されるべき法律（家族法など）が異なる場合に、その適用関係を決定する「人際法」、国際法と国内法、国家法と教会法、一般法と特別法、成文法と慣習法など、法源が異なる場合に、いずれを適用するのかを決定する「体系際法」などがある。しかし、これらは、すべて国際私法によって準拠法が決まった後に、当該法律秩序の中で、いずれの個別法規が適用されるのかを決定するのであるから、国際私法とは性質が異なる。準拠実質法内部の問題であるという意味では、これらは実質法レベルの

ものであり、国際私法レベルの問題と明確に区別する必要がある。この点も、南京事件判決では十分に認識されていない。

(2) 実質法を前提とした国際私法の解釈

南京事件判決は、戦前の日本の実質法が国家無答責の法理を採用していたことを前提として、国際私法不適用説を主張する。すなわち、法例は明治31年に制定されたが、行政裁判法および旧民法は明治23年に公布されており、国家無答責の法理が採用されていたのであるから、法例11条1項を介して外国法を適用することは想定されていなかった、というのである。しかし、この判旨は、様々な点で国際私法の本質に反している。

第1に、南京事件判決は、明治31年当時の状況のみを前提として、法例を解釈しようとしている点で誤りがある。法例11条1項は、「其原因タル事実ノ発生シタル地ノ法律」を指定しているが、これは特定の時代の特定の実質法ではなく、全実質法秩序を指定したものである。すなわち、実質法に改正があった場合に、新法と旧法のいずれを適用するのかは、時際法によって決定されるのであり、この時際法は、国際私法によって準拠法が定まった後に初めて、当該準拠実質法の内部問題を規律するために適用されるものである。たとえば、国家賠償法附則6項は、日本法が準拠法になった後に適用されるべきであり、準拠法の決定過程において適用するわけにはいかない。

しかるに、南京事件判決は、戦前の国家無答責の法理のみを前提として、法例11条1項を解釈しようとしているが、それでは戦後の国家賠償法の適用はどうなるのであろうか。そこでは、国家賠償責任が肯定され、しかも民法の適用が認められているのである。一方、法例11条自体は、明治31年の制定以来、一度も改正されていないのであるから、その解釈は、現在も通用するものでなければならない。すなわち、法例11条の解釈の基準時点は「現在」であり、決して法例の制定時ではない。

その意味で、南京事件判決は、かような問題を考える際の順序を誤っている。すなわち、まず準拠法を決定すべきであり、その準拠法が日本法である場合に

初めて、国家賠償法附則6項により、新法が適用されるのか、それとも旧法が通用されるのかという問題が生じる。これに対して、南京事件判決は、旧法のみを前提として法例を解釈しようとしているのであるから、あたかも国家賠償法附則6項を先取りした形になっている。しかし、かような時際法の先取りは、明らかな誤りである。

第2に、南京事件判決は、日本の実質法のみを前提として、法例を解釈しようとしている点でも誤りがある。国際私法は、内外法平等の原則に立っており、日本法と同様に、外国法も適用されるからこそ、その存在意義が認められるのである。したがって、国際私法の規則は、日本の実質法だけでなく、世界中あらゆる国の実質法を想定して設けられている。

現に法例11条1項は、不法行為について、「其原因タル事実ノ発生シタル地ノ法律」を準拠法として指定しており、内外法のいずれもが適用可能であるように規定している。また同条2項・3項も、同条1項によって、外国法の適用があるからこそ設けられた規定である。すなわち、「外国ニ於テ発生シタル事実」については、同条1項により、不法行為地法として外国法が適用される。しかし、かかる外国法が日本法と著しく異なり、その適用が困難であるケースも予想される。そこで、例外的に日本法を累積適用し、不法行為の成立および効力を部分的に制限したのである[4]。

これに対して、南京事件判決の論理によると、結局のところ、日本の実質法により「不法行為」とされないものは、法例11条1項の「不法行為」に当たらないことになるが、仮にそうであれば、同条2項・3項は不要であったはずである。逆に、そのような不法行為も、同条1項の「不法行為」に当たるからこそ、その成立および効力を部分的に制限しようとして、同条2項・3項が設けられたのである。むろん前述のように、ここでいう内外法とは、あらゆる時

---

[4] さらに国際私法上の公序に関する法例33条も、外国法の適用を前提とするからこそ存在意義がある。すなわち、本来は内外法平等の原則により、外国法もそのまま適用されるべきであるが、その適用結果が著しく公序良俗に反する場合に限り、例外的に外国法の適用を排除するのである。

代の法を考える必要があるが、法例制定当時に限っても、立法者は、わが国の国家無答責の法理のみを前提とすることはできない状況にあった。

現に、旧民法に関するボアソナード草案は、公権力の行使による場合を含めて、国家賠償責任を認めていた。これは、当時のフランスにおいて、司法裁判所が国家賠償請求訴訟一般に民法の適用を認めていたことを反映したものとされている。また、ほぼ同じ頃に、ドイツの民法草案の作成過程においても、国家賠償責任を認める規定を置こうという動きがあった。その後、一旦は独仏においても、民法によって国家責任を規律することは否定されたが、再び今世紀初頭から、フランスにおいては、コンセイユ・デタの判例により、権力作用についても国家責任が認められるようになり、またドイツでも、1909年にプロイセンの国家責任法、翌年にはドイツ帝国の国家責任法が制定された[5]。

すなわち、明治31年の法例制定当時、国家賠償責任に関する各国の立法は揺れ動いていたのであり、立法者は当然に国家無答責を前提とできる状況ではなかった。何よりも、旧民法に関するボアソナード草案は国家賠償責任を認めていたのであるから、法例の起草者も、かような立法例が諸外国にあることは当然認識していたはずである。現に、このボアソナード草案が国家賠償責任を認めていたことに賛成するか否かに関する意見書において、今村報告委員は、フランスおよびベルギーの判例が民法適用説であることを明確に記していた[6]。このように世界中のいずれかの外国法において、民法により国家賠償責任が規律されていることを前提とするのであれば、公権力の行使による不法行為は、まさに法例11条1項の「不法行為」に当たると考えていたほうが自然である。

以上によれば、要するに法例11条の解釈は、あらゆる時代のあらゆる国の法を想定して行われるべきであって、南京事件判決のように、明治31年当時の日本の実質法のみを前提とした解釈は、およそ国際私法の常識から外れたものである。

---

  5) 宇賀克也『国家責任法の分析』（1988年、有斐閣）410頁以下。
  6) 法務大臣官房司法法制調査部監修『法律取調委員会・民法草案財産編第三七三条ニ関スル意見（日本近代立法資料叢書16）』37頁。

なお、南京事件判決は、「少なくとも我が国が外国を戦地としてする戦争行為については」、国際私法不適用説が妥当するかのように述べているが、実定法上の根拠を全く挙げていない。仮に戦争行為をその他の不法行為と区別するとしても、国際法上合法的な戦闘行為の違法性が阻却されることが考えられるにすぎない。しかし、かような相違は、実質法レベルのものであって、国際私法の適用・不適用とは無関係であるし、そもそも本件の加害行為が国際法上違法であったことは、南京事件判決自体が認定しているところである。すなわち、「本件加害行為は、それが戦争に付随するものであるからといって、許されるものではなく、いずれも、本件当時既に国際慣習法化していた右戦争規則等に違反するものであった」と明確に述べている。したがって、少なくとも本件のような加害行為は、一般の不法行為と何ら区別する必要はない。

(3) 公法的法律関係の意義

南京事件判決は、そのあと歴史認識への言及を行い、法例11条2項による日本法の累積適用、とりわけ国家無答責の法理について述べた後、再び国際私法不適用説に戻っている。ここで南京事件判決は、「以上を更に敷衍する」と述べているが、その内容は、全く異なる観点にもとづく国際私法不適用説の理由づけであり、「敷衍」とは言えない。

まず、南京事件判決は、公権力の行使による不法行為について、「基本的に、国際私法によって準拠法を決定すべき私法的法律関係ではなく、公法的法律関係」であり、外国における日本の公務員の不法行為であっても、日本の国家賠償法が適用されるという。

このように南京事件判決は、漫然と公法的法律関係を理由として、日本の国家賠償法を適用しており、本件のような渉外事件（複数の国に関連を有する事件）において、公法的法律関係の準拠法が決定されるプロセスを十分に認識していない。すなわち、仮に国家賠償責任が公法的法律関係であるとしても、それでは日本の国家賠償法が渉外的法律関係において無制限に適用されるのかといえば、そうではないのである。

たしかに、渉外事件における準拠法決定のプロセスは、私法的法律関係と公法的法律関係とで異なる。私法的法律関係については、当該法律関係の側から出発して、それと場所的に最も密接な関連を有する法が準拠法とされる。このように全世界の法の中から、最も密接な関連を有する法を選び出す規則が国際私法であり、そこでは内外法が平等に取り扱われる。

　これに対して、公法的法律関係については、個々の法規の側から出発して、渉外事件における当該法規の場所的適用範囲が決定されることになる。かような場所的適用範囲の決定は、当該法規自体の明文の規定によることもあるが、たとえ明文の規定がなくても、当該法規の趣旨および目的から、条理によって適用範囲に関する規則が導き出されなければならない（そこでは、当然のことながら、内外法の平等ということはありえず、かような規則は、当該法規についてのみ、その適用範囲を決定することになる）。そして、日本の国家賠償法については、戦前の国家無答責の法理はもとより、戦後の国家賠償法においても、かような場所的適用範囲に関する明文の規定は存在しないから、条理によって適用範囲に関する規則が導き出される。

　ところで、かような条理としては、一般に「公法の属地的適用」の原則が主張されている。すなわち、公法は、その問題となった行為が自国の領域内でなされた場合にのみ適用されるべきであり、外国でなされた行為には適用されないというのである。たとえば、山田教授は、公法の範疇に属する外人法について、「地域的適用範囲を定める規定を有することもあるが、原則としては、わが国内でのみ属地的に適用され、その適用が外国に及ぶ場合には域外適用という表現が用いられるのが普通である」としている[7]。また下山教授も、「国賠法全体あるいは国賠法１条を公法上の規定と考えるならば、その限度において、その適用範囲は厳格に主権の及ぶ範囲に限定され、かつまた、その限度において、不法行為法一般の請求権の発生を阻止することになるであろう」と述べている[8]。

---

　　7)　山田鐐一『国際私法』（1992年、有斐閣）162頁。
　　8)　下山瑛二『国家補償法』（1973年、筑摩書房）35頁。

すなわち、国家賠償責任が公法的法律関係であるというのであれば、日本の国家賠償法（国家無答責の法理を含む）は、原則として属地的に、日本における日本の公務員の不法行為にのみ適用されるはずであり、本件のような外国における日本の公務員の不法行為には適用されない。南京事件判決は、あたかも日本の国家賠償法の適用範囲が無制限であるかのようにいうが、国家賠償責任が公法的法律関係であるというのであれば、むしろ本件のような事件は、日本の国家賠償法の適用範囲外となるはずである。この点で、南京事件判決は、国際私法を知らないだけでなく、公法の渉外事件への適用プロセスも知らなかったことになる。

なお、南京事件判決は、ここでも「少なくとも本件のような外国における我が国の戦争行為に起因する個人たる外国人の戦争被害については」、日本の国家賠償法が適用されるべきであるというが、本件の加害行為は、前述のように、一般の不法行為と区別する必要はない。

(4) サヴィニー型国際私法の帰結

続いて、南京事件判決は、「サヴィニー型国際私法」という曖昧な概念によって、本件における国際私法不適用説を理由づけようとする。しかし、その内容は、サヴィニーの国際私法理論そのものではなく、「サヴィニー型国際私法」という虚構の理論にもとづいて、自己に都合のよい結果を導き出そうとしているにすぎない。

まず、南京事件判決は、サヴィニーの国際私法理論について、「国家と市民社会とは切り離すことができ（これにより国際私法は主権の衝突ではないと考えることができるようになる。）、市民社会には特定の国家法を超えた普遍的な価値に基づく私法があり、これはどこの国でも相互に適用可能なものであり、個人にその生活の本拠があるように、私法的法律関係にも『本拠 (Sitz)』というべき法域があり、それを常に適用することによって、どこで裁判がなされても同じ結果がもたらされ得るという考え方」と述べている。

南京事件判決は、この説明のうち、「市民社会には特定の国家法を超えた普

遍的な価値に基づく私法」があるという箇所を重視し、そのあと「サヴィニー型国際私法の前提は、私法の領域では、法の互換性が高く、法律の所属する国家の利益に直接関係しないということにあるから、国家利益が直接に反映され、場合によっては処罰で裏打ちされることもある公法的な法律関係については、その選定（ママ）を欠き、埒外の問題とされる」と述べている。

そして、私法と公法の区別は、「サヴィニー型国際私法の下では、法の国家利益との結び付きの強弱によるということになり、国家利益との結び付きが弱ければ私法であり、国家利益との結び付きが強ければ、その地域的適用範囲の問題は国際私法の埒外となり、当該法律の目的に沿って決せられることになる」とする（もっとも、南京事件判決は、前述のように、日本の国家賠償法の適用範囲を無制限であるかのように述べている）。

このように南京事件判決は、サヴィニー型国際私法のもとでは、「市民社会には特定の国家法を超えた普遍的な価値に基づく私法」があるという命題から、私法は「国家の利益に直接関係しない」という命題を導き出し、そしてある法が国家利益との結び付きが弱ければ私法であり、逆に国家利益との結び付きが強ければ公法であって、国際私法の埒外であるという結論に達している。

しかし、判決を下した裁判官は、はたしてサヴィニーの著書を読んだことがあるのだろうか。たとえば、サヴィニーの国際私法理論の最も基本的なテキストである『現代ローマ法体系第 8 巻』を読めば、そもそもサヴィニーが「市民社会には特定の国家法を超えた普遍的な価値に基づく私法」があるとは一言も述べていないことが直ちに明らかとなる。おそらく裁判官は、このドイツ語の本を 1 行も読んでいないのであろう。このように原書を読みもしないで、外国の法学者の見解を我が物のように述べ、しかもそこから国際私法の適用・不適用という重大な問題の結論を導き出すのは、全く常識はずれであると言わなければならない。そこで、以下では、『現代ローマ法体系第 8 巻』により、サヴィニー自身がどのように述べていたのかを紹介し、サヴィニーの国際私法理論を正確に理解することに努めたい。これにより、本件における国際私法の適用・不適用の問題についても、正しい方向性を見出すことができるであろう。

サヴィニーの『現代ローマ法体系第 8 巻』は、第 3 編「法律関係に対する法規の適用」と題されている。そして、サヴィニーは、その冒頭において、自分が何を解決しようとしているのかを明らかにしている（下線・奥田）[9]。

「本書の第 1 編では、法源、すなわち法規の成立原因の記述を課題とし、第 2 編では、その法規により規律されるべき法律関係の一般的性質の記述を課題とした。そして、本編は、法規と法律関係を結合させること（Verbindung）を現代ローマ法体系の総論の課題としている。この結合は、一方から見るならば、法律関係に対する法規の適用として現れ、他方から見るならば、法律関係が法規に服することとして現れる」。

「しかし、この重要かつ困難な課題を当初から正しく理解するためには、どのような意味において、この結合（適用と服従）を考えるべきであるのかを確定する必要がある」。

「法規は法律関係に適用されなければならない。しかし、その適用範囲は何であるのか。いかなる法律関係に法規が適用されるのか。この問題は、まず実質法の性質を見ることにより、一定の意味が出てくる。その実質法は、およそ人類全体にとって同じものではなく、民族および国家により様々である。しかし、これは、個々の民族において、一部は普通人類的な法形成力によるものであり、また一部は民族固有の法形成力によるものである。この実質法の多様性（Mannichfaltigkeit der positiven Rechte）こそが、各実質法について、その適用範囲を確定すること、すなわち、様々な実質法の相互の境界を定めることの必要性および重要性が生じる理由である。この境界画定によってのみ、ある具体的な法律関係の判断において、様々な実質法の間で生じうる抵触をすべて解決することが可能となるのである」。

このようにサヴィニーは、第 1 編および第 2 編において法源の問題と法律関係の性質の問題を考察した後に、第 3 編では法規と法律関係の結合の問題を考

---

9) F. C. von Savigny, System des heutigen Römischen Rechts, Achter Band, 1849, S. 1 f. なお、南京事件判決は、「サヴィニー（Friedlich Carl von Savigny: 1776-1861)」というが、サヴィニーの生年は、1776 年ではなく 1779 年である。

察しようとしているのである。すなわち、法規の法律関係への適用および法律関係の法規への服従の問題である。そして、これをさらに詳述するために、まず法規の法律関係への適用の問題から説明を始めている。

ところで、これを読めばすぐに分かるように、サヴィニーは、市民社会に「普遍的な価値に基づく私法」があるとは述べておらず、むしろ逆に実質法が国によって多様であるからこそ、国際私法が必要かつ重要になると述べている。そして、この実質法の多様性は、「一部は普遍人類的な法形成力によるものであり、また一部は民族固有の法形成力によるものである」と述べている。この後半部分の意味を理解するためには、当時の自然法学派と歴史法学派の対立を思い起こさなければならない。

たとえば、自然法思想に合致する「普遍人類的な法形成力」によりナポレオン法典が制定されたが、それは、フランスを中心とする地域においてのみ適用されていた。すなわち、何が普通人類的であるのかは、国によって見解が異なり、結局は、実質法の多様性を導くことになる。また歴史法学派にとって、「民族固有の法形成力」により生成する慣習法は、当然のことながら、民族および国により異なるのであるから、これも実質法の多様性をもたらす。そこで、かような実質法の多様性を解決するために国際私法が必要となるのである。

以上のようにサヴィニーは、まず法規の側から出発して、ある法規がいかなる法律関係に適用されるべきかという問題を提起したが、続いて逆の側、すなわち、法律関係の側から出発して、当該法律関係にいかなる法が適用されるべきかという問題を提起する（下線・奥田）[10]。

「ところで、ここで生じた問題とその解決に達するためには、逆の道を辿ることもできる。すなわち、我々の判断の対象としては、法律関係がそこにある。我々は、そのために、判断の対象である法律関係に適用されるべき法規を探究することになる。ここでは、様々な実質法に属する複数の法規を選択しなければならないので、結局は、前述のような各実質法の適用範囲の限界、およびこ

---

[10] Ders., S. 2 f.

の限界に依拠する抵触の問題に戻ることになる。これら2つの問題理解の方法は、単に出発点が異なるにすぎない。問題自体はいずれも同じであり、解決も異なりえない」。

ここでは、法規の側から出発するのか、それとも法律関係の側から出発するのかは、同じ問題を異なる角度から見ているにすぎず、論理的には同じ結論になるはずであることを明らかにしている。そして、サヴィニーは、従来の学説が前者の問題だけを扱ってきたことを批判し、法規の側からと法律関係の側からの双方向の考察が必要であると主張する[11]。

「この問題に関するほとんどの学説は、抵触の概念から出発し、この抵触の解決こそが真実かつ唯一の任務であるとするが、満足な結果を得ていない。考え方の自然な順序は、次のとおりである。法規にとっては、いかなる法律関係に適用されるべきであるのかが問題であり、また法律関係にとっては、いかなる法規に服するのかが問題である。適用範囲の限界、およびこの限界から生じる抵触の問題は、その性質上、派生的かつ下位の問題にすぎない」。

かような従来の学説に対する批判は、さらに後の箇所で詳細に展開されている。すなわち、オランダ学派による条例理論に対する批判である。サヴィニーは、複数の国に関連する事件の例を挙げた後、「裁判官は、ここで関連する様々な領土法のいずれを適用すべきであるのか」という問題が生じるとして、次のように述べている（下線・奥田）[12]。

「多数の者は、この問題をもっぱら主権独立の原則によって解決しようとして、次のような2つの規則を提示している。①各国は、その領域内において、自国法だけが適用されることを要求できる。②いかなる国も、その領域外における自国法の適用を要求することはできない」。

「私は、これらの命題が真実であることを認めるだけでなく、これらを考えうる限り最大の限界にまで拡大することも認めたいと思う。しかし、これらの命題は、我々の課題の解決にとって、ほとんど助けにならないと考える」。

---

11) Ders., S. 3.
12) Ders., S. 24 ff.

「主権独立の原則を外国人との関係にまで拡大するのであれば、外国人は完全に無権利状態に置かれることになりかねない。たしかに、ローマの国際法もかような見解とは無縁でなく、ローマ人がこれを異邦に対し要求しないまでも、少なくともローマ人と異邦人との間の権利能力の大きな違いは、常に不動のものであった（346章）。しかし、現代の法は、徐々に内外人の完全な権利の平等を承認するようになってきている」。

「ただし、この権利の平等原則だけでは、まだ内外法の抵触から生じる問題は解決されない。我々は、とりわけ自国の法律が抵触事件の取扱について規定している場合、この規定が裁判官によって絶対的に適用されるべきことを承認しなければならない。もっとも、かような法律は、完全な形では、どこにも存在しないし、とりわけ普通ドイツ法の適用領域では存在しない」。

「とはいえ、厳格な主権独立の原則によるならば、とりわけ次のような結果が生じかねない。すなわち、すべての裁判官は、自己が取り扱う法律関係をもっぱら自国法によってのみ判断すべきことが求められ、これと異なるかもしれない外国法の規定は、たとえ当該法律関係と関連を有するとしても、無視されることになる。しかし、かようなことを規定した立法は、知る限りいかなる国の法律でも見ることができないし、またそもそも以下の理由から排除されるべきである」。

「様々な民族間の相互交流が多様かつ活発となるにつれ、かの〔主権独立の〕厳格な原則は、もはや維持することができず、むしろこれと対照的な原則に代えるべきことが望ましいと考えられるようになるであろう。法律関係の処理において望ましい相互主義、およびそこから生じる内外人の平等原則がそれである。これは、一般に諸民族および個人の共通の利益のために求められる。なぜなら、この平等原則により、次のような結果が完全に実現されるに違いないからである。すなわち、各国において、外国人が内国人よりも不利な扱いを受けないだけではなく（そこには人の平等的取扱の原則がある）、法抵触の事件において、法律関係も、いずれの国で判決が言い渡されるかにかかわらず、同一の判断が期待される」。

「以上の考察によって導かれた我々の立場は、相互に交流する諸国民の国際法的共同体 (völkerrechtliche Gemeinschaft) のそれである。そして、この立場は、一部は共通のキリスト教文明の影響のもとで、また一部は、そこから全体にもたらされる真の利益の影響のもとで、時代とともにますます一般の承認を得るようになったのである」。

以上により、判決を下した裁判官は、サヴィニーの著書を１行も読んでいないことが明らかとなった。

まず、南京事件判決は、「国家と市民社会とは切り離すことができ（これにより国際私法は主権の衝突ではないと考えることができるようになる。)」と述べ、あたかも国家と市民社会の切り離しというものがあって、その結果、国際私法が従来の主権的発想から脱却できたかのようにいうが、そうではない。従来の国際私法理論は、主権独立の原則にもとづいて、外国法の適用を否定していたが、それでは外国人の権利が無視されることになる。すなわち、外国人について、外国法を適用することができず、また自国法も適用できないとしたら、結局のところ、外国人は、いかなる法の適用も受けない（権利能力の否定）ということになりかねない。

そこで、内外人平等の原則にもとづき、内国法と同様に外国法も適用すべきであり、それによって、いずれの国で裁判がなされても同一の結果が得られる、という国際的な判決の調和が達成されることになる。これは、国際社会の共通の利益によるものであり、サヴィニーは、かような利益共同体を比喩的に「国際法的共同体」と称しているのである（現在の言葉でいえば、「共通の利益を有する国際社会」ということになるであろう）。

以上を分かりやすく説明すると、Ａ国人はＡ国法上離婚が許されており、Ｂ国人はＢ国法上離婚が禁止されているが、裁判別居は許されているとする。両国が主権独立の原則により外国法の適用を否定していたら、Ａ国人とＢ国人は、相互に相手国の領域内において、離婚もできないし、裁判別居もできないことになる。これに対して、両国が外国法も適用するとしたら、Ａ国人とＢ国人は、いずれの国で裁判をしても、前者は離婚が許され、後者は裁判別居が

許されることになる。たしかに、A国法とB国法の適用結果は異なるが、個々の法律関係をみれば、同一の結果が得られることになる。

　要するに、サヴィニーは、国際社会の利益のために、内外法の平等を達成しようとし、また内外法の平等達成のために主権的発想からの脱却を主張したのである。そこでは、国家と市民社会の切り離しというようなことは行われておらず、また国家と市民社会の切り離しの結果として、主権的発想から脱却できたのではない。サヴィニーは、むしろ内外法平等のために、積極的に主権的発想からの脱却を主張したのである。

　また、南京事件判決は、「市民社会には特定の国家法を超えた普遍的な価値に基づく私法があり、これはどこの国でも相互に適用可能なもの」であるというが、サヴィニーは、かようなことを述べていない。前述のように、サヴィニーは、むしろ実質法の多様性を前提としており、たとえ実質法が国毎に多様であっても、国際私法が「国際法的共同体」の利益のために普遍的な立場から内外法を平等に適用するのであれば、国際的な判決の調和を達成することができると主張したのである。

　さらに、南京事件判決によると、私法と公法の区別は、「サヴィニー型国際私法の下では、法の国家利益との結び付きの強弱によるということになり、国家利益との結び付きが弱ければ私法であり、国家利益との結び付きが強ければ、その地域的適用範囲の問題は国際私法の埒外となり、当該法律の目的に沿って決せられることになる」というが、これもサヴィニーの見解と大きくかけ離れている。これを明らかにするために、「サヴィニー型国際私法」ではなく、サヴィニーの国際私法理論を紹介した文章を見ておくことにする。

　たとえば、溜池教授によると、「サヴィニーは、まず、現在の諸国が国際法的共同体（völkerrechtliche Gemeinschaft）を構成しており、したがって、その共同利益のために内外人はこれを平等に扱うべきであり、法の抵触問題についても内外法を平等に扱うべきであるとした。しかも、外国法の適用は単なる礼譲（comitas）ではなく、国家の法的義務であるとする。そして、法の抵触問題の解決方法としては、法規分類学説のように法規の性質を基準とすべきではなく、

各種の法律関係の固有の性質（eigentümliche Natur）に応じて、これに適用すべき法律を決定すべきであるとした。すなわち、彼は、各法律関係は固有の本拠（Sitz）または故郷（Heimat）を有するから、それを探究して、その地域の法律を適用すべきであるとしたのである」[13]。

また、折茂教授によると、「サヴィニーは、国際私法の問題を、あたえられた『法律関係』—渉外的生活関係—の『本拠』を定めることにほかならないものとする。すなわち、個人にその生活の本拠があるのと同じように、『法律関係』にもまた、その性質の如何に応じて、いずれかの本拠があるとみてよい。そのような本拠地の法が、まさにあたえられた『法律関係』の準拠法たるべきものなのである、と。そして、サヴィニーは、そうした『法律関係』の『本拠』を探究するにあたっては、いずれかの特定の国家の立場からではなく、むしろそれを超えたより高い立場からかんがえなければならないものとした。すなわち、サヴィニーは、すでにみた『オランダ学派』の学説が国家主権の観念を出発点として国際私法上の問題に対処し、したがってその立場がおのずから単一の国家に偏るものであった点を批判し、その学説の克服につとめたのである。サヴィニーは、みずからの立場を『相互に交通する諸国民の国際法的共同体』のそれであると表現する。このように、国際私法の問題を、個々の国家的視点から離れ、いわば世界的な立場から解決すべきことを明確に提唱したのは、サヴィニーをもって最初とするのである」[14]。

以上のように、サヴィニーは、「国家利益との結び付きの強弱」によって、私法と公法を区別するというようなことは述べていない。サヴィニーによると、国家利益から切り離すべきであるのは、各国の私法（実質法）ではなく、その適用であったのである。すなわち、サヴィニーは、従来の国際私法理論が主権的発想にもとづき、個々の法規の性質から、その適用範囲を決定するという方法を採用していたのに対して、「国際法的共同体」の観念にもとづき、より普遍的な法律関係の側から出発して、その本拠を探究すべきであるとしたのであ

---

13) 溜池良夫『国際私法講義〔第2版〕』（1999年、有斐閣）46頁。
14) 折茂豊『国際私法講話』（1978年、有斐閣）102頁以下。

る。かようなサヴィニーの理論によれば、個々の法規がどのような性質を有するのかは無関係になる。なぜなら、サヴィニーは、各国の利害と結び付いた法規の性質を基準とするのではなく、そこから切り離された法律関係の性質に着目し、これに適用すべき法秩序を決定するとしていたからである。それゆえ、内外の法秩序は平等であり、外国法の適用も国家の法的義務としたのである。

　これに対して、「国家利益との結び付きの強弱」によって私法と公法を区別するという南京事件判決は、むしろサヴィニーによって退けられた法規分類学説（条例理論）と同じ発想に基づいていると思われる。国家利益との結び付きの強弱は、個々の法規を見なければ分からないことであり、より普遍的な法律関係の側から、その本拠を探究しようとするサヴィニーの国際私法理論とは全く相いれないからである。

　さらに注目すべきであるのは、サヴィニーがかような普遍主義的国際私法理論を提唱した時代的背景である。たとえば、櫻田教授は、次のように述べている。「まずサヴィニーの抵触法論が登場した当時における2つの規定的な事情が注目されなければならない。第1に抵触法自体の現実的必要性である。即ち特にフランス革命を決定的契機とする身分からの人々の解放とその自由の保証への動きは、資本主義経済の発展、輸送技術等の発展と相まって殊に通商や移動の自由においても結実し、ヨーロッパ諸国における人及び財貨の移動は極めて活発なものとなっていた。必然的にそれに伴い発生する法問題も渉外的要素を多く内包するものであったのである。しかしながら第2にそのような現実に有効に対処しうる法的装置も充分に存在しているとはいい難かった。即ちオランダ学派による新たな基礎付けを得た条例理論も、多様化する現実と多数の主権国家の一層の増加と独立性の確立の前にはその普遍的効力と充分な解決能力を発揮しえなくなり、更にその具体的内容において論者による理解の対立が甚だしくなるにつれてその実用性、体系性においてもはや維持しがたいものとなっていたのである。各国の国内法においても充分な法発展は未だ認められていなかった。殊にドイツにおいてはナポレオン戦争後においてもその内部における法の分裂が固定され、しかも政治的・法的に統一的な基礎が失われていたの

で、ヴェヒターによって決定的にその息の根をとめられた条例理論に代えて新しい抵触法の体系の成立が要請されていた。（中略）サヴィニーが構築すべきであった抵触法は、従って条例理論が長年に亘り培ってきた長所はうけつぎながらも、それが内包していた諸欠陥を克服し、ドイツの一国内の法抵触のみならず少なくともドイツ内部の問題とドイツの対外関係を有効に処理しうるような普遍的性格と、当時の抵触法の実定法的欠陥を補塡し、条例理論に代わる新しい体系的基礎を提供しうるものでなければならなかったのである」[15]。

すなわち、当時のドイツは、プロイセン一般ラント法の地域、フランス法（ナポレオン法典）の地域、普通法（ゲマイネス・レヒト）の地域に分かれ、普通法の地域はさらに様々な変種に分裂していた。しかもサヴィニーは、民族精神にもとづき慣習法の生成を主張する「歴史法学派」の立場から、ドイツ民法典の制定には反対していたが、その後、1848年に手形法、1861年に一般ドイツ商法典、そしてついに1900年には、ドイツ民法典が成立したのである[16]。

同様の法典化は、ヨーロッパの他の諸国においても、着々と実行に移され、私法は、まさに特定の「国家法」としてのみ存在しうるようになった。仮に南京事件判決がいうように、「特定の国家法を超えた普遍的な価値に基づく私法」が存在していたのであれば、そもそも国際私法は必要なかったであろう。逆に、サヴィニーは、ドイツの国内においてさえ各地域の法が分裂し、また諸外国においても、独自の「国家法」が生成しつつあったからこそ、新しい国際私法理論の必要性を感じたのである。そこで、たとえ私法が「国家法」として分裂していても、普遍主義的な国際私法の観点から、法律関係の本拠を探究することによって、個々の事件については、いずれの国で裁判がなされても同じ結果が得られるという「国際的な判決の調和」を求めたのである。

以上のように、南京事件判決は、サヴィニーの国際私法理論を正確に理解する努力を怠り、「サヴィニー型国際私法」という虚構の理論によって、自己に

---

15) 櫻田嘉章「サヴィニーの国際私法理論(4)完」北大法学論集35巻3・4号2頁。
16) ハインリッヒ・ミッタイス『ドイツ私法概説』（1961年、創文社）40頁以下参照。

都合のよい結果を導き出そうとした。しかし、サヴィニーは、そもそも「市民社会には特定の国家法を超えた普遍的な価値に基づく私法」があるとは述べていなかった。この大前提が崩れるのであれば、「国家利益との結び付きの強弱」による私法と公法の区別という結論も誤りということになる。

　サヴィニーの国際私法理論によれば、各国の私法（実質法）が多様であるからこそ、国際私法が必要となるのであり、このように各国の利害と結び付いた実質法が多様であったとしても、普遍的な国際私法理論により、法の適用を国家利益から切り離すのであれば、国際的な判決の調和が達成され、ひいては国際社会全体の利益が図られるのである。

　なお、南京事件判決は、国家利益との結び付きの強弱のみによる公法と私法の区分について、「このような区分の仕方では、『私法の公法化』が進んでいる現代にあっては、境界が極めて曖昧になるが、それでもこのような二分法をとるというのが現在の法の適用関係に関するルールであるというほかないし、少なくとも本件当時においては右のように考えられていた」と述べている。しかし、かような区分の仕方は、そもそもの前提において誤りがあるだけでなく、南京事件判決自体が現在では「境界が極めて曖昧になる」ことを認めていながら、なおそれに固執することは理解し難い。また前述のように、法例の解釈の基準時点は「現在」であるから、「本件当時」の解釈によることも誤っている。もっとも、本件当時でさえ、かような区分の仕方が行われていたわけではない。

(5) 国際私法適用の基準

　それでは、本件の国際私法的な処理、とりわけ本件において国際私法が適用されるべきか否かという問題は、どのように考えればよいのであろうか。この点を私見により具体的に提示することにしたい。

　まず、国際私法が適用されるべきか否かを判断する基準が問題となるが、これは、国際私法自体の立場から考えるべきである。すなわち、何が私法的法律関係であり、何が公法的法律関係であるのかを抽象的に議論すべきではない。たとえば、本件のように、法例11条の適用が問題となっているのであれば、

その法例11条自体がどのような法律関係を対象としているのかを考察すべきである。また公法的法律関係については、前述(3)のように、公法の属地的適用の原則が主張されているのであるから、この原則がどのような法律関係を対象としているのかも考察すべきであろう。すなわち、本件については、法例11条の趣旨から、その対象たる私法的法律関係であることを確認するとともに、公法の属地的適用の原則の趣旨から、その対象たる公法的法律関係ではないことを確認すれば、国際私法が適用されるべきことが明らかとなる。

まず、法例の議事速記録によれば[17]、11条は、「所謂法律ニ定メタ原因ノミカラ生ジマスル債権ノ規定デアリマス其主義ハ旧法例第7条ニ採リマシタ所ト違フテ居ラナイ、ソレ故ニ其根本マデニ立入ツテ説明ハ致シマセヌ」とされている。すなわち、旧法例7条は、「不当ノ利益不正ノ損害及ヒ法律上ノ管理ハ其原因ノ生シタル地ノ法律ニ従フ」と規定しており、現行法例11条1項の趣旨は、これと同じであるから、説明しないというのである。

ところが、その旧法例の制定経緯は明らかとなっていないので[18]、さらにさかのぼり、旧民法草案人事編の中に規定されていた法例12条（以下では「人事編法例」という）をみると、不当利得については共通本国法主義を採用し、これがない場合にのみ原因発生地法によっていたり、事務管理については、本人の本国法主義を採用していたが、不法行為については、現行法例と同様に、不法行為地法主義を採用していた。すなわち、「不正ノ損害ハ有意ナルト無意ナルトヲ問ハス其事実ノ生シタル国ノ法律ヲ以テ之ヲ支配ス」とされていた。そして、この旧民法草案人事編については、理由書が残っている。それによると、この人事編法例12条3項の立法趣旨は、次のとおりであった（下線・奥田）[19]。

「第三項ハ不正ノ損害即チ民法上ノ犯罪及ヒ准犯罪ニ付規定スルモノニシテ前二項ノ義務トハ大ニ其性質ヲ異ニス犯罪及ヒ准犯罪ニ付テハ加害者其被害者

---

17) 法務大臣官房司法法制調査部監修『法典調査会・法例議事速記録（日本近代立法資料叢書26）』(1986年、商事法務研究会) 124頁。
18) 川上太郎『日本国における国際私法の生成発展』(1967年、有斐閣) 30頁参照。
19) 『明治文化資料叢書第3巻法律編上』(1959年、風間書房) 25頁。

ニ損害賠償ノ訴権ヲ与フル為メ犯罪ヲ犯シタルモノト想像スルヲ得ス此訴権ハ法律カ被害者ノ利益等ニ公益ノ為メ設定スルモノナリ民法上ノ犯罪ハ公訴ヲ生セサルノ点ヨリ観察スレハ公益ニ関セサルカ如シト雖モ決シテ然ラサルナリ公訴ヲ生スル程ノ公益ナシト雖モ之ヲ以テ純然タル私益上ノモノトナスヲ得ス不正ノ損害ハ其過失又ハ懈怠ノ如何ニ些細ナリト雖モ損害賠償ノ訴権ヲ生スルモノハ為メニ他人ノ生命ヲ損スルニ至ルヲ以テナリ法律ハ其責任ヲ厳重ニシ以テ軽率ノ所為ヨリ他人ニ殺傷ノ禍ヲ来サヽルコトニ深ク注意セシメント欲スレハナリ是レ双方ノ意思ニ関スル非スシテ立法官其責任ヲ定ムルモノナレハ其事実ノ生シタル土地ノ法律ヲ適用スルヲ以テ至当トス此責任ハ警察上ノ利益ニ関スルモノニシテ此種ノ法律ハ必ス内外人ニ適用スルモノナリ」。

　すなわち、人事編法例12条3項は、不法行為が単なる私益のためのものではなく、公益のためのものであり、(契約と異なり)双方の意思によらないで債権を発生させるものであることを考慮して、不法行為地法主義を採用したのである。このように不法行為による損害賠償請求権が公益に関わるという場合、それは法廷地(日本)の公益ではなく、不法行為地の公益を意味している点が注目される。すなわち、国家賠償責任もまた、個人に損害賠償請求権を与えるという点では、私益に関するものであるが、同時に公権力の行使を慎重ならしめるという点では、公益に関するものと言える。しかし、これは法廷地の公益ではなく、ましてや加害者が国家権力であるからといって、加害国の公益であるというわけでもなく、まさに不法行為地の公益に関するものということになる。

　さらに、不法行為に関する各国の実質法を比較法的にみた場合、不法行為とは、結局のところ、「違法な行為によって他人に損害を与えた者をしてその損害を賠償せしめる制度であって、社会共同生活において生じた損害の公平な分配を目的とするもの」と定義することができる[20]。ここでは、「違法な行為によって」といい、また「損害を賠償せしめる」というが、当該行為(作為・不

---

20)　山田・前掲注(7)317頁。

作為）が違法であるか否か、損害の発生との間に因果関係があるか否か、そして損害賠償責任を生ぜしめるか否かは、実質法レベルの問題である。国際私法の観点からは、何らかの行為（作為・不作為）があり、他人に損害が起きて、損害賠償責任を負わせるか否かという問題が発生した場合、それを解決するために、いずれの国の実質法を適用するのかを決定することが、その任務となる。すなわち、国際私法自体は、行為の違法性、因果関係、そして損害賠償責任の存否を決定するわけではない。

かような観点からみれば、本件は、まさしく国際私法上の不法行為の定義に当てはまる。本件では、日本軍による強姦や殺傷などの行為があり、中国人に損害が発生したので、日本国に損害賠償責任を負わせるか否かという問題が生じているのである。かような法律関係が問題となっているという点が重要なのであり、中国法ないし日本法を適用した結果、その準拠法内部でどのような個別の法規が適用され、違法性、因果関係、そして損害賠償責任の存否がどのように決定されるのかという問題は、国際私法の対象ではない。

同様に、先の定義によると、不法行為は「社会共同生括において生じた損害の公平な分配を目的とするもの」であるが、何が「公平な分配」であるのかも、実質法レベルの問題である。そもそも損害賠償責任の肯定は、加害者が損害を負担することを意味し、また損害賠償責任の否定は、被害者が損害を負担することを意味している。このように何らかの損害の分配が問題となる法律関係が、国際私法の対象である。実質法のレベルにおいて、どのような理由から、損害賠償責任を肯定したり、否定しているのかは、国際私法の対象の決定には影響しない。

以上の国際私法における不法行為の定義は、すでに筆者の意見書おいて、詳細に述べたのであるが、本件の裁判官は、これを十分に理解せずに、次のとおり述べている。

「奥田意見中に、『ある問題が公法的な性質のものであるか、それとも私法的な性質のものであるかは、法律関係の側から決定されるべきであり』とした上で、『法律関係の側から見るならば、国家賠償は、まさしく、違法な行為によ

って他人に損害を与えた者をしてその損害を賠償せしめる制度であって、社会共同生活において生じた損害の公平な分配を目的とするものという不法行為の定義に当てはまる。』との記述がある。しかし、国家賠償問題の歴史的経緯や実定法としての国家賠償法に表れた国家賠償問題に対する国家の強い利害関係に鑑みると、本件のように日本国の軍人が中国領土における戦争行為に伴い中国国民に損害を与えたことが違法であったか否か、それについて日本国が賠償責任を負うべきかどうかという問題は、『社会共同生活において生じた損害の公平な分配』に関わる問題とは到底いえず、市民社会のルールではなく、まさに、いわば『権力』対『人民』との関係というべきであって、それぞれの国家の主権の発動としての戦争行為の当否、許否等の判断が関わる、国家の維持、存亡等にすら影響のある問題でもあるというべきであるから、一般的には外国法の私法を適用することが考えられない分野（サヴィニー型国際私法の予定する普遍的な価値共同体が成立しない分野）に属する」。

　ここには、多数の誤りが見出されるが、それらは、すでに指摘したところから明らかである。第1に、「国家賠償問題の歴史的経緯や実定法としての国家賠償法に表れた国家賠償問題に対する国家の強い利害関係」というが、南京事件判決は、わずかに戦前の日本における国家無答責の法理しか見ていないのであって、あらゆる国のあらゆる時代の法を前提とする国際私法の本質を理解していない。また、国家賠償問題の歴史的経緯というが、戦前のわが国において国家無答責の法理が採用されていたことは、国際私法の適用を否定する根拠とはならない。前述のように、損害賠償責任の有無が問題となっているからこそ、その法律関係が国際私法の対象となるのであり、具体的な責任の有無は実質法レベルの問題にすぎないからである。

　第2に、「本件のように日本国の軍人が中国領土における戦争行為に伴い中国国民に損害を与えたこと」といい、「それぞれの国家の主権の発動としての戦争行為の当否、許否等の判断が関わる、国家の維持、存亡等にすら影響のある問題」というが、戦争行為は、国際法上合法であった場合に、違法性が阻却されるにすぎず、国際私法における準拠法の決定には影響を及ぼさない（なお、

戦争全体の違法性と個々の戦闘行為の違法性は区別すべきである)。いずれにせよ、本件の加害行為が国際法上違法であったことは、南京事件判決自体が認めているのであるから、通常の不法行為と区別する必要は全くない。

　第3に、「サヴィニー型国際私法の予定する普遍的な価値共同体が成立しない分野」というが、南京事件判決がいかにサヴィニーの国際私法理論を理解していなかったのかは、すでに見たとおりである。

　以上のように、南京事件判決の反論にもかかわらず、本件のような法律関係は、まさに国際私法の対象となるものであり、それゆえ国際私法が適用されるべきことになる。

　つぎに、本件のような法律関係は、公法の属地的適用の原則が適用されるべき公法的法律関係であるか否かを考察する。

　前述(3)のように、公法の属地的適用の原則によれば、日本の国家賠償法は、原則として日本における日本の公務員の不法行為にのみ適用されることになる。たしかに、日本の在外公館の職員が自国民の保護を怠ったり、外国人からの査証の申請を不当に却下した場合は、日本の国家賠償法を適用すべきであるが、この点については、国家賠償法の立法趣旨から、例外的に外国における日本の公務員の不法行為にも適用される場合がある、という条理を導き出すことが可能である。

　しかし、公法の属地的適用の原則には、さらに原則として外国の公法を適用しないという意味もある。また日本の裁判所は、自国の公法の適用範囲を越えた事件については、直接的に外国の公法を適用することはできないから、結局のところ、かような事件については、裁判管轄がないことになる。この外国公法不適用の原則については、すでに別稿において詳細に述べたところであるが[21]、ここでは、次の点を補足しておきたい。

　すなわち、国家賠償責任について、外国公法不適用の原則を当てはめることは、不都合な結果を生じる。たとえば、日本に駐在する外国の大使館職員が自

---

21) 奥田・前掲注(1)135頁以下〔本書418頁以下所収〕。

国民の保護を怠ったり、日本人からの査証の申請を不当に却下したとする。これは、日本における行為であるが、行為主体が外国の公務員であるから、日本の国家賠償法を適用することはできない。この点は、国家賠償法の趣旨から明らかである。しかし、外国公法不適用の原則によるならば、外国の国家賠償に関する規定も直接的に適用することはできず、結局のところ、日本の裁判所において損害賠償請求訴訟を提起したとしても、裁判管轄が否定されるであろう。

　むろん訴訟の被告は、外国政府であるから、外国国家としての裁判権免除を主張するであろう。しかし、かような裁判権免除は、当該外国政府が自ら放棄することもありうる。その場合であっても、日本の裁判所としては、外国公法不適用の原則により、裁判管轄を否定すべきであろうか。かような裁判管轄の否定は、承服しがたい。この訴訟で求められているのは、刑罰や行政処分の取消ではなく、単なる金銭賠償にすぎない。かような金銭賠償を命じることは、たとえその準拠法が外国法であっても、日本の裁判所がなしうることであり、その管轄を否定すべき理由はない。

　また、日本の公務員が外国でした行為についても、在外公館の職員が自国民の保護を怠ったり、外国人からの査証の申請を不当に却下した場合とは異なり、かような特別の関係を持たない者に対する行為により、損害が発生した場合には、日本の国家賠償法を適用するわけにはいかない。公法の属地的適用の原則に例外を認めるとしても、やはり一定の限界があるものと言わなければならない。しかし、日本の裁判所は、事件が日本の国家賠償法の適用範囲外であることを理由として、裁判管轄を否定すべきであろうか。

　たとえば、日本の公務員が外国における公務中に交通事故を起こし、被害者が日本国に対する損害賠償請求訴訟を日本の裁判所に提起したとする。この場合、裁判所は日本の国家賠償法を適用するわけにはいかないであろう。事故地は外国であり、しかも原告は、たまたま日本の公務員の公務中に、交通事故の被害者となっただけである。加害者の側からみれば、公権力の行使であるかもしれないが、被害者の側にとっては、単なる交通事故にすぎない。

　それでは、日本の国家賠償法が適用されないからといって、日本の裁判所は、

管轄を否定すべきであろうか。これもまた妥当とは思われない。この訴訟で求められているのは、刑罰や行政処分の取消ではなく、単なる損害賠償である。日本の裁判所は、たとえ日本法の適用範囲外であったとしても、外国法にもとづいて損害賠償を命じるべきであり、その管轄を否定すべき理由はない。

　以上のように、外国法の適用を必要かつ可能とする法律関係であるということは、まさにそれが国際私法の対象である渉外的私法関係であることを意味している。すなわち、本件において求められているのは、違法な行政処分の取消や刑罰権の行使ではなく、損害の賠償（金銭賠償など）である。これが具体的に認められるべきであるか否かは、実質法レベルの問題である。国際私法の観点からは、かような損害賠償の有無が問題となっている法律関係であることが重要なのである。

　むろん外国法における損害賠償の方法は、様々なものがあり、場合によっては、日本の裁判所で認められないような損害賠償の方法があるかもしれない（だからこそ、法例11条3項が設けられたのである）。しかし、通常の金銭賠償などであれば、それは、世界中いずれの裁判所でも命じることが可能であろう。日本の裁判所に提起された訴訟が金銭賠償を求めるものであった場合、準拠法が外国法であることを理由として、裁判管轄を否定するわけにはいかない（これが刑罰や行政処分の取消を求める訴訟であれば、日本法の適用範囲外であることを理由として、裁判管轄を否定することになる）。

　かような損害賠償請求権の存否が問題となる法律関係は、世界中いずれの裁判所でも審理することが可能であり、むろん日本の裁判所でも、それが日本法の適用範囲外の事件であることを理由として、裁判管轄を否定するわけにはいかないのである。このように法律関係が普遍的なものであれば、それは国際私法の対象であると言わなければならない。

　あるいは、国家賠償訴訟においては、被告が国家であることを理由として、外国法により責任を負わされることはない、という反論があるかもしれない。たとえば、南京事件判決も、「国家が外国法に基づく法的責任を問われるということは、……現在の主権国家システムでは考えられない」と述べている。し

かし、これは国際私法に対する理解の欠如によるものである。

　まず、外国法の適用対象は、本件でいえば、日本軍による強姦や殺傷であり、その意味では、外国法は行為に対し適用されるのである。南京事件判決は、あたかも加害者である国家に対し、属人的に外国法が適用されるかのようにいうが、そうではない。本件では、たまたま加害者が国家であったというだけであり、問題となっているのは、不法行為自体である。

　また、南京事件判決は、外国法の適用を当該外国の主権の発動と理解して、国家が外国の主権に服することはないと考えたようである。「現在の主権国家システムでは考えられない」という記述がこれを表している。しかし、前述(4)のように、サヴィニーは、まさにこの主権的発想からの脱却を主張していたのである。すなわち、外国法の適用を当該外国の主権の発動と考えるならば、主権独立の原則により外国法の適用は否定されることになる。しかし、渉外事件においては、国際的な判決の調和という国際社会全体の利益のために、内外法は平等に適用されるべきである。これがサヴィニーの理論の核心であったわけである。

　南京事件判決は、このサヴィニーの国際私法理論の核心を理解していなかったことになる。本件は、外国の裁判所において、日本国が被告として訴えられたわけではない。日本の裁判所において、日本国が被告となり、当該事件について、外国法の適用が主張されているにすぎない。日本の裁判所は、当該法律関係と最も密接な関連を有する法として、いずれの国の法が準拠法になるのかを審理すべきであり、たとえそれが外国法であったからといって、その適用が当該外国国家の主権の発動ということにはならない。繰り返しになるが、本件で外国法を適用するのは、外国の裁判所ではなく、日本の裁判所なのである。

　以上のように、本件は、外国法の適用も可能とする渉外的私法関係であり、外国法の適用を否定する公法的法律関係でないことが確認された。そこで裁判所は、国際私法により、いずれの国の法が準拠法になるのかを審理すべきことになる。

(6) 準拠法の決定

　国際私法が適用されるべき法律関係であるからといって、直ちに国家賠償責任について、法例11条により準拠法を決定すべきである、ということにはならない。たしかに、国家賠償責任は、前述のように、法例11条にいう「不法行為」に該当する法律関係と言える。しかし、国際私法的な利益衡量の結果、法例11条1項の不法行為地法主義をそのまま適用することが妥当でない場合は、法例11条の適用を受けない特殊な不法行為と考えるべき可能性もある。この点は、すでに別稿において詳しく述べたところであるが[22]、さらに次の点を補足しておく。

　すなわち、法例11条1項の不法行為地法主義によるならば、外国における日本の公務員の不法行為には、常に当該不法行為地法である外国法が適用され、逆に日本における外国の公務員の不法行為には、常に日本法が不法行為地法として適用されることになる。しかし、公務員の外国における不法行為には、たとえば在外公館の職員が自国民の保護を怠ったり、また外国人からの査証の申請を不当に却下した場合のように、不法行為地法によることが適当でないことがある。これらの場合には、むしろ加害者と被害者の間に特別な法律関係があったことを理由として、不法行為についても、その法律関係の準拠法を適用することが妥当であると思われる。

　この特別な法律関係の準拠法としては、当該公務員の所属する国の法（公務員所属国法）が適用されるべきである。しかし、これは、法例11条の不法行為地法主義全体からみれば、例外的なケースである。不法行為の当事者間には、特別な法律関係が存在しないほうが普通であり、このように特別な法律関係が存在する当事者間で不法行為が発生するのは、むしろ例外に属するであろう。この点を詳述すれば、次のとおりである。

　通常の不法行為においては、加害者と被害者は、不法行為の発生によって、

---

[22] 奥田・前掲注(1)138頁以下〔本書421頁以下所収〕。

初めて債権債務関係に入る。この場合、不法行為地法は、両当事者にとって中立的な法として適用される。すなわち、加害者にとっては、自己の行動から生じる責任の存否および範囲を予測することができるし、また被害者にとっても、自己が受けるべき賠償の有無および範囲を期待することができる。かような予測可能性ないし正当な期待保護の要請を満たすからこそ、不法行為地法主義が採用されたのである。

これに対して、不法行為の発生以前から、加害者と被害者の間に特別な法律関係があり、この法律関係と不法行為との間に密接な関連がある場合には、事情が異なる。かような場合には、不法行為についても、この特別な法律関係の準拠法を適用したほうが、両当事者の予測可能性ないし正当な期待保護の要請を満たすことになるであろう。このように不法行為の準拠法も当事者間の法律関係の準拠法によらせることを、一般に「附従的連結」ないし「従属的連結」と呼んでいる。

国家賠償責任における附従的連結については、前述の別稿において、1982年2月17日のオーストリア最高裁判決（大使射殺事件）を紹介したが、ここで改めてこの判決を見ておきたい。そこでは、ユーゴスラビア大統領主催の狩りにおいて、オーストリア大使が誤ってフランス大使を射殺してしまったという事件が審理され、オーストリア最高裁は、次のように判断したのである。

「たとえば、外国で自国の大使に助けを求めたり、オーストリア法にもとづく権利の主張を行ったオーストリア人が、その際になされた法律違反を理由として賠償を請求する場合、……〔オーストリア〕連邦は、常にオーストリア法によってのみ責任を負うであろう。また、外国人がその本国に駐在するオーストリア大使館において、オーストリア法の執行、たとえば査証の発給などを求めた場合も、これに関連して生じた損害については、オーストリア法上の責任のみを問うことができるであろう」。

「本件では、たしかにオーストリア法の執行の際に加害行為がなされたが、フランスの大使は、オーストリア共和国と公法的な関係になかった。彼は、むしろ自己の職務の執行に際して、この点でむろん意図しない接触により、オー

ストリアの機関による加害行為の効力範囲内に入ったのである。かような場合、行為地国以外の国の法とのより密接な関連は存在しない」。

すなわち、オーストリア最高裁も、オーストリア大使が自国民の保護を怠ったり、外国人からの査証の申請を不当に却下したような場合には、オーストリア法の適用が妥当であると判断している。ここでは、両当事者間に「公法的な関係」があったことが理由とされているが、これは、国際私法の適用を否定するという意味での公法的な関係ではない（この点は、オーストリア最高裁が同国の国際私法 48 条 1 項後段の解釈として述べていることからも明らかである）。逆にオーストリア駐在の外国の大使が自国民の保護を怠ったり、オーストリア人からの査証の申請を不当に却下した場合にも、やはり両当事者間に公法的な関係があったことを理由として、当該大使の所属する国の法が準拠法になるであろう。国際私法では、これを双方的に考えて、公法的な関係がある場合は、公務員所属国法によるという解釈になるのである。

その意味で、公法的な関係があるというだけでは、国際私法の適用を否定する理由とはならない。ここでは、損害賠償責任という私法的法律関係の前提として、公法的法律関係が問題となっているのである。いわば先決問題にすぎないと言える。それゆえ、自国民の保護を怠ったことや査証の申請却下に違法性があるか否かは、外国法を適用して判断することが可能であり、準拠外国法の内部において、その問題については公法（在外公館の職務の根拠法令など）が適用されるのであれば、当該外国の公法を適用すべきことになる。

つぎに、オーストリア最高裁によると、当該事件においても、オーストリア大使の行為は、オーストリア法の執行（オーストリアの公権力の行使）の際になされたと判断されている。それゆえ、当該事件の被告は、オーストリア大使個人ではなく、オーストリア政府である。しかし、その行為は、オーストリア大使にとっては、公権力の行使であったが、フランスの大使は、オーストリアと公法的な関係になかったのであるから、オーストリア法の適用は妥当でないとされた。すなわち、前述の附従的連結の要件を満たしていなかったのである。フランス大使は、自己の側ではフランス法の執行（フランスの公権力の行使）を

行ったのであり、自らオーストリア大使に公権力の行使を求めたのではない。この点が、自国民の保護や査証の申請と異なる点である。判決は、これを「意図しない接触」と述べ、この場合は、不法行為地法以外に密接な関連を有する法は存在しないと判断したのである。

　本件も同じである。原告の中国人は、中国において、日本の公務員に公権力の行使を求めたわけではない。日本軍にとっては、公権力の行使であったが、原告の中国人は、日本政府と公法的な関係になかった。たとえば、査証の申請の場合のように、自ら公権力の行使を求めたのであれば、日本政府との間に公法的法律関係があったのであるから、そこから生じた損害については、日本法が適用されるべきであると言えるであろう。しかし、本件は、まさに「意図しない接触」により、日本軍の加害行為に巻き込まれたのであり、かような場合には、不法行為地法以外に両当事者にとって中立的な法は存在しない。

　本件では、この不法行為地が中国であるから、結果的に、原告である中国人に有利な法が準拠法になったかのような印象を与えるかもしれない。しかし、仮にタイやフィリピンにおいて、中国の民間人が日本軍から被害を受けたとすれば、両当事者にとって最も中立的な法は、タイ法ないしフィリピン法ということになる。ここでは、日本法の適用が不当であるのと同様に、中国法の適用も不当である。このように国際私法独自の当事者利益を衡量した結果、本件では、不法行為地法である中国法が適用されるべきである、という結論になる。

　以上の点は、前述の別稿でも述べたところであり、これとほぼ同じ内容の意見書は、南京事件の法廷にも提出した。ところが、裁判官は、これを正確に理解せずに、次のとおり述べている。「奥田意見は、法例11条が適用されるべきことを積極的に根拠付けるのではなく、国際私法の不適用を明確に根拠付けた見解は見当たらないから、本件では、原則に戻って法例11条が適用されるべきであるというのであるが、私法的法律問題と公法的法律問題とでは法の適用に関するルールが異なっているという現状の下で、いずれが原則でいずれが例外ともいえないというべきである」。

　法例11条適用説の積極的な根拠づけは、従来の意見書において十分に示し

たはずであり、単に裁判官がそれを理解しなかったにすぎない。しかも、そこでは国際私法不適用説が例外であるとは、一言も述べていない。おそらく裁判官は、国際私法不適用説と公務員所属国法説の区別ができなかったのであろう。

前述のように、同じく公法的法律関係といっても、国際私法不適用説の場合と公務員所属国法説の場合とでは、その意味が異なっている。国際私法不適用説では、渉外事件の処理の仕方が私法的法律関係と異なるものとして、公法的法律関係が問題となっていたのである。これに対して、公務員所属国法説では、損害賠償責任という私法的法律関係の前提として、公法的法律関係が問題となる。後者は、むしろ国際私法により準拠法を決定するプロセスの中で、当事者間に公法的法律関係があったことを考慮し、その法律関係の準拠法と損害賠償責任の準拠法を同一の法（公務員所属国法）によらしめるものである。

しかし、不法行為一般に関していえば、当事者間に特別な法律関係が存在していることは、むしろ例外に属するであろう。そこで、公務員所属国法説は、法例11条の不法行為地法主義に対し例外であると述べたのである。この点でも、裁判官は、筆者の意見書および原告の主張を理解しないまま、判決を書くという誤りを犯している。

(7) 国際法と国際私法の違い

以上が南京事件判決の国際私法に関わる判旨であるが、その内容は、裁判官の国際私法に対する無理解を示すものにすぎなかった。さらに、裁判官は、国際法と国際私法の区別さえも十分に行っておらず、その意味では、国際私法の最も基本的な部分を理解していなかったことになる。

たとえば、南京事件判決は、「国際法上（それを国際私法というか、国際公法というかにかかわらず）、……原告らの主張に係る日本軍の加害行為について、それが当時の中華民国民法における不法行為に該当することをもって、原告らが、我が国に対して直接個別の損害賠償を求めることができる権利を有するものであること自体、一般的に認められていなかった」と述べている。

このように南京事件判決は、あたかも国際法という大集合の中に、国際私法

と国際公法という小集合が包摂されているかのように述べている。しかし、国際私法は、その法源が国内法たる「法例」であることからも分かるように、国際法ではなく国内法である。たしかに日本は、「遺言の方式に関する法律の抵触に関する条約」、「扶養義務の準拠法に関する条約」などを批准しているが、これらは、各国不統一の国内法たる国際私法を統一するための条約にすぎず、しかも世界の一部の国によって批准されているにすぎない。これらの条約は、決して慣習国際法を法典化したものではないし、ましてや条約が発効することによって、その内容が慣習国際法化するわけでもない。山田教授は、「『国際私法』という名称は、国際公法とともにいわゆる国際法として国際社会に妥当する私法という意味に誤解されるおそれ」があると述べているが[23]、まさに裁判官は、かような誤解をしたのである。

　南京事件判決は、さらに「原告らの主張に係る日本軍の加害行為について、それが当時の中華民国民法における不法行為に該当することをもって、原告らが、我が国に対して直接個別の損害賠償を求めることができる権利を有するものであること自体、一般的に認められていなかった」というが、前半は国際私法の問題であり、後半は国際法の問題である。すなわち、国際私法と国際法を正確に区別すれば、次のように言うべきであった。「原告らの主張に係る日本軍の加害行為について、国際私法上、不法行為地法たる中華民国法を適用するか否かは、法例の解釈の問題であるが、国際法上、原告らがわが国に対して直接個人賠償を求めることができるか否かは、ハーグ陸戦条約の解釈の問題である」。このように国際私法の問題と国際法の問題は、明確に区別して論じるべきであり、南京事件判決のように、両者を混同して、国際法上の議論を国際私法にそのまま持ち込むことは許されない。

　南京事件判決は、また別の箇所において、次のように述べている（下線・奥田）。「ここでは、国家の主権の発動としての外国における戦争行為に伴う外国人の損害についての賠償問題が、国際私法の分野に属し、法例が適用されるべ

---

23)　山田・前掲注(7)10頁。

きものであるというのが、本件当時及び現在における一般的理解であるかどうかについて見ているものであり、そのような国際的理解は、少なくとも本件当時までほとんど全く成立していなかったというべきであり、かつ、現在においても、そのような取扱いをしている国家は見当たらないことをいうものである。原告らや、阿部意見が掲げる事例中に、右のような取扱いを肯認させるものがあったとしても、膨大な戦争被害からすれば、余りにも僅かな例しかないことを示すのみである。一方、当該国家の外国における戦争行為に関わる個人の戦争被害につき、右外国の私法上の不法行為（ママ）を適用して賠償責任を負うべきことを標榜している国家は全く見当たらないのである。すなわち、今後はどうあるべきかという点を除くとき、市民的ルールと最もかけ離れた戦争行為につき、市民法によって裁くのが相当であるという国際的な理解が成立していると認めさせるに足りる的確な証拠は全く見当たらないのである」。

　ここで「阿部意見」というのは、国際法上、個人が直接加害国に対し損害賠償請求をすることができるか否かという問題に関する阿部浩己教授の意見書のことであり[24]、それは、前述のようにハーグ陸戦条約の解釈の問題である。阿部意見は、国際私法上の問題を全く取り扱っておらず、そこに掲げる事例は、もっぱら国際法上の個人の直接請求権に関するものであった。これに対して、上記の引用箇所で問題としているのは、国内法たる国際私法の解釈であり、この点でも、南京事件判決は、国際私法と国際法を混同している。

　そもそも国際私法の適用の可否を判断する際に、他の諸国において、本件のような事案に不法行為地法たる外国法を適用し、不法行為責任を認めた例が存在するか否か、さらには、かような国際的理解が成立しているか否かは、決定的な要因とならない。たしかに、国際私法は、国内法であるとはいえ、渉外的法律関係における準拠法の決定という任務からみれば、他の諸国の動向に全く無関心であるわけにはいかない。それゆえ、国際私法の解釈においては、比較法的考察が必要不可欠とされるのである。しかし、ここでいう比較法的考察と

---

[24]　阿部浩己『人権の国際化』（1998年、現代人文社）260頁所収。

は、仮に本件のような事案について、国際私法の適用を肯定または否定した先例が多数存在するのであれば、それを考慮することであって、いずれの先例も存在しない場合は、当然に国際私法不適用説を採用することにならない。この場合、わが国の裁判所は、独自に国際私法を解釈して、その適用の可否を判断すべきであり、南京事件判決のように、他の諸国において同様の事例がないことを理由として、国際私法不適用説を採用することは、およそ国際私法の常識に反している。

　何よりも国際私法の法源は、国内法であって、国際法ではないから、当然のことながら、慣習国際法として成立している国際私法の規則というものは存在しない。それゆえ、国際私法の解釈は、最終的には、各国独自の立場からなされるべきであり、最近では、比較法的考察以外に、とりわけ国際私法上の利益衡量が重視されるのである[25]。前述2(6)は、まさにかような国際私法上の利益衡量の観点から、本件について、法例11条による不法行為地法の適用を導き出したものであり、その点で、国際私法の通常の解釈方法を用いたにすぎない。

　さらに、南京事件判決は、国際私法と国際法を混同して、国家責任条約に言及する。すなわち、「主権国家がいかなる場合に責任を問われるかは、国家責任条約の作成という形で国連国際法委員会で長い時間をかけて議論をしている大問題であり、その国の同意があればともかく、そうでない限り、特に主権の発動行為……については、国家が外国法に基づく法的責任を問われるということは、本件当時を含めて現在の主権国家システムでは考えられない」。

　この判旨の意味するところは、必ずしも明らかではないが、おそらく次の2つのことを言いたいのであろう。第1に、国家責任については、国家責任条約の作成において、長い時間をかけて議論されており、いまだ決着がついていない。第2に、国際法上の議論がかような状況にあるのであるから、国家が外国法にもとづく法的責任を問われることは、その国の同意がない限り、およそ考

---

[25] 山田・前掲注(7)42頁以下参照

えられない。しかし、前者は、国際法に対する無理解に基づくものであり、後者は、国際法と国際私法との混同に基づくものである。以下に順次、これらの点を取り上げる。

まず、国家責任条約は、たしかに 1949 年の国連国際法委員会の第 1 会期において、14 のテーマのひとつとして取り上げられて以来、今日まで成立には至っていない。しかし、それは、国家責任条約がきわめて広い範囲の問題（国家責任の淵源、救済、紛争解決など）を扱っているために、細部において見解が分かれているからであり、基本原則については争いがない（ちなみに、条文案は 60 か条に及び、さらに 2 つの附属書がある）。

たとえば、国家責任条文案 1 条は、「国家によるすべての国際違法行為は、当該国家の国際責任を生ぜしめる」と定めているが、国連国際法委員会の注釈によれば、国際法上の違法行為により、国家が責任を問われることは、国際裁判所の判例・国家慣行・学説のいずれもが一致して認めるところである。そこでは、戦前の常設国際司法裁判所のウィンブルドン号事件判決、ホルジョウ工場事件判決、モロッコ燐酸塩事件判決、ならびに戦後の国際司法裁判所のコルフ海峡事件判決、国連の公務中に被った損害に対する賠償事件、ブルガリア、ハンガリーおよびルーマニアと締結された諸平和条約の解釈に関する事件に対する勧告的意見が挙げられており、また国際仲裁裁判所の判断も、繰り返しこの原則を確認してきた[26]。

すでに南京事件判決は、「本件加害行為は、それが戦争に付随するものであるからといって、許されるものではなく、いずれも、本件当時既に国際慣習法化していた右戦争規則等に違反するものであった」として、国際法上の違法行為があったことを認めているのであるから、少なくとも本件について、国際法上の国家責任が問われることは、疑いの余地がない[27]。

---

26) 村瀬信也監訳「『国家責任』に関する条文草案注釈(1)」立教法学 23 号 167 頁参照。

27) たとえば、常設国際司法裁判所のホルジョウ工場事件判決は、「条約の違反が損害賠償の義務を惹起することは国際法上の原則であり、法の一般概念ですらあ

もっとも、南京事件判決は、別の箇所において、「本件当時、国際法上、戦争行為、軍事行動、これらに付随する各種の残虐行為、卑劣行為等についての損害賠償問題は、基本的に、戦後の国家間の平和条約の締結等によって処理するほかない外交問題、政治問題として観念されていた」と述べているから、本件を外交問題にすぎないと考えていたのかもしれない。

　しかし、国内法上の不法行為（たとえば交通事故など）について和解交渉（示談）が行われたからといって、法的責任が否定されるわけではないように、国際法上の不法行為についても、国家間の外交交渉によって決着が図られたからといって、国家責任が否定されるわけではない。むしろ国際法上の国家責任を前提として、かような外交交渉が行われるのであり、この点は、国家責任条文案においても、紛争解決の手段として、「交渉」（54条）が挙げられていることから明らかである。

　また、戦時賠償の問題は、すべてが外交交渉によって解決されているわけではなく、仲裁裁判所の仲裁や調停によった例が多数ある。たとえば、日本と連合国との間においても、財産上の損失については、「財産委員会」が設立され、そこでの仲裁によって解決されている。

　すなわち、「1951年の日本と連合国との平和条約は、従来の平和条約の例にならい、連合国民の財産の返還、および、それが不能な場合における損害補償の義務を日本側に課した（15条）。平和条約第15条(a)によれば、返還されるべき連合国および連合国民の財産は、『1941年12月7日から1945年9月2日までの間のいずれかの時に日本国内にあった』『有体財産及び無体財産並びに種類のいかんを問わずすべての権利又は利益』である。平和条約は、この補償が、1951年7月13日の日本内閣決定の連合国財産補償法案の条件によりなされることを定めており、平和条約により補償されるべき損害の原因は、平和条約の規定の後に制定された連合国財産補償法において、列記されている。それによれば、対象となる損失の原因には、日本側の責に帰するものだけでなく、

連合国の側の行為、例えば、アメリカ軍の空襲によるものも含まれる。事実、両国間の仲裁裁判に付された補償事案は、空襲による損害の補償が大部分を占めた」[28]。

この委員会では、裁判の対象が財産損害に限定されていたが、むろん人身損害についても、かような裁判がなされた例はある[29]。したがって、あたかも戦時賠償が外交交渉のみによって解決されていたかのようにいう南京事件判決は、国際法の運用実態を正確に表したものとは言えない。

つぎに、南京事件判決は、国際法上の議論がかような状況にあるのであるから、国家が外国法にもとづく法的責任を問われることは、その国の同意がない限り、およそ考えられないと述べている。これが国家責任に関する国際法の未成熟をいうのであれば、その誤りは以上の説明から明らかである。さらに言えば、国際法上の国家責任と国際私法における外国法の適用は、全く無関係の問題であり、ましてや国家が外国法により不法行為責任を問われることが、その国の同意がない限り許されないというようなルールは、前述(4)のように、国際私法の基本的理解（とりわけサヴィニーの国際私法理論）とは全く相いれない。

ところが、国際法上の国家責任と国際私法上の不法行為責任との違いについて、南京事件判決は、全く理解していないようであり、さらに次のとおり述べている。「奥田意見……は、法例11条の適用の可否を論じるに際して、右のような『国家責任条約の作成』に言及するのは、一般に『国家責任条文案』なるものが国家間の関係だけを規律するものであり、例えば損害賠償も『国家責任の解除』として加害国が被害国に対して支払うべきものであるから、本件のように加害者は国であるが、被害者は私人であるというときには、国家責任条約(案)が適用されるはずがないので、この点に関する道垣内意見は、国際法上の問題と国内法の問題を混同しており、全くの誤りであると批判する。しかし、

---

28) 波多野里望＝東壽太郎編著『国際判例研究・国家責任』（1990年、三省堂）845頁〔筒井若水〕。

29) 第1次世界大戦の事案として、波多野＝東・前掲注(28)226頁、288頁、299頁、750頁参照。

……甲国家の乙国家に対する国家責任としての損害賠償責任を論じるに際して、いわば抽象的な乙国家それ自体の損害のみが問題とされ、乙国家の国民に関する損害が切り離されているとは容易に考えられないところであり、右『国家責任条約の作成』における議論は、そのような『国民個人の損害』をも含んだ前記クレイムに対応する国家の損害賠償責任が論じられているものとしか考えられず、そうであれば、甲国家の主権の発動としての戦争行為に関わる国家責任の問題は、基本的に国際私法の領域に属さず、外国の私法の適用によって解決することが当初から想定されていない分野であると見ることに際して、右国際法上の議論を参考とすることは何ら間違いではないというべきであろう」。

　この判旨は、裁判官の国際法に対する無理解を示すものに他ならない。国際法上の国家責任の追及は、たとえ私人の損害を理由とする場合であっても、国内法上の私人の損害賠償請求権と区別すべきであることは、すでに1928年のホルジョウ工場事件判決（常設国際司法裁判所）によって明らかにされている。この事件は、上部シレジアのホルジョウに所在するドイツ人経営の窒素工場をポーランドが接収したことについて、これをドイツ・ポーランド間の条約違反と認定した1926年の同裁判所の判決を受けて、ドイツがポーランドに損害賠償を求めたものである[30]。常設国際司法裁判所は、ドイツ側の請求を認容する判決の中で、次のとおり述べている（下線・奥田）。

　「国家の不法行為に対する賠償が不法行為の結果として被害国の国民の受けた損害に該当する補償から成り立つことがあるのは国際法上の１つの原則である。それは賠償の最も通常の形式ですらある。……１つの国家が他の国家に対して負う賠償は、それが損害賠償の形式をとり、私人の受けた損害をその計算の手段とすることによって、性質を変更しない。<u>賠償を規律する法規は二国家の間の関係を規律する国際法規である。不法行為を行った国家と損害を受けた私人の間の関係を規律する法ではない。</u>損害を受けた私人の権利や利益は、同一の行為によって権利を侵害された国家の権利に対して、常に異なった平面に

---

30) 国際法学会編『国際関係法辞典』（1995年、三省堂）734頁〔川崎恭治〕参照。

ある。従って、私人の受けた損害は国家の受けたそれと性質において決して同一ではない。前者は単に後者の賠償の金額の計算のために便宜的の標準を提供するにすぎない」[31]。

　国際法上の国家の賠償請求権は、あくまでも国際法によるものであり、国内法による私人の損害賠償請求権とは性質が異なる。ホルジョウ工場事件判決は、これを明らかにしたものである。すなわち、南京事件判決の挙げる例を借りれば、甲国家の乙国家に対する損害賠償責任を論じる場合に、乙国家の国民の受けた損害は、乙国家自体の受けた損害と性質を異にする。なぜなら、前者は、国内法により、損害賠償責任の存否および賠償額が決定されるが、後者は、国際法により、これらが判断されるからである。そして、まさに乙国家自体の受けた損害は、乙国家の国民の受けた損害を単なる計算の手段としているにすぎないのである。

　これを分かりやすく説明するために、個人が外国において、その外国政府から身体または財産に損害を被った場合に、個人の本国が加害国に対し適当な救済（損害賠償請求など）を求める「外交的保護権」を例にとってみよう。この外交的保護権は、国家責任追及の一態様として認められているが、国内的救済完了の原則を満たす必要がある（国家責任条文案22条）。すなわち、まず当該加害国において、個人が国内法上の救済手段を求めたうえで、救済が否定されたり、また救済が十分でない場合に初めて、個人の本国が国際法上の外交的保護権を行使できることになる。この場合、国内的救済は、当該加害国の国内法（国際私法を含む）によって判断されるが、これが否定された場合の本国の外交的保護権は、国際法によって判断される。それゆえ、個人の請求権が否定されても、本国の請求権が肯定されることがあったり、個人に対する賠償額と本国に対する賠償額とが異なりうるのである。

　また、外交的保護権は、その行使が国際法上認められる場合、「個人のものではなく国家のものとなる。つまり国家は、被害者個人の代理人として行動す

---

31) 横田喜三郎『国際判例研究1巻』（1933年、有斐閣）131頁以下。

るのでもなければ、個人の利益のために行動する義務ももたない。第1に、個人の要求を外交的保護の対象として取り上げるか否かは、完全に国家の任意に委ねられている。逆に、個人の要求がなくとも、請求することができる。第2に、国家は、この請求の実現の過程を終始完全に支配する。どのような方法で請求を提出し解決するかは、国家の自由である。第3に、国家には、国際法上、受け取った金銭賠償を被害者に交付する義務がない。このように、外交的保護の国家的性格は明らかである」[32]。

　これに対して、南京事件判決は、「個人が国家間の外交交渉によることなく、外国に対して過去の戦争被害につき損害賠償を求めることができるという権利を是認することは、……有害無益と考えざるを得ない」というが、それでは、個人が外交交渉によって損害賠償を求める権利があるとでも言うのであろうか。外交交渉は、あくまでも国家が自己の権利の行使として行うものであり、個人がそれを請求する権利を有するわけではない。上記の外交的保護権に関する説明に沿っていえば、第1に、国家は、個人の要求があったからといって、外交交渉を行う義務を負っているわけではないし、第2に、国家は、外交交渉において、結局のところ、損害賠償請求権を放棄することも選択できるわけであるし、第3に、国家は、仮に賠償金を受け取ったとしても、国際法上は、これを被害者に渡す義務を負っていない。南京事件判決は、個人が外国に対し損害賠償を求めたいのであれば、国家間の外交交渉に任せるべきであるかのようにいうが、それが国際法の常識を反することは、以上の説明から明らかである[33]。

3　法例11条2項による日本法の累積適用

　以上により、国際私法不適用説を主張する南京事件判決の理由づけは、国際

---

32)　国際法学会編・前掲注(30)104頁〔小畑郁〕。
33)　念のために付け加えれば、個人の本国が外交交渉をしなかったり、損害賠償請求権を放棄したからといって、個人に対し補償義務を負うことはないであろう。なぜなら、国家は自己の権利を行使しなかったり、放棄したにすぎないからであ

私法に対する無理解ないし国際法との混同にもとづくことが明らかになったと思われる。そして、本件では、国際私法上の条理としての公務員所属国法説ではなく、法例11条を適用すべきであることも、上述のとおりである。

そこで、法例11条の解釈に移るが、南京事件判決は、同条1項については、とくに詳しい検討をすることなく、また同条2項・3項についても、「原告らの各請求は、最終的には、日本法の要件を充足しなければ成立せず、また、その効力についても日本法の適用を受ける」とのみ述べている。そして、「本件各加害行為は我が国の国家賠償法の成立前の行為であり、国家賠償法附則6項が『この法律施行前の行為に基づく損害については、なお従前の例による。』と定めていることから」、当然に国家無答責の法理によるべきであると結論づけている。

しかし、別稿において詳しく述べたように[34]、法例11条2項は、たしかに不法行為の成立要件について、日本法を累積適用しているが、直ちに国家無答責の法理によることは疑問であるし、また同条3項は、不法行為の効力の一部についてのみ、日本法を累積適用しているにすぎない。これに対して、南京事件判決は、国家無答責の場所的適用範囲の限界および時間的適用範囲の限界の一部に言及し、かような限界はないとしている。そこで以下では、この点に関する南京事件判決の妥当性を検討することにしたい。

(1) 準拠法内部における個別法規の指定規則

前述2(1)のように、国際私法により準拠法が決まった後も、当該準拠法内部において、いずれの個別法規が適用されるべきかという問題が生じる。すなわち、新法と旧法のいずれを適用すべきかを決定する時際法（国家賠償法附則6項など）の問題、および成文法と慣習法、一般法と特別法などの法源の異なる法規のいずれを適用すべきかを決定する体系際法（法例2条、商法1条など）の問題である。

る。
34) 奥田・前掲注(1)150頁以下〔本書434頁以下所収〕。

これらの時際法や体系際法の問題は、それぞれの準拠法内部において解決されるべきである。たとえば、法例11条1項により、中華民国法が適用されるのであれば、その中華民国法の内部において、いずれの個別法規が適用されるべきであるかは、当該中華民国法自体が決定すべきである。

　以下では、法例11条2項により、中華民国法とともに累積的に適用される日本法の内部において、どのような時際法および体系際法の問題が生じるのかを見ていくことにする。その際に、とりわけ法例11条2項において評価の対象となっているのが、「外国ニ於テ発生シタル事実」であることに注意する必要がある。すなわち、日本法は、純粋な国内事件ではなく、渉外事件に適用されるのであるから、その解釈は、純粋な国内事件の場合と異なる可能性がある。

　たとえば、明治32年の「外国人ノ署名捺印及無資力証明ニ関スル法律」によると、法令において署名・捺印すべき場合、外国人は署名だけで足りるし、また捺印すべき場合、外国人は署名をもって捺印に代えることができる（1条）。そこで、自筆証書遺言の作成および変更には、本来は、遺言者の署名・捺印が必要であるが（民法968条）、外国人が日本法により自筆証書遺言をする場合は、署名のみで足りる。これは、明文の規定によるものであるが、さらに自筆証書遺言では、遺言者が全文を自書する必要があるところ、英国人が作成した遺言書がタイプライターによるものであったにもかかわらず、日本法上の自筆証書遺言の要件を満たしているとした審判例がある[35]。このように渉外的な要素のある事件について、個別の法規が純粋国内事件の場合と異なって解釈されることは、従来から学説によって主張されてきたところであり[36]、国家賠償責任についても、明文の規定があるか否かを問わず、十分に注意を要するところである。

　以下では、国家無答責の場所的適用範囲および時間的適用範囲の限界を取り上げるが、前者は体系際法の問題であり、後者は時際法の問題である。いずれも、国家賠償責任全体における位置づけをした後に、南京事件判決の問題点を

---

35) 東京家審昭48・4・20家月25巻10号113頁。

36) 外国法の適用について、山田・前掲注(7)122頁、溜池・前掲注(13)239頁参照。

(2) 国家無答責の場所的適用範囲の限界

国家賠償法附則6項は、「この法律施行前の行為に基づく損害については、なお従前の例による」と規定している。いわゆる新法不遡及の原則である。しかし、旧法における国家賠償責任は、すべて国家無答責の法理によって規律されていたわけではない。周知のように、私経済作用については、民法の適用により、国家賠償責任が肯定されていた。すなわち、旧法においても、国家賠償責任は、国家無答責の法理によるべき場合と、民法によるべき場合とが区別されていたのであり、いずれによるべきであるのかは、体系際法によって決定されていた。

かような旧法の国家賠償責任に関する体系際法は、たしかに明文で規定されていたわけではないが、司法裁判所の判例により、私経済作用と公権力の行使との間で区別がなされていたことは明らかである。これは、国家無答責の法理の側からみれば、その法理に事項的な適用範囲の限界があったことになる。すなわち、国家無答責の法理の趣旨によれば、その適用範囲は、私経済作用にまで及ぶべきではないという解釈がなされていたのである。

同様に、公権力の行使についても、国家無答責の法理の趣旨により、その適用範囲は、日本国の管轄に服する者に対する場合と、その管轄に服さない者に対する場合とで区別する必要がある。すなわち、日本国の管轄に服する者に対する公権力の行使については、たしかに国家無答責の法理が適用されるが、その管轄に服さない者に対する公権力の行使は、そもそも許されないのであるから、国家無答責の法理は適用されないという解釈がなされるべきである。いわゆる場所的な適用範囲の限界である。

たとえば、日本の居住者に対する公権力の行使は、その領土管轄に服する者に対するものであるから、対象者が日本人または外国人のいずれであるかを問わず許されるべきであり、国家無答責の法理が適用されるべきケースと言える。これに対して、外国の居住者に対する公権力の行使は、在外公館の職員が自国

民を保護する場合や、外国人に査証を発給する場合のように、当該外国の同意があったり、国際法上の根拠があり、かつ個人が日本国の公権力の行使を求めてきた場合に限定されるであろう。かような場合に該当すれば、自国の管轄に服する者に対する公権力の行使として、そこから生じた損害については、国家無答責の法理が適用されるが、その他の場合にまで、国家無答責の法理を適用すべきではない。

なぜなら、自国の管轄に服さない者に対する公権力の行使は、たとえ日本国の側からみれば公権力の行使であったとしても、個人の側からみれば公権力の行使としての意味を持たず、単なる違法行為として評価されるべきであるからである。これは、次の2つの意味を持つ。すなわち、日本国の側からみれば公権力の行使であるから、その公務員の行為については、国家の責任が問われることになる。しかし、個人の側からみれば単なる違法行為であるから、国家無答責の法理が適用されるべきではない。前述の体系際法上の理解によれば、かような場合は、民法が適用されることになり、国家は不法行為責任を問われることになる。

以上に述べたことは、筆者の意見書の記述と若干異なっているが[37]、結論的には同じである。そこでは、国家無答責の法理は、「支配者と被支配者の自同性」を根拠としているのであり、この自同性が妥当するのは、国家とその管轄に服する者との関係についてだけであるから、その他の者に対する行為については、国家無答責の法理を適用すべきではない、と述べたのである。これに対して、南京事件判決は、かような筆者の意見書にもとづく原告の主張を十分に理解しないまま、次のとおり述べている。

「原告らは、国家無答責の法理は、もともと国王の不可謬論に基づくものであり、王制下にない国家においては、『治者と被治者の自同性』『国家と法秩序の自同性』の考え方が根底にあるから、我が国の統治権に服しない外国人に対しては国家無答責の法理は妥当しないと主張する」。

---

37) 奥田・前掲注(1)151頁以下〔本書435頁以下所収〕。

「しかし、それは国家無答責の法理なるもの(ママ)不合理性を指摘するものとしては理解できても、本件当時の我が国の法体系においては、軍隊の行為は被告の戦争行為の一作用として権力作用に属し、権力作用については民法の適用が排除されるとされていたことは疑う余地がないことである。しかも、それが戦争ないし軍事行為ないしこれに付随する行為であれば、被害者が日本人であろうと外国人であろうと、同じく国家無答責の対象としていたものであることも明らかというほかない」。

　これによると、南京事件判決は、2つの点で原告側の主張を誤って理解していたことが分かる。第1に、原告側が「国家無答責の法理は、……『治者と被治者の自同性』『国家と法秩序の自同性』の考え方が根底にある」と主張したことについて、南京事件判決は、「それは国家無答責の法理なるもの(ママ)不合理性を指摘するもの」と解している。しかし、別稿で詳しく述べたように、「治者と被治者の自同性」云々は、国家無答責の不合理性ではなく、当時は合理的と考えられていた「根拠」を述べたものである。すなわち、国家無答責の法理は、現在の法観念からみれば、不合理きわまりないものかもしれないが、当時の法観念によれば、それなりの合理的な根拠があったはずである。いかなる法制度であっても、何の根拠もなく実定法化されていたとは考えられない。このように法制度のよってたつ根拠を探究することによってのみ、正しい解釈が可能となるのであり、そして、この根拠から適用範囲の限界が論理的に導き出されると言いたいのである。

　たとえば、法例33条の国際私法上の公序に反する典型例として、しばしば挙げられる一夫多妻制でさえ、イスラム社会では合理的な根拠を有するものであった。「戦死者の家族を、いかにして養うべきか。これこそ、ムスリムの時代環境と社会が求めてやまなかった緊急の問題であった。イスラームはこの問題を《一夫多妻制度》で解決しようとしたのである。すなわち、妻たちを、精神的にも経済的にも完全に『公平』に取り扱う余裕のある者のみが、寡婦や孤児たちと結婚することができると定めたのである。……このように、イスラームの一夫多妻制は、ウフドの戦役による戦死者の家族、とくに寡婦や孤児をい

かに救済するかという社会福祉制度の一環であった。……しかも、この制度を認めるにあたっては、宗教信仰上の高い倫理的要請の裏付けがあったこともまた看過してはならない。ただ肉欲的な性的快楽を満足させるための4人妻制度では決してなかった。4人までの妻を持つためには、その前提条件として、複数の妻を『公正に取り扱う』、『公正を維持する』という、ムスリムとしての倫理的行為の履行が必要とされていたのである。……したがって、高潔な、そして強盛な信仰心を持つ者のみが、この一夫多妻制度をその目的に照らして正しく用いることができるのであり、この条件を欠く者には、一夫多妻制度は手の及ばない、遠い彼方にあるということになる」[38]。

　すなわち、イスラム社会における一夫多妻制は、寡婦や孤児たちの生活を守る社会保障的役割を果たしていたのであり、このように4人までの妻を持つためには、イスラム教に対する強い信仰心が要求されていた。かような一夫多妻制の根拠から、必然的に、この制度はイスラム教徒にのみ適用されるべきである、という人的適用範囲の限界が導き出される。その結果、イスラム教徒以外に、他の宗教を信仰する者も国民とするアジア・アフリカ諸国（インドなど）は、その者が信仰する宗教によって適用されるべき法（とりわけ家族法）を異にする人的不統一法国となったのである[39]。

　同様のことは、国家無答責の法理にも当てはまる。すなわち、国家無答責の法理は、「治者と被治者の自同性」という、当時は合理的と考えられていた根拠を有していたのであり、これによると、治者と被治者の利益は完全に一致するのであるから、国家無答責の法理は、被治者の利益でもあると考えられていた。しかし、かような国家無答責の根拠によるならば、その法理は、治者と被治者の間でのみ適用されるべきである。それゆえ、「我が国の統治権に服しない外国人に対しては国家無答責の法理は妥当しない」という場所的適用範囲の

---

38) 真田芳憲『イスラーム法の精神』（1985年、中央大学出版部）225頁以下。
39) 岡本善八「国際私法と人際法」『国際私法の争点〔新版〕』（1996年、有斐閣）12頁以下参照。かような人的不統一法国に属する者の本国法などの決定については、法例31条参照。

限界が論理的に導き出されるのである（ただし、より正確には、日本の管轄に服しない者に対しては、国家無答責の法理が妥当しない、と言うべきであろう）。

ところが、南京事件判決は、ここで第2の誤解をしている。すなわち、南京事件判決は、「被害者が日本人であろうと外国人であろうと、同じく国家無答責の対象としていた」というが、この「我が国の統治権に服しない外国人」とは、すべての外国人を含んでいるわけではない。南京事件判決の理解によると、原告側の主張は、単純に外国人は日本の統治権に服しないから、国家無答責の法理が妥当しない、というように受け止められたのであろう。しかし、原告側は、日本の統治権に服する外国人と、そうでない外国人を明確に区別していた（ここでも、より正確には、日本の管轄に服する外国人と、そうでない外国人を区別していた、と言うべきである）。

たとえば、日本に居住する外国人は、日本の領域主権に服するし、また日本の在外公館に査証の申請などを行う外国人も、自ら日本の公権力の行使を求めるのであるから、当該行為については、日本の管轄に服していると言える。かような外国人は、日本の管轄に服する外国人であるから、日本の公務員による不法行為は、国家無答責の適用を受ける（かような不法行為の準拠法が日本法になることは、前述のとおりである）。これに対して、本件の原告らは、日本における居住などによって、自ら日本の管轄に服していたわけではない。すなわち、日本の管轄に服さない外国人であるから、日本の公務員による不法行為は、国家無答責の場所的適用範囲から外れるのである。

前述のように、戦前の日本においても、私経済作用については、わが国の民法を適用して、不法行為責任の成立を認めていたように（国家無答責の事項的適用範囲の限界）、本件については、法例11条2項による日本法の累積適用に際し、わが国の民法により不法行為が成立するか否かを判断すべきことになる。そして、本件では、おそらく日本民法によっても、不法行為が成立しているので、法例11条1項による不法行為地法（中華民国法）の適用は妨げられないのである。

(3) 国家無答責の時間的適用範囲の限界

つぎに、国家賠償法附則6項にいう「従前の例」という文言の意味が問題となる。すなわち、この規定は、時際法として、新法と旧法の適用関係を規律するが、かような時際法も、準拠法内部の問題であるから、当該準拠実質法の立場から解釈されるべきである。

ところで、国家賠償法附則6項については、その立法趣旨は、あまり明らかになっていない。第1回国会衆議院会議録、参議院会議録、衆議院司法委員会議録、参議院司法委員会議録をすべて精査したが、わずかに「本法施行前の行為に基き施行後に発生した損害に対する処置いかんとの質疑がなされたのに対し、国または公共団体に賠償責任なしとの政府の答弁でありました」という報告がなされているにすぎない[40]。おそらく新法不遡及の原則は、一般に承認されているから、ある意味で当然のこととして規定されたのであろう。しかし、国家賠償法附則6項にいう「従前の例」という文言の意味は、再度検討する必要がある。すなわち、国会審議における政府答弁のように、当然に、「従前の例」を国家無答責の法理と解するのは疑問である。

国家無答責の実定法上の根拠を考え直してみれば、むしろ「従前の例」という中には、国家無答責の法理は入らないという解釈が導き出される。すなわち、戦前の大日本帝国憲法61条は、「行政官庁ノ違法処分ニ由リ権利ヲ傷害セラレタリトスルノ訴訟ニシテ別ニ法律ヲ以テ定メタル行政裁判所ノ裁判ニ属スヘキモノハ司法裁判所ニ於テ受理スルノ限ニ在ラス」と定め、また行政裁判法16条は、「行政裁判所ハ損害要償ノ訴訟ヲ受理セス」と定めていた。要するに、前者は、行政訴訟について司法裁判所の管轄を否定し、後者は、国家賠償請求について行政裁判所の管轄を否定していたのである。

国家無答責の法理の実定法上の根拠は、これら2つの手続規定に求める以外にない。たしかに、旧民法の制定過程において国家賠償責任に関する規定が削

---

40) 官報号外昭和22年8月8日衆議院会議録第22号248頁、第1回国会制定法審議要録179頁。

除されたことも、根拠として挙げられることがある。しかし、旧民法は、結局のところ施行されなかったのであるから、国家賠償責任に関する規定が起草過程において削除されたことは、実定法上の根拠というわけにはいかない。また、戦前の司法裁判所が訴えを却下せずに、民法の不適用を理由として、請求を棄却していたことも、論理的に考えてみれば、むしろ管轄の不存在を理由として、訴えを却下するのが正しい解釈であったと言える。すなわち、これもまた、実定法上の根拠を十分に考えないで、誤った解釈をした結果と言えるのであるから、ここでは参考にならない[41]。

このように国家無答責の法理が手続規定に実定法上の根拠を有するのであれば、国家賠償法附則6項にいう「従前の例」にこれを含めることは妥当でない。なぜなら、訴訟の原因となった事実がたとえ戦前に起きたものであっても、訴訟が現在行われるのであれば、その管轄は現行法によって判断されるべきだからである。たとえば、平成8年改正の民事訴訟法附則3条本文は、「新法の規定（罰則を除く。）は、この附則に特別の定めがある場合を除き、新法の施行前に生じた事項にも適用する」と規定している。すなわち、新法施行後に係属した訴訟の管轄は、たとえ原因事実が新法の施行前に発生したものであっても、新法によって判断されるというのである。

同じことは、明文の規定がないとはいえ、国家賠償訴訟にも当てはまる。すなわち、戦後は行政裁判所と司法裁判所の区別がなくなり、公権力の行使に関する事件も司法裁判所において審理されるようになった（憲法76条）。ましてや損害要償の訴えに対する管轄を否定した行政裁判法16条は、適用されるはずがない。現在の裁判所の権限および管轄は、裁判所法および民事訴訟法によって判断されるべきであり、それによれば、本件訴訟の管轄は肯定される。ただし、実体法については、国家賠償法附則6項により、現行の国家賠償法を遡

---

41) これに対して、普通水利組合の灌漑排水設備に対する所有権または占有権の不当行使によって権利を侵害されたとする損害賠償請求訴訟について、司法裁判所の管轄を否定した下級審判例がある。その上告審である大判大14・12・11大審院民事判例集4巻706頁参照。

及適用することができないので、結局、民法が適用されることになる。このように国家賠償法附則6項にいう「従前の例」とは、手続法を含まず、実体法だけを含むと解するべきである。

　以上に述べたことは、本件において提出した筆者の意見書の記述とほぼ同じであるが、南京事件判決がまとめているように、原告代理人の主張は、若干異なるニュアンスでなされたようである。「原告らは、被告主張の国家無答責の法理につき、公法私法二元論を前提とした上で、公法関係については、行政裁判所の管轄に属し、司法裁判所の管轄に属さないとする訴訟上の救済手続の欠如を意味するにすぎず、実体法上の根拠を有するものではないとし、行政裁判所制度が廃止された日本国憲法の下では、右訴訟上の障害が除去されたため、国の賠償責任を認めることが可能となったと主張する」。

　このように戦前は訴訟上の救済手続の欠如があり、戦後は訴訟上の障害が除去されたというのは、若干ミスリーディングである。戦前は、公権力の行使による損害の賠償請求訴訟については、司法裁判所および行政裁判所の管轄が否定されていたのであり、その結果、訴えが却下されていたにすぎない。これに対して、戦後は、かような損害賠償請求訴訟についても、裁判所の管轄が肯定されたので、国家賠償法施行後の行為にもとづく損害については、現行の国家賠償法を適用し、また同法施行前の行為にもとづく損害については、民法を適用して、請求権の存否を審理することができるようになった、と言うべきである。このように若干のニュアンスの違いがあるとはいえ、かかる原告側の主張に対し、南京事件判決は、次のように反駁している（下線・奥田）。

　「そのような解釈が<u>論理的には可能</u>であり、通常の『国家賠償法』に係る損害賠償が基本的に『私法』の領域に属するとしても、国家賠償法の施行以前の公権力の行使に関わる国家の損害賠償責任について<u>一般的にはそのように解釈されていない</u>のであって、前記のとおり、行政裁判所制度が廃止された後の日本国憲法下の裁判においても、従来の『国家無答責の法理』を採用し民法の適用を排斥しており（前記最高裁判所昭和25年4月11日第3小法廷判決等）、我が国の当時の法体系として、公権力の行使に係る行為については、実体法である私

法ないし民法の適用自体を否定していたものと解するのが一般的な理解である。そして、これによれば、国家賠償法附則6項が同法施行前の行為に基づく損害について『なお従前の例による』と定めている趣旨は、本件当時の公権力の行使に係る行為については国の損害賠償責任は認めないことをも含んでいるといわざるを得ないのである。すなわち、右の一般的理解とは、明治憲法下では、我が国は国家無答責の原則を採用し、国に対する損害賠償請求は一切認めないとしていたのを、第2次大戦後の現在の憲法17条によって変更し、国及び地方公共団体の公務員の不法行為による賠償責任を明記し、これを受けて、国家賠償法が制定されたというべきである。このような経緯自体に国家賠償の問題をどのように取り扱うかという問題が国家政策と深く関係していることが表れており、ひいては、一般論として、国家賠償の問題は国際私法によって準拠法を定めるような問題ではなく、我が国における国家賠償責任は我が国のみが定めるべきことであり、それは国家賠償法の適用によってのみ定められる、というべきである」。

　以上によれば、南京事件判決は、原告側の主張が「論理的には可能」であることを認めつつも、従来の「一般的な理解」によると、これが認められないという。しかし、原告側は新しい論点を指摘したのであり、従来の「一般的な理解」は、この論点を知らなかったにすぎない。たとえば、そこに引用された昭和25年4月11日の最高裁判決（裁判集民事3号225頁）も、国家賠償法附則6項を実体と手続の区別の観点から解釈するという作業をしていないのであり、かような論点を見落とした判決が先例になるとは思えない。そもそも裁判所は、新しい論点の指摘があった場合には、これに正面から答えるべきであり、さもなければ法律学の発展や新たな判例の展開はないであろう。しかるに、南京事件判決の裁判官は、この新しい論点から意図的に目をそらし、従来の「一般的な理解」の結論のみを採用したのであり、およそ裁判官の職責を果たしたとは言えない。

　あるいは、裁判官は、原告側の主張を正確に理解しなかったのかもしれない。なぜなら、上記の引用箇所では、ここでの論点とは無関係の国際私法不適用説

を述べている。「通常の『国家賠償法』に係る損害賠償が基本的に『私法』の領域に属するとしても」とか、「一般論として、国家賠償の問題は国際私法によって準拠法を定めるような問題ではなく、我が国における国家賠償責任は我が国のみが定めるべきことであり、それは国家賠償法の適用によってのみ定められる」という記述がそれである。しかし、ここでは法例11条2項により、不法行為の成立要件については、日本法が累積適用され、わが国の実質法の解釈が問題となるから、その一環として、時際法たる国家賠償法附則6項の解釈をしているのである。そして、原告側は、この国家賠償法附則6項の解釈を実体と手続の区別の観点から行うべきであると主張しているのであって、国際私法の適用の可否を問題としているのではない。このように南京事件判決は、論点のすり替えさえも行っているのである。

　なお、南京事件判決は、戦前の国家無答責が現行の憲法17条によって変更され、これを受けて、国家賠償法が制定されたのであるから、「このような経緯自体に国家賠償の問題をどのように取り扱うかという問題が国家政策と深く関係していることが表れており、ひいては、一般論として」国際私法不適用説が妥当すると述べている。しかし、たとえば、戦前の「家制度」も現行の憲法24条によって変更され、これを受けて、民法が改正されたのであるから、南京事件判決の論理によるならば、家族制度をどのように取り扱うのかも、国家政策と深く関係しており、国際私法不適用説が妥当することになる（現在も夫婦別姓を認めるか否かは、重要な政治問題であり、国家の利益に深く関わる問題として議論が続けられている)。それでは、婚姻、離婚、親子関係、相続などの問題が国際私法の適用を受けないのかといえば、これらの問題について、国際私法不適用説を主張するものは誰もいないであろう。この点でも、南京事件判決は、国際私法に対する無知をさらけ出している。

4 おわりに

　以上により、南京事件判決の国際私法に関する判旨は、およそ妥当性を有しないものであることが明らかとなった。第1に、その国際私法不適用説は、もっぱら国際私法に対する理解の欠如によるものであり、また国際私法と国際法の区別さえも十分に行っていないものであった。第2に、法例11条2項による日本法の累積適用については、原告側の主張を正確に理解しないで、的外れな批判を行ったものであった。それでは、かような南京事件判決の轍を踏まないためには、どのような点に留意すべきであるのかを最後に述べたい。

　まず、本件で争われている国際私法問題は、まさに国際私法の本質に関わるものであり、それゆえ法の適用関係全体を正確に理解する必要がある。たとえば、国際私法は、国際法ではなく国内法であるから、国際法に関する議論は当てはまらない。南京事件判決は、先例の不存在を強調するが、それは、慣習国際法の成立に関する議論には当てはまるとしても、国内法たる国際私法の解釈では通用しない。

　また、国際私法の指定の対象は、各国の実質法秩序全体であるから、わが国の特定の時代の実質法のみを前提として、国際私法を解釈することは許されない。国際私法により準拠法が指定された後に初めて、新法が適用されるのか、それとも旧法が適用されるのか（時際法）、国家無答責の法理ないし国家賠償法が適用されるのか、それとも民法が適用されるのか（体系際法）などの問題が生じるのであり、これらは、すべて準拠実質法の解釈問題である。

　さらに、裁判官は、新しい論点の提起に対し、実定法の解釈として採用しうるか否かを客観的に判断すべきである。南京事件判決のように、従来の議論において取り上げられていなかったことを理由として、新しい論点を無視するようなことは許されない。旧来の解釈は、その時点までに提起された論点を前提として築き上げられたものにすぎないのであるから、新しい論点の指摘があった場合には、これを最初から見直す必要がある。その際に手掛かりとなるよう

な判例や学説は、むろんほとんど見当たらないであろう。しかし、裁判官は、新たに法を発見する責務を負っているのであり、まさにプロフェショナルの法律家として、後世の批判に耐えうるような法解釈論を展開すべきである。単に従来の議論において取り上げられてこなかったことを理由として、新しい論点を無視するようでは、裁判官としての職責を果たしているとは言えない。

　以上の点を強く要望して、本稿を終えることにする。

IV 国家賠償責任と法律不遡及の原則

1 はじめに

　国家賠償法附則6項は、「この法律施行前の行為に基づく損害については、なお従前の例による」と規定している。すなわち、国家賠償法は、昭和22年10月27日に施行されたのであるから、その施行後の行為にのみ適用され、それ以前の行為には旧法が適用される。この規定は、法律不遡及の原則を定めたものであり、その立法論としての妥当性自体については、とくに異論がないであろう。しかし、そこでいう「従前の例」の意味については、議論の余地がある。

　すなわち、判例の多数は、昭和22年10月26日以前になされた権力的行為については、国家無答責の法理により国家賠償責任が否定されていたとするが、若干の学説は、昭和22年5月3日の日本国憲法施行後ないしポツダム宣言受諾後になされた行為については、たとえ権力的行為であっても、民法ないし憲法17条により、国家賠償責任が認められるべきであると主張していた[1]。そして、最近では、さらに戦後補償に関連して、戦前になされた行為についても、国家賠償責任が認められるべきである、とする見解が現れている。

　筆者もまた、国家賠償法附則6項にいう「従前の例」については、抵触法の立場から若干の問題提起をしてきたが[2]、他方において、これとは全く異なっ

---

[1] これらの判例および学説については、さしあたり宇賀克也『国家補償法』（1997年、有斐閣）15頁以下参照。

[2] 奥田安弘「国家賠償責任の準拠法に関する覚書——戦後補償のケースを中心として」北大法学論集49巻4号130頁以下〔本書479頁以下所収〕（以下では「奥田

た立場から、国家の賠償責任を肯定する見解が以前から存在しており、両者の違いを明らかにする必要があると考えるに至った。なぜなら、これらの見解は、国家賠償法附則6項や様々なレベルの法の適用関係を全く無視しているのではないか、と思われるような議論を展開しており、結論的には、筆者と異なるところがないとはいえ、解釈論として首肯しかねる点が多いからである。そこで、以下では、かような見解として、古川純「日本国憲法と戦後補償」（以下では「古川論文」という）、西埜章「戦争損害と国家無答責の原則」（以下では「西埜論文」という）、中国戦後補償弁護団の主張を取り上げることにする[3]。

また、国家無答責の法理については、従来、関連法規の立法経緯が十分に解明されておらず、これが議論の混乱を招く一因になっていたと思われる。そこで、筆者が入手しえた資料により、旧民法財産編373条および現行民法715条の立法経緯をできる限り明らかにしたい。むろん筆者は、国家賠償法ないし民法の専門家ではないから、思わぬ間違いがあるかもしれないが、ひとまず資料の存在を示したうえで、今後の研究の進展は専門家の手に委ねたい。さらに、行政裁判法16条および裁判所構成法26条の立法経緯については、なお十分に明らかにすることができなかったが、関連の文書も参照しながら、草案の変遷を見直すことにしたい。これらの関連法規の立法経緯から、筆者の見解は、さらに強化されたと考えている。

そこで、改めて抵触法の立場から、筆者の見解を整理しておくことにする。

（覚書）」として引用する）、同「国際私法からみた戦後補償」奥田安弘＝川島真ほか『共同研究中国戦後補償─歴史・法・裁判』（2000年、明石書店）150頁以下〔本書434頁以下所収〕（以下では「奥田（共同研究）」として引用する）、同「戦後補償裁判とサヴィニーの国際私法理論(2)完」北大法学論集51巻4号355頁以下〔本書530頁以下所収〕（以下では「奥田（サヴィニー2）」として引用する）。

3) 古川純「日本国憲法と戦後補償─15年戦争の国家責任をめぐって」法学セミナー477号32頁、西埜章「戦争損害と国家無答責の原則」法政理論（新潟大学）31巻2号107頁。中国戦後補償弁護団の主張については、東京地判平11・9・22判タ1028号92頁。

ここでは、新たに関連法規の立法経緯を取り込むと同時に、古川論文、西埜論文、中国戦後補償弁護団との見解の相違を明らかにするよう努めた。すなわち、これらの見解は、「現在」からみて国家無答責の法理が不合理であるとして、その適用を排除しようとしているが、筆者の見解は、国家賠償法附則6項の解釈を根拠とするものである。同じ結論を導くにしても、そのプロセスが重要であることは言うまでもない。現在進行中の裁判にも関わることであるが、あえて問題提起を行う次第である。

2 従来の見解に対する批判

(1) 古川論文

　古川論文は、戦前の国家無答責の法理について、「憲法や法律の明文の規定に基づくものではなく、解釈学説における公法・私法の二元論によるものであり、その意味で学説の果たす役割は重要であった」としたうえで、戦前においても、批判的学説があったことを重視する。そして、末広厳太郎、田中二郎、三宅正男の見解を紹介した後、次のように「批判的学説の意義」を述べている[4]。

　「以上のような明治憲法下における国家無責任の法理に対する批判的学説の存在は、今日どのような意義を有するのであろうか。昭和13＝1938年に明治憲法下の種痘法に基づく種痘を受けて被害にあった者の国に対する民事上の損害賠償請求訴訟において、名古屋地裁は、接種当時は接種の強制と義務履行は公権力の行使であり、原則として民法709条の適用がないとした（予防接種ワクチン禍東海地方訴訟）。この事例に対して阿部泰隆教授は、過去の法律の解釈問題について、『明治憲法時代でさえ、公権力の行使について民法を適用する解釈があったことに照らすと、理論的には、今日の裁判所としては、当時の判例

---

[4]　古川・前掲注(3)34頁以下。なお、古川論文が引用する阿部泰隆教授の見解は、同『国家補償法』(1988年、有斐閣)41頁に掲載されたものである。本稿の批判は、かかる阿部教授の見解にも当てはまる。

に従えば足りるのでなく、当時の法令の解釈を現時点でやりなおすべきであろう』と、興味ある指摘をしている。この考え方をとるならば、進行中の戦後補償裁判において裁判所は、国側主張の国家無責任の法理に安易にもたれかかることなく、強制連行等の国家の権力的行動の不法行為については、法律の特別の規定がない限り民法の適用を原則とする解釈学説に依拠して、『当時の法令の解釈を現時点でやりなおす』べきであろう。国家賠償法（昭和22＝1947年10月27日施行）附則6項は経過規定として『この法律施行前の行為に基づく損害については、なお従前の例による』と定めるが、『従前の例による』とは民法の適用を原則とすると解釈すればよいのである」。

このように古川論文は、①国家無答責の法理が解釈学説に基づくものであること、②戦前においても反対説があったこと、③今日の裁判所は当時の法令の解釈をやりなおすべきであることを根拠として、国家賠償法附則6項にいう「従前の例」とは民法の適用であると主張する。しかし、これに対しては、次のような疑問が生じる。

第1に、国家無答責の法理は、後述のように、民法の起草者の意思に基づくものであり、単なる解釈学説に基づくものではない。たしかに、権力的行為による損害について民法を適用しないとする明文の規定があったわけではないが、これは、国家無答責の法理によるべき場合とそうでない場合の区別を解釈に委ねたものにすぎず、少なくとも一定の範囲において国家無答責の法理を認めることは、当然の前提とされていたのである[5]。かような起草者の意思を探究することもなく、明文の規定がないことから、直ちに国家無答責の当否そのものが解釈学説に委ねられていたかのように言うのは、いささか性急すぎるきらいがある。

第2に、戦前においても、国家無答責の法理を批判する学説があったことは確かであるが、国家無答責の法理を解釈論として否定する学説は少数であった。しかも、かような学説は、実定法上の根拠を十分に示しておらず、結局のとこ

---

5) 後述3(2)(3)参照。

ろ、判例の受け入れるところとはならなかった[6]。このように実定法上の根拠を十分に示さない学説を、あたかも法源であるかのように扱う見解には疑問を禁じえない。

　第3に、今日の裁判所による解釈のやりなおしとは、何を意味しているのであろうか。戦前の判例の変更を意味するとしたら、その根拠として、国家無答責の法理を批判する少数説の存在を挙げただけでは足りないであろう。古川論文は、どうやら日本国憲法を根拠として解釈のやりなおしを主張しているようである。現に同論文は、最後に次のように述べている[7]。

　「日本国憲法は、戦後補償の法理を明文をもっては定めていない。新たに主権者となった国民が、戦争責任を負うべき昭和天皇を免責して国および国民統合の『象徴』の地位につけたことにより、15年戦争の国家責任（戦争責任および戦後責任）と補償の問題をあいまいにしてしまったからではないであろうか。しかしわれわれは新たな歴史認識の下に憲法の再解釈を行わなければならない」。

　「憲法前文において、『日本国民は、……政府の行為によって再び戦争の惨禍が起ることのないようにすることを決意した』といい、また『日本国民は、恒久の平和を念願し、人間相互の関係を支配する崇高な理想を深く自覚』し、『われらは、平和を維持し、専制と隷従、圧迫と偏狭を地上から永遠に除去しようと努めてゐる国際社会において、名誉ある地位を占めたいと思ふ』と宣言した。まさしく前文は、『政府の行為』による『戦争の惨禍』をもたらした損害を認識し、国際社会に『名誉ある地位を占めたい』という意思表示をしたわけだが、この意思表示には明治憲法下の国家による15年戦争の国家責任を引

---

[6]　宇賀克也『国家責任法の分析』（1988年、有斐閣）415頁は、渡辺宗太郎の見解について、同様の趣旨を述べているが、古川論文の引用する末広厳太郎、田中二郎、三宅正男の見解にも、同じことが当てはまるであろう。また、田中二郎が後に立場を変えて、国家無答責の法理を支持するようになったことについては、宇賀・同書416頁参照。さらに、秋山義昭「行政法からみた戦後補償」奥田＝川島ほか・前掲注(2)59頁も参照。

[7]　古川・前掲注(3)35頁。

き受ける趣旨が含まれており、私はこれが先述の批判的学説との媒介項的役割を果たすと解すべきであると思うのである」。

このように古川論文は、戦後補償を行うことが現行憲法の趣旨に合致すると述べている。これは、おそらく「今日の裁判所」は現行憲法を遵守する義務を負っているから、その憲法の趣旨に反するような判決を下すべきではない、と言いたいのであろう。しかし、それでは、国家賠償法附則6項はどうなるのであろうか。戦後補償について、この規定を適用すること自体が違憲である、とでもいうのであろうか。そうであれば、あたかも現行憲法を遡及適用したことにならないのであろうか。かような憲法の遡及適用は認めてよいのであろうか。このように様々な疑問が生じるのである[8]。

(2) 西埜論文

西埜論文は、かなり回りくどい構成を採用している。まず、戦後補償における救済方法として、立法による解決および立法の不作為責任を挙げた後、これらは十分でないとしたうえで、さらに民法の適用を主張し、「現在の訴訟であっても、戦前の権力的加害行為に対して国家無答責の原則が妥当するものか否かという基本的問題が解決されなければならない」と述べる[9]。

つぎに、中国戦後補償裁判における原告側および被告側の主張を長々と引用した後、戦前の行為について国の損害賠償責任を否定した幾つかの戦後の判例を引用する。さらに、戦前の通説判例が国家無答責の法理を認めていたことを確認した後、次のように述べている[10]。

---

8) ちなみに、フィリピン慰安婦事件の控訴審において、国家賠償法附則6項が違憲である旨の主張がなされたが、裁判所は、「憲法施行前に行われた公務員の不法行為について遡及的に国等の賠償責任を認めることが憲法上要請されていたとする格別の根拠はないことからすれば」、かかる主張は認められないと判示した。東京高判平12・12・6訟月47巻11号3301頁、判時1744号48頁、判タ1066号191頁。

9) 西埜・前掲注(3)113頁。

10) 西埜・前掲注(3)124頁。

「しかし、このことは、戦前の日本軍の残虐非道行為による損害に対して現在においても国の賠償責任が否定されるべきである、ということを直ちに意味するものではない。現行憲法 17 条は国の賠償責任を明文で定めているが、これはいわば時代の趨勢であり、これによって国家無答責の原則は完全に否定された。原告らの損害賠償請求は、戦前に行われたのではなく、現在において行われているのである。従って、原告らの損害賠償請求を斥けるために戦前の国家無答責の原則を持ち出すことが、現在において許されるか否かが問題とされなければならない」。

このように述べたうえで、同様の問題提起として、阿部泰隆、古川純、中国戦後補償弁護団の見解を引用するが、西埜論文は、同じ結論を支持するために、次のような理由づけを主張する[11]。

「戦前の権力的加害行為については当時の国家無答責の原則が適用されるべきであるというのは、法の解釈としては、きわめて当然なことのように見えないでもない。しかし、その行為が現行憲法の基本的人権尊重主義に違反するだけではなく、明治憲法の人権保障の精神にさえ明らかに違反するような残虐性の著しい非道行為に対して、現在の損害賠償請求訴訟において、国家無答責の原則を持ち出すことが許されるかどうかが問われなければならない」。

「結論からいえば、このような事案において国家無答責の原則を持ち出すことは、いわば『正義公平の原則』違反として許されないものと解すべきであろう。正義公平という一般的法原則に依拠することに対しては、このような発想は唐突であり、それは立法の際の法理念としては考慮されるべきではあるが、法の解釈の次元においては直ちに適用可能な基準とはいえない、との強い批判が予想される。しかし、正義公平の原則は、一般的法原則として条理法に位置づけられるものであり、単なる法の理念としてだけではなくて、法の解釈の次元においても基本原理として重要な意義を有しているものと解すべきである」。

「戦争犠牲者訴訟ではないが、予防接種事故が発生してから 20 年を経過した

---

11) 西埜・前掲注(3) 125 頁以下。

後に損害賠償請求訴訟を提起したために、除斥期間の経過を争われた事件において、最判平成10・6・13（判時1644号42頁）は、被害者が相手の不法行為によって心神喪失した場合にも加害者への一切の請求権が失われると解するのは『著しく正義・公平の理念に反する』として、民法158条の時効停止の規定を類推適用すべきであると判示している。これは、『特段の事情』がある場合に限定してではあるが、最高裁が一般的法原則の適用を認めたものとして高く評価することができる」。

「従軍慰安婦事件等においては、正義公平の原則により、国家無答責の原則の適用を主張することは許されないものと解すべきである。このような考え方は、中国人従軍慰安婦訴訟等における原告側主張とほぼ同じであるが、次の点において若干相違している。すなわち、原告側主張が国家無答責原則の妥当する範囲を制限的に捉えようとするのに対して、私見はその妥当範囲を制限せず、ただ、現在においてその原則を持ち出すことは正義公平の原則に反して許されない、と主張するものである」。

このように西埜論文は、「正義公平の原則」にもとづき、「残虐性の著しい非道行為」については、国家無答責の法理を持ち出すことができないというが、そこには幾つかの疑問が生じる。

第1に、西埜論文は、「現行憲法の基本的人権尊重主義に違反するだけではなく、明治憲法の人権保障の精神にさえ明らかに違反するような残虐性の著しい非道行為」と述べているところを見ると、どうやら「正義公平」の基準を現行憲法および明治憲法に求めているようである。しかし、あたかも現行憲法を遡及適用するような考え方については、前述の古川論文に対する疑問がそのまま当てはまる。また西埜論文は、明治憲法に対する違反をいうが、戦前において、裁判所の違憲立法審査権が認められていたのか[12]、仮にこれが認められていたとしても、明治憲法のどの規定に対する違反があったのか、また外国人に対し憲法上の人権保障が及んでいたのか、等々の点を明らかにしていない。

---

12) ちなみに、法律が明治憲法に違反するか否かに関する実質的審査権は、判例により否定されていた。清宮四郎『憲法Ⅰ〔新版〕』（1971年、有斐閣）365頁参照。

第2に、西埜論文は、国家無答責の法理を「持ち出すことは……許されない」とか、「適用を主張することは許されない」と述べているが、その意味するところは必ずしも明らかでない。仮に、被告の国側が国家無答責の法理を援用できない、という意味であるとしたら、かような援用権としての構成には大いに疑問がある。あるいは西埜論文は、時効停止の規定を類推適用した最高裁判決を引用したために、時効と国家無答責の法理を混同してしまったのかもしれない。しかし、国家無答責の法理については、裁判所は職権により、その適用の可否を判断すべきであり、当事者の主張に拘束されるわけではない[13]。

　第3に、西埜論文の引用する最高裁判決の事案は、加害行為の時点では損害賠償請求権が成立しており、その後、除斥期間の経過によって請求権が消滅するか否か、という問題が争われたものであった。これに対して、一連の戦後補償裁判においては、逆に加害行為の時点では、国家無答責の法理により損害賠償請求権が存在していなかったとされている。少なくとも西埜論文は、それを前提にしていると解される。それでは、もともと存在していなかった損害賠償請求権が、なぜ現在においては存在するようになったのであろうか。そこには、西埜論文の引用する最高裁判決とは異なった理由づけが必要となるはずである。西埜論文は、最高裁判決と同様に「正義公平の原則」を挙げるが、そこでいう正義の観念は、全く異なった内容にならざるを得ない[14]。また、西埜論文は、

---

13)　西埜論文は、国家無答責の法理が現行法上廃止されたことから、旧法をあたかも外国法であるかのように扱っているきらいがある。しかし、外国法も法律である以上、裁判官は職権により外国法を適用解釈すべきであり（川又良也「外国法の内容の証明」『国際私法の争点〔新版〕』（1996年、有斐閣）70頁以下）、ましてや国家無答責の法理は日本法の一部であるから、その適用解釈が裁判所の職責に属することは、あまりにも当然である。

14)　ここでは、後述4(6)のように、時際法上の正義の観点からの考察が必要であると考える。ちなみに、国際私法上の正義と実質法上の正義の違いについては、次のような例を挙げることができる。すなわち、平成元年改正前の法例は、離婚の準拠法として夫の本国法を指定していたが、改正後は、原則として夫婦の同一本国法・同一常居所地法・最密接関係地法の段階的連結による（16条）。これは、国際私法上の両性平等の観念によるものである。具体的に指定された準拠法は、

前述のように、現行憲法が国家賠償責任を認めたことを「時代の趨勢」と評し、その直後に、原告らの損害賠償請求が戦前ではなく現在行われていることを強調している。あるいは、これが西埜論文のいう正義の観念であるのかもしれない。しかし、そうであれば、まさに現行憲法の遡及適用であり、国家賠償法附則6項を完全に無視することになるのではないか、という疑問が生じる。

(3) 中国戦後補償弁護団の主張

中国戦後補償弁護団は、一連の戦後補償裁判のなかでは、比較的遅くに提起された中国民間人の訴訟のために結成されたものであり、731部隊・南京事件、従軍慰安婦事件、強制連行事件、毒ガス遺棄事件、平頂山事件などを扱っているが[15]、本稿の執筆時点（平成13年1月）までに判決に至ったのは、731部隊・南京事件のみである。ここでは、その平成11年9月22日の東京地裁判決（以下では「南京事件判決」という）に記述された弁護団の主張を取り上げることにしたい[16]。

中国戦後補償弁護団の主張は、大きく分けて国際法上の請求権と国内法上の請求権からなる。前者は、1907年の「陸戦ノ法規慣例ニ関スル条約」（裁判所は、これを「ヘーグ陸戦条約」として引用する）3条ないし慣習国際法により、戦闘法規に違反する行為について、直接に個人が外国政府に対し損害賠償請求権を有するというものであり、後者は、法例11条の指定する不法行為準拠法たる中華民国法により、損害賠償請求権を有するというものである。筆者は、中

あるいは夫の地位を妻の地位よりも高くしているかもしれないが、これは、実質法上の正義の問題であり、国際私法上の正義とは無関係である。鳥居淳子「国際私法と両性平等」『国際私法の争点〔新版〕』（1996年、有斐閣）38頁以下参照。奥田安弘「戦後補償裁判とサヴィニーの国際私法理論(1)」北大法学論集51巻3号250頁以下〔本書491頁以下所収〕（以下では「奥田（サヴィニー1）」として引用する）も参照。

15) 山田勝彦「裁判実務からみた戦後補償」奥田＝川島ほか・前掲注(2)217頁以下参照。

16) 東京地判平11・9・22訟月47巻1号41頁、判タ1028号92頁。

Ⅳ　国家賠償責任と法律不遡及の原則　555

国戦後補償弁護団の依頼により、後者の点に関する意見書を幾つか提出したが[17]、弁護団は、とりわけ国家無答責の法理については、筆者の見解と異なる主張を行っている。

　まず、一般的に国家無答責の法理が問題となる理由を説明すれば、次のとおりである。　法例11条1項によれば、外国でなされた不法行為については、不法行為地法として外国法が適用されるが、同条2項は、「日本ノ法律ニ依レハ不法ナラサルトキハ」前項の規定を適用しないとしている。すなわち、不法行為の成立要件については、不法行為地法と日本法が累積的に適用されるから、たとえ中華民国法により不法行為が成立したとしても、日本法の適用結果として、国家賠償責任が否定されるのであれば、結局のところ、不法行為は成立しないことになる[18]。

---

17)　前掲注(2)の奥田（覚書）および奥田（共同研究）は、南京事件判決以前に提出した意見書に加筆訂正したものである。これに対して、奥田（サヴィニー1）前掲注(14)および奥田（サヴィニー2）前掲注(2)は、南京事件判決を批判するために執筆した意見書をそのまま転載したものである。

18)　これに対して、南京事件判決は、そもそも本件については、法例によることなく、当然に日本法が適用されるが、仮に法例11条1項により外国法が適用されるとしても、「原告らの各請求は、最終的には、日本法の要件を充足しなければ成立せず、また、その効力についても日本法の適用を受ける」として、国家賠償法附則6項により、国家無答責の法理が適用されるとする。前者の国際私法不適用説に対する批判としては、奥田（サヴィニー1）前掲注(14)249頁以下および奥田（サヴィニー2）前掲注(2)335頁以下〔本書490頁以下所収〕。さらに、学説においては、国際私法不適用説の論拠として、①「わが国の財政が外国法に左右されるとすれば、わが国の統治構造の根幹にかかわる」、②国家賠償は「国の公権力行使の正当性に関わる問題」である、③「戦時下で行われた行為は立法者の意図を超えた異常事態」であるという見解が主張されている。駒田泰士・ジュリスト1213号154頁参照。しかし、①は、国庫からの支出を問題とするのであれば、契約違反による損害賠償請求についても、同じ議論が成り立つはずであるが、契約の準拠法に関する法例7条の適用を否定する見解は見当たらない。澤木敬郎「国家との契約」『現代契約法大系第8巻』（1983年、有斐閣）161頁以下参照。②は、損害賠償請求という私人の救済とその先決問題としての公法的法律関係を混同している。奥田（サヴィニー2）前掲注(2)345頁〔本書519頁所収〕

そこで、国家無答責の法理が問題となったのであるが、この点に関する弁護団の主張について、南京事件判決は、次のとおり判示している。

「原告らが外国人に対し国家無答責の法理が適用されない一事例として指摘するパネー号事件は、前記のとおり、1937 年 12 月 12 日に旧日本軍がアメリカ合衆国砲艦パネー号他の艦船を爆撃したことに対し、日本政府が、アメリカ合衆国政府に対し、約 221 ドルを支払ったというもので、国家間において解決が図られた事例であって、被害者個人が民法の規定を根拠にして我が国に損害賠償を求めた事例ではないから、これをもって我が国が外国人に対して主権免責の原則を廃したものとすることはできない」。

「原告らは、国際慣習法としてのヘーグ陸戦条約 3 条が国内法的効力を有する結果、条約上の義務が国内法に優位するため、国家無答責は主張し得ないと主張する。しかし、ヘーグ陸戦条約 3 条の趣旨は前記のとおりであって、国家無答責という以前に、原告ら個人の我が国に対する直接の損害賠償請求権を根拠付けるものとは認められない」。

まず、前者において言及されたパネー号事件は、米国政府が自己の損害賠償請求権を行使したものであり、被害者個人の損害賠償請求権を代理人として行使したものではない[19]。たしかに、221 ドルという賠償金には、個人の損害が含まれているのであろう。しかし、個人の損害は、米国政府の受けた損害の計算の手段として使われたにすぎない。現に米国政府は、国際法上、この賠償金を個人に支払う義務を負っていない。このように国家の請求権と個人の請求権は、明確に区別すべきであり、弁護団の主張が認められないのは当然である[20]。

　　　参照。③は、「異常事態」というだけでは思考の停止であり、論評に値しない。
　19)　「米國砲艦『パネー』號事件ニ關スル外務省發表」外務省情報部『支那事變關係公表集（第三號）』（1938 年）24 頁以下参照。
　20)　奥田（サヴィニー 2）前掲注(2)353 頁以下〔本書 528 頁以下所収〕。ただし、南京事件判決は、他方で、「甲国家の乙国家に対する国家責任としての損害賠償責任を論じるに際して、いわば抽象的な乙国家それ自体の損害のみが問題とされ、乙国家の国民に関する損害が切り離されているとは容易に考えられない」とも述

つぎに、後者にいうヘーグ陸戦条約3条は、仮に個人の損害賠償請求権を根拠づけるものであるとしたら、民法や国家賠償法などの国内法起源の法規に対する特別法として適用されるのであり、国家無答責の法理とは何の関連も有しない。また逆に、条約が個人の損害賠償請求権を否定している場合にも、それとは別に、国内法上の国家無答責の法理を制限する根拠になるとは考えられない[21]。要するに、これもまた次元の異なる問題を混同した主張であって、裁判所がこれを認めなかったのは当然である。

3 関連法規の立法経緯

(1) 立法経緯の研究の必要性

前述のように、古川論文は、国家無答責の法理が解釈学説によって発展させられたものであるかのようにいうが、このように立法経緯を軽視する傾向は、他の学説にも見られる。たとえば、宇賀克也教授は、その著書において、次のように述べている[22]。

「戦前のわが国では、なにゆえ公権力の違法な行使につき国が免責されるのかという国家無答責の根拠が、必ずしも十分に論じられることなく、とりわけ行政裁判法制定後は、殆ど自明の理と考えられてきたように思われる。これは、1つには、明治憲法下で、公法私法二元論が支配的となり、公権力の行使に関する事件は公法上の事件として、司法裁判所は管轄を有しないと考えられたが、行政裁判法も、16条で、損害要償の訴訟に対する管轄をアンブロックに否定したため、実体的根拠を論ずるまでもなく、訴訟法上の理由で国家責任を追及する道が閉ざされていたことによるのであろう。違法な公権力の行使に基づく

べている。これによれば、パネー号事件において、日本政府が米国政府に対して損害賠償を支払ったことは、国家無答責の法理を否定したとも解されることになる。このように南京事件判決では、随所に矛盾した判示が見受けられる。
21) 後述4(4)参照。
22) 宇賀・前掲注(6)413頁。

国家賠償請求が行政裁判所に提起されたときには、行政裁判所は、国家無答責を理由づける必要はなく、単に行政裁判法16条を援用して請求を却下すれば足りたし、司法裁判所もまた、国家無答責根拠論に立ち入るまでもなく、公法上の責任には私法は適用されないと述べるだけで足りた。行政裁判所も司法裁判所も、自らの管轄権を越えておよそ一般に国家責任が認められるべきや否やにつき論ずる義務はないのであるから、当時の法制の下では、これは、やむを得ないことであったと思われる」。

このように宇賀教授は、戦前の法制度のもとでは、国家無答責の法理が「自明の理」であったと主張するが、他方において、「司法裁判所に関しては、国家責任についての明文の規定はなかったわけであるから、立法者意思がどうであれ、高権的活動における国の責任についても民法を適用する余地はあったのであり、これがなされなかった点については、消極的に評価されようが、他面で、英米型主権免責理論を採用する余地もあったのであり、国の私経済的活動に基づく責任について民法を適用した点については、積極的に評価されよう」と述べている[23]。

宇賀教授は、ここで「立法者意思がどうであれ」というが、その著書において、立法者意思を詳細に調査した形跡は見当たらず、明文の規定が置かれなかった理由も明らかにはされていない。それにもかかわらず、「高権的活動における国の責任についても民法を適用する余地はあった」と主張するのは、古川論文が解釈のやりなおしを主張するのと軌を一にしていると言えよう[24]。

これに対して、関連法規の立法経緯を明らかにしようとする試みが全くなか

---

[23]　宇賀・前掲注(6)419頁。さらに同書418頁は、「ボアソナード草案では、公権力の行使の場合と私経済的活動の場合を区別することなしに民法を適用して国の責任を認めようとしていたのであるから、旧民法典から国家責任規定を削除した立法者の意図は、私経済的活動を含めて一切国家責任を否定することにあったとみることも全くできないわけではない」としている。しかし、後述3(2)のように、旧民法の起草者は、一定の範囲でのみ国家の賠償責任を否定する意図であったから、この記述も明らかな誤りである。

[24]　前述2(1)参照。

ったわけではない。たとえば、ボアソナードの旧民法財産編草案393条は、権力的行為についても、国家の賠償責任を認めていたが、最終的に公布された旧民法財産編373条は、明文では国家の賠償責任について規定していない。近藤昭三「ボアソナードと行政上の不法行為責任」（以下では「近藤論文」という）は、その経緯を探ろうとした唯一の研究と言えるであろう[25]。

まず、近藤論文は、ボアソナードの民法草案として、「ボアソナード氏起稿民法草案財産篇講義第二部上巻人権之部」、"Projet de Code civil pour l'Empire du Japon, accompagné d'un commentaire par G. Boissonade t. II 1883"、「再閲日本民法草案」を取り上げている。そして、これらは、それぞれ次のように規定していた[26]。

「家長、仕事師及ヒ運送其他ノ請負人、公私ノ管理所等ハ總テ其僕婢、職工、雇人其他使用ヲ受クル者ノ委託ヲ受ケタル事件ノ執行中又ハ事件ニ関シテ醸シタル損害ノ責ヲ擔當ス可シ」

「主人、親方、工事、運送その他の事業の企業者、公的および私的事業体はその召使、労務者、使用人または雇人が任ぜられた業務の執行において又は業務に際して生ぜしめた損害につき責任を負う」（近藤訳）。

「主人及ヒ棟梁、工業、運送若クハ其他ノ事業ノ起作人、公私ノ事務所ハ其僕婢、職工、屬員若クハ主管ニ依リ之ニ委託シタル職掌ノ報行中若クハ其際ニ引起サレタル損害ノ責ニ任ス可シ」

これらの草案では、いずれも「公……ノ管理所」「公的……事業体」「公……ノ事務所」という文言が入っており、それぞれに若干のニュアンスの相違があるとはいえ、国家の損害賠償責任を認めていた。そして、「再閲日本民法草案」が確定稿とされている。

ところが、続いて近藤論文は、ボアソナードが依拠したと思われるフランスの判例を紹介した後、いきなり明治23年公布の旧民法財産編373条を引用し、

---

25) 近藤昭三「ボアソナードと行政上の不法行為責任」法政研究（九州大学）42巻2・3号179頁。

26) 近藤・前掲注(25)195頁以下。

国家の損害賠償責任に関する文言が削除された経緯は明らかでないとする。すなわち、旧民法財産編373条は、「主人、親方又ハ工事、運送等ノ營業人若クハ總テノ委託者ハ其雇人、使用人、職工又ハ受任者カ受任ノ職務ヲ行フ為メ又ハ之ヲ行フニ際シテ加ヘタル損害ニ付キ其責ニ任ス」と規定しており、近藤論文によれば、「問題の部分は、明治22年1月に内閣が草案を元老院に付議してのち、元老院審議、政府修正・加除のいずれかの段階で削除されたのであろうが、その間の経緯は明らかでない」とされている[27]。

このように述べながらも、近藤論文は、たまたま梧陰文庫に残っていた井上毅の今村和郎宛の書簡を引用し、削除の経緯を憶測する。すなわち、この書簡において、井上毅は、国家賠償責任を認めるか否かは「未来ノ大問題」であり、これを認めた旧民法373条は、「猶再議ノ機會ヲ待ツヘシ」と述べていた。そこで、近藤論文は、この書簡が明治22年6月22日付けであると推理したうえで、その背景について、次のような憶測を述べている[28]。

「原案の393条は、全体的審査による修正削除の結果、すでに373条にくり上ったのであろうがその段階でもなお、国家責任の規定は依然として維持されており、今村和郎のような有力な支持を得ていたことが窺われる。今村和郎とボアソナードの関係や、法律取調委員会における栗村報告委員の発言が殆どボアソナードの口写しであることを考えあわせると、この審議過程におけるボアソナードの影響はかなり顕著といえよう」。

「しかし結局、国家責任に民法原則を適用する主張は、最後の段階で敗退した。井上毅がいかなる方法で『再議ノ機会』をとらえて『未来ノ大問題』に取り組んだかは詳らかにしえないが、旧民法373条から国家責任の規定は姿を消した」。

要するに、近藤論文は、井上毅の今村和郎宛の書簡から、両者の間に見解の対立があり、結局のところ、旧民法財産編373条は、国家賠償責任を規定しなかったのであるから、井上毅の主張が採用されたかのように述べている。しか

---

27) 近藤・前掲注(25) 201頁。
28) 近藤・前掲注(25) 202頁以下。

し、筆者が入手しえた立法資料によれば、問題は、そのように単純なものではなかったことが窺われる。以下では、その資料の内容を紹介することにしたい。

(2) 旧民法財産編373条

近藤論文によれば、ボアソナードの旧民法財産編草案393条は、法律取調委員会の審議にかけられ、明治21年2月21日の第1回審議および同年10月2日の第2回審議において、原案どおり可決されたが、明治22年6月22日に井上毅が今村和郎あてに書簡を送ったのであるから、その後にボアソナード草案が修正されたことになる。その修正の経緯は、『日本近代立法資料叢書』に収められた資料により明らかとなる。

まず、法律取調委員会「民法草案財産篇第三七三條ニ關スル意見」によれば、ボアソナード草案の修正を提案したのは、井上毅ではなく今村和郎であった。その時点で、ボアソナード草案は373条に繰り上がっていたが、今村和郎と思われる今村報告委員は、「公私ノ事務所」という文言から「公私ノ」の3文字を削除し、「國、府、縣、町、村ニモ本條ノ規定ヲ適用ス但法律ヲ以テ特ニ責任ヲ免除スル場合ハ此限ニ在ラス」という文言を追加する旨の修正案を提出したのである[29]。

この今村修正案は、明治22年9月4日に提出されたものであり[30]、国家および地方自治体の損害賠償責任について、民法の適用を原則としながら、例外的に特別法による免責がありうることを定めていた。今村報告委員は、この修正案の提出に際して、次のような意見を述べている（下線・奥田）[31]。

---

29) 法務大臣官房司法法制調査部監修『法律取調委員會・民法草案財産編第三七三條ニ關スル意見（日本近代立法資料叢書16）』（1989年、商事法務研究会）39頁以下（以下では『資料叢書16』として引用する）。

30) 『資料叢書16』前掲注(29)18頁によれば、「西委員ノ意見」は明治22年9月10日付けとなっており、そこにいう「本月四日ヲ以テ垂示セラレシ國家ノ責任ニ關スル意見書」とは、今村修正案を含む今村報告委員の意見書を意味していると解される。

31) 『資料叢書16』前掲注(29)29頁。

「第一問題ニ曰ク國家カ政ヲ行フニ當テ人民ノ權利ヲ毀損シタルトキハ賠償ヲ爲スノ責ニ任スルカ」

「按スルニ國家ノ性質ヲ講スル者ノ説種々アリト雖モ要スルニ其主タル目的ハ人民ノ權利ヲ保護シ及ヒ幸福ヲ増進スルニ在リテ人民ニ害ヲ加フル者ニ非ス故ニ或ル學者ハ曰ク國家ハ惡ヲ爲スコト能ハスト誠ニ然リ是ヲ以テ國家カ責ニ任スル場合ナシ且民法案三百七十條ニモ國家カ責ニ任スルコトヲ規定セス因テ此問題ヲ起スコトナシ」

「然ルニ西國ノ學者ハ國家モ亦民法ニ依テ賠償ノ責ニ任スルコトアリト論スル者多シ……」

「按スルニ此等ノ學者ハ皆國家カ犯罪又ハ準犯罪ヲ爲スコトアリト豫想シテ説ヲ立ツルモノナリ國家ノ何者タルヲ深ク研究セサルノ過チニ出ツルカ」

「國家ハ人民ノ權利ヲ保護シ其幸福ヲ増進スルヨリ以外ノ事ヲ爲サス故ニ人民ニ害ヲ加エス彼ノ國家カ權利ヲ害シタルカ如キ場合ニ於テハ實ニ加害者ハ國家ニ非スシテ國家ノ事ヲ行フ官吏ナリ而シテ其害ヲ加エタルトキハ必ス故意又ハ過失ニテ法律ニ背反スル處置ヲ爲シタルニ因ルナリ何トナレハ法律ハ權利ヲ保護スルコトヲ命令シ決シテ之ヲ害スルコトヲ命令セサレハナリ是故ニ國家ノ事ヲ行フ者ノ犯罪又ハ準犯罪ニ付テハ國家ハ間接ニ其責ニ任スルヤ否ノ問題ヲ惹起ス即チ下ニ掲クル第二問題ニシテ本論ノ最モ答議ニ苦ム所ナリ」

このように今村報告委員は、2つの問題を区別していた。第1は、国家が人民の権利を侵害した場合に、賠償責任を負うのかという問題であり、第2は、官吏が賠償責任を負う場合に、国家は間接的に責任を負うのかという問題である。

まず、前者については、国家とは「人民」の権利を保護し、その幸福を増進するものであるから、そもそも悪をなしえないとしている。すなわち、国家は自ら不法行為をなすことはありえないから、不法行為の一般規定である民法草案370条の適用を受けないというのである。ここでは、自己責任としての国家の不法行為責任が否定されている。また、今村報告委員は、「人民」に害を与えるのは国家ではなく、法律に違反する行為をした官吏であるという考え方も

示しているが、ここでも国家ないし法律が「人民」の権利を保護するものであることを強調している。ただし、官吏が不法行為責任を負う場合に、国家が間接的に責任を負うべきか否かは、別の問題であるとしている。

　そこで、今村報告委員は、立法者・行法者・司法者に分けて、官吏が不法行為責任を負うか否かを検討する。その結果、立法者および立法の事をなす行法者は責任を負わないが、純然たる行法者は不法行為責任を負い、また司法者は故意による損害について責任を負うとしている。そして、今村報告委員は、国家の間接責任について、各国の学説および判例を分析した結果、次のように述べている（下線・奥田）[32]。

　「要スルニ以上記スル所ノ學説及ヒ判決例ヲ大別スレハ二派アリ即チ國家ハ總テ責ニ任スト云フモノ及ヒ或ル場合ニ於テノミ責ニ任スト云フモノ是ナリ更ニ一説ヲ立テ國家ハ總テ責ニ任セスト云フコトヲ得可シ（英米ニ於テハ此説アリト果シテ信ナルカ）故ニ大抵三説アルナリ何レノ説ニ從ハンカ此問題ニ答フルニハ先ツ<u>國家ノ事務ヲ研究ス可シ</u>」

　「凡ソ國家ノ事務ハ其種類極メテ多シ立法ノ大權ヨリ寮局ノ細事ニ至ルマテ國家ノ事務ニ非サルハナシ此百般ノ事務ヲ一言ニシテ區別セントスルハ決シテ爲シ能ハサルコトナリ今試ミニ其種類ヲ列記セン茲ニ一言シ置クノ必要アリ曰ク凡ソ主人カ其雇人ノ所爲ニ付キ間接ニ損害ノ賠償ニ任スルノ民法ノ原則ハ普通法ヨリ言ヘハ變則ナリ何トナレハ凡ソ他人ノ所爲ニ付キテハ責ニ任セサルヲ本則トスレハナリ民法ノ間接ノ責任アリトスルニハ必ス主人タル者カ雇人ノ<u>人選ニ於テ過失アルコト</u>即チ惡人又ハ不熟練人ニ事ヲ任シタルノ過失アルコトヲ要ス」

　このように今村報告委員は、国家の間接責任について、さらに国家の事務の分類を必要とし、かつ官吏の人選について過失があることを要件としている。そして、「尋常財産上ノ事」「尋常財産上ニ非サルコト」「官設工事」「警察衛生及ヒ兵卒」「租税徴収」「官ノ工業」については、各国の学説および判例に依拠

32）『資料叢書16』前掲注(29)37頁。

して、国家の間接責任を肯定する。さらに「尋常行政」についても、学説が分かれているとしたうえで、次のように述べている（下線・奥田）[33]。

「按スルニ此論點ニ付キ國家ニ責任ナシト云フ者大抵國權ヲ行フト云フヲ以テ其理由トスルカ如シ抑モ國權トハ何等ノモノソ人民ノ權利國家ノ成立ヲ保護スル爲メノ權ナル可シ此權ハ人民ノ權利ヲ襲撃スルノ器具ニ非サルハ論ヲ俟タス或ル學者ハ之ヲ行政ノ原力ト云フ若シ國家ニ一種ノ原力ナルモノアリテ或人ノ言ヘル如ク之ヲ以テ人民ノ權利ヲ毀損シ利益ヲ侵害スルモノ可ナリトセハ原力ノ勢タル雷ノ如ク何時何人ノ頭上ニ堕落スルカヲ知ラス天下一日モ安ンスルコトヲ得ス秩序索亂シテ國家ハ爲メニ崩潰セン而シテ知事カ道路ヲ廣メ又ハ火災ヲ防止セントスルモノ及ヒ築堤ノ適否ヲ判斷シテ許容スルモノハ皆公益ヲ目的トセサルハナシ此公益ヲ目的トスルニ當テ之ニ任スル者カ不熟練ナルトキハ則チ其人選ニ於テ過失ナシトセス即チ民法ノ原則ヲ適用ス可シ」

「之ヲ要スルニ國家ノ事務ハ極メテ多端ナリ故ニ或ル點ヨリ觀察スレハ之ヲ種々ニ區別スルコトヲ得ヘシト雖モ國家ノ間接ノ責任ヲ論スルニ當テハ區別スルコトヲ得ス是故ニ總テ國家ニ責任アルモノトス可シ」

「然レトモ此ノ如キ規則ハ實地ニ施シ難シ判官檢事ニ付テハ殊ニ困難ナリ故ニ除外例ナキヲ得ス」

このように今村報告委員は、「尋常行政」については、これが人民の権利を保護するために国権を行うものであり、行政の原力を行使するものであることを理由として、国家の責任を否定する見解があることを承知しながらも、国家の間接責任を肯定する。上記によれば、今村報告委員は、むしろ「尋常行政」が行政の原力を行使するものであり、かつ公益を目的とするからこそ、これが人民の権利を侵害することは、人民にとって予測しがたく、国家秩序の混乱を招くことを危惧したのであろう。そこで、その実施にあたる者の人選に過失がある場合は、国家が賠償責任を負うべきであるとしたのである。

もっとも、その結果、今村報告委員によれば、すべての国家の事務について、

33）『資料叢書16』前掲注(29)39頁。

国家の間接責任が肯定されることになるが、とりわけ司法官などについて、例外を設ける必要があるとして、前述のように、民法の適用を原則としながら、例外的に特別法による免責があることを定めた修正案を提出したのである。

かような今村修正案に対して、他の委員は、様々な意見を述べている。まず、井上毅と思われる井上報告委員は、ボアソナード草案の「公私ノ事務所」という文言をそのままにし、「但國府縣町村ニ付テハ法律ヲ以テ特ニ其責任ヲ免除スル場合ハ此限ニ在ラス」という但書を加えるのみで足りるとする。これは、実質的には今村報告委員の意見に賛成するものである。現に井上報告委員は、次のように述べている（下線・奥田）[34]。

「右第三百七十三條ノ規定ハ過失ニ因リ（人選ノ精密ナラサルニ因リ）他人ノ損害ヲ加ヘタル者ノ責任ヲ定ムルモノナリ然ルニ其過失カ國家ナルトキハ他人ニ損害ヲ與フルモ其責ニ任セストノ法理ハ之ヲ發見スルニ苦シム所ナリ如斯キ法理ハ之ヲ發見スルヲ苦シムノミナラス若シ過失ヲ為シタル者カ國家ナレハ其過失ニ因リ他人ニ損害ヲ加フルモ責任ナシトスルトキハ國家ノ威厳、國家ノ信用ヲ薄弱ナラシムルノ結果ニ歸センノミ何トナレハ行為ノ責任アル者ニ非スシテ能ク威厳ト信用トヲ保有スル者アラサレハナリ然レハ第三百七十三條ノ規則ノ如キハ國家ナレハトテ之ヲ適用セサルノ理ナシ」

「然レトモ場合ニ依リテハ法律ニ於テ例外ノ場合ヲ設ケサルヲ得ス既ニ我治罪法ニ於テ第十七條ノ規定アルカ如シ即チ『被告人無罪ノ言渡ヲ受ケタリト雖モ裁判官、檢察官、書記又ハ司法警察官ニ對シ要償ノ訴ヲ爲スコトヲ得ス云々』」

すなわち、井上報告委員は、官吏の人選について過失があるにもかかわらず、国家無答責を認めることは、国家の威厳と信用を薄弱にするとまで述べて、民

---

[34] 『資料叢書16』前掲注(29)21頁。この井上報告委員が本当に井上毅であるとしたら、ここで述べられた意見は、一見したところ、前述の今村和郎宛の書簡、後述の『国家学会雑誌』掲載の意見、後述3(4)の行政裁判法草案、後述3(5)の「裁判所構成法案ニ對スル意見書類」と矛盾していると思われるかもしれない。しかし、井上毅は、行為の性質によって、民法の適用・不適用を区別していたのであるから、いずれの行為に重点を置くかによって、民法の適用に賛成しているようにも見えるし、またこれに反対しているようにも見えるのであろう。

法の適用を当然としている。ただし、今村報告委員と同様に、法律によって例外を設けざるを得ないことがあり、その例として、治罪法17条を挙げている。

つぎに、磯部報告委員は、個人的見解としては、今村報告委員の見解に反対するが、各国の判例および学説ならびに従来の日本法にしたがって、結局のところ、今村修正案を支持する。すなわち、磯部報告委員は、今村報告委員の意見を要約した後、次のような意見を述べている（下線・奥田）[35]。

「然レトモ目下ノ卑見ヲ述ヘンニ國家ハ直接間接ヲ問ハス總テ無責任ヲ原則トシ有責任ヲ例外トセサルヘカラサルモノトス他ナシ國家ハ無形ニシテ法人ナリ原意見者（＝今村報告委員・奥田注）ノ述フル如ク國家ハ惡ヲ爲スコト能ハサレハ善ヲ爲スコトモ亦自ラ能フモノニアラス國家ハ善惡邪生ヲ識別スル智能ヲ有スルモノニアラス國家其モノハ之ヲ無能力者ト同視シ國家ノ事ヲ行フ者ハ之ヲ無能力者ノ後見人ト同視シテ其當ヲ得ヘシト雖トモ國家ヲ普通人ト同視シ又其屬員ヲ普通人ノ使用人職工ノ如キ者ト同視スルコト能ハサルヘシ」

「國家ハ智能ヲ有セス智能ヲ有セサレハ人ヲ選定スルノ識別力モ亦國家ニアラサルナリ然ルニ國事ヲ託セラレタル者人民ニ害ヲ加フルニ際シ國家其選定ヲ誤リタルカ爲メナリ故ニ民事上其損害ヲ賠償スルノ責任アリト論スルハ後見人幼者ノ財産管理上職權ヲ濫用シテ第三者ヲ害スルニ方リ幼者ヲシテ其責ニ任セシムルト一般ナリ是レ能ハサルヲ國家ニ望ムモノト謂ハサルヘカラサル」

このように磯部報告委員は、国家を無能力者として、官吏をその後見人と同一視するとともに、国家には官吏を選任する知能がないという独自の理論を展開する。しかし、自説について、さらに若干の論拠を加えた後、次のように立場を一変するのである（下線・奥田）[36]。

「加之一轉シテ國家ノ事ヲ行フ者社會ニ善事ヲ爲シタルトキハ其功績ハ論理ヨリ見レハ國家ニ歸スルモノノ如シト雖モ實際ニ徴スレハ其人ニ歸スルコト多シ善事ノ功績ハ人ニ歸シ惡事ノ責任ハ國家ニ歸スルハ不都合ノ至リナラスヤ是レモ亦國家無責任ノ一論據ヲ組成スルモノトス其レ然リ然レトモ國家有責任ハ

---

35)　『資料叢書16』前掲注(29)22頁。

36)　『資料叢書16』前掲注(29)22頁以下。

概シテ各國ノ許シテ學説裁判例ノ稍々一致スル所ナリ是レ小官ノ未タ一決スル
コトヲ肯セサル所以ナリ或ハ其國ノ從來施行シ來リタル法律又ハ慣習ヲ維持
スルヲ以テ得策ト爲スモノナランカ」

「我國從來ノ法律ニ於テハ猶ホ佛國等ニ於ケルカ如ク國家ノ有責任ヲ原則ト
シ無責任ヲ例外トセリ何ヲ以テ之ヲ識ルヤ法律ヲ以テ無責任ヲ布告セサリシ場
合ニ於テ人民ヨリ行政官ヲ訴ヘ官モ亦之ニ応シタル實例尠カラス而シテ會々無
責任ノ場合アレハ特別法ヲ設ケテ之ヲ豫告スルコトヲ怠ラサリシモノナレハナ
リ例ヘハ郵便規則ノ如キ是レナリ因テ原意見者ノ修正説ヲ採用セラレテ大過ナ
キモノト思考ス蓋シ修正説ハ法案第三百七十三條ニ優ルコト疑ヲ容レサルナ
リ」

　以上の磯部報告委員の意見によれば、理論的には、国家は、官吏の行為について責任を負わないが、従来の内外の法律が国家の有責任を原則としているので、これを維持することを得策と考えて、今村修正案に賛成したようである。

　ところが、西委員および松岡委員は、今村修正案を大きく変更する提案を行っている。まず西委員は、今村修正案の趣旨には賛成するが、原則と例外を入れ換えるべきであるとして、次のように述べている（下線・奥田）[37]。

「本月四日ヲ以テ垂示セラレシ國家ノ責任ニ關スル意見書（今村報告委員の意
見書・奥田注）ヲ通讀シ以テ其結尾ナル我カ民法案財産編第三百七十三條ニ修
正ヲ加ヘント云ヘル考案ヲ觀ルニ及ヒテ深ク立案者ノ調査周到一點ノ遺漏タモ
無ク且其論旨ノ精密ニシテ更ニ餘蘊ヲ留メサルニ感服ス然ルニ該案中ノ但書ヲ
熟閲スルニ其所謂『法律ヲ以テ特ニ責任ヲ免除スル場合』トハ抑モ何如ナル場
合ヲ暗指スル者ナル歟此ニ至リテ疑ヲ生セサルコトヲ得ス又前文ノ『原則ニ對
スル除外例ナキヲ得ス』トアル項中ニ『判官檢事ニ付テハ殊ニ困難ナリ』ト言
ヘルニ因リテ之ヲ觀レハ獨リ此兩職ノ關係ノミニ限ラスシテ廣ク諸職官ノ關係
ヲ指言セルカ如シ然ラハ則チ他ニ何等ノ場合ヲ豫想セシ者ナル耶修正文案ノ上
額ニ朱書セル白耳義法案ノ旨趣タル實際ニ之ヲ施スハ至難ナル可キモ事理分明

37）『資料叢書16』前掲注(29)18頁。

ニシテ善ク國家ノ責任ノ存否スル場合ヲ區別シ毫モ間然スル所無キニ似タリ若シ果シテ我カ除外法モ亦能ク國家ノ責任ヲ免除ス可キ至當ノ理由ヲ具スル彼レカ如ク判明ナルコトヲ得ハ本修正案ニ賛成ヲ表スニ躊躇セサル可キモ萬一社會ニ向ツテ其事理ヲ分明ニ貫徹セシムル能ハサルノ虞懼アリトセハ寧ロ修正案ノ旨趣ヲ顚倒シ民法中ニハ國家ノ責任ヲ定メス而シテ各特別法ヲ以テ其責任アル場合ヲ明示ス可キ旨ヲ掲記スルニ止ムルノ優レルニ若カサル可シト思考ス」

　このように西委員によれば、国家の賠償責任が免除されるのは、裁判官および検事の職務の場合だけでなく、他の職務の場合もあるので、むしろ民法の条文としては、特別法によって国家の賠償責任が認められる場合がある旨を規定するに留めたほうがよいとされる。

　つぎに松岡委員は、「第一　國家トハ上大政府ヨリ省府縣郡ノ如キ無形人ヲ總稱ス自治ノ團結亦同シ」として、次のように述べている（下線・奥田）[38]。

　「人民ノ身體財産上ニ付キ有スル所ノ權利ハ國家ノ保護スヘキ所之ヲ換言スレハ國家トハ此等ヲ保護スル爲メニ設クル所ノ機關ナリ故ニ立法上ニ在テモ法律ヲ既往ニ遡及セシメテ既得ノ權利ヲ損害スルコトハ不正無道タリ況ンヤ行政上ニ於テ其權利ヲ損傷スルヲヤ」

　このように松岡委員は、国家とは「人民」の権利を保護するものであると述べて、まさに今村報告委員と同様の論拠により、国家の自己責任を否定する。そして、「國家ノ行爲トハ主トシテ行政上ノ處分ヲ指ス」「立法、裁判ニ因ルモノハ別論に譲ル」として、次のように述べている（下線・奥田）[39]。

　「國家ノ行爲トハ行政上ノ官吏ニ依テ生スル運爲ニシテ立法上ノ事ハ此ノ外ナリ立法上ノ事ハ民事上ノ責ニ任セス故ニ君主又ハ行政長官ニ法律上ヨリ委任セシ範圍内ニ於テ一般ノ規則ヲ設クルトキハ其規則假令法律ニ背違スルコトアルモ民事上ノ攻撃ハ之ヲ許サス法律ヲ以テ之ヲ改正スル歟或ハ議院彈劾ノ法ニ依リ之ヲ消滅セシムルノ外ナシ」

　このように松岡委員は、国家の行為とは官吏の行為であるとして、かかる官

---

38)　『資料叢書16』前掲注(29) 19 頁。
39)　『資料叢書16』前掲注(29) 19 頁。

吏の行為のうち、立法行為は民事上の責任を生じないのであるから、法律により委任された範囲内において行政規則を定めた場合も、たとえ当該規則が法律に違反していても、民事責任の追及はできないとする。松岡委員は、このように広い意味の立法行為（および司法行為）を除外した後、その他の行為については、「第二　国家ノ行爲中左ノ區別アリ」として、「甲　法律ノ命スル所許ス所ニ從ヒタルモノ」「乙　契約ニ依ルモノ」「丙　營業的ノ性質ニ係ルモノ」を挙げ、次のように述べている（下線・奥田）[40]。

「由是國家ノ機關即官吏ニ依テ運爲スル中ニ於テ立法ニ屬スルモノヲ除クヘク更ニ第二ノ甲ニ於テモ亦猶些少ノ區別アリ一ハ一般又ハ一部ニ對スル命令ニハ一人ニ々々々對スル命令是ナリ」

「此二個ノモノハ法律ノ命スル所許ス所ニ出ツルモ其命令行爲如シ法律ノ意ニ違背スレハ立法權ニ依リ規則ヲ制セシモノト同視スヘカラス」

「一ノ例官吏ノ其物ニ對シ租税ヲ徵收スルハ法律ノ命スル所ナレハ官吏ハ徵収スルノ權利アルノミナラス義務アルナリ然レトモ之ヲ徵收スルニ一般ノ命令ヲ爲シ恣ニ期節ヲ繰上ケ或ハ多餘ノ額ヲ徵收スレハ民事上ノ責ヲ免カレス」

「第二ノ乙ノ場合ハ官吏政府ノ事ヲ爲ニスルモ賣買貸借ノ如キ本質契約上ニ成ルヘキモノハ始メヨリ民法ノ管轄タリ」

「丙ノ場合即チ鐵道運輸ノ業郵電通信ノ業ノ如キ代價物ニ應シテ爲ス所ノモノハ明約アルノ外ハ固ヨリ民法ノ規定ニ服從スルコトヲ要ス」

このように松岡委員は、国家の行為＝官吏の行為のうち、法律にもとづく命令については、一般に対するものと個人に対するものを区別し、後者については、民事上の責任を認めている。また契約上の行為および営業的行為については、当然に民法の適用を受けるとする。さらに松岡委員は、「第三　賠償ノ責ニ任スヘキ場合ノ區分」として、「甲ノ場合ハ法律ニ違反シタル所爲即過失越權ニ係ルトキ」「乙　契約ニ反背シタルトキ」「丙　所爲ニ因テ損害ヲ惹起シタルトキ」を挙げ、次のように述べている（下線・奥田）[41]。

---

40)　『資料叢書16』前掲注(29) 19 頁。
41)　『資料叢書16』前掲注(29) 19 頁以下。

「第三純粹行政ノ行爲ニ依リ賠償ノ責ニ任スルニ付キ第二ノ甲ノ場合ハ第一其行爲ハ必法律ニ反背シタルコトヲ條件ト若シ法律ヨリ生スル自然結果ニシテ官吏ニ過失越權ノ點ナキトキハ何等ノ損害アルモ顧ルニ足ラス第二必人民ノ既得ノ權利ナルヲ要ス苟モ法律上ニ得タル正當ナル既得ノ權利ニ非サレハ侵犯セシモノトハ謂フヘカラス」

「第三ノ乙丙ハ純然民事上ノ法律ニ依ルノミ疑義ヲ容ルヘキ所ナシ」

このように松岡委員は、純粋行政行為については、官吏に過失越權がある場合にのみ、賠償責任が生じるとし、契約違反および所爲による損害（純粋な不法行為）については、当然に民法の適用があるとする。最後に松岡委員は、「第四　賠償ノ責ニ任スヘキ主者ノ區別」として、「國庫」「官吏」「受利者」を挙げ、次のように述べている[42]。

「第四賠償ノ責ニ任スルニ一二三ノ區別アリ又相連絡スルモ前後ノ順序アリ」

「此ニ一事アリ官吏過テ甲者ヲ損シ乙者ヲ益セシトキハ甲ハ乙ヨリ不當ニ得タル利益ヲ取戻スノミ假令乙者資力足ラス或ハ他ノ事情ニ依リ甲者ヲ満足セシメサル第二ノ責ハ官吏ニ止テ官庫ハ之ニ與カラス」

「官吏ノ過失ニ依リ直ニ一人ニ不正ノ損害ヲ被ラシメ而シテ官吏死亡シ償フ能ハサル場合ハ國庫第二ノ義務者タル場合ナリ例ヘハ檢事不正ニ人ヲ勾留監禁セシトキノ如シ」

「官吏ヲ措キ直ニ國庫其責ニ當ルヘキ場合アリ例ヘハ官設鐵道ノ貨物車構造ノ不良ニ依リ商品ヲ毀壞セシトキノ如シ」

このように松岡委員は、官吏の過失による損害について、受利者がある場合は、受利者が第一次的責任を負い、官吏が第二次的責任を負うが、国家は責任を負わないとする。これに対して、受利者がいない場合は、官吏が責任を負うが、当該官吏が死亡した場合は、国家が第二次的な責任を負う。さらに松岡委員は、国家が直接に賠償責任を負う例として、官設鉄道の貨物車の構造不良に

---

42)　『資料叢書16』前揭注(29)20頁。

より商品が損壊した場合を挙げており、これは営業的行為を意味しているものと思われる。

　松岡委員は、以上のように、国家行為の性質による分類、賠償責任を生ずる場合の分類、賠償責任を負う者の分類を行った後、次のように述べている（原文の傍点は下線に変更した）[43]。

　「以上略擧セシ如ク國庫責任ノ事ハ大ニ區別ヲ要スヘク決シテ一語一條ノ盡スヘキニ非ラス今草案ノ意ハ廣キニ似テ反テ狹シ何トナレハ屬員ノ語ハ專決權ナキコトヲ表セリ若シ民事ノ責ニ任スヘキ事ニ在テハ豈屬員ノ行爲ニ止マランヤ長官自ラノ行爲ニ在ルモ同一ナリ之ニ反シテ太タ廣キノ失モアリ何トナレハ其行爲ハ委任ノ事ニ非サルモ委任ノ事ヲ行フニ際<u>シ他事ニ依リ損害ヲ爲スモ獨</u>國庫ニ責ヲ歸ス此所謂己甚キモノヲ責ルナリ（際トハ時ヲ指スニ止ラス他事ニ及フコト原注ニ見ユ）」

　「要スルニ民法中故ラニ佛法ニ駕ノ官府ヲ人民ニ同視スル文意ヲ挿入セシハ非ナリ寧ロ佛法ノ如ク明言ヲ爲サス一々法學上ノ問題ト爲シ事實ノミニ適用スルコトハ裁判官ノ識斷ニ委スヘシ」

　このように松岡委員は、問題がボアソナード草案の「公私ノ事務所」だけではないとする。すなわち、「屬員」という文言は、決定権のない者だけを指している点で狭すぎるし、「之ニ委託シタル職掌ノ報行中若クハ其際ニ」という文言は、他事によって損害が発生した場合を含む点で広すぎると批判する。そして、国家の賠償責任については、フランス法にならって明文の規定を置かず、裁判官の判断に任せるべきであると主張するのである。

　その後、どのような議論があったのかは明らかでないが、「民法編纂ニ關スル諸意見並雜書」中に収められた文書によれば、結局のところ、今村修正案は採択されず、ボアソナード草案のうち、「公私ノ事務所」を「總テノ委托者」とし、「屬員」を「受任者」と改める案が採択されたのである。これは、実質上、松岡委員の意見を採用したものであり、最終的に公布された旧民法財産編

　43）『資料叢書16』前掲注(29)20頁。

373条と同じ文言であった。その規定の趣旨は、次のように説明されている（下線・奥田）[44]。

「民法報告委員ニ於テハ本條ノ『公私ノ事務所』ヲ削リ『總テノ委託者』ト改メ『屬員』ヲ削リ『授任者』（受任者の誤りか？―奥田注）ト改メ公私ノ事務所ノ責任アルコトヲ明言セス単ニ法理上委託者ハ授任者ノ授任ノ職務ニ付キ責任アルコトヲ規定シテ足レリト思考ス即チ佛國民法ノ規定ニ因レルナリ該法第千三百八十四條第三項ニ曰ク（主人及ヒ委託者ハ雇人及ヒ受任者カ其受任ノ職務ヲ行フ爲メ加エタル損害ニ付キ其責ニ任ス）右ノ如ク本條ヲ修正スルニ於テハ政府官廳ノ責任ニ關スル問題ハ直接ニ斷定セス然レトモ政府官廳カ官吏屬員ニ對シ委託者タルノ資格ヲ有スル場合ニ於テハ官吏屬員ノ過失ノ責ニ任ス是レ白耳義新法ノ規定スル所ナリ而テ<u>如何ナル場合ニ於テ政府官廳カ委託者ナルヤ否ノ問題ハ事實ノ問題トシテ司法官ノ判斷ニ委ス</u>」

これによれば、旧民法の起草者は、一定の場合には国家の賠償責任を認めるが、その他の場合には国家無答責の法理を認めていたことになる。そして、いかなる場合に民法を適用して、国家の賠償責任を認めるのかは、裁判官の判断に任せたのである。すなわち、ボアソナード草案のように、民法の適用を全面的に認めるのではなく、また今村修正案のように、民法の適用を原則とし、特別法による免責を例外とするわけでもない。かような原則と例外という区別は明記しないが、一定の範囲では、国家無答責の法理を認めるのが起草者の意図であったと言ってよいであろう。

それでは、起草者は、完全に民法の適用・不適用を裁判官の判断に任せたのかと言えば、そうではない。たとえば、松岡委員は、官設鉄道の貨物車の構造

---

44) 法務大臣官房司法法制調査部監修『民法編纂ニ關スル諸意見並雑書（日本近代立法資料叢書10）』（1988年、商事法務研究会）398頁以下。なお、同所の冒頭に掲げられた起案者の説明とは、ボアソナードのことであり、修正案の起草者のことではない。続いて、今村修正案を掲載した後、これに対する西委員、松岡委員、磯部報告委員、井上報告委員の意見を掲載しているが、これらは、『資料叢書16』前掲注(29)に収録された意見の要約である。

不良により商品が損壊した場合のように、営業行為による損害については、国の賠償責任を認めていたし、個人に対する命令行為については、官吏の民事責任を認めたうえで、国を第二次的な責任者としていた。

　一方、今村報告委員は、純然たる行法者について、官吏の責任を認めたうえで、その人選に過失がある場合には、国家の間接責任を認めていた。そして、「尋常財産上ノ事」「尋常財産上ニ非サルコト」「官設工事」「警察衛生及ヒ兵卒」「租税徴収」「官ノ工業」については、かかる間接責任を直ちに認めていたが、「尋常行政」については、学説上争いがあるとしていた。すなわち、「尋常行政」は、国権（行政の原力）を行うものであり、国権とは人民の権利を保護するものであるから、国家は責任を負わないという見解があった。これは、国家の自己責任を否定したのと同様の理由により、間接責任も否定しようというものである。

　そして、井上毅と思われる井上報告委員は、今村報告委員の意見に同調していたが、旧民法公布の翌年（明治24年）に、この「尋常行政」について国家の賠償責任を否定する論文を『国家学会雑誌』に掲載したのである。すなわち、井上毅は、ボアソナードの草案および注釈を引用し、これがフランス、ベルギー、ドイツ、イギリス、オーストリア、米国の判例学説と異なるとしたうえで、次のように述べている（下線・奥田）[45]。

　「以上ノ例證ト學説トニ徵スレハ歐米諸國ニ於テ行政權ノ原力ヲ執行センカ爲メ職權アル官吏ノ實行シタル事件ニ付テハ設令一個人ノ權利ヲ毀損シ若クハ利益ヲ侵害スルコトアルモ國ハ其ノ處分ヲ更生スルニ止リ損害賠償ノ責ニ任セス唯賣買、賃貸ノ如キ私權上ノ行爲ニ屬スルトキ若クハ鐵道、郵便、電信ノ如キ特ニ條例ヲ以テ損害ヲ擔保シタル場合ニ非サレハ其責ニ任スルコトナシ」

　「職權アル官吏カ行政權ノ原力ヲ執行センカ爲メ施行シタル事件ニシテ人民ノ權利ヲ毀損シ若クハ利益ヲ侵害シタルトキ私權上ノ所爲ト等シク民法上ノ原則ヲ適用シテ政府其ノ損害賠償ノ責ニ任スヘシトセハ社會ノ活動ニ從ヒ公共ノ

---

45)　井上毅「民法初稿第三百七十三條ニ對スル意見」国家学会雑誌4巻51号974頁以下。

安寧ヲ保持シ人民ノ幸福ヲ増進センカ爲メ便宜經理ヲ爲サヽル可カラサル行政機關ハ爲ニ其ノ運轉ヲ障礙セラレ危険ナル効果ヲ呈出スルニ至ラン、現行民法ニハ此ノ條ナシ」

このように井上毅は、行政権の原力を執行する場合と私権上の行為を区別して、前者については民法不適用、後者については民法適用という基準を示している。そして、民法不適用の理由としては、かかる行政権の執行が「人民」の幸福を増進するものであることを挙げているのである。

かような井上毅の意見は、はたして法律取調委員会全体の意見であったのか否かは明らかでないし、国家行為の多様性を考えれば、かような基準だけでは足りないであろう。しかし、このように行為の性質などによって、民法の適用・不適用を判断すべきであること、および一定の範囲では、民法の適用が否定されて、国家の賠償責任を生じないこと、すなわち国家無答責の法理が認められるべきであることは、明らかに旧民法の起草者の意図するところであった。古川論文のように、この点に関する明文の規定が置かれなかったからといって、国家無答責の法理がもっぱら判例学説によって発展させられたものであるかのように言うことはできないであろう。

(3) 現行民法 715 条

以上のように、旧民法の起草者は、一定の範囲では国家無答責の法理を認めながらも、あえて明文の規定を置かなかったが、同様の議論は、現行民法の起草の際にも行われていた。すなわち、明治 28 年 10 月 4 日の「第百二十回法典調査會議事速記録」によれば、現行民法 715 条とほぼ同じ文言の草案 723 条の審議において、穂積八束は、次のような質問を行ったのである[46]。

「此條ノ適用ニ付テ簡單ニ伺ヒタイノデアリマスガ此使用人ト使用者ニ代リテ監督スル人トノ關係ノ規則ト云フ者ハ政府ト政府ノ使ウ所ノ官吏其他ノ使用

---

46) 法務大臣官房司法法制調査部監修『法典調査会・民法議事速記録 5（日本近代立法資料叢書 5）』(1984 年、商事法務研究会) 342 頁（以下では『資料叢書 5』として引用する）。

人ニモ此原則ガ當ルト云フ御考ヘデアリマスカドウカト云フコトヲ確カメテ置キタイ勿論民法ト云フ者ハ一己人相互ノ關係バカリデ政府ト一己人トノ關係ニ付テハ別ニ規定スルト云フコトニ全ク一刀兩斷ニ言ヘルモノデアリマスレバ疑ノナイコトデアリマスガ或ハ解釋次第デ政府ト一己人トノ間デモ政府ヲ法人ト見レバ矢張リ民法ノ規則ヲ適用サレルト云フ議論モ出来ヤウト思フ若シ其様ナコトヲ言ヒマスト此規則抔ガ果シテ政府ガ一己人ニ對シテ其使用人ノ不法ナル行爲ニ依テ損害ヲ加ヘタルトキハ政府ガ被害者ニ對シテ責任ヲ負フヤ否ヤト云フコトガ必ズ問題ニナルト思フ尤モ政府ノ使用人ト言ヒマシテモ色々種類ガアリマス警察官其他ノ者モアリマセウ色々ナル關係モアリマセウガソレ等ノ委シイ所迄考ヘテ質問ヲスルノデハアリマセヌガ一寸其點ヲ御尋ネシタイ」

　すなわち、穂積八束は、民法の使用者責任に関する規定が官吏の行為についても適用され、政府が個人の損害を賠償する責任を負うのか否かを質問したのである。これに対して、穂積陳重は、次のように答えている（下線・奥田）[47]。

「本條ニ付テ第一ニハ政府ノ官吏ガ其職務ヲ行フニ際シテ第三者ニ加ヘタ損害賠償ニ之ガ當ルヤ否ヤト云フコトガ第一ノ御質問デゴザイマスソレニ對シマシテハ一ノ明文ガアリマセネバ固ヨリ政府ノ事業ト雖モ<u>私法的關係</u>ニ付キマシテハ本案ハ當ラナケレバナリマセヌカラ他ニ特別法ガナイ場合ニ於テハ本案ハ當ルト御答ヘシナケレバナリマセヌガ併シ本案ガ當ルガ良イカ惡イカハ第二ノ問題デアリマスガ此案ヲ立テマストキニモ<u>政府ノ官吏</u>ガ其職務執行ニ付テ過失ガアッタトキニハ其責ニ任ズルヤ否ヤト云フ箇條ヲ置カウカト思ヒマシタガ併シ之ヲ民法ニ置キマスノハ不適當ノ場所デアルト考ヘマス」

　まず、穂積陳重は、政府の事業といえども、「私法的関係」については、特別法がなければ、本条が適用されると答えている。これは、穂積八束が「色々ナル関係モアリマセウガソレ等ノ委シイ所迄考ヘテ質問ヲスルノデハアリマセヌ」と断っているにもかかわらず、その関係を区別しなければ、この問題に答えられないと考えたからであろう。また、穂積陳重は、さらに官吏の職務執行

47）『資料叢書5』前掲注（46）343頁。

の際に過失があったときに責任を負わせるか否かを規定することも考えたが、これを民法に置くことは不適当と判断した旨を述べている。

　この回答に対して、横田國臣および都築聲六から再度の質問があったが、かえって混乱を招くと考えたのか、高木豊三は、次のような発言を行っている（下線・奥田）[48]。

　「私ハ此條ハ全ク疑問ハナイ積リデアリマシタガ色々御質問ガ出マシテ穂積君ノ御説明ヲ承ハリマシタガ今ノ御答ニ依ルト政府ト官吏トノ間ノ關係即チ官吏ノ過失行爲ハ政府ガ代ツテ賠償スルカドウカト云フ問題モ本條ニ含ムカノ如キ御答ニナツタヤウデアリマスガ私ハサウハ解シ兼ル穂積君ノ御答ヘデハ政府ガ自ラ若シ民法デ所謂使用人ヲ使ツテ<u>事業デモヤツテ居ルトキハ</u>即チ監督者ト云フ者ガ請負人ノ取締トカ何ントカ云フ者ガ負フモノデアラウト解シテ居ツタノデアリマスガ若シサウデナクシテ政府ノ官吏ト云フモノガ<u>職務執行ニ付テ</u>第三者即チ人民ニ對シテ損害ヲ加ヘタ場合ニ此原則ニ依リ政府ガ其賠償ノ責ニ任ズルヤ否ヤト云フ斯ウ云フ問題ヲ此條デ暗ニ極メタモノト云フコトデアルナラバ私共ノ解釋シテ居ルモノトハ大變趣意ガ違ヒマスノデ其問題ナラバ大ニ是ハ論ズベキ事モアリ研究スベキコトモアラウト思フ」

　これに対して、穂積陳重および梅謙次郎から少し的外れな回答があったので、高木豊三は、横田國臣の助け船を得て、再び次のような発言を行っている（下線・奥田）[49]。

　「私ノ言ヒマシタノモ國ト云フ法人ガ<u>民法上ノ事業ノ關係</u>ニ付テ此條ガ當ルカ當ラヌカト云フコトニ付テ無論當ルト云フコトハ一點ノ疑ヒガナイ只私ノ先刻申シタ官吏ガ職務ヲ行フニ際シテ私法上ノ關係デナクシテ<u>公權ノ作用</u>ト言ヒマスカ詰リ裁判官ガ裁判ヲスル警察官ガ人ヲ捕ヘルト云フヤウナコトモ之ニ當ルト云フヤウナコトニ聞エテハ甚ダ困ル若シサウ云フ問題ガ之ニ籠ツテ居ルナラバ大問題ダト云フノデアリマシテ勿論裁判官ト警察官計リデハナイ地方官ノ如キモ矢張リ人民ニ對シテ損害ヲ加ヘタト云フヤウナ場合モ此條ノ適用ガアル

---

48)　『資料叢書5』前掲注(46) 345頁以下。
49)　『資料叢書5』前掲注(46) 347頁。

カト云フトソレ等ノ場合ニハ適用スルコトガ出來ヌ即チ特別法ヲ以テ定メル民法ニハ之ヲ見テ居ラヌト云フコトノ起草者ノ御説明ヲ願ツテ置キタイサウデナイト縣令ガ斯ウ云フコトヲシテ人民ガ損害ヲ受ケタ此條ニ依テソレハ政府ノ使用人デアルカラ第三者ニ損害ヲ加ヘタナラバ罰金ヲ出セ損害ヲ出セト云フコトニナツテハ困ル」

　要するに、高木豊三は、「民法上ノ事業ノ関係」ないし「私法上ノ関係」ではなく「公権ノ作用」の場合にも、本条の適用があるのか否か、また特別法によって定める内容は何か、という質問をしたのである。これに対して、穂積陳重は、次のように答えている（下線・奥田）[50]。

　「斯ウ云フノデアリマス官吏ノ職務執行ノ場合ニ是レガ當ルガ宜イト我々ハ極メテ居ラヌノデ我々ガ研究シテ見ルト時トシテハ民法ニ書イテ居ル國モアリマスカラ是レモ書カウカト思フテ相談シテ見マシタガ<u>イヅレ特別法ガ出來ルダロウ</u>ト思ヒマシタカラ止メタノデアリマス特別法ガ出來ヌト云フコトヲ豫想シテ是デ突キ通スト云フノデハナイ若シ特別法ガ出來ナカツタラ是レガドウ解釋サレルカト云フコトヲ問ハレマスカラ特別法ガナイ以上ハ例ヘバ軍艦ガ一己人ノ商賣船ト衝突シテ其船ヲ沈メタトカ云フサウ云フ様ナ場合ニ賠償ヲ求メルト云フニハ此條ガ當リハシナイカト云フ御相談ヲシタノデ特別法ヲ作ラナイデ是レデ押通シテ仕舞ウト云フ丈ケノ決心ハ我々三人共ナカツタノデアル併シ若シ特別法ガナカツタラバ是レガ當ルジヤラウト云フ考ヘハ三人共持ツテ居ル」

　これに対して、高木豊三は、「只今ノ御答デ能ク分リマシタ官吏ニ對シテ賠償ヲ求メルト云フコトヲ御書キニナラウカト云フコトデ獨逸ノ様ニシヤウト云フ御趣意デアリマスカ」と確認した後、さらに次のように続けている[51]。

　「ソレナラバ宜イ、サウデハナイ此場合ハドウカト言ヘバ或事業ノ爲メニ他人ヲ使用スル使用者ト被用人トニツアル場合被用人ガ第三者ニ害ヲ加ヘタトキハ如何ト云フ問題ヲ極メテアルト思フ夫故官吏ガ過失ニ依テ人民ニ損害ヲ及ボシタトキハ政府ガ損害ヲ賠償スルノ責任ガアルカドウカト云フ問題ガ起ツタノ

---

50)　『資料叢書 5』前掲注(46) 348 頁。
51)　『資料叢書 5』前掲注(46) 348 頁。

デアルガ巡査ガ誤ツテ人ヲ縛ツテ損害ヲ加ヘタト云フノニ損害賠償ヲ與ヘルト云フコトニナツテハ大變デアルサウ云フコトハ言ハレヌト云フコトデアリマスレバ私ハ一向差支ナイノデアリマス」

　すなわち、特別法がないのであれば本条の適用がある、という穂積陳重の説明は、官吏の賠償責任を意味していたのである。そこで、高木豊三が「獨逸ノ様」というのは、官吏の賠償責任に関するドイツ民法839条（当時の草案823条）を意味しているのであろう[52]。かような趣旨であるのならば、高木豊三も納得したのである。一方、国の賠償責任が私法的関係については肯定されるが、「公權ノ作用」については否定されるという点も、両者は最初から一致していたのであるから、前述の旧民法の起草者と同じ認識であったと言ってよいであろう[53]。そこでは、もはや国家無答責の根拠について特に説明がなされていないが、これは、すでに解決済みの問題であり、見解の対立もなかったからであろう。

(4)　行政裁判法16条

　以上のように、一定の行為について、民法の適用を否定し、ひいては国の賠償責任を否定することは、旧民法および現行民法の起草者が意図していたところであり、その意味で、国家無答責の法理は、「民法の適用否定の法理」であったと言える。
　ところが、旧民法と同じく明治23年に公布された行政裁判法16条および裁

---

52)　官吏の賠償責任に関するドイツ民法839条の立法経緯については、宇賀・前掲注(6)18頁以下参照。
53)　『注釈民法(19)債権(10)』（1965年、有斐閣）271頁〔森島昭夫〕は、「公務員の職務執行中の不法行為について、国が責任を負うかどうかは、民法の起草当時から大きな問題になつていた。起草者は、特別の立法がないかぎり、民法715条が適用されると考えていたが、公法学者は、国家はなんらの責任も負わないという意見であつた」として、法典調査会議事速記録を引用している。しかし、本文で述べたように、起草者は、私法的関係についてのみ、民法の適用を肯定していたのであり、この点は、公法学者と同じ意見であった。

Ⅳ　国家賠償責任と法律不遡及の原則　579

判所構成法26条の立法経緯によれば、国家無答責の法理は、国に対する損害賠償請求訴訟について裁判所の管轄を否定する「管轄否定の法理」であったと解する余地がある。

　これらの法律の立法経緯は、民法の場合ほど明らかにはなっておらず、その草案の変遷から起草者の意思を推測するしかないが、関連の文書を参照しながら、その意味するところを再検討する必要がある。以下では、『行政裁判所五十年史』に掲載された行政裁判法の草案の変遷から見ていくことにする。

　まず、明治17年のロエスラーの草案13条は、次のように規定していた[54]。
　第一三條　行政訴訟ハ特ニ左ノ事件ニ付キ之ヲ爲スコトヲ得
　　第四　政府ト官有物買受人又ハ政府ト公業受負人トノ契約ニ付テ起ル爭訟及ヒ國債其他行政上ニ於テ起ル政府トノ爭訟但民事裁判ヲ仰クヘキ特約アルモノハ此限ニアラズ
　　第六　土地買上其他法律上政府ニ於テ損害賠償ノ義務ヲ負擔スル處分ニ付キ政府ニ對スル損害要償
　　第七　行政上ノ處置又ハ公業ノ實施及管理ニ因リ不法ニ加ヘラレタル損害ニ付キ官署又ハ公業受負人ニ對スル損害要償
　　　行政訴訟ヲ爲ストキハ民事訴訟ヲ爲スコトヲ得ス

　この草案では、契約に関する争訟および国債などの争訟、さらに土地収用などによる補償請求、公業の実施および管理などによる損害賠償請求は、行政訴訟として行政裁判所の管轄とされている。これに対して、権力的行為による損害の賠償請求訴訟については、規定が置かれていないが、権力的行為については、国家の賠償責任が否定されるから、かかる損害賠償請求訴訟を許さない趣旨であったと推測される。

　かような推測は、次のようなロエスラーの答議から可能となる（原文の傍点

---

54)　『行政裁判所五十年史』（1941年）13頁（以下では『五十年史』として引用する）。なお、この規定の理由書は、國學院大學日本文化研究所編『近代日本法制史料集第5―ロエスレル答議5』（1982年、國學院大學）164頁以下に収録されている。

は下線に変更した)[55]。すなわち、ロエスラーは、「國王ハ非違ヲ爲サズトノ格言ハ、兩樣ニ解釋セラルヘキカ如シ。何トナレハ、民法ニ於テハ、<u>國王ハ裁判上賠償ノ責ニ任セズ</u>トノ意味ニ解釋サレ、政法ニ於テハ、<u>國王ノ大臣ハ國王ノ公行</u>ニ付、其ノ責ニ任ストノ意味ニ解釋サルレハナリ。如何」という問いに対し、「之ヲ要スルニ、貴問ノ民法上賠償請求ニシテ、国王ノ純然タル財産上ノ契約ニ關セス、政務上ノ處置ニ關スルモノニ至テハ、抑モ其責任ノ存立セサル事、明白ナリ」と回答している。

さらに言えば、草案13条のように、実体法上は民法の適用を受ける事件を行政裁判所の管轄としていながら、権力的行為による損害の賠償請求訴訟を司法裁判所の管轄とするはずがない。したがって、かかる損害賠償請求訴訟に関する規定が行政裁判法の草案にない以上、かかる訴訟はそもそも許されず、いずれの裁判所の管轄も否定する趣旨であったと解される。

また、明治19年ないし20年頃に法制局で起草されたと言われる草案は、次のように規定していた[56]。

　　第二條　行政裁判院ハ官署ニ於テ其權限ヲ越エ又ハ法律命令ニ牴觸シタル行政處分ヲ爲シタルニ因リ自己ノ權利ヲ毀損セラレタリト思惟スル者該官署ニ係リ其處分ノ取消ヲ請求スル訴訟ヲ審判ス

　　第三條　賣買貸借其他民法上ニ於テ官署ノ處分ヲ一個人ノ行爲ト看做ス可キ事件ニ關スル訴訟ハ行政裁判院ノ權限内ニ屬セス

この草案は、売買貸借など民法の適用を受けるべき事件を、行政裁判所の管轄としない点で、ロエスラーの草案と異なっている。これに対して、行政処分については、取消訴訟のみを認めており、損害賠償請求訴訟を認めていない点では、ロエスラー草案と同じ立場であった。

『行政裁判所五十年史』は、その後の経緯として、明治21年4月頃には、井上毅が行政裁判および請願法の研究に着手し、同年夏には、一応これが纏めら

---

　　55)　國學院大學日本文化研究所編『近代日本法制史料集第1―ロエスレル答議1』
　　　　（1979年、國學院大學）103頁以下。『資料叢書16』前掲注(29)13頁も参照。
　　56)　『五十年史』前掲注(54)21頁。

IV 国家賠償責任と法律不遡及の原則　581

れるところまで行ったようであるとする。そして、作成年月日は明らかでないが、「行政裁判所設置ノ問題」と題する文書を掲げている。この文書は、まず「行政裁判所ヲ設クルニハ左ノ類項ノ問題ヲ決定スルヲ要ス」として、8つの問題を挙げているが、とりわけ「第三　要償ノ訴ハ一般ニ民事裁判ニ譲ルベキカ、又ハ或ル部分ニ限リ行政裁判ニ於テ處分スベキヤ」という問いに対し、次のような回答を行っていた（下線・奥田）[57]。

「君主ハ不善ヲ爲スコト能ハズ。故ニ政府ノ<u>主權ニ依レル處置ハ要償ノ責ニ任ゼントハ一般ニ憲法學ノ是認スル所ナレバ</u>、人民ハ一個人トシテ官吏ノ故違處置ヲ訴ヘ、民事裁判所ニ要償スルヲ除ク外、<u>行政廳ヲ相手取リ要償ノ訴ヲ爲スノ權アルコトナシ</u>。但シ法律ニ依リ政府ハ賠償ノ責ニ任ズベキコトヲ明言シタル條件（徴發令ノ如シ）ニ於テハ、行政裁判所ハ要償ノ訴ヲ受理スルコトヲ得ベシ。又行政裁判所ニ於テ取消ス所ノ行政處分ニ依リ、直接ニ生ズベキ損害ノ賠償ハ行政廳ニ於テ之ヲ處分スベキモノトス。（但シ収用令ニ賠償ノ訴ヲ司法裁判所ノ權限ニ屬シタルガ如キ明文アル者ハ此ノ限ニ在ラズ）」

この文書が明治21年頃に作成されたものであるならば、すでに旧民法に関するボアソナード草案は、法律取調委員会の審議にかけられて、原案どおり可決されていた事実との関係が問題となるであろう。すなわち、この文書は、ボアソナード草案と異なり、主権による処置は賠償責任を生じないとし、損害賠償請求訴訟の管轄を否定しており、国家無答責の法理を「管轄否定の法理」として構成している。

そして、かような考察にもとづき、井上毅によって起草されたと言われる草案は、次のように規定していた[58]。

　第六條　凡ソ行政廳ノ處分ニ對スル訴訟ハ法律ニ反對ノ明文アルヲ除クノ外
　　行政裁判所之ヲ裁判ス

---

57) 『五十年史』前掲注(54) 27頁以下。ただし、回答の原文は、「行政裁判所設置ノ問題」伊藤博文編『秘書類纂・官制制定資料・全』(1935年、秘書類纂刊行會) 370頁によった。

58) 『五十年史』前掲注(54) 30頁。

第七條　行政裁判所ハ法律ニ據リ政府ニ賠償ノ義務ヲ負フ者又ハ行政處分ヲ改正シ若ハ取消スニヨリ生スル所ノ直接ノ補償ヲ除クノ外要償ノ訴ヲ受理セス

（中略）

第九條　行政訴訟又左ノ事件ニ付之ヲ爲スコトヲ得

　第一　官有財産ト人民トノ間ノ争訟

　　（中略）

　第三　政府ト官有物買受人又ハ政府ト工業受負人其ノ他諸般ノ契約ニ付テ起ル争訟又ハ國債ニ於ケル政府ト人民トノ間ノ争訟但シ民事裁判ニ付スヘキ特約アルモノハ此ノ限ニ在ラス

第十條　行政訴訟ヲ爲ストキハ民事訴訟ヲ爲スコトヲ得ス

　この草案がいつ頃に作成されたのかは明らかでないが、『行政裁判所五十年史』は、「其後井上毅の手許では行政裁判法案を明治22年6月末頃上申の上夏季休暇前に枢密院の議に附したい希望を有して居た」として、この草案が明治22年の前半までに作成されたことを示唆している[59]。そして、これが前述の「行政裁判所設置ノ問題」に対する回答にもとづいて作成されたのであれば、7条は、主権による措置の賠償請求訴訟を原則として否定したものである、と解されることになるであろう。これに対して、9条は、官有財産と人民との争訟および契約などに関する争訟について、行政訴訟をなすことを認めているか

---

59)　『五十年史』前掲注(54) 29頁。なお、同年2月11日には、大日本帝国憲法が公布されており、61条は、「行政官廳ノ違法處分ニ由リ權利ヲ傷害セラレタリトスルノ訴訟ニシテ別ニ法律ヲ以テ定メタル行政裁判所ノ裁判ニ屬スヘキモノハ司法裁判所ニ於テ受理スルノ限ニ在ラス」と規定していた。一方、井上毅の草案は、民法の適用を受ける行為による損害の賠償請求訴訟を行政裁判所の管轄としていたし、後述のモッセの草案は、権力的行為による損害の賠償責任について、官吏に対する訴訟を司法裁判所の管轄としていた。宇賀・前掲注(6) 413頁は、「明治憲法下で、公法私法二元論が支配的となり、公権力の行使に関する事件は公法上の事件として、司法裁判所は管轄を有しないと考えられた」というが、かような論理は、明治憲法自体からは導き出せないと思われる。

ら、実体法上は民法の適用を受ける行為による損害の賠償請求訴訟を行政裁判所の管轄とする立場を採用していたことになるであろう。

　これに対して、明治22年の後半頃に、モッセによって起草されたと言われる草案は、次のように規定していた[60]。

　　第十七條　民事ニ關スル訴訟ハ官有財産又ハ府縣郡市町村其他公共團體ト人民トノ間ニ起ルモノト雖トモ通常裁判所ノ管轄ニ屬ス
　　第十八條　行政官吏（文官又ハ武官）ノ職務上ノ處分又ハ職務ヲ執行スル爲メニ爲サシメタル處分ニ對シ若クハ職務上爲スヘキ處分ノ怠慢ニ對シテ提起スル損害要償ノ民事訴訟ハ先ツ行政裁判所ノ判決ニ依リ該行政官吏ハ果シテ其權限ヲ超ヘ又ハ其責任ニ屬スル職務上ノ處分ヲ怠リタルカ爲メニ損害ヲ與ヘタルコトヲ確定シタル後ニ非サレハ通常裁判所ニ於テ之ヲ受理スルコトヲ得ス

　このモッセの草案17条は、官有財産または公共団体と人民との民事に関する訴訟を司法裁判所の管轄とする点において、井上毅の草案9条1号と異なっている。そして、おそらく井上毅の草案9条3号およびロエスラーの草案13条4号・6号・7号とも異なっており、むしろ法制局の草案3条と同じ立場に基づいているのであろう。一方、権力的行為による損害の賠償責任については、モッセの草案18条は、官吏に対する訴訟のみを規定しており、それによれば、かかる訴訟は、まず行政裁判所において、権限の踰越または職務の怠慢により損害が生じたことを認定した後でなければ、司法裁判所において受理できないとしている。これに対して、国家に対する訴訟は否定する趣旨であったと推測される。以上の点は、モッセの「國ノ民法上損害賠償義務ニ關スル意見」が次のように述べていることから窺われる（原文の傍点は下線に変更した）[61]。

---

　　60)　『五十年史』前掲注(54)45頁。草案の作成時期の推測については、同書59頁参照。
　　61)　『資料叢書16』前掲注(29)28頁。さらに、「國家損害賠償責任ニ關スルモッセ氏答議」「官吏ノ民法上責任ニ關スルモッセ氏答議」「國ニ對スル訴訟ニ關スルモッセ氏答議」國學院大學日本文化研究所編『近代日本法制史料集第10―ボアソ

「(一)　國ハ民法上ノ事ヲ爲ス場合ニ限リ法人其機關ノ處置ニ付負擔スル責任ヲ規定スル民法上原則ニ依テ其責ニ任ス」

「此責任ノ理由ハ民法ニ由テ生スルモノナレハ民事裁判所ノ權限ニ屬ス」

「前記ノ原則ハ特別ノ法律（郵便電信鐵道等ニ關スルモノ）ヲ以テ反對ノ規定ヲ設ケサルトキニ限リ其効アリトス」

「(二)　國ハ其官吏國權ヲ執行スルニ際シ義務背反ノ處置若クハ怠慢ニ依リ第三者ニ加ヘタル損害ニ對シ財産權上其責ニ任セス但特別ノ法律上規定（違法ノ逮捕若ハ處刑等ニ關スルモノ）ヲ以テ之ヲ承認シタル場合ハ此限ニ在ラス」

続いて、モッセの草案に修正を加えた、いわゆる「修正モッセ案」は、次のように規定していた[62]。

第十五條　行政廳ト一個人トノ間ニ起リタル民事ニ關スル訴訟ハ行政裁判院ノ管轄ニ屬セス

第十六條　行政裁判院ハ行政官吏ニ對スル損害要償ノ訴訟ヲ受理セス

　行政官吏ニ對シ損害要償ノ訴訟ヲ通常裁判所ニ提起セントスル者ハ先ツ行政裁判院ニ出訴シテ其處分ノ越權ナルヤ又ハ法律勅令ニ揭ケタル責任ニ屬スル職務上ノ處分ヲ怠リタルヤ否ノ判決ヲ受クヘシ

従前の草案17条は、民事に関する訴訟を司法裁判所の管轄としていたが、司法裁判所の管轄を行政裁判法に規定するのは妥当でない、と考えられたのであろう。修正案15条では、行政裁判所の管轄を否定する書き方に修正された。同様に、官吏に対する損害賠償請求訴訟も、まず行政裁判所の管轄を否定したうえで、いわば先行判決の形で権限の踰越または職務の怠慢があったか否かを判断する旨のみを規定している。

『行政裁判所五十年史』は、その後、修正モッセ案から確定案に至るまでの経緯を不明としているが[63]、最終的に明治23年に公布された行政裁判法16

　　　　ナード答議3モッセ答議』（1988年、國學院大學）135頁以下、147頁以下、174頁以下も参照。

62)　『五十年史』前揭注(54)54頁。

63)　『五十年史』前揭注(54)61頁以下。

条は、「行政裁判所ハ損害要償ノ訴訟ヲ受理セス」と規定した。ここで修正モッセ案 15 条が削除されたのは、そもそも行政裁判法が「民事ニ関スル訴訟」を規定することは妥当でないと考えられたからであろう。また、修正モッセ案 16 条については、旧民法財産編 373 条の修正に関する議論の影響が窺われる。すなわち、単に権限の踰越または職務の怠慢があったからといって、直ちに官吏が損害賠償責任を負うわけではなく、行為の性質などにより、場合分けが必要であるという認識が生まれたのであろう。

そして、実体法上は民法の適用を受ける「民事ニ関スル訴訟」は、司法裁判所の管轄とするが、権力的行為に関する訴訟は、行政訴訟として行政裁判所の管轄となるのであれば、損害賠償請求について管轄を否定する旨の明文の規定が必要とされたのであろう。すなわち、権力的行為による損害の賠償請求訴訟は、司法裁判所および行政裁判所のいずれにおいても、管轄を否定する趣旨であったと推測されるのである。

(5) 裁判所構成法 26 条

以上の点は、民事訴訟に関する司法裁判所の管轄を規定した裁判所構成法 26 条の立法経緯も調査することによって、確認する必要があるが、こちらは、さらに資料が不足している。しかし、行政裁判法の草案の変遷と対比することによって、ある程度の推測は可能であろう。

まず、『日本近代立法資料叢書』に収められた明治 20 年 11 月 16 日の「帝國司法裁判所構成法草案第三回議事速記」によれば、民事訴訟における地方裁判所の事項管轄を定めた 33 条は、次のように規定していた[64]。

第三十三條　地方裁判所ハ民事訴訟ニ於テ左ノ事項ニ付裁判権ヲ有ス
　第一　第一審トシテ
　　(イ)　金額若クハ價額ニ拘ラス政府（中央政府ト其配下ノ官廳トヲ問ハス）ヨ

---

64) 法務大臣官房司法法制調査部監修『法律取調委員會・帝國司法裁判所構成法草案議事筆記（日本近代立法資料叢書 25）』(1986 年、商事法務研究会) 40 頁（以下では『資料叢書 25』として引用する）。

リ爲シ又ハ之ニ對シテ爲ス總テノ請求
- (ロ) 金額若クハ價額ニ拘ラス官吏ニ對シテ爲ス總テノ請求但其請求公務ヨリ起ツタル時ニ限ル
- (ハ) 其他區裁判所若クハ特別裁判所ノ權限ニ專屬スルモノヲ除キ總テノ請求

また、同年同月 30 日の「裁判所構成法第十一回（二讀會）議事速記」によれば、この規定は、委員会において若干の修正がなされ、次のような帝国裁判所構成法草案 32 条として提出されている[65]。

第三十二条　地方裁判所ハ民事訴訟ニ於テ左ノ事項ニ付キ裁判權ヲ有ス
　第一　第一審トシテ
- (イ) 區裁判所若クハ特別裁判所ノ權限ニ屬スルモノヲ除キ總テノ請求
- (ロ) 金額若クハ價額ニ拘ハラス政府又ハ官廳ヨリ爲シ又ハ之ニ対シテ爲ス總テノ請求
- (ハ) 金額若クハ價額ニ拘ハラス官吏ニ對シテ爲ス總テノ請求但其請求公務ヨリ起リタル時ニ限ル

ところが、明治 23 年に公布された裁判所構成法 26 条は、次のように大幅な修正を経たものであった。

第二十六條　地方裁判所ハ民事訴訟ニ於テ左ノ事項ニ付裁判權ヲ有ス
　第一　第一審トシテ
　　區裁判所ノ權限又ハ第三十八條ニ定メタル控訴院ノ權限ニ屬スルモノヲ除キ其ノ他ノ請求

『日本近代立法資料叢書』は、明治 20 年の段階における審議については、速記録を掲載しているが、その後、明治 23 年までにいかなる議論があって、かかる修正がなされたのかは明らかにしていない[66]。もっとも、下山瑛二教授

---

65)　『資料叢書 25』前掲注(64) 227 頁。
66)　染野義信「司法制度」『講座日本近代法発達史 2』(1958 年、勁草書房) 156 頁も、「法律取調委員会より内閣に提出された帝国司法裁判所構成法草案が内閣及び元老院を経て帝国裁判所構成法草案として枢密院に送付されるまでの修正経過

Ⅳ　国家賠償責任と法律不遡及の原則　587

は、次のような井上毅の「裁判所構成法案ニ對スル意見書類」の影響を示唆する（原文の傍線および傍点は下線に変更した）[67]。

「第一　國ニ對スル訴訟ノ事　ブラクストン氏王權論ニ云ハク、王ニ對スル訴訟ハ民事ト雖モ之レヲナスコト能ハズ、蓋何ノ法院モ國王ヲ裁判スルノ法權ナケレバナリト。故ニ英國ニ於テ君主及ビ政府ニ對スルノ訴訟ハ唯請願ニ由リテ恩惠ノ許可ヲ得タル後始メテ裁判ヲ受クルコトヲ得。普國千八百三十一年十二月四日ノ閣令ニ云ク、君主ノ資格ニ於テ臣民トノ間ニ裁決ヲ要スルノ權利ノ爭ヲ生ズルノ理ナク、又之レヲ裁決スルノ權限アル裁判所ハ全國ニ一モ存スルコトナシト」。

「政府ニ對スル訴訟ハ獨逸ニ於テ國權ト區別シタル財産上ノ訴訟ヲ許シタルノミニシテ、単純ニ國ニ對スル訴訟トシテ之レヲ許シタルノ國アルコトナシ。今本案ニ國ニ對スル訴訟ヲ以テ裁判所ノ權内ニ歸シタルハ其ノ當ヲ得ザルノミナラズ、專ラ居留外國人ノ日本政府ニ對スル訴訟ノ爲ニ地ヲ爲ス者ナリ」。

「第三　官吏ノ公務ニ對シテハ要償スルコトヲ得ズ。何トナレバ其ノ公務ハ國權ノ一部ニシテ國權ハ民法上ノ責任ナキ者ナレバナリ。官吏ニ對スルノ要償ハ其ノ官吏ノ私事トシテ訴フル者ニ限ルベシ。第三十二條(ハ)ノ場合ハ國法ノ大則ニ背ク事」。

下山教授は、この井上毅の意見書類を引用したうえで、その「影響によるものか否かは詳らかになしえぬが、これらの意見が客観的に通った形で裁判所構成法が制定されたことは銘記されねばならない」と述べている[68]。これは、明治23年に公布された裁判所構成法26条において、国および官吏に対する請求に関する規定が削除されたことを意味しているのであろうか。筆者は、異なった見方が可能であると考える。

　　　　は明らかでない」としている。
　67）　井上毅「裁判所構成法案ニ對スル意見書類」伊藤博文編『秘書類纂・法制關係資料・上巻』(1934年、秘書類纂刊行會) 85頁以下。
　68）　下山瑛二「国家賠償」『日本国憲法体系・第6巻・統治の作用』(1965年、有斐閣) 235頁〔同『人権と行政救済法』(1979年、三省堂) 69頁所収〕。

まず、染野義信教授は、この井上毅の意見書類の作成年月日が明らかでないとしつつも、おそらく明治21年3月13日に草案が内閣に提出されてから発表されたものであると推測している[69]。明治21年といえば、前述のように、井上毅が行政裁判および請願法の研究に着手した頃である。

その後、井上毅によって起草されたと言われる行政裁判法の草案は、9条において、官有財産と人民との争訟および契約などによる争訟を行政訴訟として行政裁判所の管轄とし、10条において、行政訴訟をする場合は民事訴訟をすることができないとしていた。また井上毅の草案7条は、原則として損害賠償請求訴訟の管轄を否定していたが、これは、「行政裁判所設置ノ問題」に対する回答にもとづいて作成されたのであれば、そもそも権力的行為による損害の賠償請求訴訟を一切認めない趣旨であったと解される。すなわち、井上毅の意見書類は、かような行政裁判法の草案の内容を裁判所構成法の草案にも反映させるために提出されたものと推測される。

これに対して、モッセの行政裁判法草案は、国に対する民事訴訟を司法裁判所の管轄とし、また官吏に対する損害賠償請求訴訟についても、行政裁判所の先行判決を条件として、司法裁判所の管轄とした。すなわち、方針の変更があったのである。そして、最終的に公布された行政裁判法は、権力的行為による損害の賠償請求訴訟を否定する趣旨で、「損害要償ノ訴訟ヲ受理セス」と規定したが、民法の適用を受ける行為による損害の賠償請求訴訟を司法裁判所の管轄とする方針に変更はなかったと考えられる。

おそらく裁判所構成法のほうでも、民法の適用を受ける行為による損害の賠償請求訴訟は、たとえ国家または官吏を相手とするものであっても、司法裁判所の管轄となるが、「金額若クハ価額ニ拘ハラス」、地方裁判所の管轄とする必要はなく、「金額若クハ価額」によっては、区裁判所の管轄としてよいと判断した結果、裁判所構成法26条から、とくに国および官吏に対する請求に関する規定を削除したのではないかと推測される。要するに、井上毅の意見書類は、

---

69) 染野・前掲注(66)155頁。

この削除とは無関係であると考えられる。

いずれにせよ、行政裁判法の立法経緯を考慮するならば、国に対する契約上の争訟は、行政裁判所の管轄とするか、それとも司法裁判所の管轄とするかについて、草案の変遷が見られるが、権力的行為による損害の賠償責任については、モッセの草案において、官吏に対する訴訟が司法裁判所の管轄とされた以外は、国に対する訴訟は、いずれの裁判所の管轄も否定されていたと推測される。したがって、裁判所構成法26条にいう民事訴訟には、権力的行為による損害の賠償請求訴訟は、最初から含まれていなかったと考えられるのである[70]。

4　抵触法上の考察

(1)　論点の整理

ここでもう一度、論点を整理しておきたい。2の(1)(2)で見たように、古川論文および西埜論文は、戦前の国家無答責の法理を現行憲法の観点から批判するものであり、国家賠償法附則6項を無視することになる、という疑いがあった。おそらく両論文は、わが国の国家無答責の法理がもっぱら国家の利益のみを考慮した不合理なものであった、という前提に立っているのであろう。

しかし、3の(2)で見たように、旧民法の起草者は、国家無答責の法理を根拠づけるにあたり、国家の行為が「人民」の権利を保護し、幸福を増進させることを目的としているからこそ、国家を免責すべきであると考えていた。そして、同じく国家の行為であっても、私権上の行為については、当初より民法を適用して、国家の賠償責任を認めていたのである。この点について、後の学説は、

---

[70]　戦前の国家賠償責任と裁判管轄の関係については、田中二郎『行政上の損害賠償及び損失補償』(1954年、酒井書店) 80頁以下、高田敏＝村上義弘「国家賠償責任の理論構成」『現代損害賠償法講座6』(1974年、日本評論社) 219頁以下、下山 (国家賠償) 前掲注(68)235頁以下〔同 (人権と行政救済法) 前掲注(68)69頁以下〕もあるが、これらは、主に戦前の判例および学説を考察している。

戦前の裁判所が独自に国家無答責の適用範囲を制限したものと解しているようであるが[71]、かような行為の性質による区別は、当初より民法の起草者が意図していたことであり、その意味で、判例は起草者の意思に忠実であったにすぎない。

そうであれば、さらに起草者の意思を探究することにより、一連の戦後補償において問題となっている行為が民法の適用を排除するものであるか否かを精査する必要がある。なぜなら、起草者は、国家の行為であることのみを理由として、国家無答責の法理によるべきであると考えていたのではなく、それが「人民」の権利を保護し、幸福を増進させることを目的としているからこそ、国の賠償責任を否定していたからである[72]。すなわち、かかる前提が成立しない場合には、たとえ権力的行為であっても、国の賠償責任を肯定することが起草者の意思に合致すると考えられる。

また、国家賠償法附則6項の解釈も、もう一度見直す必要がある。それによれば、「この法律施行前の行為に基づく損害については、なお従前の例による」

---

71) たとえば、宇賀・前掲注(6)418頁は、「立法者の意思がどうであれ、国の私経済的活動につき民法上の不法行為が成立する旨の明文の規定はなかったわけであるから、当時の判例学説がこれを肯定したことは、やはり一定の評価をすべきものと思われる」と述べている。

72) 奥田（共同研究）前掲注(2)151頁以下〔本書435頁以下所収〕では、宇賀・前掲注(6)16頁以下などにもとづき、ホッブスおよびルソーの見解に国家無答責の根拠を求めていたが、この点は訂正したい。すなわち、ホッブスおよびルソーは、「支配者と被支配者の自同性」の論理によって、国家無答責の根拠づけていたが、同様の論理が明治憲法時代の日本に当てはまるとは思えない。むしろ支配者は被支配者の権利を保護する立場にあるから、悪をなしえない、という論理に国家無答責の根拠を求めるべきであろう。その限りで、奥田（サヴィニー２）前掲注(2)360頁〔本書536頁以下所収〕も訂正する。ただし、いずれにせよ、かかる根拠から国家無答責の適用範囲の限界が導き出される点は変わりない。なお、藤田宙靖『行政法学の思考形式』（1978年、木鐸社）57頁によれば、穂積八束の官僚主義は、「決してそれ自体が固有の価値を有するものであるのではなく、結局、国民の"福利"にこそ、明確にその根拠が求められている」とされる。これも、当時の国家観を知るうえで参考となる。

とされているが、そこでいう「従前の例」とは、実体法のみを意味しており、手続法を含まないであろう。なぜなら、手続法上の問題は、訴訟が現在行われているのであれば、現行法に従うべきであり、たとえその旨の明文の規定がないとしても、これは自明のことであると解されるからである[73]。

ところで、3の(4)(5)で見たように、行政裁判法16条および裁判所構成法26条の立法経緯によれば、国家無答責の法理は、裁判所の管轄を否定する法理であると解することが可能であった。そうであれば、国家無答責の法理は手続法上の問題であり、国家賠償法附則6項にいう「従前の例」には含まれない可能性がある[74]。

さらに、国家無答責の法理が国家賠償法附則6項にいう「従前の例」に含まれ、またすべての権力的行為について、この法理が適用されるべきであるとしても、なお例外的に国家賠償法附則6項の適用を排除する可能性が検討されなければならない。すなわち、この規定は法律不遡及の原則を定めているが、そもそも新法施行前の行為に旧法を適用する趣旨を考えてみる必要がある。そして、具体的な個々の事件において、たとえ新法を遡及適用したとしても、この趣旨に反する結果とはならず、むしろ旧法を適用することによって、著しく実

---

73) たとえば、平成8年改正の民事訴訟法附則3条本文は、「新法の規定（罰則を除く。）は、この附則に特別の定めがある場合を除き、新法の施行前に生じた事項にも適用する」としている。この規定によれば、原因事実が新法の施行前に発生した事件についても、新法の施行後に係属した訴訟の管轄は、新法によることになる。なお、現行の裁判所法の附則1項は、日本国憲法施行の日（昭和22年5月3日）から同法を施行し、同2項は、裁判所構成法および行政裁判法などを廃止するのみであり、平成8年改正の民事訴訟法附則のような規定を置いていないが、原因事実が裁判所法の施行前に発生した事件についても、同法の施行後に係属した裁判の事項管轄が現行の裁判所法によるべきであることは当然である。

74) 国家無答責の法理を手続法上の問題とみる理由について、奥田（共同研究）前掲注(2)153頁以下〔本書437頁以下所収〕は、宇賀・前掲注(6)413頁（＝注(6)の本文に引用した箇所）に依拠し、また奥田（サヴィニー2）前掲注(2)362頁〔本書539頁所収〕は、「旧民法は、結局のところ施行されなかったのであるから、国家賠償責任に関する規定が起草過程において削除されたことは、実定法上の根拠というわけにはいかない」としていたが、この点は訂正したい。

質的正義が損なわれる結果になるのであれば、きわめて例外的に国家賠償法附則6項の適用を排除することも視野に入れるべきであろう[75]。

(2) 時際法および体系際法

以上のような論点は、筆者が専門とする国際私法と類似の時際法および体系際法上の区別を行えば、必然的に出てくるものである。すなわち、国際私法は、内外いずれの国の法を適用すべきかを定めるが、時際法および体系際法は、国際私法によって準拠法が定まった後に、準拠法内部において、具体的にいずれの実質法規定が適用されるべきかを定める[76]。

たとえば、法律が改正された場合に、新法と旧法のいずれを適用すべきであるのかを決定するためには、時際法が必要となる。国家賠償法附則6項は、国の賠償責任について、これを定めた明文の時際法規定である。また、成文法と慣習法、一般法と特別法など法源が異なる場合に、いずれの法源の法を適用すべきであるのかを決定するためには、体系際法が必要となる。法例2条や商法1条などは明文の体系際法規定であるが、民法の起草者も、行為の性質などによって、民法を適用するのか、それとも国家無答責の法理によるのかを区別していたのであるから、一種の体系際法上の考察を行っていたことになる[77]。

---

[75] 奥田（共同研究）前掲注(2)156頁以下〔本書439頁以下所収〕。ただし、国家無答責の法理の根拠が「当時は合理的と考えられていた根拠であっても、今日の法観念からみて、あまりにも不合理である場合には、それは公序良俗違反である」とした点（155頁）はミスリーディングであるので撤回したい。筆者の見解は、国家無答責自体ではなく、その適用結果が公序良俗に違反する場合を問題としているからである。後述注(93)の本文参照。

[76] 山田鐐一『国際私法』（1992年、有斐閣）88頁以下、奥田安弘『国際取引法の理論』（1992年、有斐閣）45頁参照。

[77] 「時際法」という名称は一般に知られているが、「体系際法」という名称は、山田鐐一教授の命名による仮称である。山田・前掲注(76)11頁以下。しかし、時際法および人際法などの規範が準拠法内部における法の適用関係を決定するために存在するのであれば、体系際法の存在も論理的に導き出されるはずである。奥田・前掲注(76)26頁も参照。

ところで、国際私法上の判断が時際法および体系際法上の判断よりも先行するという意味では、両者は異なったレベルの法であるが、いずれも法の適用関係を規律する適用規範である、という意味では共通点もある。両者は、広い意味で抵触法と呼ばれているが[78]、この抵触法上の考察が前述のような論点の考察には欠かせないであろう。

まず、国際私法は、自国法と外国法を平等に適用するという内外法平等の原則を存立の基礎としているが[79]、時際法においても、新法と旧法は原則として平等に取り扱われるべきである。すなわち、自国法からみて外国法が不合理であると主張することができないように、新法からみて旧法が不合理であると断罪することはできない[80]。そして、外国法の解釈が当該外国の裁判所と同じ立場で行われるのと同様に、旧法の解釈も、当時の裁判所と同じ立場で行われるべきであり、当時の裁判官が一連の戦後補償と同様の事件を扱ったら、どのような判断を下したのかを見ることになる。ただし、現に同様の事件を扱ったことがない場合は、やはり関連法規の起草者の意思などから、当時としての合理的な解釈を導き出すことになるであろう[81]。

また、内外いずれの法を適用すべきかを決定する国際私法について、法例に

---

78) 一般に狭義の抵触法とは、国際私法を意味している。ただし、抵触法という用語は誤解を招くことがあるので、注意を要する。溜池良夫『国際私法講義〔第2版〕』(1999年、有斐閣) 4頁以下、山田・前掲注(76)10頁、奥田 (共同研究) 前掲注(2)129頁以下〔本書412頁以下所収〕参照。

79) たとえば、国際私法の基礎を築いたサヴィニーの学説が内外法の平等を出発点としていたことについては、溜池・前掲注(78)46頁、奥田 (サヴィニー1) 前掲注(14)261頁以下〔本書503頁以下所収〕など参照。

80) ただし、これは法律不遡及の原則を前提としている。民法の親族編および相続編を全面的に改正した昭和22年法律第222号の附則4条のように、新法の遡及適用を定めた明文の規定がある場合は、かような新法と旧法の平等原則は破られている。

81) 外国法の解釈について同様の趣旨を述べたものとして、山田・前掲注(76)123頁、砂川恵伸「外国法の内容の不明」『国際私法の争点〔新版〕』(1996年、有斐閣) 72頁。

明文の規定があっても、その解釈に争いの余地があるように、新旧いずれの法を適用すべきかを決定する時際法の規定についても、解釈の余地がある。換言すれば、法例のいずれの規定によって準拠法を決定すべきかについて、法律関係の性質決定が問題となるように、国家賠償法附則6項を適用すべきか否かについても、当該問題が実体法上の問題であるのか、それとも手続法上の問題であるのかを区別する必要がある[82]。

さらに、内外法平等の原則の例外として、国際私法上の公序（法例33条）が発動されるように、新法と旧法の平等原則の例外として、時際法上の公序が問題となる。ただし、前者があくまで国際私法上の観点から判断されるように、後者はあくまで時際法上の観点から判断されるべきである[83]。

以上のような考察の結果、筆者は、一連の戦後補償に関する事件においては、国家無答責の法理が適用されないと考える。すなわち、筆者は、現在の法観念からみて、国家無答責の法理が不合理であるから、これを適用すべきでないと

---

82) 国家賠償法は、国家賠償責任の実体法上の問題のみを規律しているから、国家賠償法附則6項にいう「従前の例」とは、旧法のうち、実体法上の問題に適用される規範のみを意味すると解される。これに対して、手続法上の問題は、別途、手続法規によって規律されるから、新旧いずれの手続法規が適用されるのかは、国家賠償法附則6項ではなく、手続法規に関する時際法規定によって決定される。

83) 時際法上の公序という観念は、わが国では、まだ広く知られていないが、たとえば、サーシーは、次のようなスイス民法最終章2条を引用して、同様の見解を主張している。「公序良俗のために制定された民法の規定は、特段の定めがない限り、その施行の時から、すべての事実関係に適用される。それに伴い、新法によれば公序良俗に反する旧法の規定は、民法施行の時から、もはや適用することができない」。サーシーによれば、これは時際法における公序の発動を認めた規定である。たしかに、時際法においては、新法と旧法の立法者は同一であるから、公序の発動は国際私法におけるよりも狭い範囲に留まるであろう。しかし、時際法における公序の発動を全く否定することはできないとする。すなわち、サーシーは、スイス民法のような規定がなくても、一般的に時際法における公序発動の可能性を認めている。I. Szászy, Conflict of Laws in the Western, Socialist and Developing Countries, 1974, p. 376. Vgl. auch B. Hess, Intertemporales Privatrecht, 1998, S. 396 ff.

述べているわけではなく、あくまでも時際法および体系際法上の観点からみて、個々の事件の事実関係のもとでは、国家無答責の法理の適用が論理的に否定される、と言いたいのである。以下では、この点をさらに詳しく述べていきたい。

(3) 体系際法上の区別

前述のように、旧民法の起草者は、国の損害賠償責任について、民法を適用すべき場合と、そうでない場合を区別していた。井上毅の表現を借りれば、行政権の原力を行使する場合と、私権上の行為に属する場合である。これは、行為の性質によって、民法の適用・不適用を決定するものであり、その意味で、起草者は一種の体系際法上の区別を行っていたことになる。そして、国家無答責の法理の側からみれば、その法理には事項的適用範囲の限界があったことになる。

しかし、起草者は、さらに一定の類型に該当する行為であるからといって、当然に国家無答責の法理によるべきであると考えていたのではない。その行為が「人民」の権利を保護し、幸福を増進させることを目的としているからこそ、国家を免責すべきであると考えていたのである。そうであれば、たとえ一定の類型に該当する行為であったとしても、かような前提が成立しない場合には、むしろ国家無答責の法理を適用しないことが起草者の意思にかなうことになる。すなわち、その意思を尊重するのであれば、国家の行為が「人民」の権利を保護する関係にあるのは、どのような場合であるのかを考える必要がある。そして、国家の行為と「人民」の間にかような関係が成立していない場合には、起草者は、国家を免責すべきであるとは言わなかったであろう、と推測されるのである。

おそらく起草者は、国家の行為が自国の領域内でなされる場合だけを想定していたのであろう。たしかに、自国の領域内であれば、自国民であるか、外国人であるかを問わず、当時の考え方によれば、すべての「人民」は、国家の一定の行為によって権利を保護される関係にあったと言えるであろう。しかし、外国の領域内にいる「人民」については、ケースバイケースで考える必要があ

る[84]。たとえば、自国民が在外公館に保護を求めてきた場合や、外国人が査証の発給を申請してきた場合は、かかる「人民」は、国家の行為によって権利を保護される関係にあったと言える。これに対して、在外公館の職員が公務で公用車を運転していた時に、一般市民の車に追突し、乗員に怪我を負わせた場合は、かような関係が存在していなかった。その被害者がたまたま自国民であったとしても、同じである[85]。

　起草者は、そのような場合にまで、国家を免責すべきであるとは考えていなかったに違いない。むしろ国家無答責を正当化するための前提を欠いているから、民法の適用により国の賠償責任を判断すべきであると考えたであろう。すなわち、起草者の意思に従うのであれば、行為の性質だけでなく、行為のなさ

---

[84]　たとえば、山本草二『国際法〔新版〕』(1994年、有斐閣) 233頁は、「国家が内外人の別なく他国の介入を排除して管轄権を行使できるのは、原則としてその領域（軍艦、軍用航空機もこれに準ずる）に対してだけである。いいかえれば、国際慣習法または条約に基づく別段の許容法規のない限り、国家は国際法上の主要な義務として他国の領域での権力行使（強制管轄権）をすべて禁止されるのであり……、その意味で管轄権は属地的なものと、一応、推定される」と述べている。かような国際法上の制限がある以上、旧民法の起草者が自国内の権力的行為だけを想定したとしても不思議ではないであろう。ただし、在外公館による自国民の保護および査証の発給などは、慣習国際法ないし条約により許容された場合に当たる。

[85]　換言すれば、自国民が在外公館に保護を求めてきた場合や、外国人が査証の発給を申請してきた場合における公権力の行使は、国際法により許容されており、かつ当該個人が自発的に自国の管轄に服する場合であると言える。そこでは、法律的な意味における権利保護の関係が存在しており、それを理由として、国家無答責の法理を適用することは、旧民法の起草者の意図したところと矛盾しないであろう。これに対して、在外公館の公用車による事故の場合は、被害者は事故発生地国の管轄に服していたのであり、在外公館の本国との間に権利保護の関係があったとは言えないから、国家無答責の法理の適用も否定すべきであろう。このように自国の管轄に服するか否かによって、国家無答責の場所的適用範囲を決定すべきであるという点では、奥田（共同研究）前掲注(2)152頁〔本書436頁所収〕および奥田（サヴィニー2）前掲注(2)358頁〔本書533頁以下所収〕の記述を維持しておきたい。

れた場所や、当該行為と「人民」との関係によっても、体系際法上の区別がなされることになる。そして、これを国家無答責の法理からみれば、その法理には、場所的な適用範囲の限界があったことになる[86]。

以上のような体系際法上の考察によれば、中国大陸やフィリピンなどでなされた戦時中の行為は、まさしく民法の適用によって国の賠償責任を判断すべきことになる。すなわち、行為の性質をみた場合には、たしかに権力的行為ではあるが、行為のなされた場所は外国であった。しかも被害者である外国人は、日本の在外公館に査証の発給などを申請した際に損害を被ったのではなく、たまたま日本の公務員（兵士）の加害行為に遭遇したのである。

わが国の政府からみれば、わが国の公務員の行為は、わが国の「人民」の権利を保護し、その幸福を増進させる目的を有していたのであろうが、中国人やフィリピン人などの被害者からみれば、当該行為との間でかような関係は存在しておらず、それゆえ当該行為から生じた損害を甘受せよと求められる理由はない。したがって、起草者の意思を尊重するのであれば、中国大陸やフィリピンなどの戦後補償のケースは、国家無答責の根拠が妥当しないケースであり、むしろ民法によって国の賠償責任を判断すべきである。

(4) 国際法との関係

以上の考察では、行為のなされた場所が外国であったことや、当該行為と

---

86) 前述 3 (2)のように、旧民法の起草者は、民法の適用・不適用の基準を明確に定めることができなかったから、明文の規定を置かなかったのであり、様々な事情を考慮することを容認していたと言える。さらに一般的にも、渉外的な要素のある事件について、個々の法規範が純粋国内事件と異なって解釈されることは、従来から学説上主張されてきたところであり、これを認めた裁判例もある。山田・前掲注(76)122 頁、溜池・前掲注(78)239 頁、東京家審昭 48・4・20 家月 25 巻 10 号 113 頁。奥田（サヴィニー 2）前掲注(2)356 頁以下〔本書 532 頁所収〕も参照。それゆえ、このように渉外的な要素を考慮して、民法の適用・不適用の基準ないし国家無答責の適用範囲の限界を決定することは、解釈論として許されるべきである。

「人民」との間に権利保護の関係が存在しなかったことを考慮すべきであると述べたが、これは、何も国家無答責の法理に国際法上の制限があったことを主張するものではない。この点において、2の(3)で取り上げた中国戦後補償弁護団の主張と筆者の見解は、根本的に異なる。

たしかに、戦前の法体系においても、法規の性質を有する事項を内容とする条約の国内的効力は、政府の見解および判例により、一定の範囲で認められていた[87]。また、前述のヘーグ陸戦条約3条は、「前記規則ノ条項ニ違反シタル交戦当事者ハ、損害アルトキハ、之カ賠償ノ責ヲ負フヘキモノトス。交戦当事者ハ、其ノ軍隊ヲ組成スル人員ノ一切ノ行為ニ付責任ヲ負フ」と規定している

---

87) 岩沢雄司『条約の国内適用可能性』(1985年、有斐閣) 27頁以下参照。同書によれば、「条約ハ如何ナル方式ニ依テ其効力ヲ生ズルヤ」というオランダ政府の照会に対し、当時の日本政府は、「仮令法規ノ性質ヲ有スル事項ヲ内容トスルモノト雖モ議会ヲシテ之ニ協賛セシメサルモノニ有之而シテ此種ノ条約ハ国法ノ一部トシテ公布ニ依リ当然ニ一般ノ遵由力ヲ有スルモノト解シ法律命令ヲ制定シテ之ヲ国法中ニ編入スルカ如キコトナク又条約ノ規定ニ抵触スル法律命令ノ規定ハ当然変更セラレタルモノト解釈致居候……尤モ国際条約中締約国政府カ其内国法制ヲ修補スヘキ旨協約シタル場合ニ於テハ条約ノ目的ヲ達スルカ為ニ其規定ニ従ヒ立法上ノ措置ヲ採ルヘキコトハ勿論ノ義ニ有之候」と回答した。また判例としては、山東縣案解決に関する条約について、「批准ヲ経テ条約トシテ完全ナル効力ヲ生スルト共ニ之ヲ国内ニ公布スルニ依リテ別段帝国議会ノ協賛ヲ経スシテ法律ト同一ノ効力ヲ有スルニ至ルモノト解スヘク我カ国ノ従来ノ先例モ亦此ノ解釈ニ従ヒタリ」と判示した東京地判昭7・6・30法律新聞3446号7頁を紹介している。なお、前者によれば、条約は法律に優先すると解されていたようであるが、後者は、法律と同一の効力を有するとしている。清宮・前掲注(12)443頁も参照。ちなみに、1910年9月23日にブラッセルで署名された船舶衝突ニ付テノ規定ノ統一ニ関スル条約および海難ニ於ケル救援救助ニ付テノ規定ノ統一ニ関スル条約は、1914年1月12日、わが国によって批准され、同年2月11日、わが国について発効したが、条約文が公布されたのみであり、条約の内容を取り入れた法律は制定されなかった。これは、これらの条約が公布のみで国内的効力を有することを前提としていたからであろう。戦後の判例ではあるが、海難救助条約を直接に適用した最判昭49・9・26民集28巻6号1331頁がある。奥田・前掲注(76)94頁も参照。

が、これが個人の損害賠償請求権を認めたものであり、国内裁判所における権利行使を認めたものであるとしたら、それは、同条約がわが国の国内法体系に取り入れられることによって、実施されることになる。

　しかし、この場合、ヘーグ陸戦条約 3 条は、一般法である民法に対する特別法として適用されるのであり、本稿が取り上げる民法の適用・不適用とはレベルの異なる問題であることは明らかである。すなわち、国内法体系におけるヘーグ陸戦条約＝特別法と民法＝一般法の適用関係も、体系際法を介して決定されるべきであるが、かような体系際法上の考察の結果、ヘーグ陸戦条約＝特別法の適用が決定されたならば、たとえその細目については、民法の不法行為規定を類推適用するとしても、条約自体は独自に解釈されるべきである。換言すれば、ヘーグ陸戦条約＝特別法は、民法＝一般法に優先するのであるから、前者の適用が認められる以上、後者の適用・不適用は問題となりえない。その限りにおいて、国家無答責の適用範囲の問題は消滅することになる[88]。

　ところで、ヘーグ陸戦条約 3 条は、個人が国内裁判所において損害賠償請求の根拠として援用できる限りにおいて、法規の性質を有する事項を内容とする条約として、国内的効力を有する。かかる個人請求権が認められない場合にも、なお条約が国内的効力を有して、国家無答責の法理を制限するということはあり得ない。しかるに、中国戦後補償弁護団は、前述 2 の(3)のように、かかる無理な主張を行っているようであり、南京事件判決がこれを退けたのは当然と言える[89]。

---

[88]　明治憲法のもとで、条約が法律に優先する効力を有するのか、それとも法律と同一の効力を有するのかは、ひとまず不問に付すことにする。ヘーグ陸戦条約は、1907 年に署名され、1912 年 1 月 13 日、わが国について発効したのであるから、いずれにせよ民法に対し後法に当たるし、内容的にも特別法に当たる。ただし、これは、同条約 3 条が個人の損害賠償請求権を認めていることを前提とする。従来の戦後補償裁判では、この点は、一致して否定的に解されている。さしあたり、申惠丰「国際法からみた戦後補償」奥田・川島ほか・前掲注(2)110 頁以下参照。

[89]　ただし、筆者は、ヘーグ陸戦条約 3 条が国内裁判所における個人の権利行使を認めたものでないとする従来の判例には、疑問を感じる。たとえば、オランダ領

(5) 時際法上の法性決定

　国家賠償法附則 6 項は、「この法律施行前の行為に基づく損害については、なお従前の例による」と規定している。それゆえ、すべての実体法上の問題は、旧法によって判断されることになる。しかし、手続法上の問題は、訴訟が現在行われているのであれば、現在の法によるべきであり、たとえこの点に関する明文の規定がなくても、これは自明のことであろう。したがって、そもそも国家賠償法附則 6 項を適用すべきか否かについては、当該問題が実体法上の問題であるのか、それとも手続法上の問題であるのかを判断する必要がある。これは、時際法上、法律関係の性質決定（法性決定）が問題となることを示している[90]。

　ところで、旧民法の起草者は、国家無答責の法理を民法の適用・不適用という実体法上の問題と解していたが、前述のように、行政裁判法 16 条および裁判所構成法 26 条の起草者は、これを裁判所の管轄に関する手続法上の問題と解していたようである。かかる手続法上の問題について、新法と旧法のいずれが適用されるのかは、国家賠償法附則 6 項ではなく、条理としての不文の時際

　　　東インド（インドネシア）の元捕虜・民間抑留者の損害賠償請求事件に関する東京地判平 10・11・30 判タ 991 号 262 頁は、ヘーグ陸戦条約 3 条の起草過程を検討した結果、「同条が損害を被った個人の救済をも目的としていたことについては認められる」としながらも、「当時、各国とも被害者個人の救済については、国際法の原則どおり外交保護権の行使によることを当然の前提としていたのではないかとの推測もできる」とする。しかし、ヘーグ陸戦条約 3 条が個人の救済を目的としていたのであれば、外交保護権は全く救済手段にならない。なぜなら、国家は、①個人の要求にもとづいて外交保護権を行使するわけではないこと、②外交保護権を放棄する自由があること、③外交保護権の行使により受け取った金銭を個人に引き渡す義務がないこと等から、結局のところ、個人の救済は国際法上保障されないことになるからである。奥田（サヴィニー 2）前掲注(2) 354 頁以下〔本書 529 頁以下所収〕参照。したがって、ヘーグ陸戦条約 3 条は、個人の救済という目的を達成するために、むしろ個人が国内裁判所において直接に加害国に対し損害賠償請求権を行使することを認めていた、と解される。

90)　前述注(82)参照。

法ルールにより決定されるべきである。それによれば、手続法上の問題については、原則として訴訟時点の法が適用されるべきであろう。そして、一連の戦後補償裁判は、戦後に提起されたものであり、現在の裁判所の事項管轄は、現行の裁判所法によって決定されることになる。その裁判所法3条1項によれば、「裁判所は、日本国憲法に特別の定のある場合を除いて一切の法律上の争訟を裁判し、その他法律において特に定める権限を有する」とされている。ここでいう「一切の法律上の争訟」には、当然のことながら、権力的行為による損害の賠償請求訴訟が含まれるから、一連の戦後補償裁判において、現在の裁判所の管轄は肯定されることになる[91]。

一方、実体法上の問題については、国家賠償法附則6項により、「従前の例」、すなわち旧法が適用されるから、現行の国家賠償法は適用されない。戦前の法体系において、国の賠償責任に適用されるべき実体法ルールとしては、民法以外に見当たらないのであるから、結局のところ、民法により国の賠償責任の存否が判断されることになる。

(6) 時際法上の公序

仮に国家無答責の法理が実体法上の制度であり、また国家の行為と被害者との間に権利保護の関係が存在しないケースについても、国家無答責の法理が適用されるとする。すなわち、国家賠償法附則6項にいう「従前の例」とは、戦後補償においても、国家無答責の法理を意味するという仮定に立てば、新法と旧法の平等を主張する筆者の立場からは、国家無答責の法理をそのまま適用すべきことになるであろう。

しかし、国際私法においても、内外法の平等を原則としながら、外国法の適用結果が著しく公序良俗に反する場合には、例外的に外国法の適用を排除することがあるように（法例33条）、時際法においても、旧法の適用結果が著しく公序良俗に反する場合には、例外的に旧法の適用が排除されるべきである[92]。

91) 前述注(73)参照。
92) 前述注(83)参照。

これは、新法の観点からみて旧法が不合理であり、公序良俗に反すると言っているのではない。ただその適用結果が時際法の観点からみて著しく不当である場合にのみ、きわめて例外的に当該事案における旧法の適用を排除すべきであると言いたいのである[93]。また、この例外的措置は、明文の規定がなくても、時際法全体の趣旨および目的からみて、条理として認められるべきである。すなわち、形式的正義も重要であるが、実質的正義も、それに劣らず重要であることは、誰しも否定することができないであろう。かような実質的正義を実現するためには、形式的正義によって導かれた結論を機械的に適用するのではなく、その結果が公序良俗に反することのないように、コントロールする必要がある。ただし、ここでは、あくまでも時際法上の正義が問題となっているのであるから、公序を発動する要件は、やはり時際法独自の観点から決定されなければならない[94]。

そこで、まず国家賠償法附則6項の立法趣旨を考えてみる必要がある。この規定の立法趣旨は、国会の議事録などからは明らかでないが[95]、そこで定められている法律不遡及の原則は、法的安定性の観点から、一旦成立した法律関係を覆すことによる混乱の回避に根拠を有するのであろう。すなわち、仮に国

---

93) たとえば、平成元年改正前の法例30条は、「外国法ニ依ルヘキ場合ニ於テ其規定カ公ノ秩序又ハ善良ノ風俗ニ反スルトキハ之ヲ適用セス」と規定していたが、改正後の法例33条は、「其規定ノ適用」が公序良俗に反する場合は適用しないとする。これは、国際私法上の公序が外国法の内容ではなく、具体的な事件における適用結果を発動の基準としていることを確認したものである。櫻田嘉章「公序則の適用」『国際私法の争点〔新版〕』(1996年、有斐閣) 86頁参照。さらに、山田・前掲注(76) 131頁も参照。

94) わが国の法律においては、法例33条以外に、憲法82条2項、法例2条、民法90条、民事訴訟法118条3号においても、公序良俗の文言が使われているが、それぞれの規定の趣旨に応じて、発動の要件が異なる。たとえば、法例33条は、国際私法上の公序を規定したものであるから、わが国の強行法規に反する外国法の適用がすべて排除されるわけではない。仮にこれを認めたとしたら、国際私法の存在意義はなくなるであろう。山田・前掲注(76) 130頁参照。前述注(14)も参照。

95) 奥田(サヴィニー2)前掲注(2) 362頁〔本書538頁所収〕参照。

家賠償法附則6項にいう「従前の例」が国家無答責の法理を意味するとしたら、加害者である国家の側からみれば、当時の法により、賠償責任を負わないことを予測してしかるべきであり、かかる予測は保護に値する。一方、被害者にとっても、当時の法により認められていなかった損害賠償請求権が、新法の遡及適用により新たに認められるとしたら、期待以上の保護が与えられることになり、妥当とは思われない。要するに、行為時において一旦確定した法律関係は、よほどのことがない限り維持されるべきである。その意味で、法的安定性を重視するのであれば、法律不遡及の原則を定めた国家賠償法附則6項は、そのまま適用されるべきである[96]。

しかし、具体的に一連の戦後補償裁判の事実関係をみた場合に、法律不遡及の原則が実質的正義をも満足させる結果を導くことになるのかは疑問である。これらの事件では、被害者の肉体的・精神的苦痛は、現在もまだ続いている状態であり、その意味では、今なお救済の必要性はきわめて大きい。また加害者である国の側からみても、内外の状況は、補償の必要性を忘れ去ることを許しておらず、平和と国際協調を標榜する戦後の憲法秩序全体に重大な影響を及ぼしている[97]。

ただし、ここで「戦後の憲法秩序全体に重大な影響を及ぼしている」とは言っても、これは、現行憲法の遡及適用を意味しているわけではない。加害者である国にとって、たとえ現行の国家賠償法の遡及適用により賠償責任を負わされることになったとしても、予見可能性を裏切られたことにはならないであろう、と言いたいのである。また被害者にとっても、まだ加害行為による苦痛は残っているのであるから、新法の遡及適用により期待以上の保護を与えられた

---

96) たとえば、我妻栄『新訂民法総則』（1965年、岩波書店）23頁は、法律不遡及の原則について、「人がある行為をする場合には、その時の法律によって効果を生ずることを予期してなすものであり、行為の後の法律によって予期したと異なる効果を生じさせては、法律関係の紛糾を生じ、社会生活の安定を害するから、かような原則が認められる」と述べている。

97) 奥田〔共同研究〕前掲注(2)157頁〔本書440頁所収〕。

ことにはならない。換言すれば、一連の事件の原因事実は、たしかに戦前に起きたものであるが、「現在」との関連が極めて密接であるから、時際法上の公序の発動が検討されるべきである[98]。

さらに、加害行為と被害の状況も、時際法上の公序の発動を促す要因として重要である。すなわち、戦後補償で問題となっている加害行為は、いずれも常軌を逸したものであり、到底正当な公権力の行使とは言えないものばかりである。かような加害行為でさえも、国家無答責の法理をそのまま適用するのであれば、損害賠償請求権を発生しないことになるが、たとえ戦争中のことであったとはいえ、正当な戦闘行為を大きく外れたこれらの行為が、何らの損害賠償請求権も発生しないとするのは、正常な法感覚に著しく反すると言える。それは、被害の甚大さからみても首肯できる[99]。

もっとも、かような加害行為と被害の状況のみによって、時際法上の公序が発動されるわけではない。同時に、新法を遡及適用したとしても、加害者の予

---

98) たとえば、国際私法上の公序についても、一般に内国との牽連関係が要件とされている。櫻田・前掲注(93)87頁によれば、かような内国牽連関係は、「必ずしも普遍性をもたない我が国固有の判断（＝国際私法上の公序の発動・奥田注）を対外的に主張し得るだけの正当な利害関係があることを示すものである」とされている。これに対して、時際法上の公序においては、法律不遡及の原則を定めた国家賠償法附則6項に反して、遡及適用の必要性を主張しうる事情として、現在との関連が重要になる。

99) たとえば、国際私法上の公序について、山田・前掲注(76)131頁は、次のように述べている。「外国法の規定の内容が、これを純内国的な事案に適用しても内国の私法的秩序を害しない、内国からみても合理性を有し、相応する内国法の規定に代替しうるようなものであるときは、それは単なる法制の相異にもとづくものであって、そのような外国法の規定の適用の結果、内国法によるのと異なる解決をもたらしても、それは原則として、内国の公序に反するものとはいえない」。これを戦後補償裁判における時際法上の公序に当てはめれば、次のようになるであろう。すなわち、仮に戦後補償裁判で問題となっているような行為が現在なされ、これに国家無答責の法理を適用したとしても、一定の合理性を有し、現在の法制度と代替可能性があるのであれば、時際法上の公序に反するとは言えないが、そのような事情は窺われない。

見可能性を裏切らず、かつ被害者に期待以上の保護を与えることにならない、という点が重要となる。すなわち、かような「現在」との関連および加害行為と被害の状況をすべて考慮したうえで、総合的な判断として、きわめて例外的に時際法上の公序が発動されるべきであろう。したがって、時際法上の公序が発動されるか否かは、さらに個々の裁判の事実関係を詳しく検討する必要があるが、仮にこれが発動されるとしたら、その場合には、現行の国家賠償法が遡及適用されるべきであると考えられる[100]。

5　お わ り に

最後に、以上の考察をまとめるとともに、今後の課題を提起しておきたい。

まず国家賠償法附則 6 項は、「この法律施行前の行為に基づく損害については、なお従前の例による」と規定しているが、ここでいう「従前の例」とは、昭和 22 年 10 月 27 日の国家賠償法施行前のすべての旧法を意味する。したがって、戦前の国家無答責の法理を「現在」からみて不合理であるとして適用を排除することはできないし、ましてや昭和 22 年 5 月 3 日に施行された日本国憲法を遡及適用するような解釈にも賛同しえない。ただし、国家賠償法附則 6 項にいう「従前の例」とは、必ずしも国家無答責の法理を意味するとは限らない。民法の起草者は、行為の性質など様々な要素によって、民法が適用されるべき場合とそうでない場合を区別していたのであり、その趣旨は解釈に反映させるべきであろう。

そこで筆者は、ひとつの試みとして、行為の性質だけでなく、行為のなされ

---

[100]　国際私法上の公序については、外国法の適用排除の結果として、内国法の適用を認めながらも、「ここにいう内国法は、国内事件に適用される内国法そのものではない。渉外的事案に個別的に適用されるべき内国の公序に属する実質法である」とする見解がある。山田・前掲注(76) 135 頁。しかし、時際法上の公序が発動された場合は、新法および旧法はいずれも同一の法秩序に属するから、新法をそのまま適用して差し支えないであろう。奥田（共同研究）前掲注(2) 158 頁〔本書 441 頁以下所収〕。

た場所や、当該行為と「人民」との関係を考慮して、中国大陸やフィリピンなどでなされた戦時中の行為については、民法を適用すべきであると主張したのである。さらに、行為の性質による区別を探究すれば、あるいは強制連行・強制労働や従軍慰安所の営業などについては、これを一種の非権力的行為ないし私経済作用とみることにより、民法の適用を肯定することが可能なケースもあると思われるが、この点については、筆者は専門外であるから、専門家の手に委ねることにしたい[101]。

また、もうひとつの試みとして、行政裁判法および裁判所構成法の立法経緯にもとづき、国家無答責の法理は「管轄否定の法理」であるから、手続法上の問題であり、それゆえ国家賠償法附則6項にいう「従前の例」には含まれない、という主張も行った。このように述べると、それでは、戦前の事件は、すべて現在の訴訟法により、審理し直されることになるのではないか、という危惧を抱かれるかもしれない。しかし、少なくとも日本の領域内における事件については、周知のように、民法724条後段の除斥期間の経過によって、請求権が消滅したとされるのであるから、大きな混乱は起きないであろう。これに対して、中国やフィリピンの戦後補償裁判のように、外国の領域内における事件については、必ずしも請求権が消滅したとは言えない。ただし、この点については、別稿で詳述したので、割愛する[102]。

最後に、筆者は、時際法上の公序という観点から、時際法における実質的正義の実現を試みた。これは、立法経緯の研究の成果というよりも、むしろ筆者が専門とする抵触法の観点からの考察の帰結である。時際法上の公序は、現行

---

101) たとえば、秋山・前掲注(6)61頁以下は、強制連行・強制労働を「営利的、非権力的事業とみて、民法規定の適用を認める立論は可能であった」としている。また、在日韓国人女性が中国大陸において従軍慰安婦とされた事件の控訴審において、東京高裁は、国に「慰安所の営業に対する支配的な契約関係を有した者あるいは民間業者との共同事業者的立場に立つ者として民法715条2項の監督者責任に準ずる不法行為責任が生ずる場合もあり得る」と判示している。東京高判平12・11・30訟月48巻3号685頁、判時1741号40頁。

102) 奥田（共同研究）・前掲注(2)158頁以下〔本書442頁以下所収〕。

法の観点から戦前の国家無答責の法理を一律に不合理とするものではない。国際私法上の公序と同様に、個々の事案を総合的に考慮し、ケースバイケースで判断するだけでなく、新法と旧法の平等の観点から極めて例外的にのみ発動されるものである。したがって、通常の国家賠償事件において、時際法上の公序が発動されることは、まずないであろうし、戦後補償裁判でも、これが認められるべきケースは、かなり限られてくるであろう。

　以上の議論は、突飛に思われるかもしれないが、筆者の目からみた場合、一連の戦後補償に関する判例は、わが国の教科書的な判例通説に頼りすぎているきらいがある。戦前の判例や学説は、わが国の純粋国内事件のみを念頭に置いて展開されてきたのであるから、これらは、すべて再検証する必要がある。しかし、その際には、実証的な裏付けが必要となってくるであろう。筆者が専門外であるにもかかわらず、あえて国家無答責の法理に関する立法経緯の研究を試みた次第である。今後は、専門家の手によって、さらに新たな資料の発掘および分析が行われることを期待したい。

索　引

あ 行

烋場準一　25~, 58~
阿部浩己　523
アメリカ合衆国
　1936年海上物品運送法　37~, 41~, 45, 53, 336, 366
　船主責任制限法　77~, 108, 114
　タイタニック号判決　97~, 110, 112~
　ノーウォーク・ヴィクトリー号判決　99~, 106~, 112~
　ハーター法　34, 37~
　ヤーマス・キャッスル号判決　103~
　連邦不法行為請求権法　464~, 467
域外適用　418, 465, 496
イギリス
　1924年海上物品運送法　36~, 40~, 44, 49~, 52, 54
　1971年海上物品運送法　13, 40, 46, 49~, 55
　商船法　78
　ホランディア号判決　47, 50~, 56
異則主義　79, 84, 92~, 97
井上毅　560~, 565, 573~, 581~, 587~, 595
ウィスビー規則　32, 40, 46, 48~, 57~, 65
ヴィッタ（E. Vitta）　7, 13~, 19~, 25, 27~
宇賀克也　437, 477, 557~
梅謙次郎　448, 576
援用可能統一規則　34, 120, 148
欧州連合（EU）　121
　契約債務準拠法条約　64, 121, 245, 324, 331, 338~, 343, 356, 360~, 365~, 372~
　製造物責任理事会指令　371
　不公正な契約条件理事会指令　374
　タイムシェアリング理事会指令　374
　民事・商事の裁判管轄・判決執行条約　378~
オランダ学派→条例理論
折茂豊　416, 505

か 行

カードリーダー事件　276, 297, 314~, 318
カーン・フロイント（O. Kahn-Freund）　40~, 45, 54
外交的保護　529~, 600
外国公法不適用の原則　376, 418~, 513~
外人法　118, 418, 473
海難救助条約　18, 598
隔地的～
　契約　325, 329~, 333~, 363
　不法行為　267, 272~, 299~, 316
隠れた抵触規範　17, 28, 42
過酷条項　223~, 241
管轄
　緊急～　213~
　択一的～　182
　補充的～　182
　～約款　41~, 51~, 55~
管轄・法廷地法主義　190~, 200~, 216
カントン間抵触法　156, 158
旗国法　46, 52, 79, 87, 91~, 99, 103, 105, 111, 327, 332, 334
強行適用規定→特別連結
クライン（F. Klein）　126~, 135
クロポラー（J. Kropholler）　4, 17~, 31, 62, 65

索 引 611

ケーゲル（G. Kegel）　24~, 82~, 91~, 111
ゲープハルト（A. Gebhard）　445~
公法私法二元論　540, 557, 582
公法の属地的適用　418, 496~, 509, 513~
公務員所属国法説　421~, 457~, 471, 473~, 517~
国王不可謬の法理　435, 481
国際航空運送条約　6, 10, 12, 17
国際戸籍委員会　31, 140
国際私法上の公序　42, 55~, 61, 70~, 224, 241, 247, 273, 439~, 448~, 493, 535, 594, 602, 604
　（public) policy　38, 45~, 53~, 97, 99, 104~
国際私法上の実質規範　21
国際私法不適用説　412~, 473~, 490~, 520~, 524, 555
国際商業会議所　120, 127, 130~, 133~, 148
国際的な判決の調和　18, 21~, 93, 291, 503~, 507~, 516
国際法改正法典化協会　120~, 124
国際法協会　34, 120, 124
国際連合
　海上物品運送条約（ハンブルク条約）　32, 54~, 64~, 68
　国際商取引法委員会（UNCITRAL）　121~, 149
　国際物品売買契約条約（ウィーン売買法条約）　74, 369
　消費者保護ガイドライン　369~
国際連盟
　規約　127~, 137
　経済委員会　125~, 129~
　経済金融機構　129
　国際労働機関　139, 149
　知的協力国際委員会　136~
　知的協力国際協会　137, 142~
国籍
　実効性　185~, 216
　消極的抵触（無国籍）　186~
　積極的抵触（重国籍）　185~, 203, 216
　内国国籍優先　185, 288~
国家責任条文　524~
国家無答責の法理　434~, 477~, 480~, 492, 512, 533~, 545~
近藤昭三　559~

さ　行

サーシー（I. Szászy）　439, 594
裁判権免除　420, 428, 436, 474, 514
サヴィニー（F.C. von Savigny）　22, 415, 497~, 516
櫻田嘉章　506~
沢木敬郎　476~
ジーア（K. Siehr）　61~
事項的適用範囲　7, 17, 26, 65, 71, 73, 533, 537, 595
時際法　27, 413, 491~, 531, 538~, 592~, 600~
　公序　439~, 594, 601~
　法律関係の性質決定（法性決定）　600~
至上約款　40, 42~, 50, 66
執行免除　420, 429, 474
実質国際私法　8~, 14, 21, 24
実質法の指定　43, 340, 342~
司法共助　164, 381~
私法統一国際協会（Unidroit）　123, 135~
下山瑛二　478, 496, 586~
ジャクソン（D.C. Jackson）　50, 55
住所
　概念　175~
　擬制的～　175~

派生的〜　　175〜
従属的連結→附従的連結
シューリッヒ（K. Schurig）　19〜,
　　25, 57, 59〜
ジュネーブ手形法条約（会議）　4,
　　122, 125, 127, 129, 134〜
準拠法単一の原則　　341〜
条約法に関するウィーン条約　65,
　　69〜, 73
条約（法）の優位　159, 167, 184
条例理論　　501, 505〜
渉外実質法　　5〜, 12, 24〜, 27, 29, 59
常居所
　　概念　　177〜
　　積極的抵触　　179
人際法　　27, 413, 491
新法不遡及の原則→法律不遡及の原則
スイス
　　季節労働者　　180
　　国際私法（IPRG）　153〜, 292〜,
　　　324, 331〜, 334, 360〜, 366, 373,
　　　375〜, 378〜, 470
　　債務法（OR）　　157, 238
　　定住権者　　180
　　定住者・滞在者法（NAG）　154〜,
　　　166, 185〜, 194, 198, 200, 202〜,
　　　208〜, 222, 226, 231〜
　　年間滞在者　　180
　　本籍　　185, 187
　　民法（ZGB）　　156〜, 166〜, 175〜,
　　　185〜, 192, 232, 237, 246
　　連邦難民法　　186
住田裕子　　474〜
世界統一私法　　4〜, 24
絶対的強行法規→特別連結
先決問題　　240, 242〜, 291, 484, 519
選択的連結　　64〜, 72, 198〜, 220, 245
船主責任制限条約　　77〜, 92〜, 96,
　　108〜, 111, 115, 118〜

船舶衝突条約　　10, 18, 598
相互主義　　18, 82, 86, 118, 168
相互保証　　442
属人法　　85, 91, 94, 111, 171〜
属地主義　　118, 277〜, 297, 465〜
染野義信　　586

た　行

体系際法　　27, 72〜, 413, 415, 491,
　　531〜, 592, 595〜
第三の規範　　15〜, 19〜, 26
大使射殺事件　　422, 455〜, 518〜
択一の連結→選択的連結
溜池良夫　　57〜, 412, 504
段階の連結　　194〜, 216, 220
中国戦後補償弁護団　　554〜, 598〜
直接適用（規定）　　14, 21, 33, 57〜
直接郵便送達　　381〜
調整問題→適応問題
ディエツィ（H.P. Dietzi）　　223〜,
　　238, 241
適応問題　　8〜, 14, 90, 240〜
デニング（A.T. Denning）　　52〜, 56
寺尾亨　　448
デュブラー（C.E. Dubler）　　226,
　　236〜, 241
ドイツ
　　商法典（HGB）　　38〜, 42〜, 55, 77,
　　　80, 83〜, 92, 95
　　帝国領域外のドイツ国民の加害行為
　　　における法適用に関する規則
　　　459
　　当事者自治　　33, 40〜, 47, 63〜, 71,
　　　259〜, 271, 278, 281, 310〜, 316〜,
　　　323〜
　　　限定的〜　　202〜, 281
　　同則主義　　79, 81〜, 84〜, 87〜, 109〜,
　　　114
　　特徴的給付（の理論）　　181, 228〜,

索　引　613

237, 244, 261~, 324, 332~, 338~,
　344, 348, 350, 360~, 366~
特別実質法規範　　13~, 28
特別留保条項　　13, 192~, 273, 279~,
　313~
特別連結　　33, 61, 242, 254~, 266,
　283, 324, 355, 373
取引保護　　208~
　内国～　　188, 208

な 行

内外法平等の原則　　414, 418, 439,
　493, 496, 503~, 516, 593, 601
七三一部隊・南京虐殺・無差別爆撃事
　件　　489~
難民の地位に関する条約　　187
逃げ帰り離婚　　288
西埜章　　550~, 589
日本
　外国人ノ署名捺印及無資力証明ニ関
　　スル法律　　427, 532
　国際私法の現代化に関する要綱中間
　　試案　　250~, 294~
　国際海上物品運送法　　32, 36, 55~,
　　68~, 74~, 110, 417
　人身保護法　　428
　船舶所有者等の責任の制限に関する
　　法律　　78~, 108~, 115~
　法の適用に関する通則法　　294~
日本人条項　　283~
ノイハウス（P.H. Neuhaus）　　19~,
　25, 42

は 行

ハーグ規則　　31, 34~, 51, 53, 55~,
　65~, 120
ハーグ国際私法会議　　121, 138, 149,
　159~, 166
ハーグ国際私法条約　　167, 174, 184

遺言の方式準拠法条約　　198~,
　522
動産売買準拠法条約　　183, 244,
　263
子の扶養義務準拠法条約　　11
子の扶養義務判決承認執行条約
　214
製造物責任準拠法条約　　374
相続準拠法条約　　245
送達条約　　382~
夫婦財産制準拠法条約　　206
扶養義務準拠法条約　　183, 202,
　522
扶養判決承認執行条約　　214
未成年者保護の管轄・準拠法条約
　183~
養子縁組管轄・準拠法・判決承認条
　約　　168, 189
ハーグ手形法条約（会議）　　124~,
　139
ハーグ売買法条約　　6, 9~, 62, 123,
　149
ハーグ陸戦条約→陸戦ノ法規慣例ニ関
　スル条約
跛行的法律関係　　286, 290
パネー号事件　　556
ハンブルク規則　　32~, 54~, 57~, 64~
万国海法会　　34~, 46~, 68, 109, 138
万国国際法学会　　30, 120~, 124, 138,
　159, 166, 174
反致　　217~, 242, 247
　Foreign Court Theory　　220
万民法型統一私法　　4~, 9~, 12~, 16,
　18, 24~
必須的適用規範　　13~, 28
フーバー（E. Huber）　　158~, 169,
　171~
フィシャー（F. Vischer）　　161,
　163~, 168~, 174, 222~, 236~, 238,

240~, 247
フィリピン従軍慰安婦事件　　410~,
　　489
フォン・オーヴァーベック（A.E. von
　　Overbeck）　　167, 174, 183, 221,
　　229~, 236, 245
フォン・ケメラー（E. von
　　Caemmerer）　　45, 57
附従的連結　　269~, 281, 308~, 316~,
　　423~, 453~, 458, 462~, 468~, 518~
プトファルケン（H.J. Puttfarken）
　　81~, 110~
船荷証券統一条約（ブラッセル条約）
　　31~, 34~, 55~, 67~
　改正議定書　　32, 48~, 52, 67~
フプカ（J. Hupka）　　129~
ブラッセル国際金融会議　　125, 127
フランクファーター（F. Frankfurter）
　　100~, 104
古川純　　547~, 589
ブレーメン規則　　121, 124
ブロジーニ（G. Broggini）　　161~
分割指定　　259, 341, 343
ヘーグ陸戦条約→陸戦ノ法規慣例ニ関
　　スル条約
ベター・ロー　　85~, 111
便宜置籍船　　93, 95
遍在理論　　273
ボアソナード（G.E. Boissonade de
　　Fontarabie）　　494, 558~, 581
法規分類学派→条例理論
法廷地漁り　　85~, 93, 105, 111
法廷地法　　11, 14, 19, 62, 85~, 90,
　　93, 98~, 111~
ホームズ（O.W. Holmes Jr.）　　97~,
　　107
方法の多元論　　8, 25~
法律回避　　41, 95, 291
法律関係の性質決定（法性決定）

70, 72, 242~, 247, 421, 594
法律不遡及の原則　　439~, 533, 538,
　　545~, 591, 603
ボエル（H. Bauer）　　8~, 19, 25, 27
保護国法主義　　277~, 297
補充的連結　　200~, 221, 245
穂積陳重　　444~, 447~, 575~
穂積八束　　574~
ホランディア号判決　　51~, 56
ホルジョウ工場事件　　525, 528~

ま　行

マイリー（F. Meili）　　159~
マリダキス（G.S. Maridakis）　　222
マルペルガー（P.J. Marperger）
　　123
マン（F.A. Mann）　　41, 46, 50, 62
マンチーニ（P.S. Mancini）　　30,
　　121, 138
未承認国家（政府）法　　429~
無国籍者の法的地位に関する条約
　　183, 186
モーリス（J.H.C. Morris）　　40, 50,
　　52~
モザイク理論　　274, 305~
モッセ（A. Mosse）　　583~, 588~
モムゼン（F. Mommsen）　　445~

や　行

山田鐐一　　418, 421, 473~, 482~,
　　496, 522
ヨーク・アントワープ規則　　34,
　　120
横山潤　　416

ら　行

リエカ草案　　47~, 54~, 58
陸戦ノ法規慣例ニ関スル条約
　　522~, 554, 556~, 598~

リゴー（F. Rigaux）　24~
例外条項　155, 169, 222~, 251~, 305, 307~, 324
礼譲　126, 468, 504
レムヘーファー（B. Lemhöfer）　16~, 19, 29
連結点
　確定　300, 431
　欠缺　304
ロエスラー（K.F.H. Roesler）　579~, 583
ローカルデータ　269

わ　行

ワルソー条約→国際航空運送条約

奥田 安弘
おくだ　やすひろ

神戸大学卒業、同大学院博士前期課程修了・法学修士、香川大学助教授、北海道大学教授などを経て

現在　中央大学法科大学院教授（法学博士）

〈主要著書〉

『国際取引法の理論』1992年、有斐閣

『共同研究・中国戦後補償―歴史・法・裁判』（共著）2000年、明石書店

『グローバル化する戦後補償裁判』（共編著）2002年、信山社

『家族と国籍―国際化の進むなかで［補訂版］』2003年、有斐閣

『国籍法と国際親子法』2004年、有斐閣

〈主要訳書〉

『国際私法・国籍法・家族法資料集―外国の立法と条約』（編訳）2006年、中央大学出版部

〈経歴および著作などの詳細〉

http://c-faculty.chuo-u.ac.jp/~okuda/

国際私法と隣接法分野の研究

日本比較法研究所研究叢書（76）

2009年2月25日　初版第1刷発行

著　者　奥　田　安　弘

発行者　玉　造　竹　彦

発行所　中　央　大　学　出　版　部

〒192-0393

東京都八王子市東中野742番地1

電話 042-674-2351・FAX 042-674-2354

http://www2.chuo-u.ac.jp/up/

© 2009　奥田安弘　　ISBN978-4-8057-0575-9　　㈱大森印刷

日本比較法研究所研究叢書

1	小島武司 著	法律扶助・弁護士保険の比較法的研究	A5判 2940円
2	藤本哲也 著	CRIME AND DELINQUENCY AMONG THE JAPANESE-AMERICANS	菊判 1680円
3	塚本重頼 著	アメリカ刑事法研究	A5判 2940円
4	小島武司 外間寛 編	オムブズマン制度の比較研究	A5判 3675円
5	田村五郎 著	非嫡出子に対する親権の研究	A5判 3360円
6	小島武司 編	各国法律扶助制度の比較研究	A5判 4725円
7	小島武司 著	仲裁・苦情処理の比較法的研究	A5判 3990円
8	塚本重頼 著	英米民事法の研究	A5判 5040円
9	桑田三郎 著	国際私法の諸相	A5判 5670円
10	山内惟介 編	Beiträge zum japanishen und ausländischen Bank- und Finanzrecht	菊判 3780円
11	木内宜彦 M・ルッター 編著	日独会社法の展開	A5判 (品切)
12	山内惟介 著	海事国際私法の研究	A5判 2940円
13	渥美東洋 編	米国刑事判例の動向 I	A5判 5145円
14	小島武司 編著	調停と法	A5判 4384円
15	塚本重頼 著	裁判制度の国際比較	A5判 (品切)
16	渥美東洋 編	米国刑事判例の動向 II	A5判 5040円
17	日本比較法研究所 編	比較法の方法と今日的課題	A5判 3150円
18	小島武司 編	Perspectives on Civil Justice and ADR : Japan and the U.S.A	菊判 5250円
19	小島・渥美 清水・外間 編	フランスの裁判法制	A5判 (品切)
20	小杉末吉 著	ロシア革命と良心の自由	A5判 5145円
21	小島・渥美 清水・外間 編	アメリカの大司法システム(上)	A5判 3045円
22	小島・渥美 清水・外間 編	Système juridique français	菊判 4200円

日本比較法研究所研究叢書

23	小島・渥美・清水・外間 編	アメリカの大司法システム(下)	A5判 1890円
24	小島武司・韓相範 編	韓国法の現在(上)	A5判 4620円
25	小島・渥美・川添・清水・外間 編	ヨーロッパ裁判制度の源流	A5判 2730円
26	塚本重頼 著	労使関係法制の比較法的研究	A5判 2310円
27	小島武司・韓相範 編	韓国法の現在(下)	A5判 5250円
28	渥美東洋 編	米国刑事判例の動向Ⅲ	A5判 3570円
29	藤本哲也 著	Crime Problems in Japan	菊判(品切)
30	小島・渥美・清水・外間 編	The Grand Design of America's Justice System	菊判 4725円
31	川村泰啓 著	個人史としての民法学	A5判 5040円
32	白羽祐三 著	民法起草者穂積陳重論	A5判 3465円
33	日本比較法研究所 編	国際社会における法の普遍性と固有性	A5判 3360円
34	丸山秀平 編著	ドイツ企業法判例の展開	A5判 2940円
35	白羽祐三 著	プロパティと現代的契約自由	A5判 13650円
36	藤本哲也 著	諸外国の刑事政策	A5判 4200円
37	小島武司他 編	Europe's Judicial Systems	菊判 3255円
38	伊従寛 著	独占禁止政策と独占禁止法	A5判 9450円
39	白羽祐三 著	「日本法理研究会」の分析	A5判 5985円
40	伊従・山内・ヘイリー 編	競争法の国際的調整と貿易問題	A5判 2940円
41	渥美・小島 編	日韓における立法の新展開	A5判 4515円
42	渥美東洋 編	組織・企業犯罪を考える	A5判 3990円
43	丸山秀平 編著	続ドイツ企業法判例の展開	A5判 2415円
44	住吉博 著	学生はいかにして法律家となるか	A5判 4410円

日本比較法研究所研究叢書

45	藤本哲也 著	刑事政策の諸問題	A5判 4620円
46	小島武司 編著	訴訟法における法族の再検討	A5判 7455円
47	桑田三郎 著	工業所有権法における国際的消耗論	A5判 5985円
48	多喜 寛 著	国際私法の基本的課題	A5判 5460円
49	多喜 寛 著	国際仲裁と国際取引法	A5判 6720円
50	眞田・松村 編著	イスラーム身分関係法	A5判 7875円
51	川添・小島 編	ドイツ法・ヨーロッパ法の展開と判例	A5判 1995円
52	西海・山野目 編	今日の家族をめぐる日仏の法的諸問題	A5判 2310円
53	加美和照 著	会社取締役法制度研究	A5判 7350円
54	植野妙実子 編著	21世紀の女性政策	A5判 4200円
55	山内惟介 著	国際公序法の研究	A5判 4305円
56	山内惟介 著	国際私法・国際経済法論集	A5判 5670円
57	大内・西海 編	国連の紛争予防・解決機能	A5判 7350円
58	白羽祐三 著	日清・日露戦争と法律学	A5判 4200円
59	伊従 寛 他編	APEC諸国における競争政策と経済発展	A5判 4200円
60	工藤達朗 編	ドイツの憲法裁判	A5判 6300円
61	白羽祐三 著	刑法学者牧野英一の民法論	A5判 2205円
62	小島武司 編	ＡＤＲの実際と理論Ⅰ	A5判 4200円
63	大内・西海 編	United Nation's Contributions to the Prevention and Settlement of Conflicts	菊判 4725円
64	山内惟介 著	国際会社法研究 第一巻	A5判 5040円
65	小島武司 著	CIVIL PROCEDURE and ADR in JAPAN	菊判 5565円
66	小堀憲助 著	「知的(発達)障害者」福祉思想とその潮流	A5判 3045円

日本比較法研究所研究叢書

67	藤本哲也 編著	諸外国の修復的司法	A5判 6300円
68	小島武司 編	ＡＤＲの実際と理論Ⅱ	A5判 5460円
69	吉田豊 著	手付の研究	A5判 7875円
70	渥美東洋 編著	日韓比較刑事法シンポジウム	A5判 3780円
71	藤本哲也 著	犯罪学研究	A5判 4410円
72	多喜寛 著	国家契約の法理論	A5判 3570円
73	石川・エーラース グロスフェルト・山内 編著	共演　ドイツ法と日本法	A5判 6825円
74	小島武司 編著	日本法制の改革：立法と実務の最前線	A5判 10500円
75	藤本哲也 著	性犯罪研究	A5判 3675円

＊価格は消費税5％を含みます。